中國國家圖書館編

國家圖書館藏敦煌遺書

第一百八冊　北敦一〇五二二號——北敦一一〇七一號

北京圖書館出版社

圖書在版編目(CIP)數據

國家圖書館藏敦煌遺書·第一百八冊/中國國家圖書館編;任繼愈主編. —北京:北京圖書館出版社,2009.5

ISBN 978 – 7 – 5013 – 3670 – 8

Ⅰ.國… Ⅱ.①中…②任… Ⅲ.敦煌學—文獻 Ⅳ.K870.6

中國版本圖書館 CIP 數據核字(2009)第 023382 號

ISBN 978-7-5013-3670-8

9 787501 336708 >

書　　名	國家圖書館藏敦煌遺書·第一百八冊
著　　者	中國國家圖書館編　任繼愈主編
責任編輯	徐　蜀　孫　彥
封面設計	李　璀

出　　版	北京圖書館出版社　(100034　北京西城區文津街 7 號)
發　　行	010 – 66139745　66151313　66175620　66126153
	66174391(傳真)　66126156(門市部)
E-mail	btsfxb@ nlc. gov. cn(郵購)
Website	www. nlcpress. com → 投稿中心
經　　銷	新華書店
印　　刷	北京文津閣印務有限責任公司

開　　本	八開
印　　張	55.5
版　　次	2009 年 5 月第 1 版第 1 次印刷
印　　數	1 – 250 册(套)

| 書　　號 | ISBN 978 – 7 – 5013 – 3670 – 8/K · 1633 |
| 定　　價 | 990.00 圓 |

目錄

2

8

15

17

31

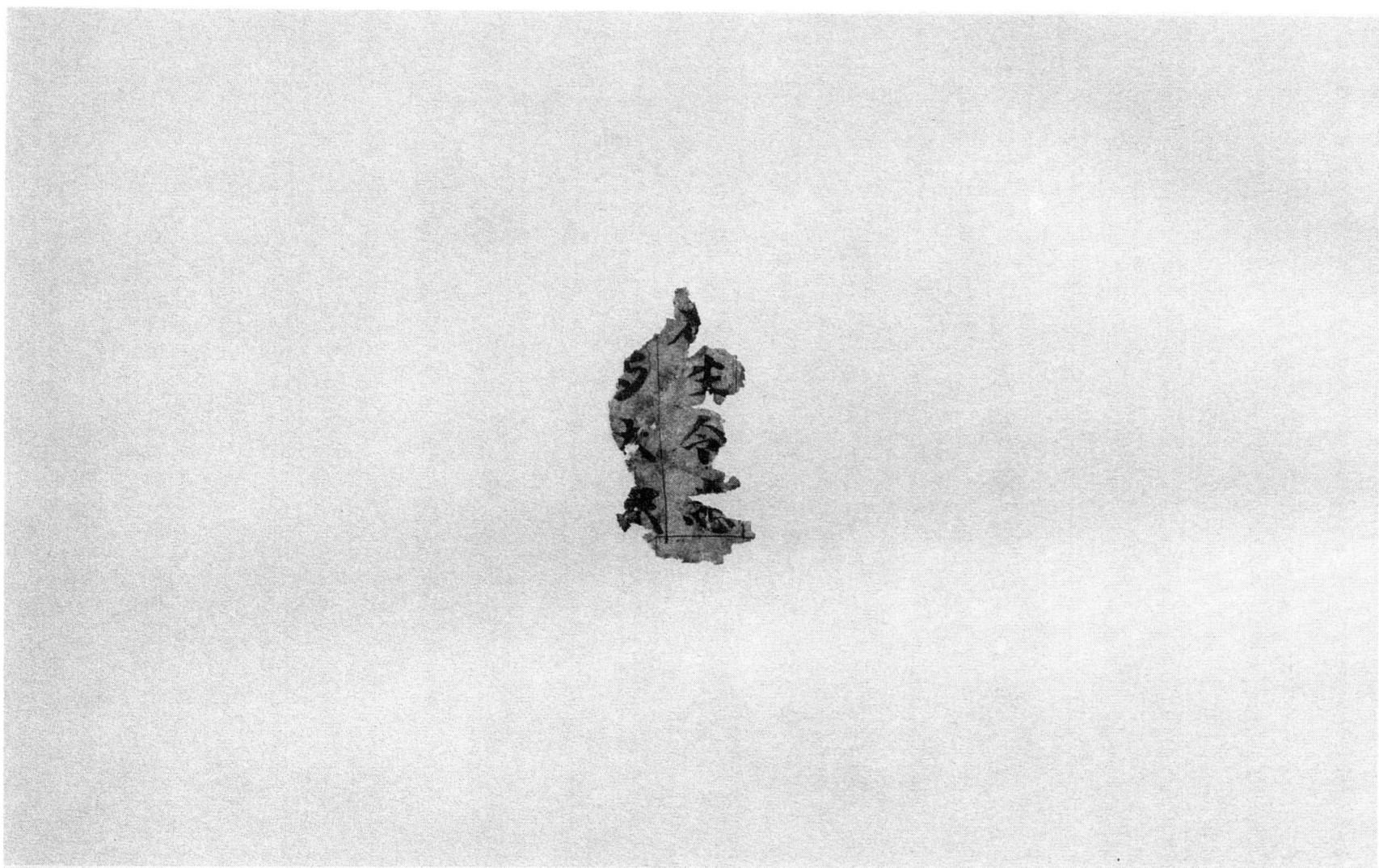

BD10512 號　大方廣佛華嚴經（晉譯五十卷本）卷四八　　　　　　　　　　　（1-1）

BD10513 號　賢愚經卷一一　　　　　　　　　　　　　　　　　　　　　　（1-1）

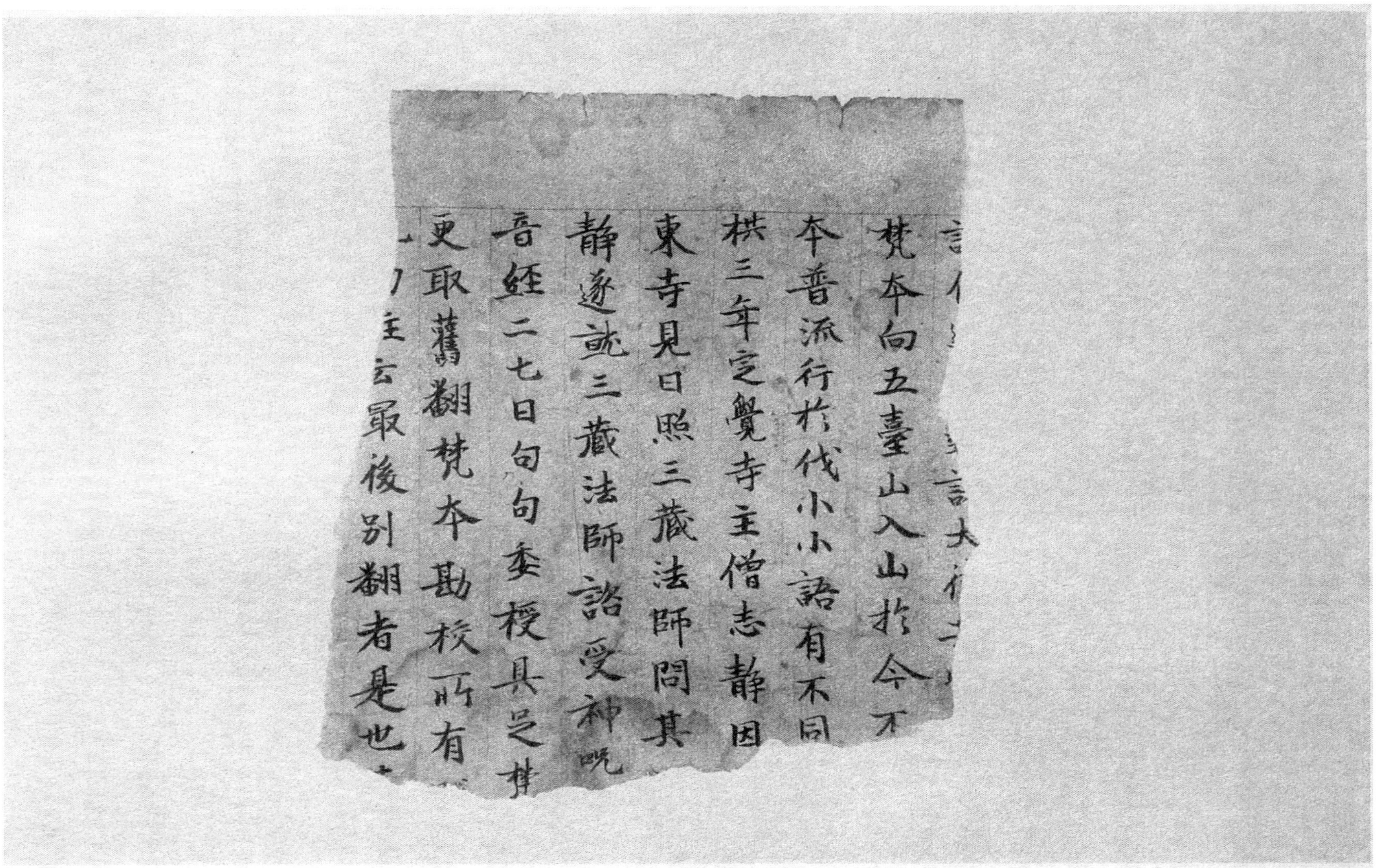

更取舊翻梵本勘校所有
音經二七日句句委授具足甚
静遂訖三藏法師諮受神呪
東寺見日照三藏法師問其
栱三年定覺寺主僧志静因
本晉流行於代小小語有不同
梵本向五臺山入山於今不

一切主云最後別翻者是世
（上部分残缺文字）
人還其舍宅猶
女人產時見衣
药若

BD10514號　佛頂尊勝陀羅尼經（佛陀波利本）序　　　　　　　　　　　　　（1-1）

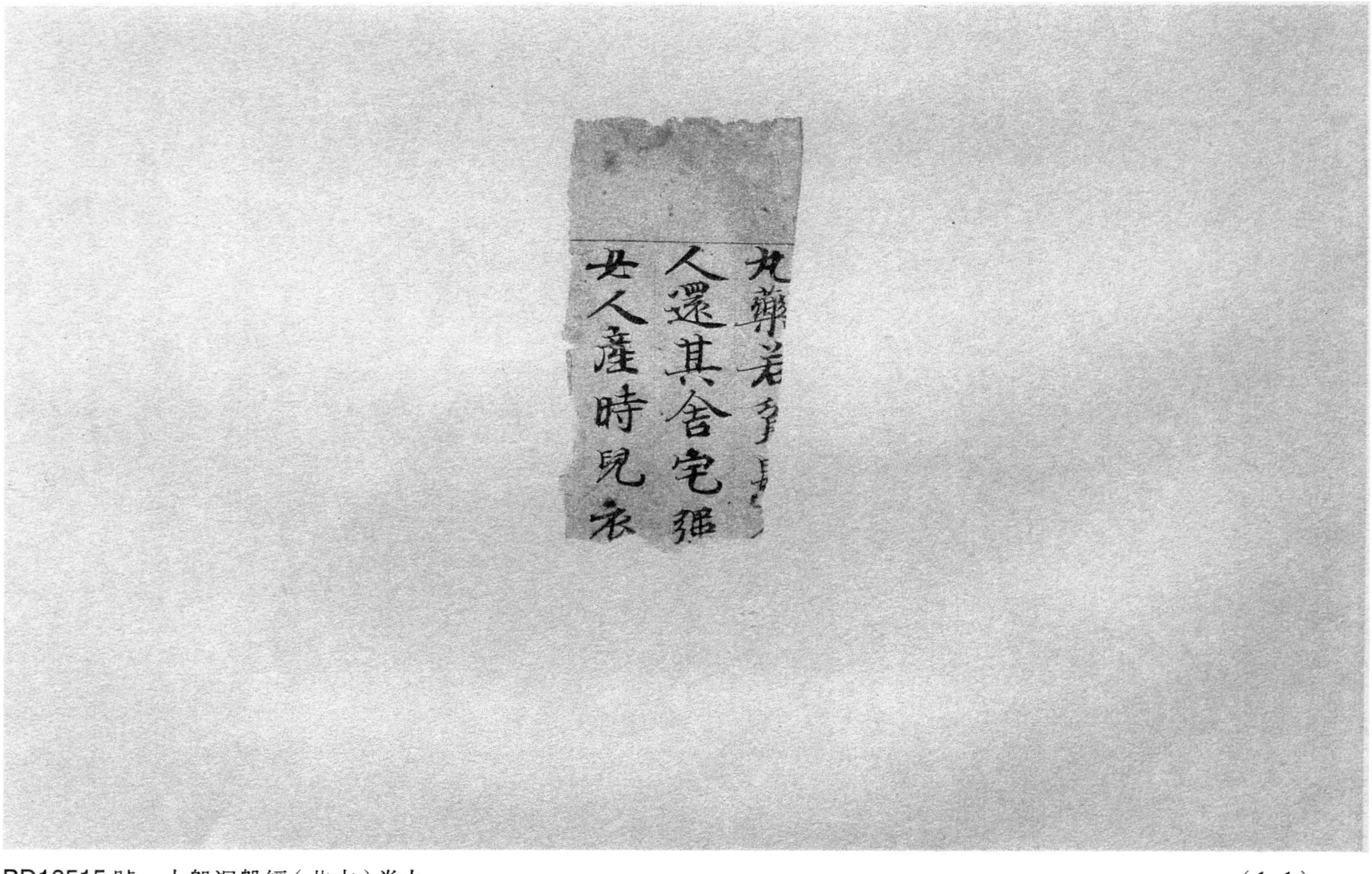

BD10515號　大般涅槃經（北本）卷九　　　　　　　　　　　　　　　　　（1-1）

BD10516 號　大方廣佛華嚴經（晉譯五十卷本）卷四九　　　　　　　　　　　　（1-1）

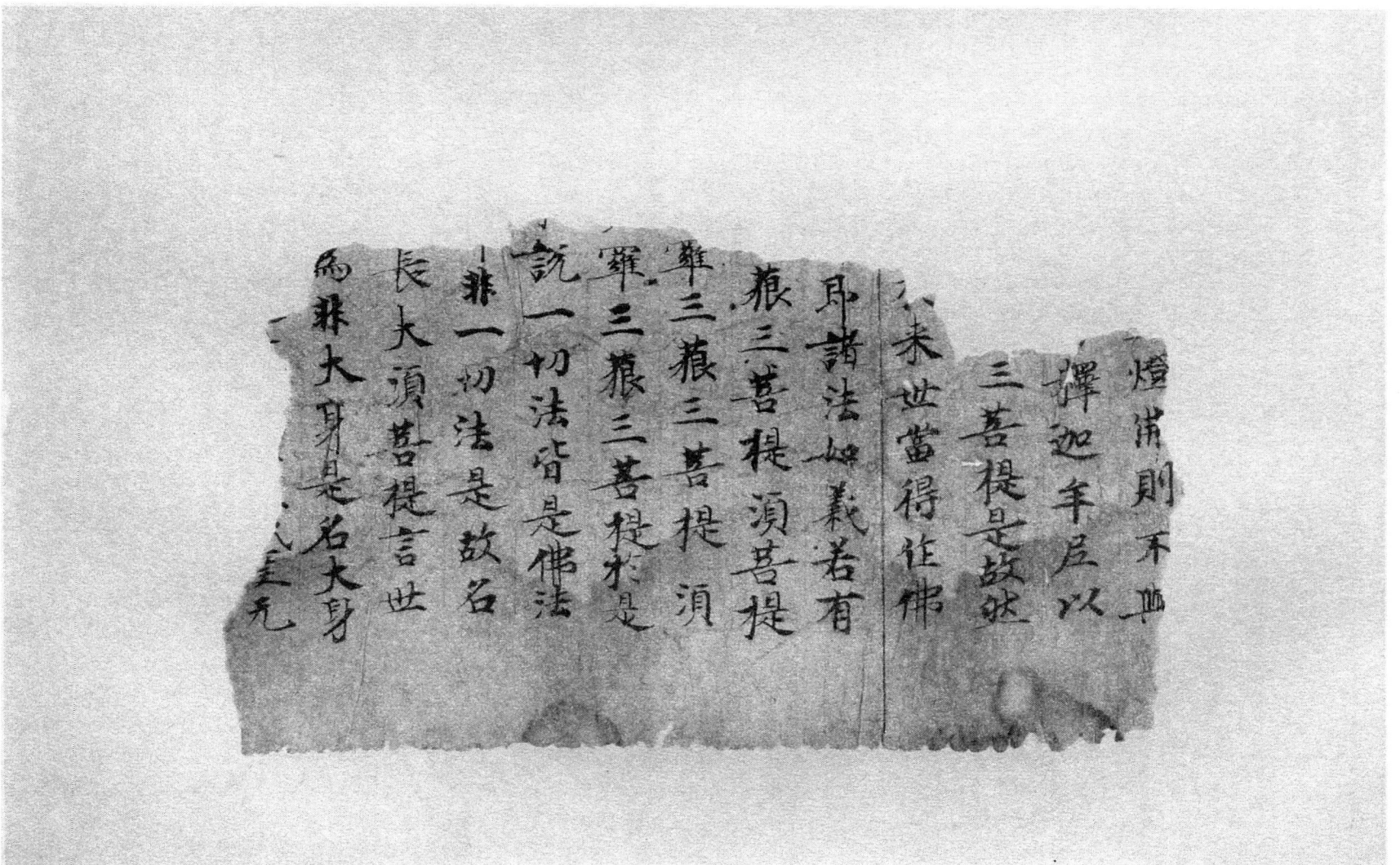

BD10517 號　金剛般若波羅蜜經　　　　　　　　　　　　　　　　　　　　（1-1）

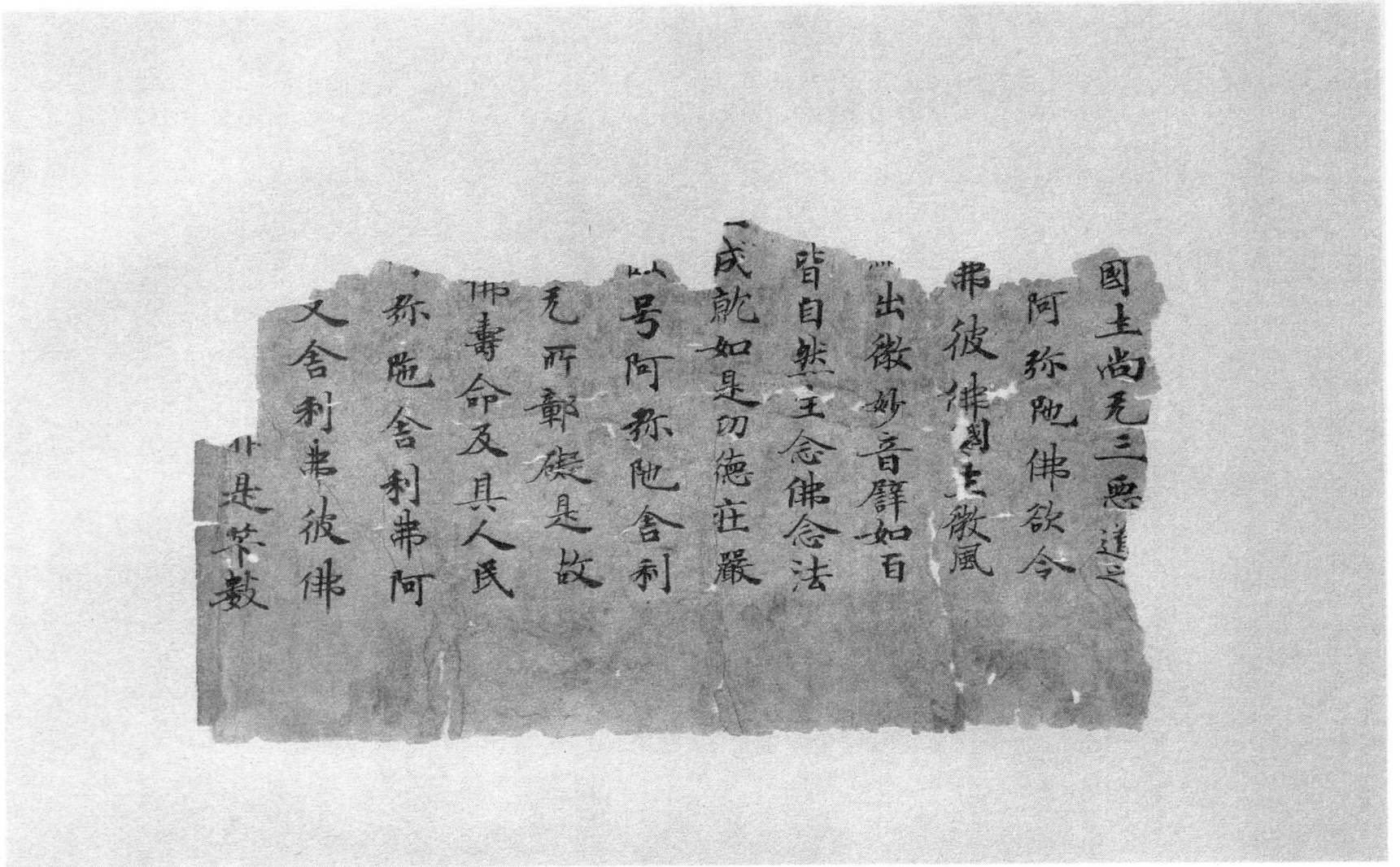

BD10518號　阿彌陀經　（1-1）

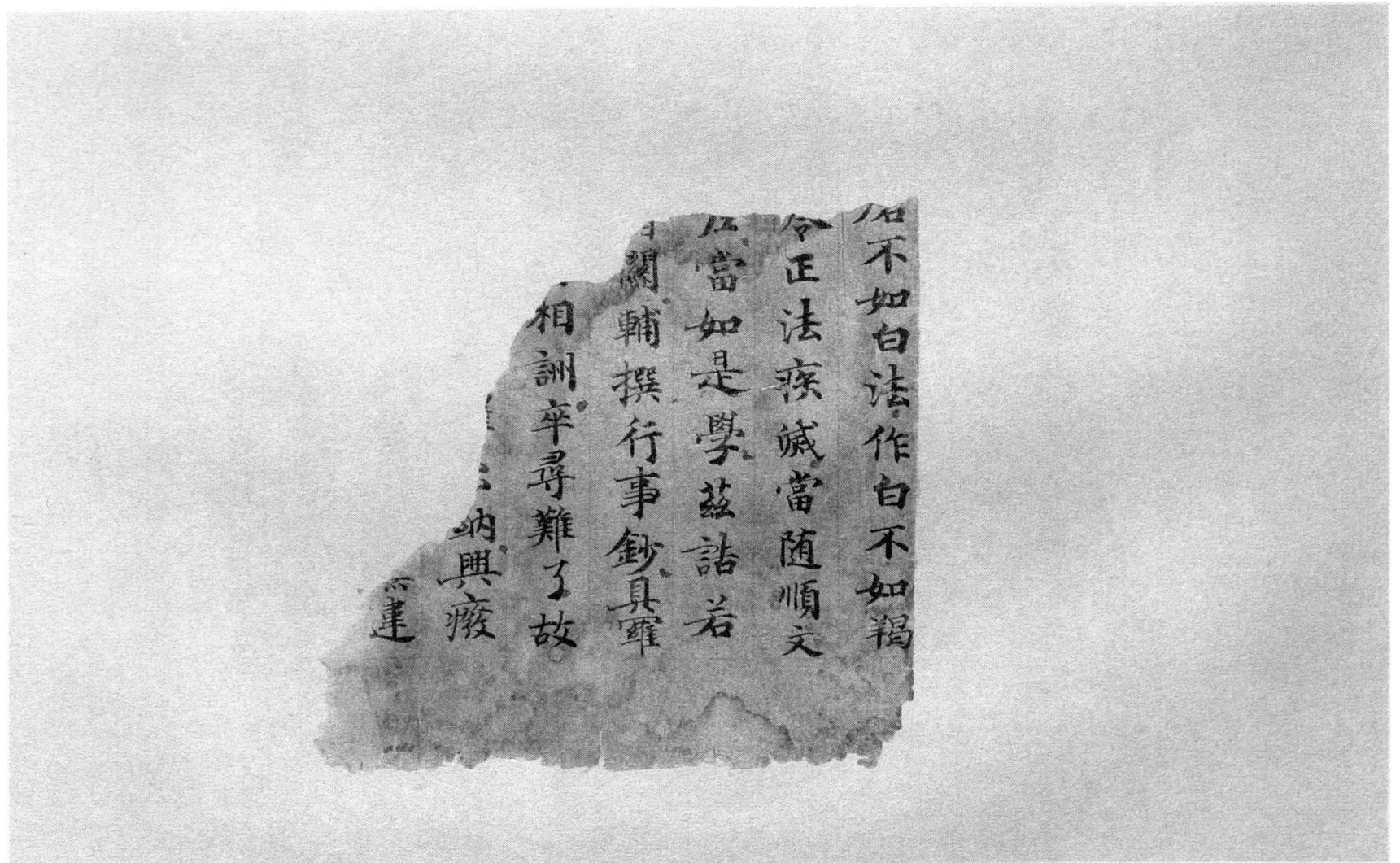

BD10519號　四分律刪補隨機羯磨序　（1-1）

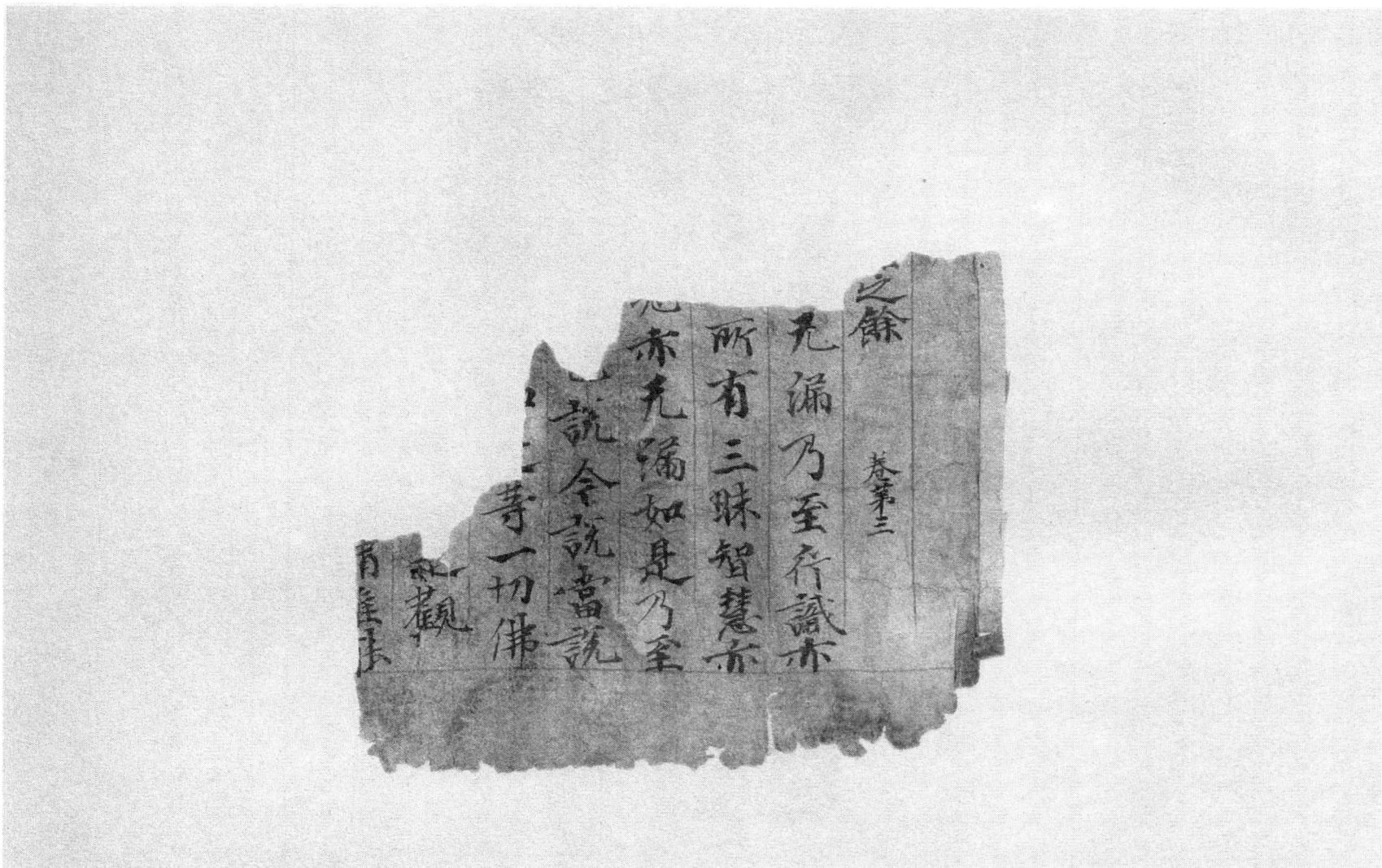

BD10520 號　大方等大集經賢護分卷三　　　　　　　　　　　　（1-1）

BD10521 號　梵網經盧舍那佛說菩薩心地戒品第十卷下　　　　　　（1-1）

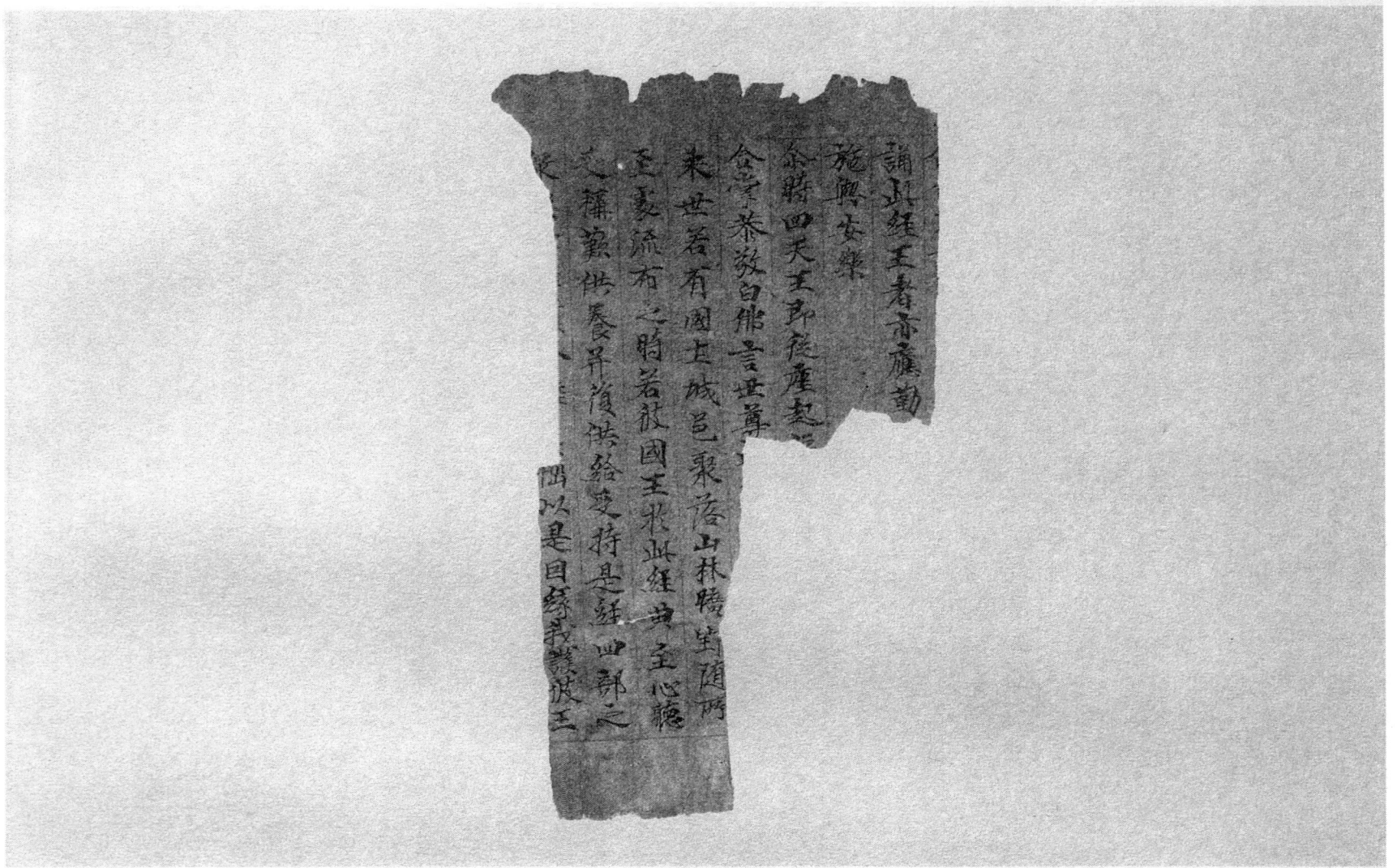

BD10522 號　金光明最勝王經卷六　　　　　　　　　　　　　　　　　　　　（1-1）

BD10522 號背　勘記　　　　　　　　　　　　　　　　　　　　　　　　　　（1-1）

BD10523 號　大般若波羅蜜多經首題（擬）　　　　　　　　　　　　　　（1-1）

BD10524 號　觀世音經　　　　　　　　　　　　　　　　　　　　　（1-1）

BD10525 號　大般涅槃經（北本）卷三　　　　　　　　　　　　　　（1-1）

BD10526 號　持世經卷四　　　　　　　　　　　　　　　　　　　（1-1）

BD10527號　金光明經卷四　　　　　　　　　　　　　　　　　　　　　（1-1）

BD10528號　妙法蓮華經卷三　　　　　　　　　　　　　　　　　　　　（1-1）

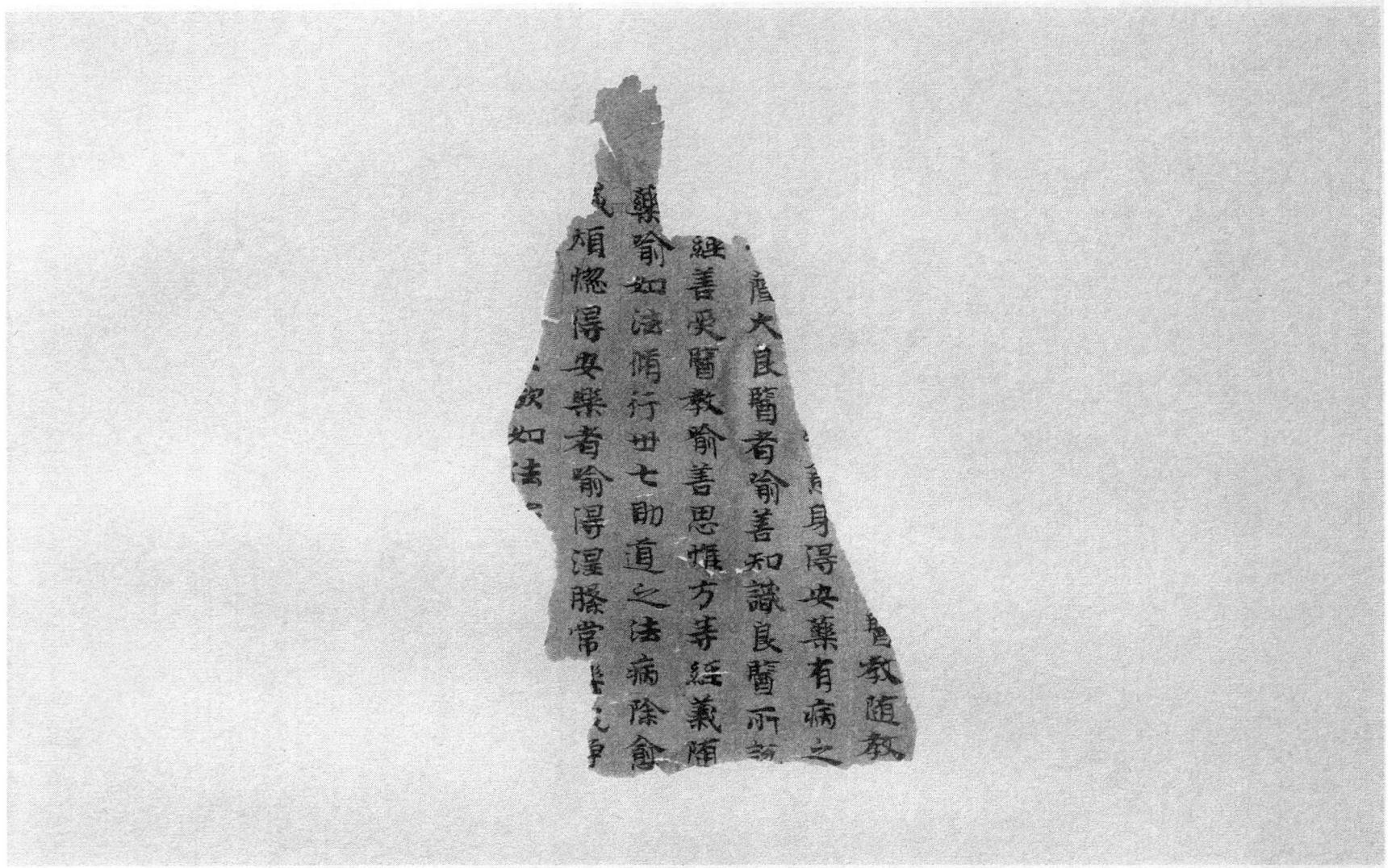

BD10529 號　大般涅槃經（北本）卷二五　　　　　　　　　　　　　　　　　　　　　　（1-1）

BD10530 號　大般若波羅蜜多經卷二〇四　　　　　　　　　　　　　　　　　　　　　　（1-1）

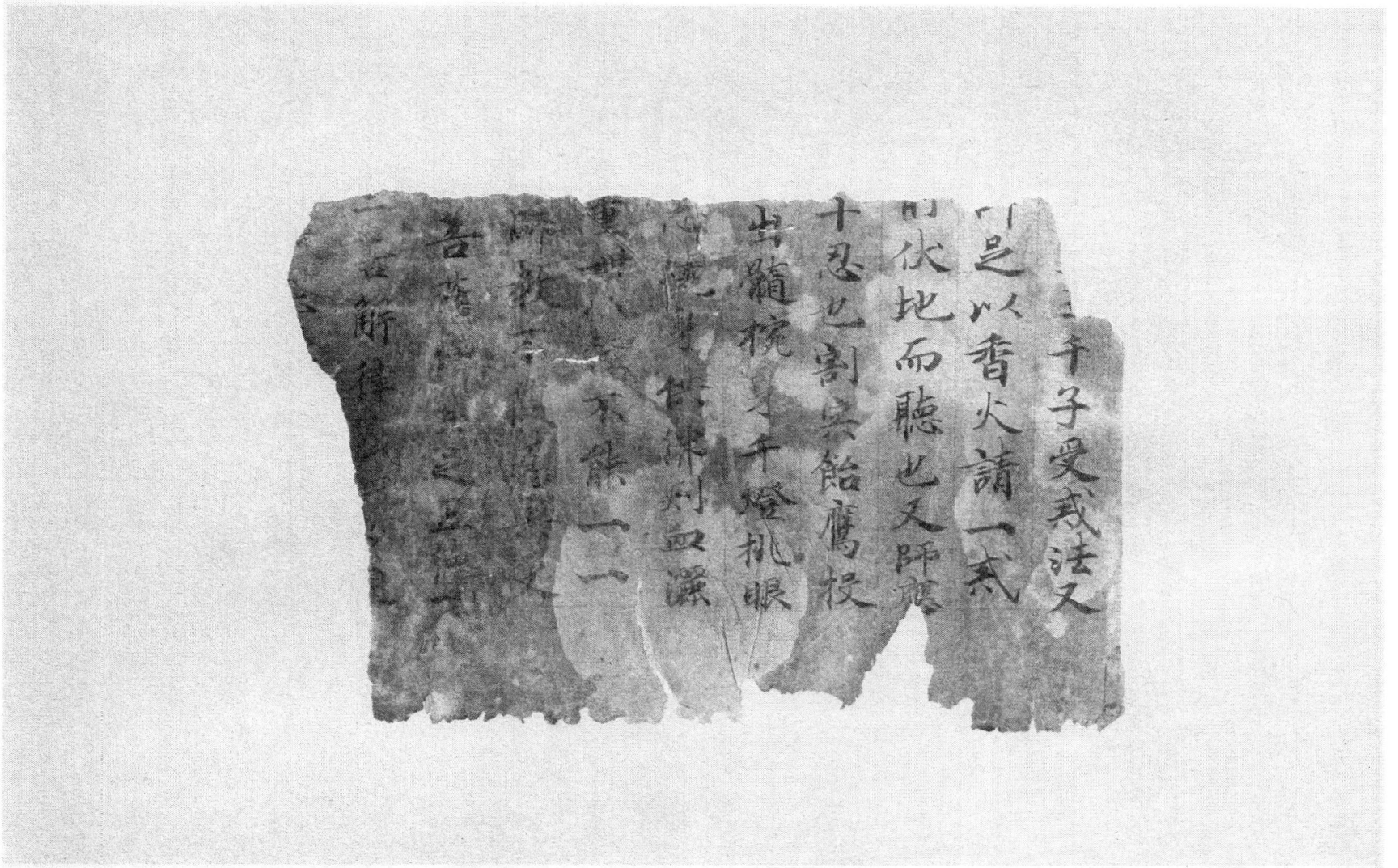

BD10531 號　待考佛教文獻（擬）　　　　　　　　　　　　　　　　　　（1–1）

BD10532 號　妙法蓮華經卷四　　　　　　　　　　　　　　　　　　　（1–1）

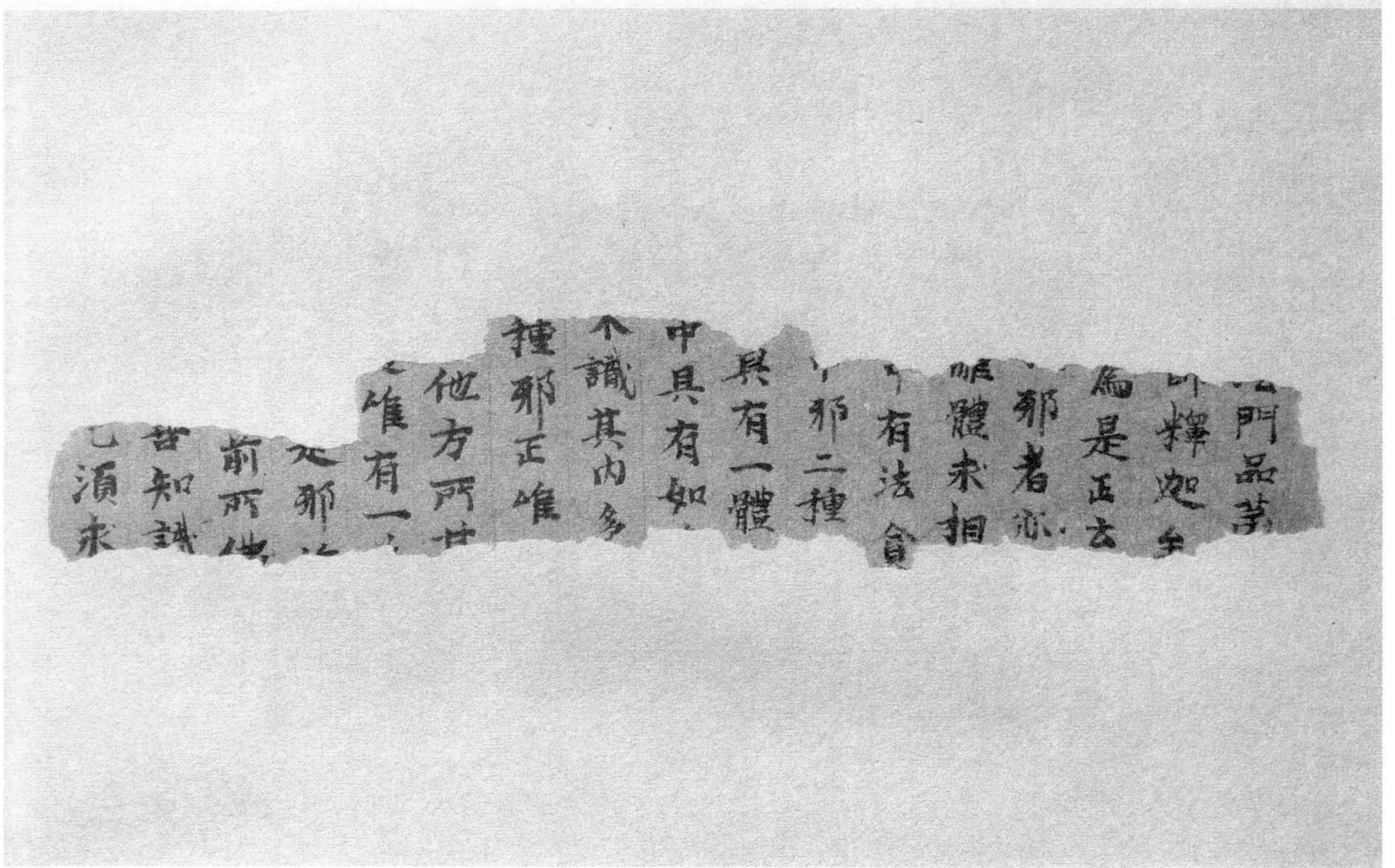

BD10533 號　大辯邪正經　　　　　　　　　　　　　　　　　（1–1）

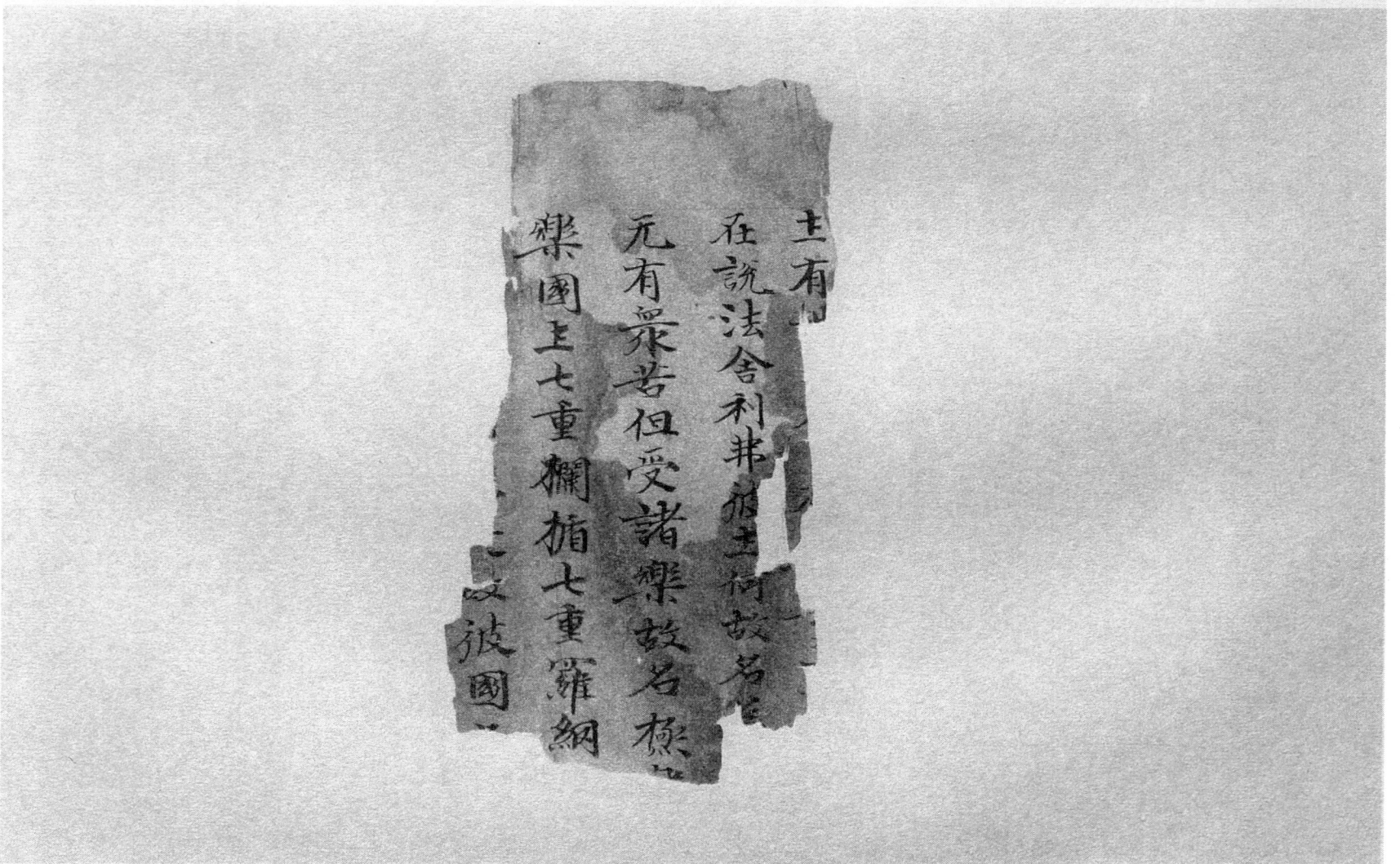

BD10534 號　阿彌陀經　　　　　　　　　　　　　　　　　（1–1）

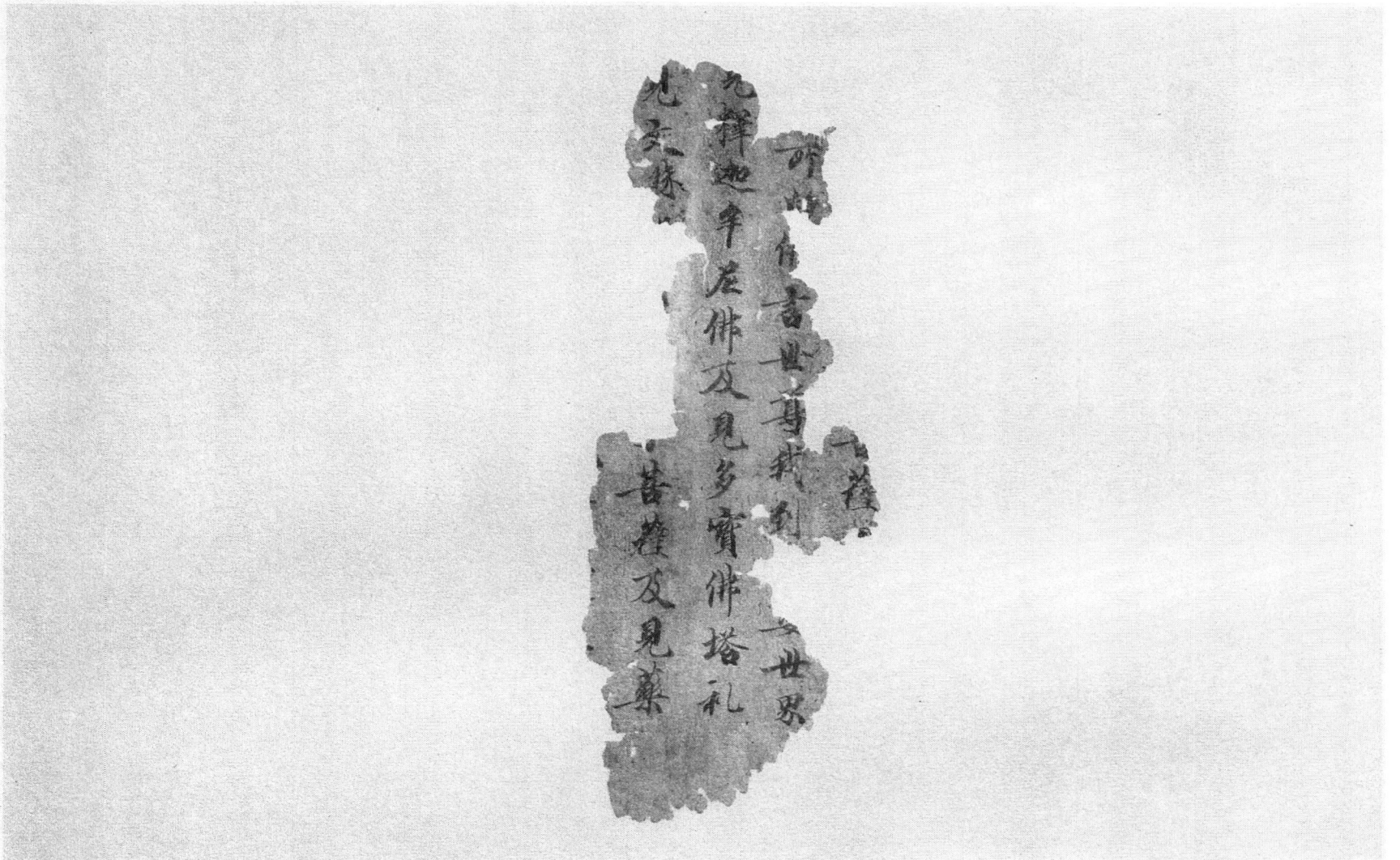

BD10535 號　妙法蓮華經卷七

（1-1）

BD10536 號　大般涅槃經（南本）卷五

（1-1）

BD10536 號背　殘文書（擬）　　　　　　　　　　　　　　　　（1-1）

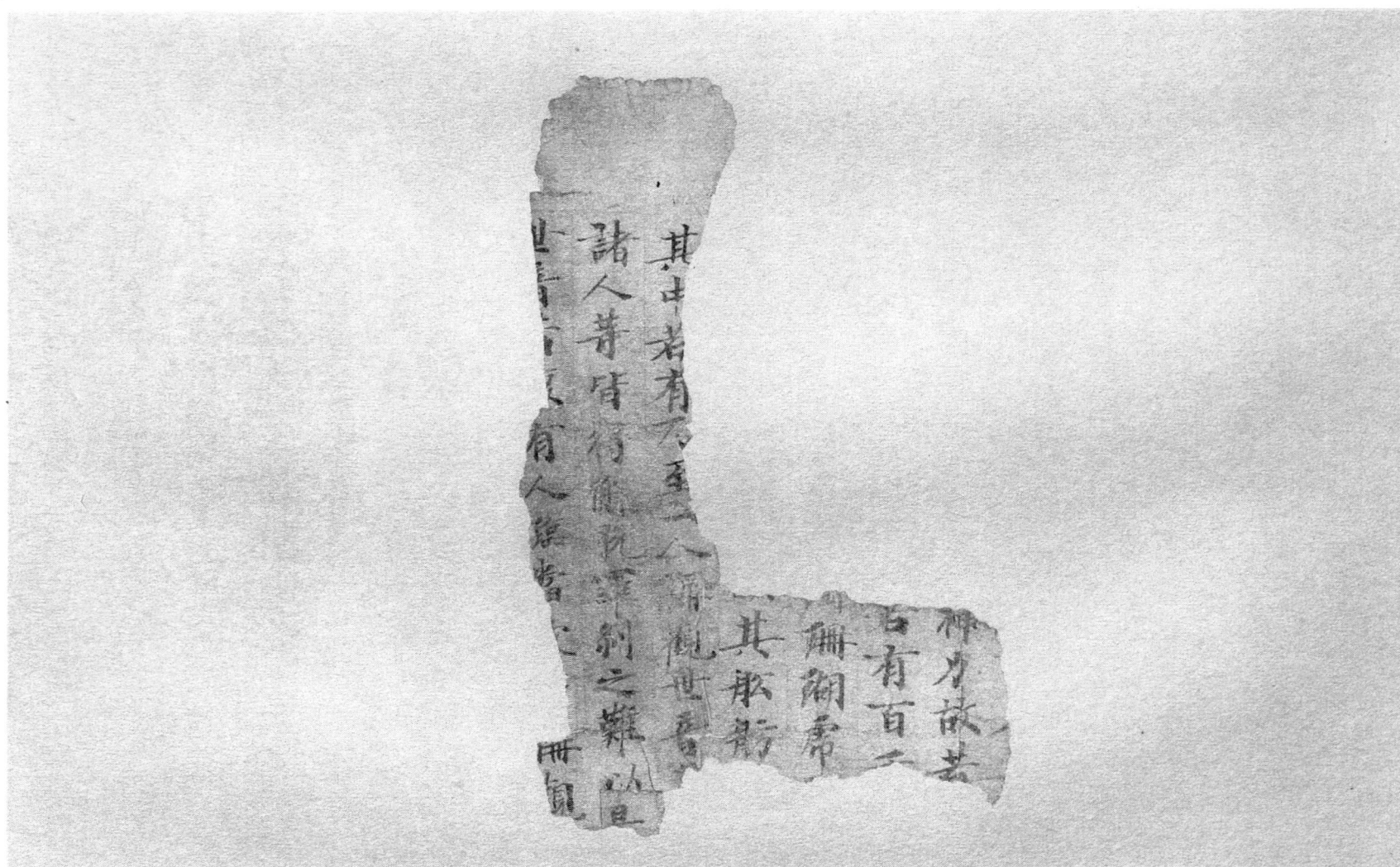

BD10537 號　妙法蓮華經卷七　　　　　　　　　　　　　　　　（1-1）

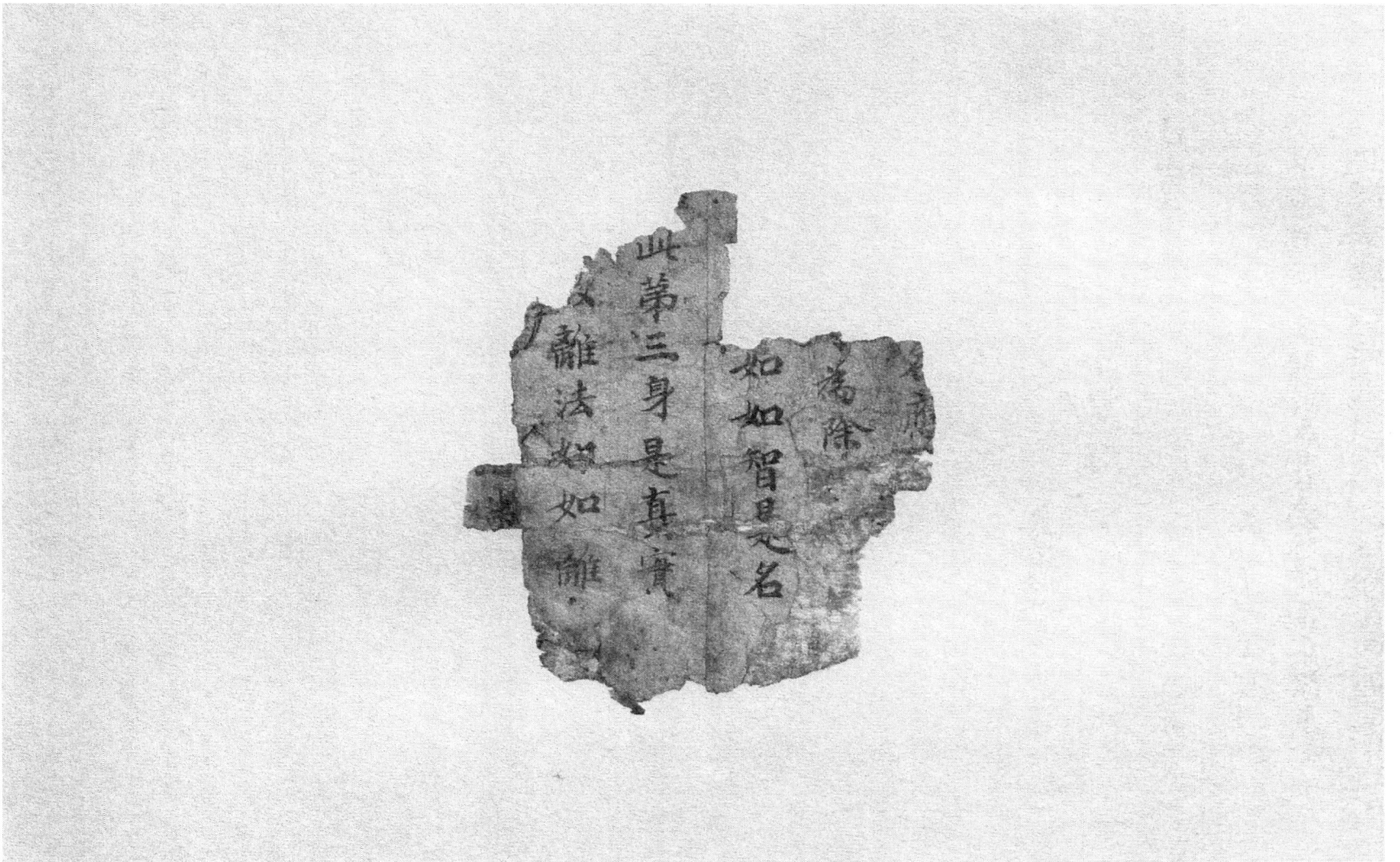

BD10538 號　金光明最勝王經卷二　　　　　　　　　　　　　　　　　　　　　　（1-1）

BD10539 號　金光明最勝王經卷一　　　　　　　　　　　　　　　　　　　　　　（1-1）

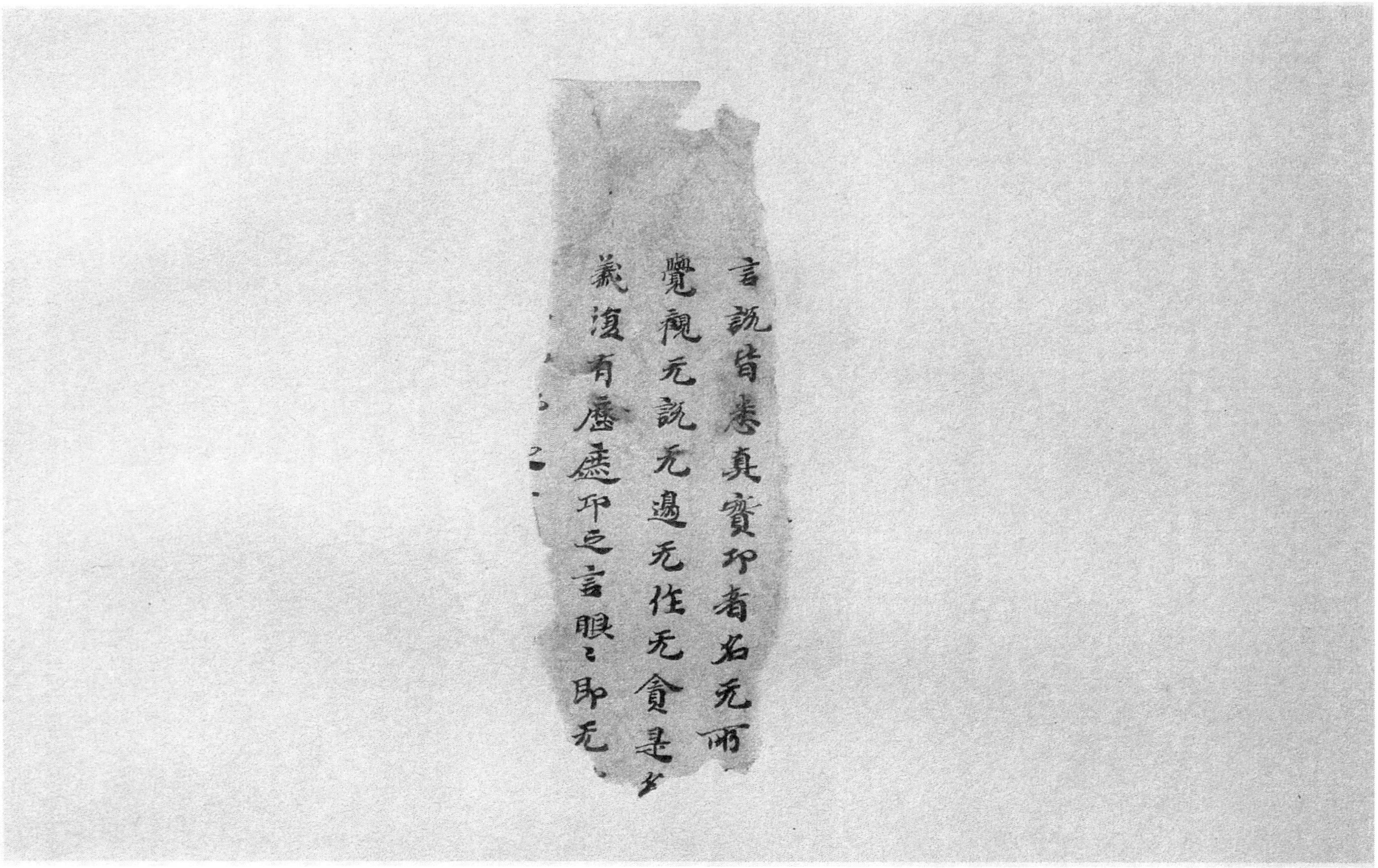

言説皆悉真實印者名无丽
覺觀无説无過无作无貪是名
義復有慮處印之言眼之即无

BD10540 號　大方等大集經卷四　　　　　　　　　　　　　　　　　　　　　　　　　　（1–1）

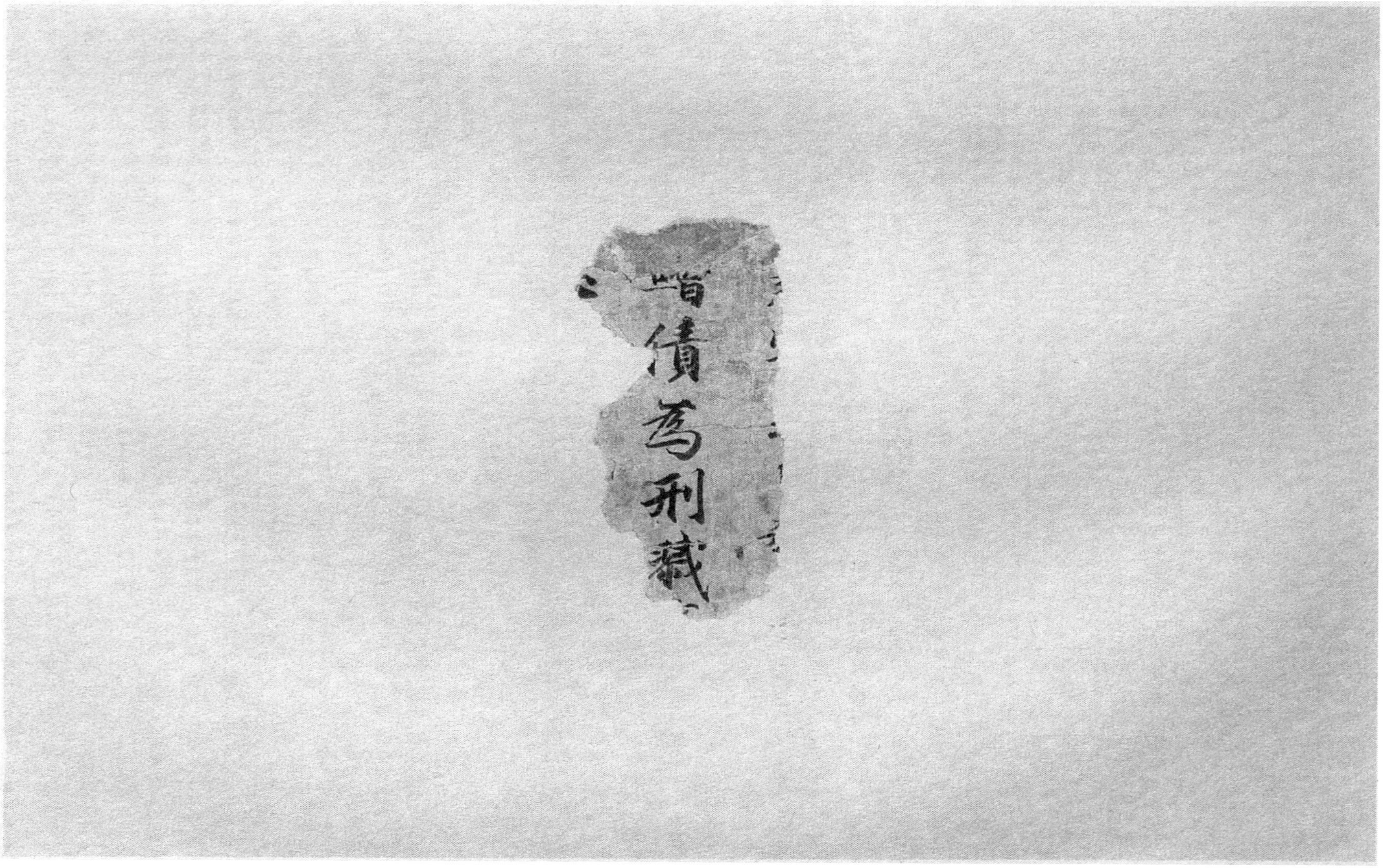

曾債為刑藏

BD10541 號　過去莊嚴劫千佛名經　　　　　　　　　　　　　　　　　　　　　　　　（1–1）

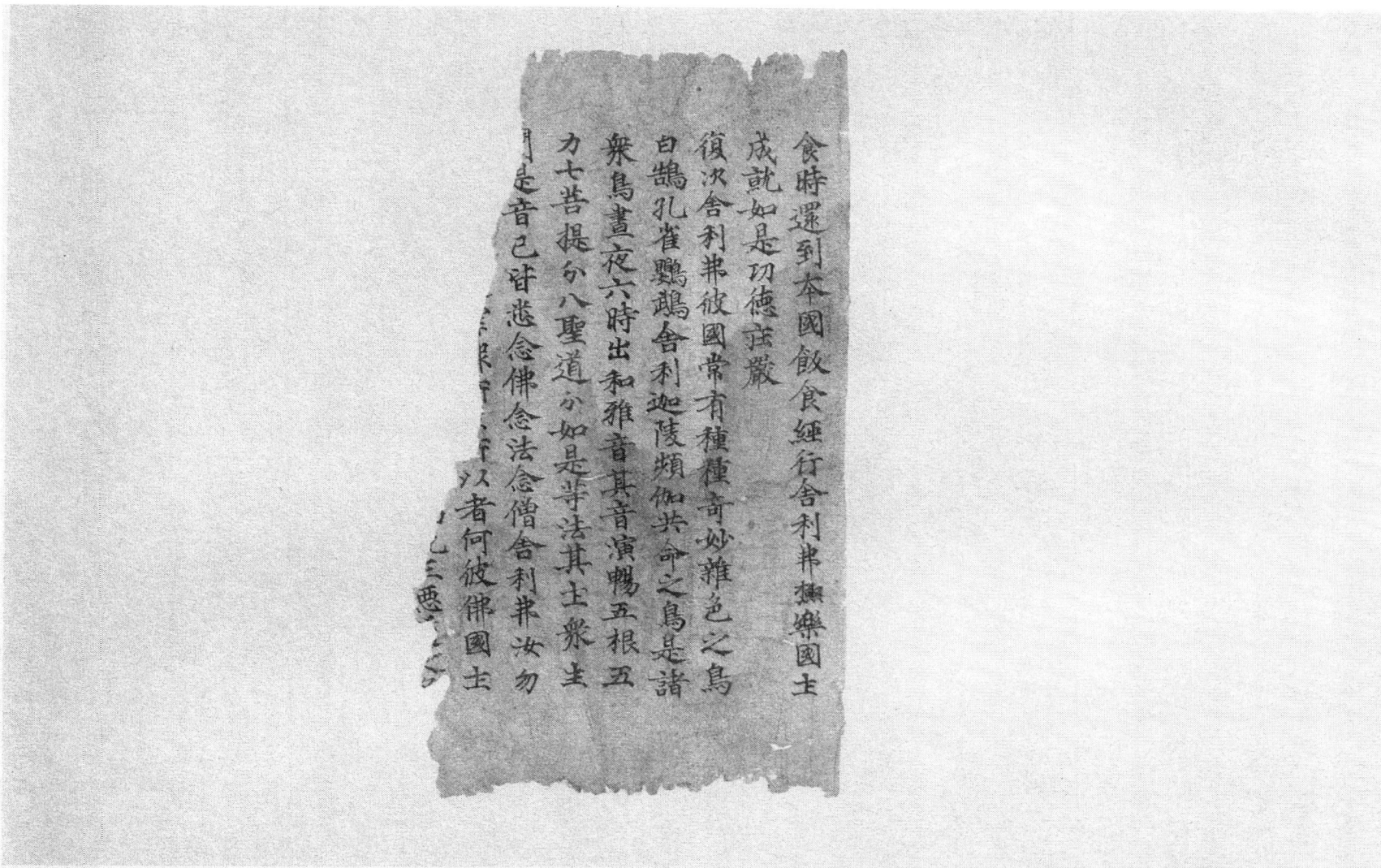

BD10542 號　阿彌陀經 　　　　　　　　　　　　　　　（1-1）

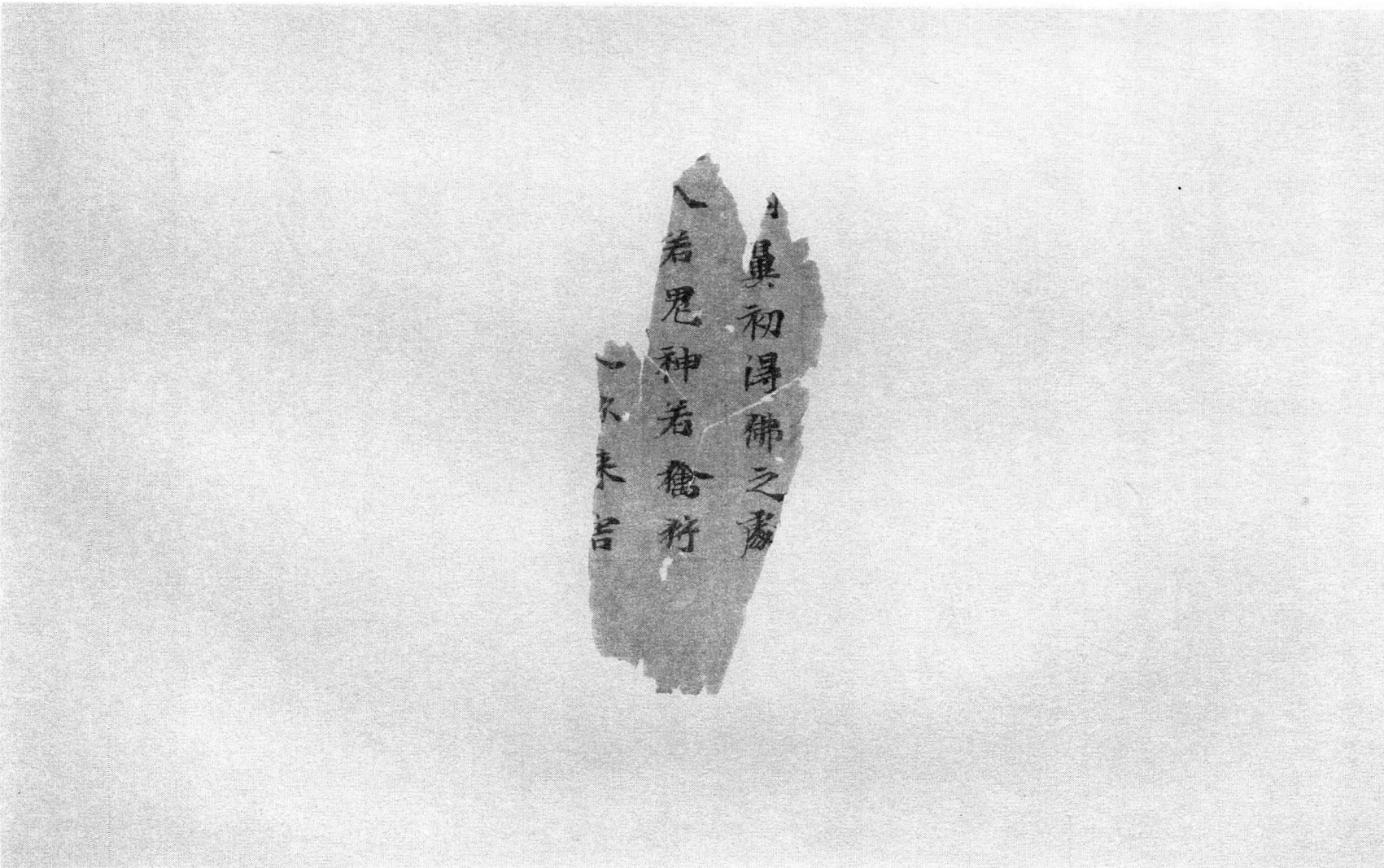

BD10543 號　道行般若經卷二 　　　　　　　　　　　（1-1）

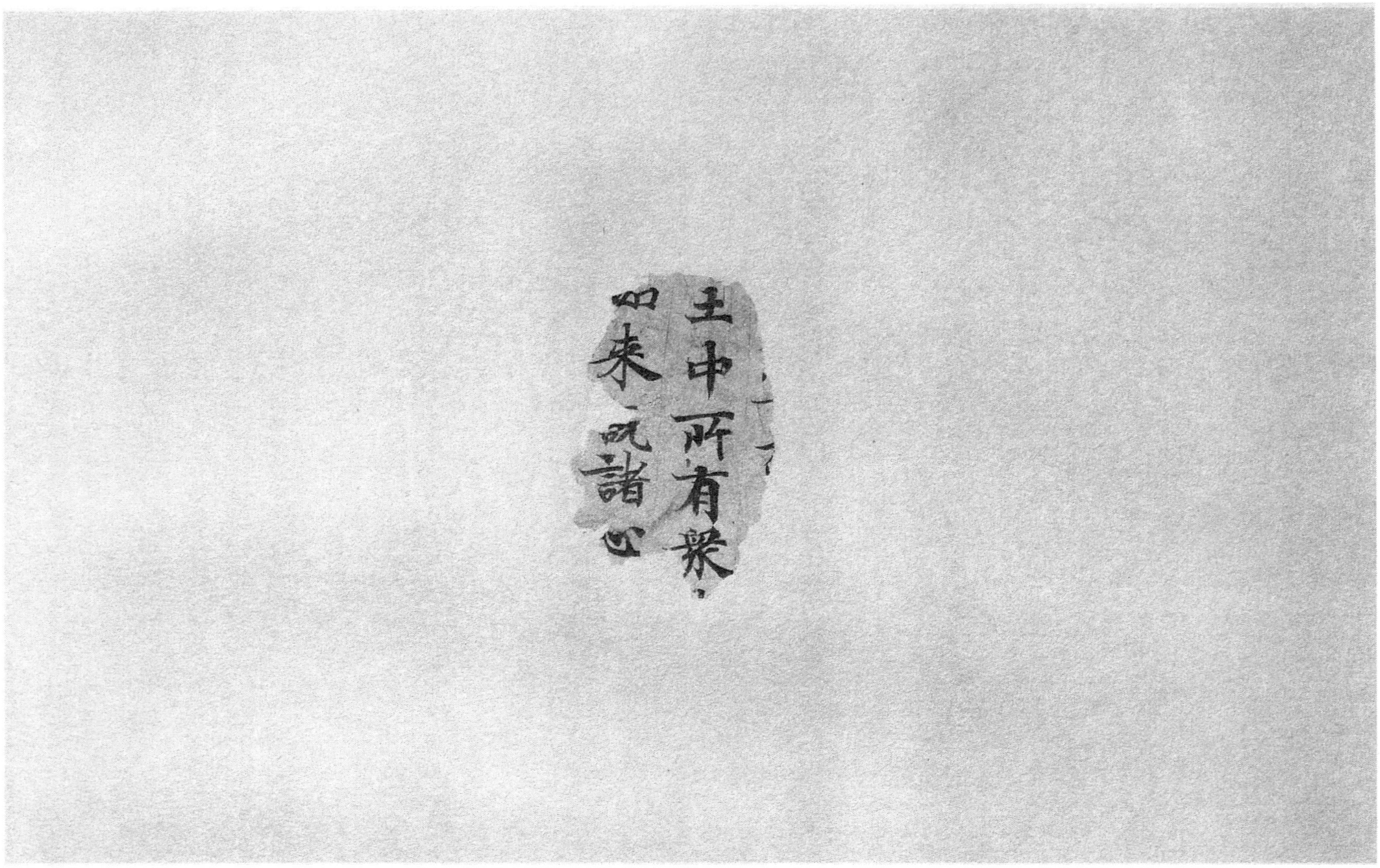

BD10544 號　金剛般若波羅蜜經

BD10545 號　待考佛教文獻（擬）

BD10546 號　賢劫十方千五百佛名經

（1-1）

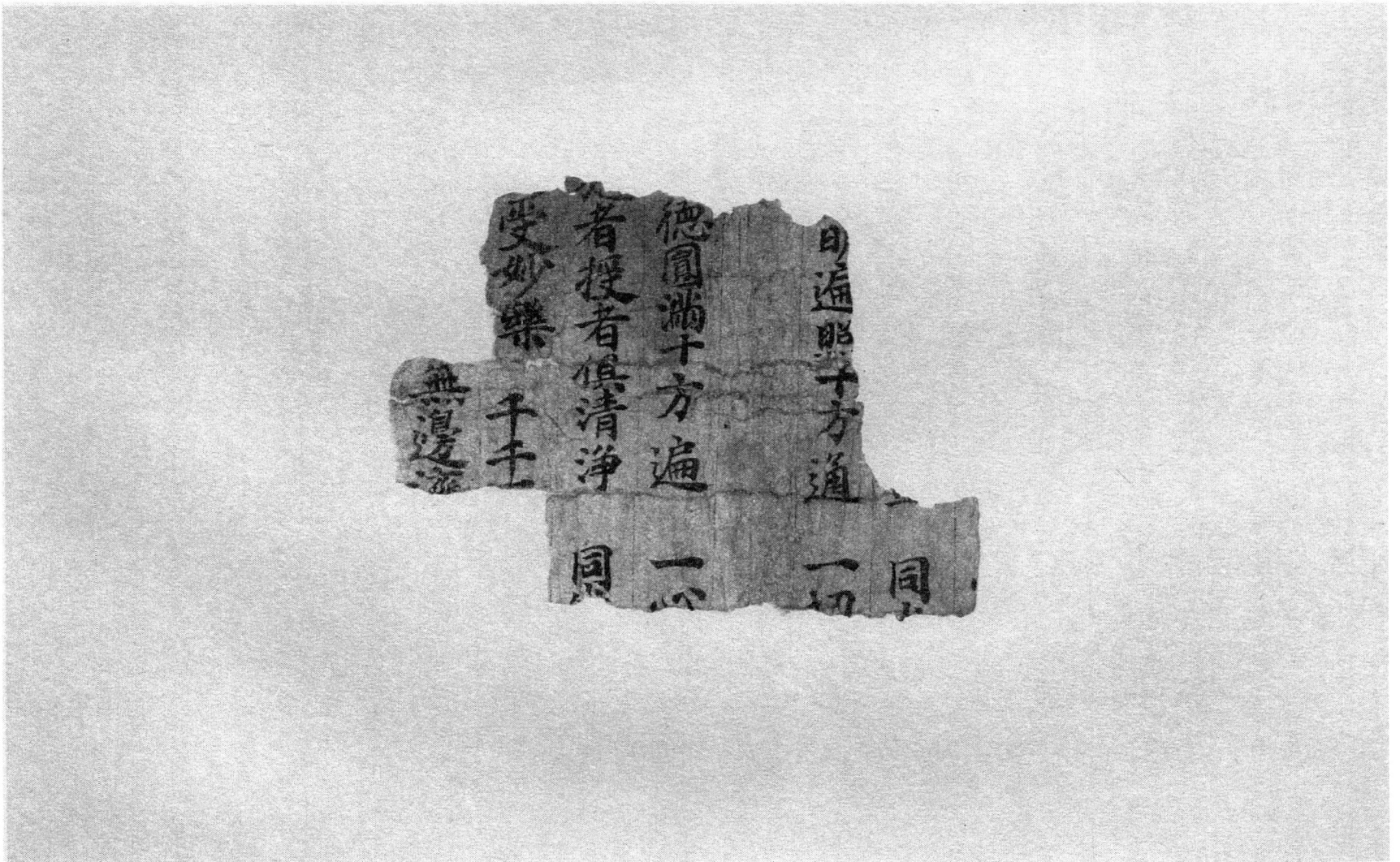

BD10547 號　待考佛教讚頌（擬）

（1-1）

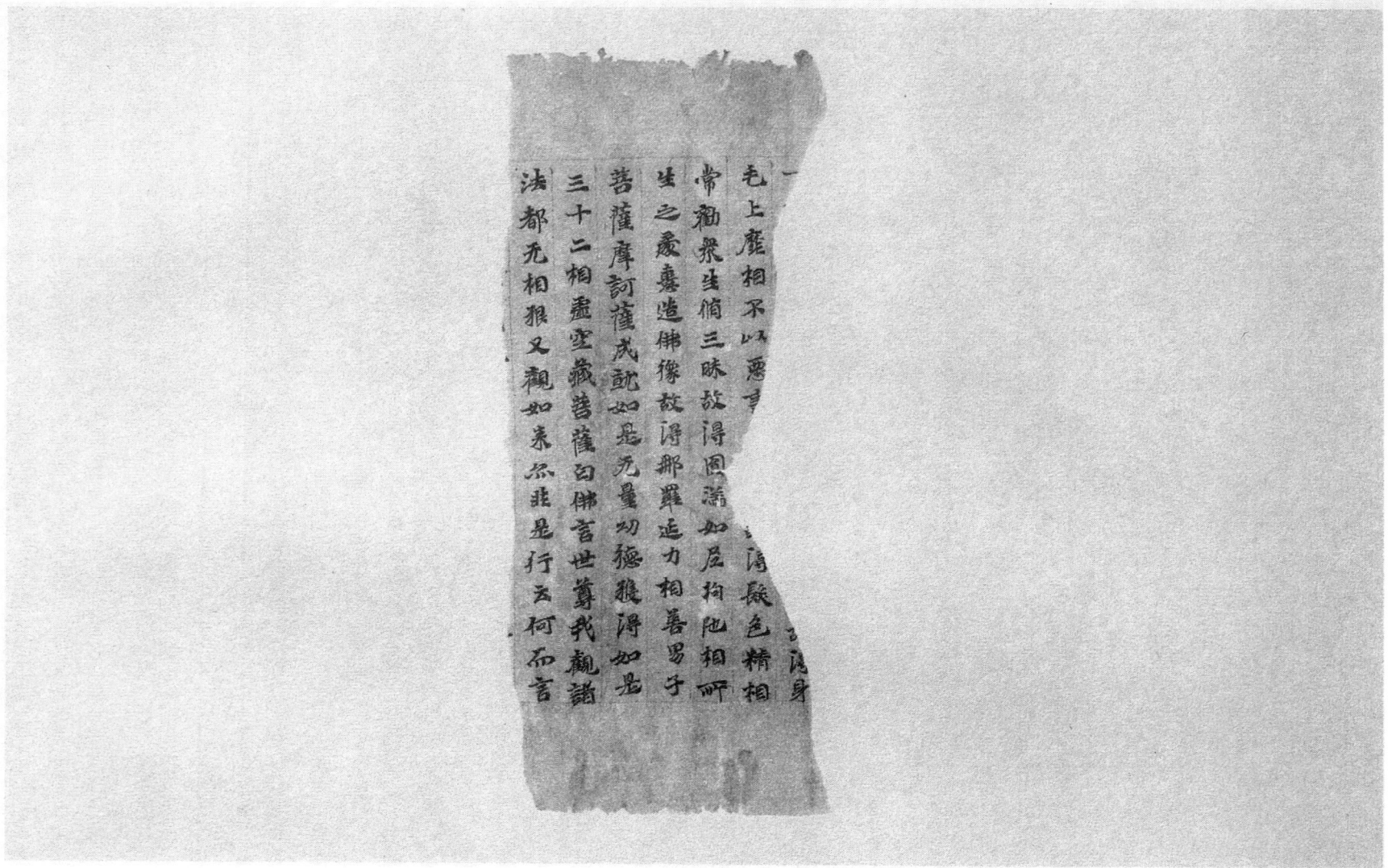

一毛上麀相不以惡言
常勸眾生備三昧故得圓滿如屈拘阤相呵
生之豪嫠造佛像故得那羅延力相善男子
菩薩摩訶薩戒就如是无量切德難得如是
三十二相盡空藏菩薩白佛言世尊我觀諸
法都无相狼又觀如來然非是行云何而言

BD10548 號　大通方廣懺悔滅罪莊嚴成佛經卷中　　　　　　　　　　　　　　　（1-1）

上有世界名
應正等覺明行
調御士天人时师
藥師瑠璃光如來
令諸有情所求
第一大願願我來世得
提時自身光明

BD10549 號　藥師琉璃光如來本願功德經　　　　　　　　　　　　　　　（1-1）

介時世尊復
謂信心俯疾
善根至

大方等大集經卷

BD10550號　大方等大集經卷五　　　　　　　　　　　（1-1）

法身無疆量
方處十方處

介時精進憧善薩承神力普觀十方

三世一切劫　不与如是俱

日

BD10551號　大方廣佛華嚴經（晉譯五十卷本）卷一一　　　　（1-1）

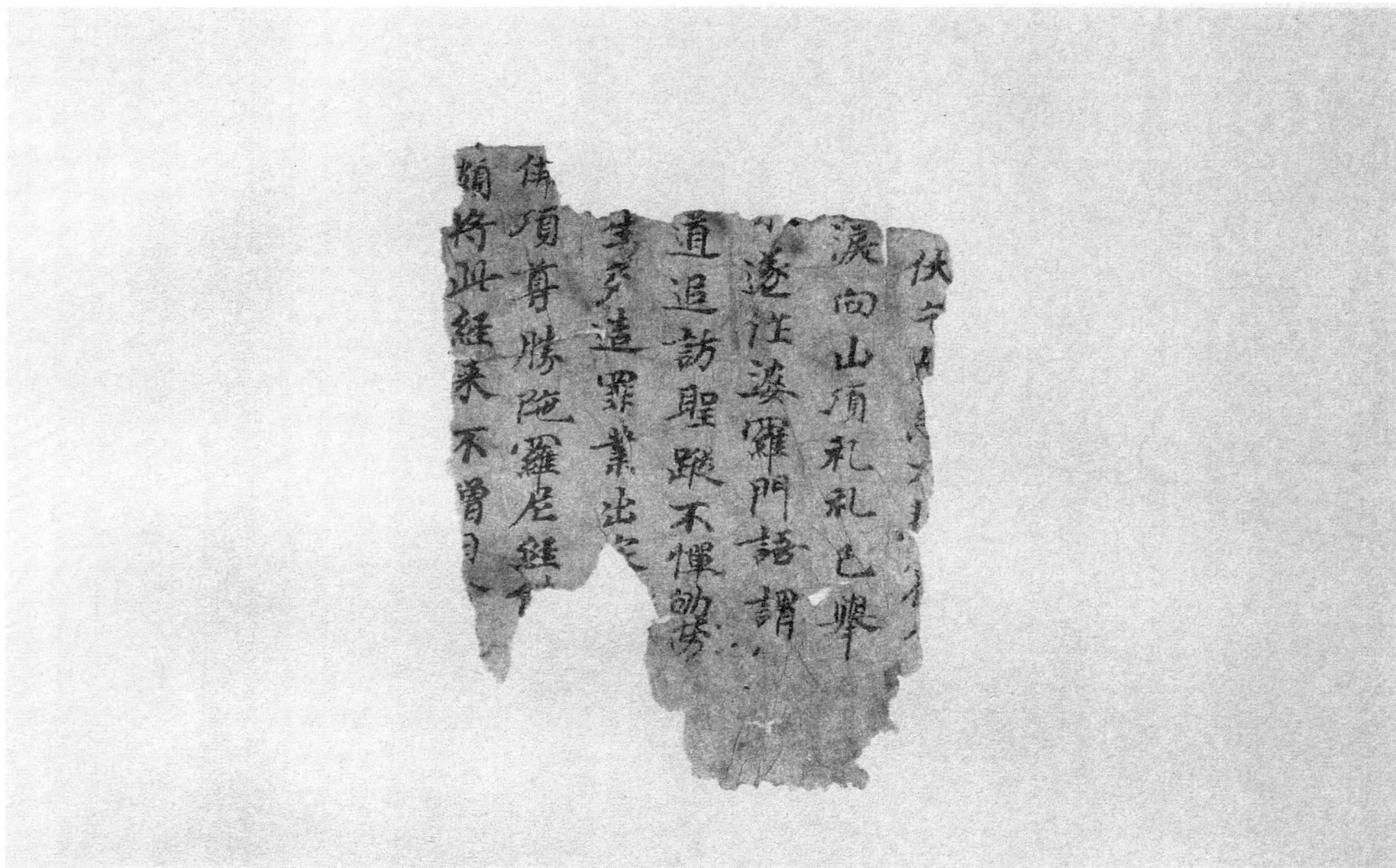

BD10552 號　佛頂尊勝陀羅尼經（佛陀波利本）序　　　　　　　　　　　　　　（1-1）

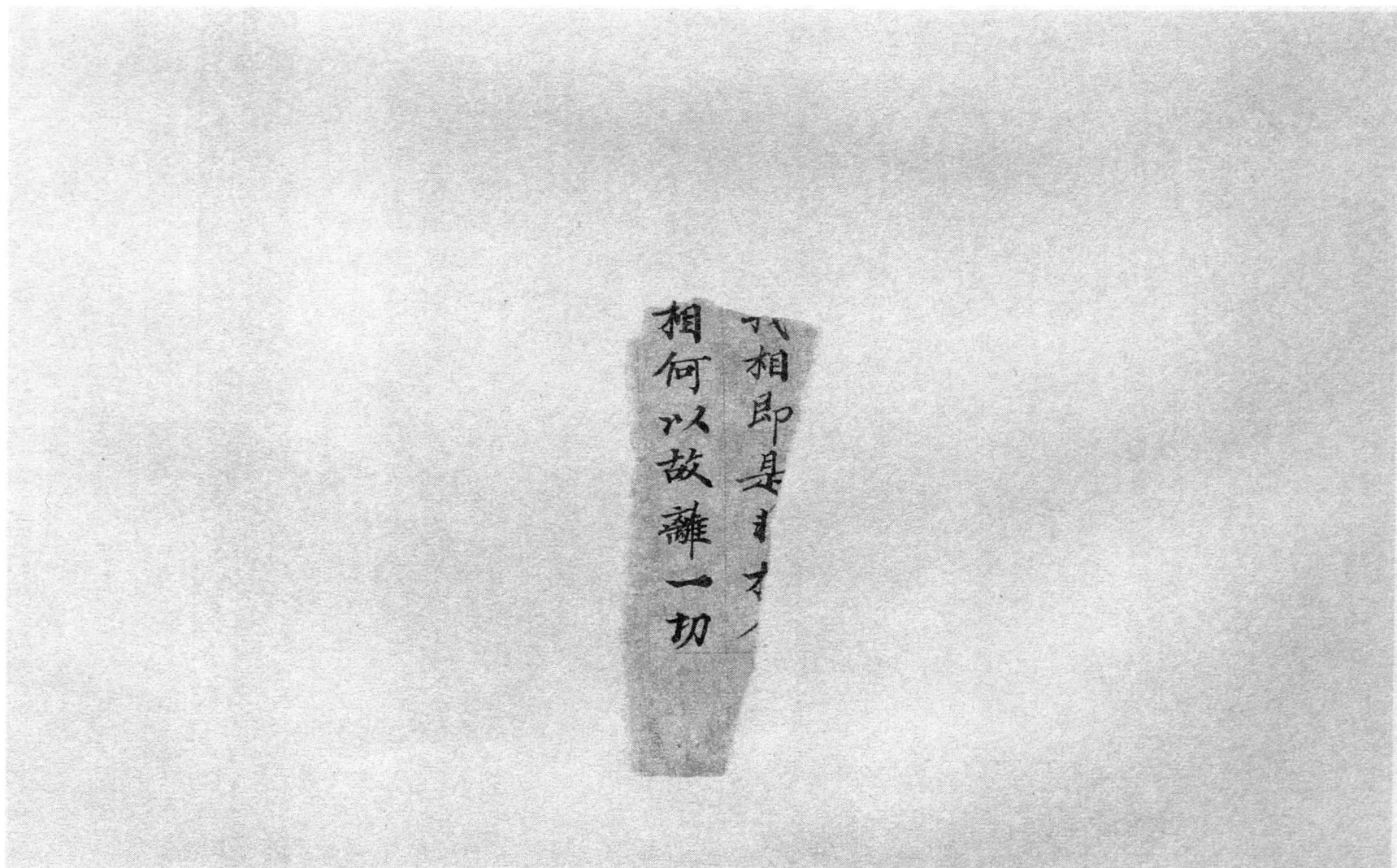

BD10553 號　金剛般若波羅蜜經　　　　　　　　　　　　　　　　　　　　（1-1）

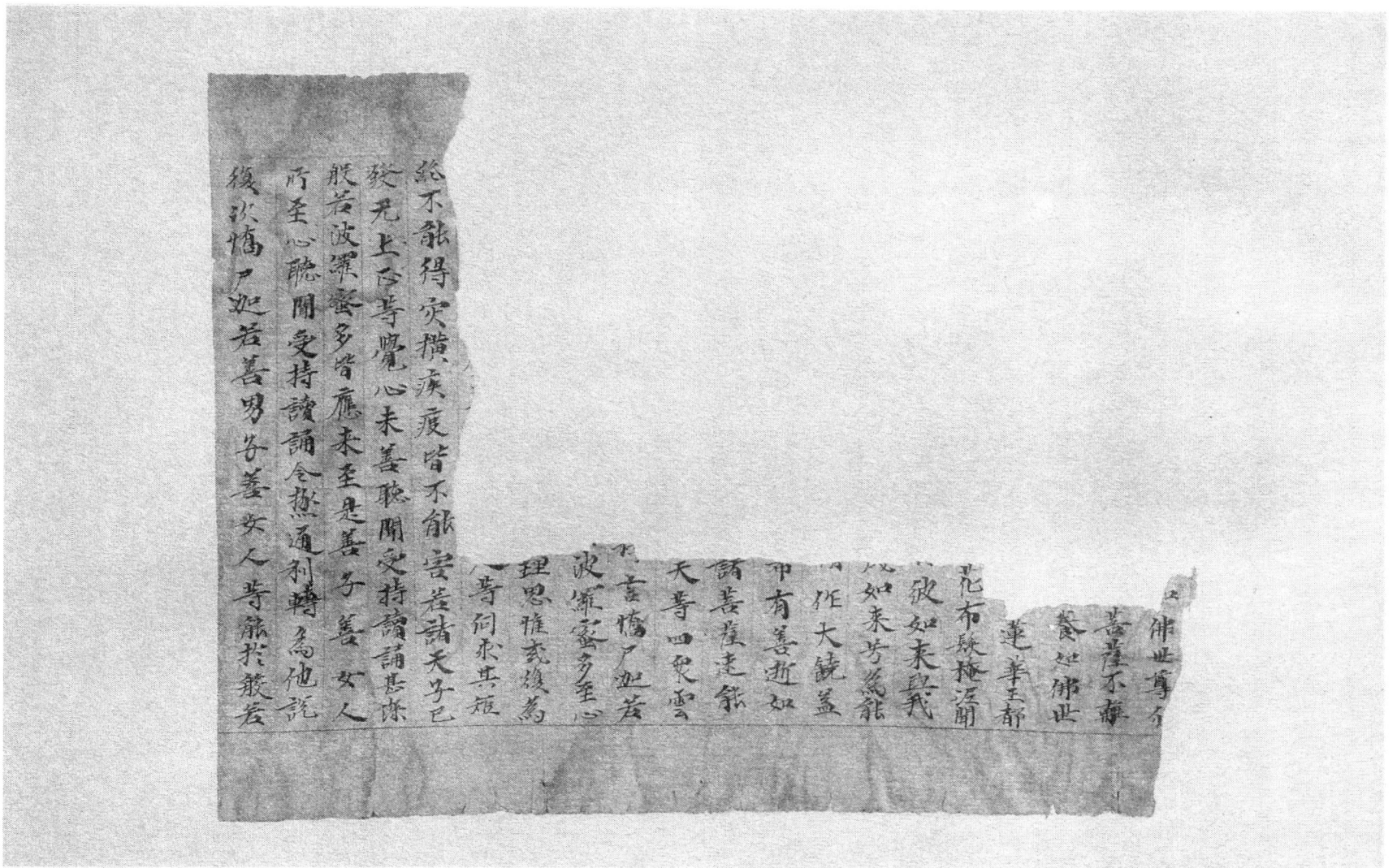

BD10554 號　大般若波羅蜜多經卷五五七　　　　　　　　　　　　（1-1）

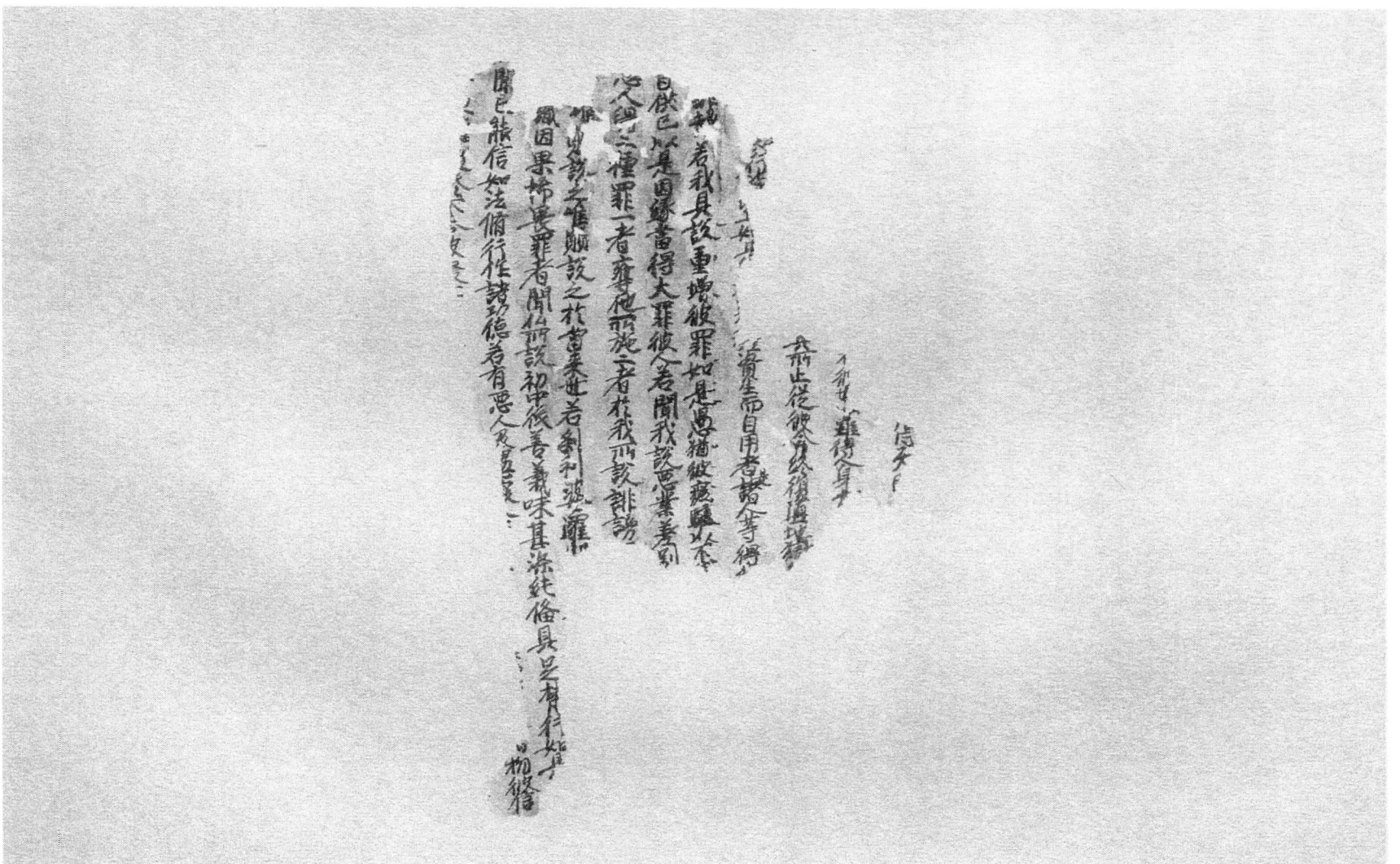

BD10555 號　大方等大集經鈔（擬）　　　　　　　　　　　　（1-1）

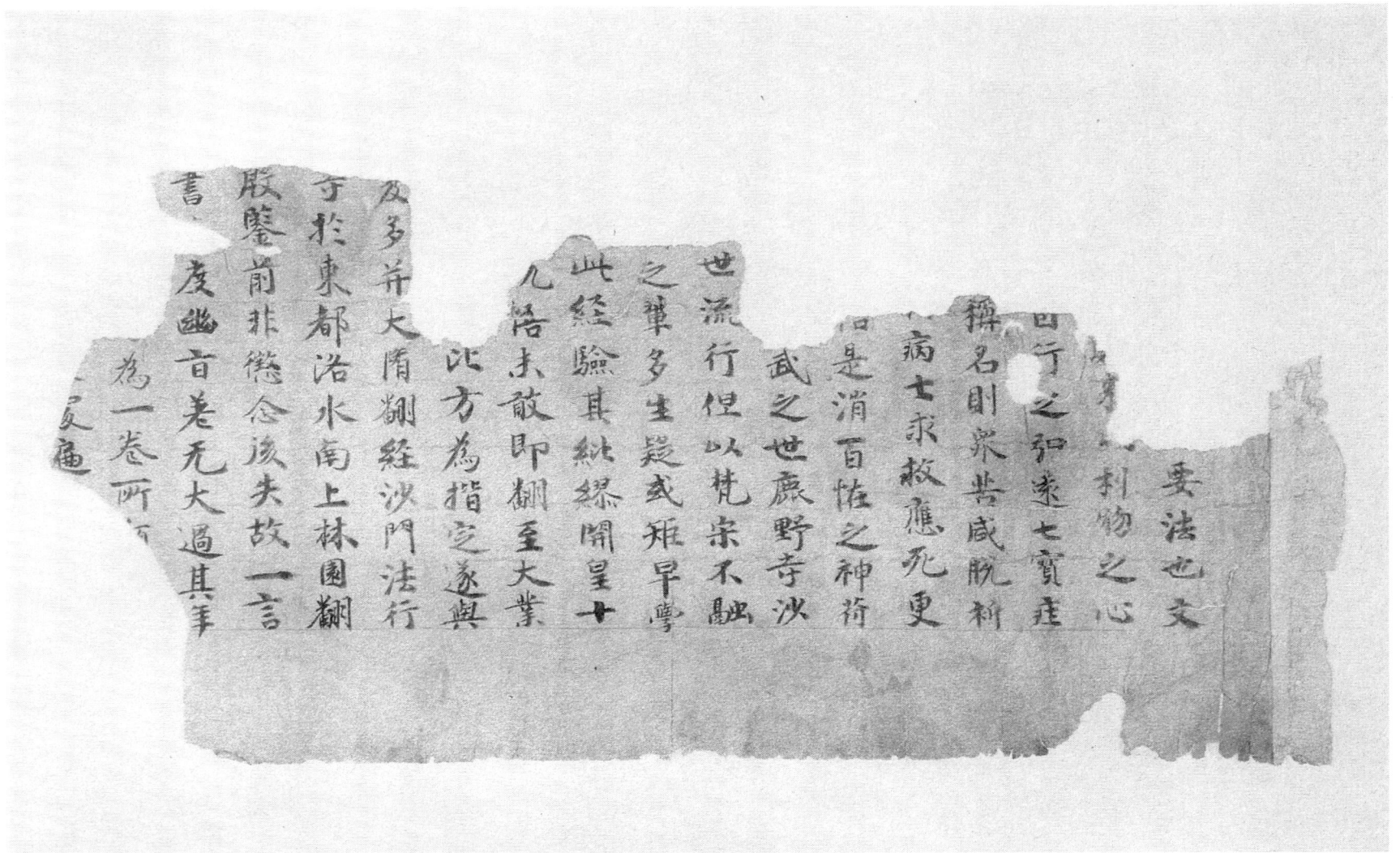

BD10556 號　藥師如來本願經序　　　　　　　　　　　　　　　　（1-1）

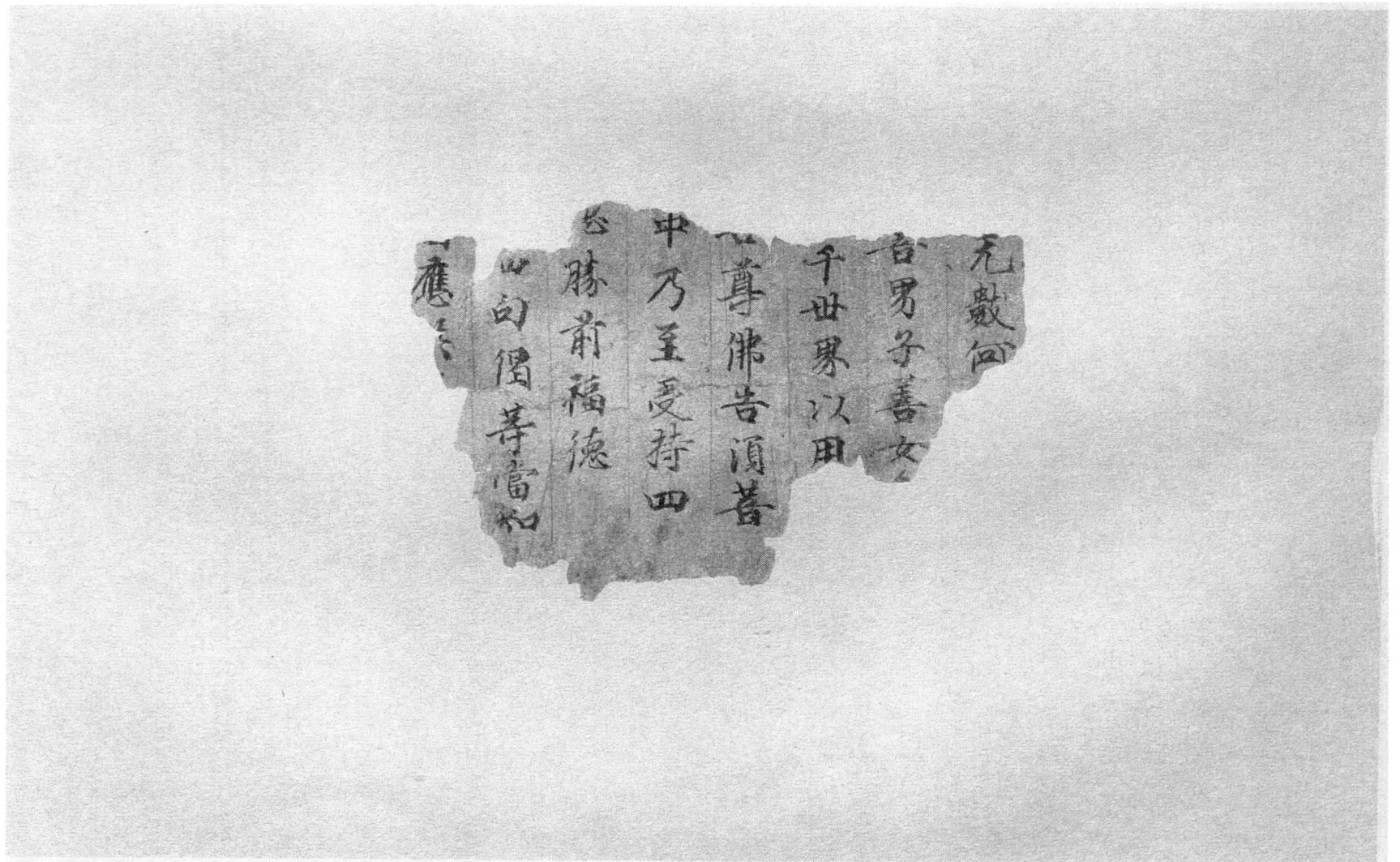

无數何
善男子善女
千世界以用
尊佛告湏菩
中乃至受持四
勝前福德
白佛菩當知
一應

BD10557 號　金剛般若波羅蜜經　　　　　　　　　　　　　　　　（1-1）

BD10558號　大般若波羅蜜多經卷一一六　　　　　　　　　　（1-1）

BD10559號　四分比丘尼戒本　　　　　　　　　　（1-1）

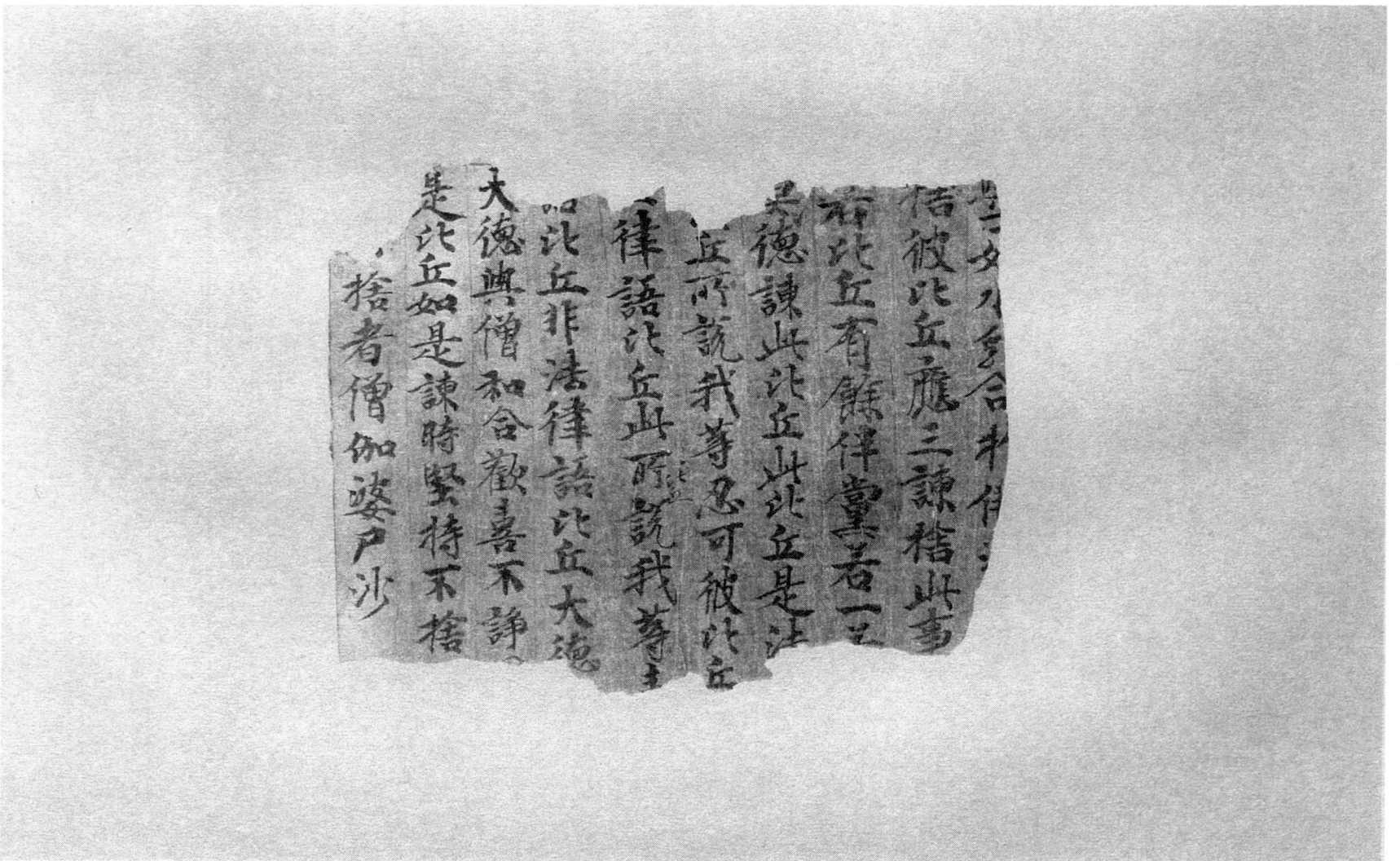

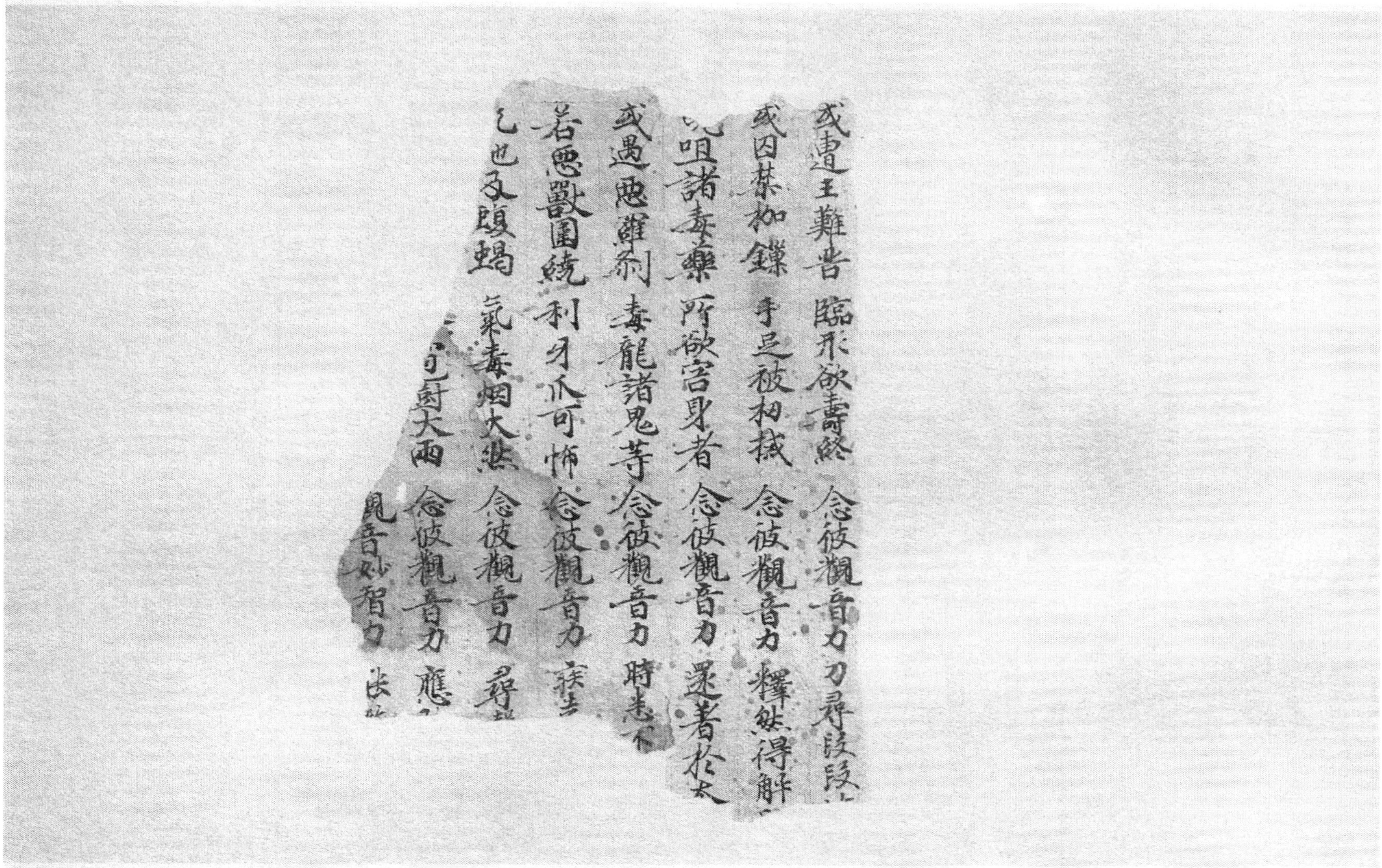

或遭王難苦　臨刑欲壽終　念彼觀音力　刀尋段段壞
或囚禁枷鎖　手足被杻械　念彼觀音力　釋然得解
呪詛諸毒藥　所欲害身者　念彼觀音力　還著於本人
或遇惡羅剎　毒龍諸鬼等　念彼觀音力　時悉不敢害
若惡獸圍繞　利牙爪可怖　念彼觀音力　疾走無邊方
蚖蛇及蝮蠍　氣毒煙火燃　念彼觀音力　尋聲自迴去
　　　　　　念彼觀音力　應
見音妙智力

BD10562 號　妙法蓮華經卷七 （1-1）

菩其願若此照目
斯真要唯顧記
云何佛言初善
佛羅漢後善者
未也我法妙難
　　　山川佛告云

BD10563 號　妙法蓮華經疏（擬） （1-1）

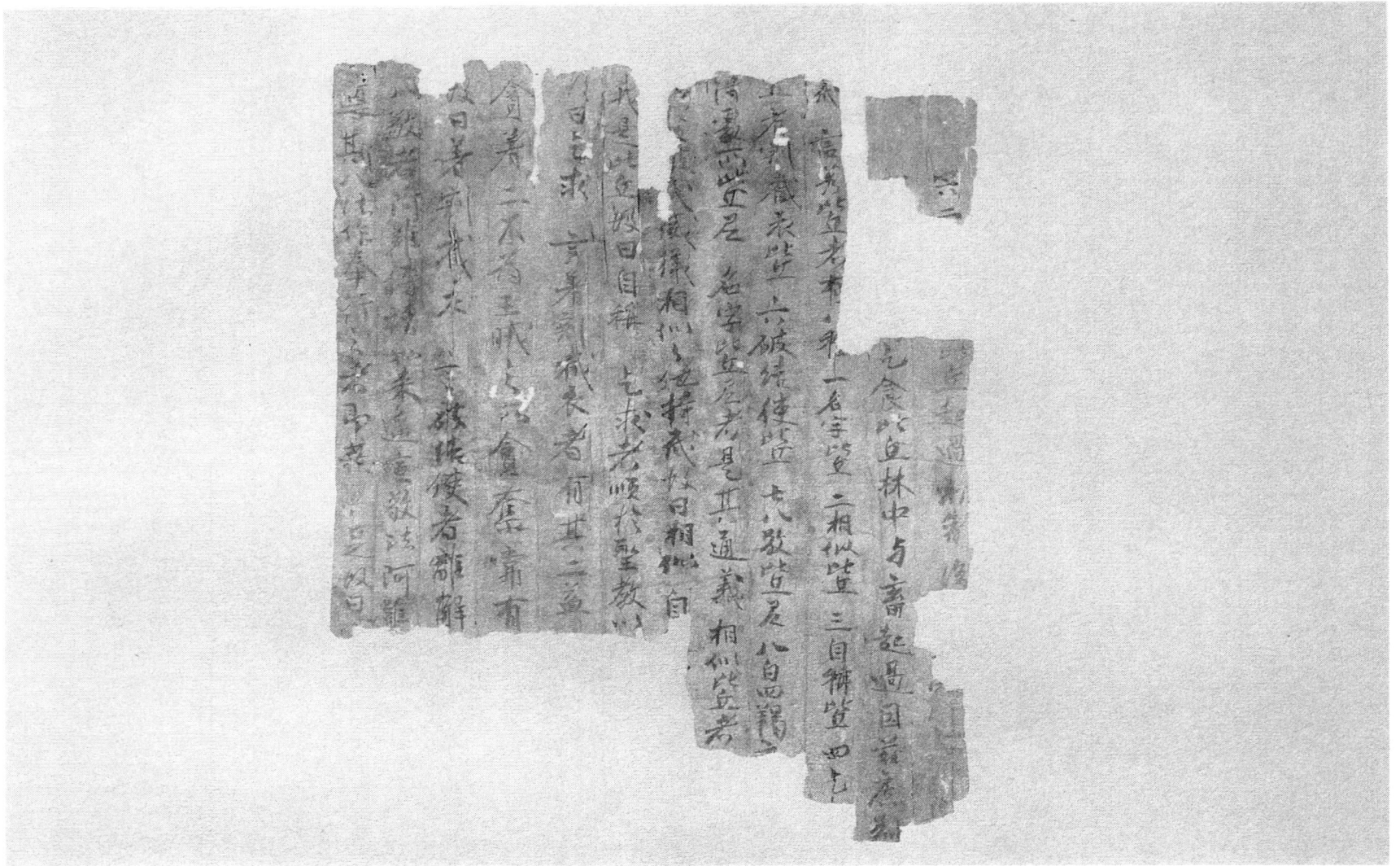

BD10564 號　釋八比丘（擬）

（1-1）

BD10565 號　待考疑偽經（擬）

（1-1）

善根說於正法
里讚嘆无量
哉善哉妆
[善]哉

BD10566 號　金光明經卷二　　　　　　　　　　　　　　（1-1）

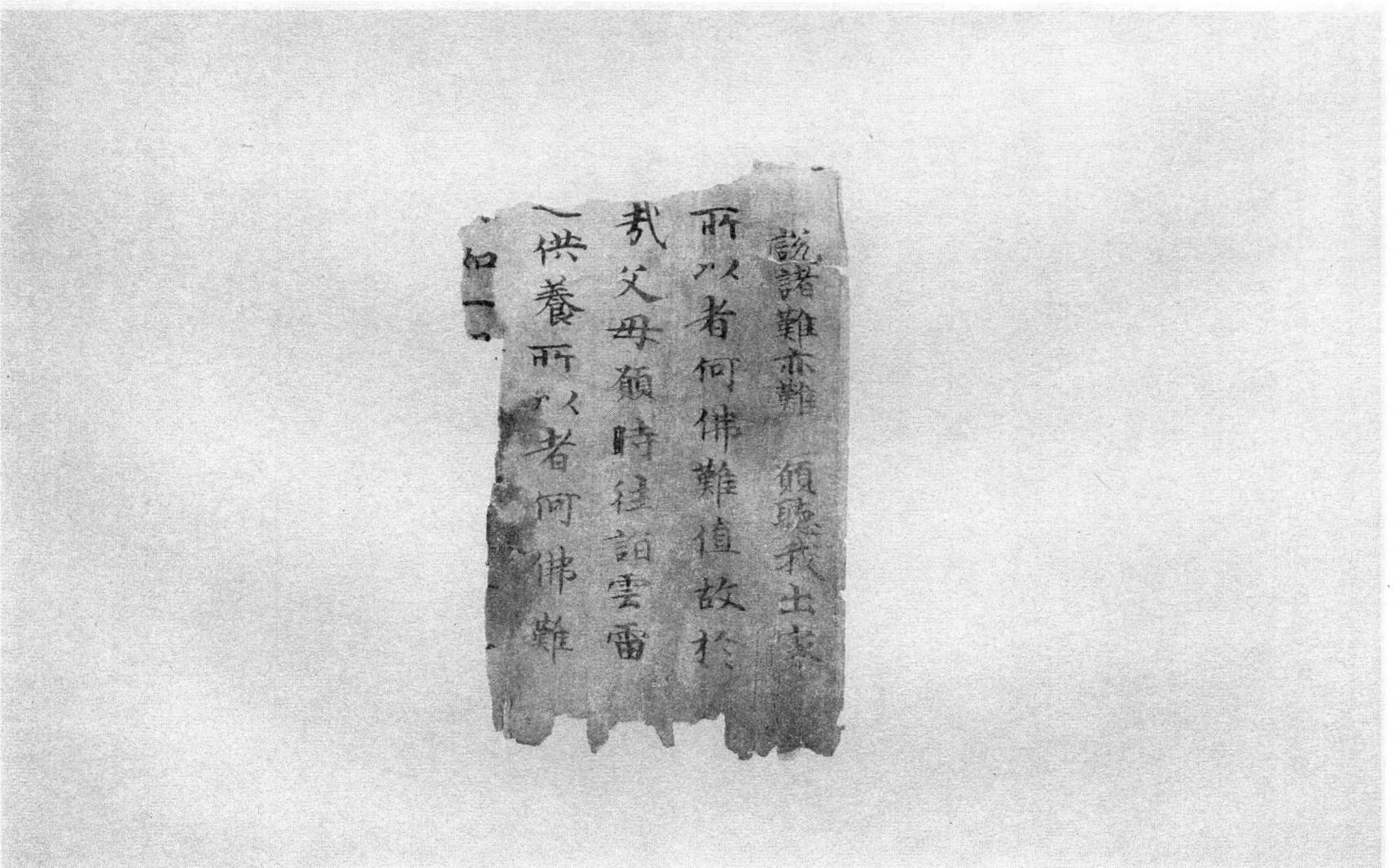

說諸難亦難
願聽我出家
所以者何佛難值故於
哉父母願時往詣雲雷
一供養所以者何佛難

BD10567 號　妙法蓮華經卷七　　　　　　　　　　　　　（1-1）

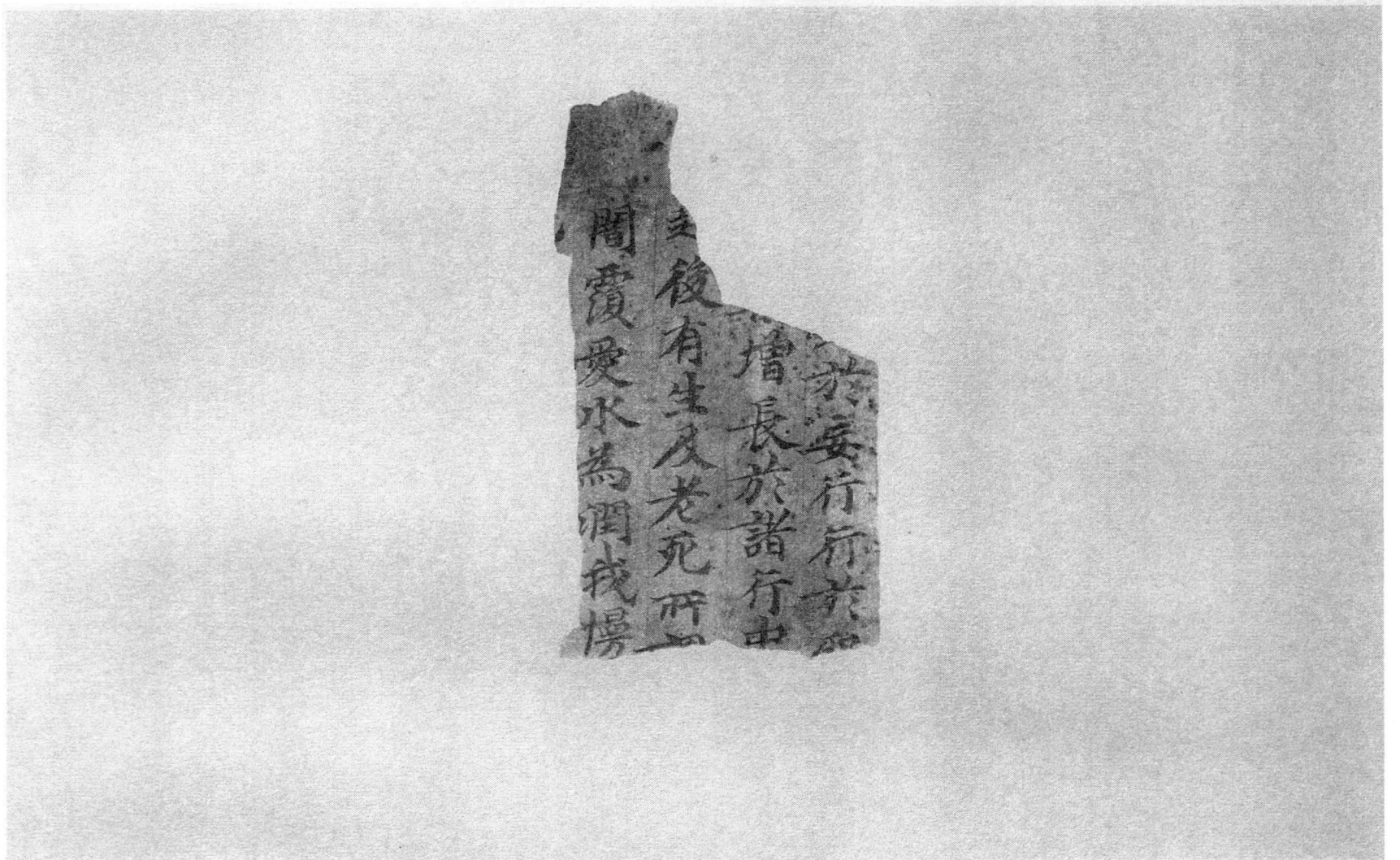

於安行行於
後有生及老死西
僧長於諸行中
闇覆愛水為潤戒傷

BD10568號　解迷顯智成悲十明論　　　　　　　　　　　　　　　　　　（1-1）

毛孔放大光明
主憲琁光中十
反五濁惡世為
反

BD10569號　金光明最勝王經卷三　　　　　　　　　　　　　　　　　　（1-1）

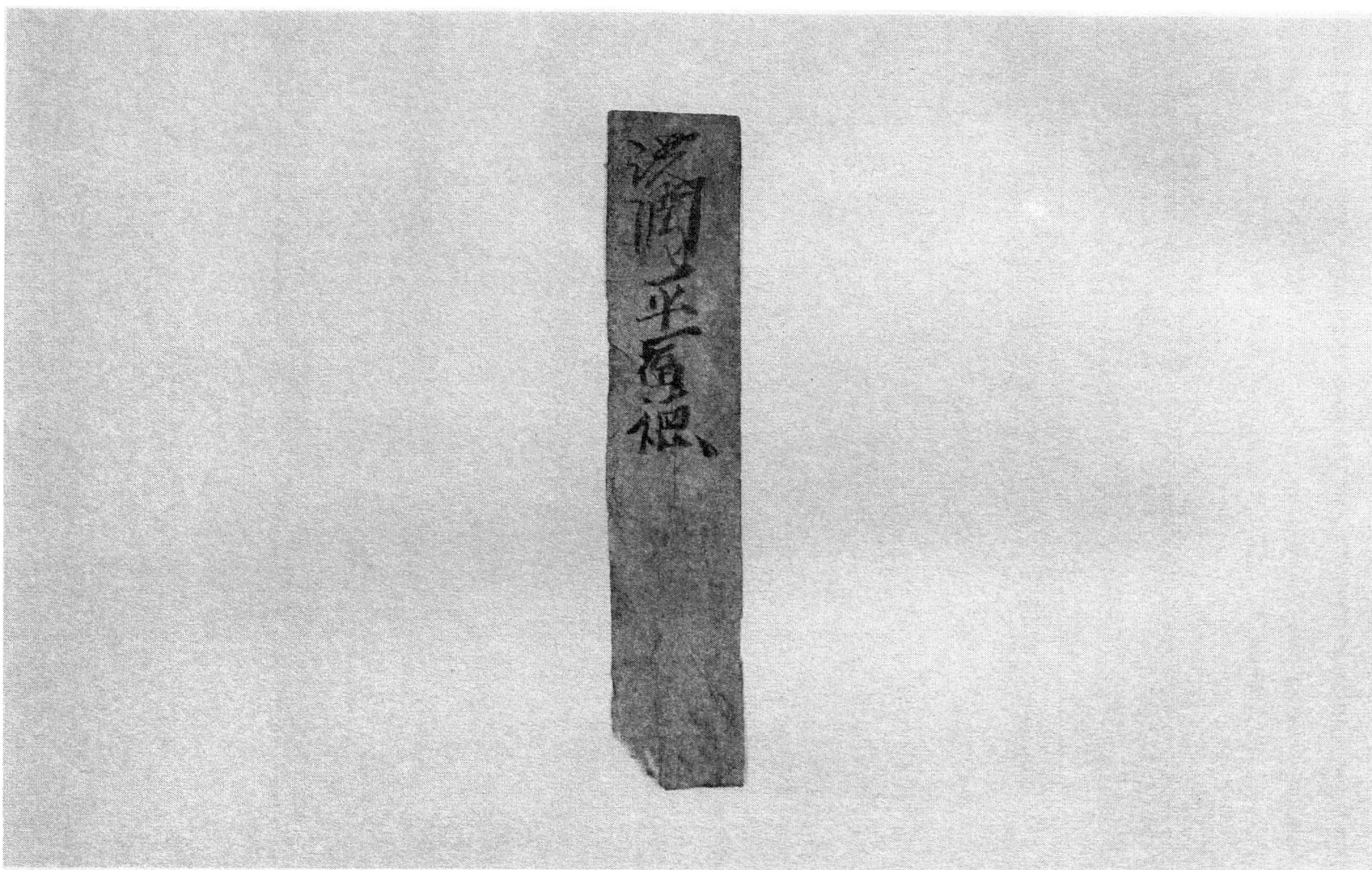

BD10570 號　洪潤鄉平富德簽條（擬）　　　　　　　　　　　　　（1-1）

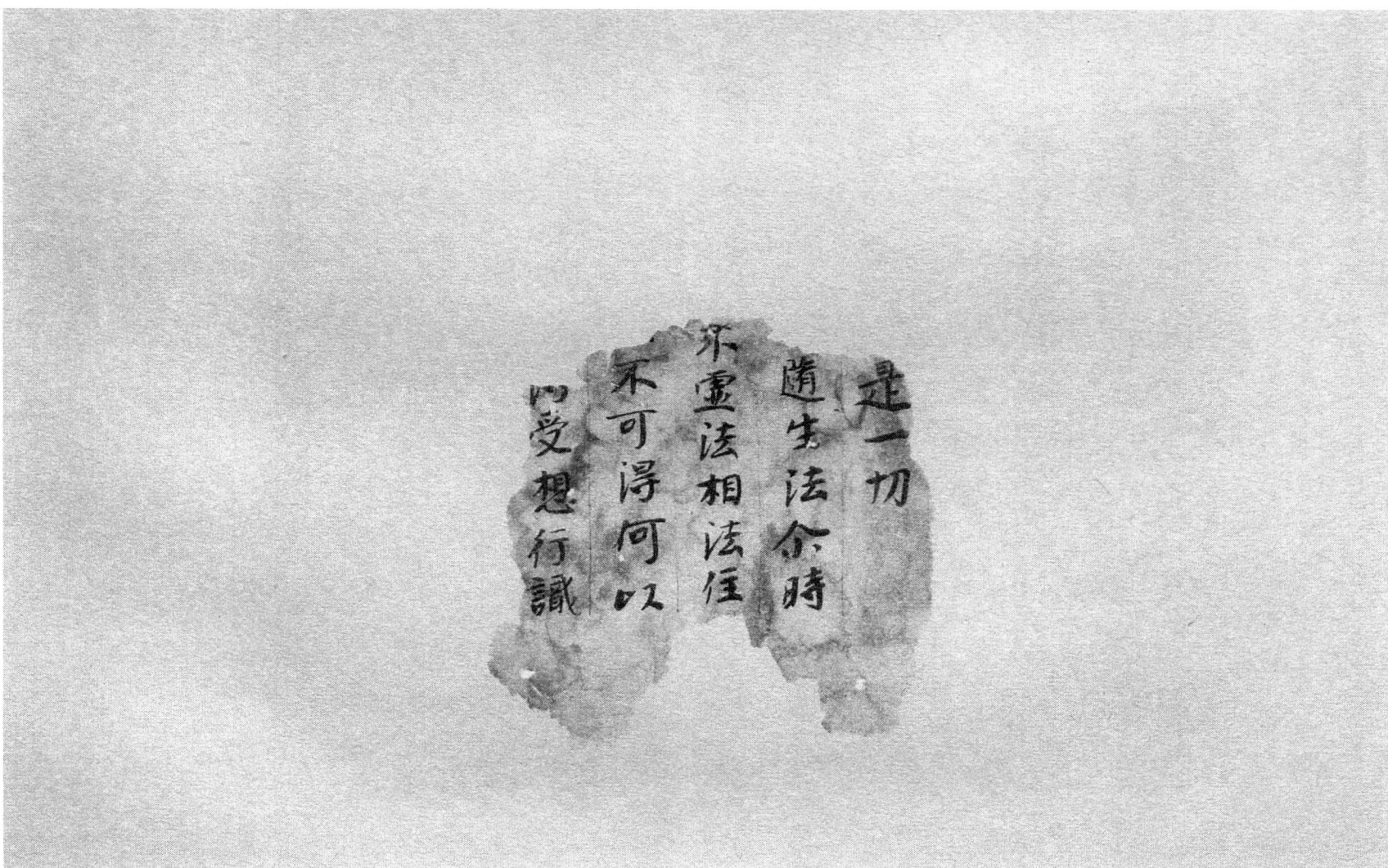

BD10571 號　摩訶般若波羅蜜經卷一六　　　　　　　　　　　　（1-1）

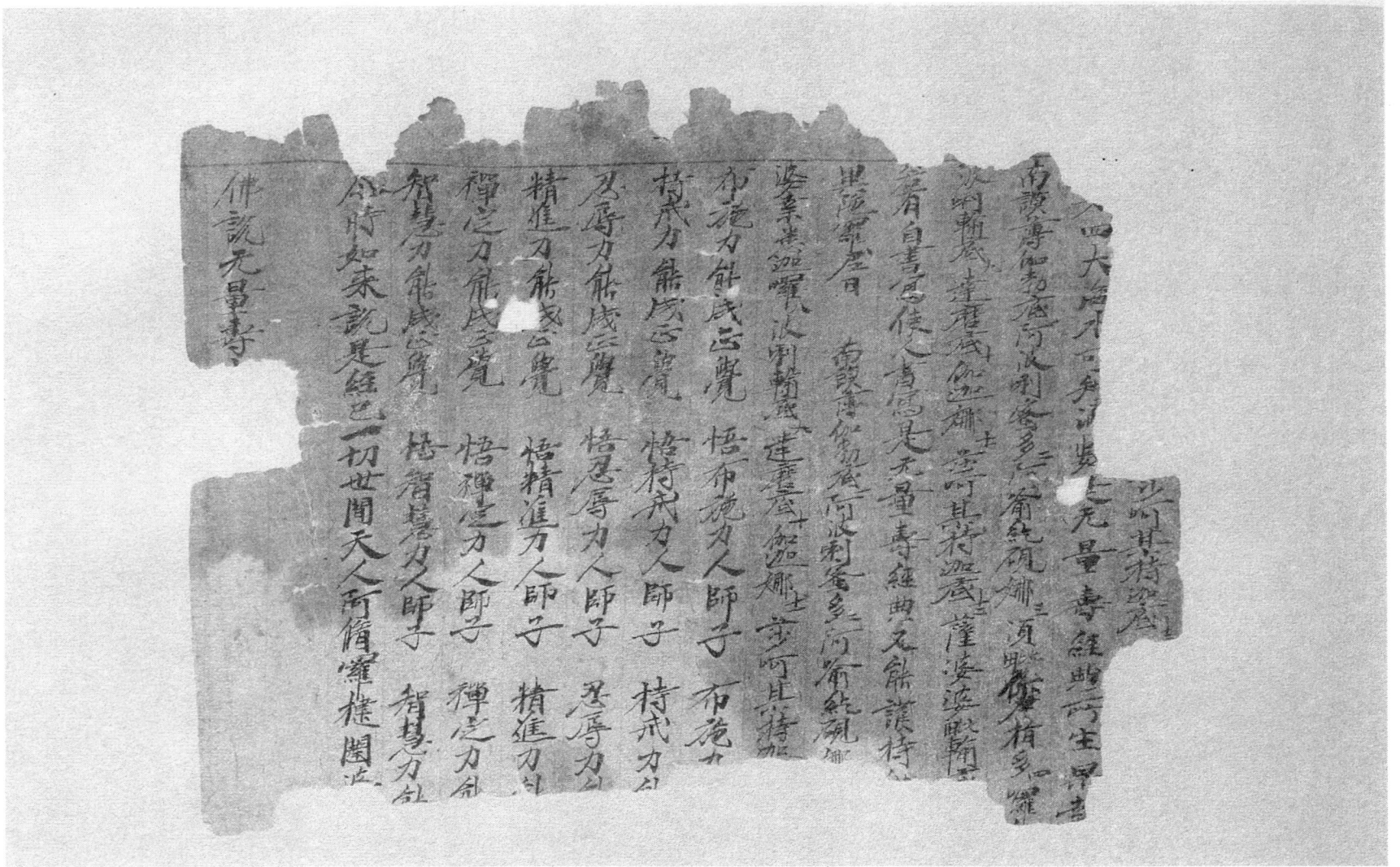

BD10572 號　無量壽宗要經 (1-1)

BD10573 號　佛名經（十六卷本）卷一四 (1-1)

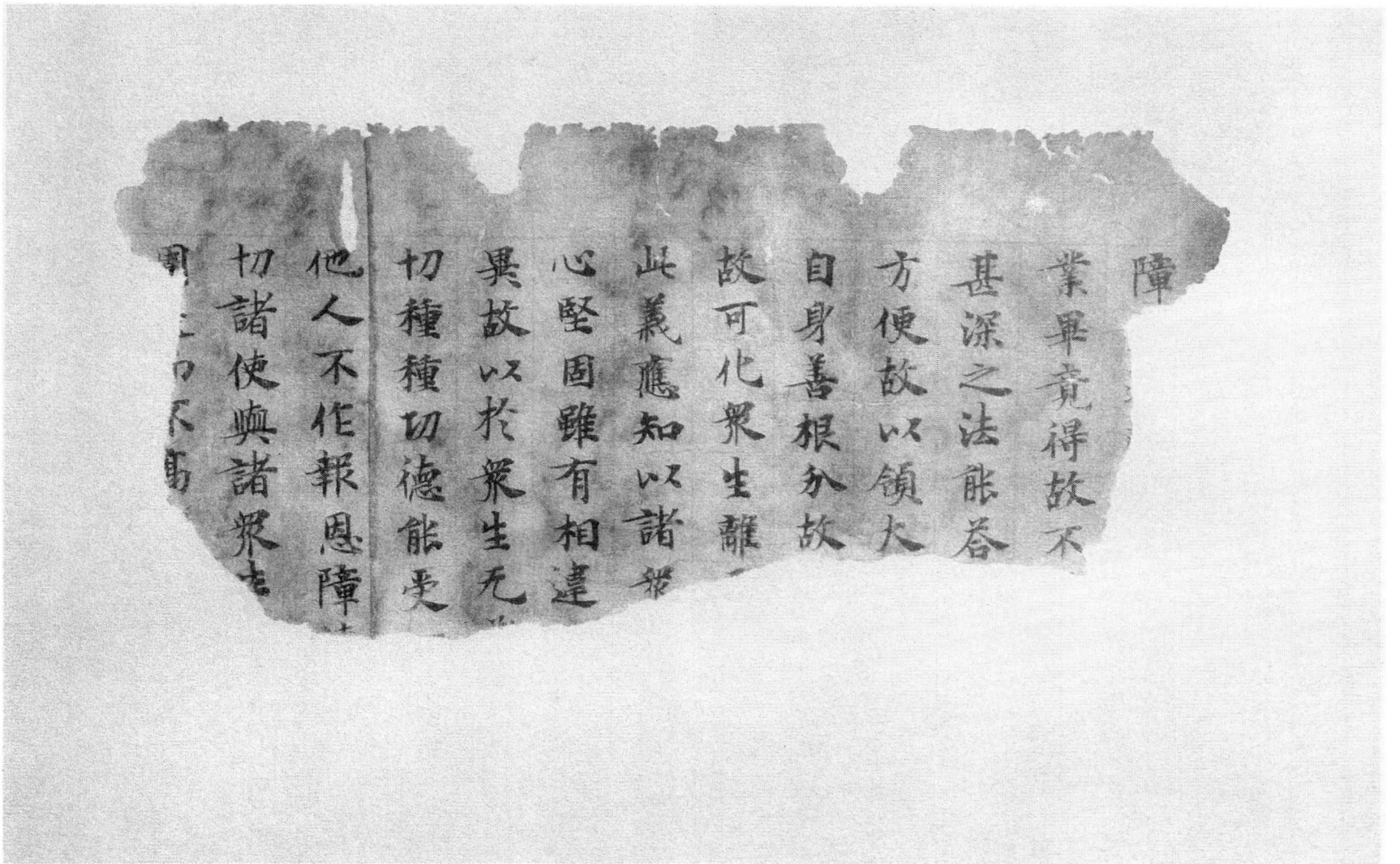

他人不作報恩障　一切種種切德能受　心堅固雖有相違　此義應知以諸　故可化眾生離　自身善根分故　方便故以領火　甚深之法能荅　業畢竟得故不　障

一切諸使與諸眾

以次加棄如邑蕉樹　既為病苦所纏魚已　其一可斷其一已是　更與共交通時王捕得　有人形如王氏為天　如是有病則　子人然如　善男子人二如　惡眠善男子人　王言大臣常

BD10576 號　待考佛教典籍殘片（擬）　　　　　　　　　　　　　　　　　　　（1–1）

BD10577 號　護首（大般若波羅蜜多經）　　　　　　　　　　　　　　　　　（1–1）

大四十由旬眼如電光矛如

八万四千重於其四角復有四

其七重鐵城內復有剱林下有

七重鐵綱下有十八

阜地獄縱廣正等

佛復告文殊師利

各如鐵叉尾如鑯金一

有非菩薩非甲冑故

善現是菩薩摩訶薩

冑故說彼甲冑不

明何以故空辯炕明

以故先如先願辭骸門

薩非甲冑故說彼甲中不

門善現是菩薩摩訶薩

何以故五眼畢竟無

叱彼甲冑不屬五眼等

甲冑不屬六神通

非菩薩非甲冑故

善現是菩薩摩訶薩

門何以故三摩地門畢

門何以故說彼甲冑不屬

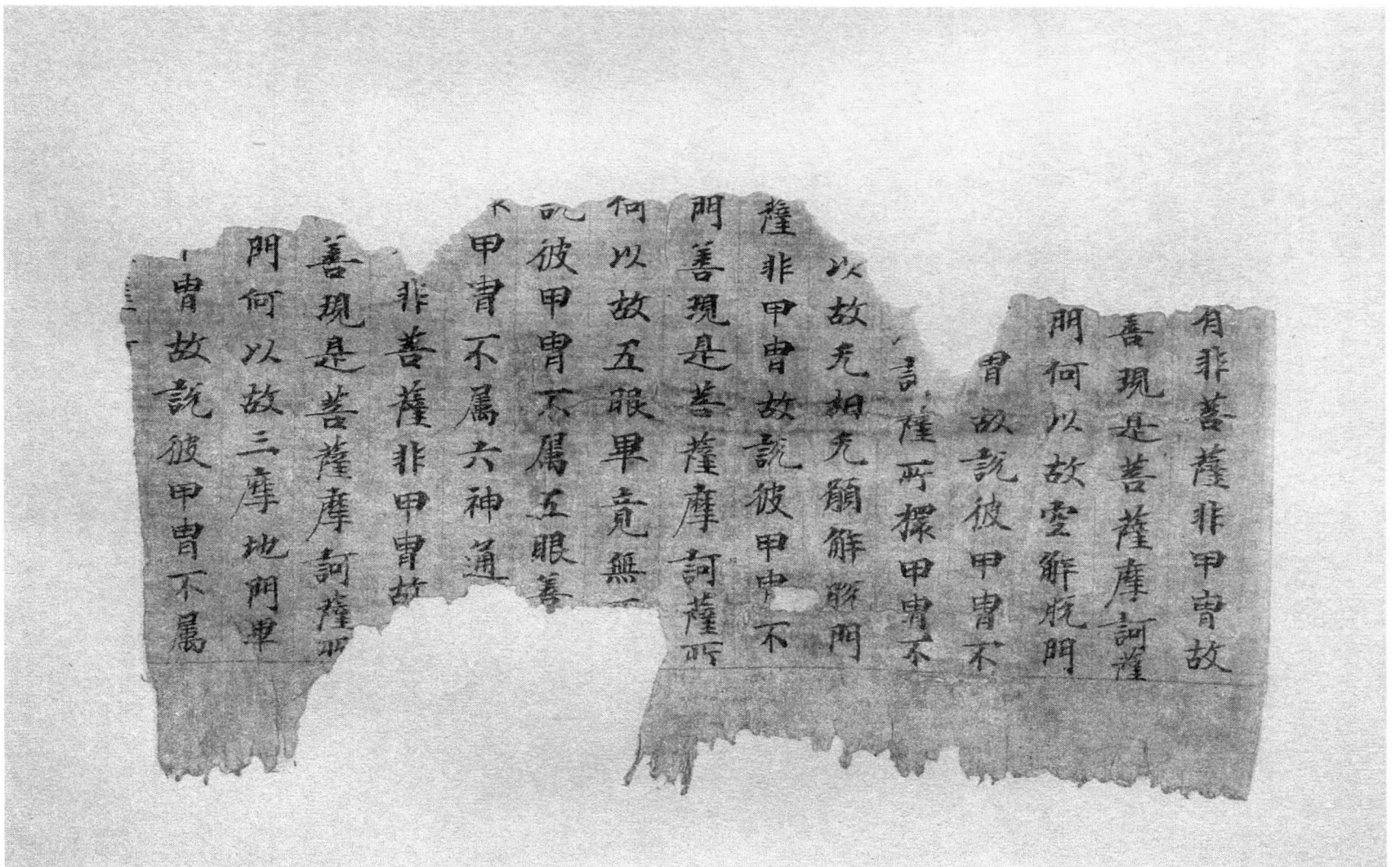

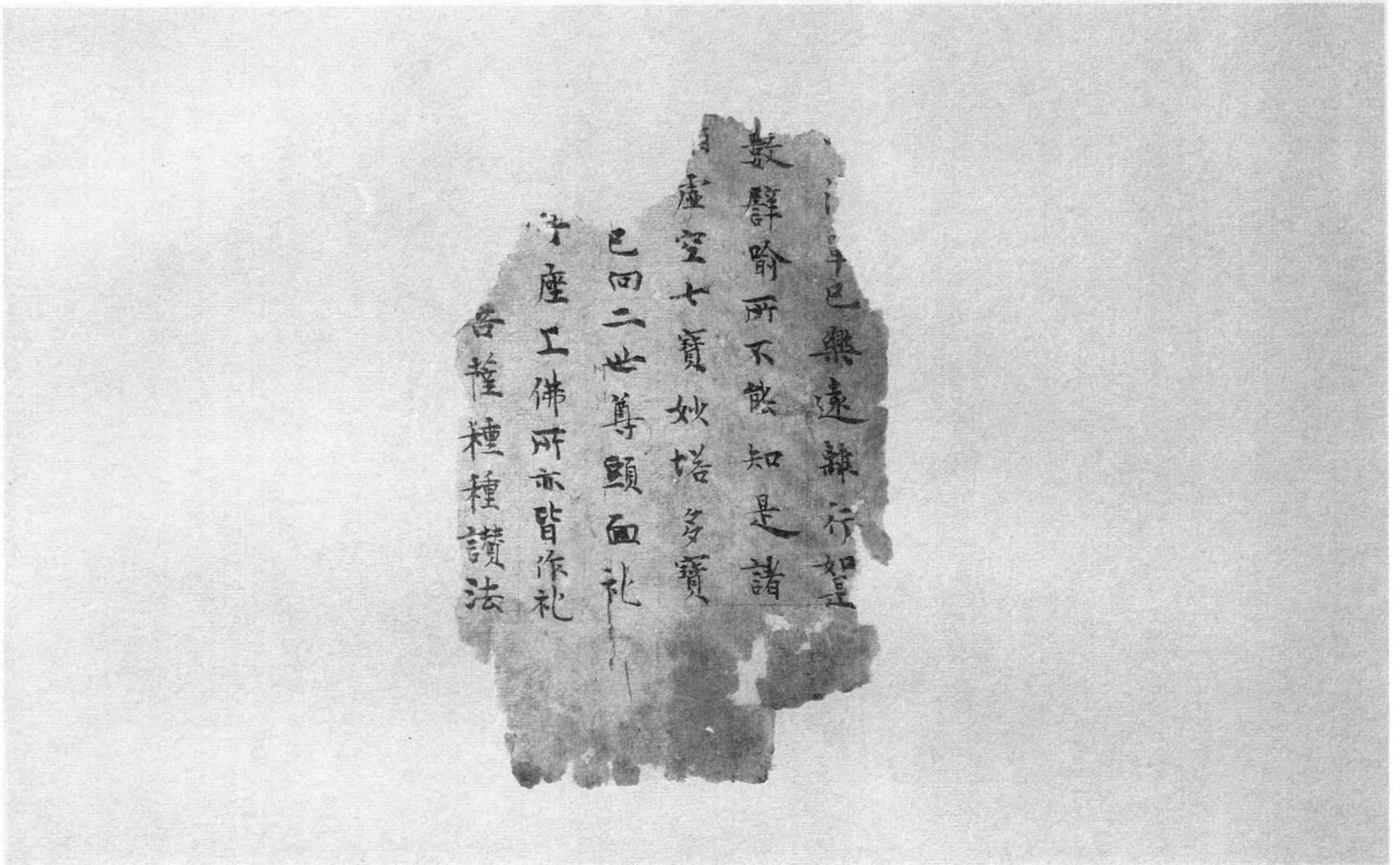

BD10580 號　妙法蓮華經卷五　　　　　　　　　　　　　　　　　（1-1）

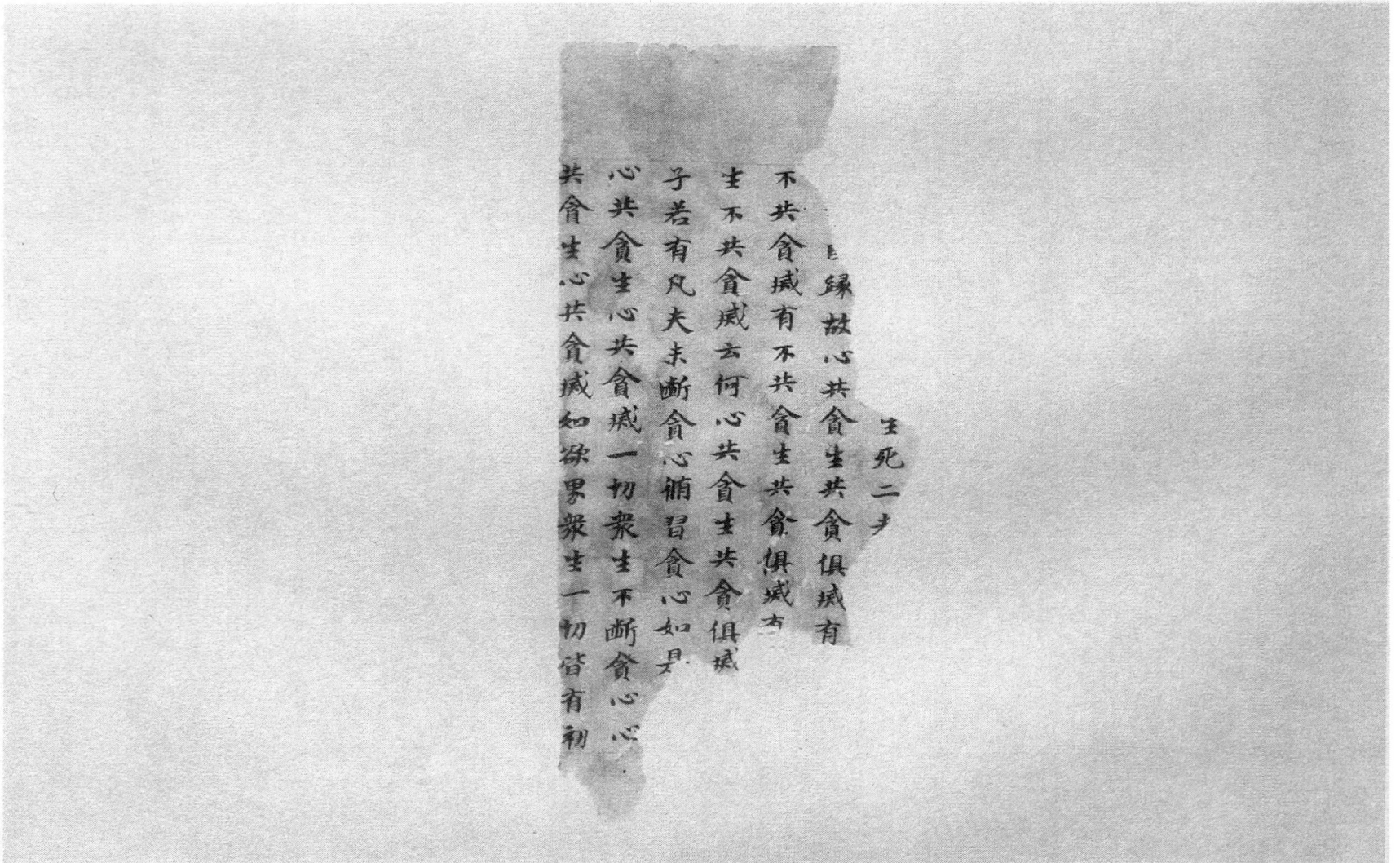

BD10581 號　大般涅槃經（北本）卷二五　　　　　　　　　　　（1-1）

山时根盧茶
丁三六九六
序是三六
来之氣忱亦
懷頂捺游

妙法蓮華經五百弟子受記品第八
尒時富樓那稱多羅尼子從佛聞是
便道匡究上又聞授尒

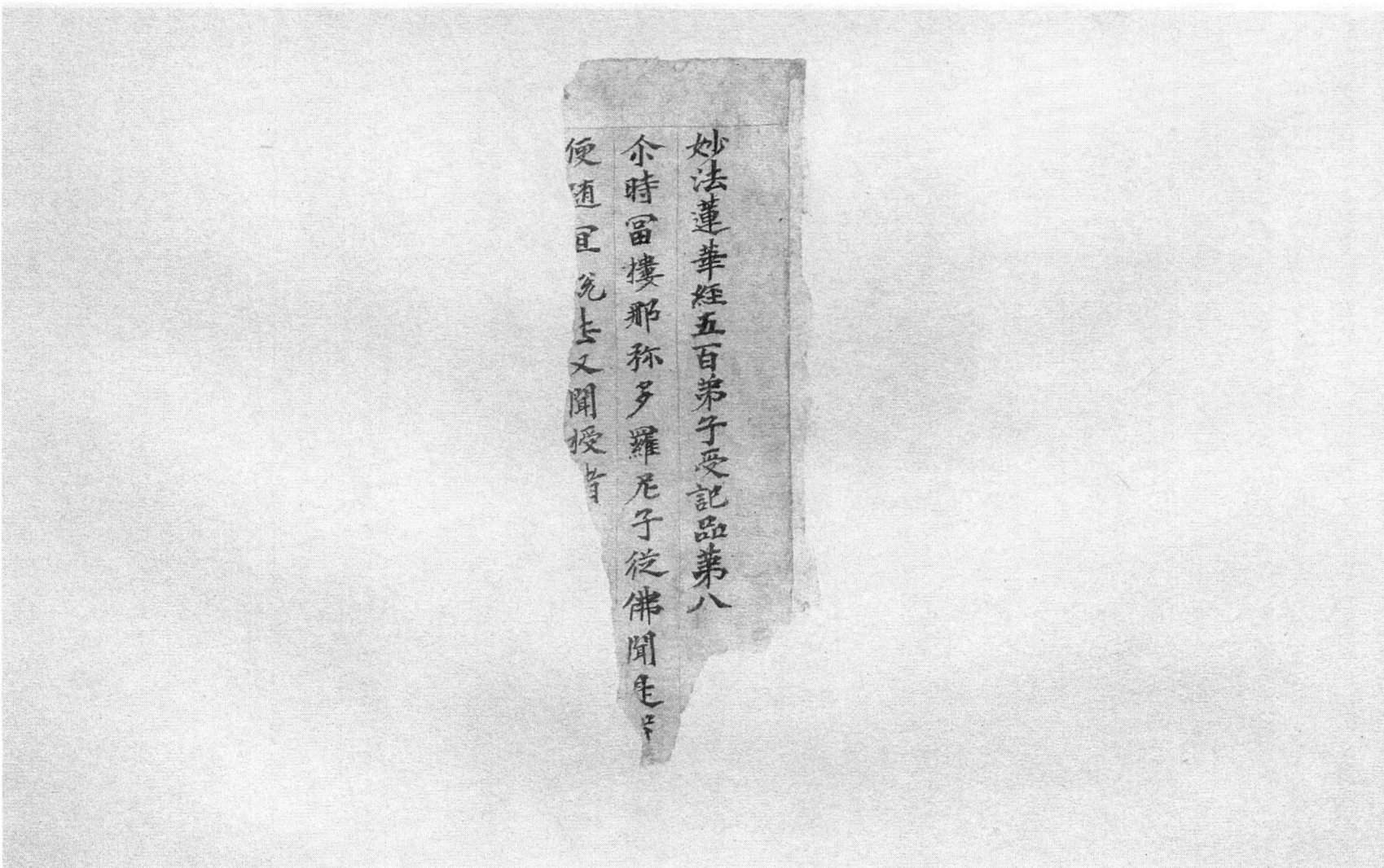

BD10584 號　金剛般若波羅蜜經　（1-1）

BD10585 號　大般涅槃經（北本）卷一二　（1-1）

衆得

眉閒白

遍下至阿

界盡見被

及聞諸佛

優婆塞優婆

群言訶薩種

薩道復

後以佛

BD10586 號　妙法蓮華經卷一　　　　　　　　　　　　　　（1-1）

室利

醯哩言詞妙辯才

訶哩底母妙辯才

十方諸王妙辯才

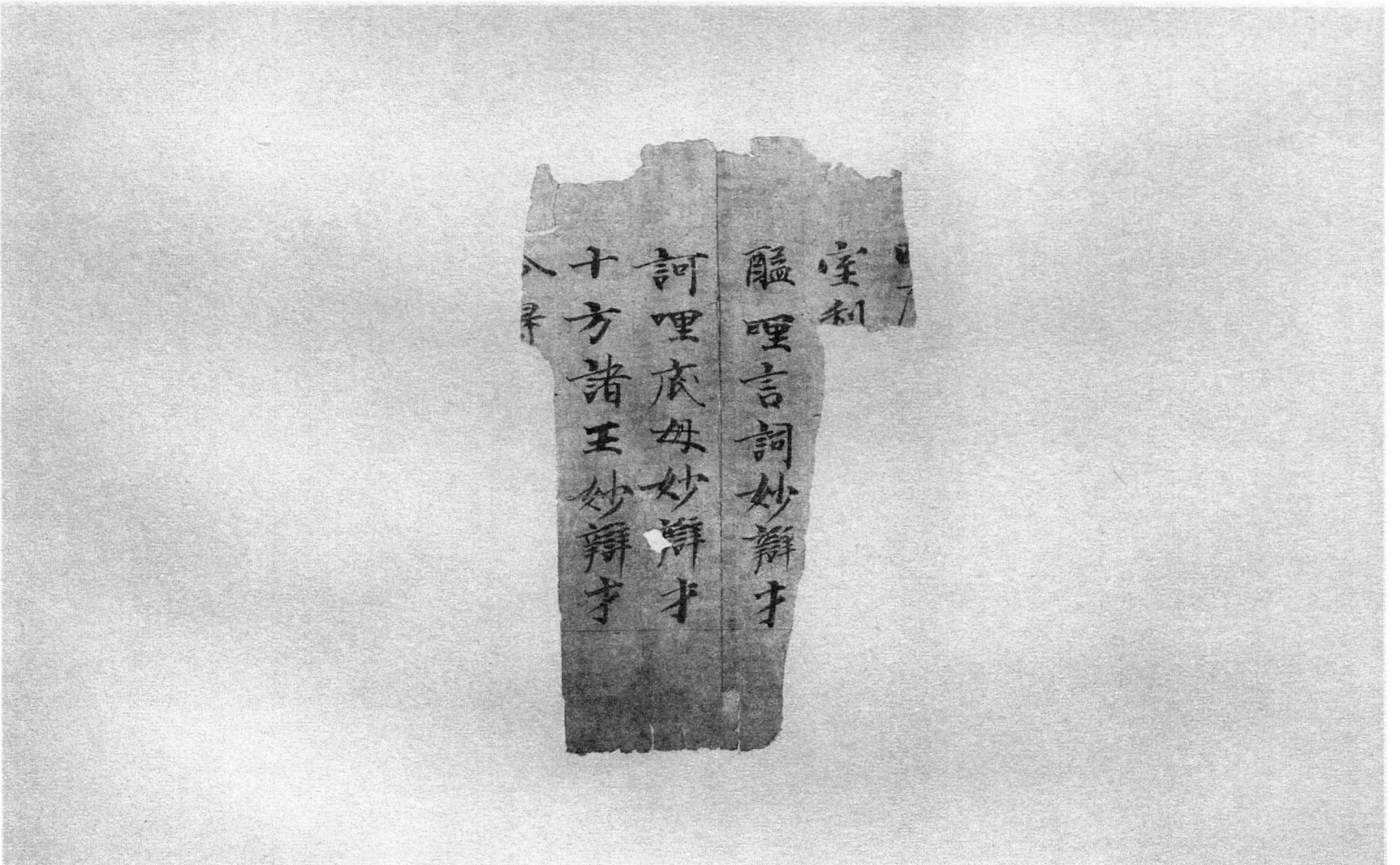

BD10587 號　金光明最勝王經卷八　　　　　　　　　　　　（1-1）

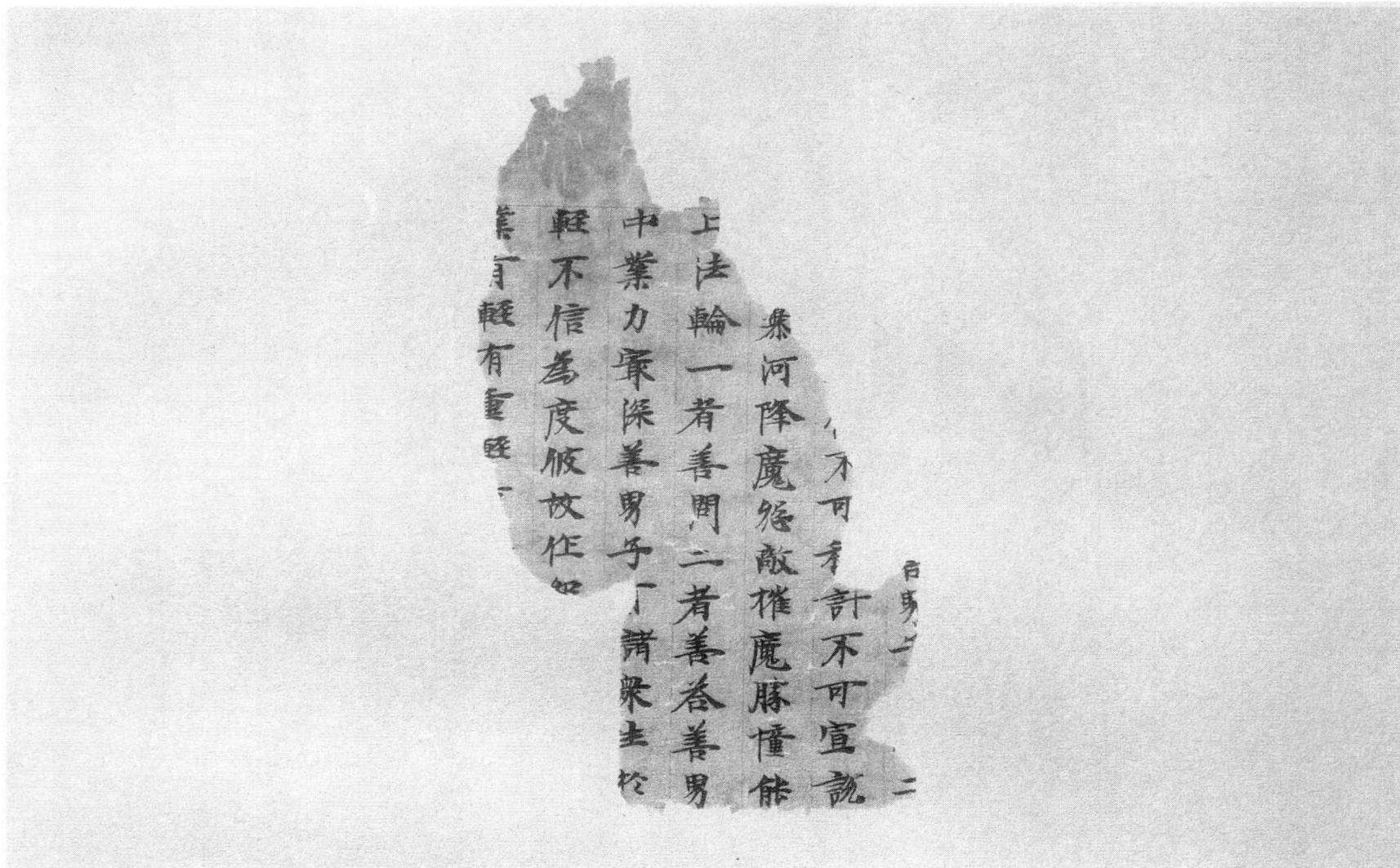

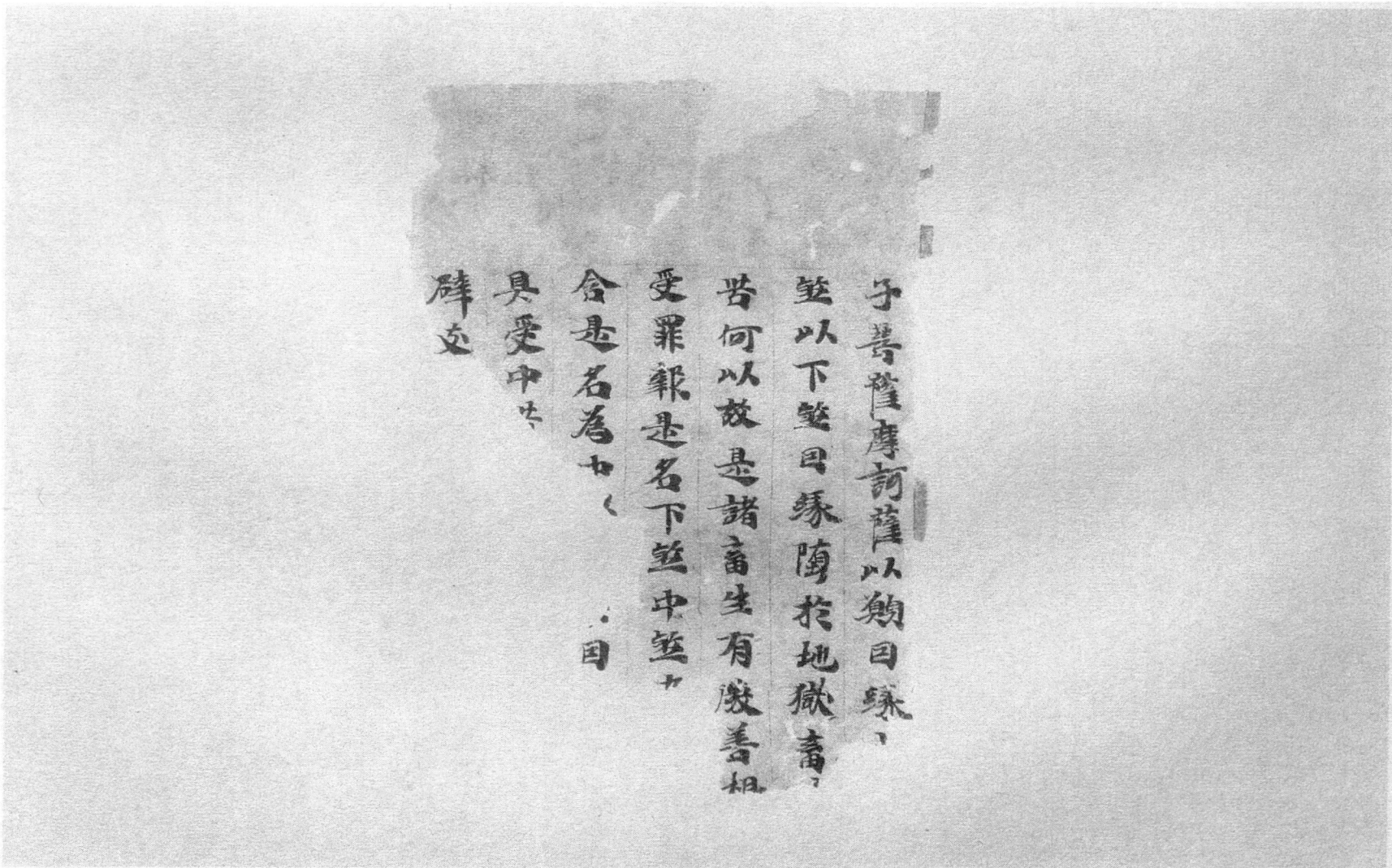

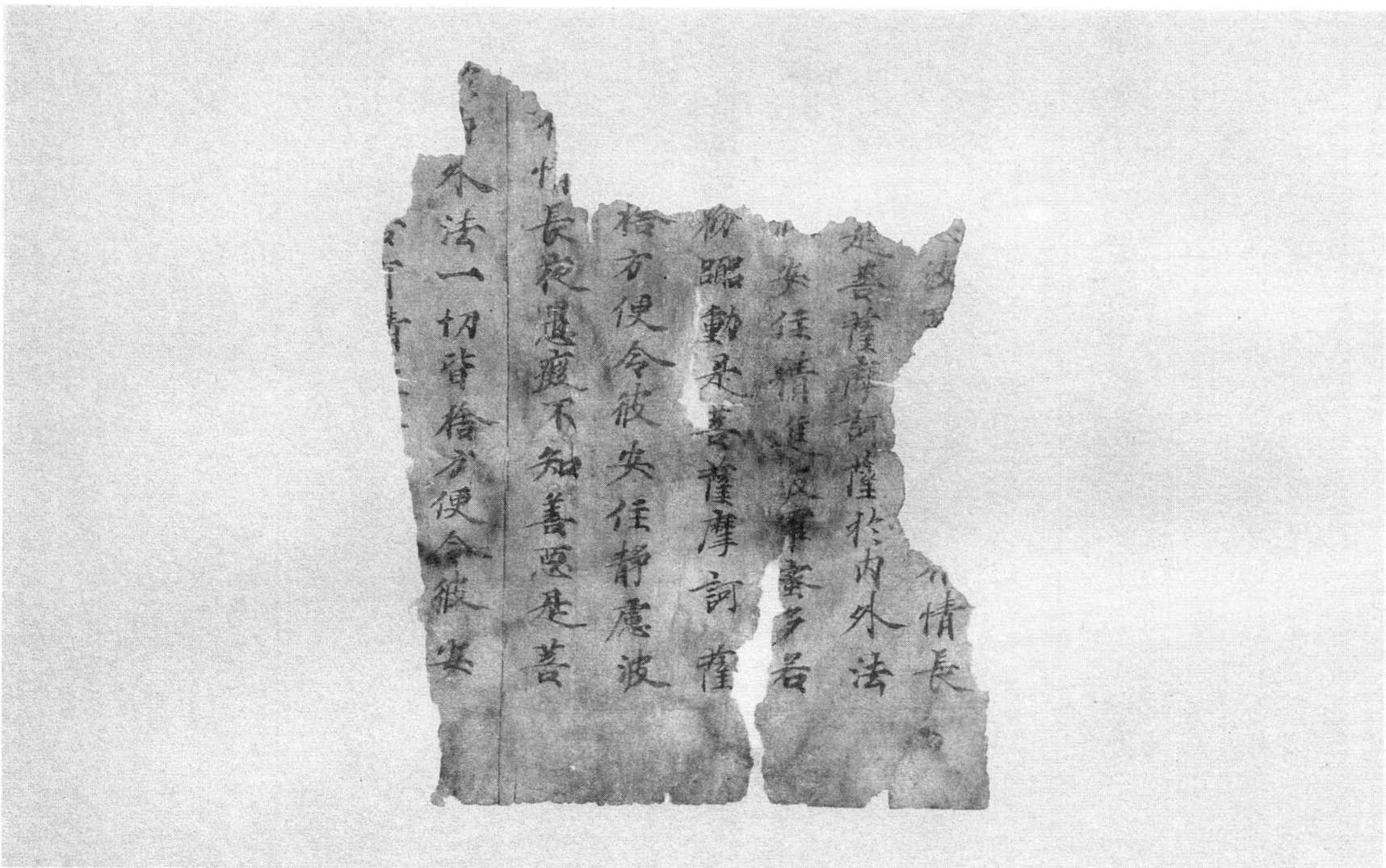

BD10590號　大般若波羅蜜多經卷五〇一　　　　　　　　　　　　　　　　　　　　　　　　（1-1）

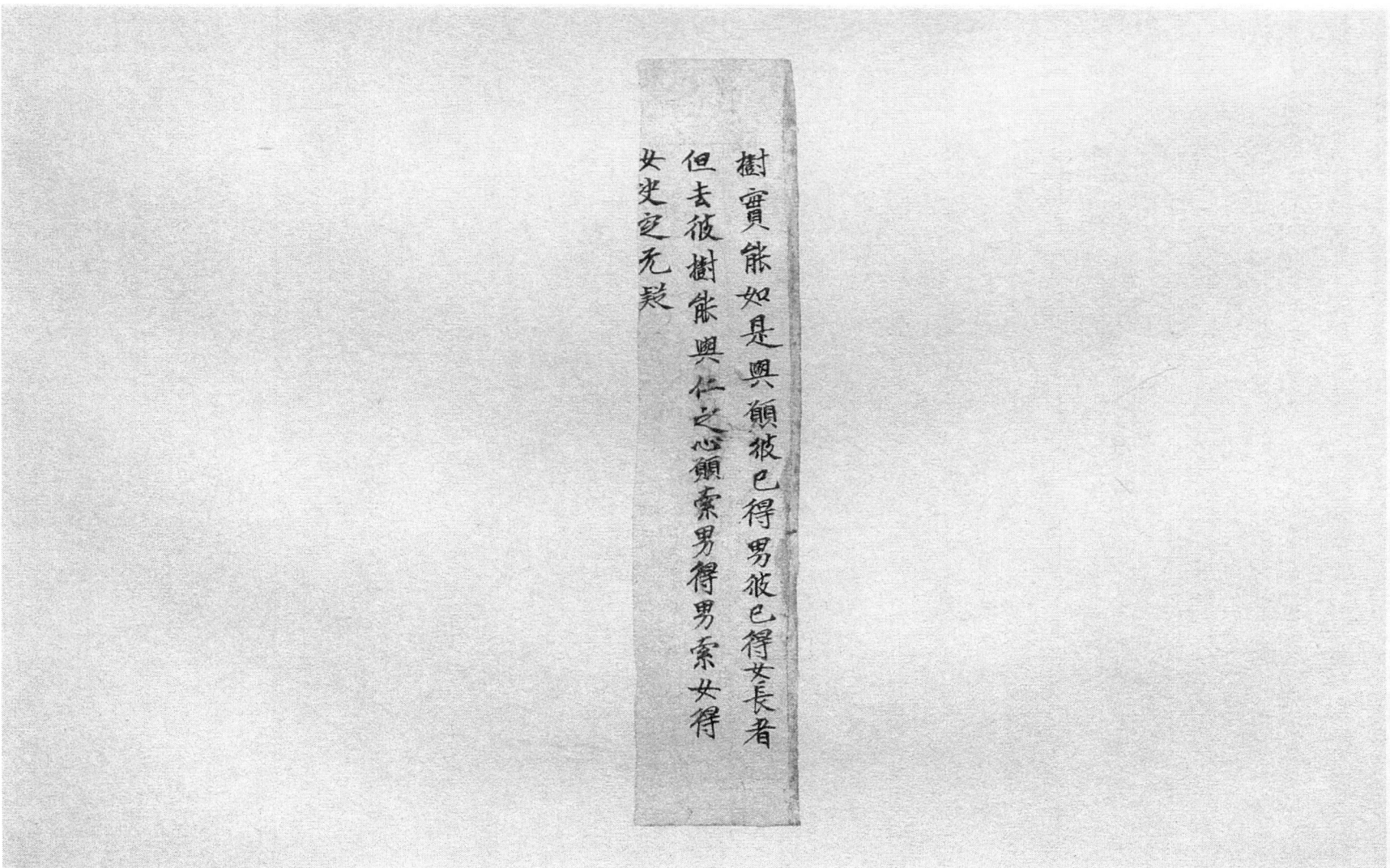

BD10591號　佛本行集經卷三四　　　　　　　　　　　　　　　　　　　　　　　　　　　（1-1）

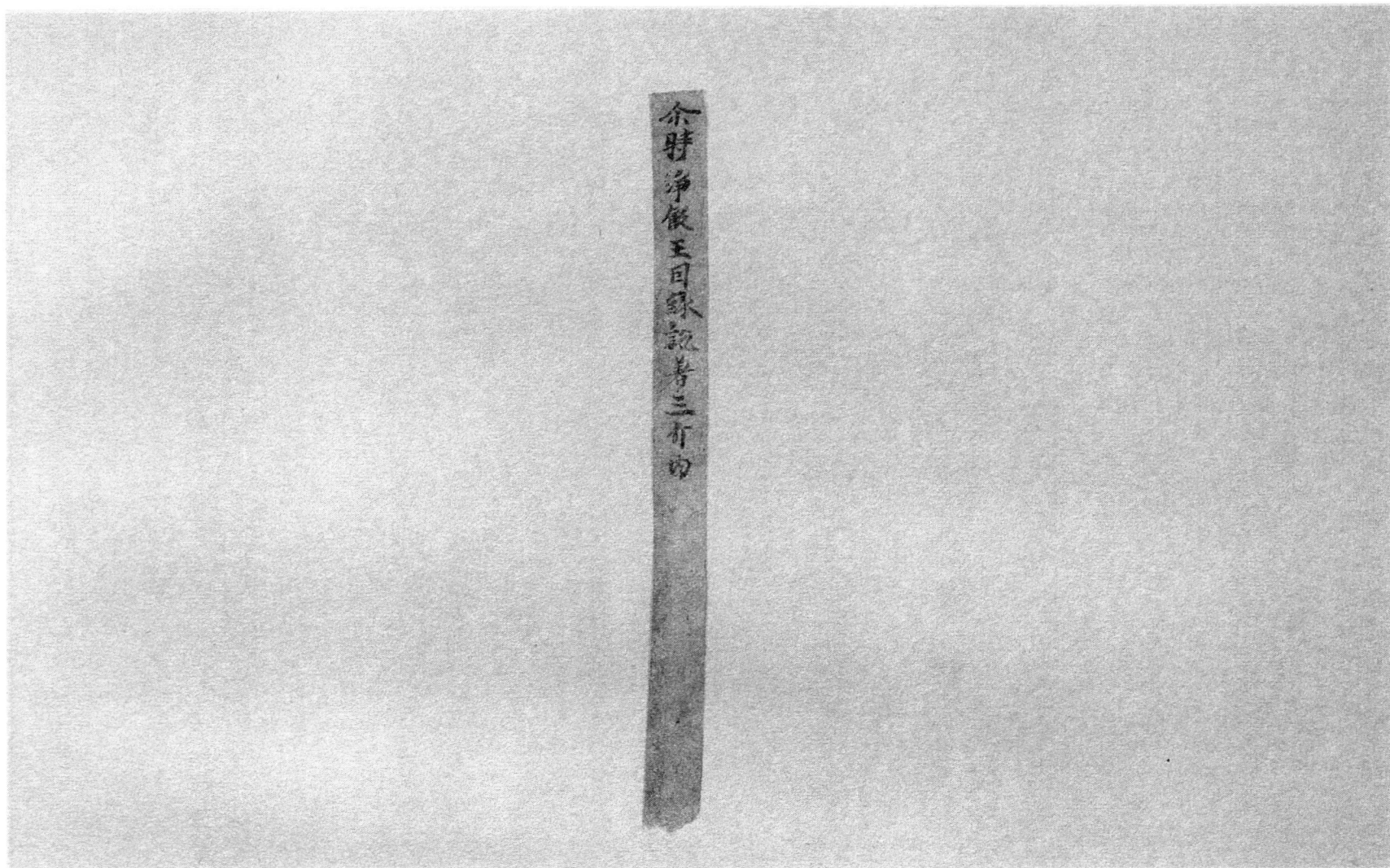

BD10592 號　雜寫（擬）　　　　　　　　　　　　　　　　　（1-1）

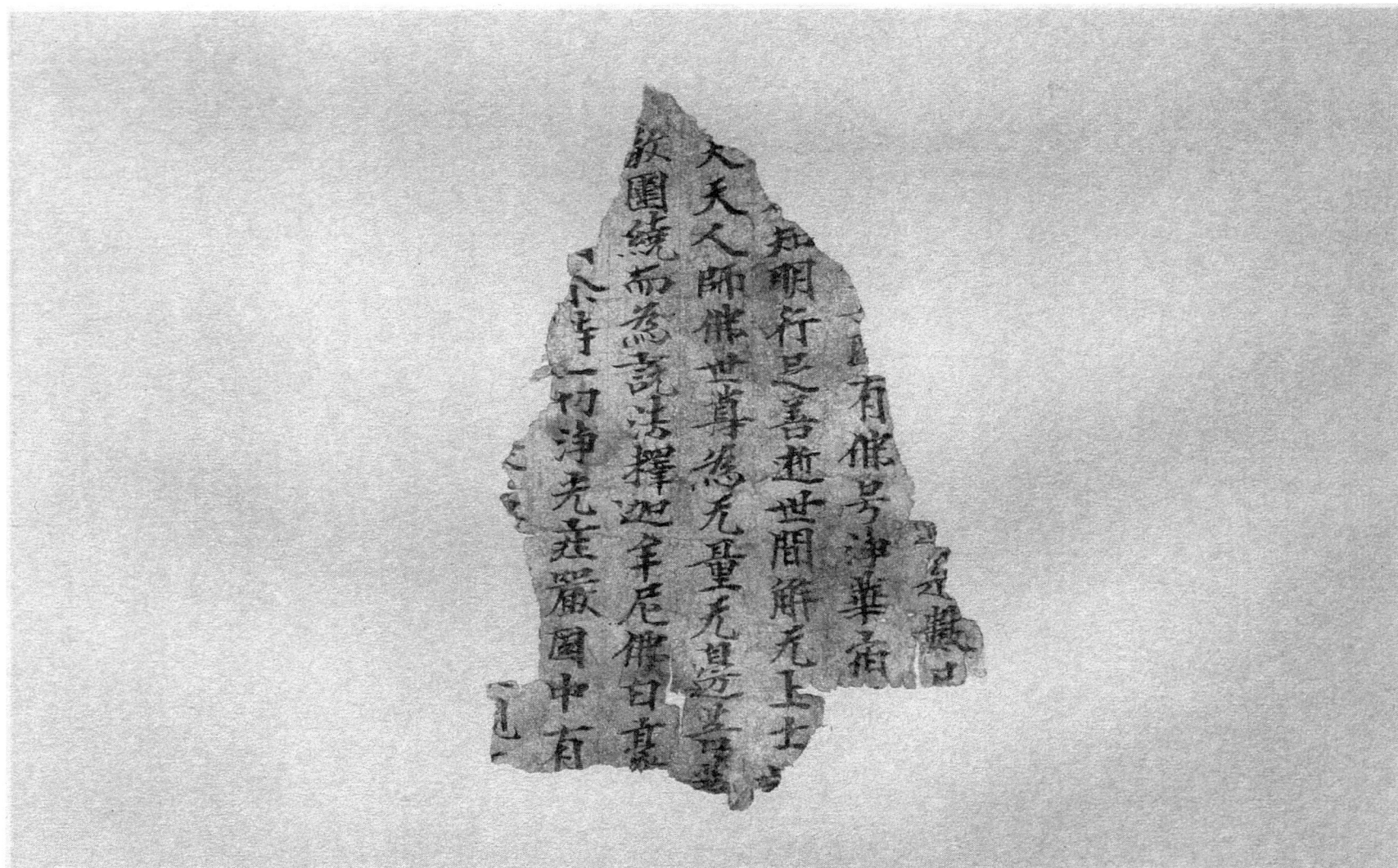

BD10593 號　妙法蓮華經卷七　　　　　　　　　　　　　　　（1-1）

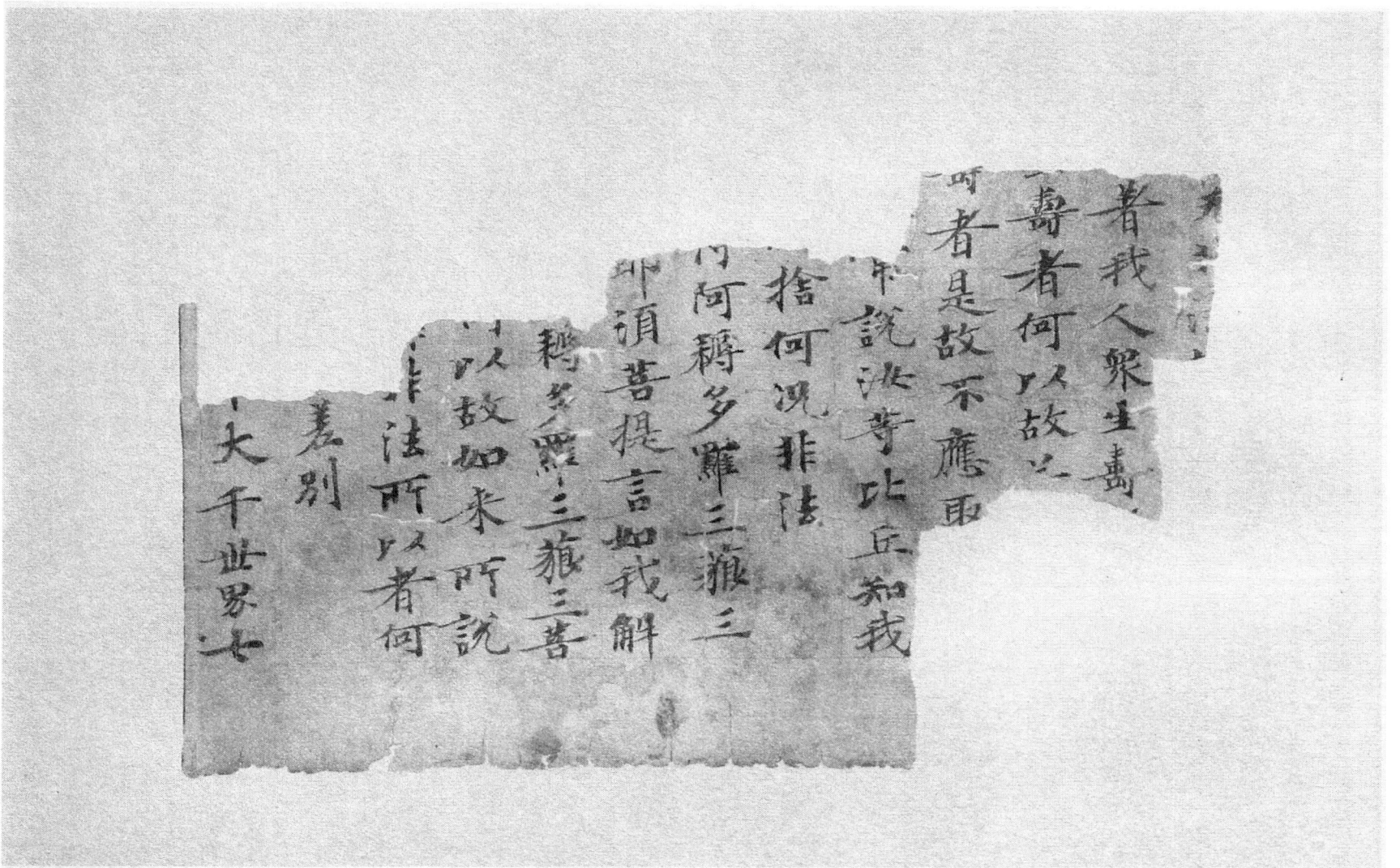

BD10594 號　金剛般若波羅蜜經　　　　　　　　　　　　　　　（1-1）

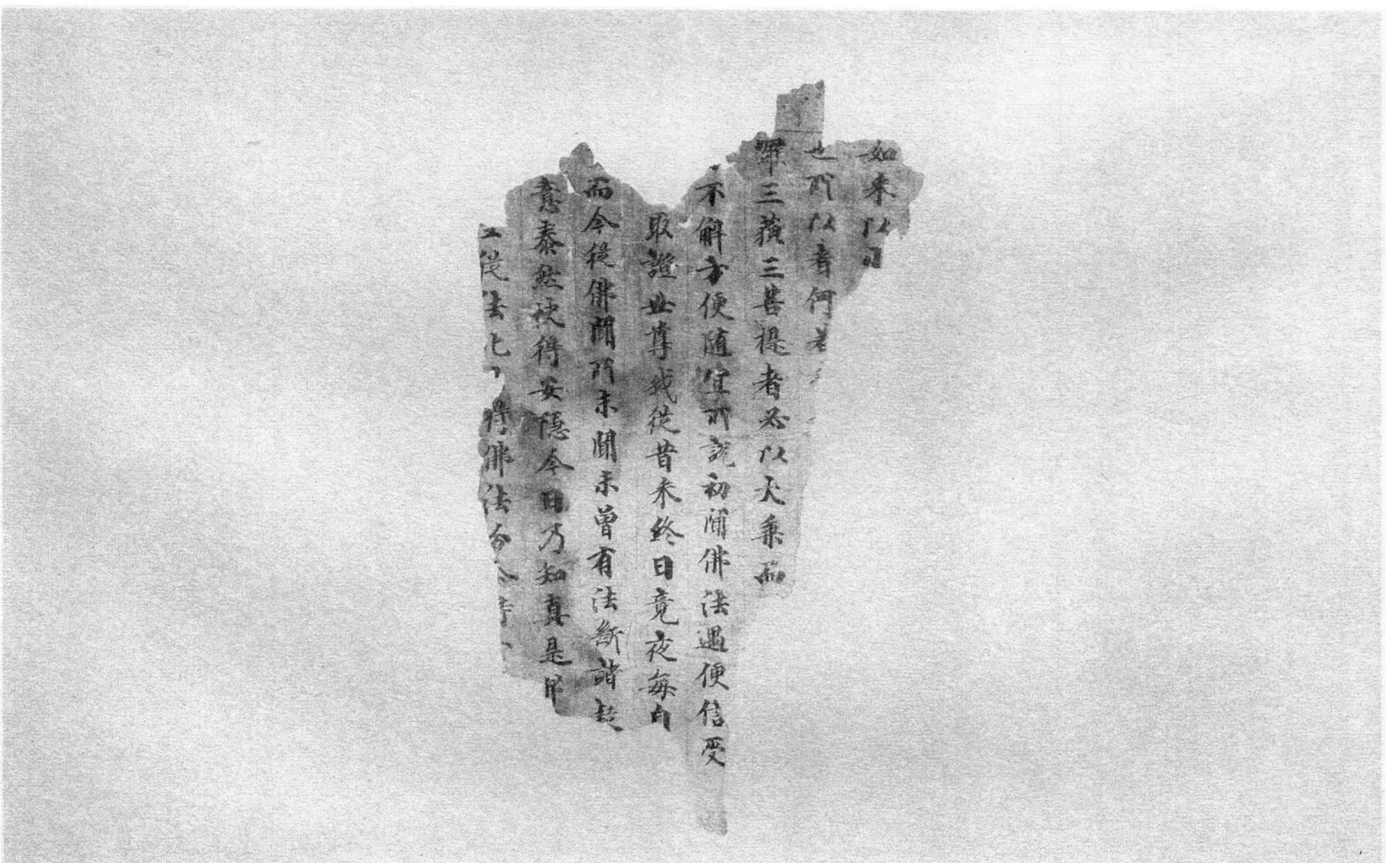

BD10595 號　妙法蓮華經卷二　　　　　　　　　　　　　　　　（1-1）

BD10596 號　無量壽宗要經　　　　　　　　　　　　　　　　　　　　　　（1-1）

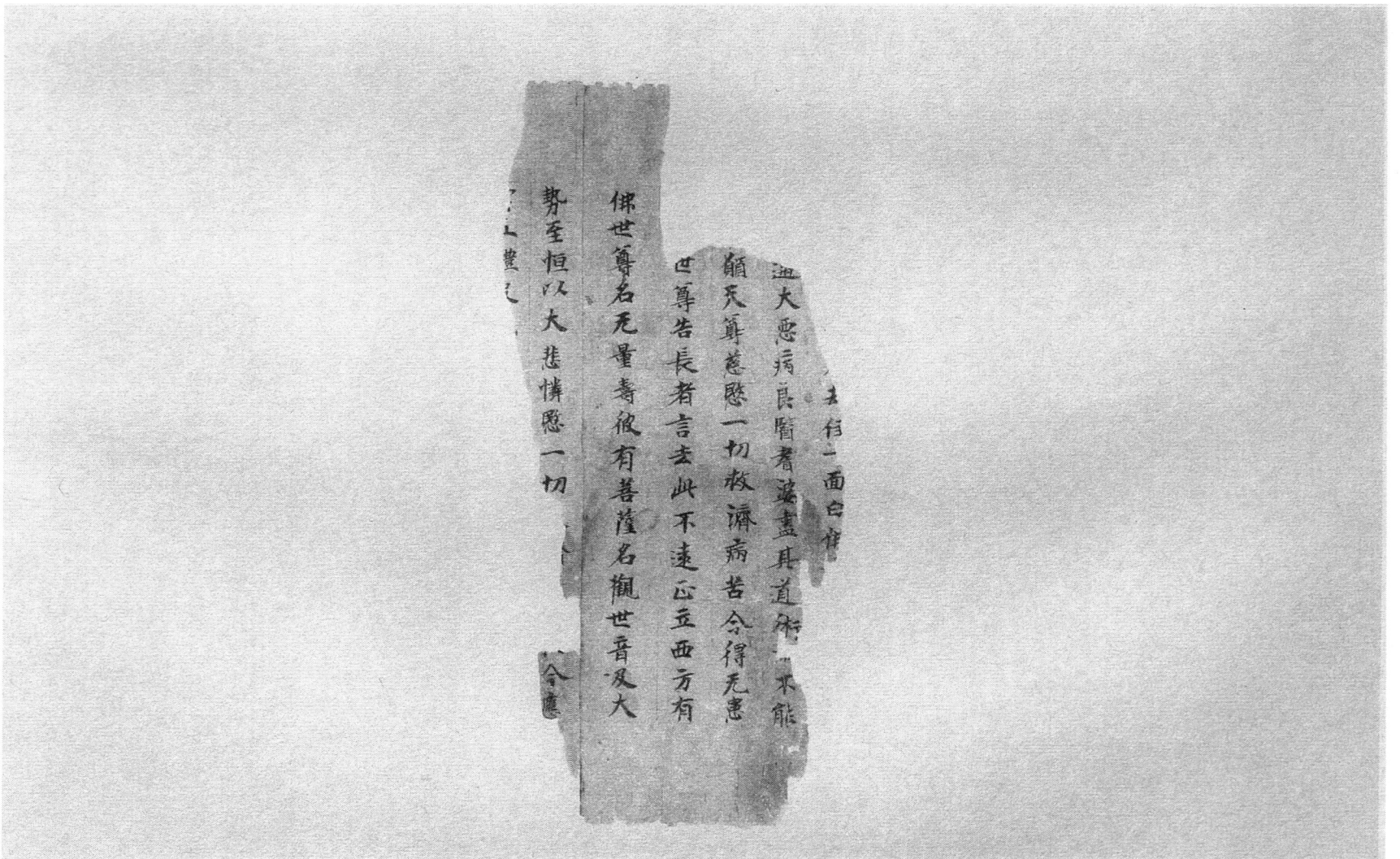

BD10597 號　請觀世音菩薩消伏毒害陀羅尼咒經　　　　　　　　　　　　　（1-1）

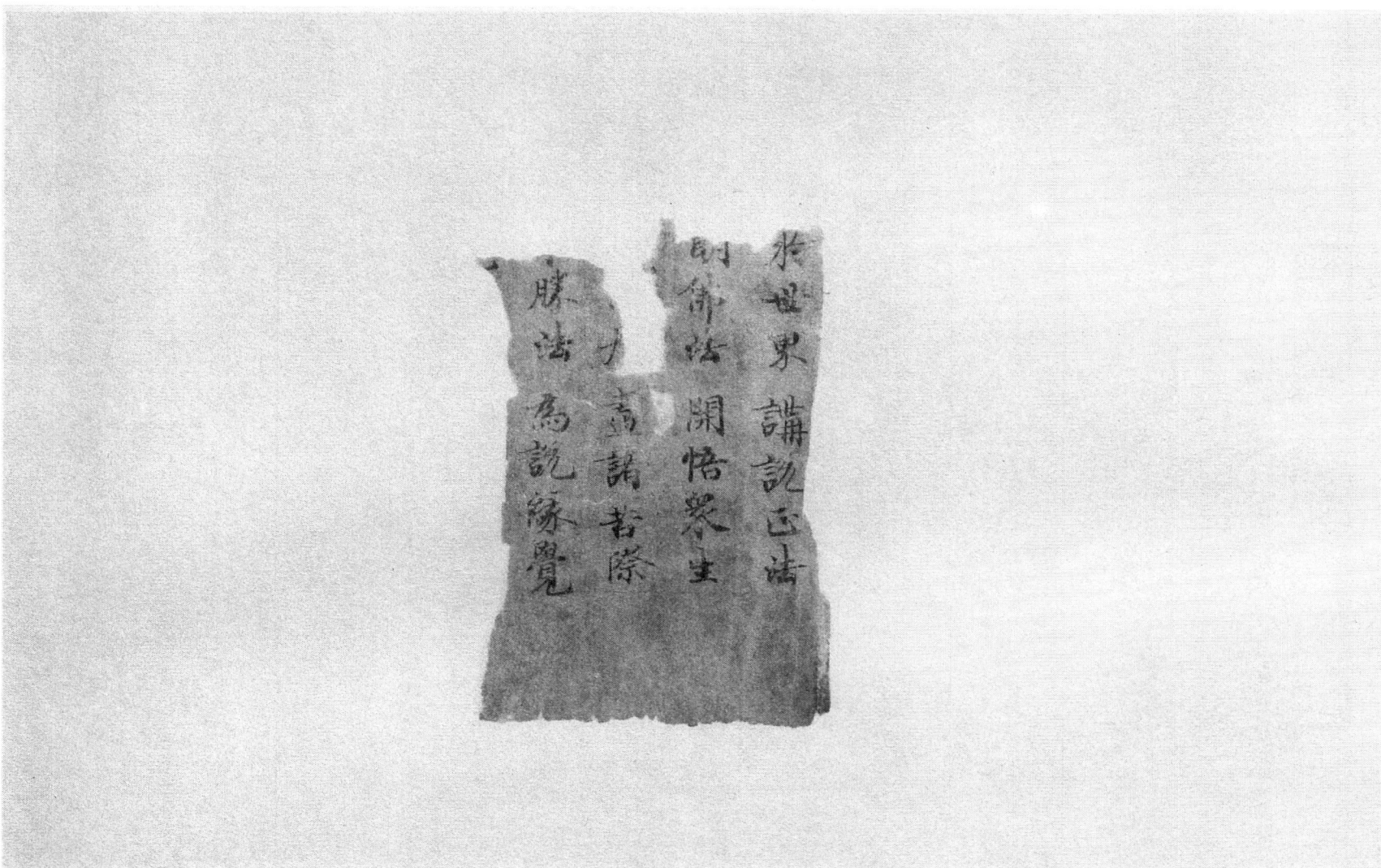

BD10598 號　妙法蓮華經卷一　　　　　　　　　　　　　　　　　　　　　　　　　（1–1）

BD10599 號　妙法蓮華經卷三　　　　　　　　　　　　　　　　　　　　　　　　　（1–1）

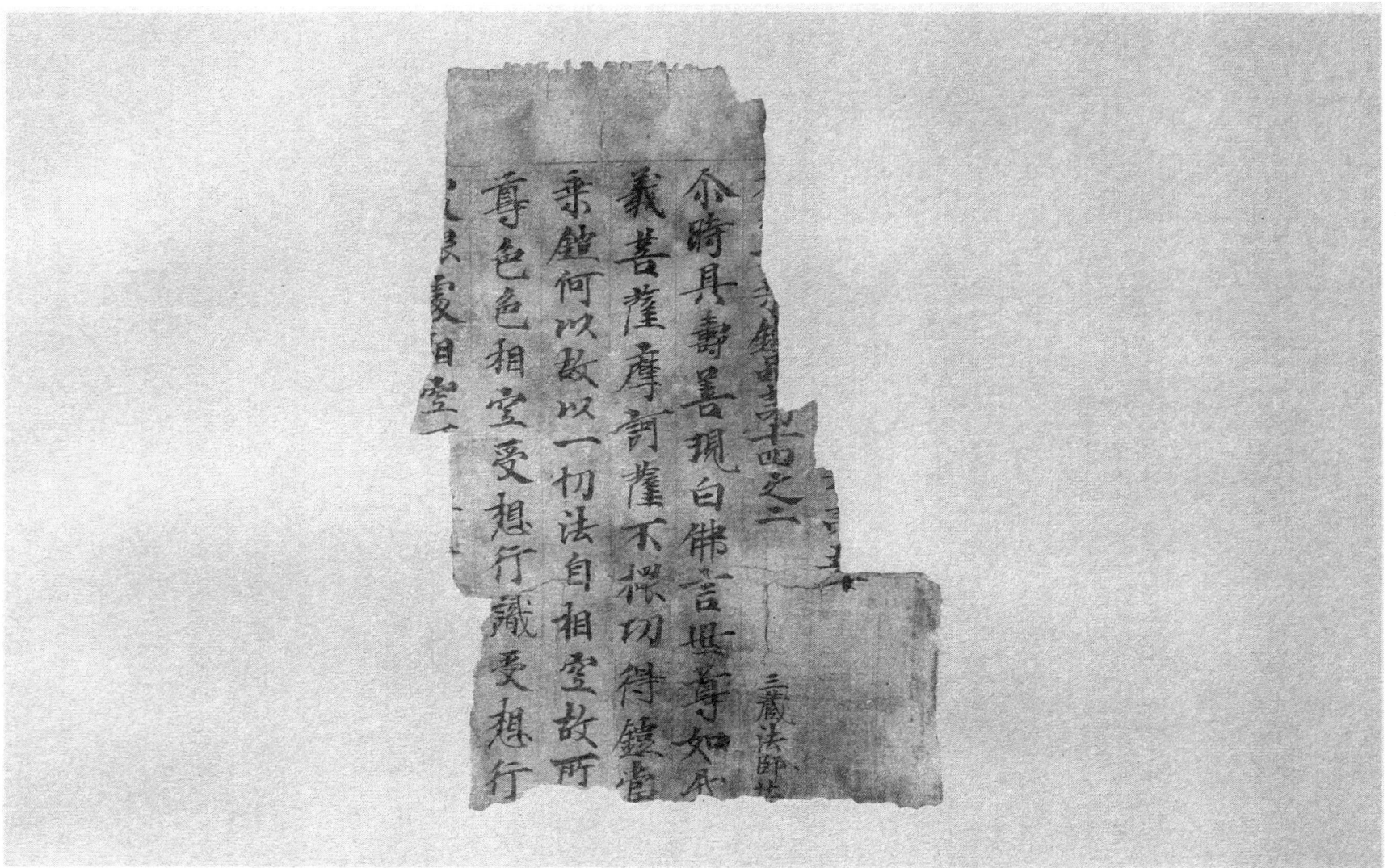

BD10600 號　大般若波羅蜜多經卷五〇　　　　　　　　　　　　　　　（1-1）

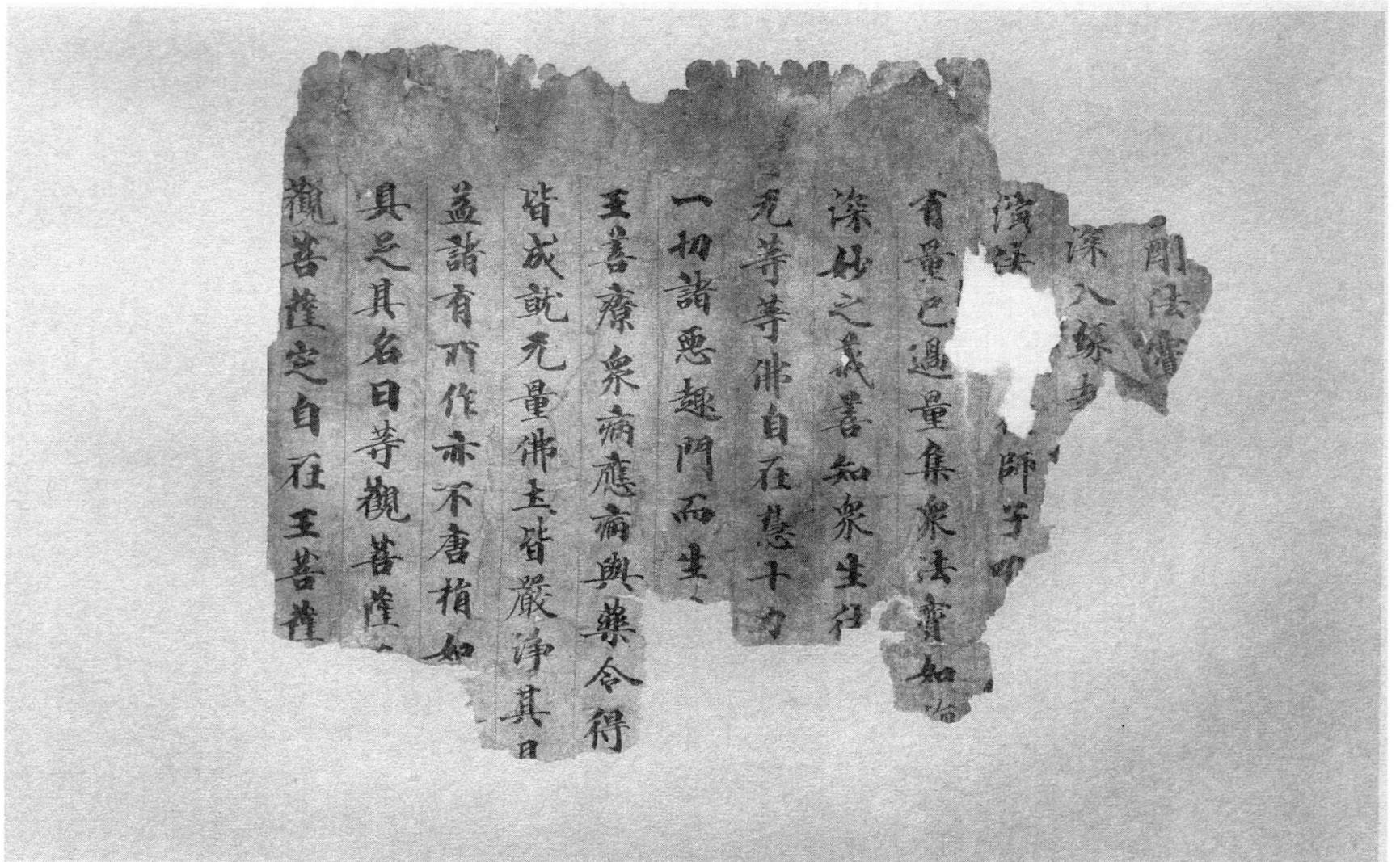

BD10601 號　維摩詰所說經卷上　　　　　　　　　　　　　　　　　（1-1）

BD10602 號　金剛般若波羅蜜經　　　　　　　　　　　　　　　　　　　　（1-1）

BD10603 號　開元新格卷三（擬）　　　　　　　　　　　　　　　　　　　　（1-1）

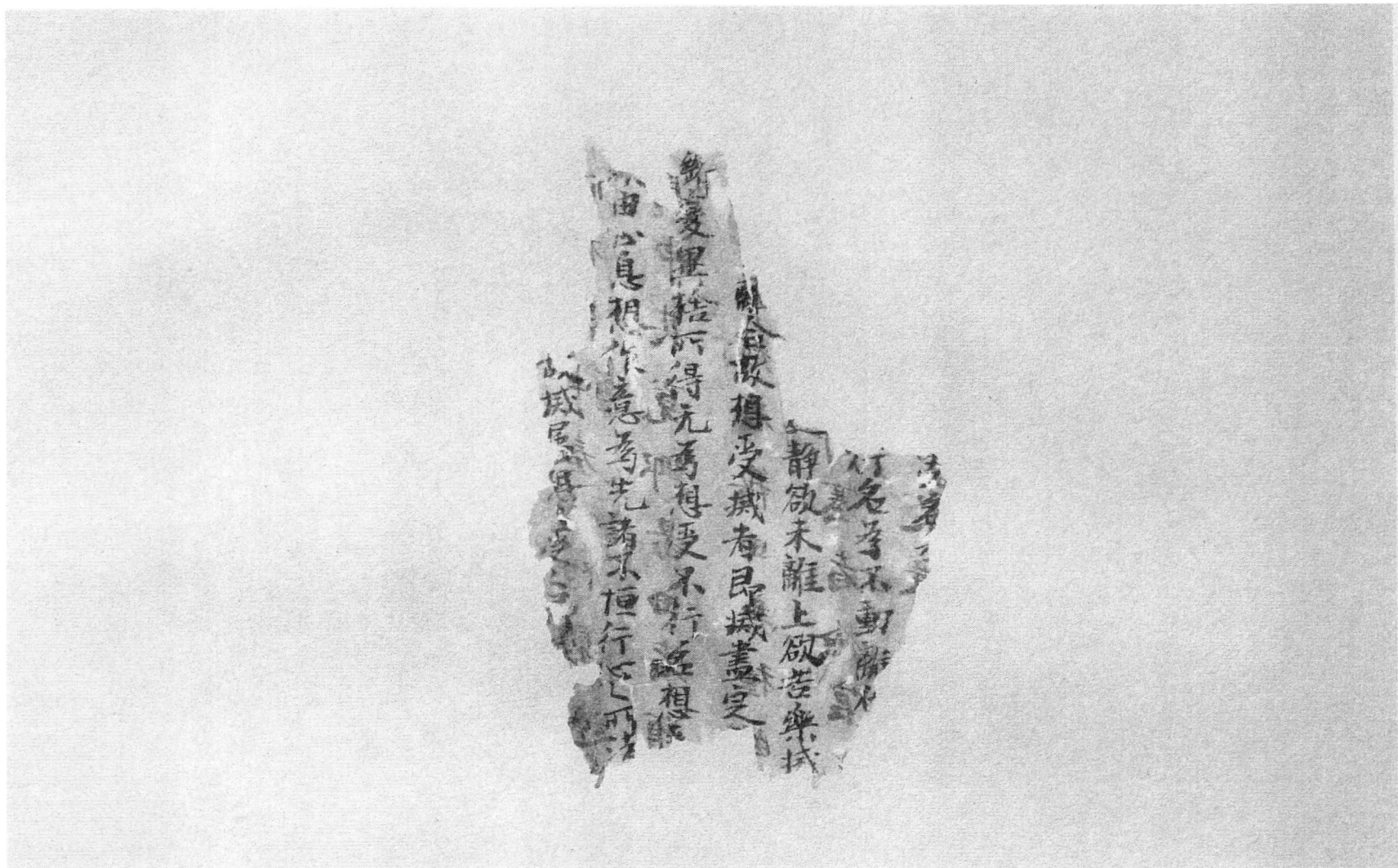

BD10603 號背　大乘百法明門論開宗義記　　　　　　　　　　　　　　　（1-1）

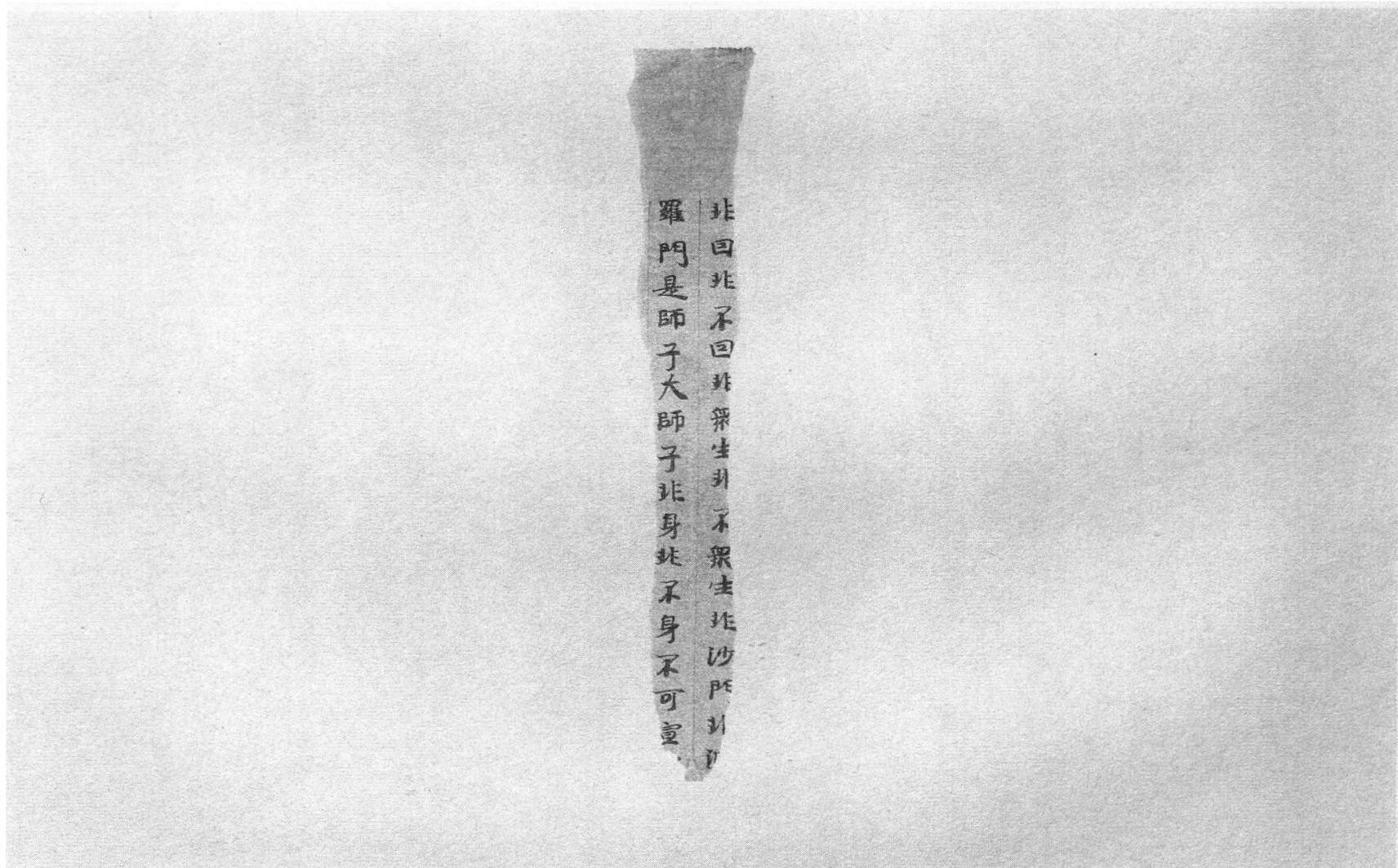

BD10604 號　　大般涅槃經（北本）卷三　　　　　　　　　　　　　　　（1-1）

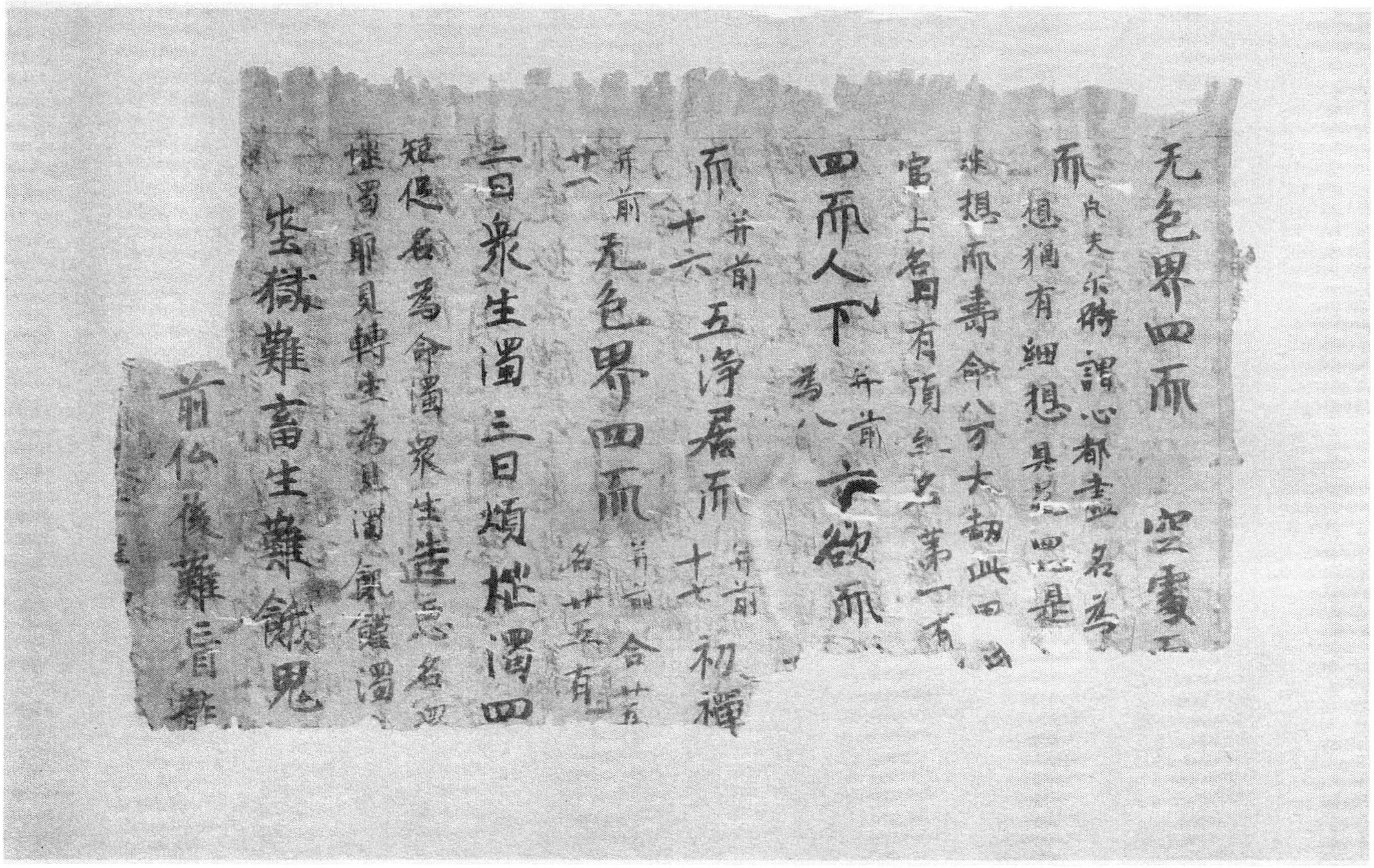

无色界四而　空處□

而凡夫外衒謂心都盡名為□

而想而有細想具足□□□是□

珠想而壽命八万大劫此四□

富上皆有頂名第一有

四而人下　并前為人　六欲而

并前无色界四而　名廿五合廿六有

而并前十六　五淨居而十七　并前初禪

二曰眾生濁三曰煩惱濁四

廿二

短促苦為命濁眾生造惡□名四

懷着耶見轉生為□濁氣體濁

地獄難畜生難餓鬼

前仏後難□□□□

BD10605 號　法門名義集　　　　　　　　　　　　　　　（1-1）

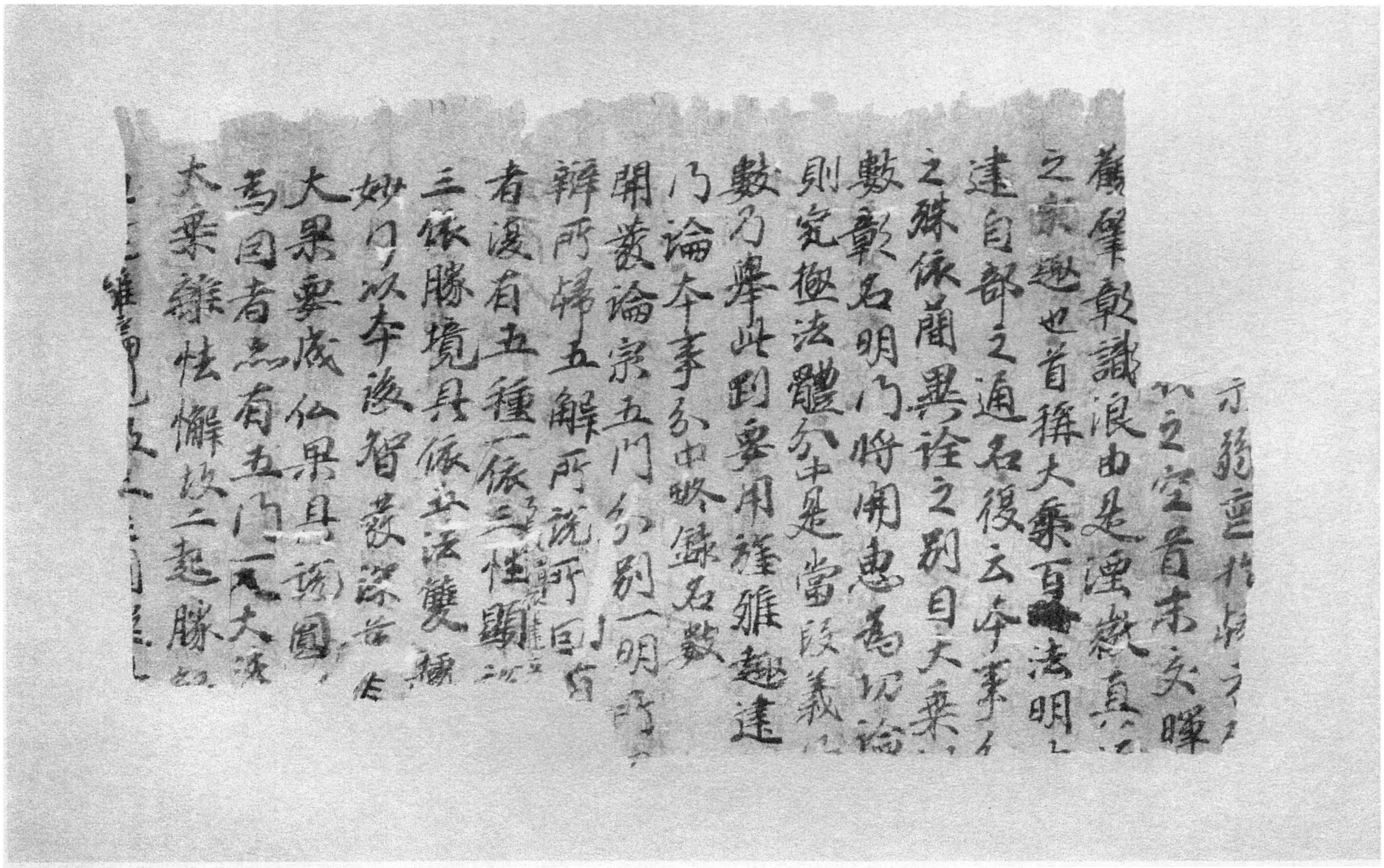

舊譯敦識浪由是渾戲真□

之家趣也首孫大乘百法浄明□

達自部之通名復云本事人

之殊係蘭異詮之別且大乘□

則究極法體分中是當段義心

數乃摩此劉要用雍雅趣建

乃論本事分中略録名數

朗義論宗五門分別一明□

辨所歸五解所說行曰□

者復有五種一依二性顯□

三依勝境身依生活雙標

妙門以本後智蔵深密在

大果要成仏果具璩圓

為因者志有五門一大□

大乘雜性懶故二起勝□

BD10605 號背　大乘百法明門論開宗義記　　　　　　　（1-1）

49

BD10606 號　諸雜字（擬）　　　　　　　　　　　　　　　　　　　　　（1-1）

BD10606 號背　齋文（擬）　　　　　　　　　　　　　　　　　　　　　（1-1）

BD10607 號　法門名義集 （1-1）

BD10607 號背　大乘百法明門論開宗義記 （1-1）

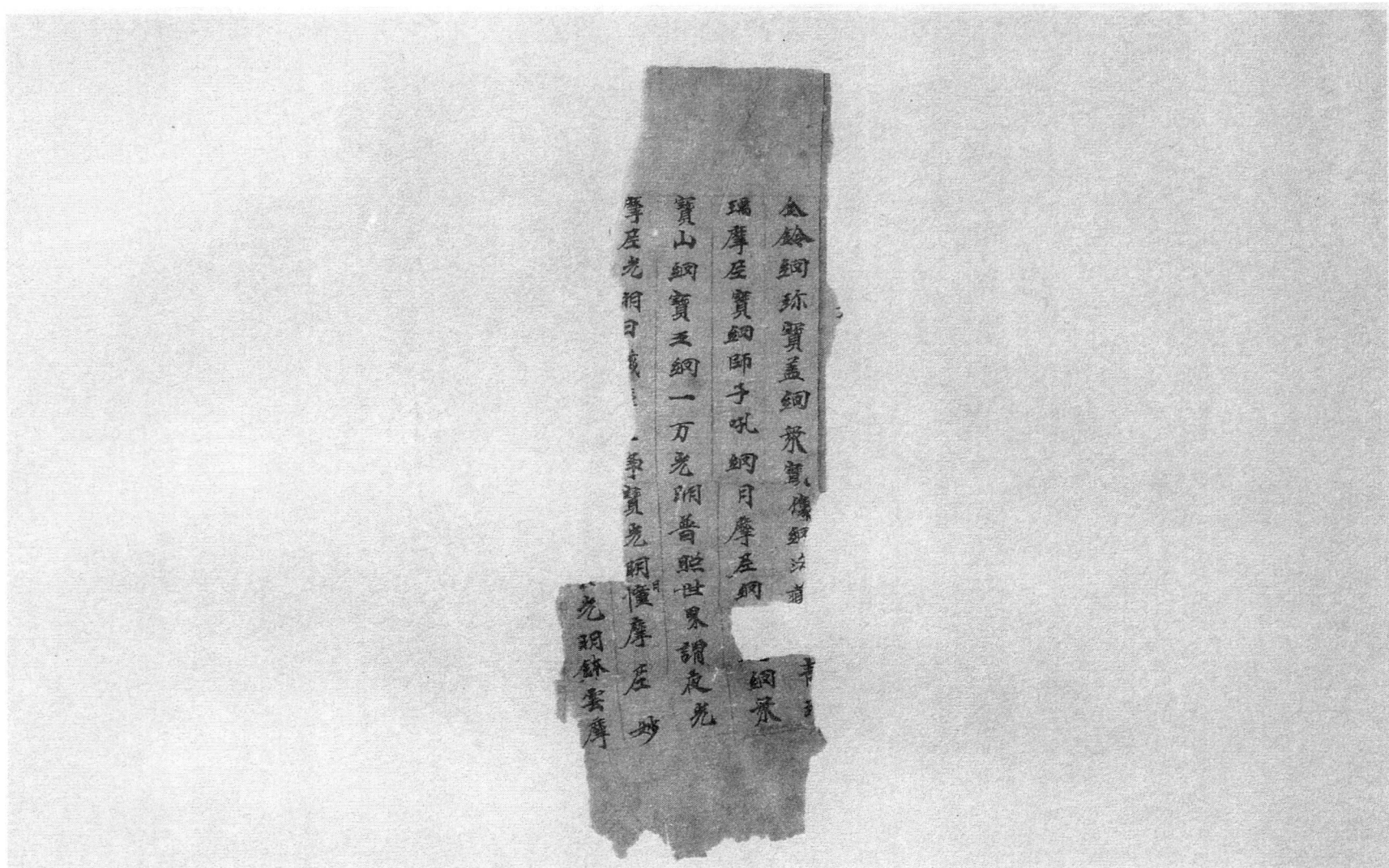

BD10608 號　大方廣佛華嚴經（晉譯五十卷本）卷四〇　　　　　　　　　　　　（1–1）

BD10609 號　大般涅槃經（北本）卷一三　　　　　　　　　　　　　　　　（1–1）

BD10610 號　論語鄭註音義（擬）　　　　　　　　　　　　　　　　　　（1-1）

BD10611 號　辯中邊論頌　　　　　　　　　　　　　　　　　　　　　　（1-1）

BD10611 號背　大乘稻芉經隨聽疏　　　　　　　　　　　　　　　　　　　　　　（1-1）

BD10612 號　妙法蓮華經卷七　　　　　　　　　　　　　　　　　　　　　　　（1-1）

BD10612 號背　藏文文獻（擬） (1-1)

BD10613 號　郡望姓望（擬） (1-1)

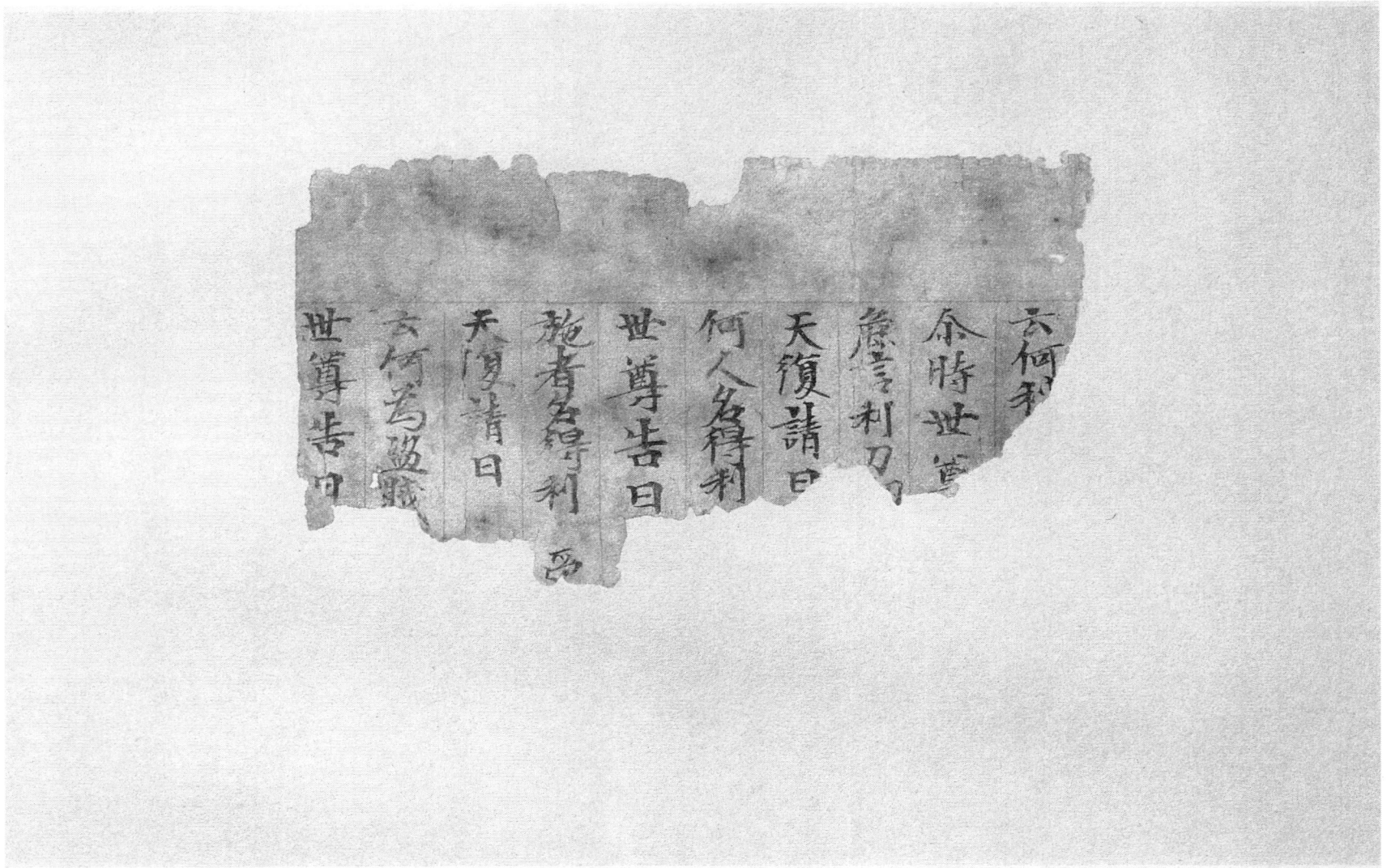

BD10614 號　天請問經　　　　　　　　　　　　　　　　　　　　　　　　　（1-1）

BD10615 號　大般若波羅蜜多經卷二八一　　　　　　　　　　　　　　　　　（1-1）

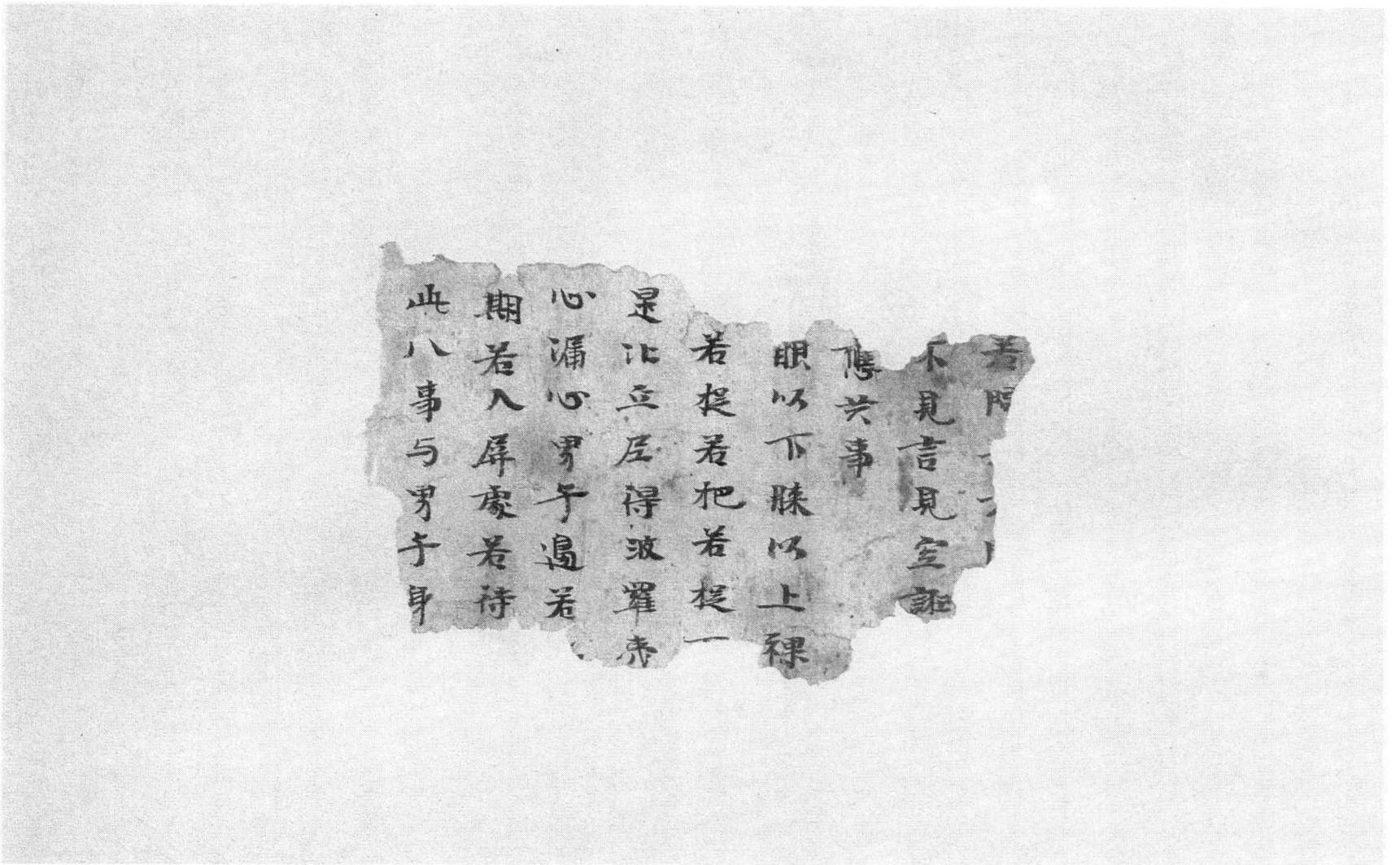

BD10616 號　十誦律（異本）（擬）　　　　　　　　　　　　　　（1-1）

BD10617 號　金剛般若波羅蜜經　　　　　　　　　　　　　　（1-1）

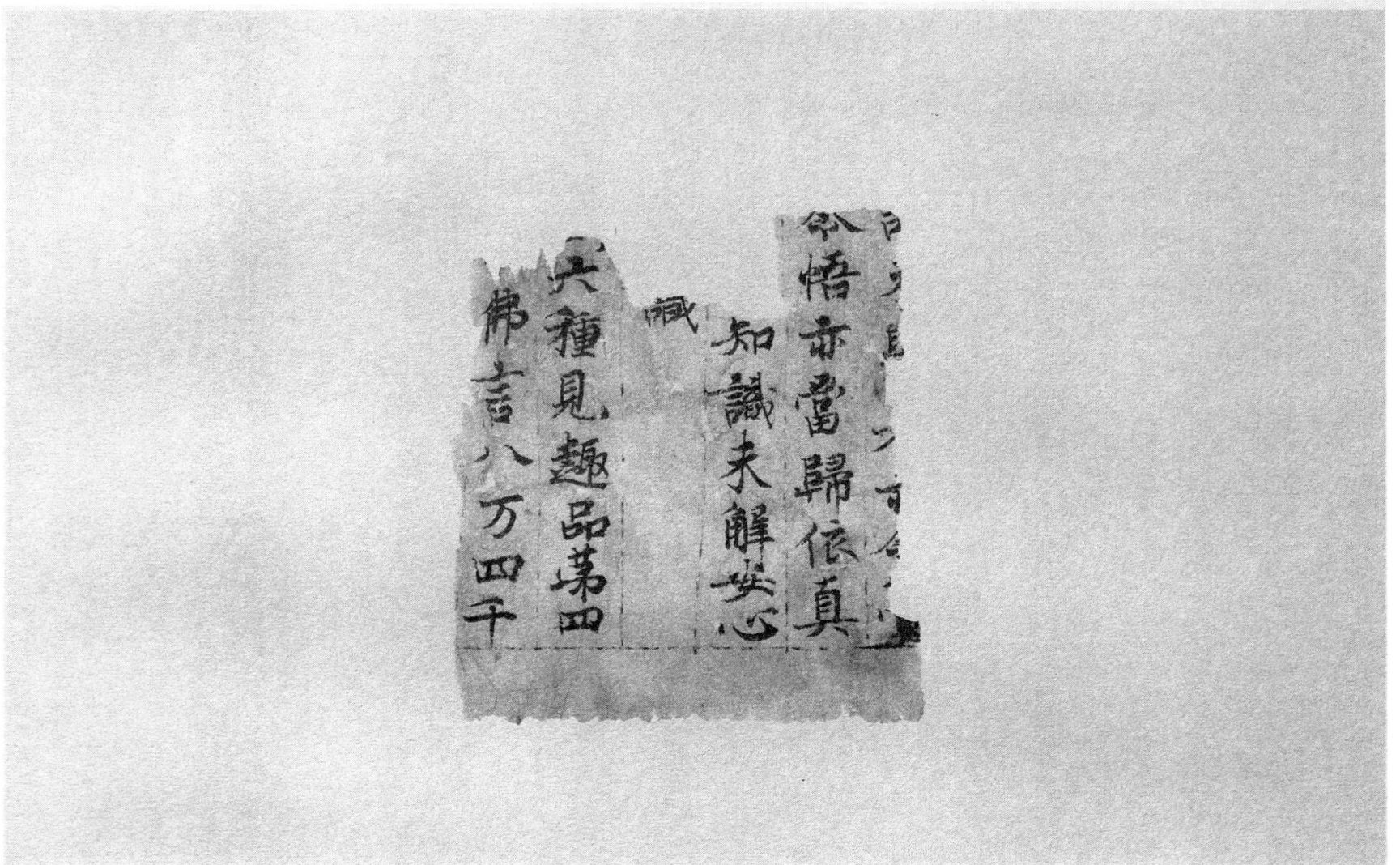

BD10618號　大辯邪正經　　　　　　　　　　　　　　　　　　　　　　（1-1）

BD10619號　首羅比丘見月光童子經　　　　　　　　　　　　　　　　　（1-1）

BD10620號　妙法蓮華經卷四　　　　　　　　　　　　　　　　　　　　　　（1-1）

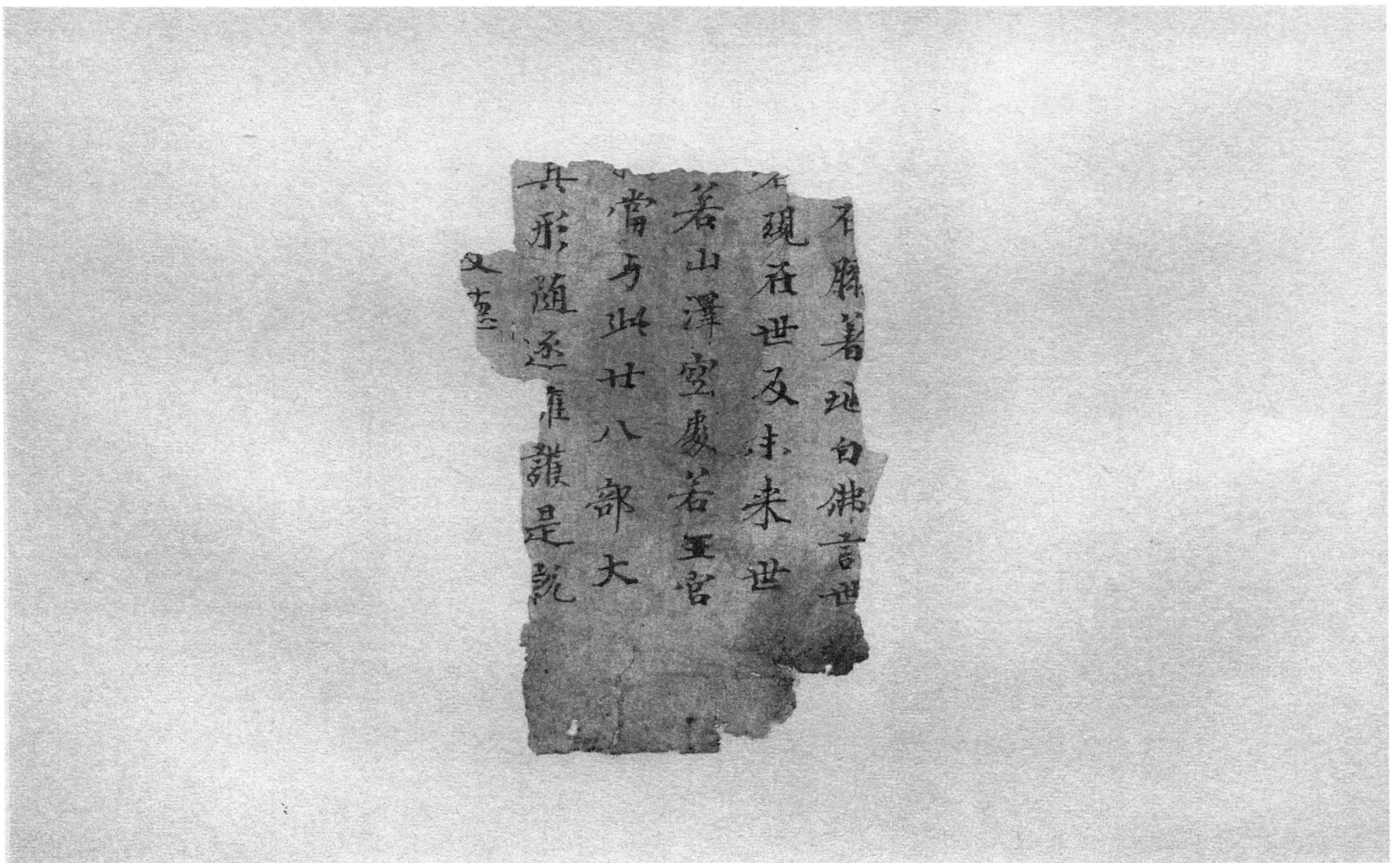

BD10621號　合部金光明經卷六　　　　　　　　　　　　　　　　　　　　　　（1-1）

如...善薩摩訶...
摩訶薩耶具壽善...
神通高畢竟不可
如及六神通真如
五眼真如是菩薩
是菩薩摩訶薩異
異六神通真如是菩
菩薩摩訶薩六
薩中有六神通真如
薩菩薩摩訶薩中有
薩離六神通真如
...十力真...

BD10622號　大般若波羅蜜多經卷一七　　　　　　　　　　　　　　　　　　　　　（1-1）

BD10623號　金光明經卷四　　　　　　　　　　　　　　　　　　　　　　　　　　（1-1）

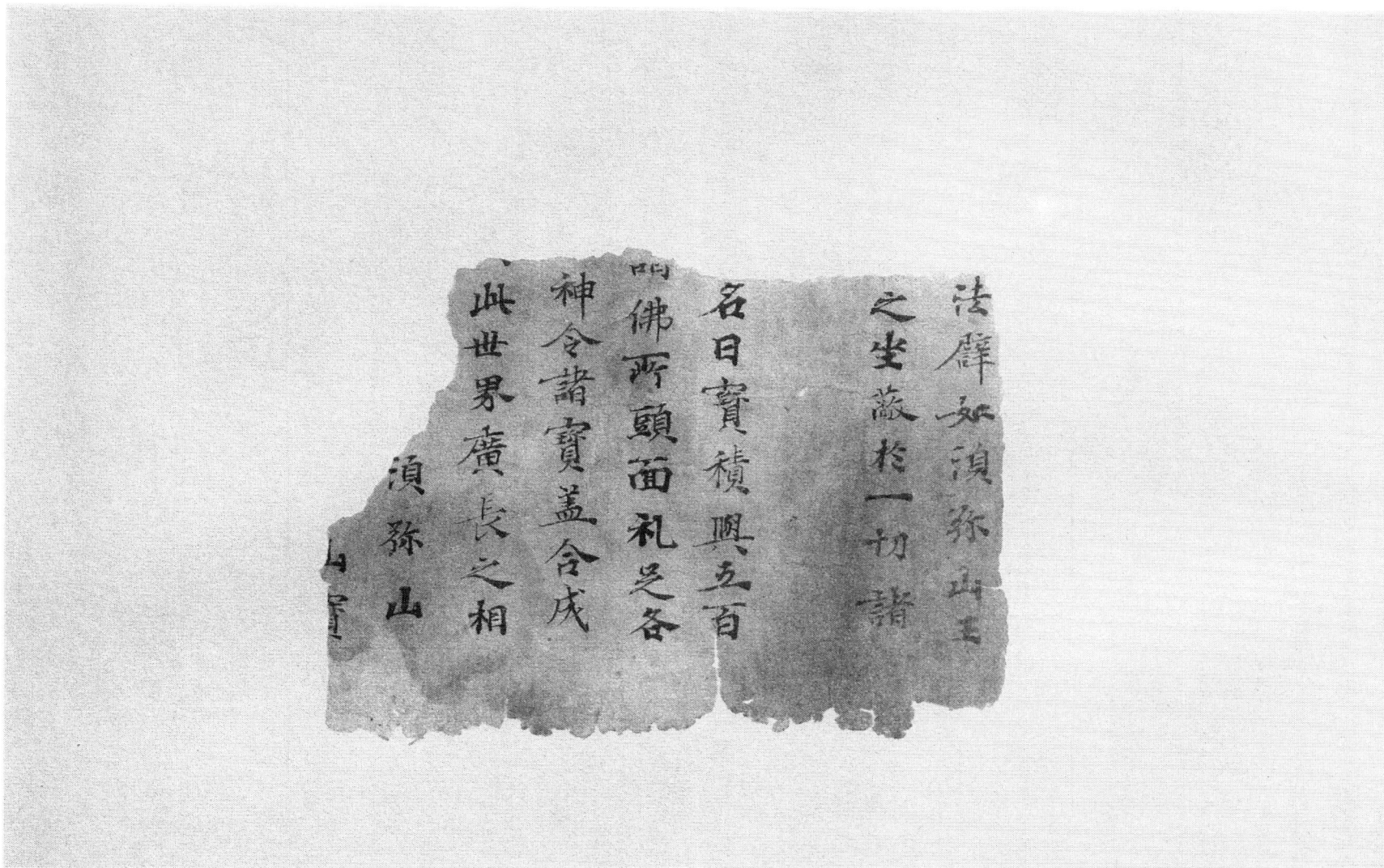

BD10624 號　維摩詰所說經卷上　　　　　　　　　　　　　　　　　　（1-1）

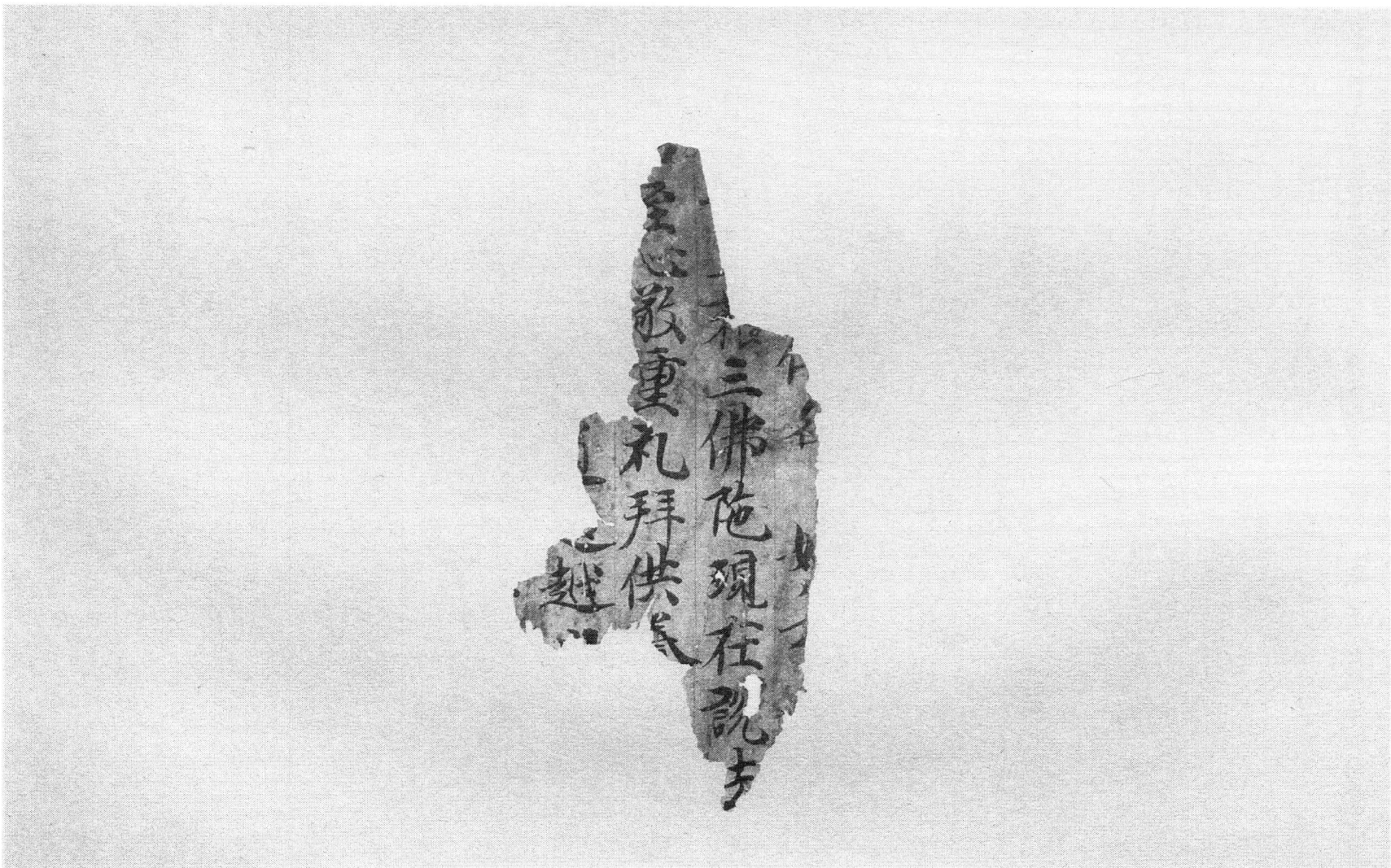

BD10625 號　佛名經（十六卷本）卷一一　　　　　　　　　　　　　　　　（1-1）

BD10626 號　維摩詰所說經卷上　　　　　　　　　　　　　　　　　　（1-1）

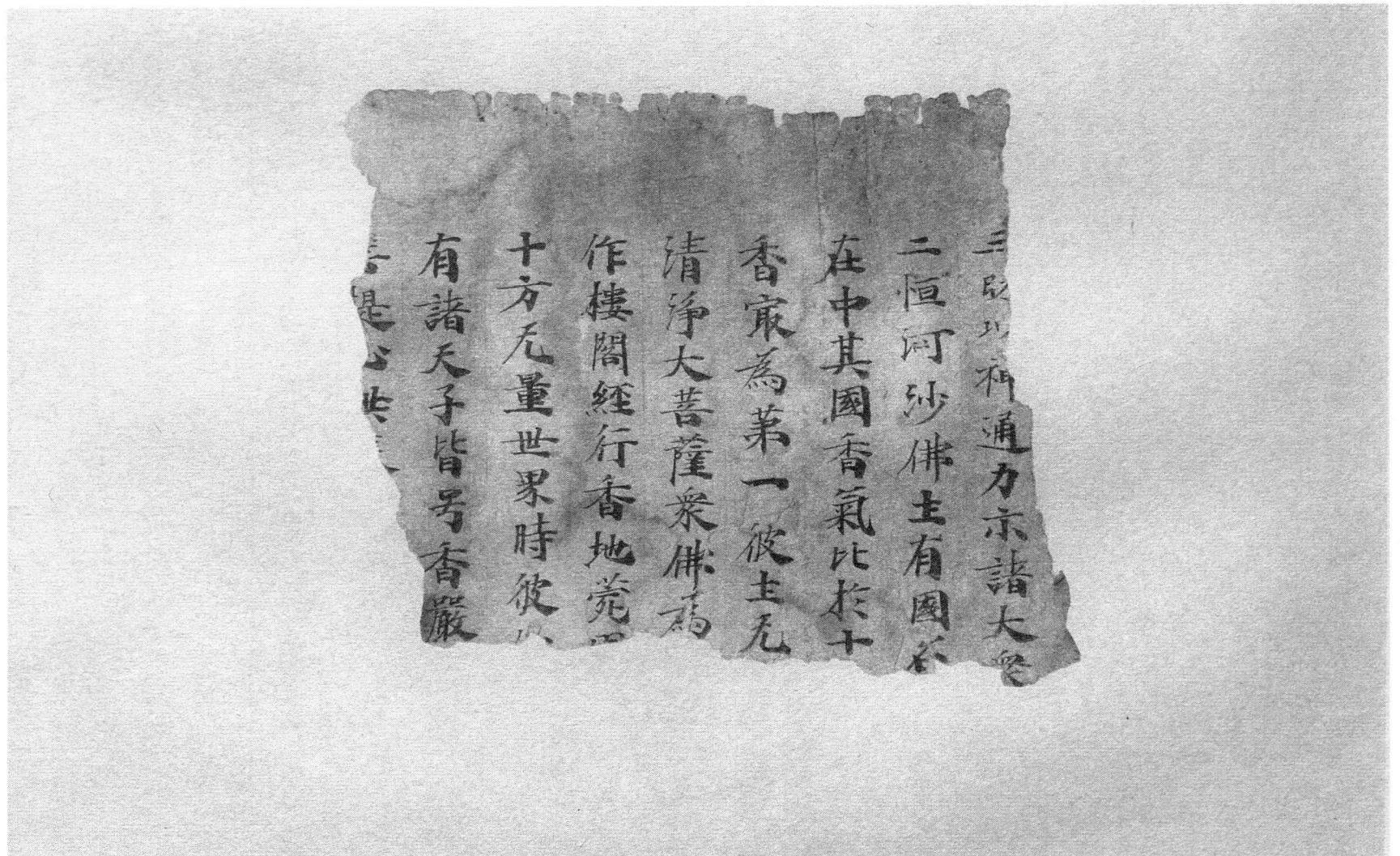

BD10627 號　維摩詰所說經卷下　　　　　　　　　　　　　　　　　　（1-1）

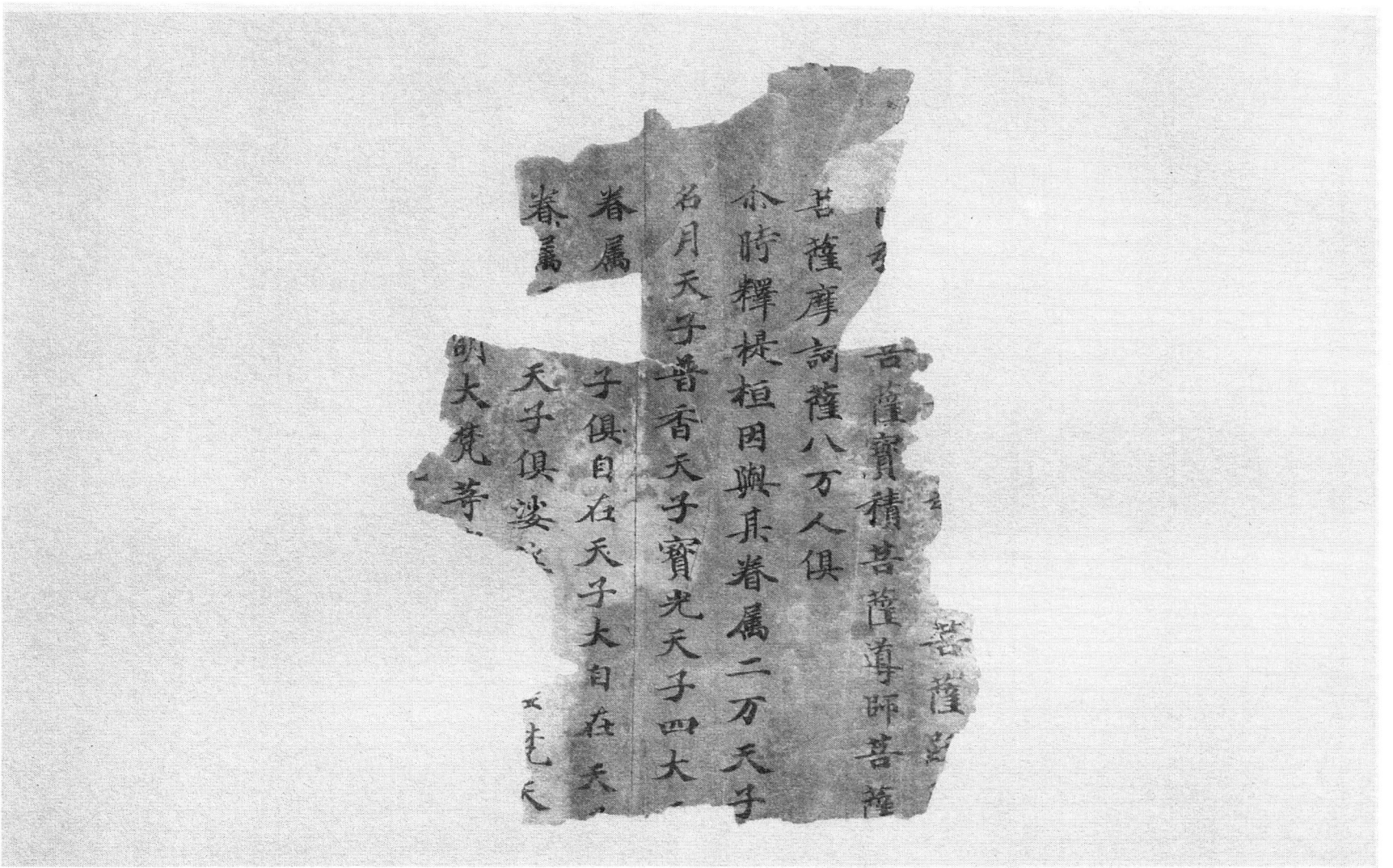

BD10628 號　妙法蓮華經卷一　　　　　　　　　　　　（1-1）

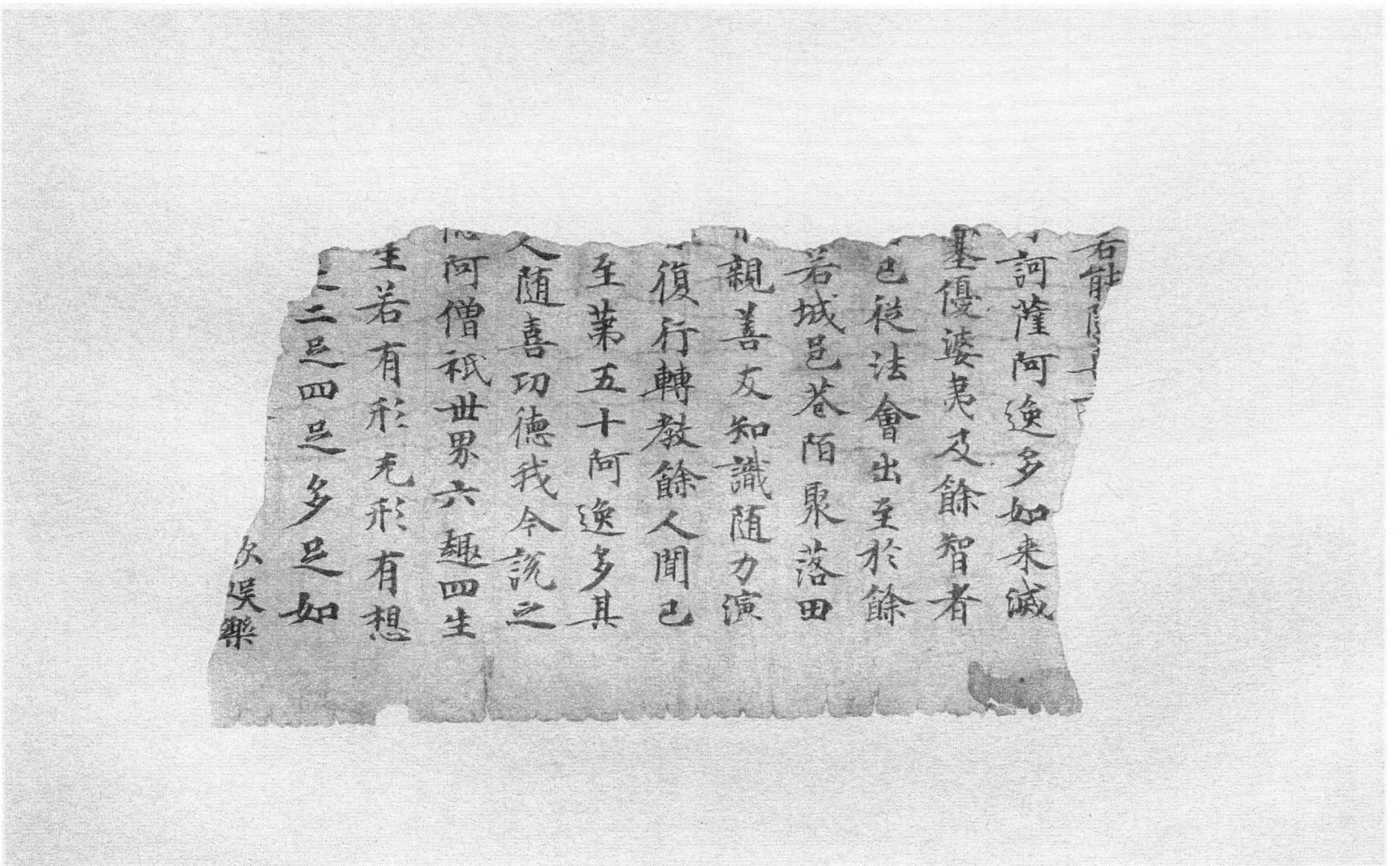

BD10629 號　妙法蓮華經卷六　　　　　　　　　　　　（1-1）

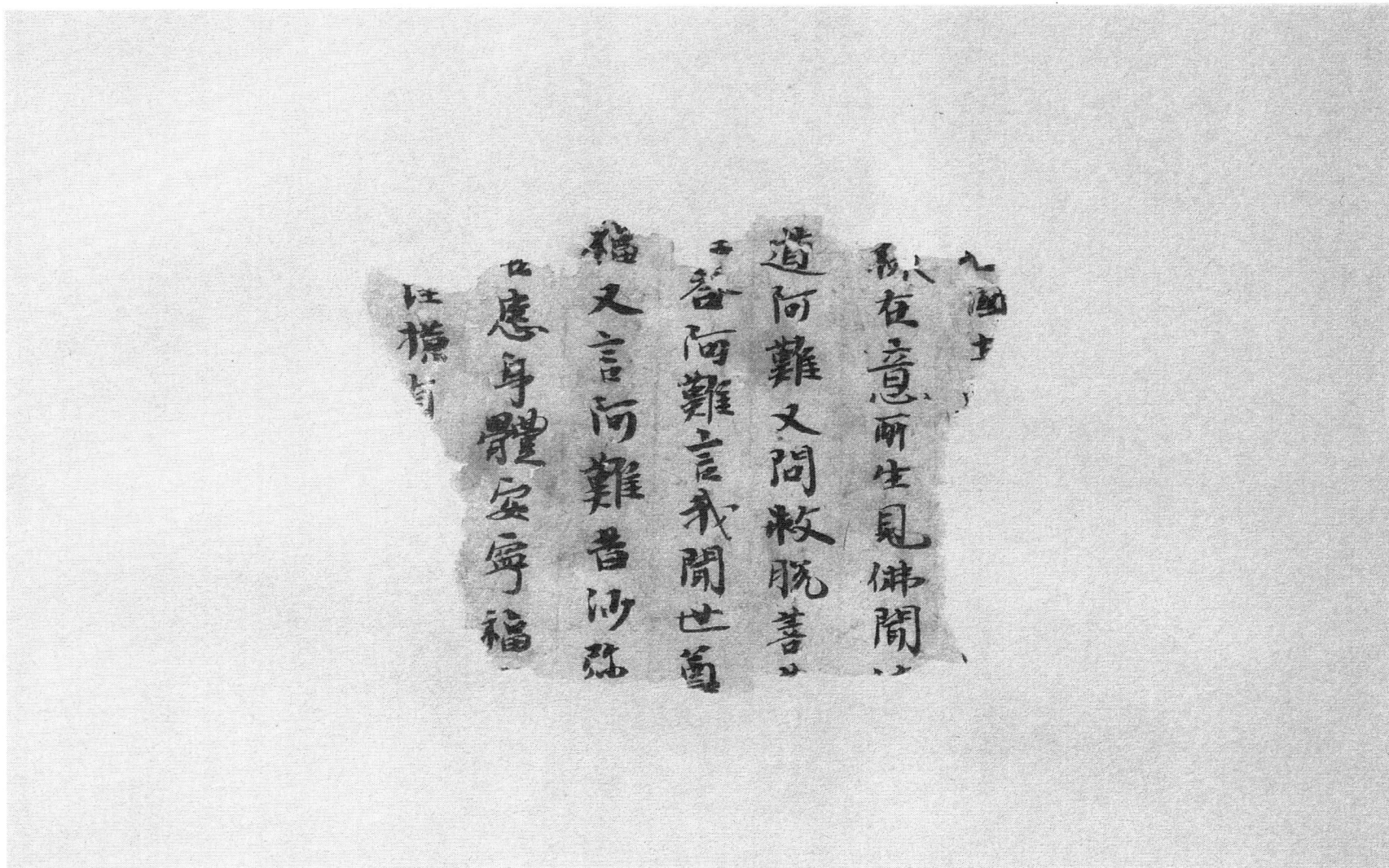

BD10630號　灌頂章句拔除過罪生死得度經　　　　　　　　　　　（1-1）

BD10631號　護首（大般若波羅蜜多經）　　　　　　　　　　　（1-1）

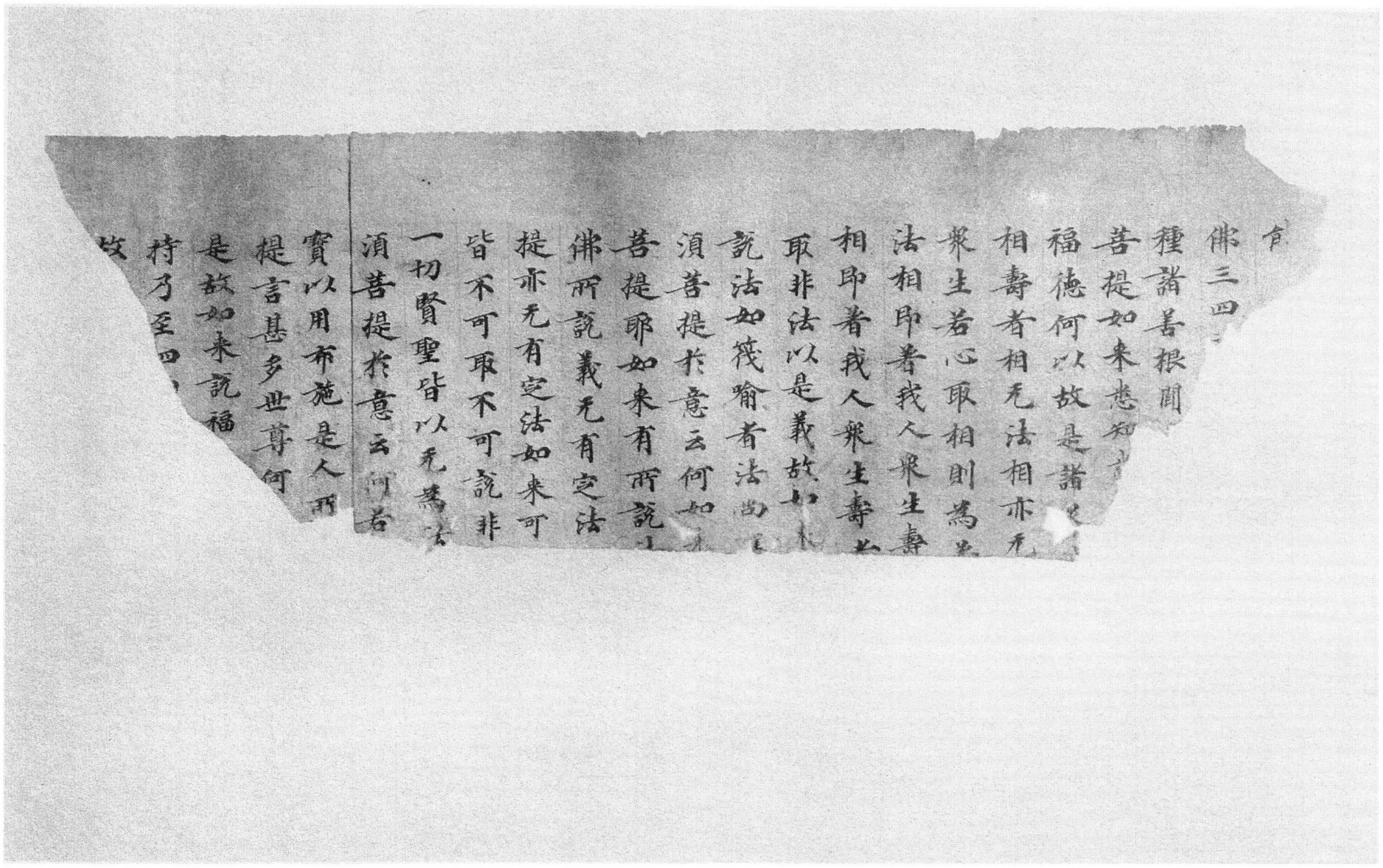

BD10632 號　金剛般若波羅蜜經　　　　　　　　　　　　　（1-1）

佛三四
種諸善根聞
菩提如來悉知
福德何以故是諸
相壽者相无法相亦无
眾生若心取相則為著
法相印著我人眾生壽者
取非法以是義故如
說法如筏喻者法尚
須菩提於意云何如來
菩提那如來有所說
佛所說義无有定法
提亦无有定法如來
皆不可取不可說非
一切賢聖皆以无為法
須菩提於意云何若
實以用布施是人所
提言甚多世尊何
是故如來說福
持乃至四句
故

BD10633 號　妙法蓮華經卷二　　　　　　　　　　　　　（1-1）

尒時舍利弗踊躍
而白佛言今從世尊
未曾有所以者何我等
菩薩受記作佛而
失於如來
下若坐
如來

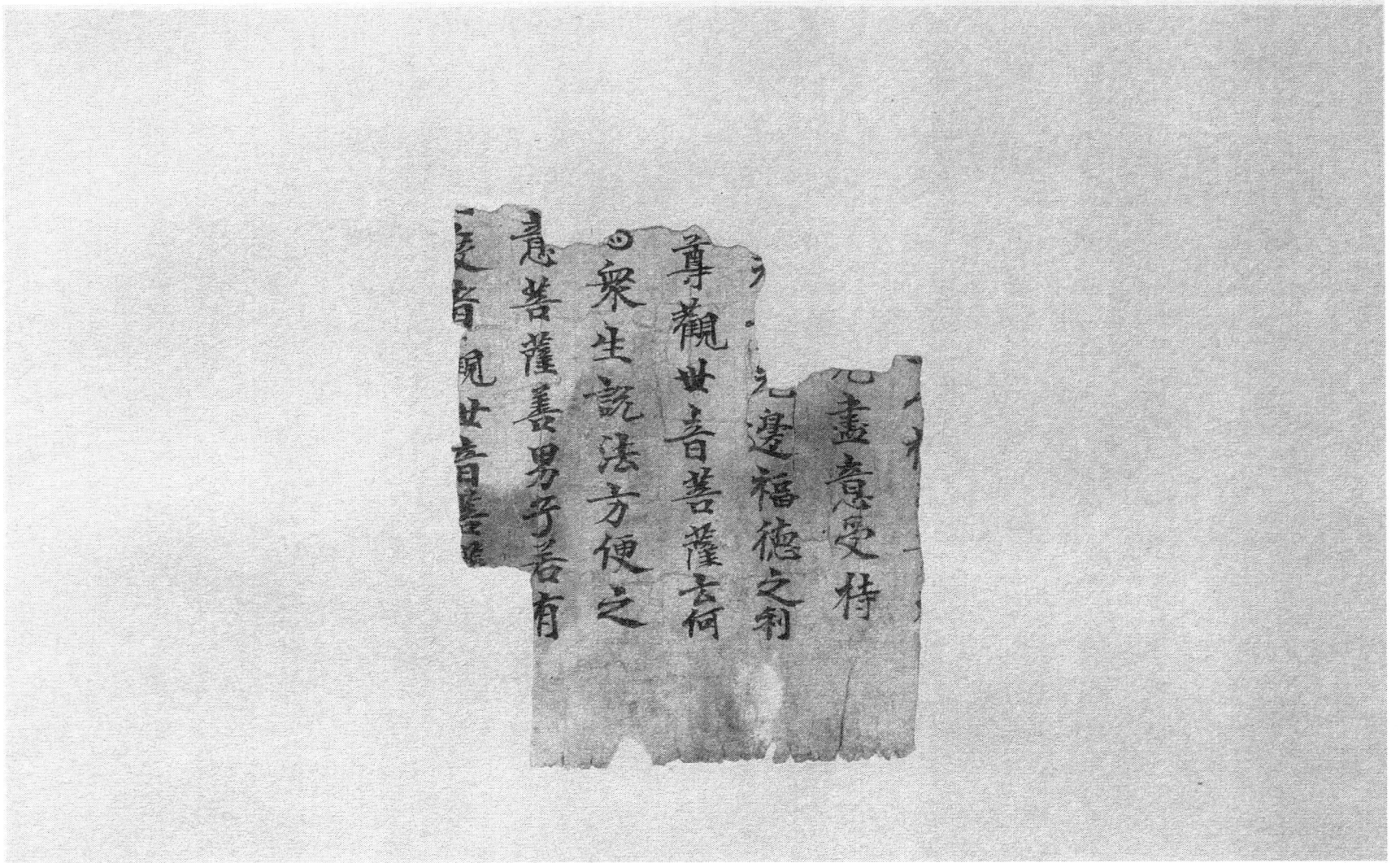

BD10634 號　妙法蓮華經卷七　　　　　　　　　　　　　　　　　　　（1-1）

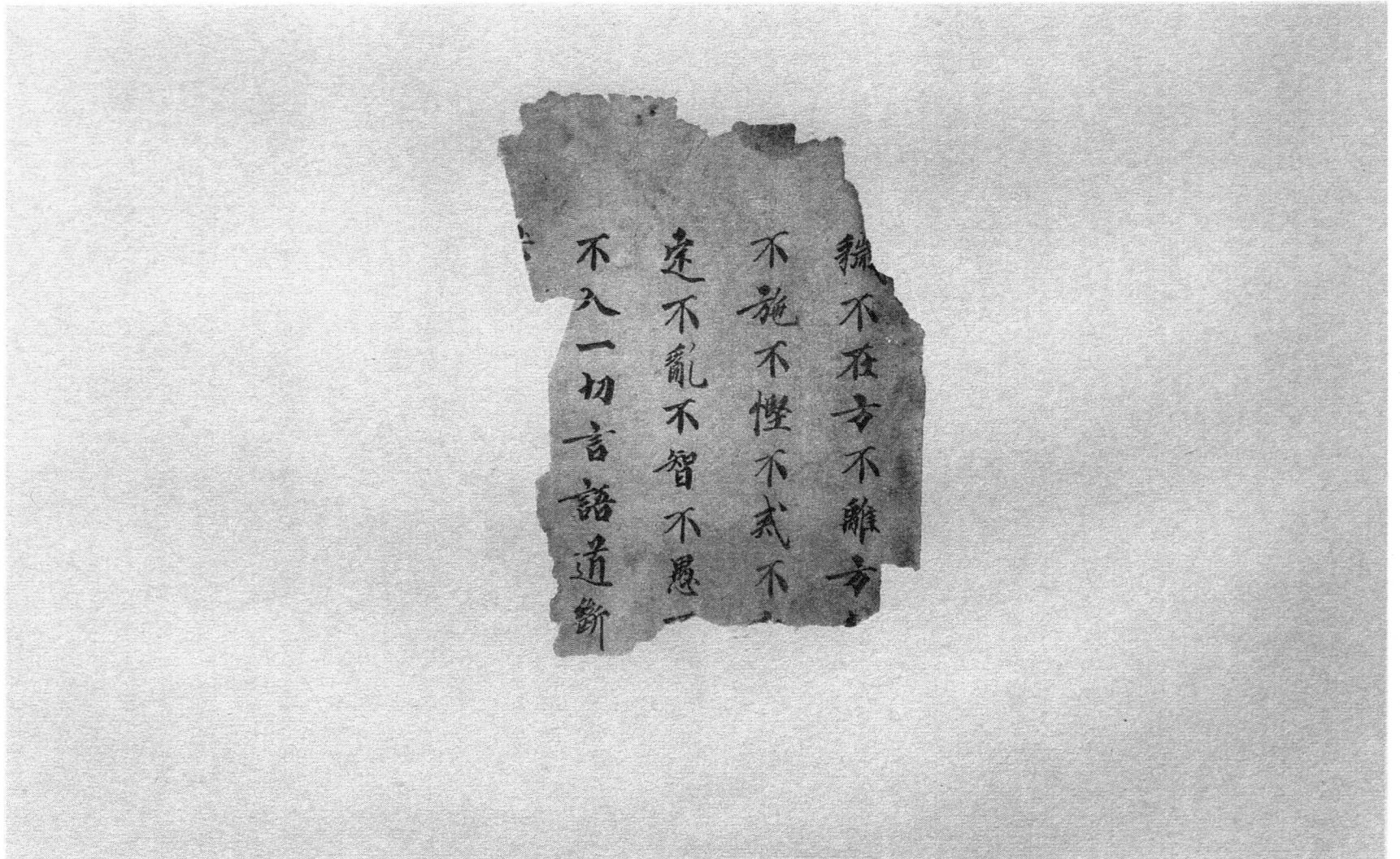

BD10635 號　維摩詰所說經卷下　　　　　　　　　　　　　　　　　　（1-1）

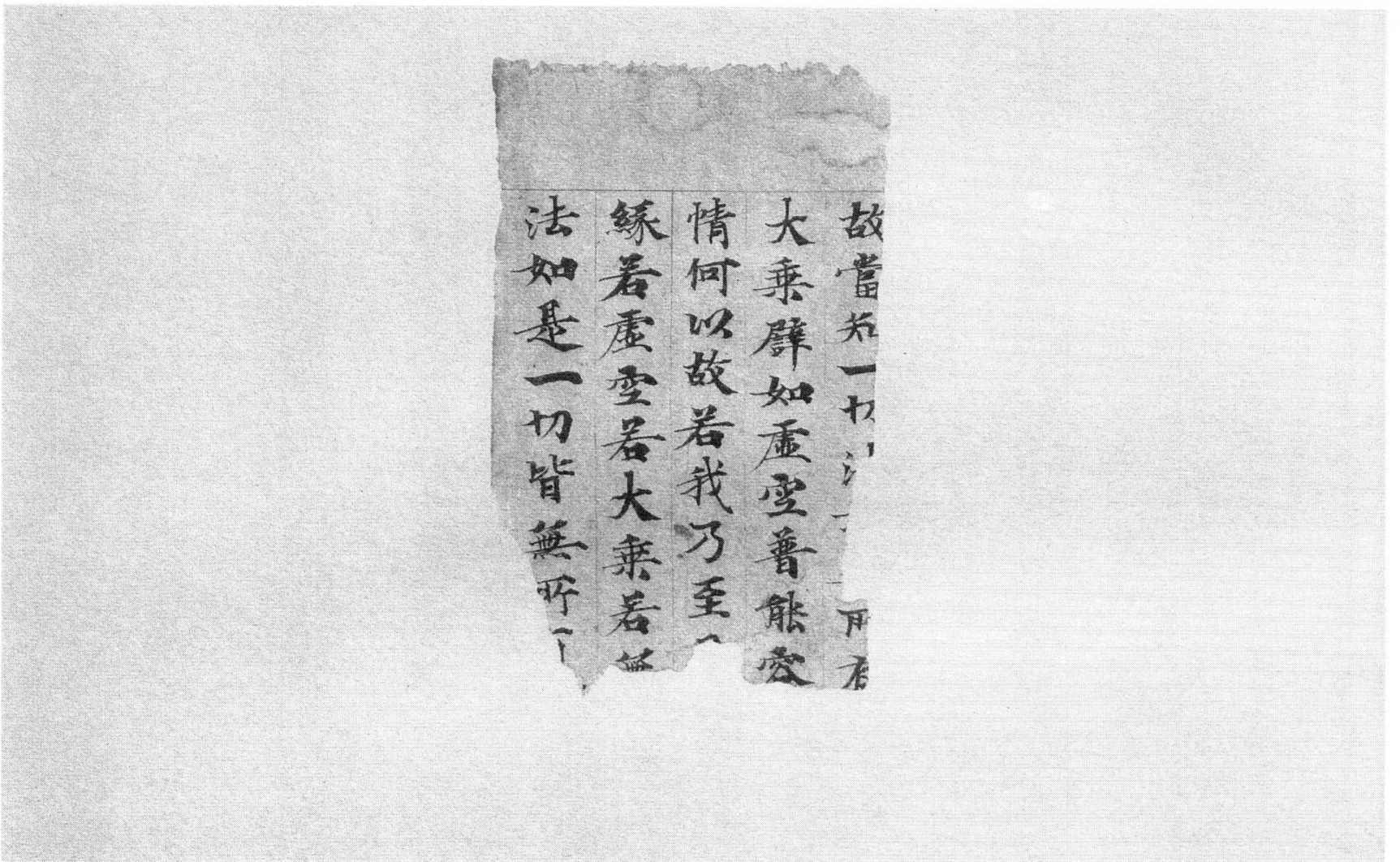

BD10636 號　大般若波羅蜜多經卷四九四 　　　　　　　　　　　　（1-1）

故當若一切法□
大乘譬如虛空普能容
情何以故若我乃至
緣若虛空若大乘若
法如是一切皆無所

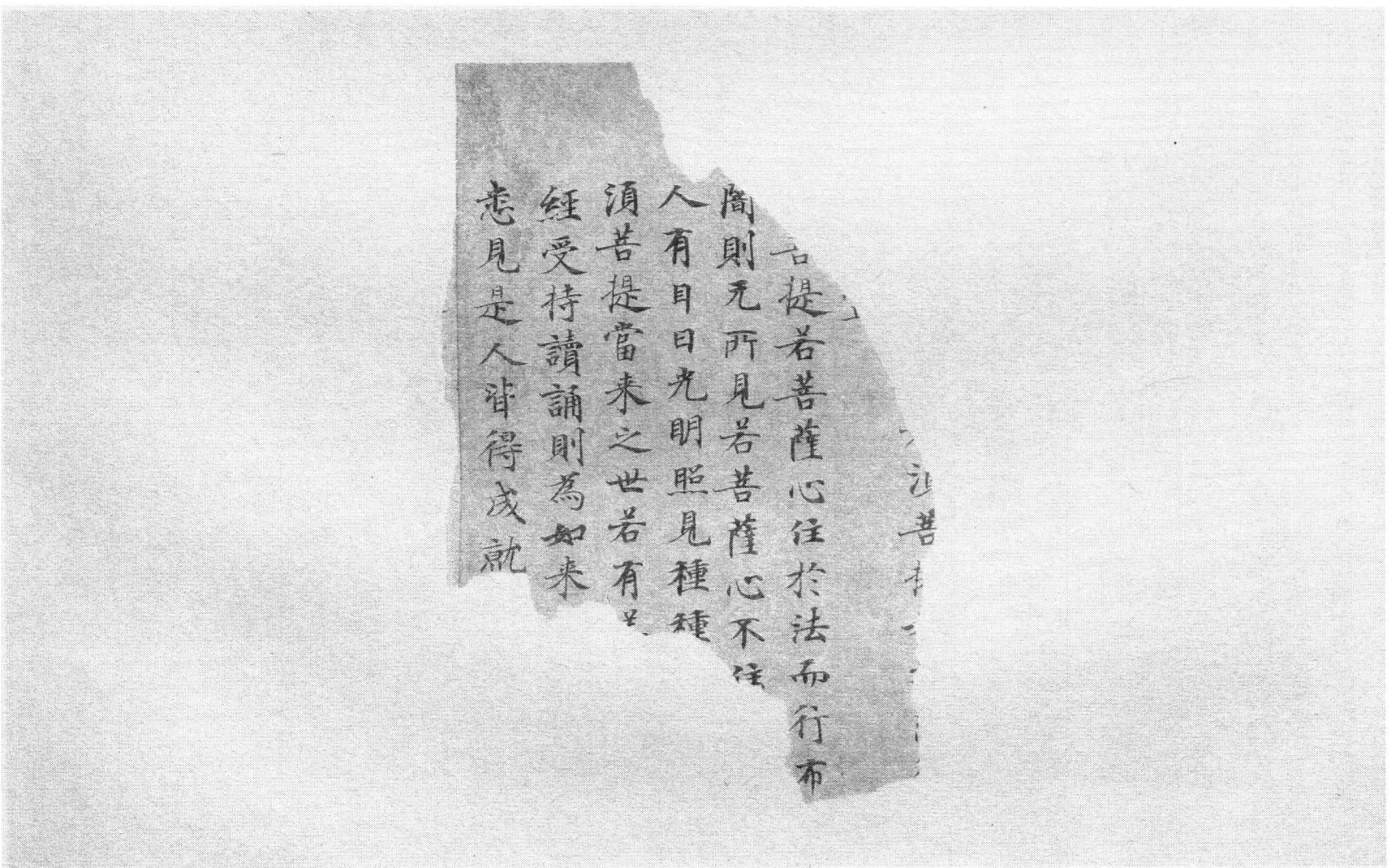

BD10637 號　金剛般若波羅蜜經 　　　　　　　　　　　　（1-1）

提若菩薩心住於法而行布
則无所見若菩薩心不住
人有目日光明照見種種
須菩提當来之世若有
經受持讀誦則為如来
悉見是人皆得成就

BD10638 號　妙法蓮華經卷一　　　　　　　　　　　　　　　　（1-1）

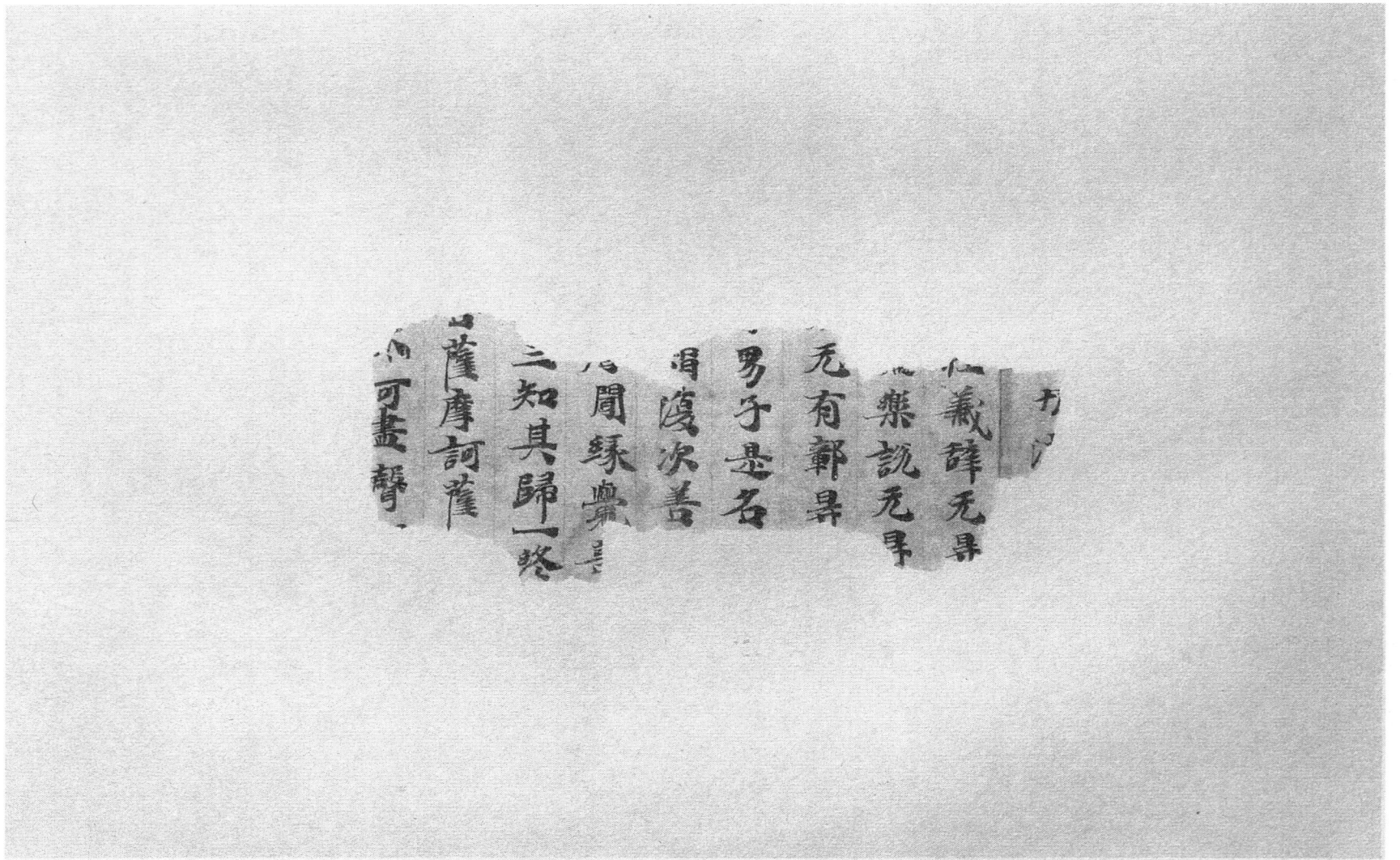

BD10639 號　大般涅槃經（北本）卷一七　　　　　　　　　　（1-1）

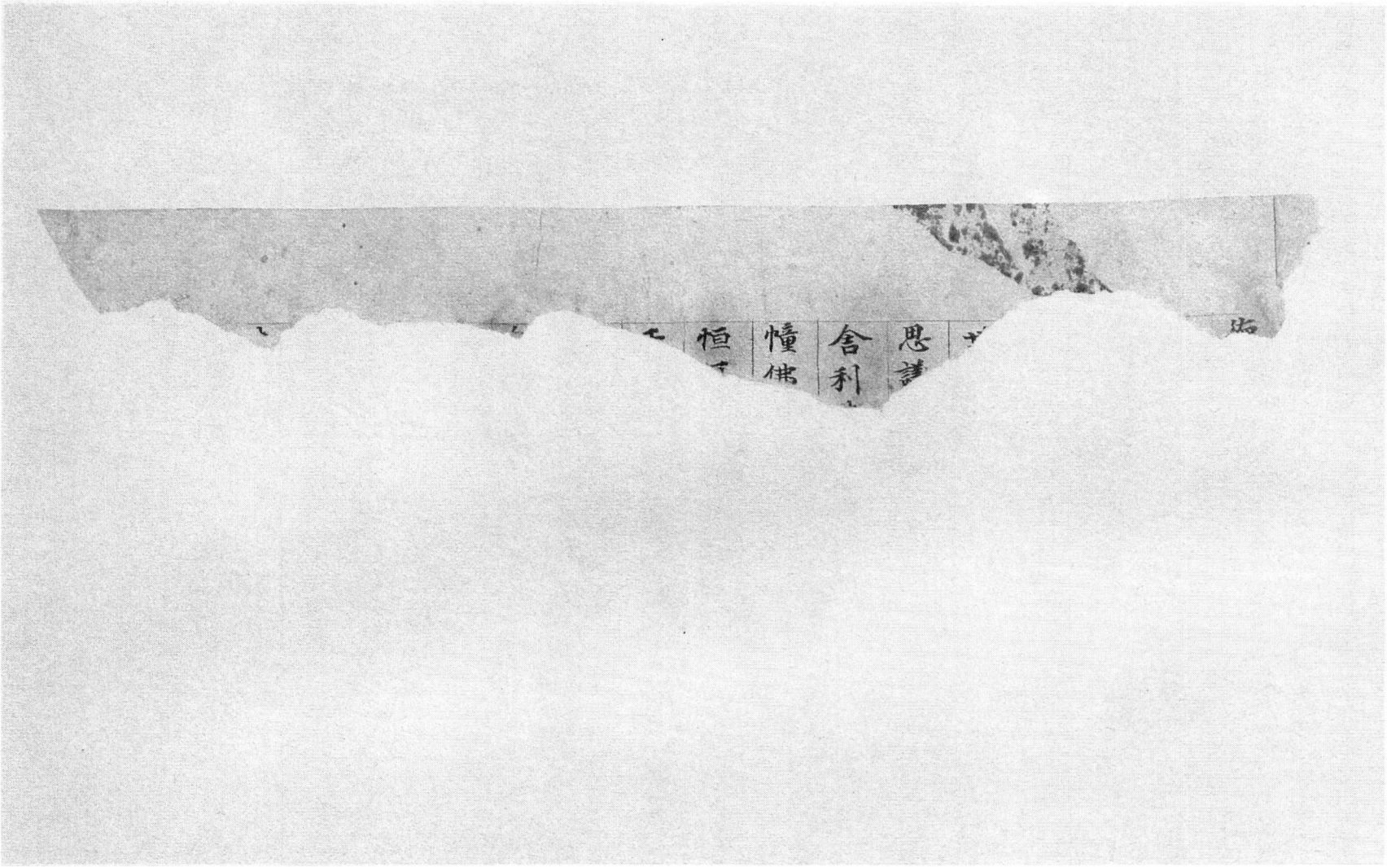

BD10640 號　淨土五會念佛誦經觀行儀卷中　　　　　　　　　　　　　　（1-1）

BD10641 號　護首（大般若波羅蜜多經）　　　　　　　　　　　　　　　　（1-1）

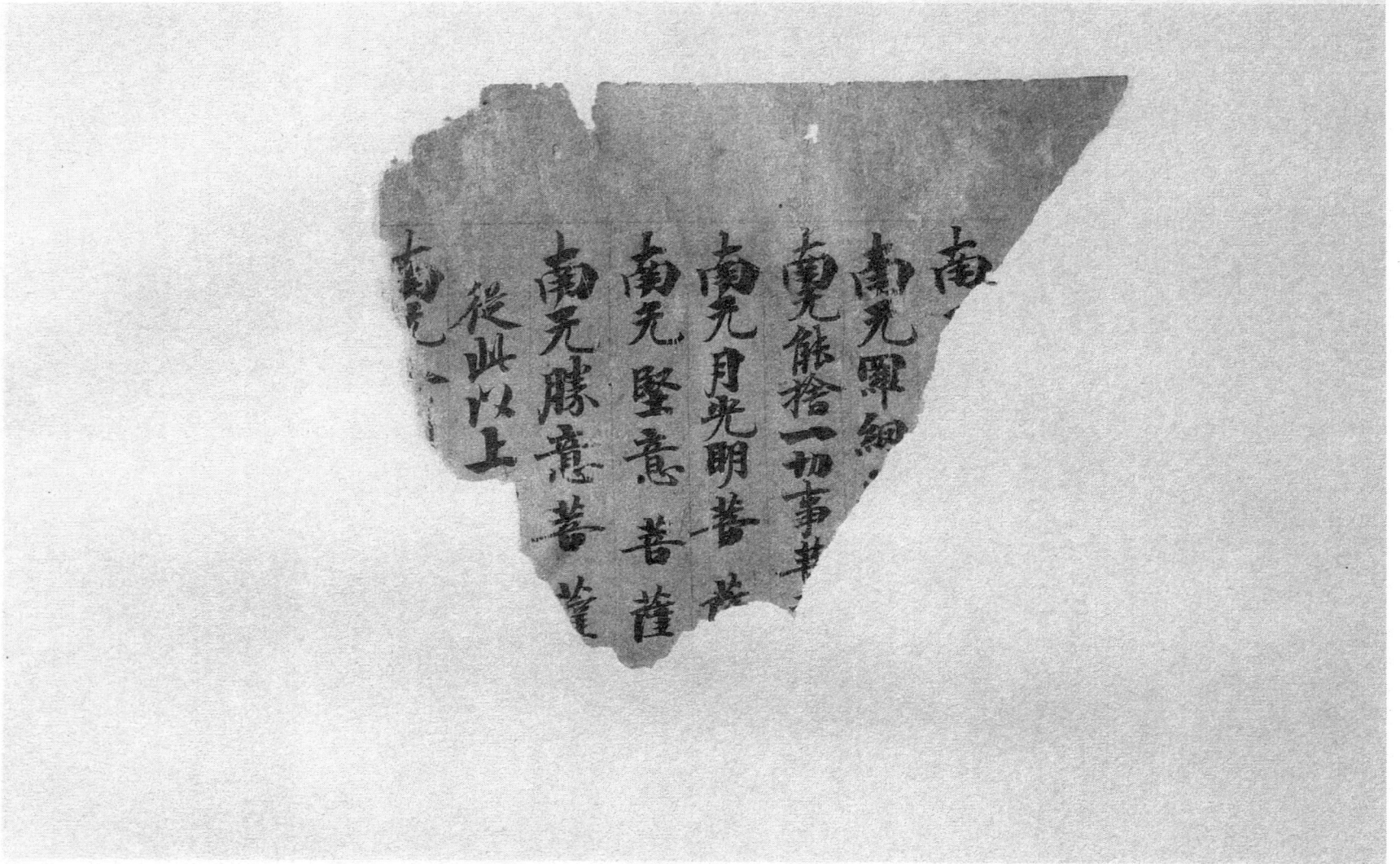

BD10642 號　佛名經（十六卷本）卷二　　　　　　　　　　　（1–1）

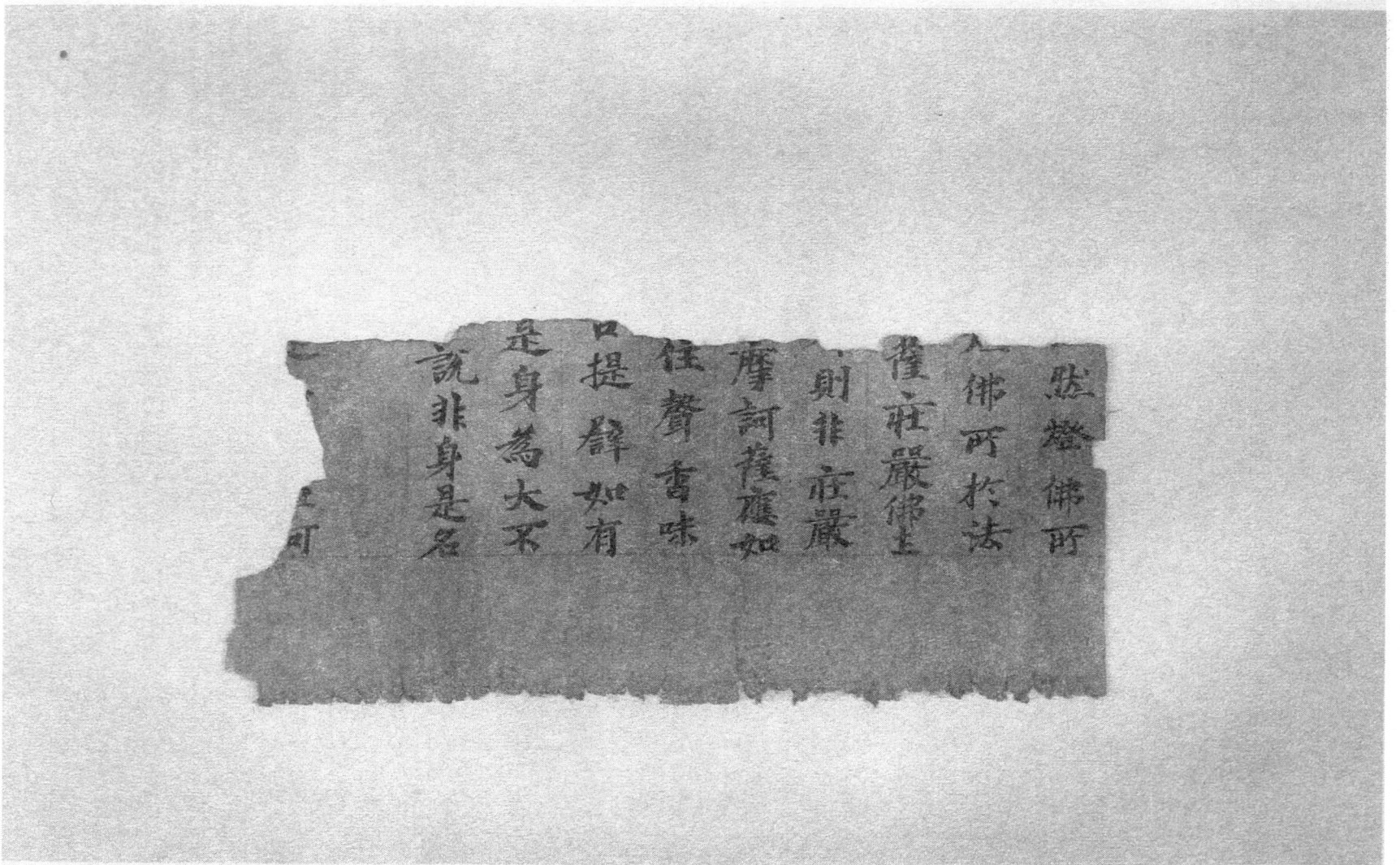

BD10643 號　金剛般若波羅蜜經　　　　　　　　　　　　（1–1）

BD10644 號　大般若波羅蜜多經卷一六五 　　　　　　　　　　　　　（1-1）

BD10645 號　僧伽吒經卷三 　　　　　　　　　　　　　　　　　　（1-1）

BD10646 號　大般涅槃經（北本）卷二八　　　　　　　　　　　　　　　　　（1-1）

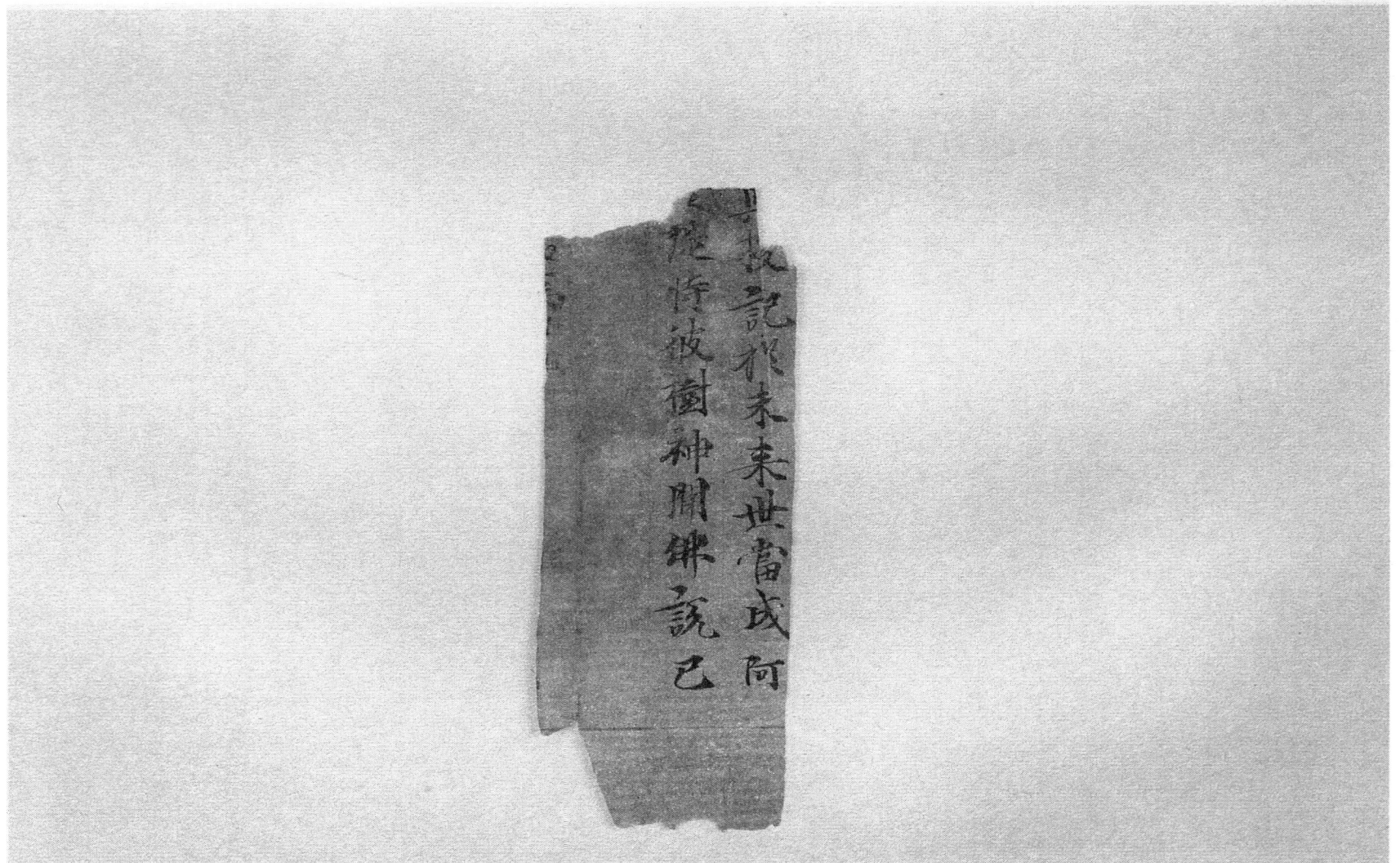

BD10647 號　金光明最勝王經卷九　　　　　　　　　　　　　　　　　　　（1-1）

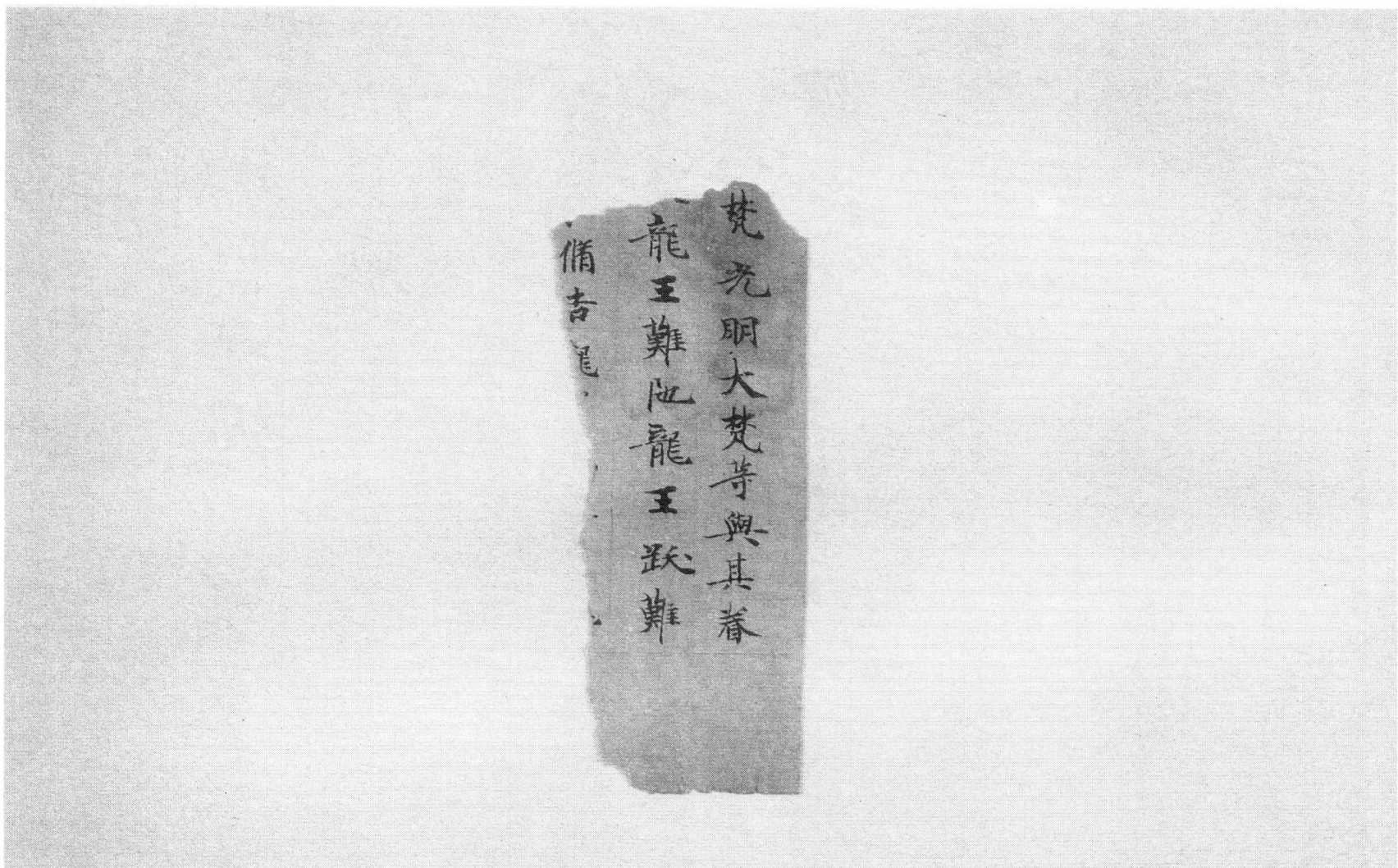

BD10648 號　妙法蓮華經卷一　　　　　　　　　　　　　　　　　　　　（1-1）

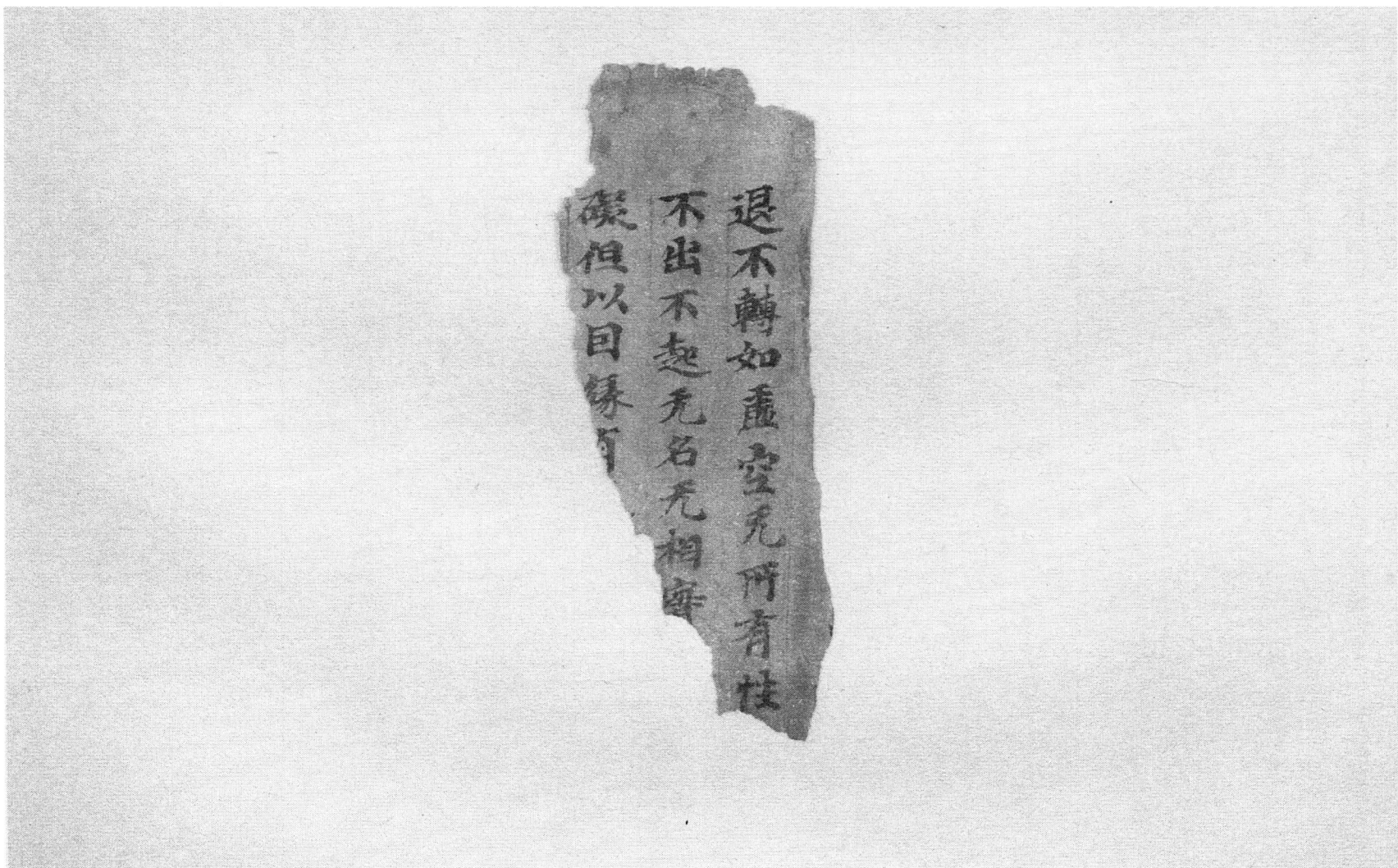

BD10649 號　妙法蓮華經卷五　　　　　　　　　　　　　　　　　　　　（1-1）

BD10650 號　大般若波羅蜜多經卷五三七　　　　　　　　　　　　　　　（1-1）

BD10651 號　佛名經（十六卷本）卷一三　　　　　　　　　　　　　　　（1-1）

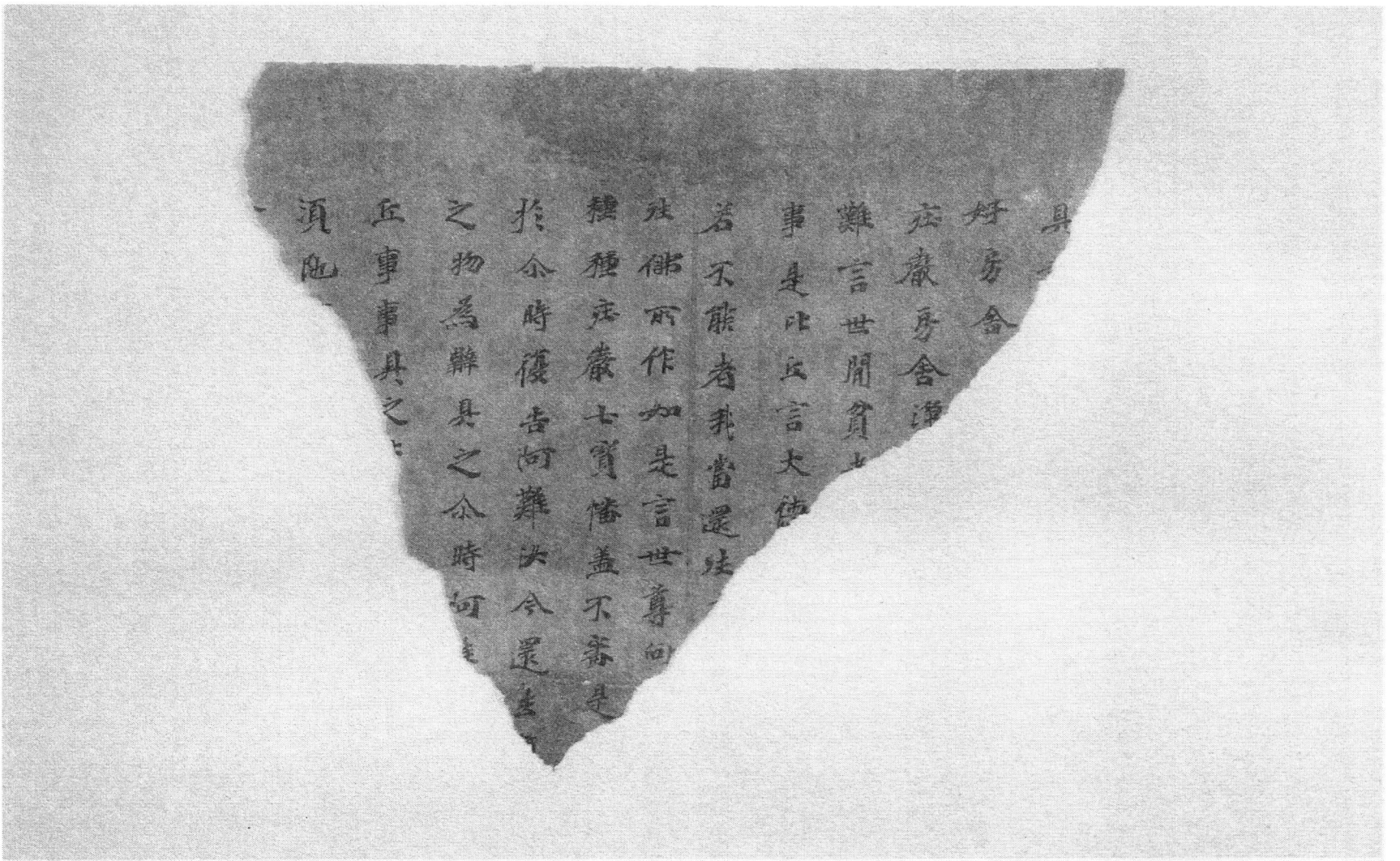

BD10652號　大般涅槃經（北本）卷三六　　　　　　　　　　　　　　　　　　　（1-1）

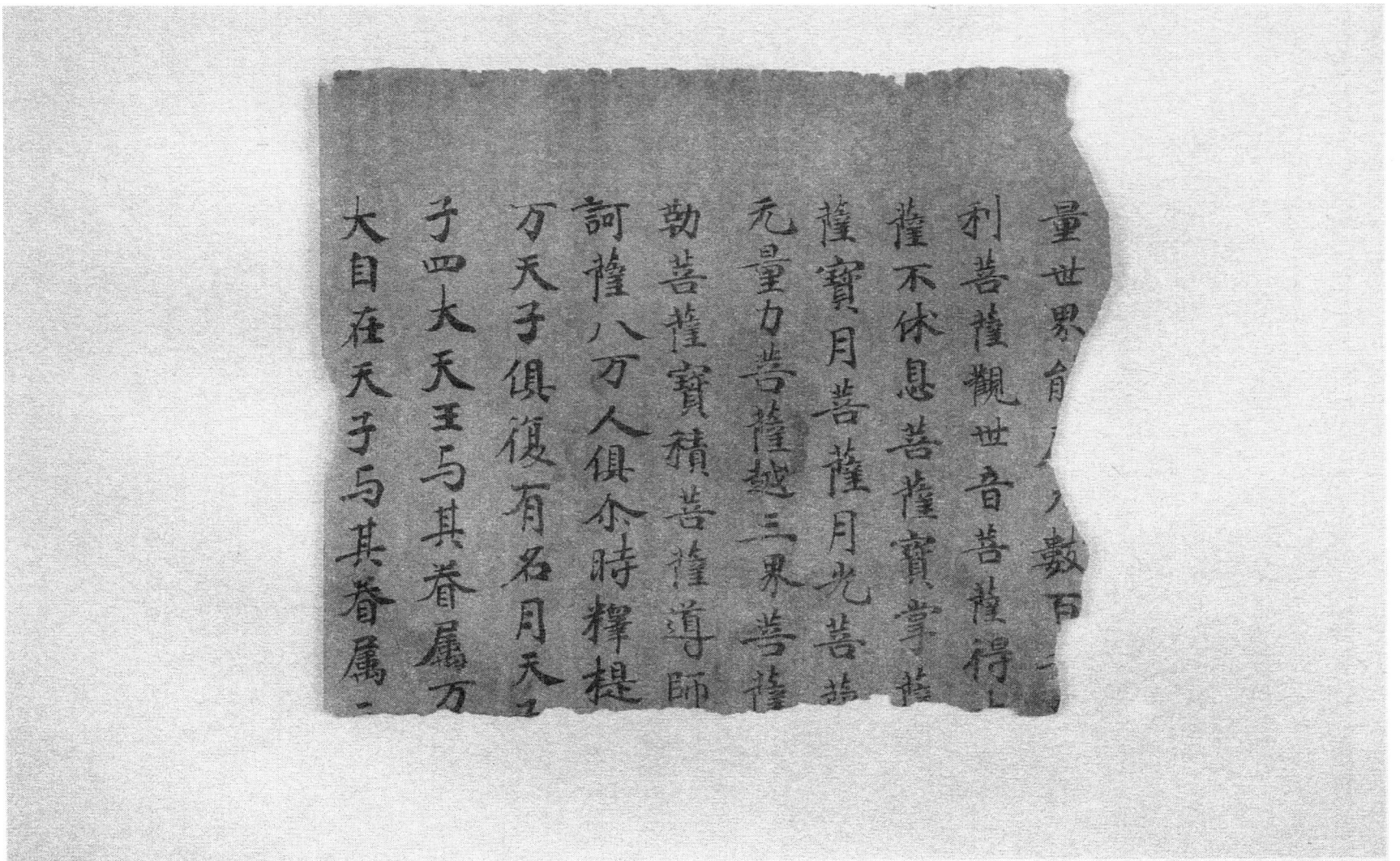

BD10653號　妙法蓮華經卷一　　　　　　　　　　　　　　　　　　　　　　　（1-1）

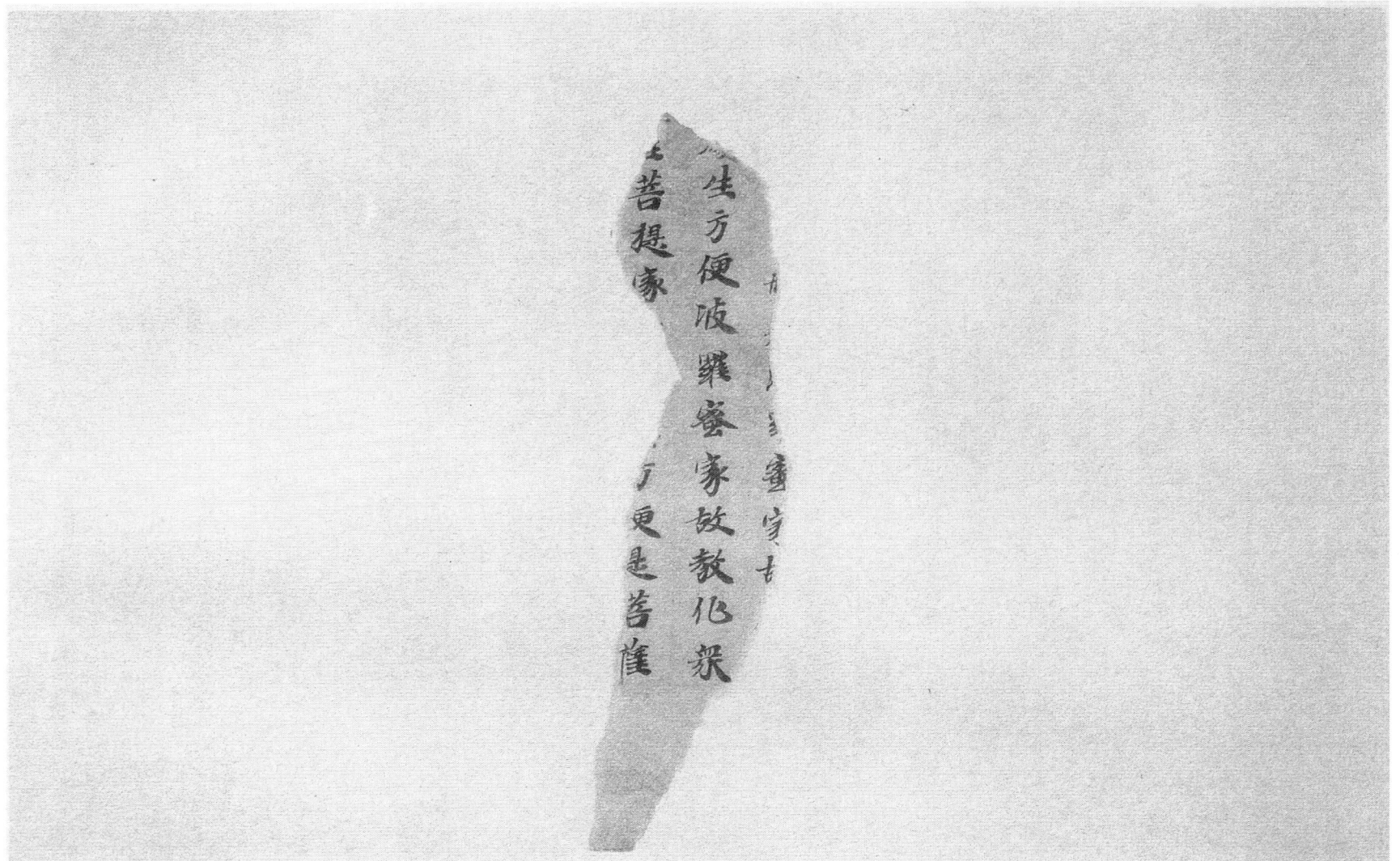

BD10654 號　大方廣佛華嚴經（晉譯五十卷本）卷五〇　　　　　　　　　　　　（1-1）

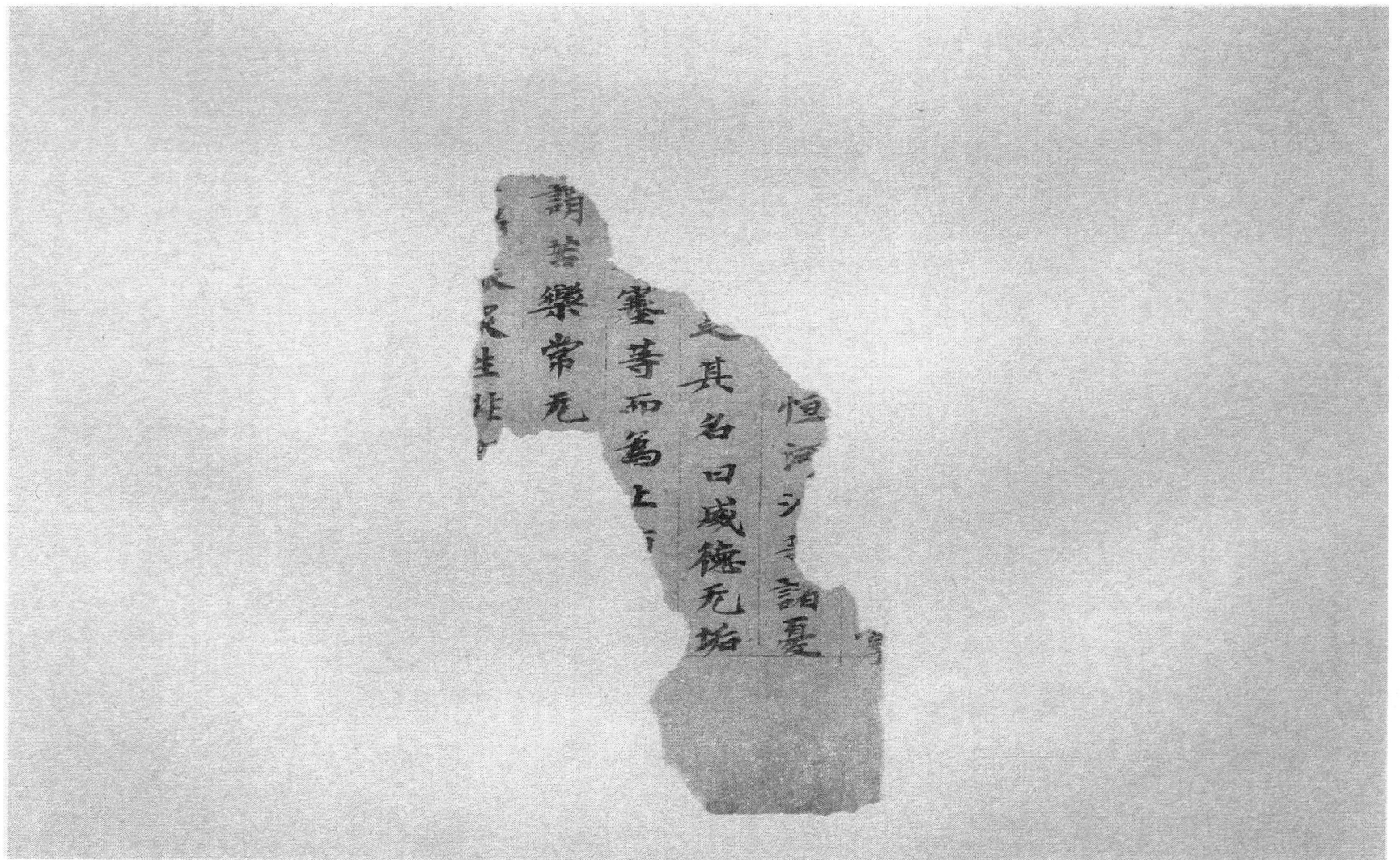

BD10655 號　大般涅槃經（北本）卷一　　　　　　　　　　　　　　　　　（1-1）

BD10656 號　大般若波羅蜜多經卷二七五　　　　　　　　　　　　　　　（1-1）

空清淨故四無二無所畏
智清淨若內
無二幻無別無
內外空空空大空上
竟空無際
其相空一切法
性自性空
淨故善

多無斷故善

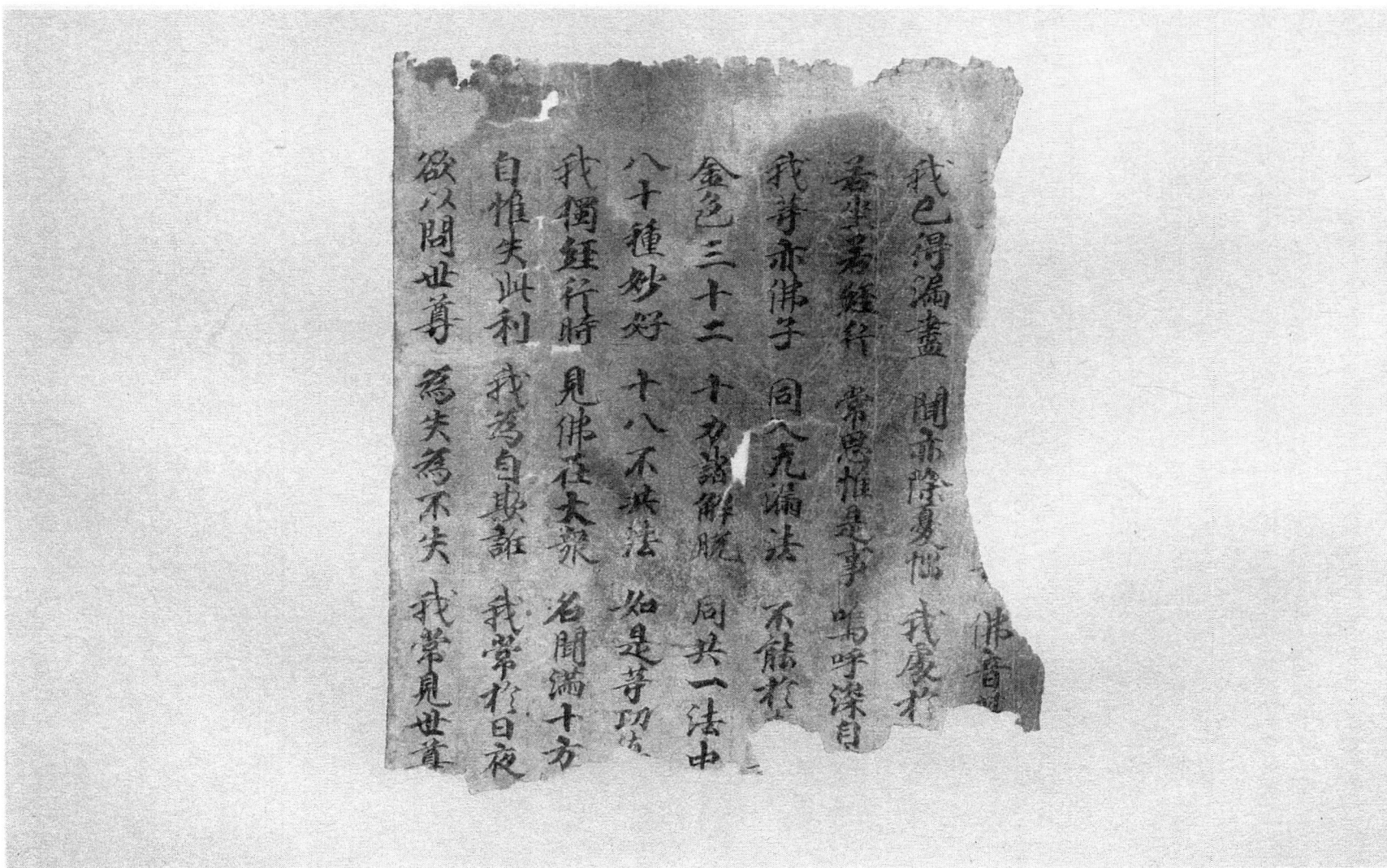

BD10657 號　妙法蓮華經卷二　　　　　　　　　　　　　　　（1-1）

我已得漏盡　聞亦除憂惱　我處於
善率眾經行　常患思惟是事　嗚呼深自
我等亦佛子　同入無漏法　不能於
金色三十二　十力諸解脫　同共一法中
八十種妙好　十八不共法　如是等切德
我獨經行時　見佛在大眾　名聞滿十方
自惟失此利　我為自欺誑　我常於日夜
欲以問世尊　為失為不失　我常見世尊

佛音

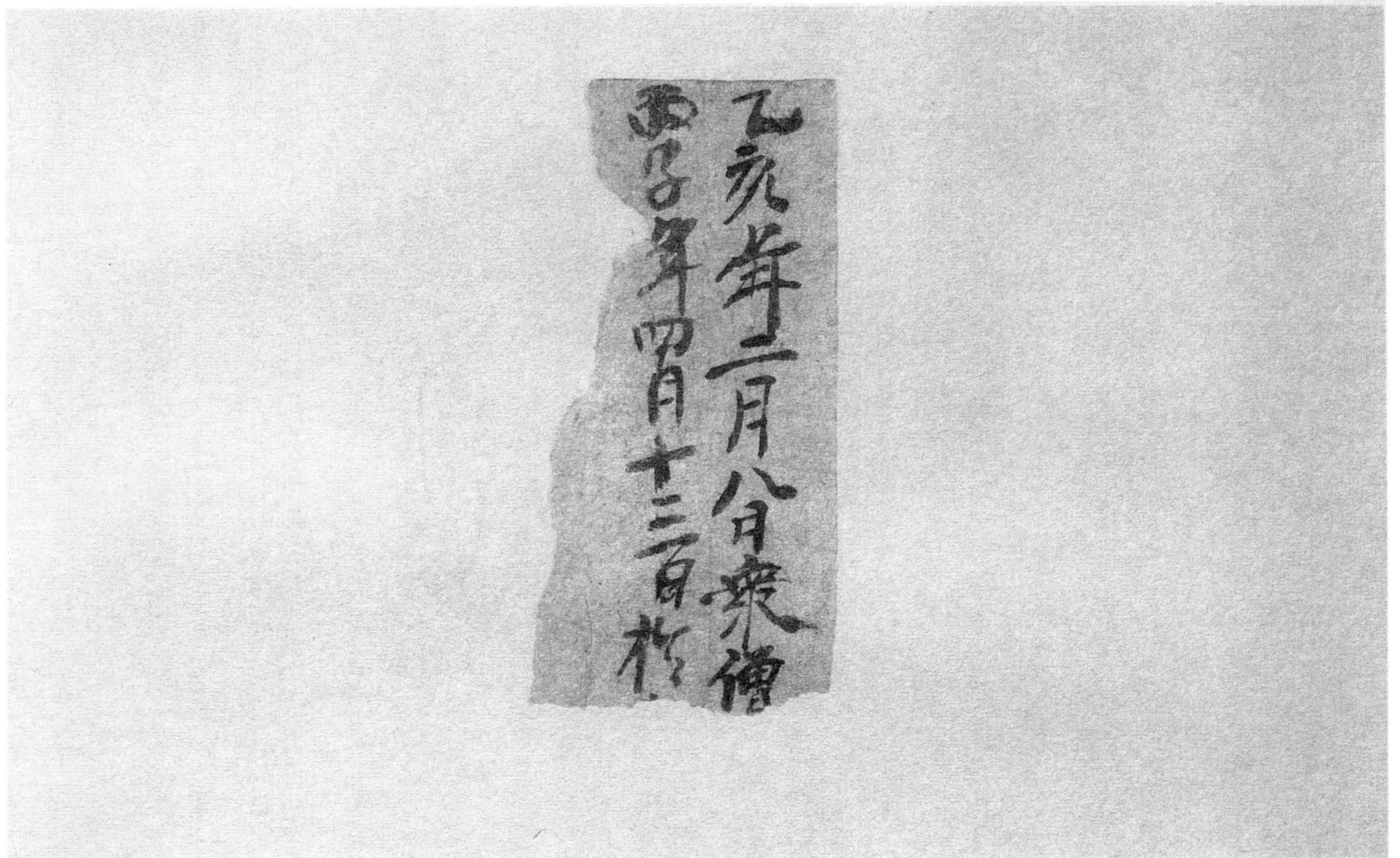

BD10658 號　乙亥丙子年某寺殘籍（擬）　　　　　　　　　　　　　　（1-1）

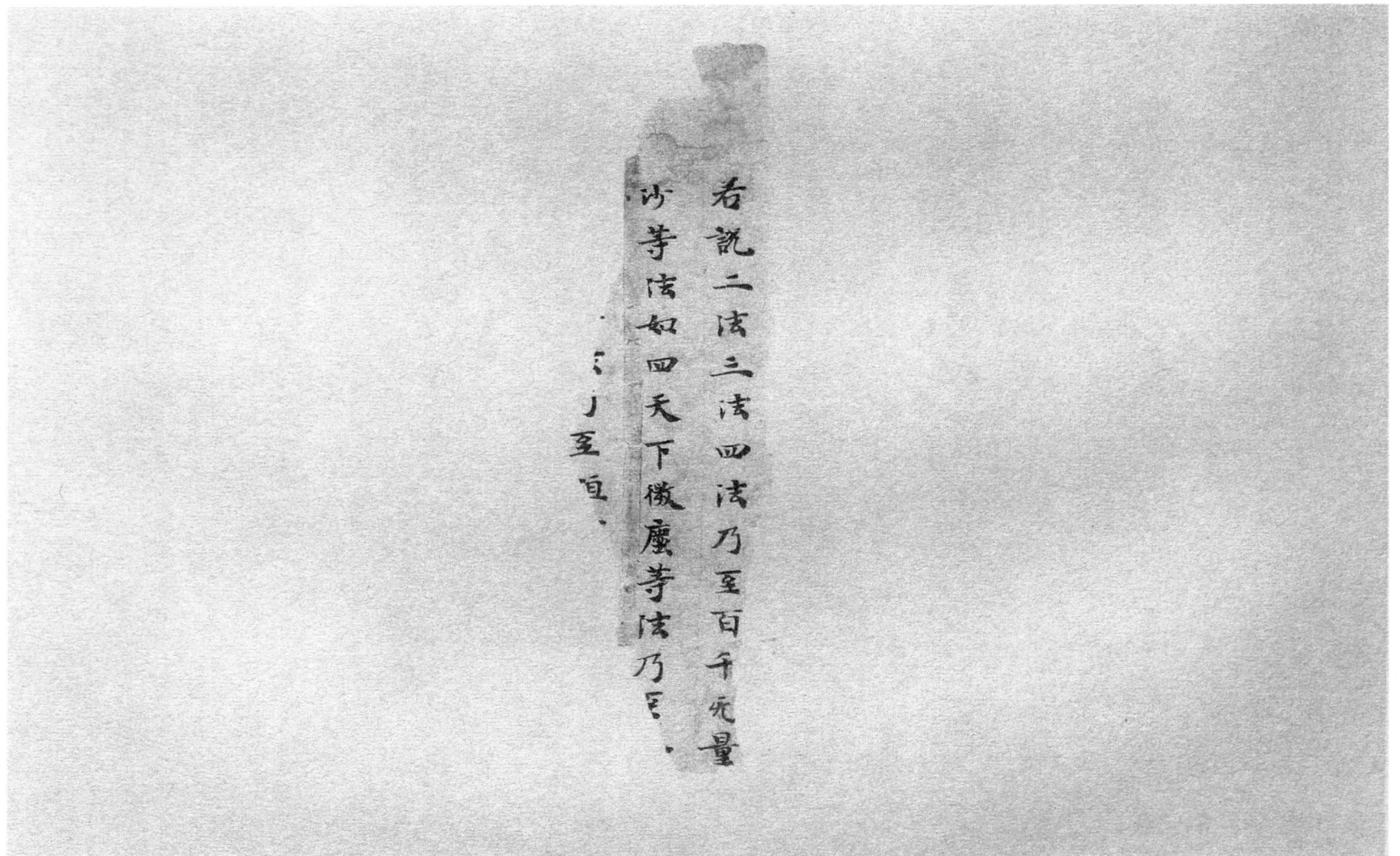

BD10659 號　大方等大集經卷四　　　　　　　　　　　　　　　　　（1-1）

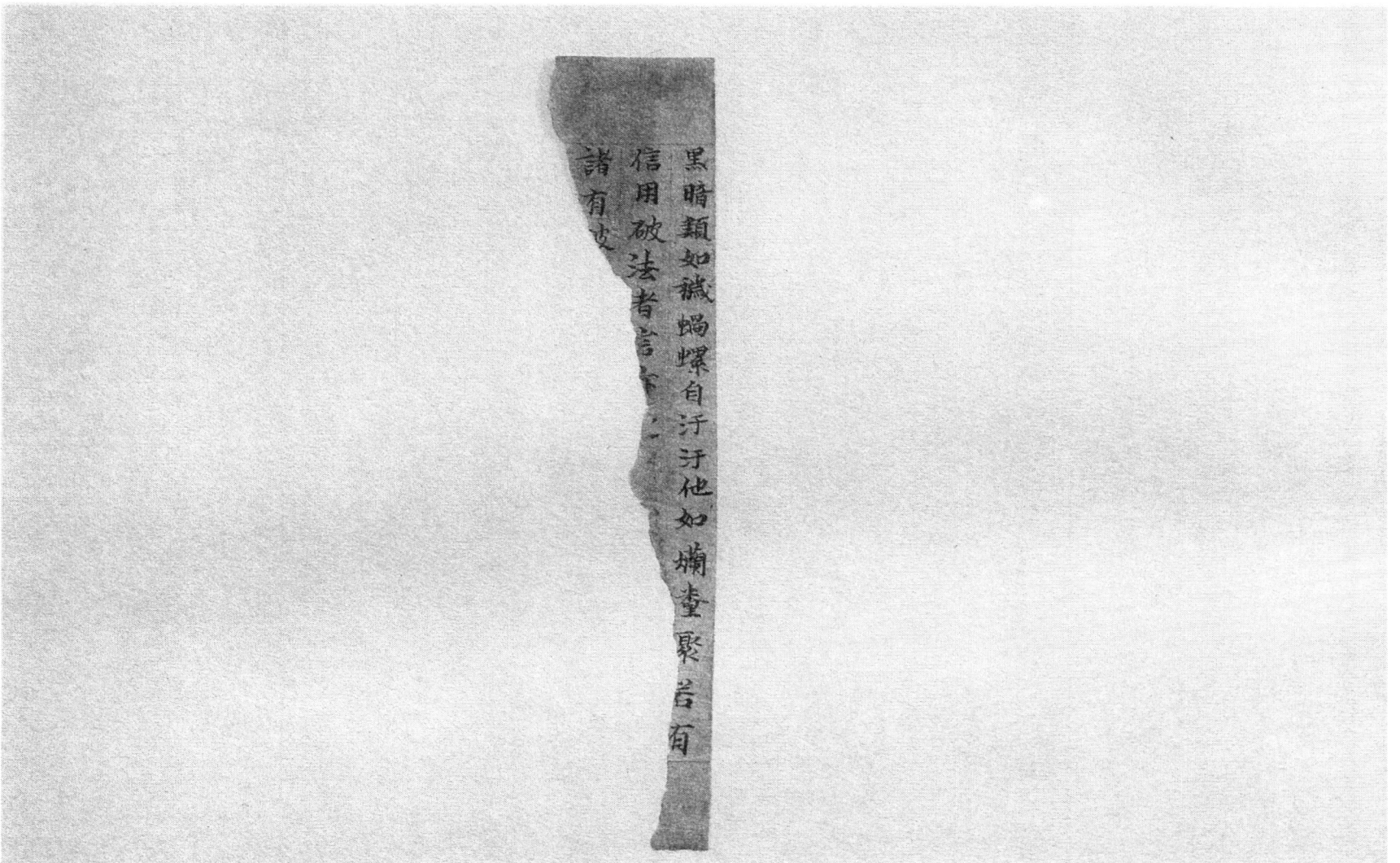

BD10660 號　大般若波羅蜜多經卷四三五　　　　　　　　　　　　　　　（1-1）

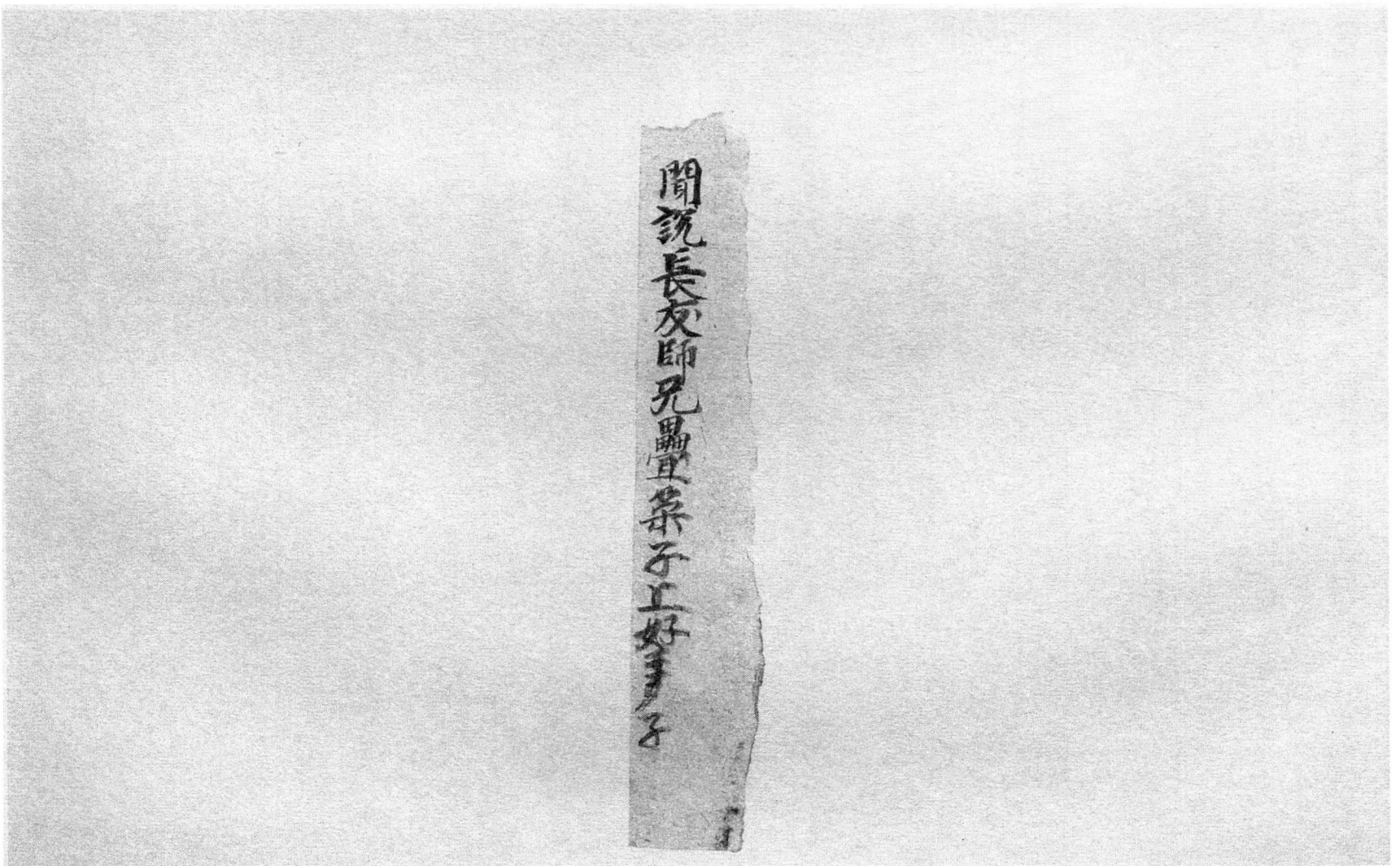

BD10661 號　信函稿（擬）　　　　　　　　　　　　　　　　　　　　（1-1）

BD10661 號背　雜寫　　　　　　　　　　　　　　　　　　　　　　　　　　　（1–1）

BD10662 號　金剛般若波羅蜜經　　　　　　　　　　　　　　　　　　　（1–1）

BD10663 號　般若波羅蜜多心經　　　　　　　　　　　　　　　（1-1）

BD10664 號　佛名經（十六卷本）卷一　　　　　　　　　　　　（1-1）

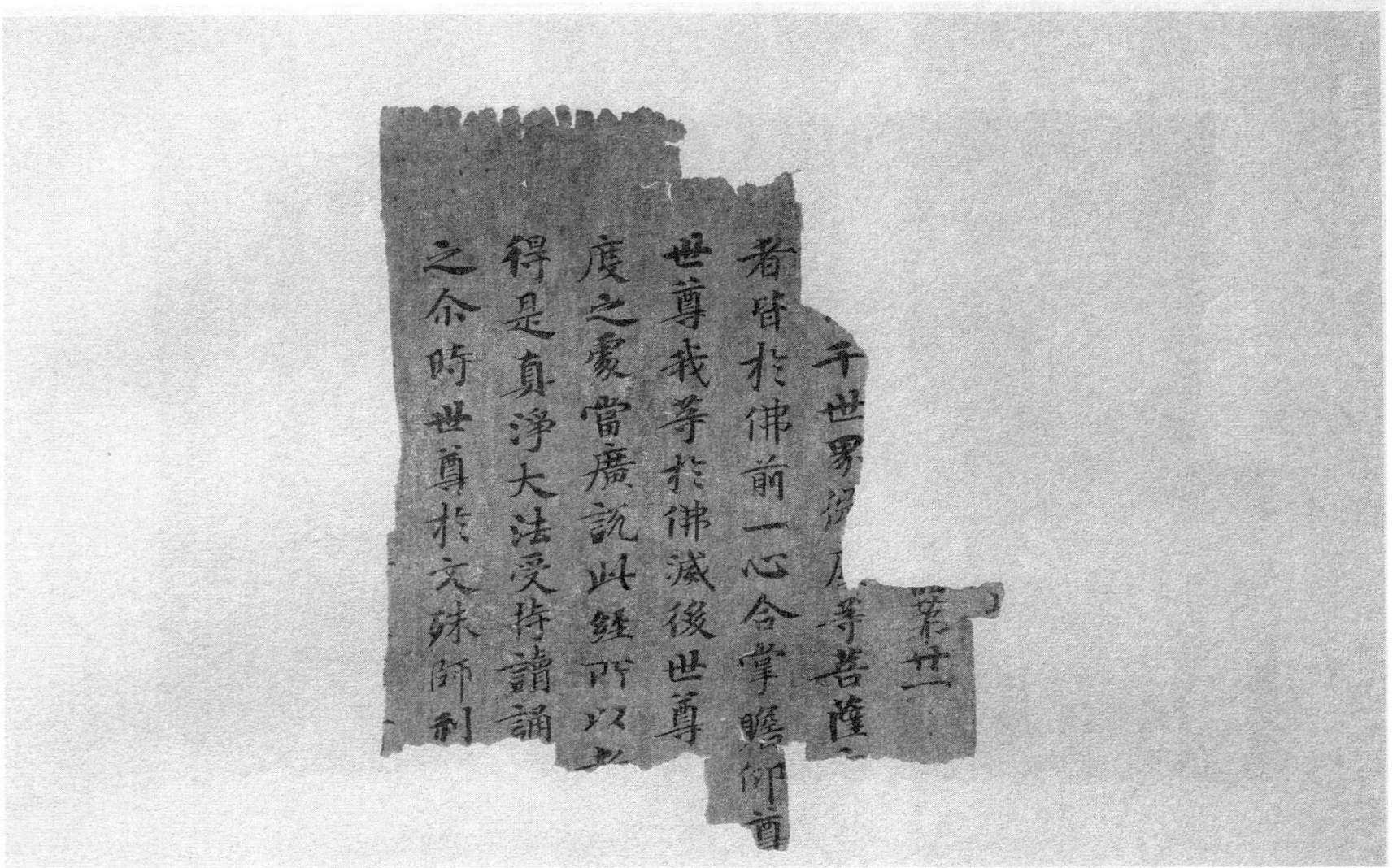

BD10665號　妙法蓮華經卷六　　　　　　　　　　　　　　　　　　　　　　　（1-1）

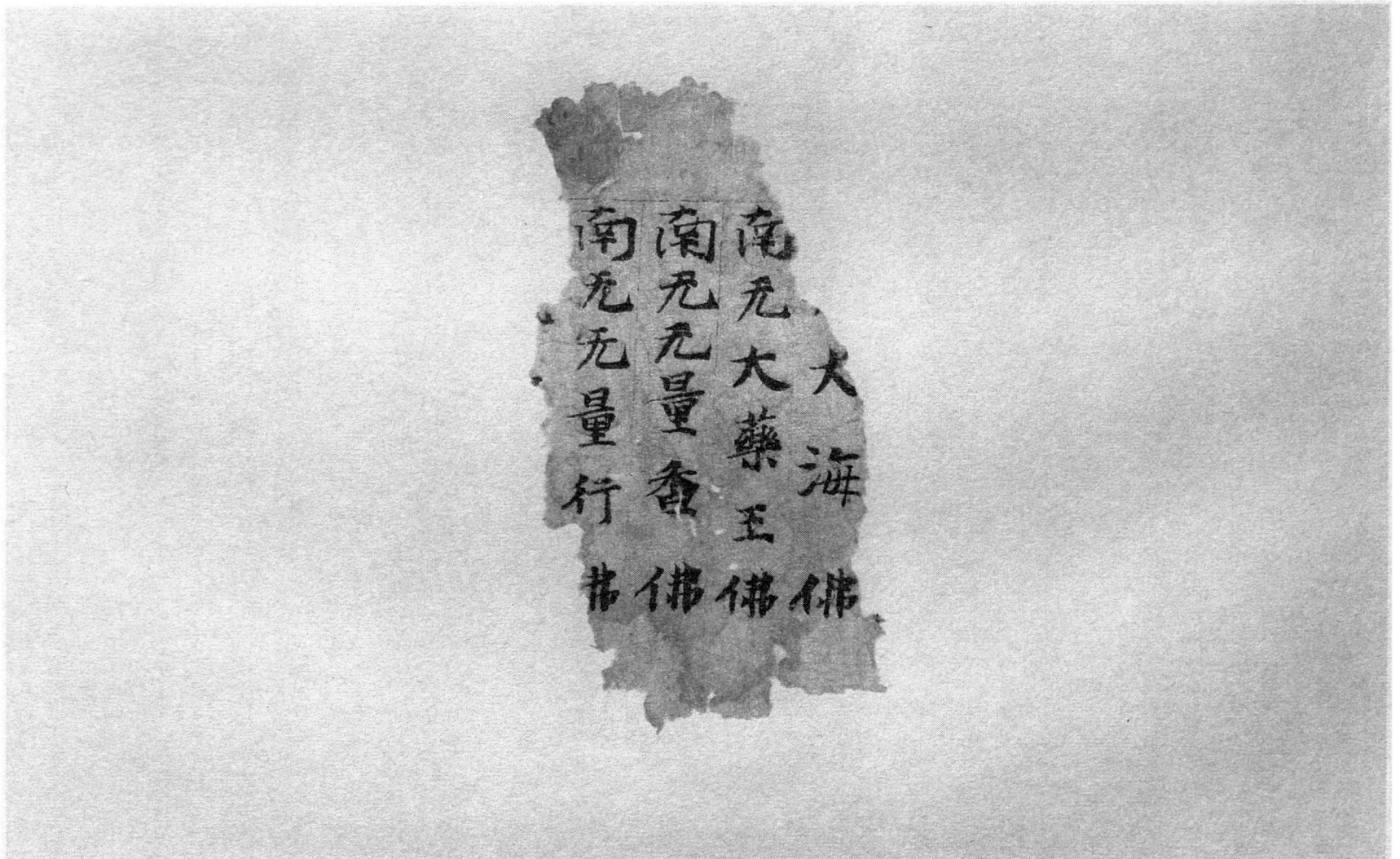

BD10666號　佛名經（十六卷本）卷二　　　　　　　　　　　　　　　　　（1-1）

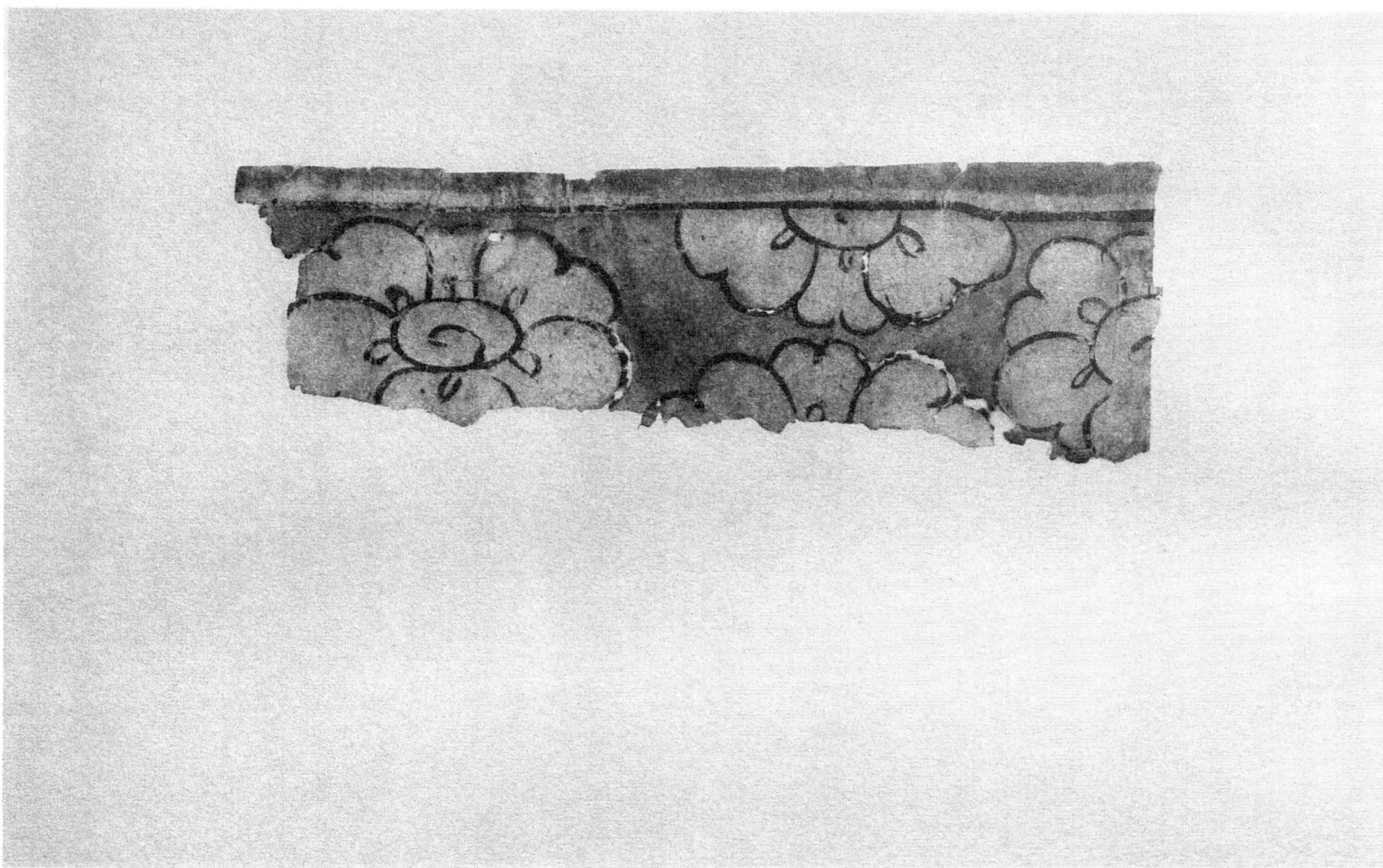

BD10667 號　木刻花形裝飾圖案（擬）　　　　　　　　　　　　　　　　　　　　　　　　　　（1-1）

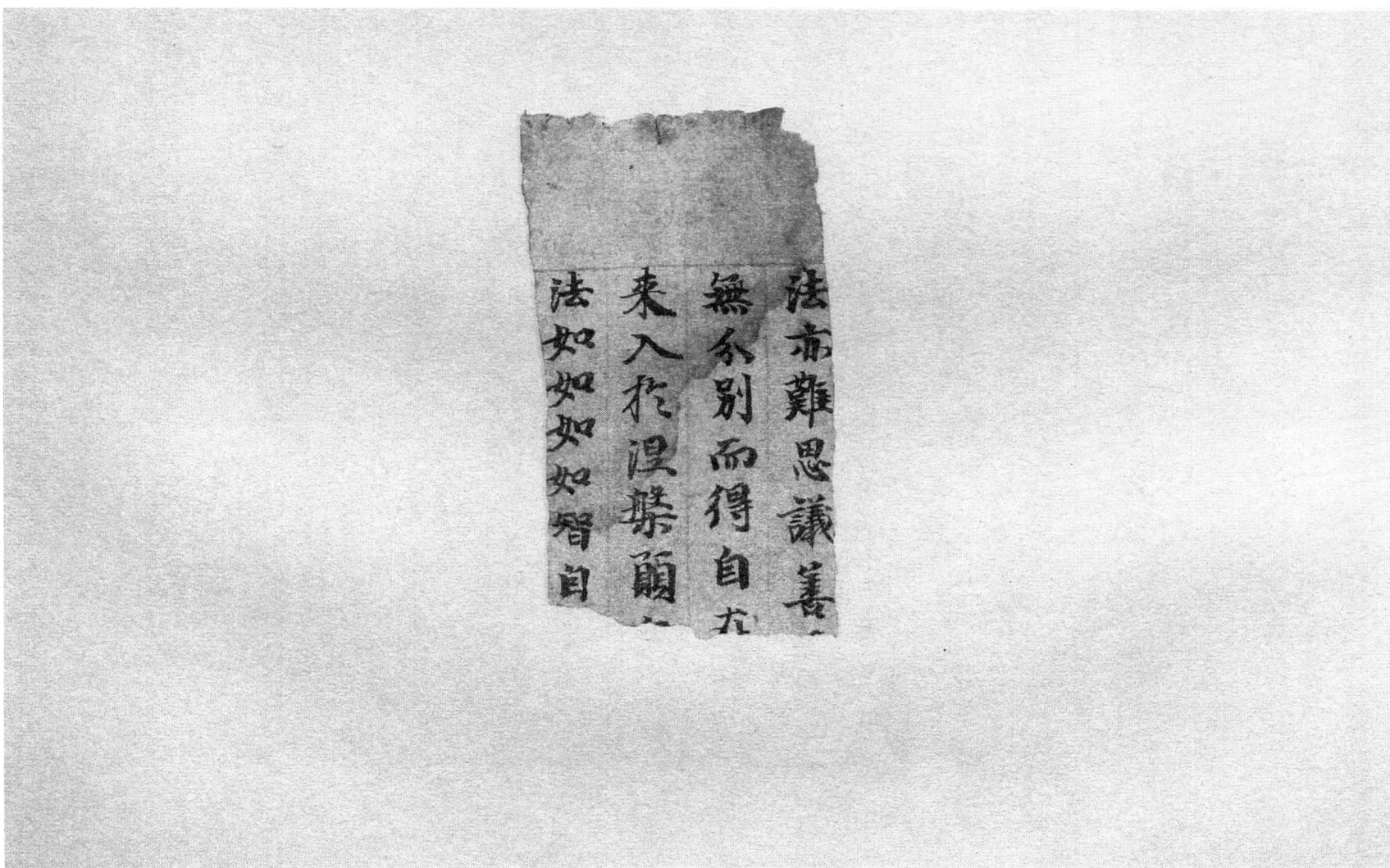

BD10668 號　金光明最勝王經卷二　　　　　　　　　　　　　　　　　　　　　　　　　　　（1-1）

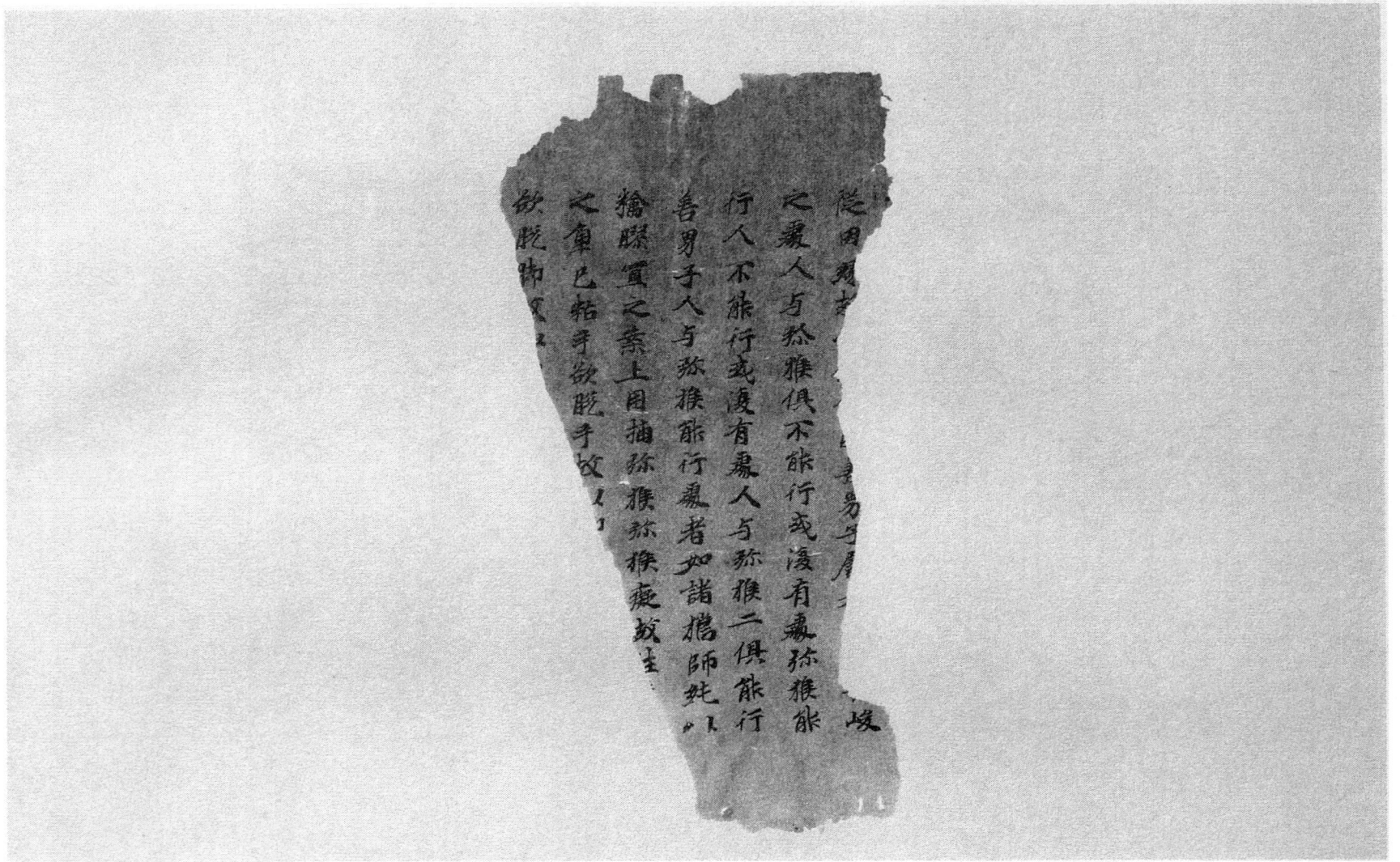

BD10669 號　大般涅槃經（北本）卷二五　　　　　　　　　　　　　　　　（1-1）

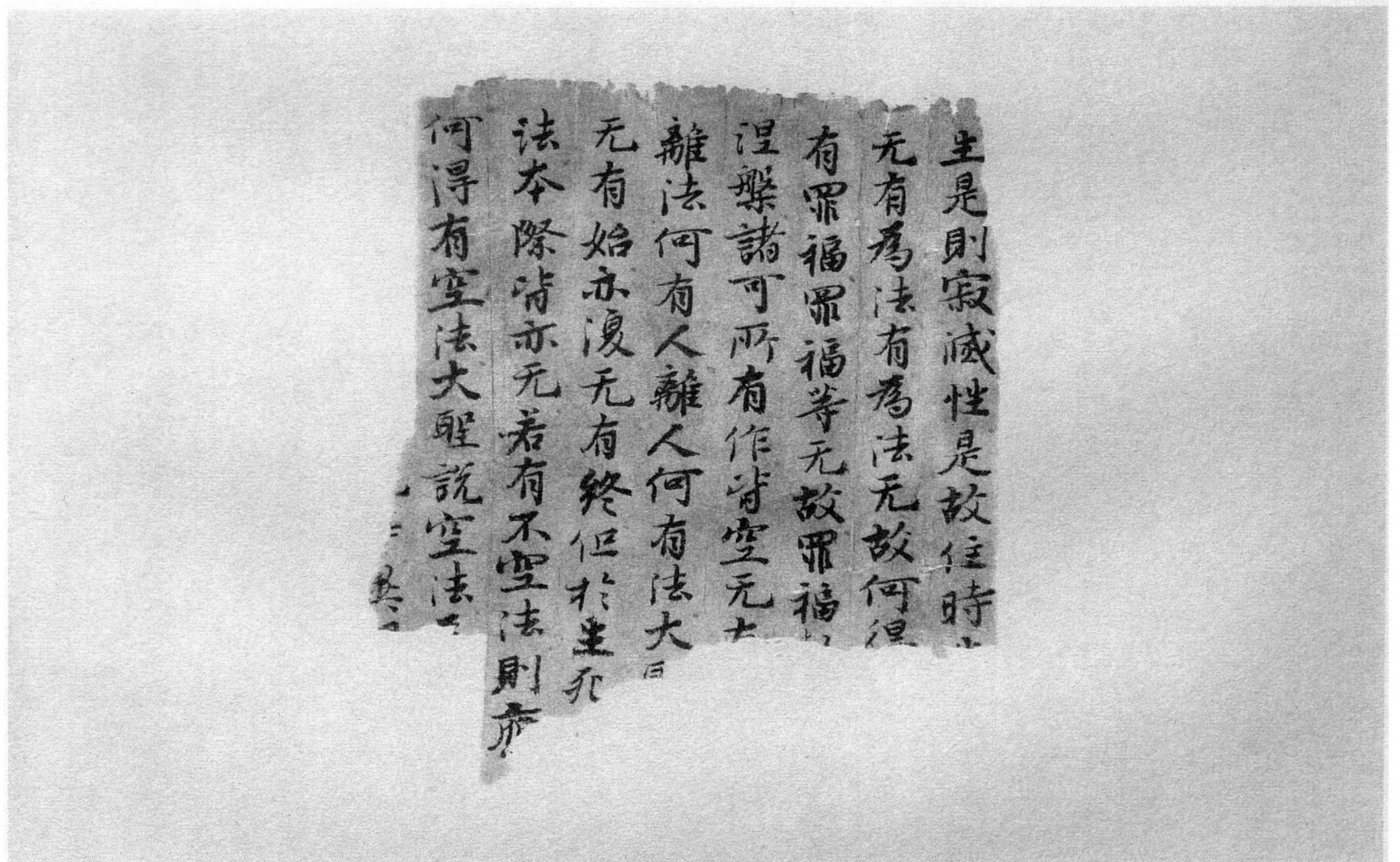

BD10670 號　中論本頌鈔（擬）　　　　　　　　　　　　　　　　　　　　（1-1）

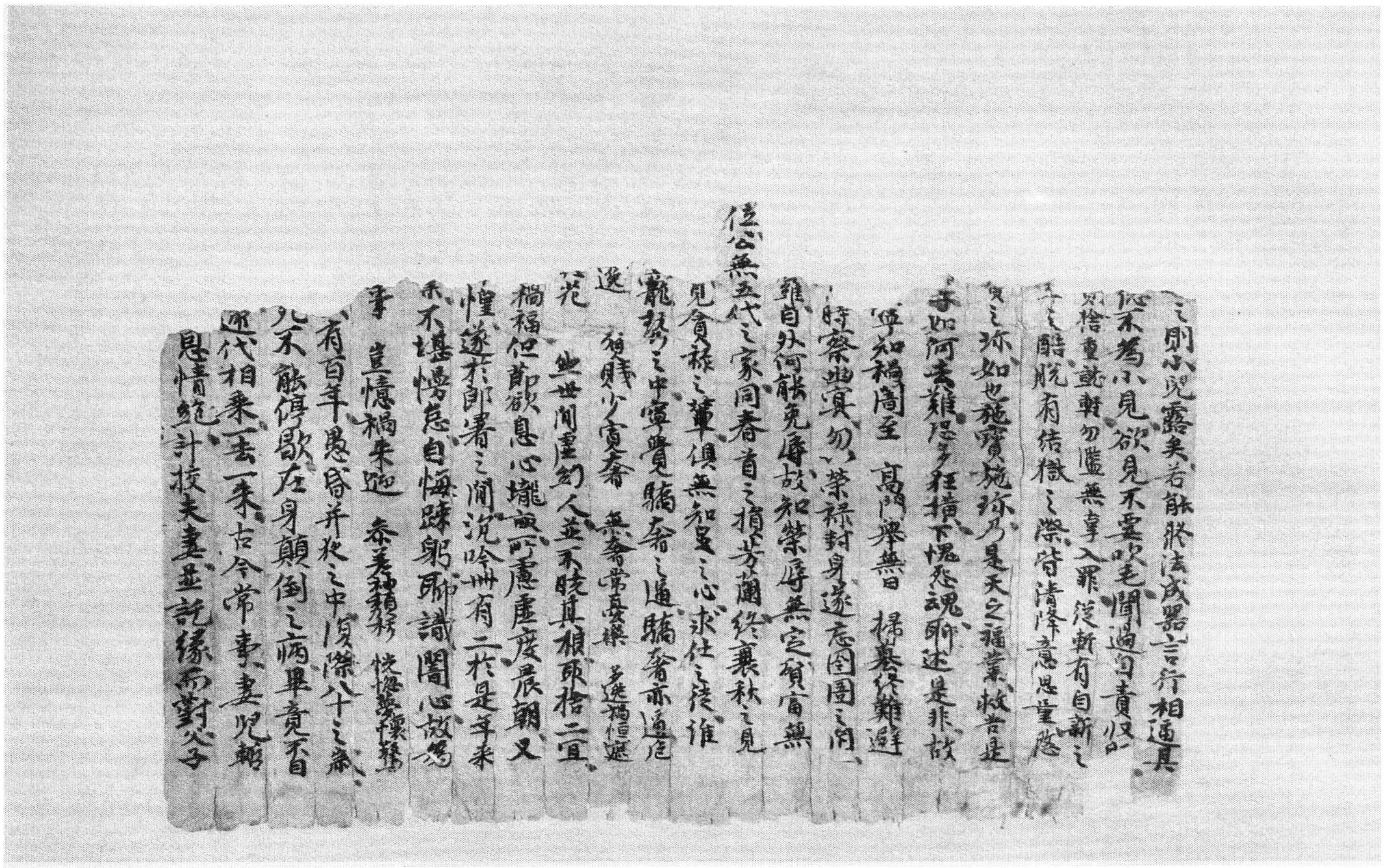

BD10671 號　待考文獻（擬）　（1–1）

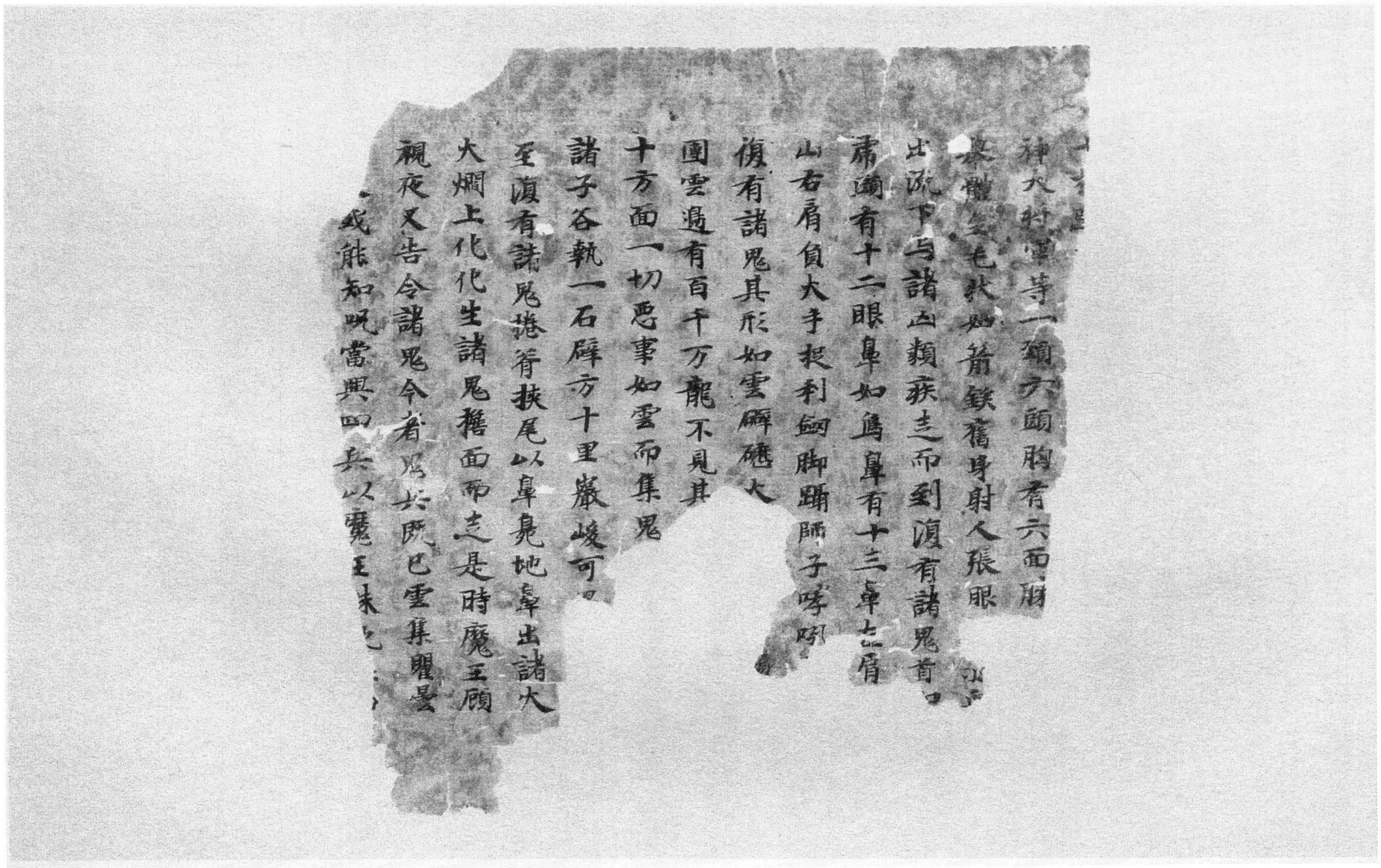

BD10672 號　觀佛三昧海經卷二　（1–1）

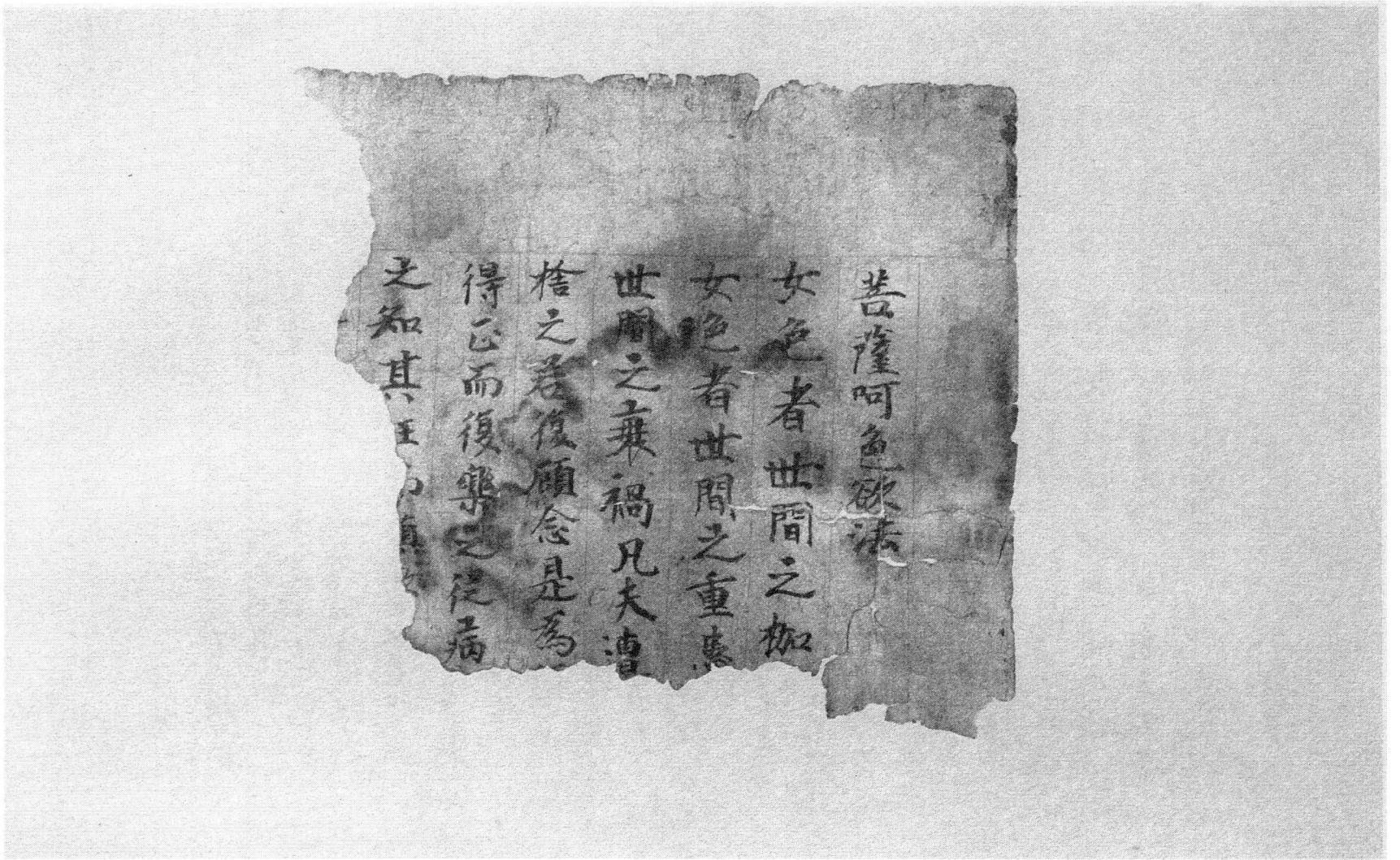

BD10673 號　菩薩訶色欲法經　　　　　　　　　　　　　　　　　　　（1-1）

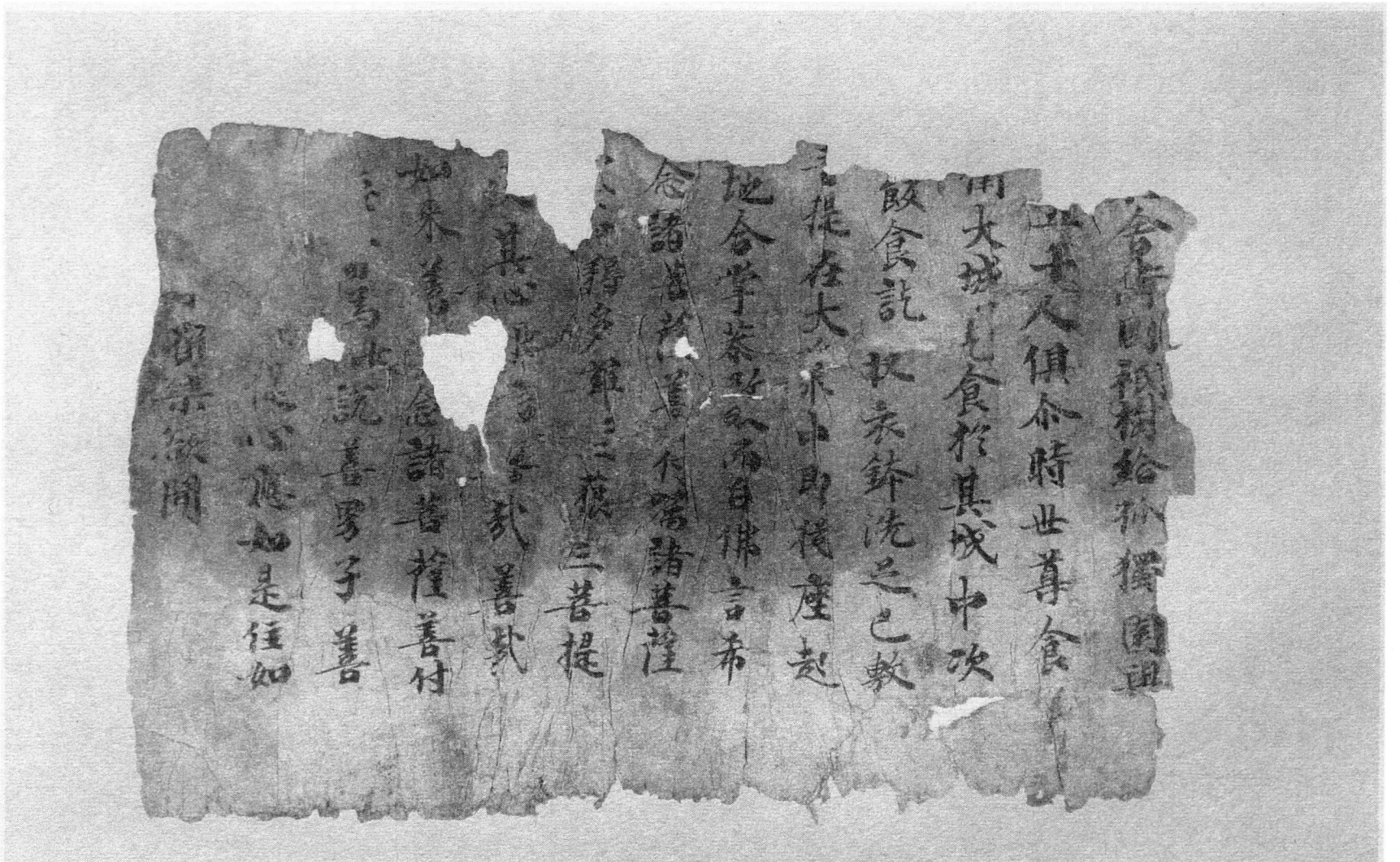

BD10674 號　金剛般若波羅蜜經　　　　　　　　　　　　　　　　　　（1-1）

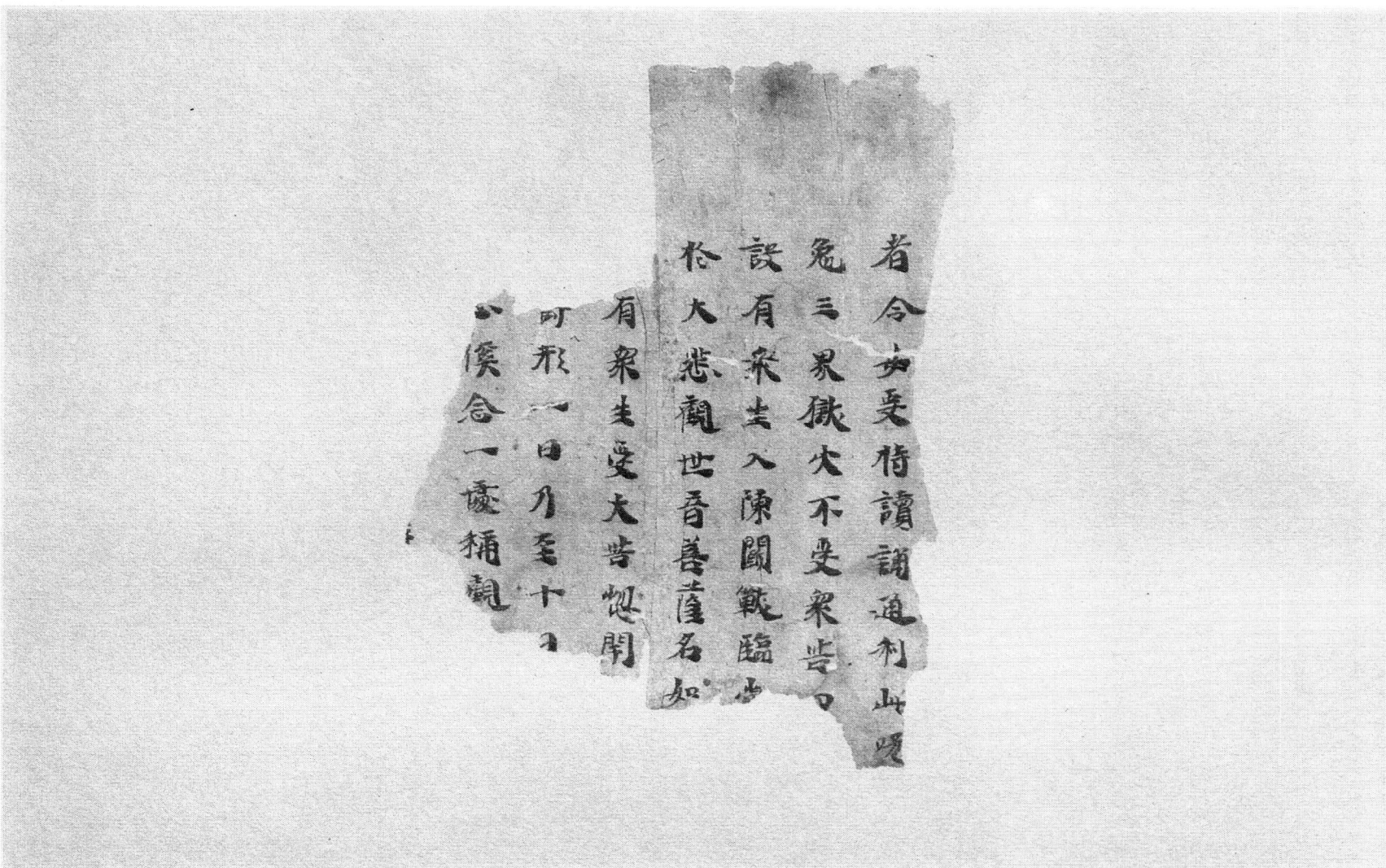

BD10675號　請觀世音菩薩消伏毒害陀羅尼咒經　　　　　　　　　　　　　（1-1）

者今此要持讀誦遍利此呪
兔三界獄犬不受眾苦如
設有眾生入陳闇戰臨如
於大悲觀世音菩薩名如
有眾生受大苦惱聞
呵形一日乃至十一
小溪念一億摘觀

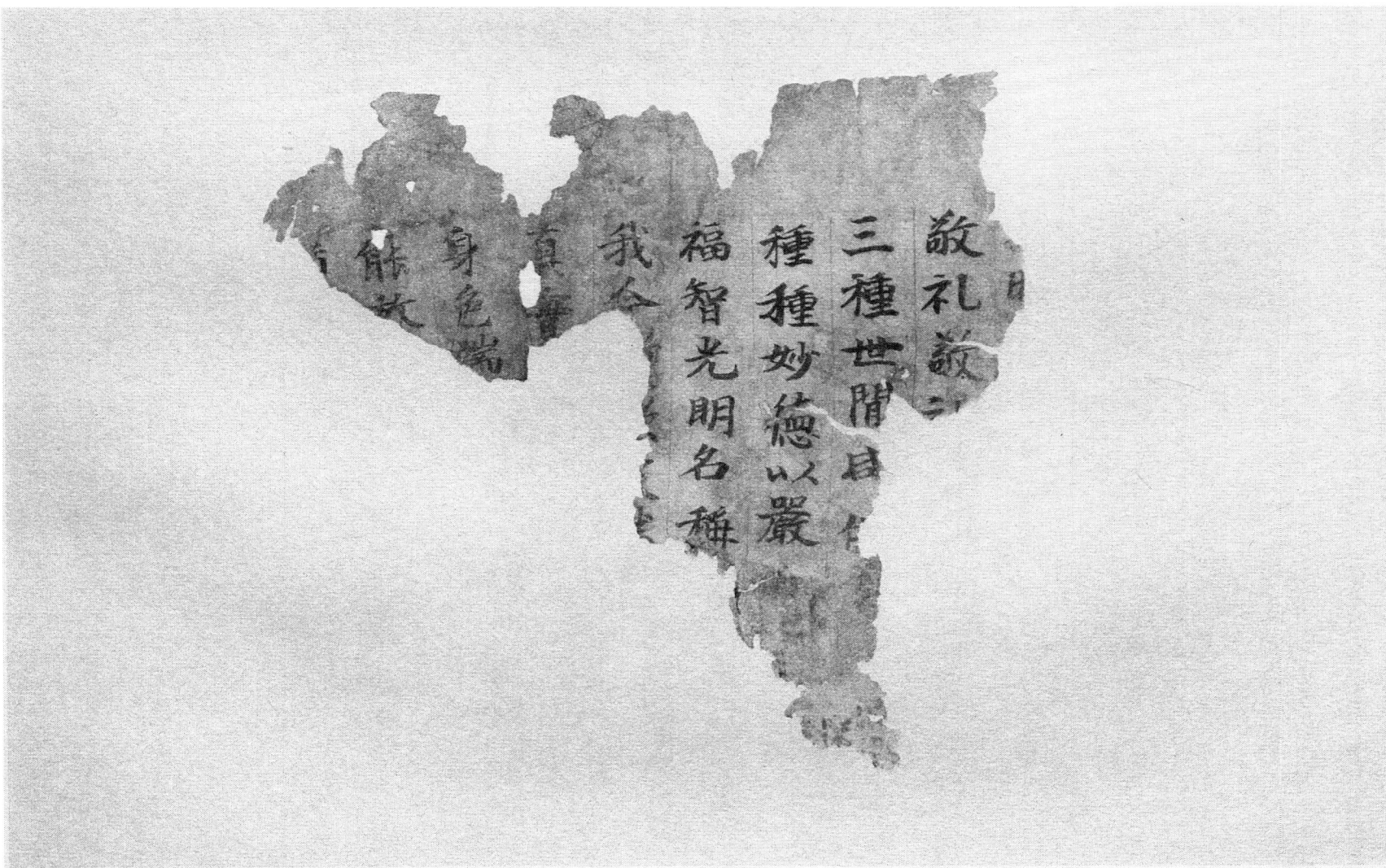

BD10676號　金光明最勝王經卷七　　　　　　　　　　　　　　　　　　（1-1）

敬礼敬二
三種世間目
種種妙德以嚴
福智光明名稱
我今
百實
身色端
餘礼

BD10676 號背　待考文獻殘片（擬）　　　　　　　　　　　　　　　　　（1-1）

BD10677 號　敦煌寺院法事文書（擬）　　　　　　　　　　　　　　　　（1-1）

故世間物是无常者是五大常世間之物二應是
緣是故不是无常若五大常世間之物二應是
常是故汝說五大之性有自性故不從曰緣
令一切法同五大者无有是義善男子汝言
用實定故有自性者是義不然何以故譬之
曰緣得名字故若從曰得名二緣曰得義云
何名為從曰得名如在頭上名之為鬚在頤
名璎在手名釧在車名輪火在草木名草木

BD10678 號　大般涅槃經（北本）卷四〇　　　　　　　　　　　　　　　　　　（1-1）

相壽者相无法
看心取相則
木昂看我人眾生壽者
昂看我人已
壽者是

BD10679 號　金剛般若波羅蜜經　　　　　　　　　　　　　　　　　　　　　（1-1）

BD10680 號　妙法蓮華經卷七　　　　　　　　　　　　　　　　　　　　　　　（1-1）

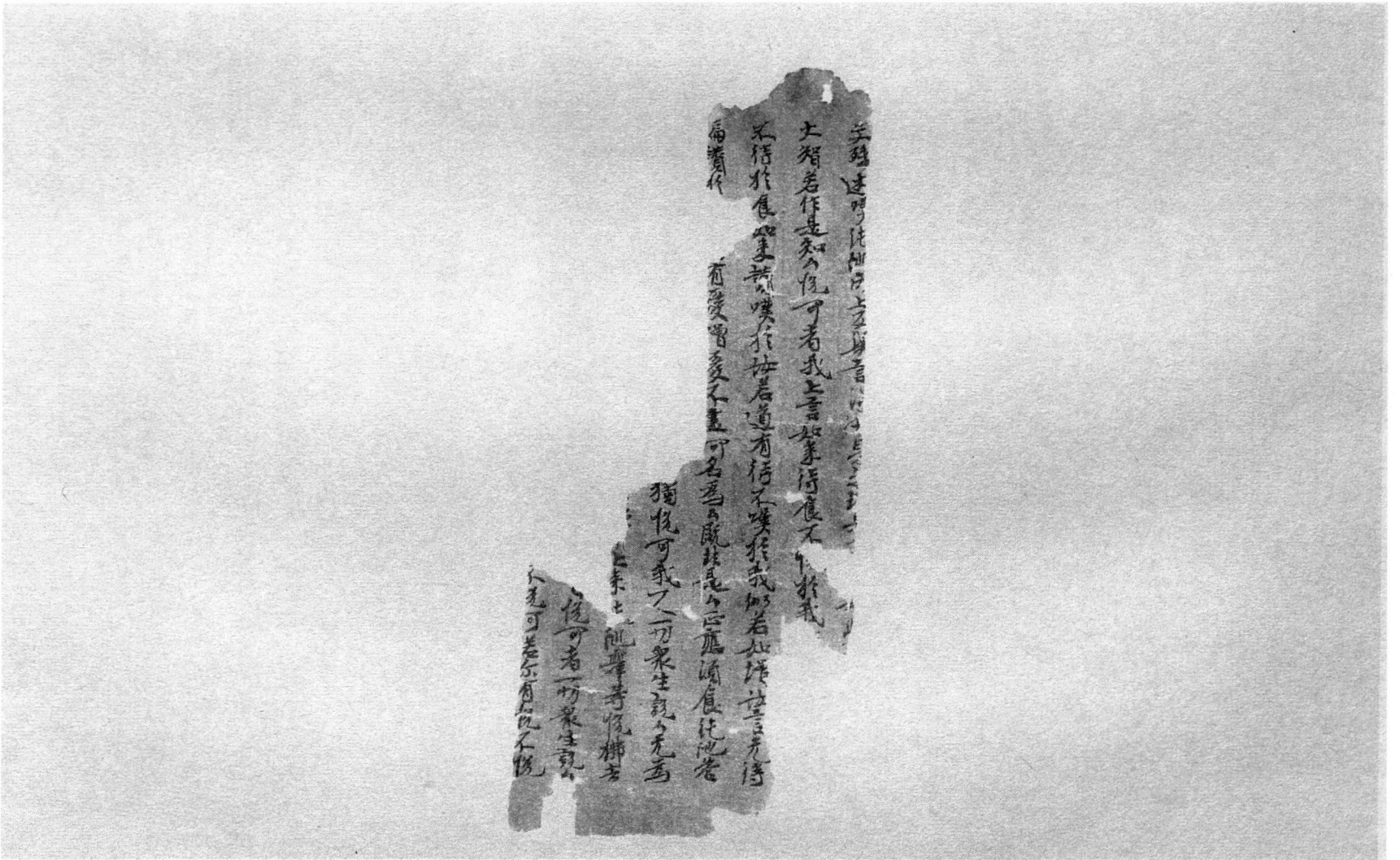

BD10681 號　大般涅槃經疏（擬）　　　　　　　　　　　　　　　　　　　　　（1-1）

BD10682號　佛名經（十六卷本）卷二　　　　　　　　　　　　　　　　　　（1-1）

歟此法師者則為侵毀是諸佛已矣時有羅剎
女等一名藍婆二名毗藍婆三名曲齒四名華齒
五名黑齒六名多髮七名无猒足八名持瓔珞九
舉帝十名奪一切眾生精氣是十羅剎女與鬼
子母并其子及眷屬俱詣佛所兩回聲白佛言世
……諸受持法華經者除其
法師短者令不得便即於佛
伊提履二伊提履三阿提履四……
……履九……履十

BD10683號　妙法蓮華經卷七　　　　　　　　　　　　　　　　　　　　　（1-1）

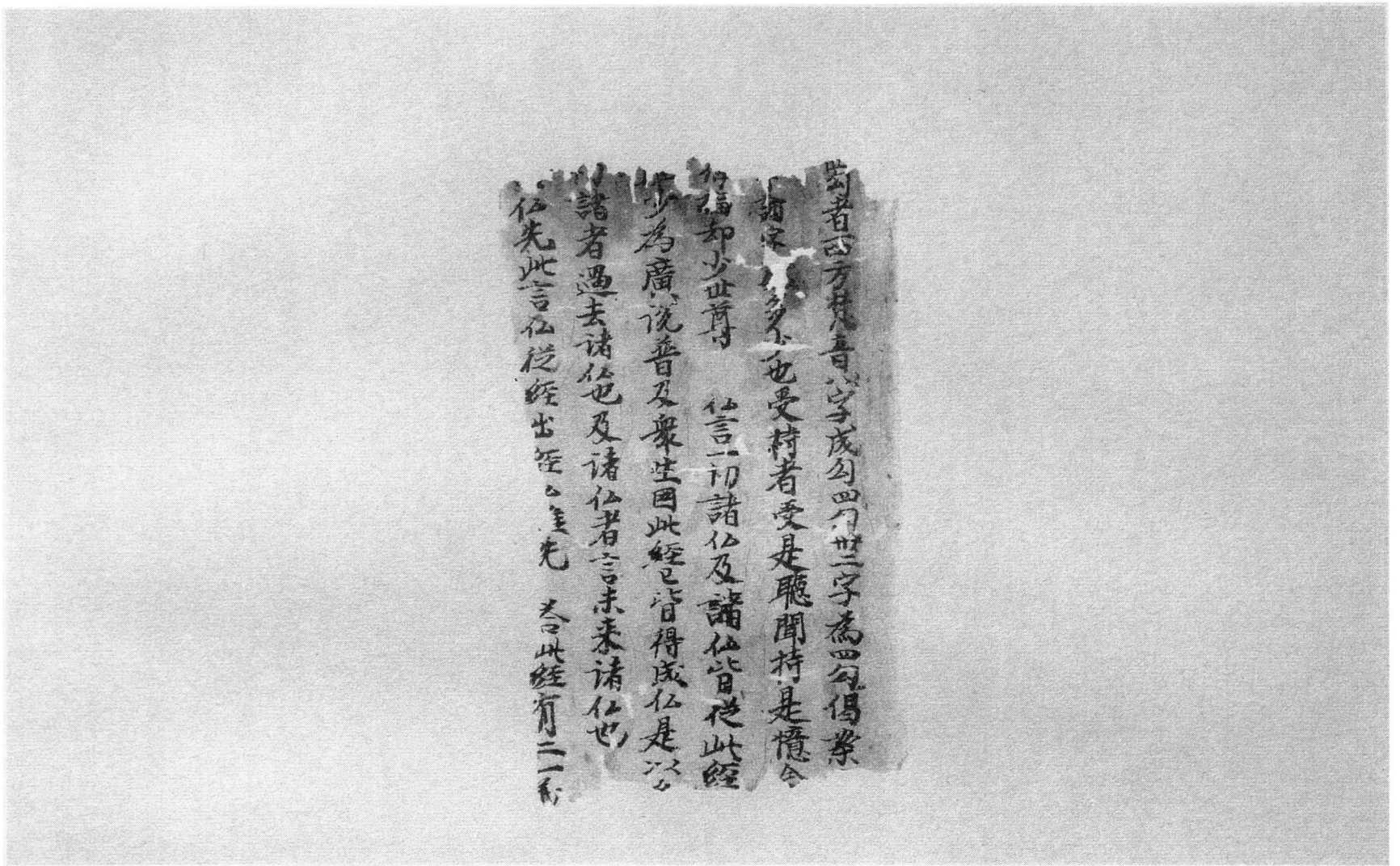

BD10684 號　金剛經疏（擬）　　　　　　　　　　　　　　（1-1）

BD10685 號　觀世音經　　　　　　　　　　　　　　　　（1-1）

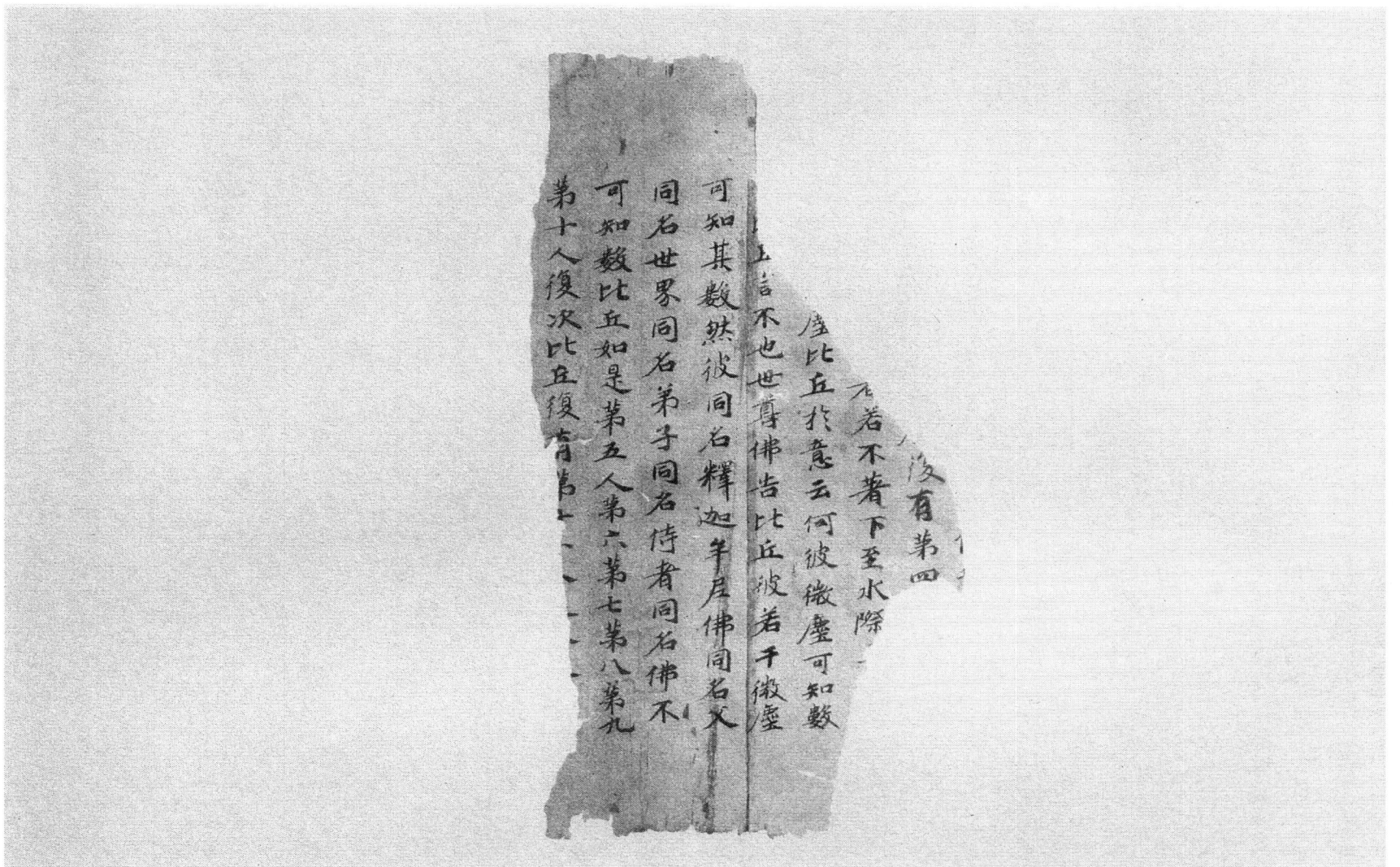

BD10686 號　佛名經（十二卷本）卷七　　　　　　　　　　　　　（1-1）

第十八復次比丘復有有第四
可知數比五如是第五人第六第七第八第九
同名世界同名弟子同名侍者同名佛不
可知其數然彼同名釋迦年屆佛同名又
可知其數然彼同名釋迦年屆佛同名又
崖比丘於意云何彼微塵可知數
若不著下至水際
世尊佛告比丘彼若干微塵
不也世尊佛告比丘彼若干微塵

BD10687 號　妙法蓮華經卷二　　　　　　　　　　　　　　　（1-1）

能為救護　雖復教詔而
貪著深故　以是方便為
三界皆　開示演說
決定　具之三明
不退若菩薩　汝舍利弗我

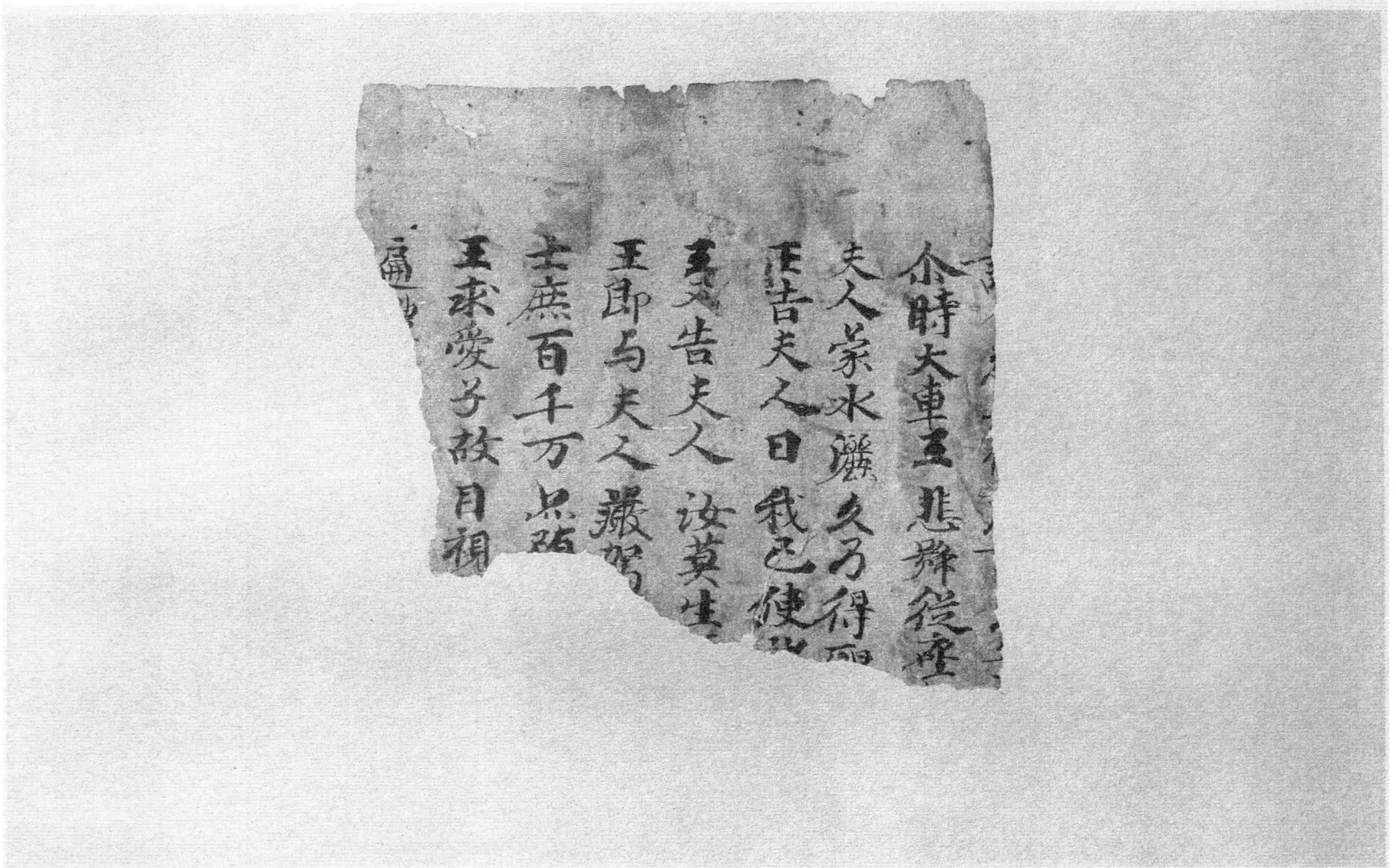

尒時大車盍悲舞從座

夫人蒙水灑久乃得穌

正告夫人曰我已便以

复告夫人　汝莫生

王即与夫人嚴駕

士庶百千万眾站

王來愛子故月視

屬

BD10688 號　金光明最勝王經卷一○　　　　　　　　　　　　　　　　　（1-1）

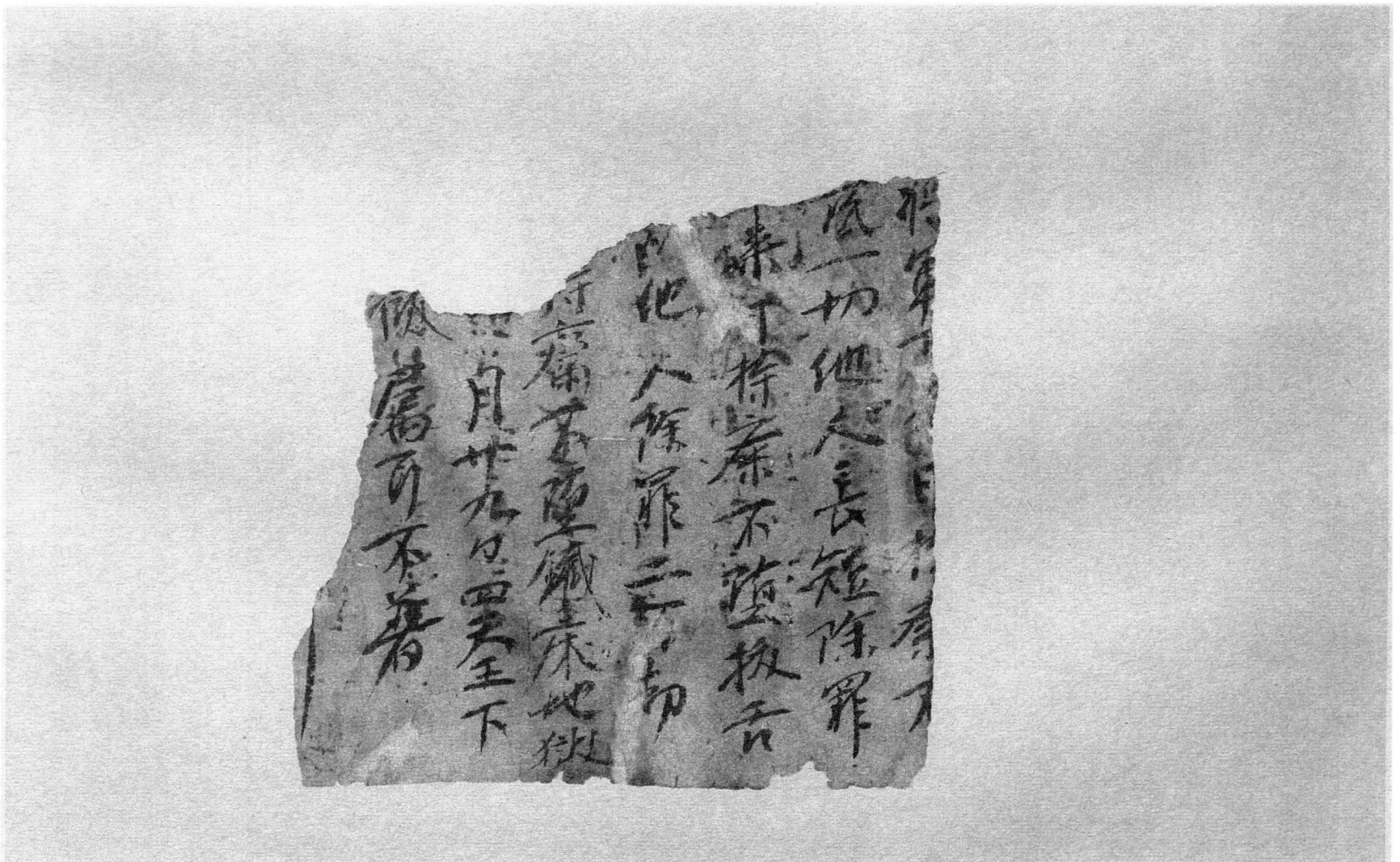

低一切他人長短除罪

味十條齋不墮拔舌

他人條罪三

行齋地藏臨生床地獄

月廿九日墮堊堅下

依屬可不善

BD10688 號背　地藏菩薩十齋日（異本五）　　　　　　　　　　　　　　（1-1）

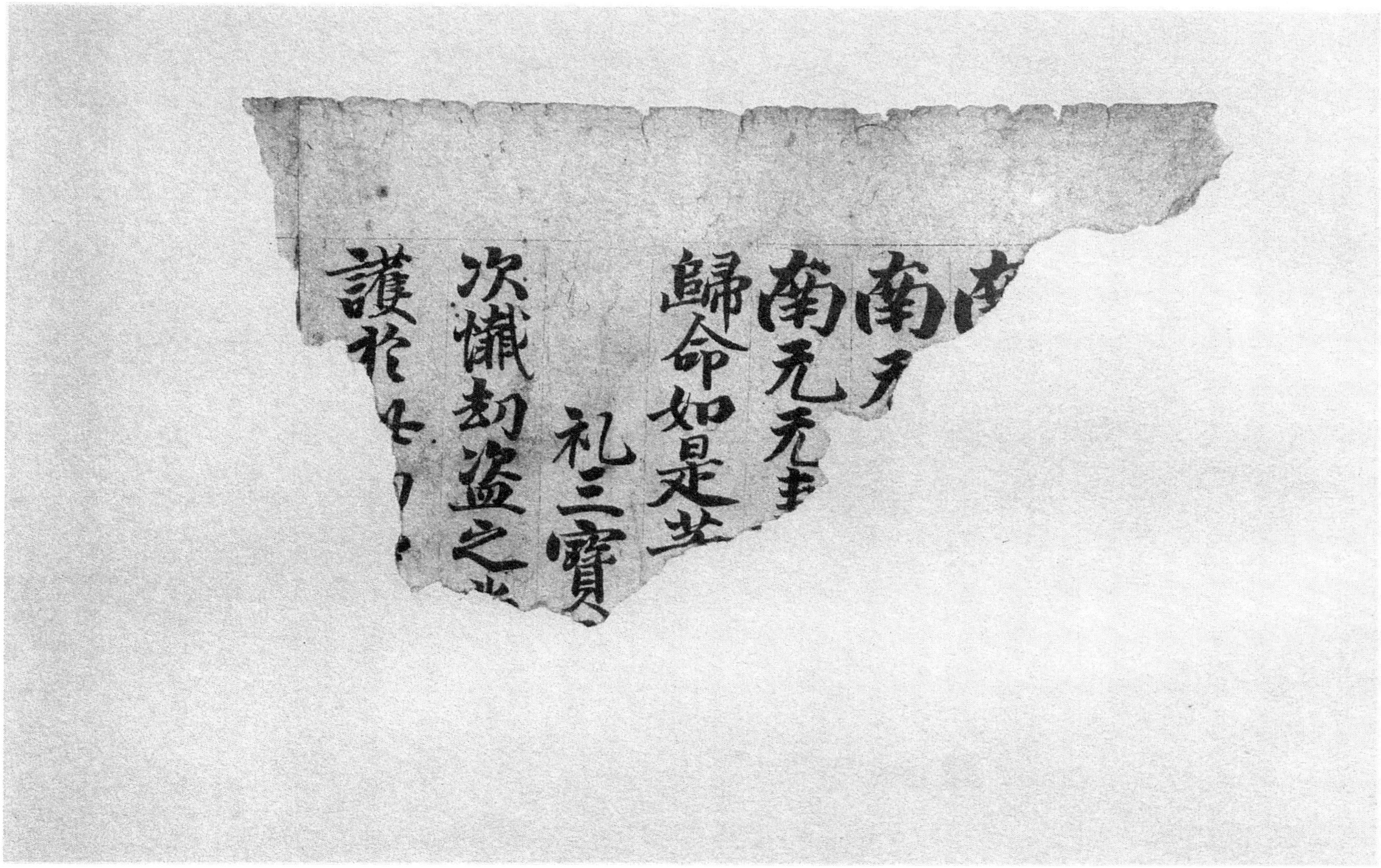

BD10689號　佛名經(十六卷本)卷一〇　(1-1)

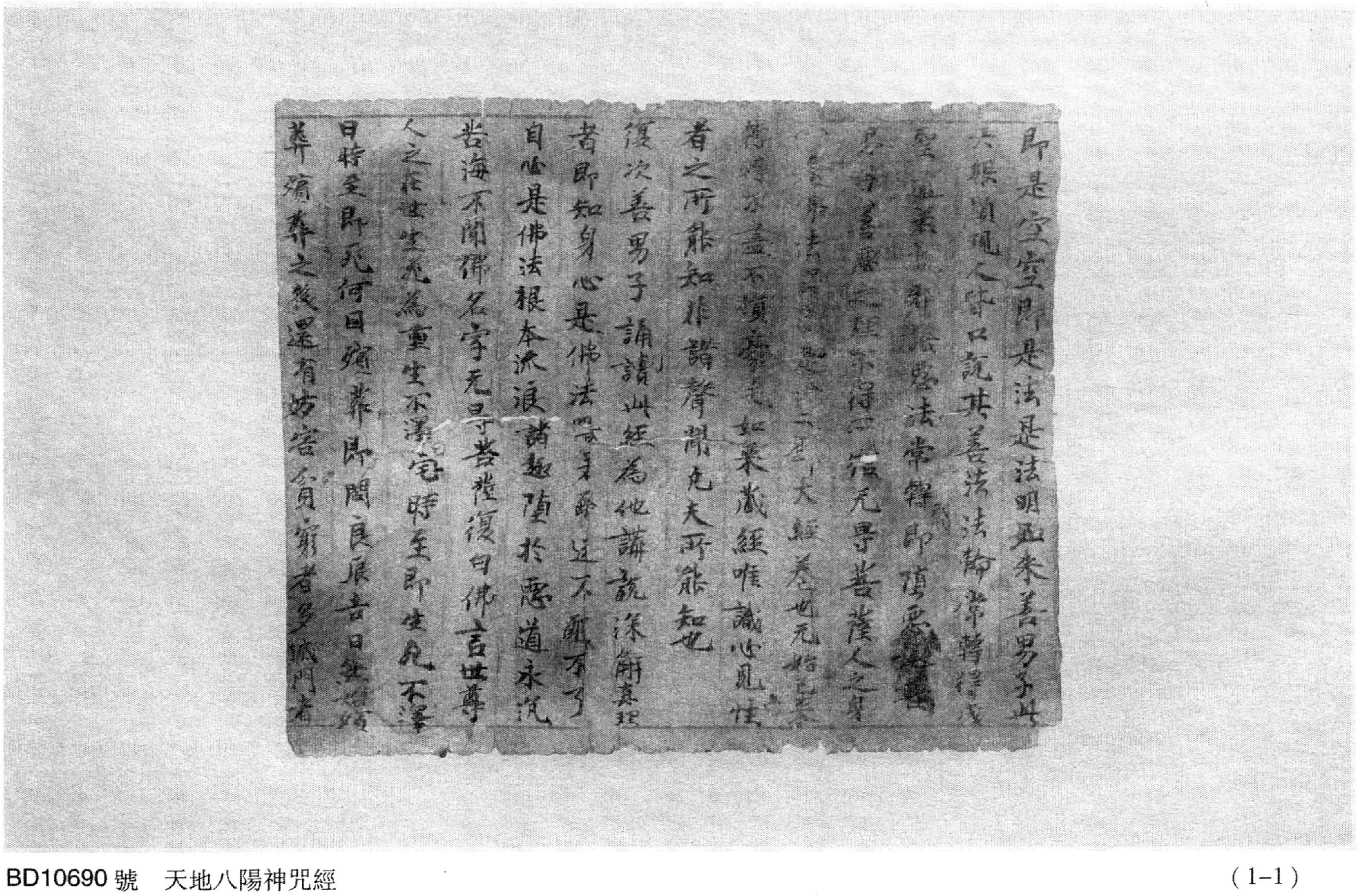

BD10690號　天地八陽神咒經　(1-1)

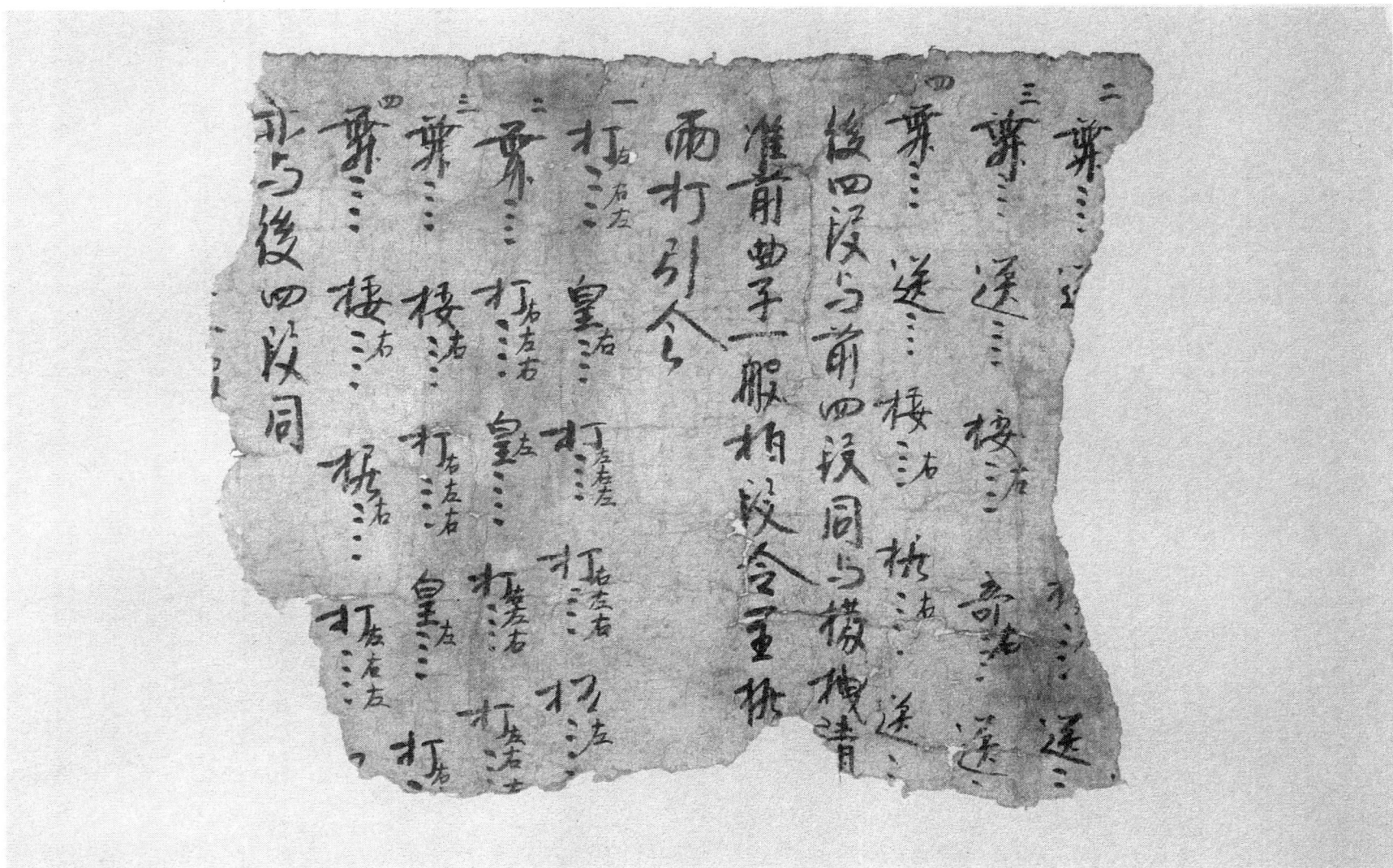

BD10691 號　酒令舞譜（擬）　　　　　　　　　　　　　　　　　（1-1）

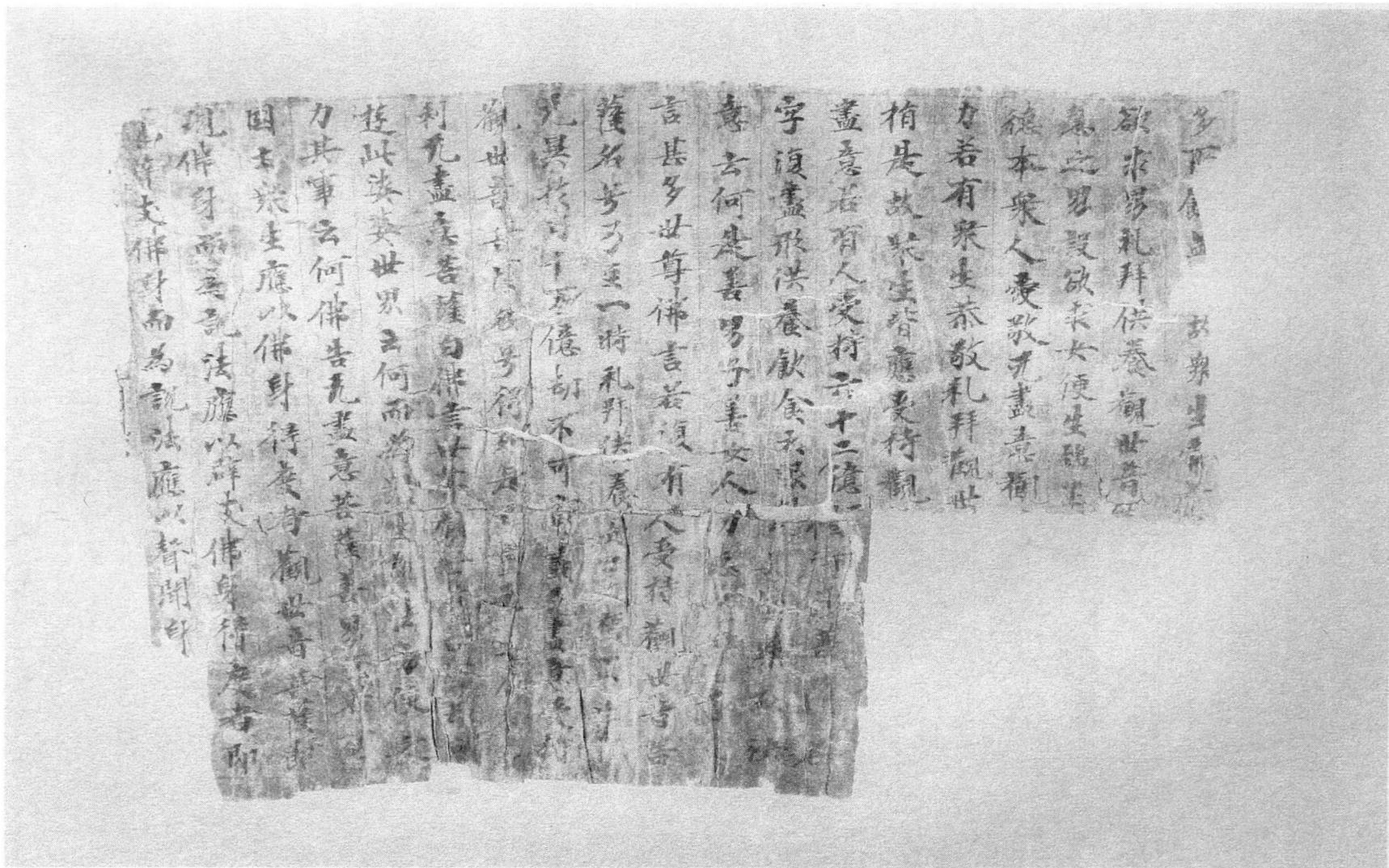

BD10692 號　妙法蓮華經卷七　　　　　　　　　　　　　　　　　（1-1）

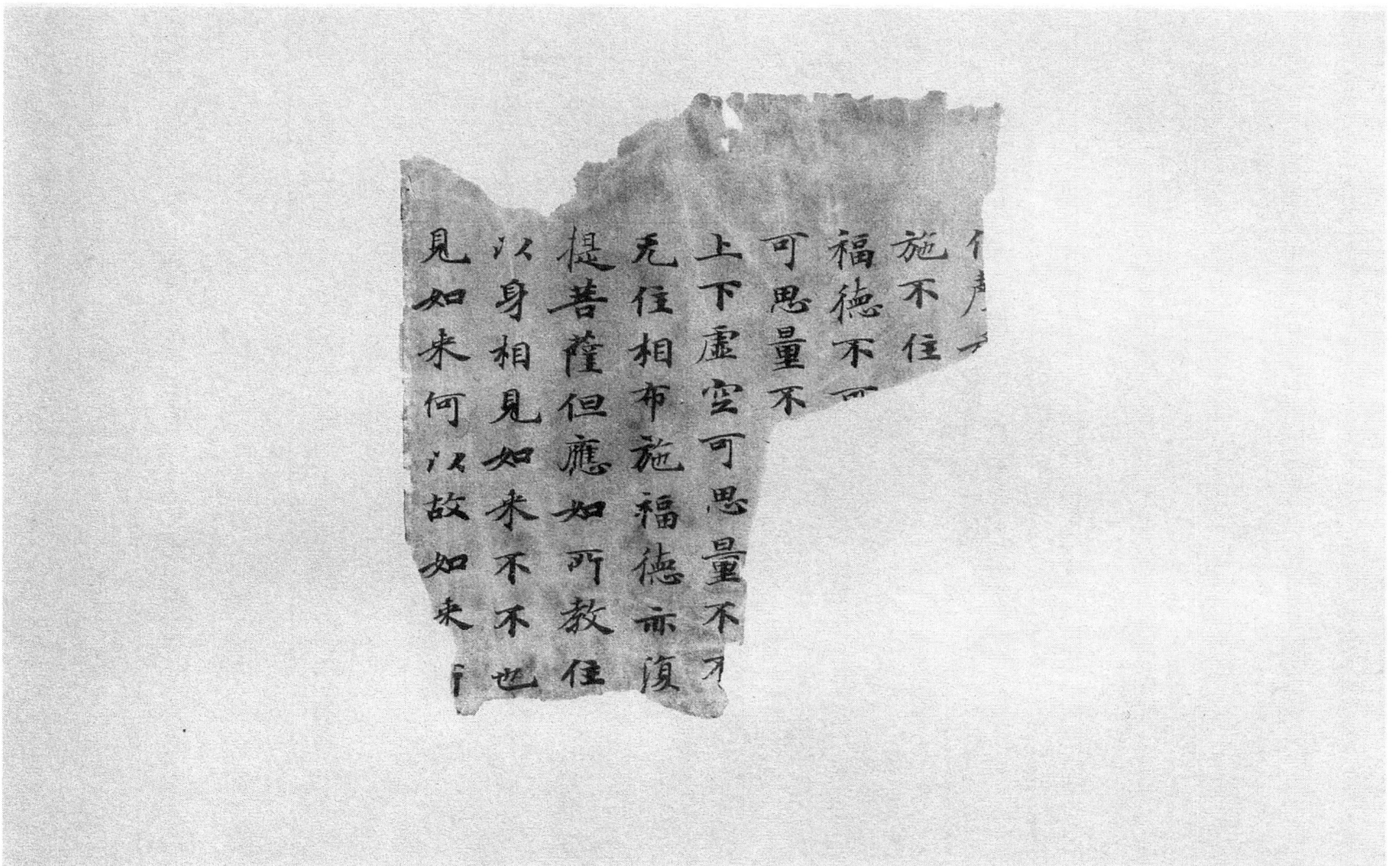

見如來何以故如來
以身相見如來不不也
提菩薩但應如所教住
无住相布施福德亦復
上下虛空可思量不不
福德不可　可思量不
施不住
可

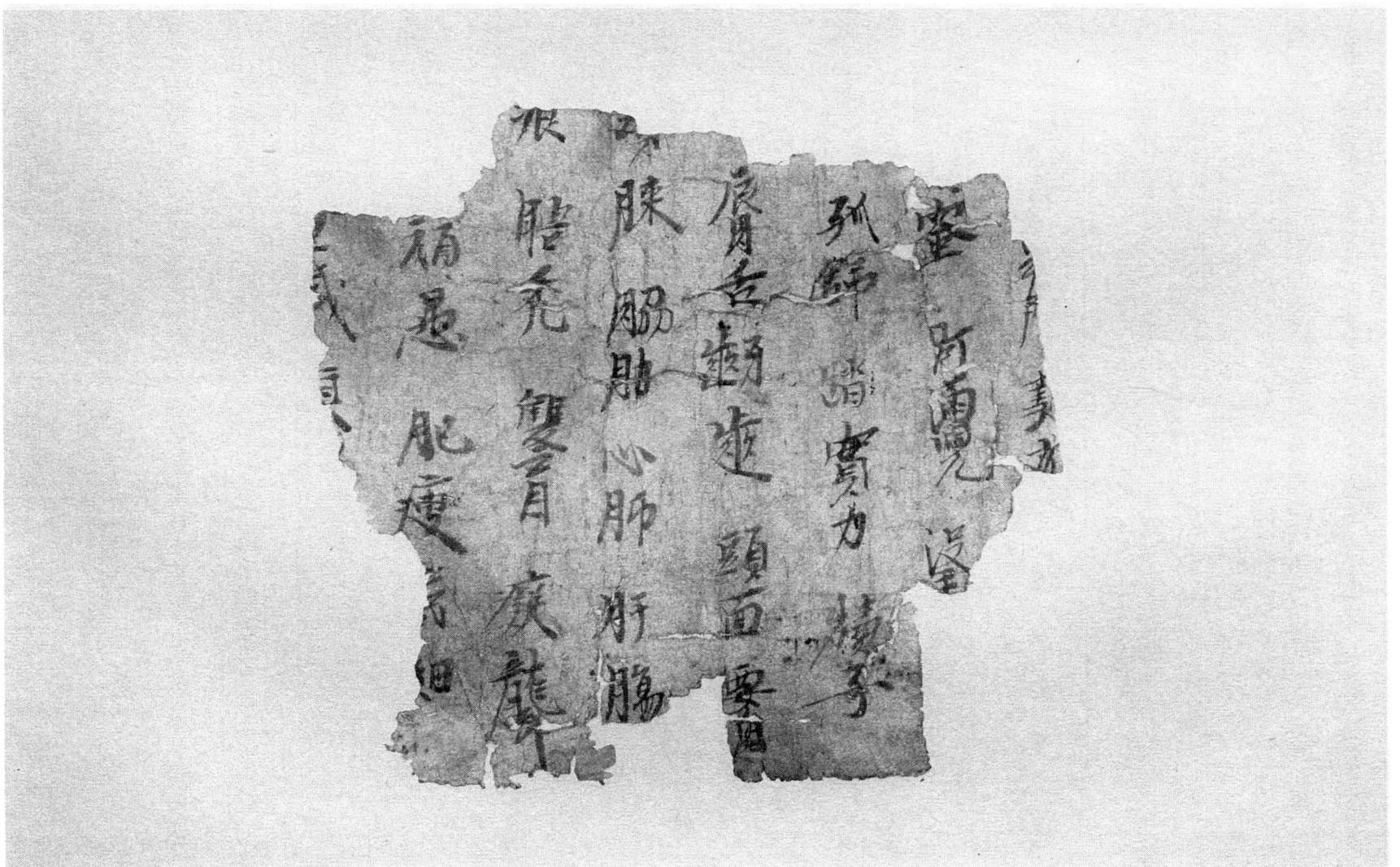

BD10694 號背　雜寫

（1-1）

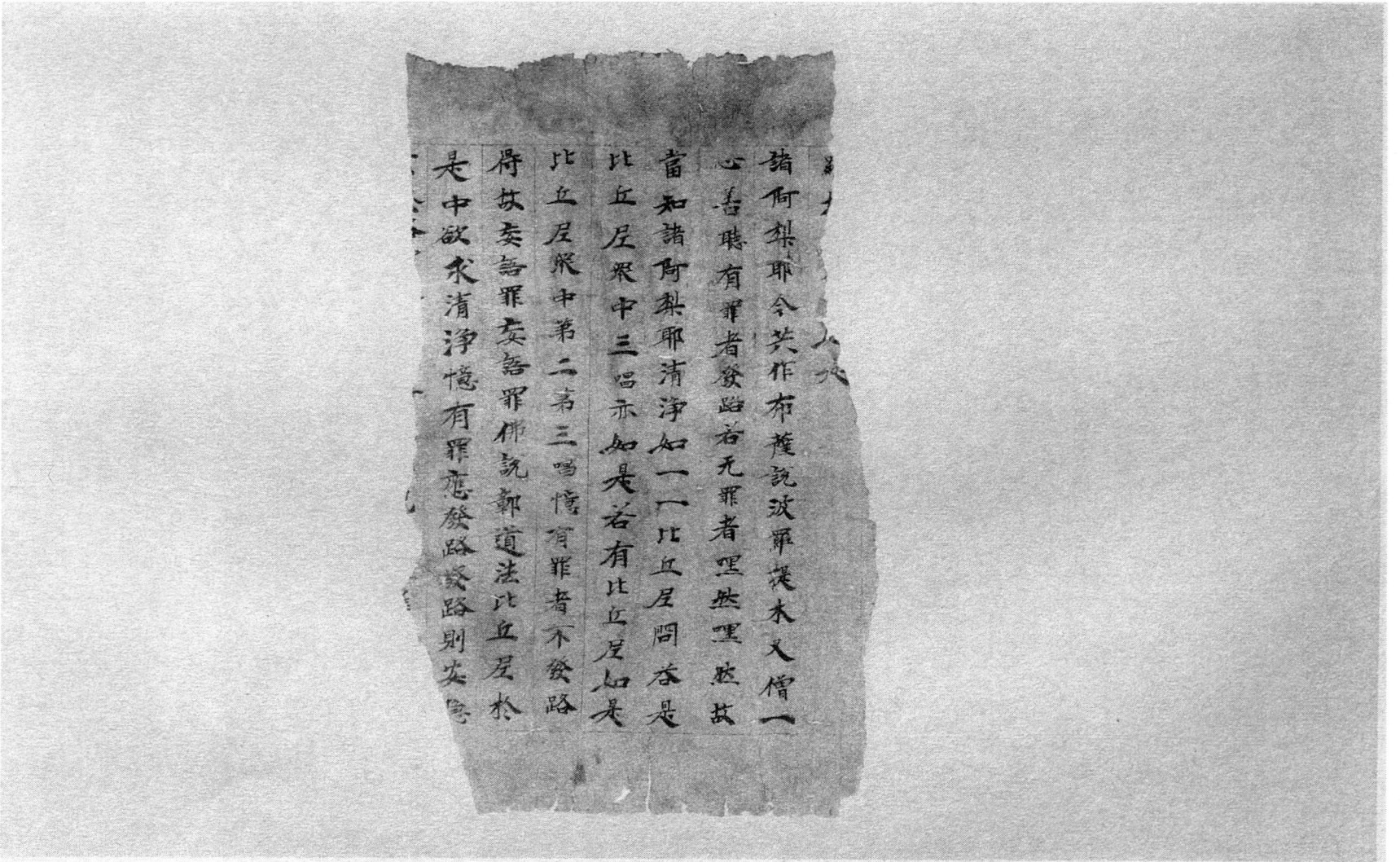

諸阿梨耶今共作布薩說波羅提木叉僧一
心善聽有罪者發露若无罪者黙然黙然故
當知諸阿梨耶清淨如一一比丘尼應問答是
比丘尼眾中三唱亦如是若有此比丘尼如是
比丘尼眾中第二第三唱憶有罪者不發露
得故妄語無罪妄語罪佛說郡道法此比丘尼
是中敏求清淨憶有罪應發露發露則安樂

BD10695 號　摩訶僧祇比丘尼戒本

（1-1）

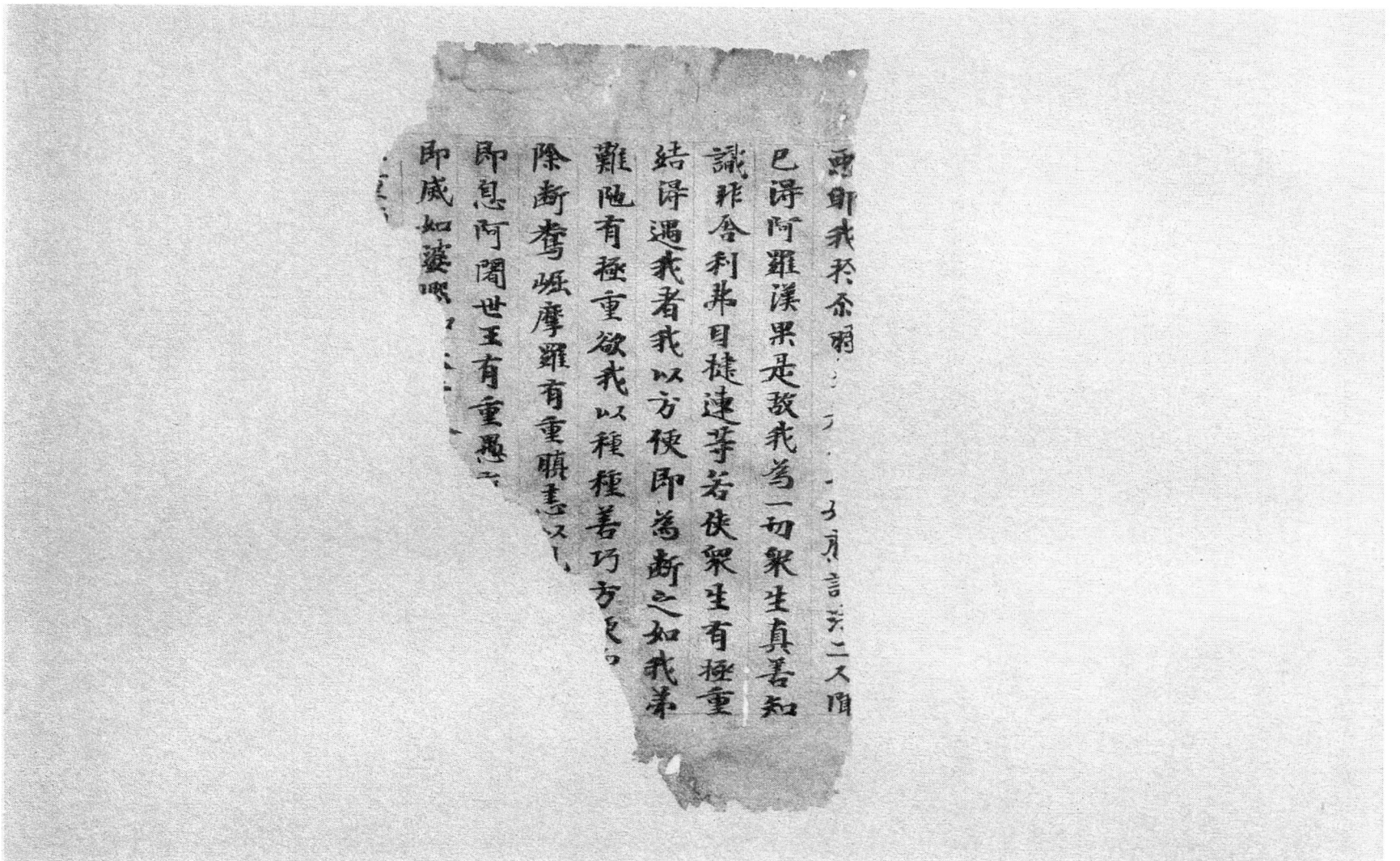

西即我於余羽⋯⋯月言茲二人閒
巳得阿羅漢果是故我為一切眾生真善知
識非舍利弗目揵連等若狹眾生有極重
結浮遇我者我以方便即為斷之如我弟
難陀有極重欲我以種種善巧方便⋯⋯
除斷鴦崛摩羅有重瞋恚⋯⋯
即息阿闍世王有重愚⋯⋯
即滅如婆咿⋯⋯

BD10696號　大般涅槃經（北本）卷二六　　　　　　　　　　　　　　（1-1）

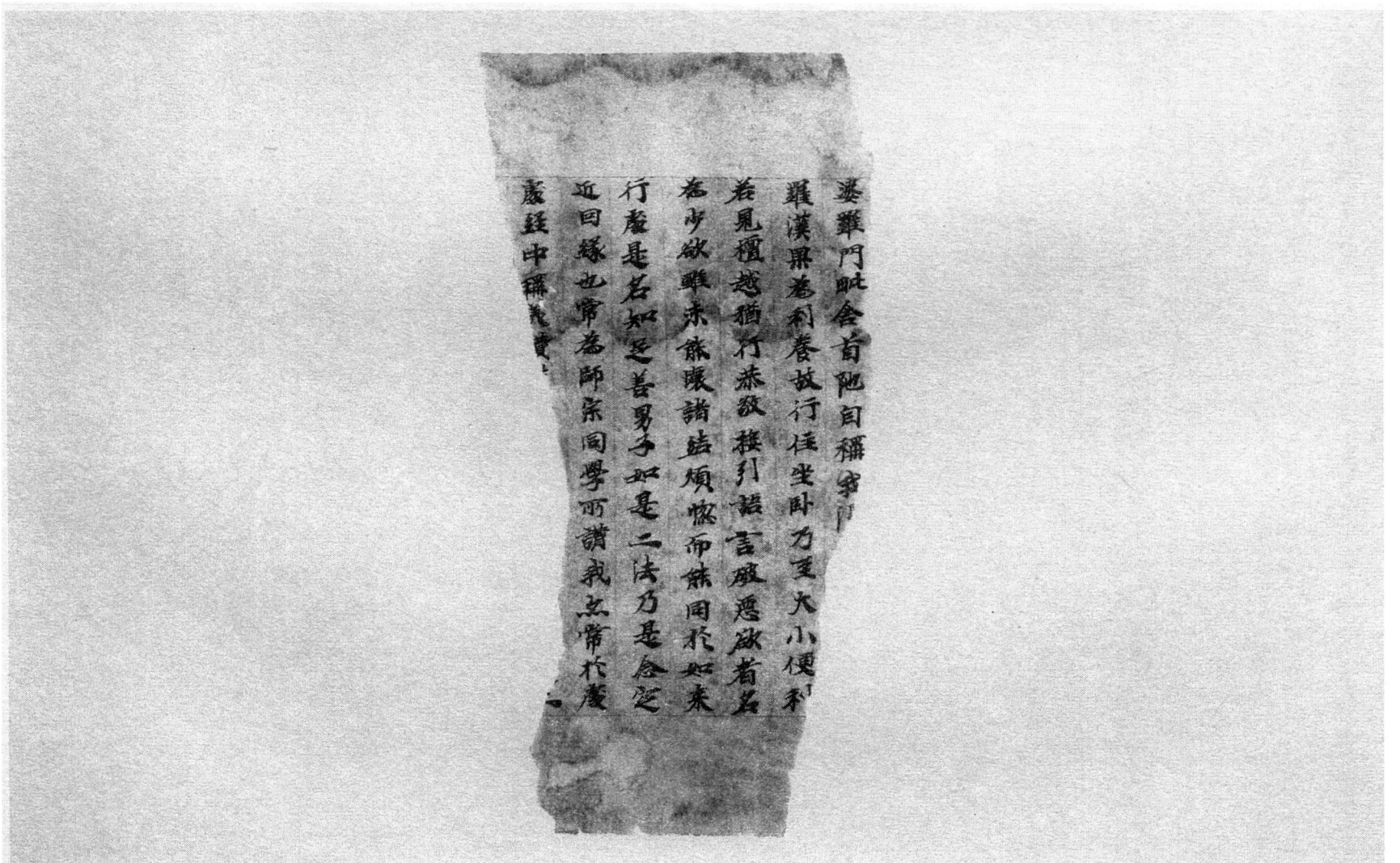

婆羅門呲舍首陀自稱⋯⋯
羅漢果卷利養故行住坐卧乃至大小便利
若見穢越猶行赤敔揆引誑言破戒⋯⋯如來
若少欲難未蘇曉諸結煩惱而餘同於如來
行處是名如是善男子如是二法乃是念定
近回緣也常為師⋯同學而讚我是常於慶
處錢中稱⋯⋯

BD10697號　大般涅槃經（北本）卷二七　　　　　　　　　　　　　　（1-1）

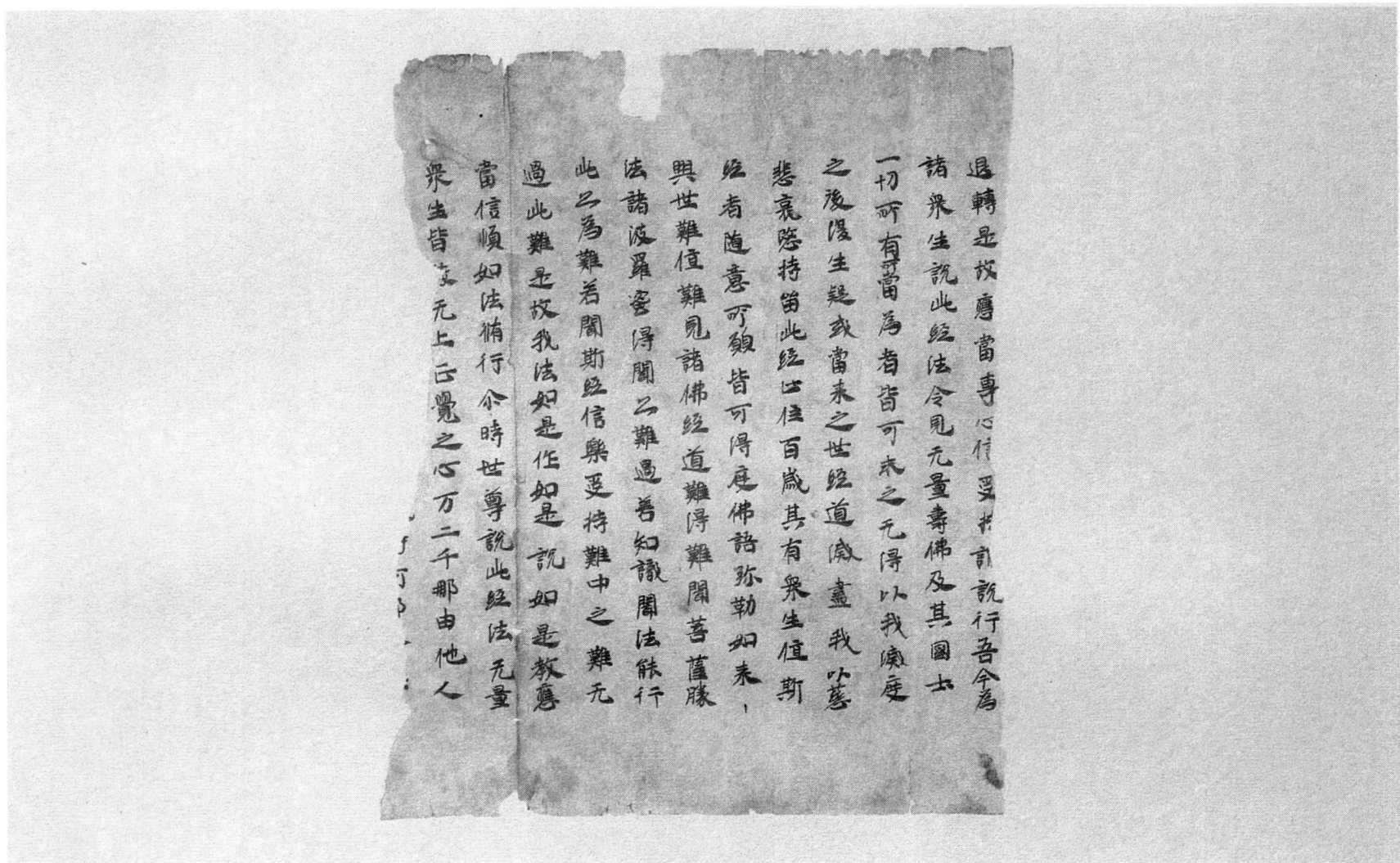

無量壽經卷下（部分）

退轉是故應當專心信受持誦說行吾今為
諸眾生說此經法令見無量壽佛及其國土
一切所有當為者皆可求之無得以我滅度
之後復生疑惑當來之世經道滅盡我以慈
悲哀愍持留此經止住百歲其有眾生值斯
經者隨意可願皆可得度佛語彌勒如來
與世難值難見諸佛經道難得難聞菩薩勝
法諸波羅蜜得聞亦難遇善知識聞法能行
此已為難若聞斯經信樂受持難中之難無
過此難是故我法如是作如是說如是教應
當信順如法脩行尒時世尊說此經法無量
眾生皆發無上正覺之心萬二千那由他人

BD10698 號　無量壽經卷下　　　　　　　　　　　　（1-1）

BD10699 號　紙本彩畫（擬）　　　　　　　　　　　　（1-1）

懺悔永已盡　安住實智中　我定當作佛　為天人所敬
轉無上法輪　教化諸菩薩
爾時佛告舍利弗　吾今於天人沙門婆羅門
等大眾中說我昔曾於二萬億佛所為無上
道故常教化汝　汝亦長夜隨我受學　我以
便引導汝故生我法中　舍利弗我昔
志願佛道汝今志忘而便自謂已得滅
令還欲令汝憶念本願所行
說是大乘經名妙法蓮華
念舍利弗　作於未來世　過
識却此

BD10700 號　妙法蓮華經卷二　　　　　　　　　　　　　　　　　　　　（1-1）

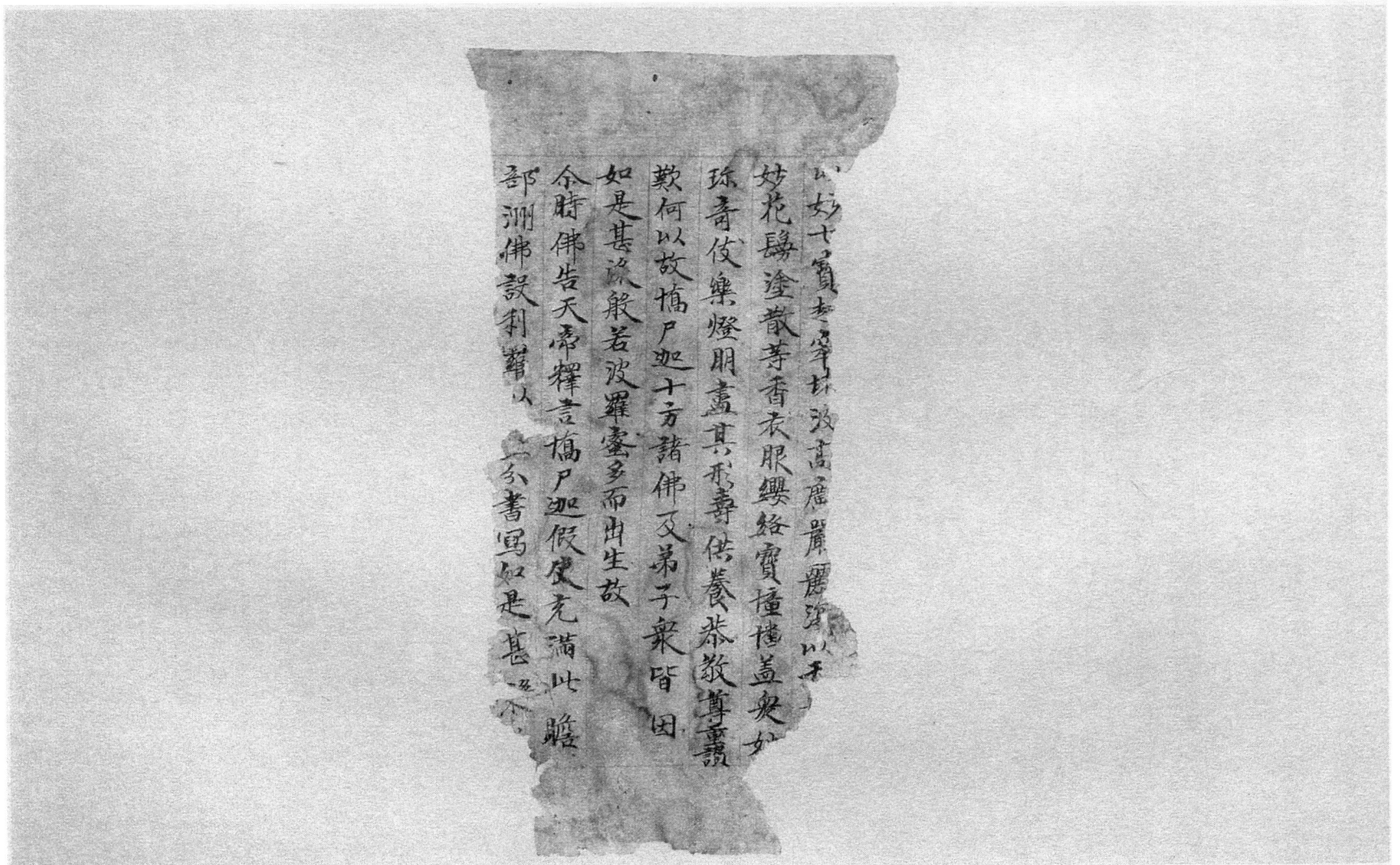

BD10701 號　大般若波羅蜜多經卷一二七　　　　　　　　　　　　　　（1-1）

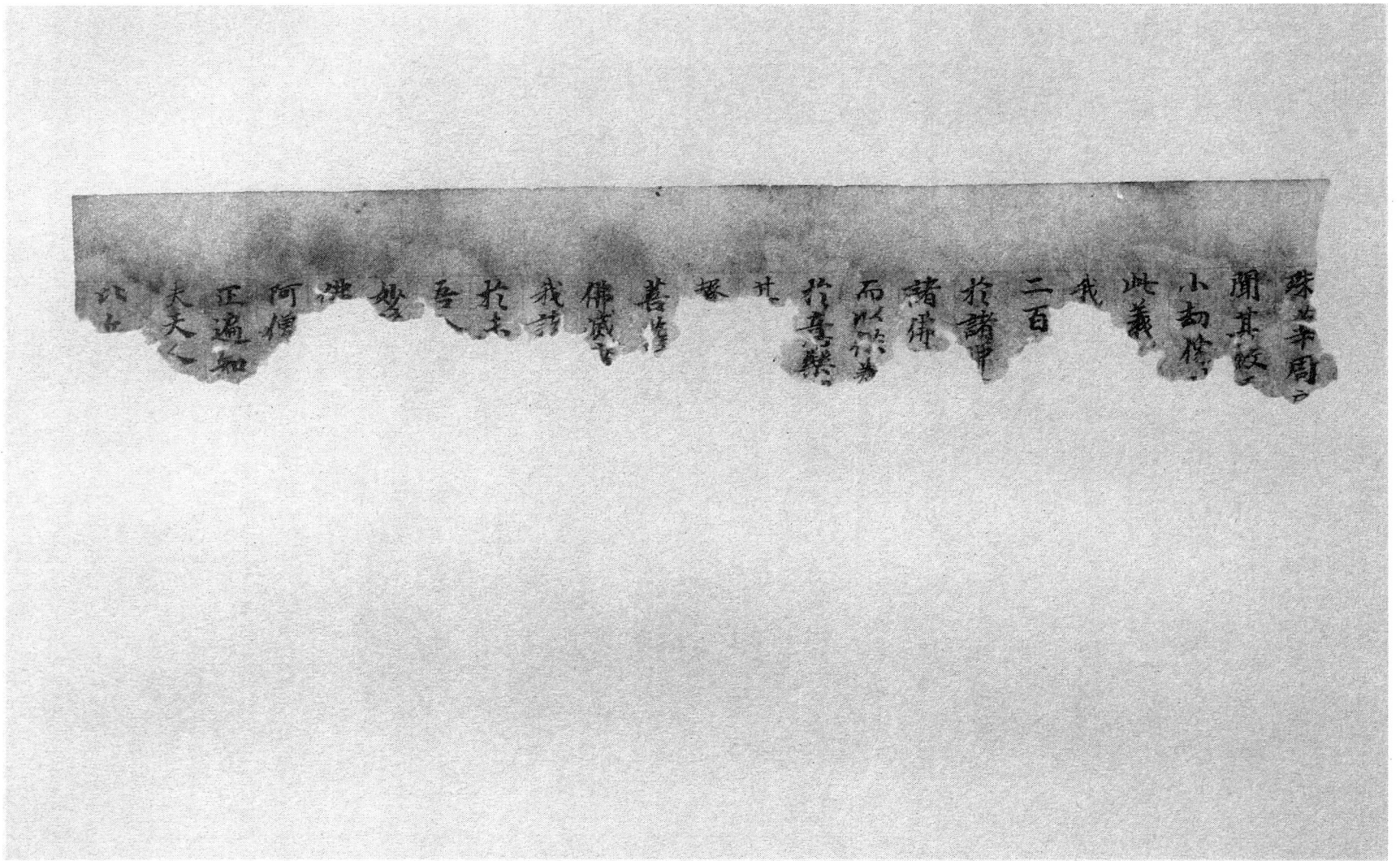

BD10702 號　妙法蓮華經卷三　　　　　　　　　　　　　　　　　　　　　（1-1）

BD10703 號　金剛經疏（擬）　　　　　　　　　　　　　　　　　　　　　（1-1）

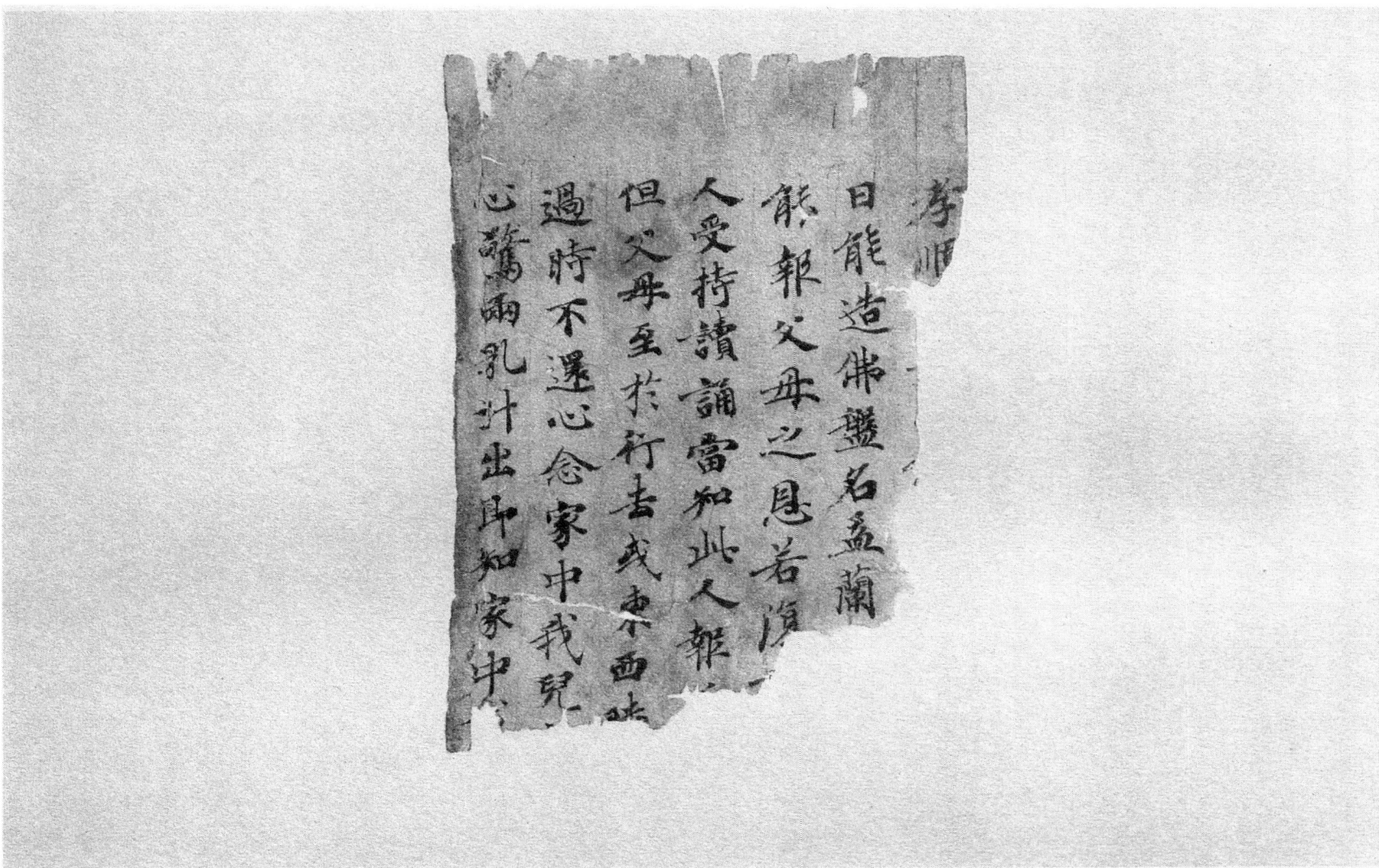

BD10704 號　父母恩重經（異本）　　　　　　　　　　　　（1-1）

BD10705 號　梵網經盧舍那佛說菩薩心地戒品第十卷下　　　（1-1）

BD10706號　待考佛教殘片（擬）　　　　　　　　　　　　　　　　（1-1）

BD10707號　佛名經（十六卷本）卷六　　　　　　　　　　　　　（1-1）

BD10708 號　彩繪菩薩立像（擬）　　　　　　　　　　　　　　　　　（1-1）

BD10709 號　待考佛經殘片（擬）　　　　　　　　　　　　　　　　　（1-1）

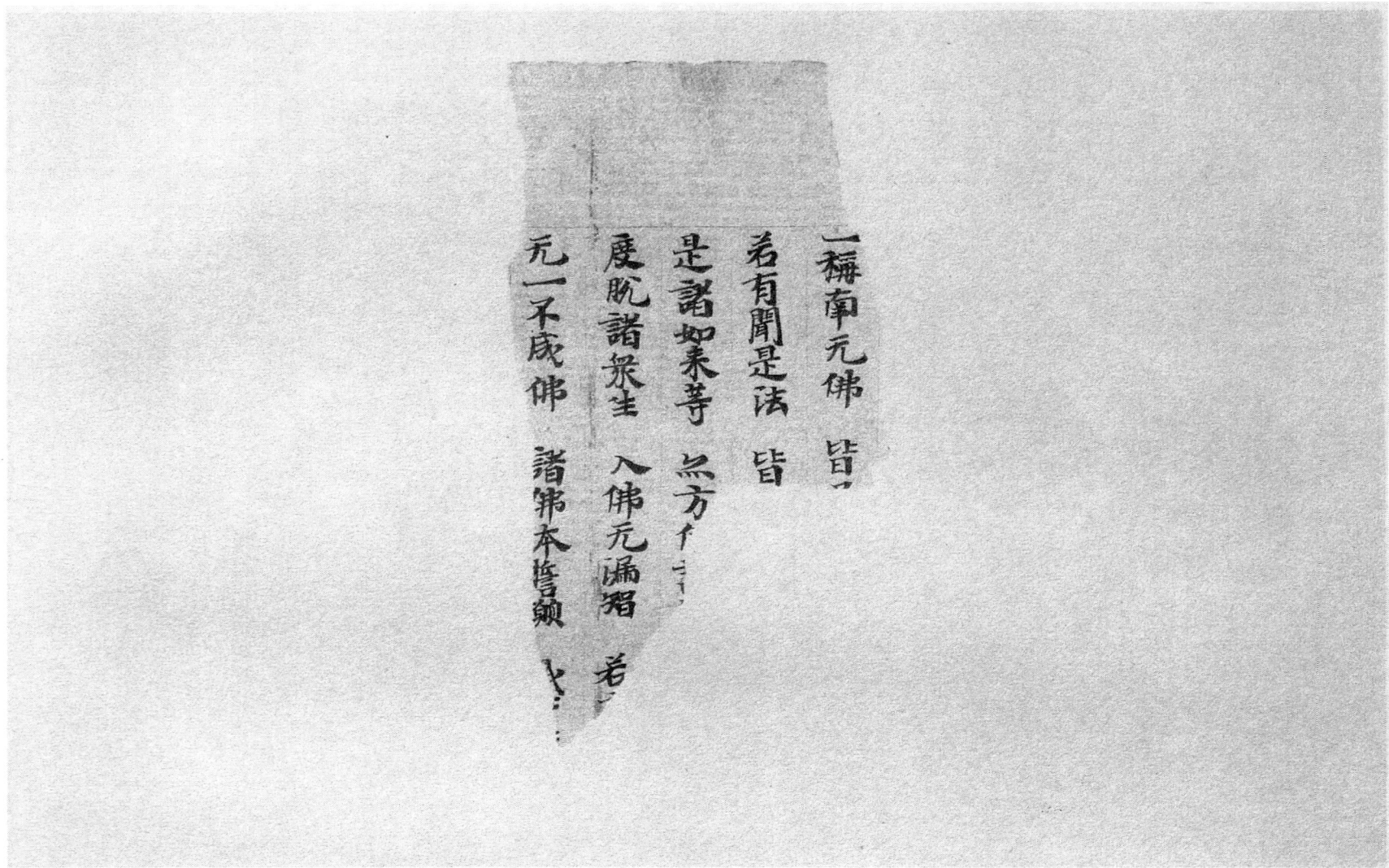

一稱南元佛　皆
若有聞是法　皆
是諸如來等　尒方
度脫諸眾生　入佛元漏智　若
元一不成佛　諸第本誓願

BD10710 號　妙法蓮華經卷一　　　　　　　　　　　　　　　（1-1）

捨此大地
持以供養
為求清淨
乃至

BD10711 號　金光明最勝王經卷九　　　　　　　　　　　　　（1-1）

BD10712 號　藏文文獻殘片（擬）　　　　　　　　　　　　　　　（1-1）

BD10713 號　妙法蓮華經卷三　　　　　　　　　　　　　　　　（1-1）

BD10714 號　佛垂般涅槃略說教誡經　　　　　　　　　　　　　　　　　　　　　（1-1）

BD10715 號　待考佛經殘片（擬）　　　　　　　　　　　　　　　　　　　　　　（1-1）

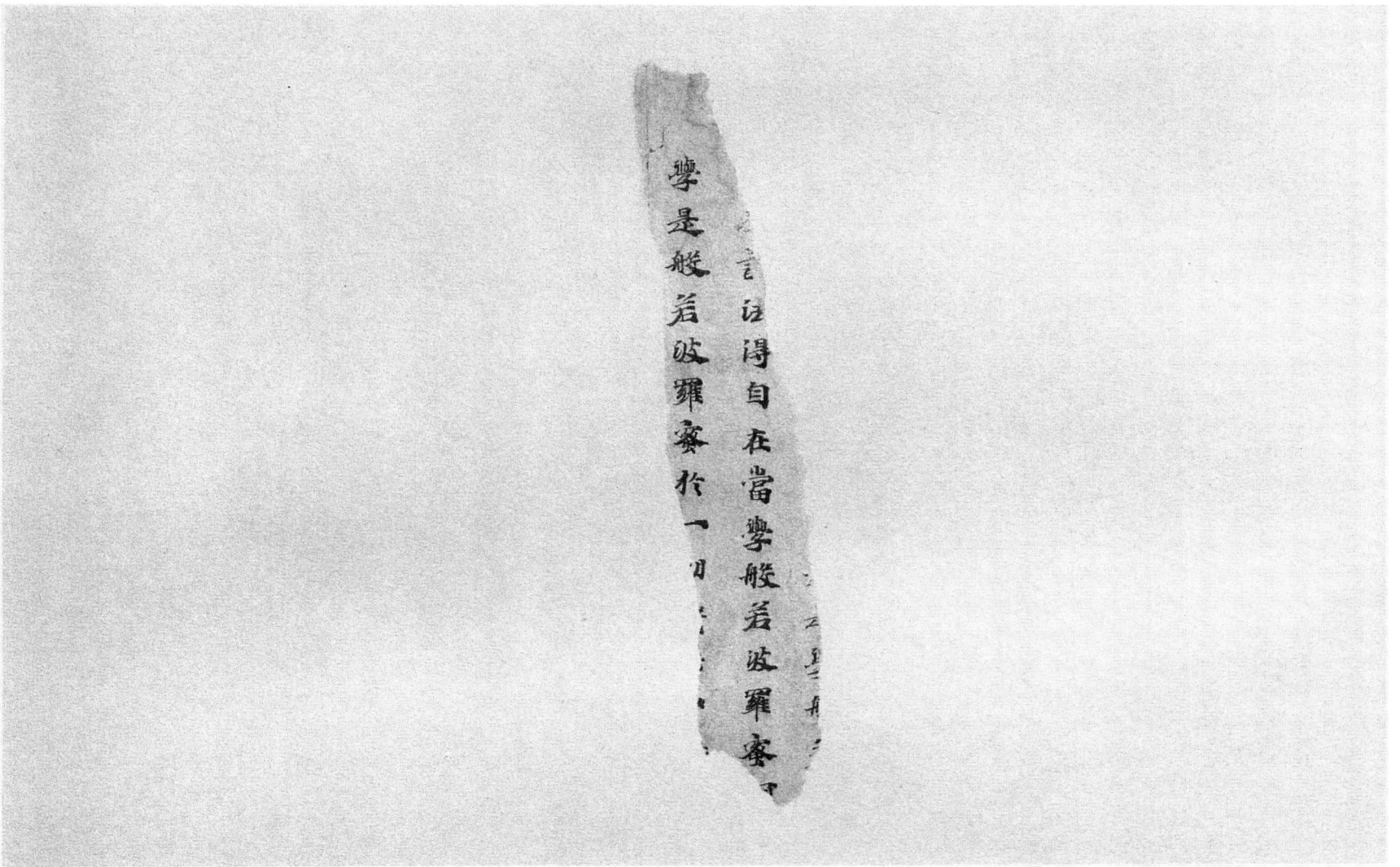

BD10716號　摩訶般若波羅蜜經卷二一　　　　　　　　　　　　　（1-1）

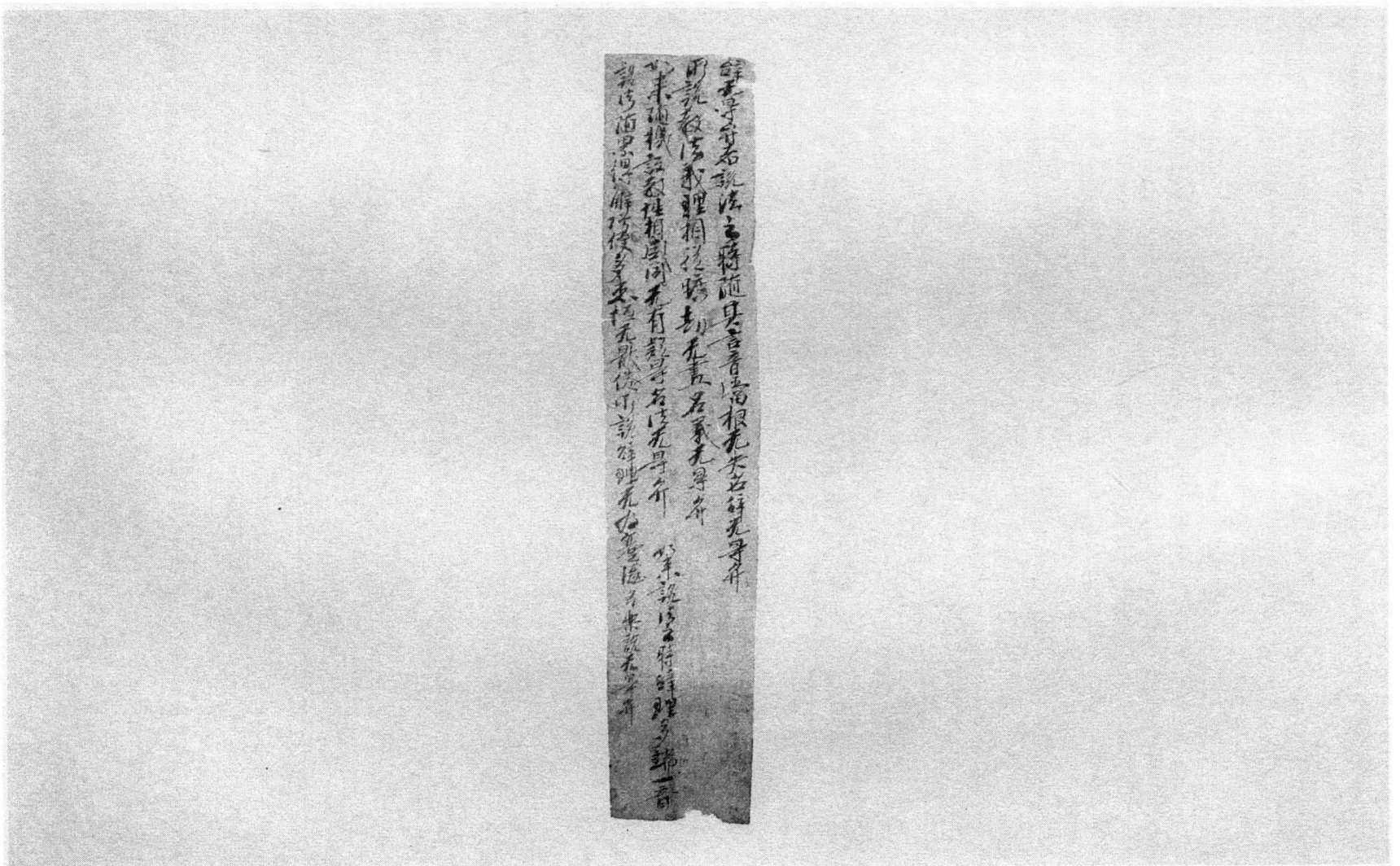

BD10717號　釋四無礙辯（擬）　　　　　　　　　　　　　　　（1-1）

BD10718 號　大般若波羅蜜多經卷五二五　　　　　　　　　　　　　　　　　　（1-1）

BD10718 號背　勘記　　　　　　　　　　　　　　　　　　　　　　　　（1-1）

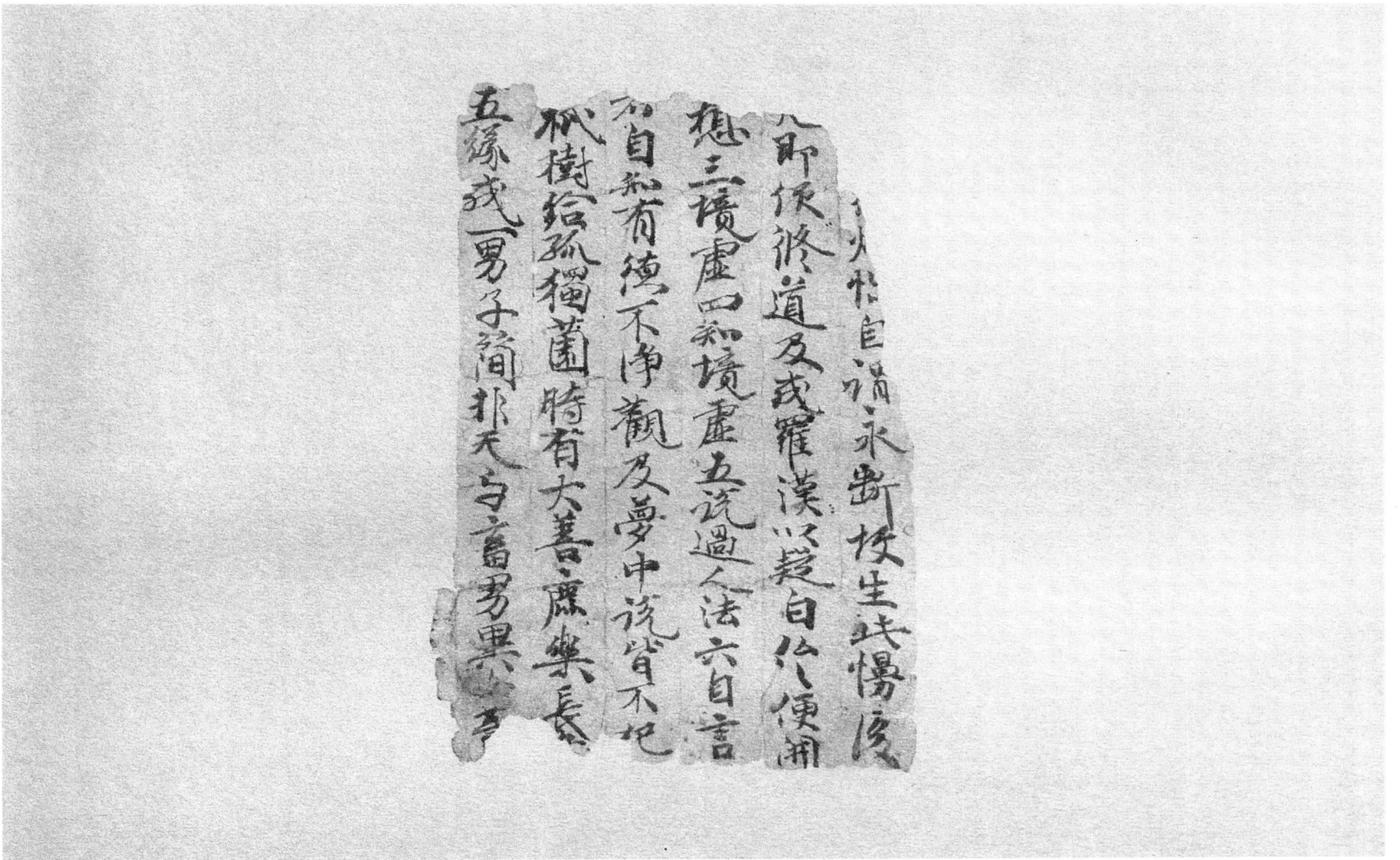

BD10719號　四分律疏（擬）

（1-1）

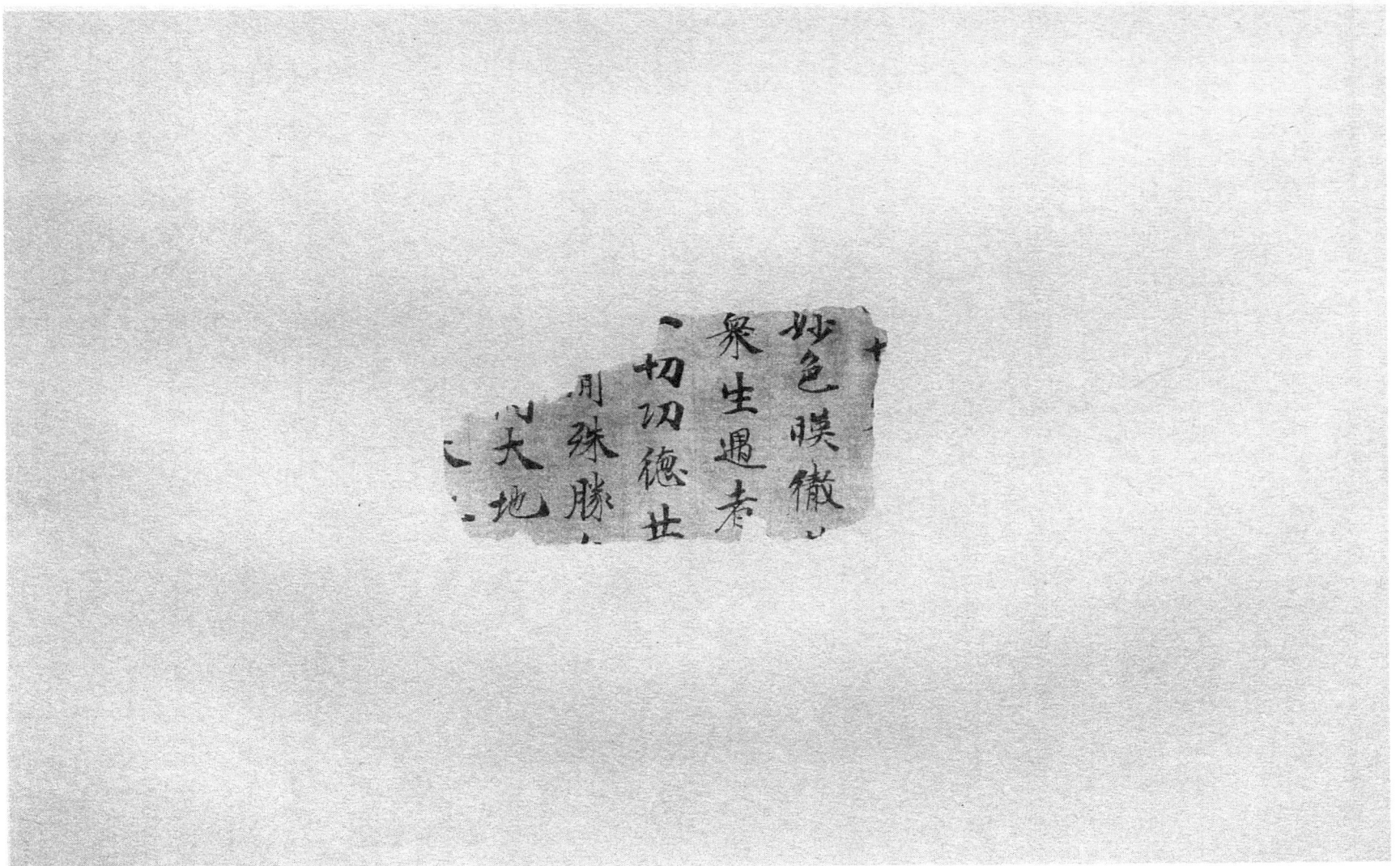

BD10720號　金光明最勝王經卷五

（1-1）

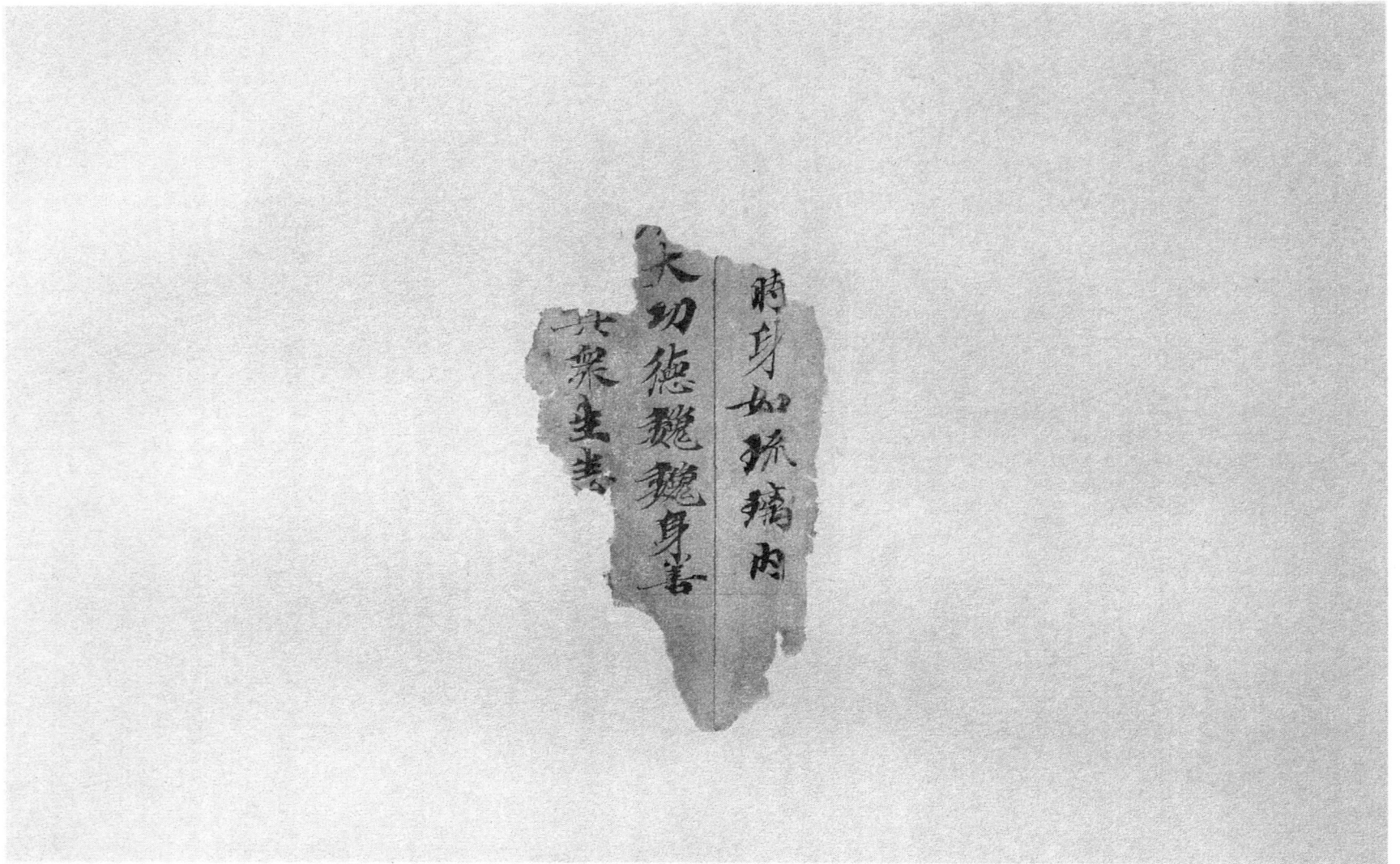

BD10721 號　藥師琉璃光如來本願功德經　　　　　　　　　　　　　　　　　　（1-1）

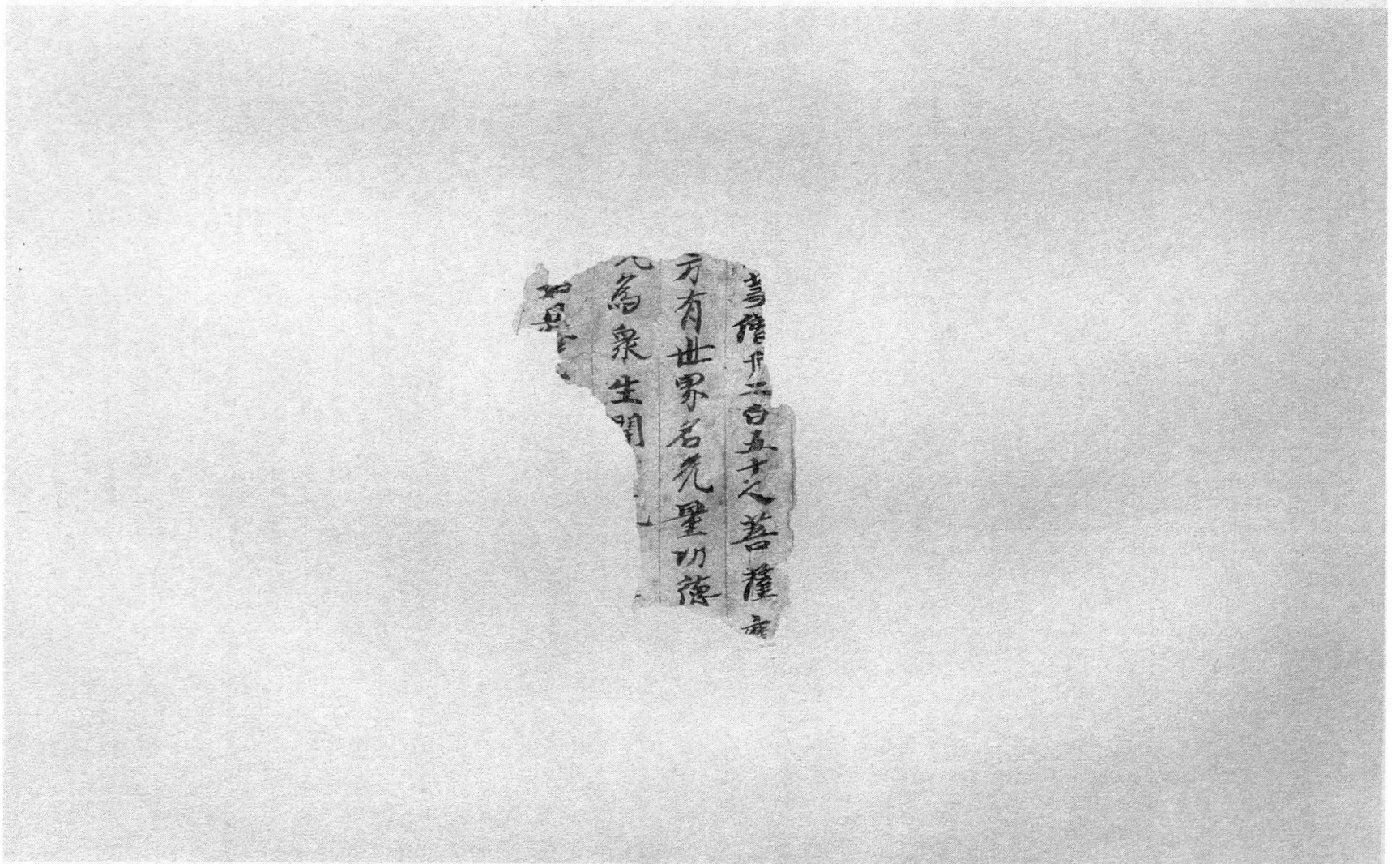

BD10722 號　無量壽宗要經　　　　　　　　　　　　　　　　　　　　　　　（1-1）

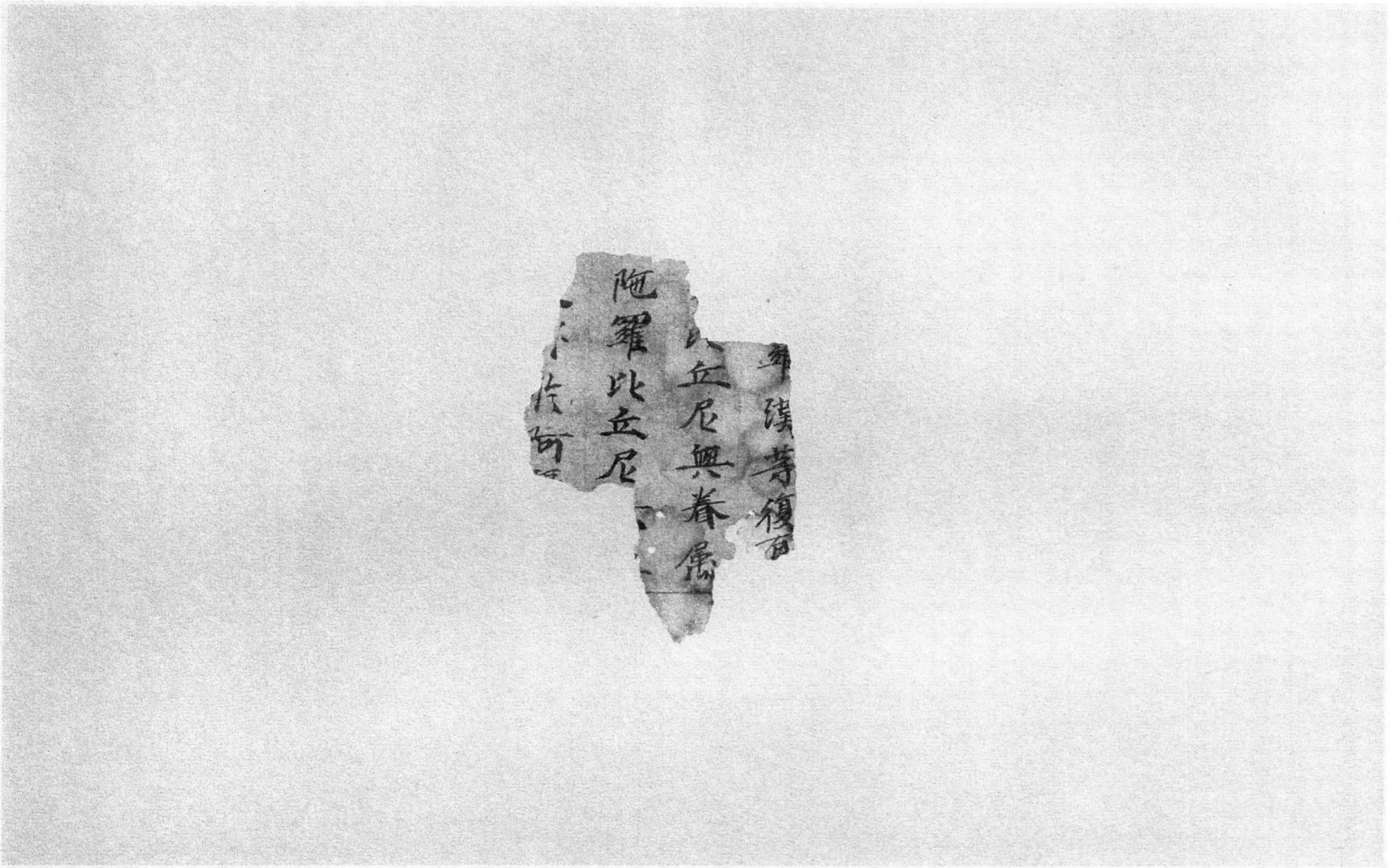

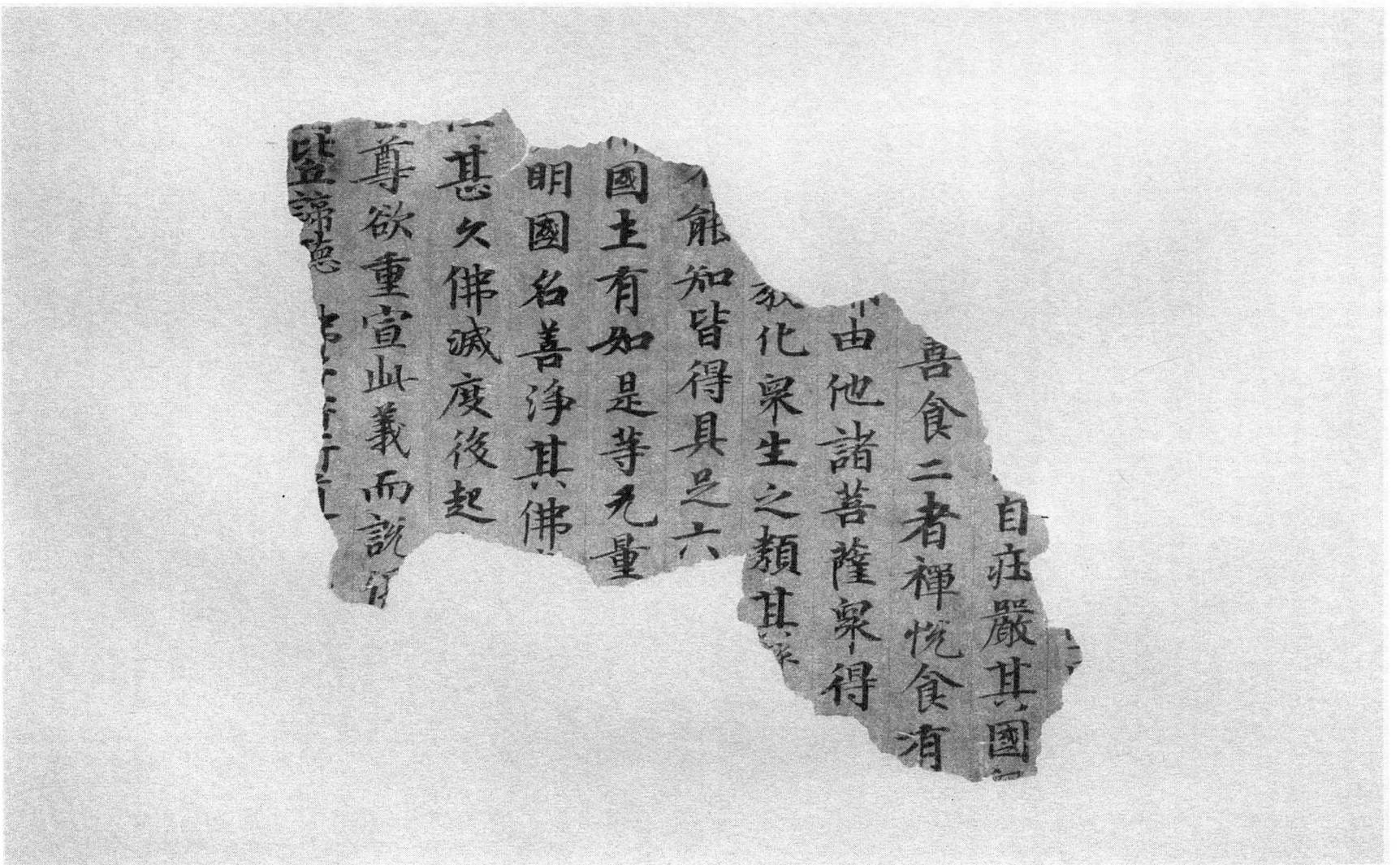

113

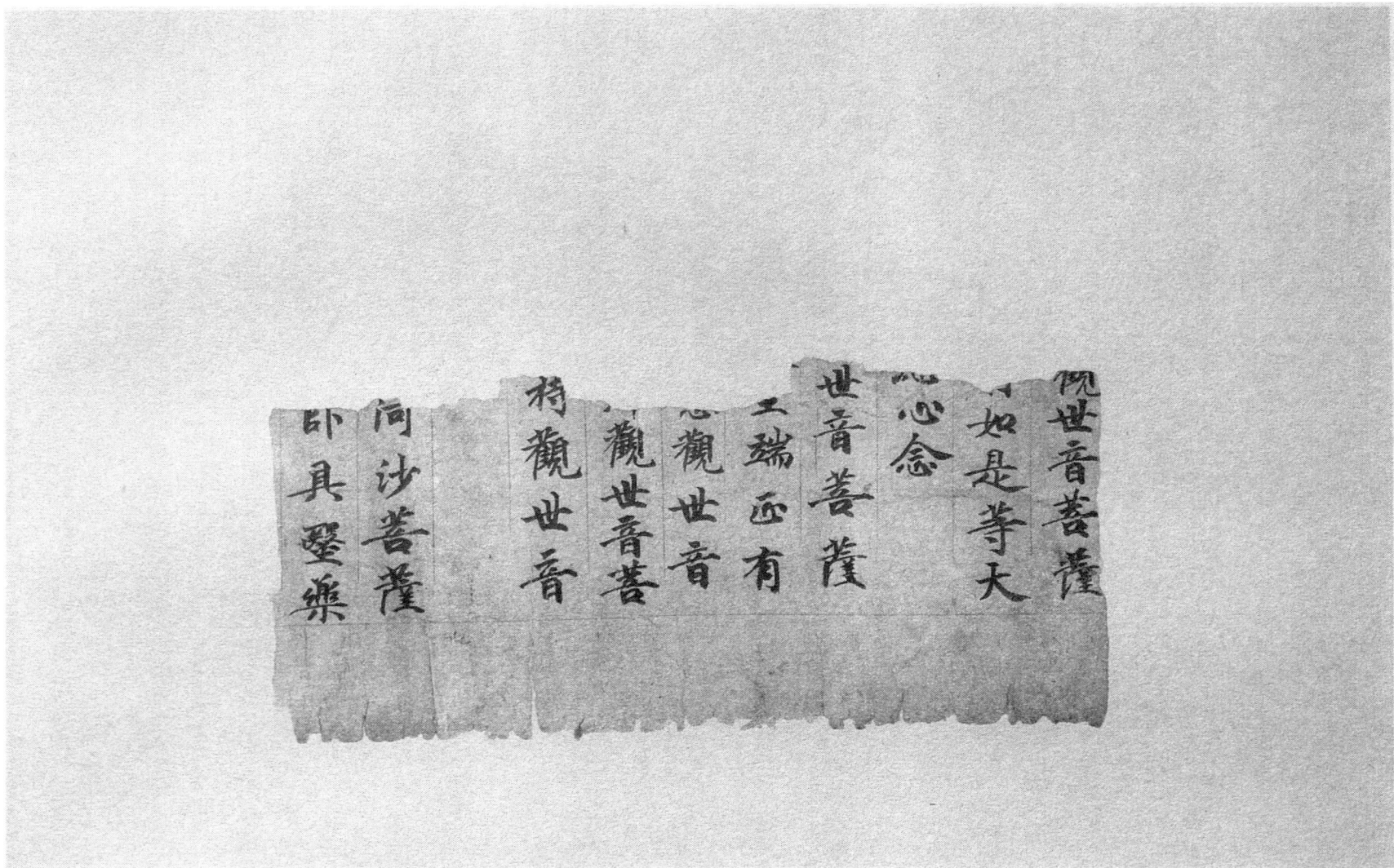

BD10725 號　妙法蓮華經卷七　　　　　　　　　　　　　　　　　　　　（1-1）

BD10726 號　佛名經（十六卷本）卷一　　　　　　　　　　　　　　　　　（1-1）

或示己身或示他身

所言說皆實不虛所以者何

三界之相無有生死若...

度者非實非虛非

界如斯之事如來明

生有種種性種種

次令生諸善

BD10727號　妙法蓮華經卷五 （1-1）

BD10728號　維摩詰所說經疏（擬） （1-1）

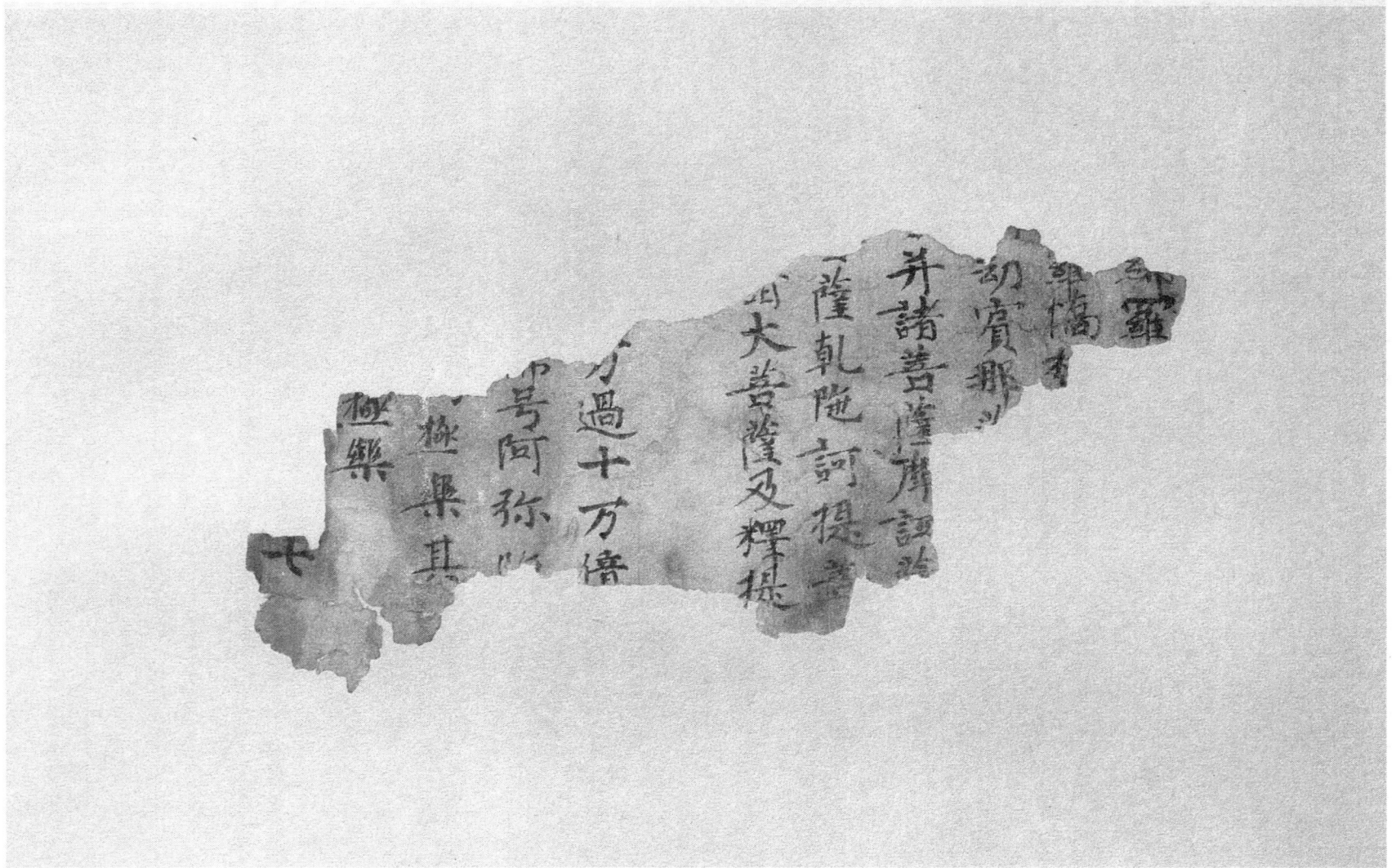

BD10729 號　阿彌陀經　　　　　　　　　　　　　　　　　　（1-1）

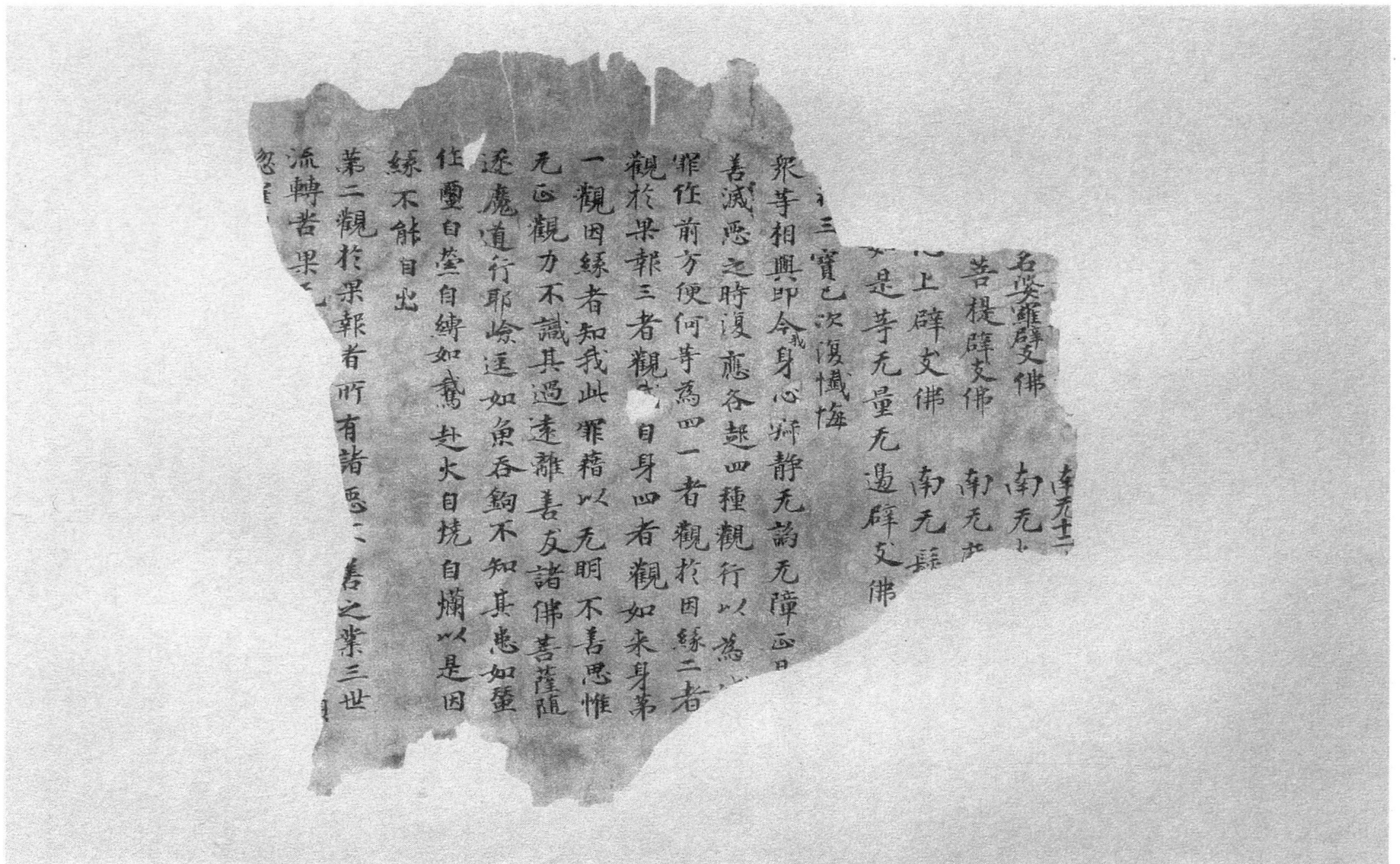

眾等相興即今我身心辞静无諍无障四目
善滅惡之時復應各趣四種觀行以為
罪作前方便阿等為四一者觀於因緣二者
觀於果報三者觀　目身四者觀如來身第
一觀因緣者知我此罪稿以无明不善思惟
无正觀力不識其過遠離善友諸佛菩薩隨
逐魔道行耶嶮迁如魚吞鈎不知其患如蠶
住璽白縈自縛如蛾赴火日燒自爛以是因
緣不能目出
第二觀於果報者所有諸惡　善之業三世
流轉苦果
忽

名奖羅辱反佛　南无
菩提辟支佛　南无北
以上辟支佛　南无縣
是苹无量无邊辟支佛

BD10730 號　佛名經（十六卷本）卷二　　　　　　　　　　（1-1）

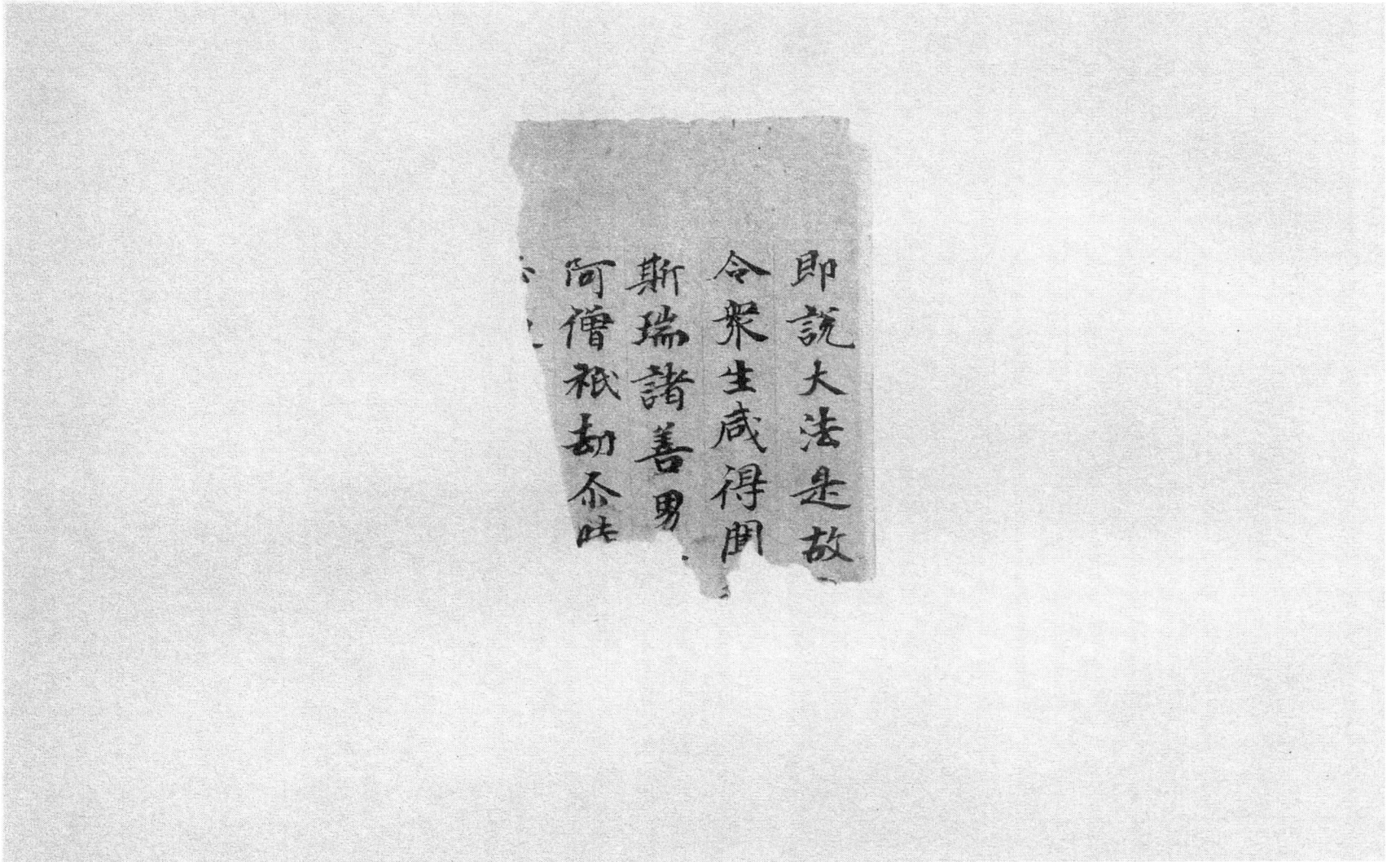

BD10731 號　妙法蓮華經卷一　　　　　　　　　　　　　　　　　　　（1-1）

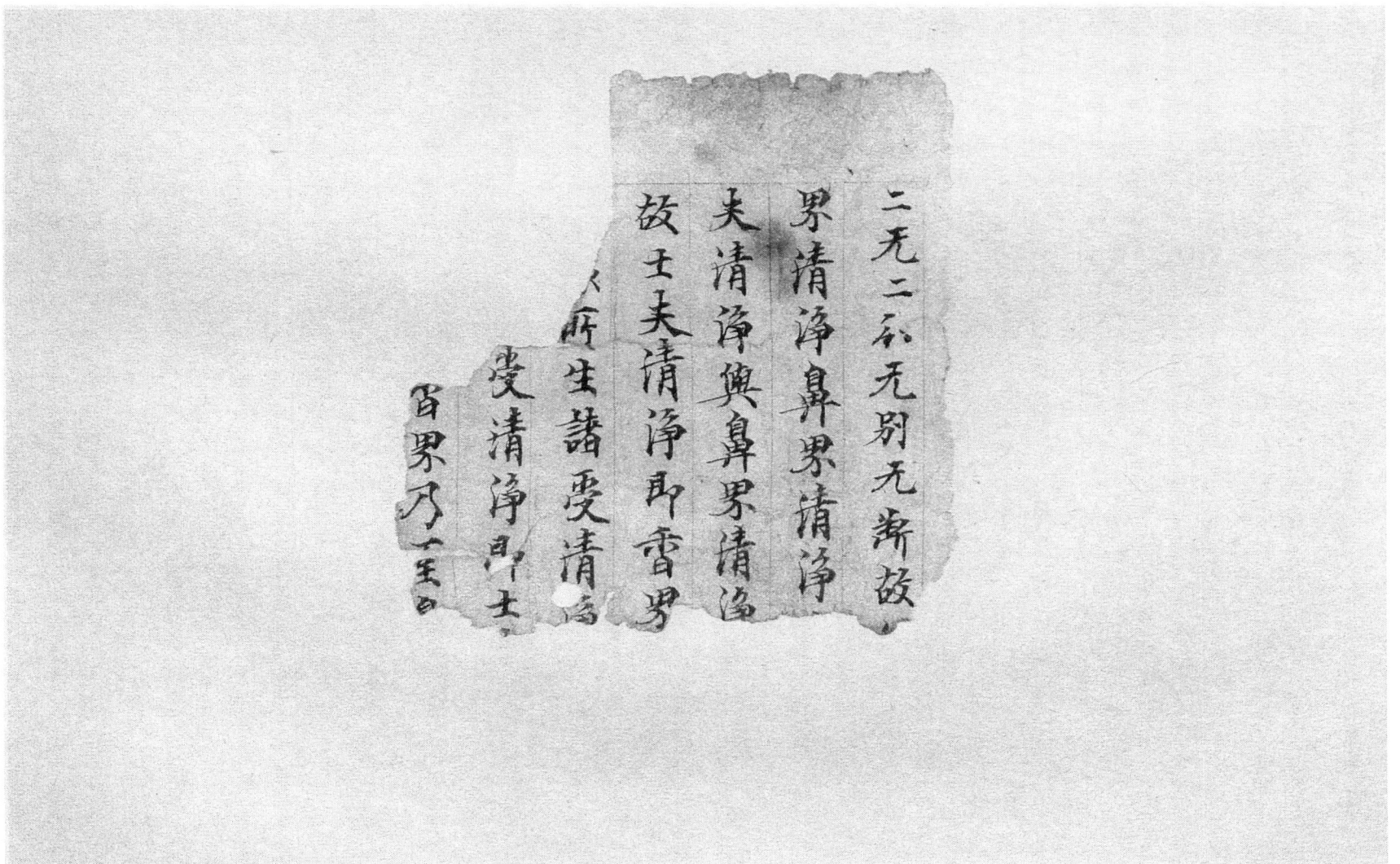

BD10732 號　大般若波羅蜜多經卷一九二　　　　　　　　　　　　　（1-1）

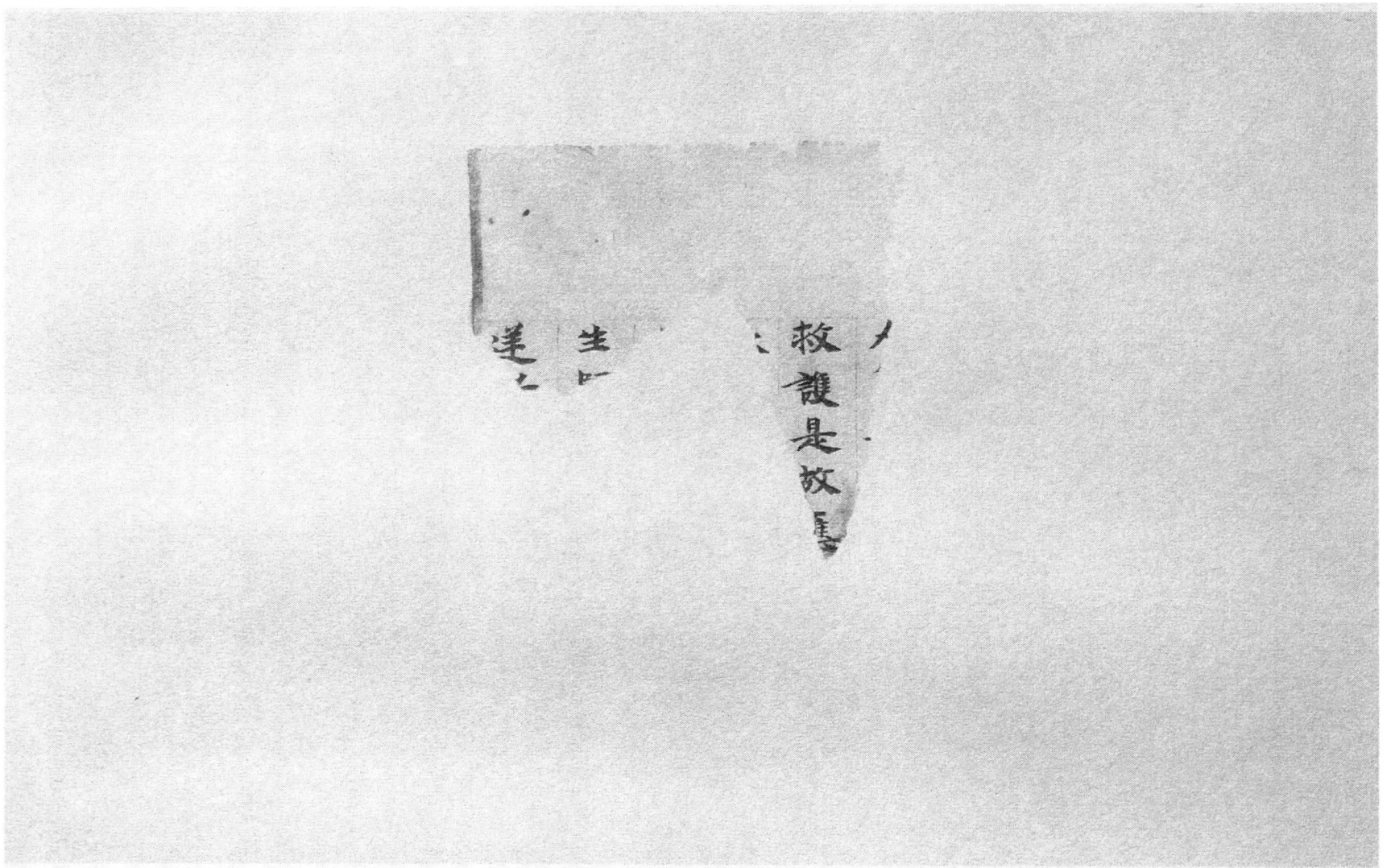

BD10733 號　大般涅槃經（北本）卷一〇　　　　　　　　　　　　　　　　　　（1-1）

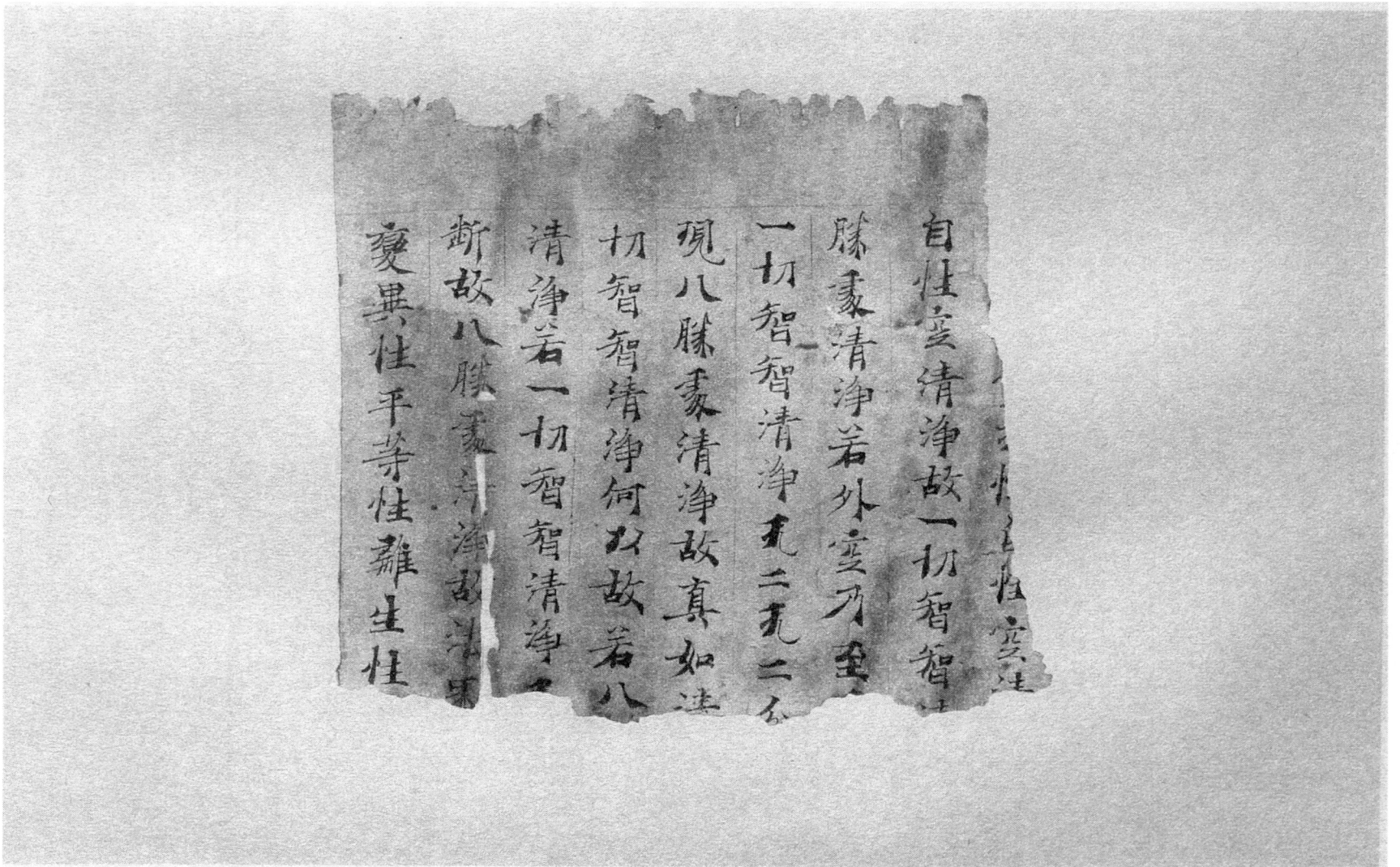

自性亦清淨故一切智智
勝憂清淨若外亦亦不至
一切智智清淨无二无二分
現八勝憂清淨故真如清
切智智清淨何以故若八
清淨若一切智智清淨无
斷故八勝憂清淨古清淨无
憂異性平等性離生性

BD10734 號　大般若波羅蜜多經卷二二七　　　　　　　　　　　　　　　　　　（1-1）

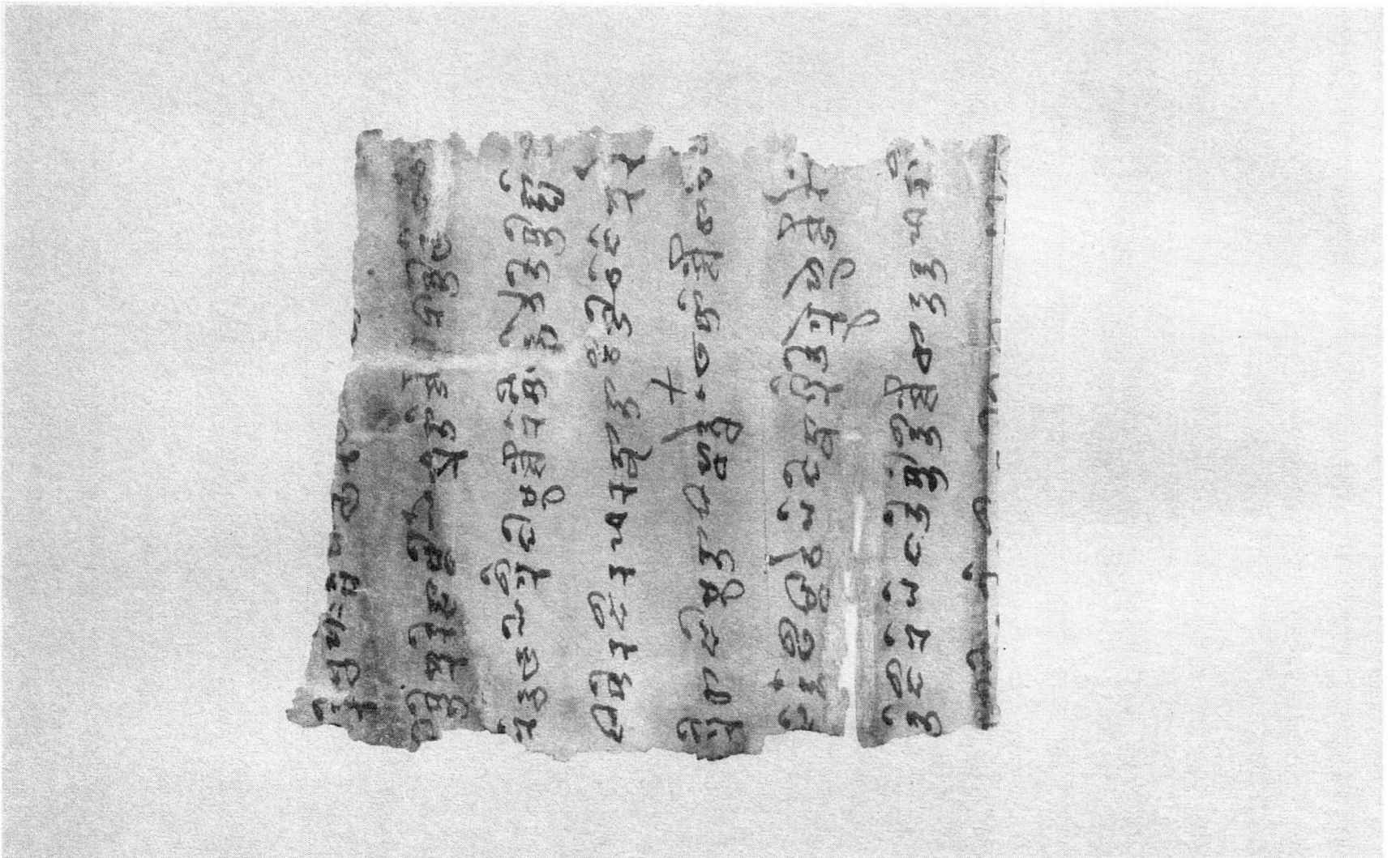

BD10734 號背　于闐文文獻（擬）　　　　　　　　　　　　　　　　　　（1-1）

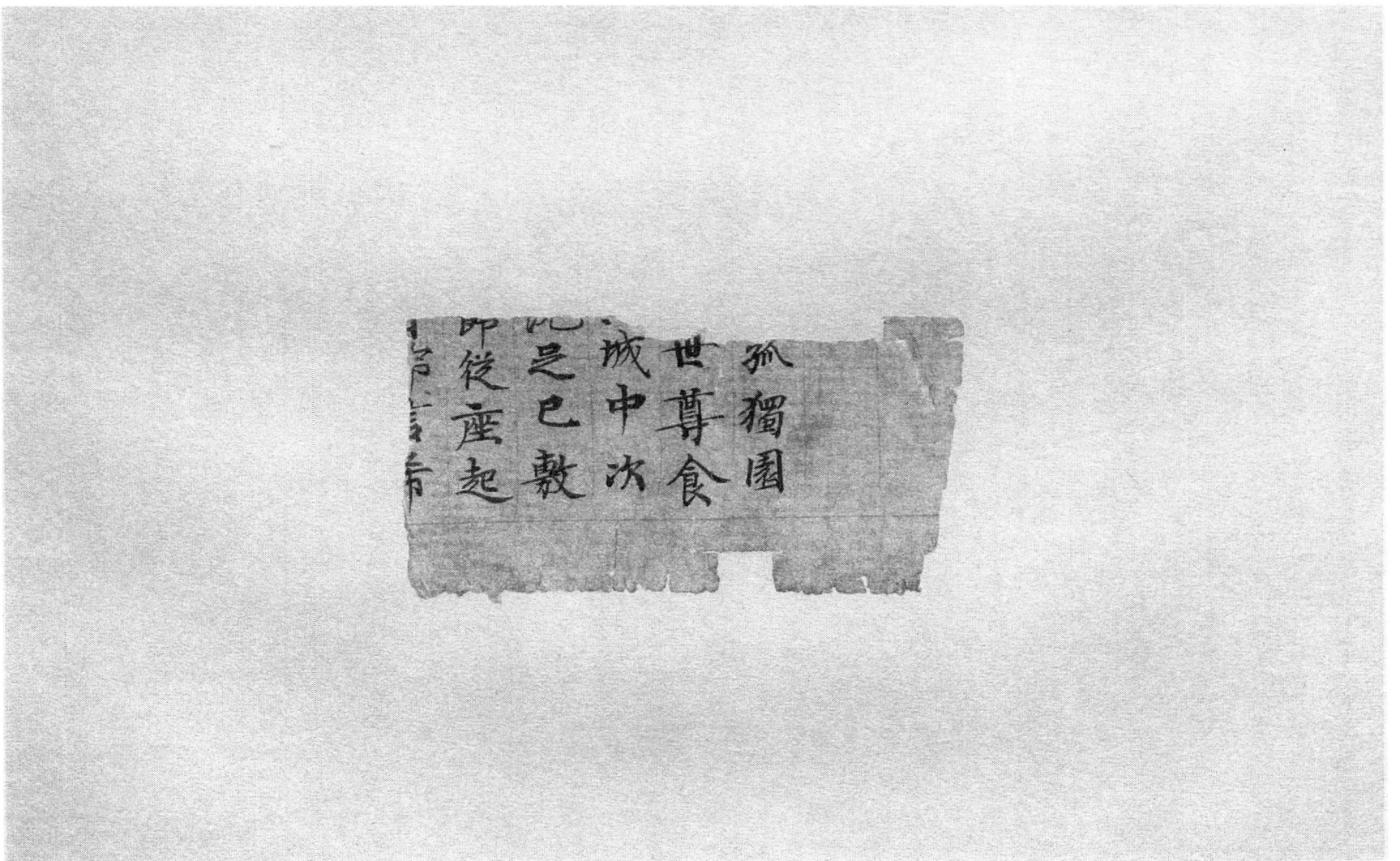

孤獨園
世尊食
城中次
乞已敷
卽從座起

BD10735 號　金剛般若波羅蜜經　　　　　　　　　　　　　　　　　　（1-1）

BD10736 號　大方廣佛華嚴經（晉譯五十卷本）卷三五　　　　　　　　　　　　　　（1-1）

BD10737 號　金光明最勝王經卷二　　　　　　　　　　　　　　　　　　　　　　（1-1）

BD10738號　無量壽宗要經　　　　　　　　　　　　　　　　　　　（1-1）

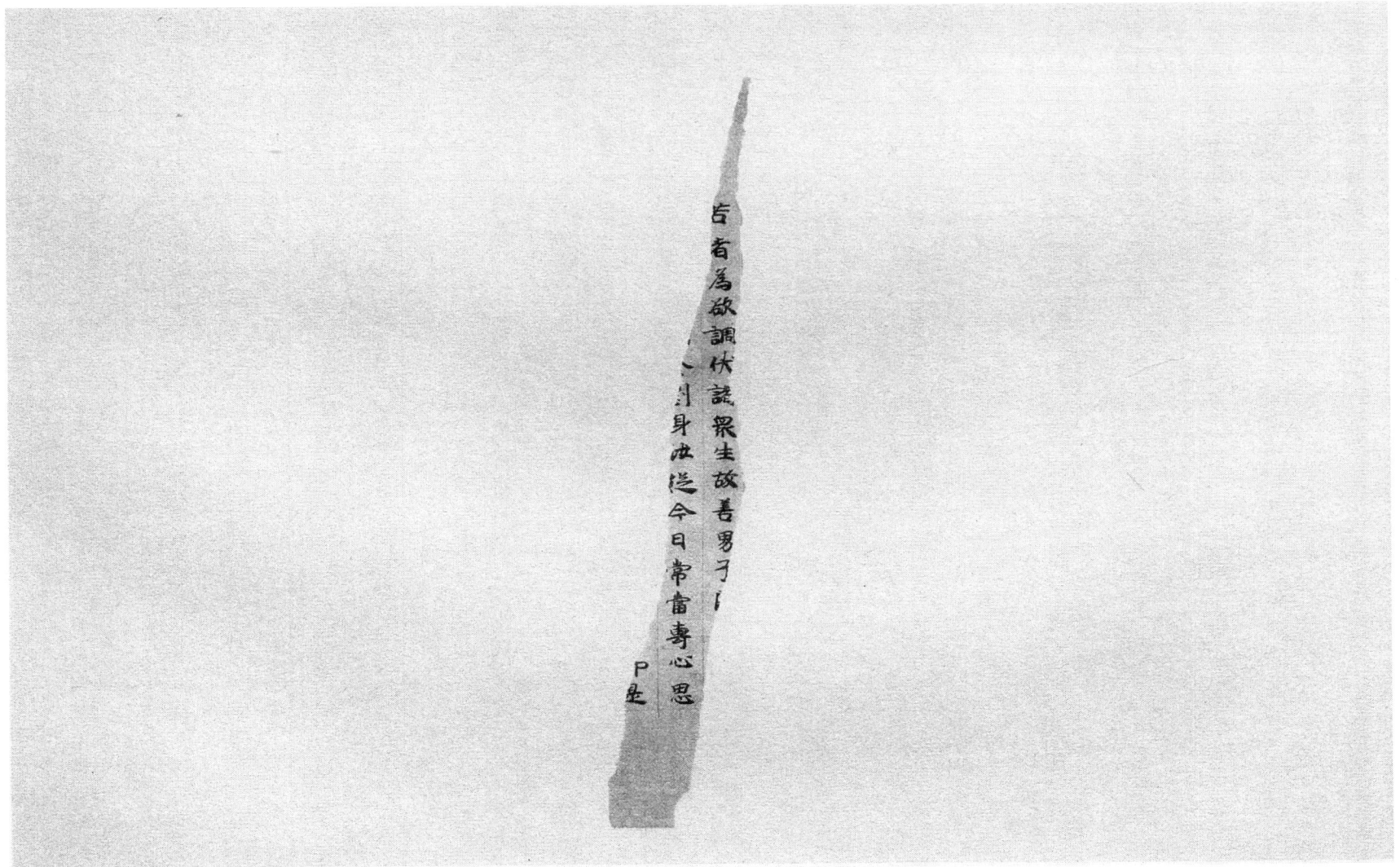

BD10739號　大般涅槃經（北本）卷三　　　　　　　　　　　　　　（1-1）

BD10740 號　大般涅槃經（北本）卷三　　　　　　　　　　　　　　　　（1-1）

BD10741 號　金剛般若波羅蜜經　　　　　　　　　　　　　　　　　　（1-1）

BD10742 號　觀世音經　　　　　　　　　　　　　　　　　　　　　（1-1）

BD10743 號　待考道教殘片（擬）　　　　　　　　　　　　　　　　（1-1）

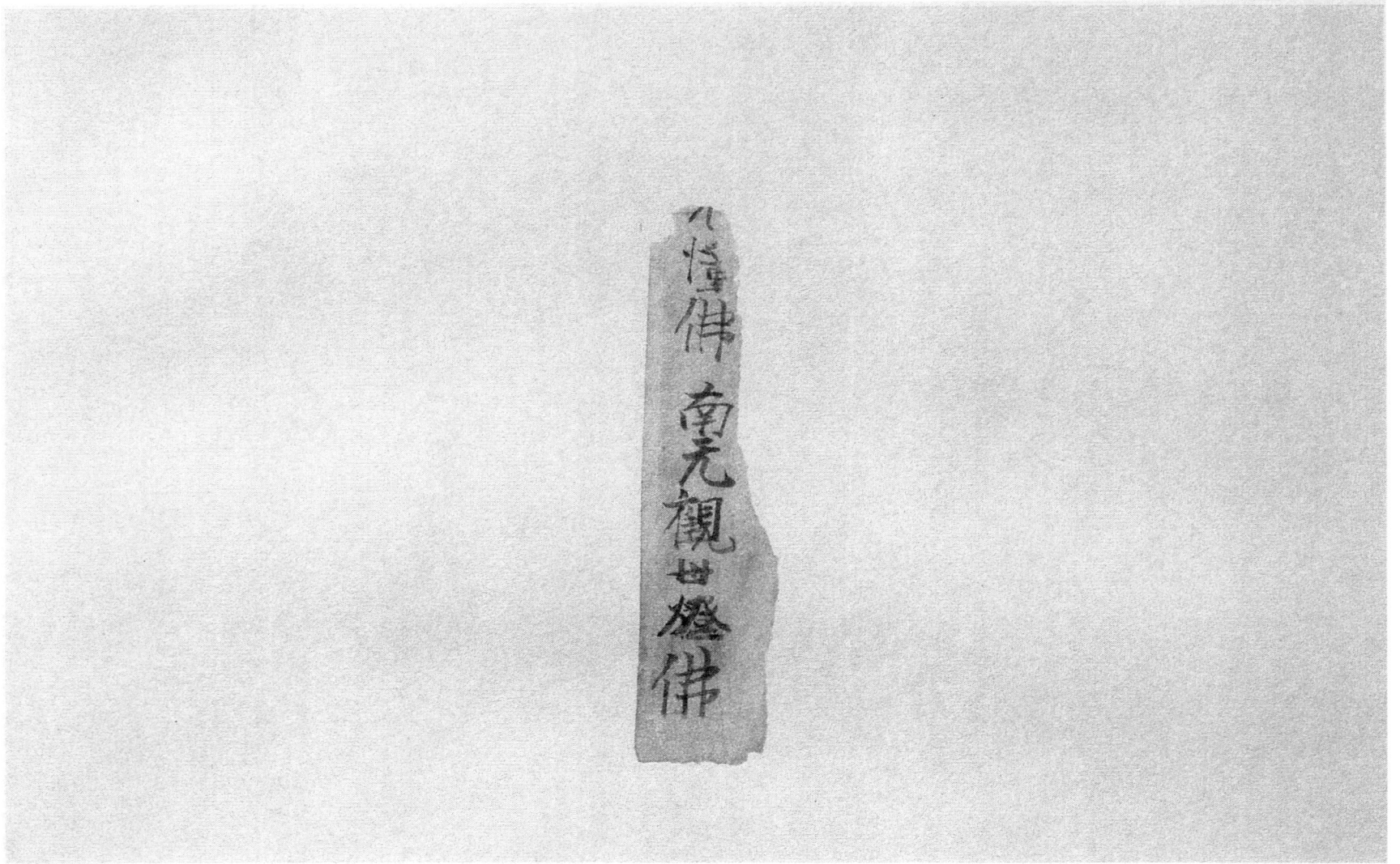

BD10743 號背　過去莊嚴劫千佛名經　　　　　　　　　　　　　　　　　（1-1）

BD10744 號　護首（大般若波羅蜜多經）　　　　　　　　　　　　　　　（1-1）

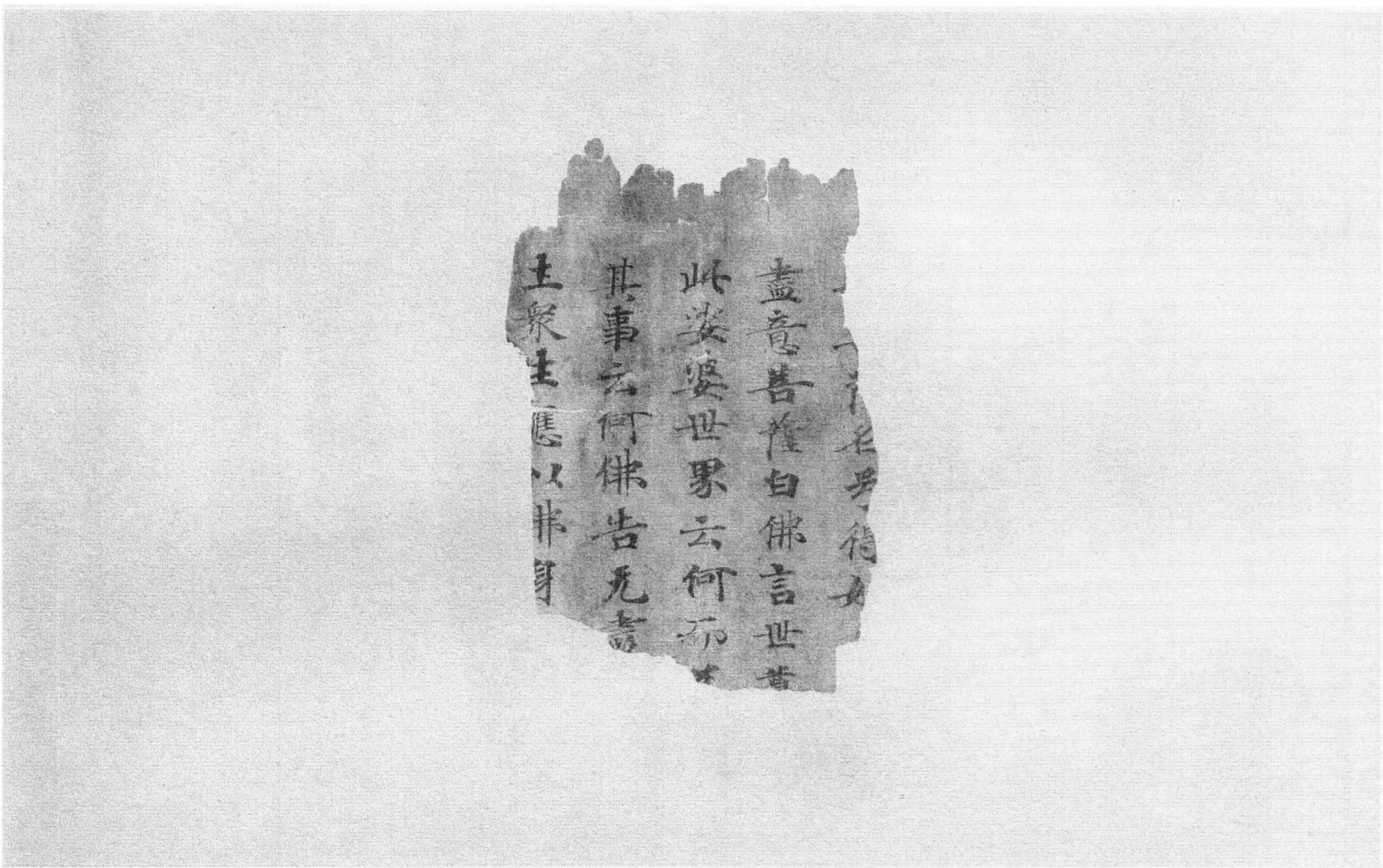

BD10745 號　妙法蓮華經卷七　　　　　　　　　　　　　　　　　　　　　　　　（1-1）

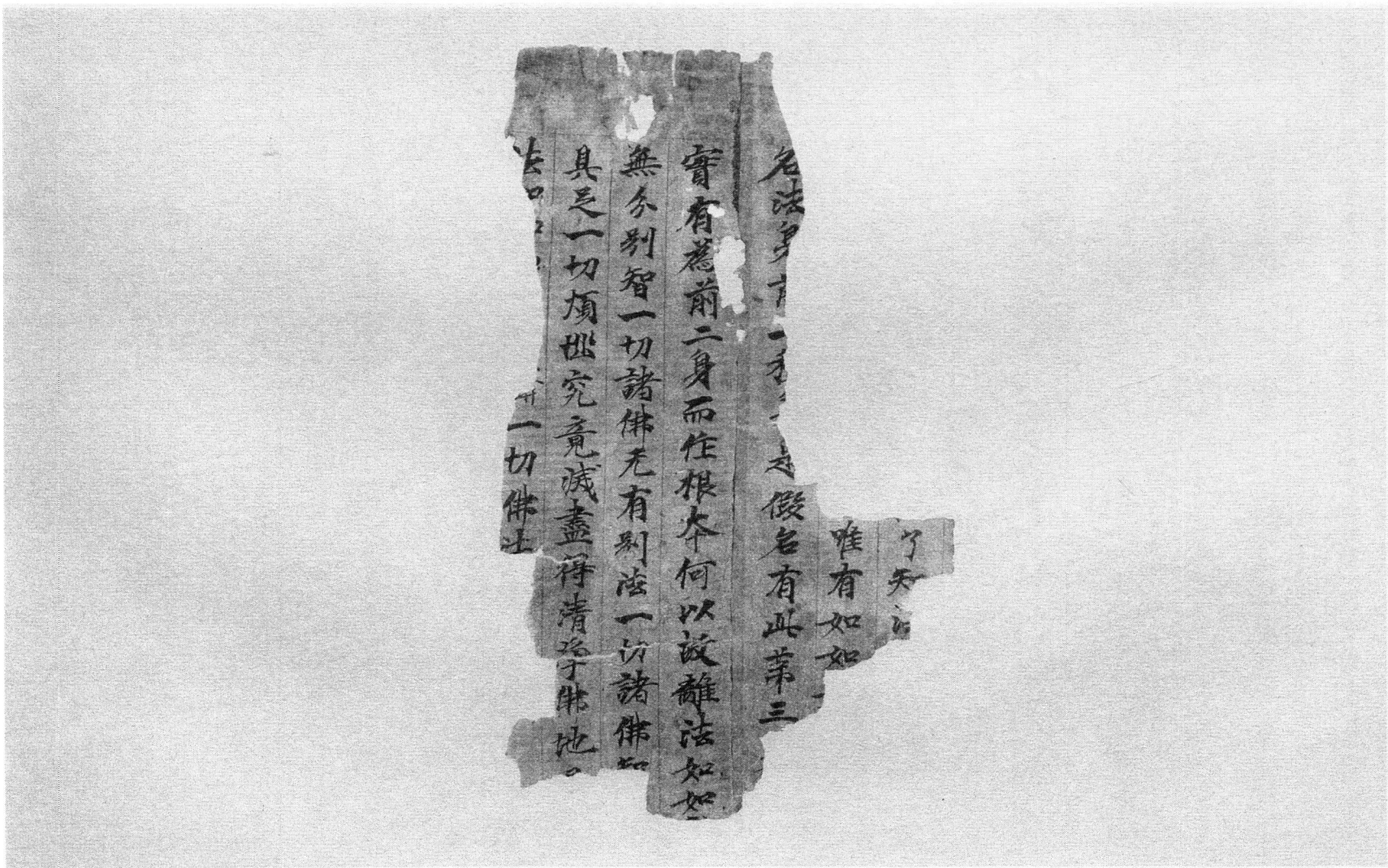

BD10746 號　金光明最勝王經卷二　　　　　　　　　　　　　　　　　　　　　　（1-1）

BD10747 號　佛名經（十六卷本）卷三　　　　　　　　　　　　　　　（1-1）

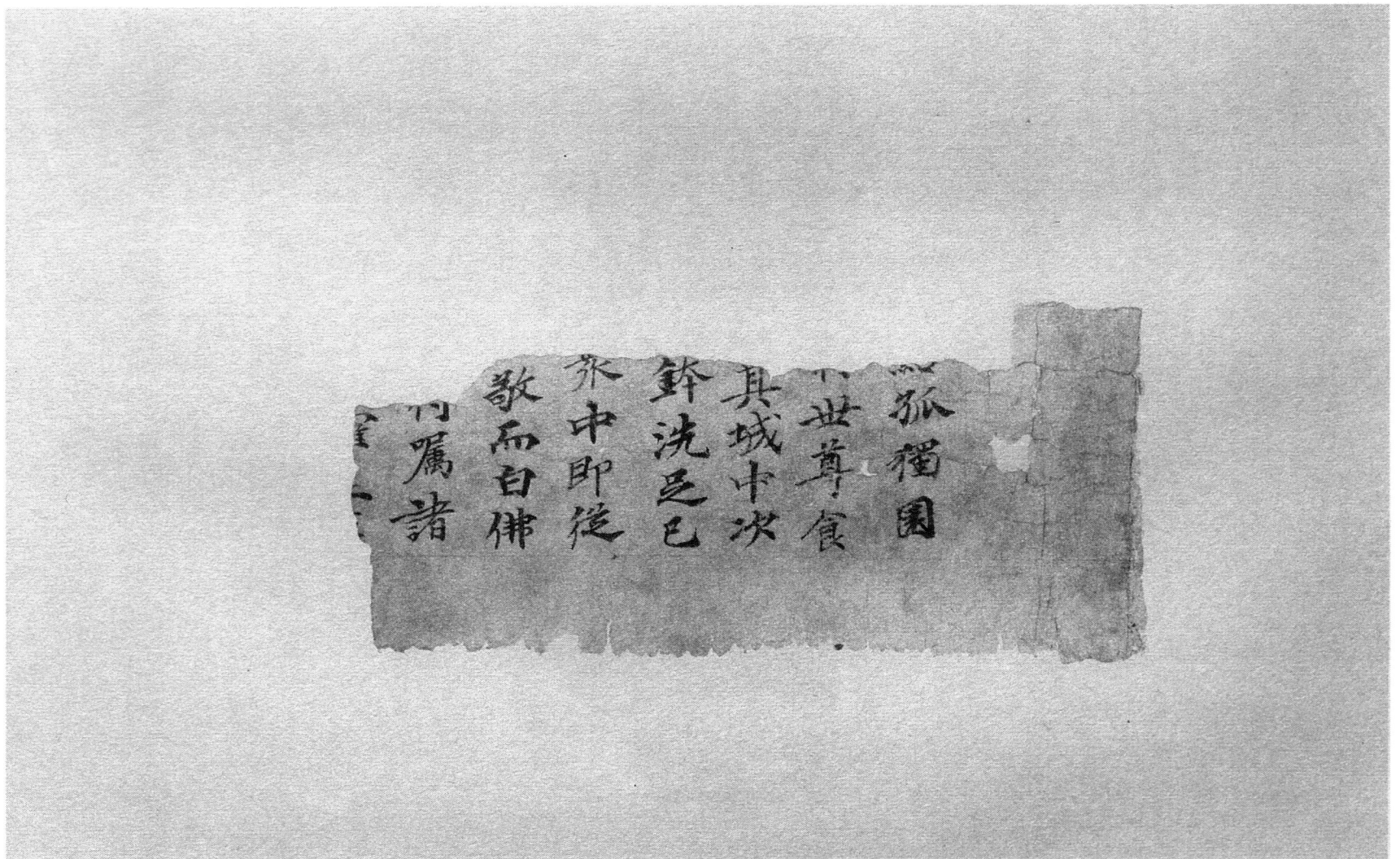

BD10748 號　金剛般若波羅蜜經　　　　　　　　　　　　　　　　　（1-1）

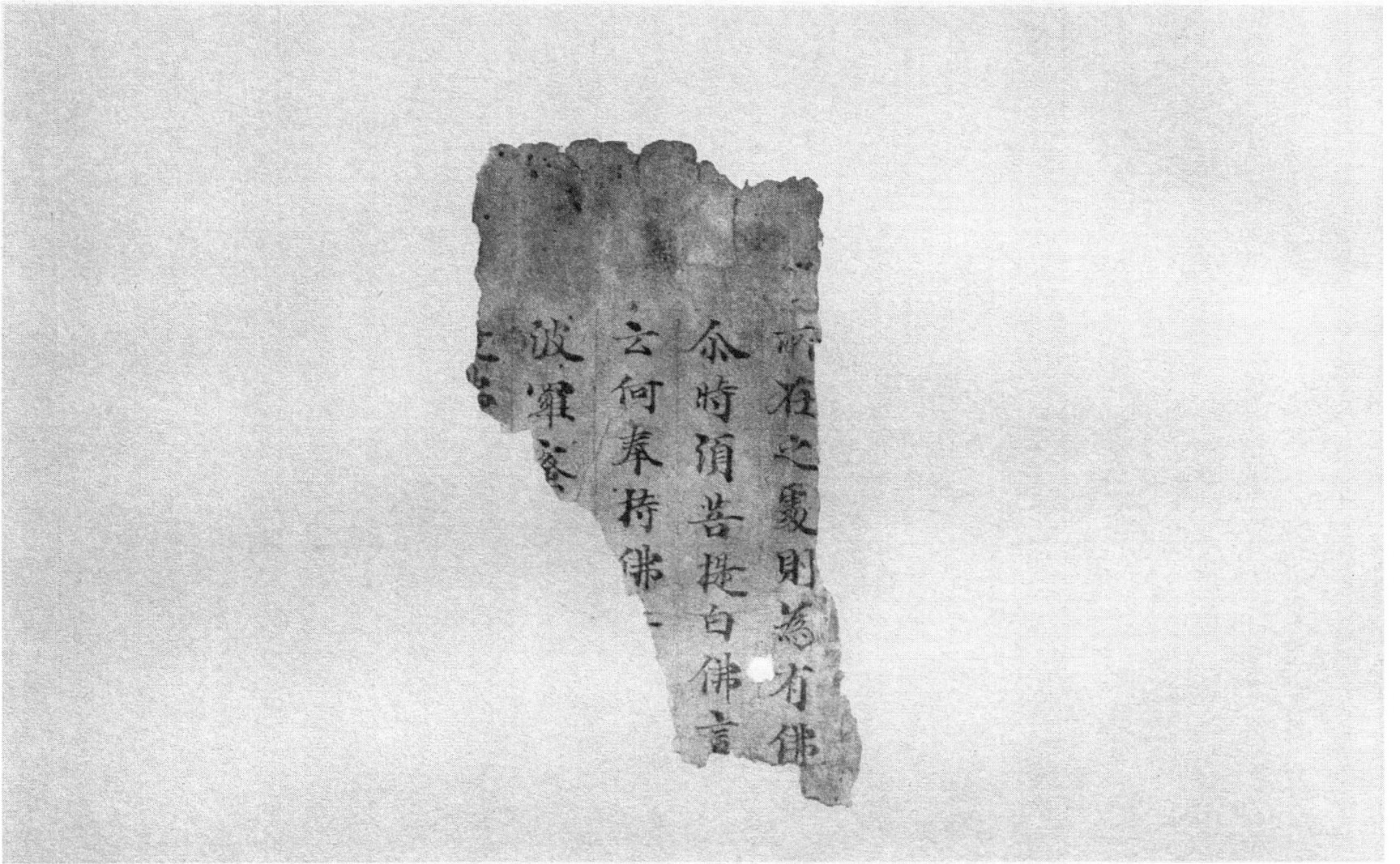

所在之處則為有佛

尒時須菩提白佛言

云何奉持佛

波羅蜜

BD10749 號　金剛般若波羅蜜經　　　　　　　　　　　　　　（1-1）

般涅槃甚深

讀誦其義捨耶

行如來欲未出家

菩薩北丘悅可聖

BD10750 號　大般涅槃經後分卷上　　　　　　　　　　　　（1-1）

BD10751 號　諸經要集卷一一 　　　　　　　　　　　　　　　　　（1-1）

BD10752 號　金剛般若波羅蜜經 　　　　　　　　　　　　　　　　　（1-1）

BD10753 號　妙法蓮華經卷七　　　　　　　　　　　　　　（1-1）

BD10754 號　大般若波羅蜜多經卷二四九　　　　　　　　（1-1）

BD10755 號　大般若波羅蜜多經卷二四四　　　　　　　　　　　　　　　　　　　　（1-1）

BD10756 號　金光明經卷四　　　　　　　　　　　　　　　　　　　　　　　　　　（1-1）

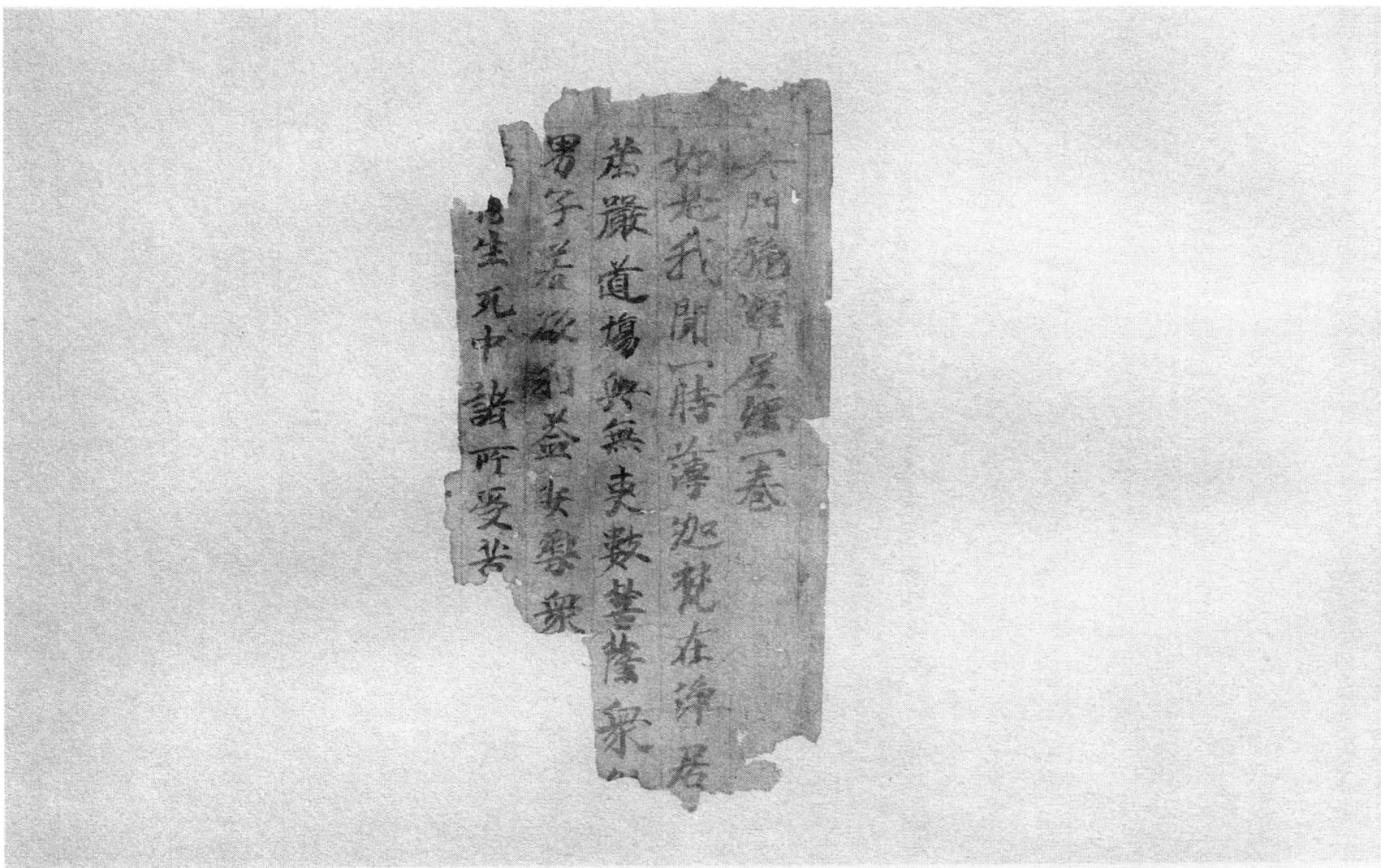

BD10757 號　六門陀羅尼經

（1-1）

BD10757 號背　雜寫

（1-1）

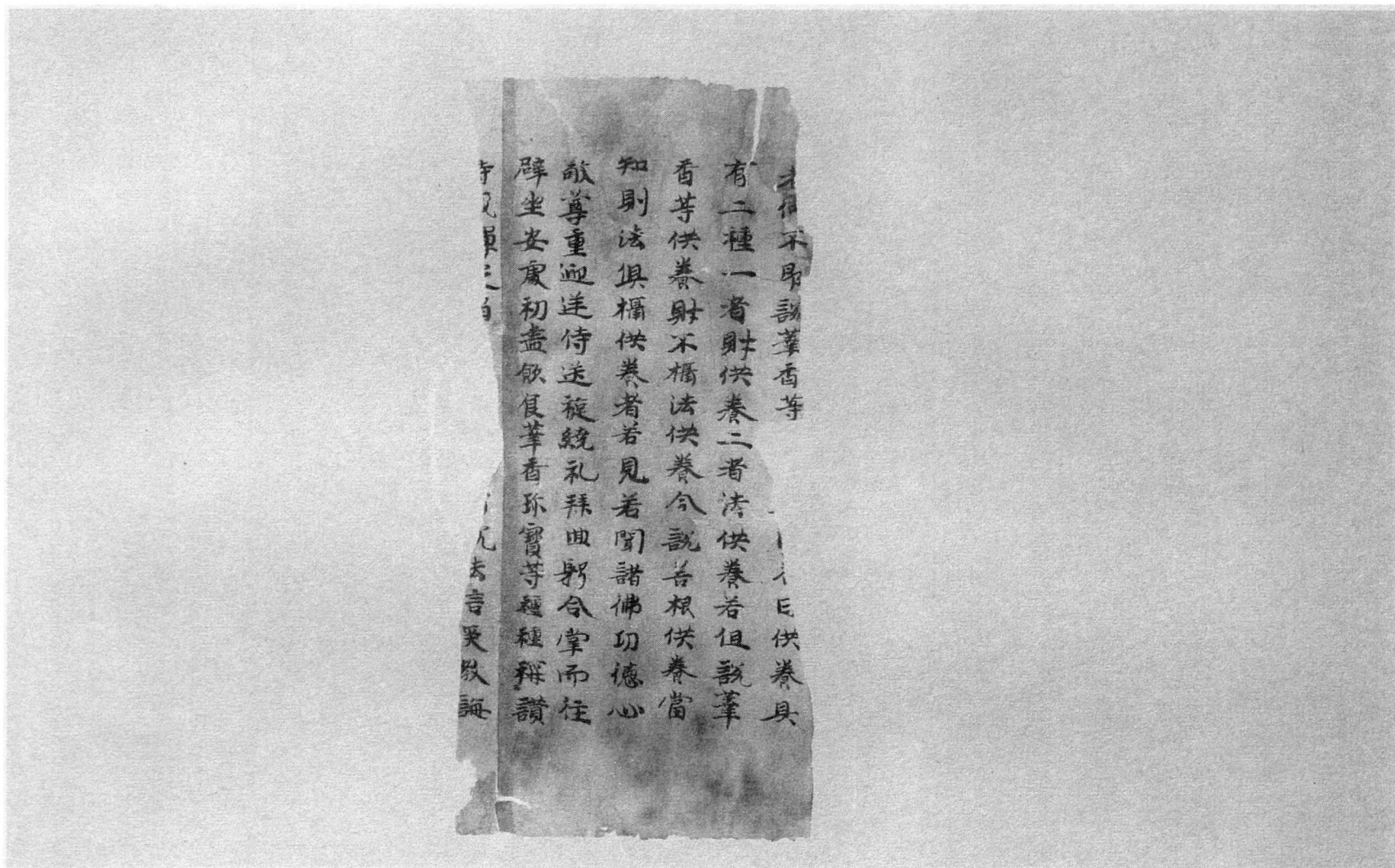

BD10758號　大智度論卷三〇　　　　　　　　　　　　　　　　　　（1-1）

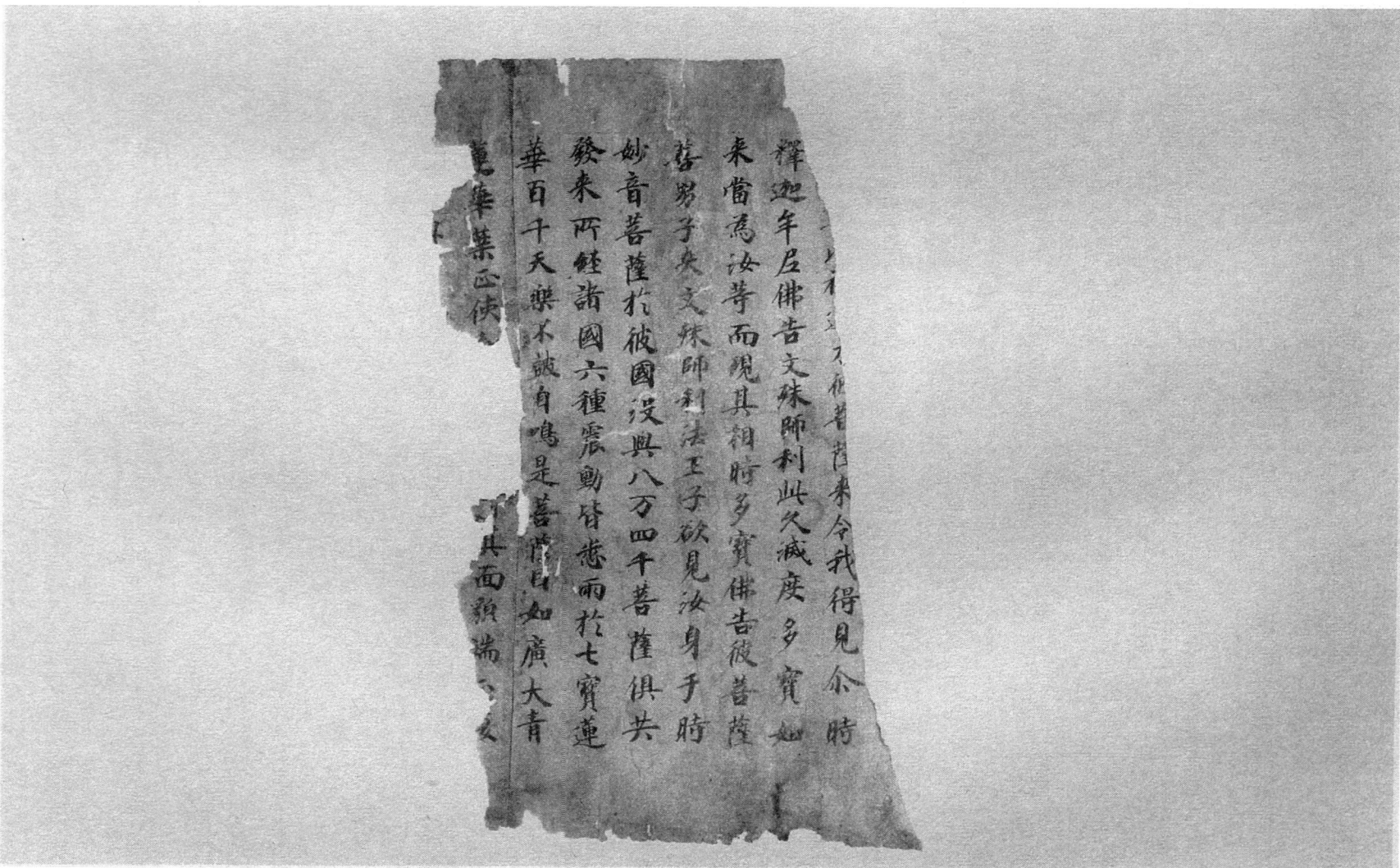

BD10759號　妙法蓮華經卷七　　　　　　　　　　　　　　　　　　（1-1）

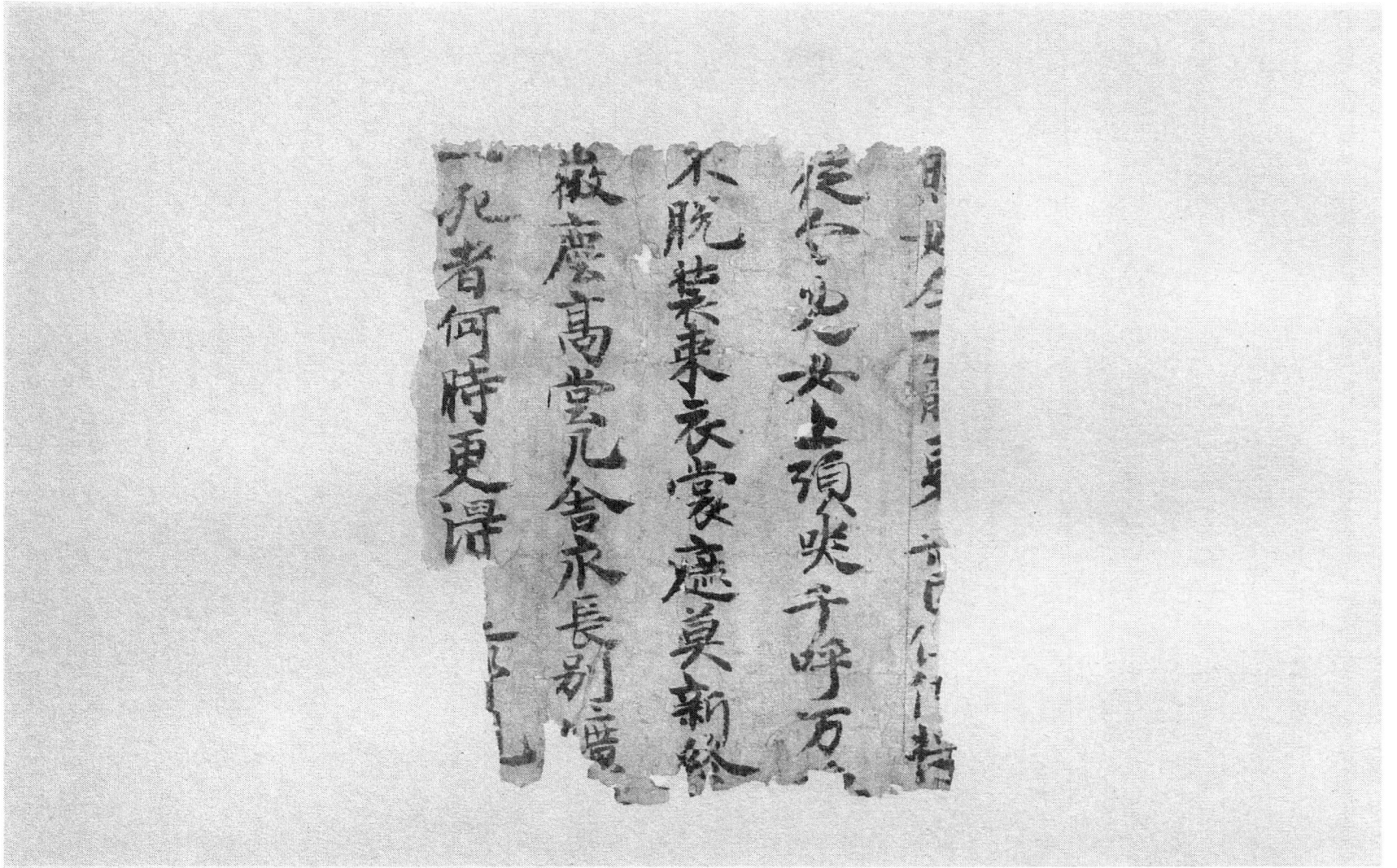

BD10760 號　待考佛教殘片（擬）　　　　　　　　　　　　　（1–1）

BD10760 號背　雜寫　　　　　　　　　　　　　　　　　　（1–1）

BD10761號　金光明經卷四　　　　　　　　　　　　　　　　　　　　　　　　　　（1-1）

BD10761號背　藏文文獻殘片（擬）　　　　　　　　　　　　　　　　　　　　　（1-1）

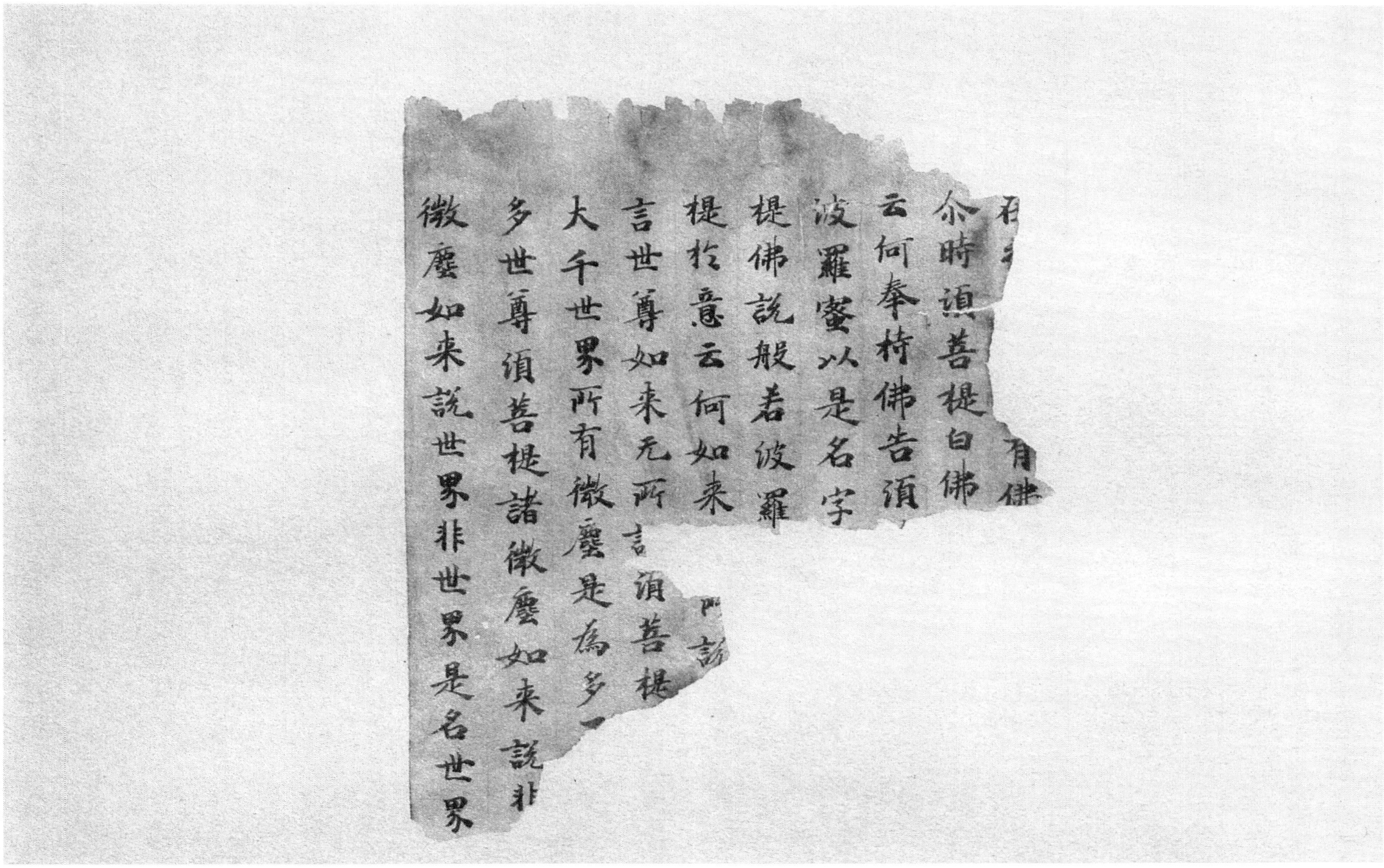

尒時須菩提白佛
云何奉持佛告須
波羅蜜以是名字
提佛說般若波羅
提於意云何如來
言世尊如來无所言須菩提
大千世界所有微塵是為多
多世尊須菩提諸微塵如來說非
微塵如來說世界非世界是名世界

BD10762 號　金剛般若波羅蜜經　　　　　　　　　　　　　　　　　　　　　　　　（1-1）

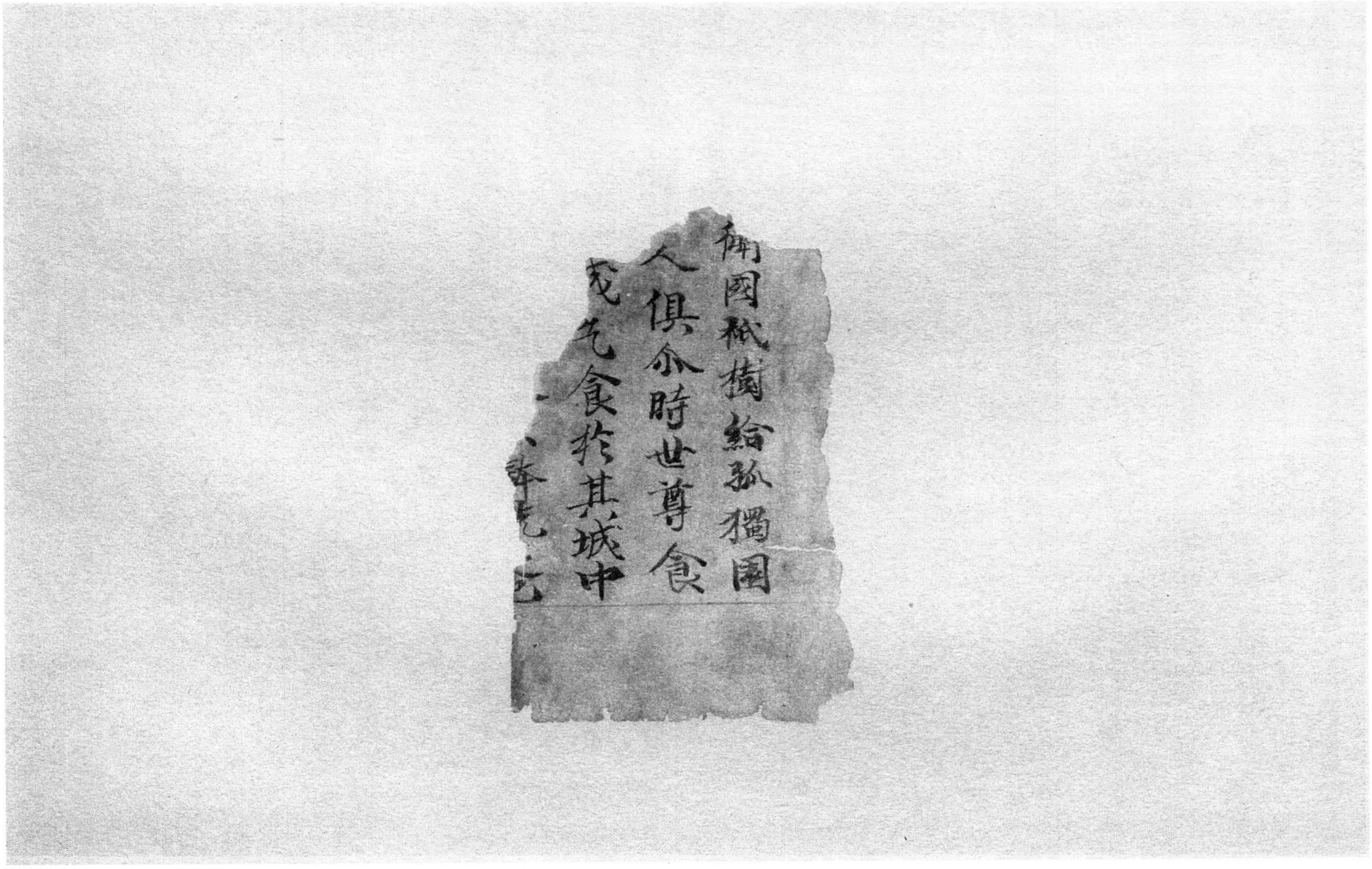

衛國祇樹給孤獨園
人俱尒時世尊食
乞食於其城中

BD10763 號　金剛般若波羅蜜經　　　　　　　　　　　　　　　　　　　　　　　　（1-1）

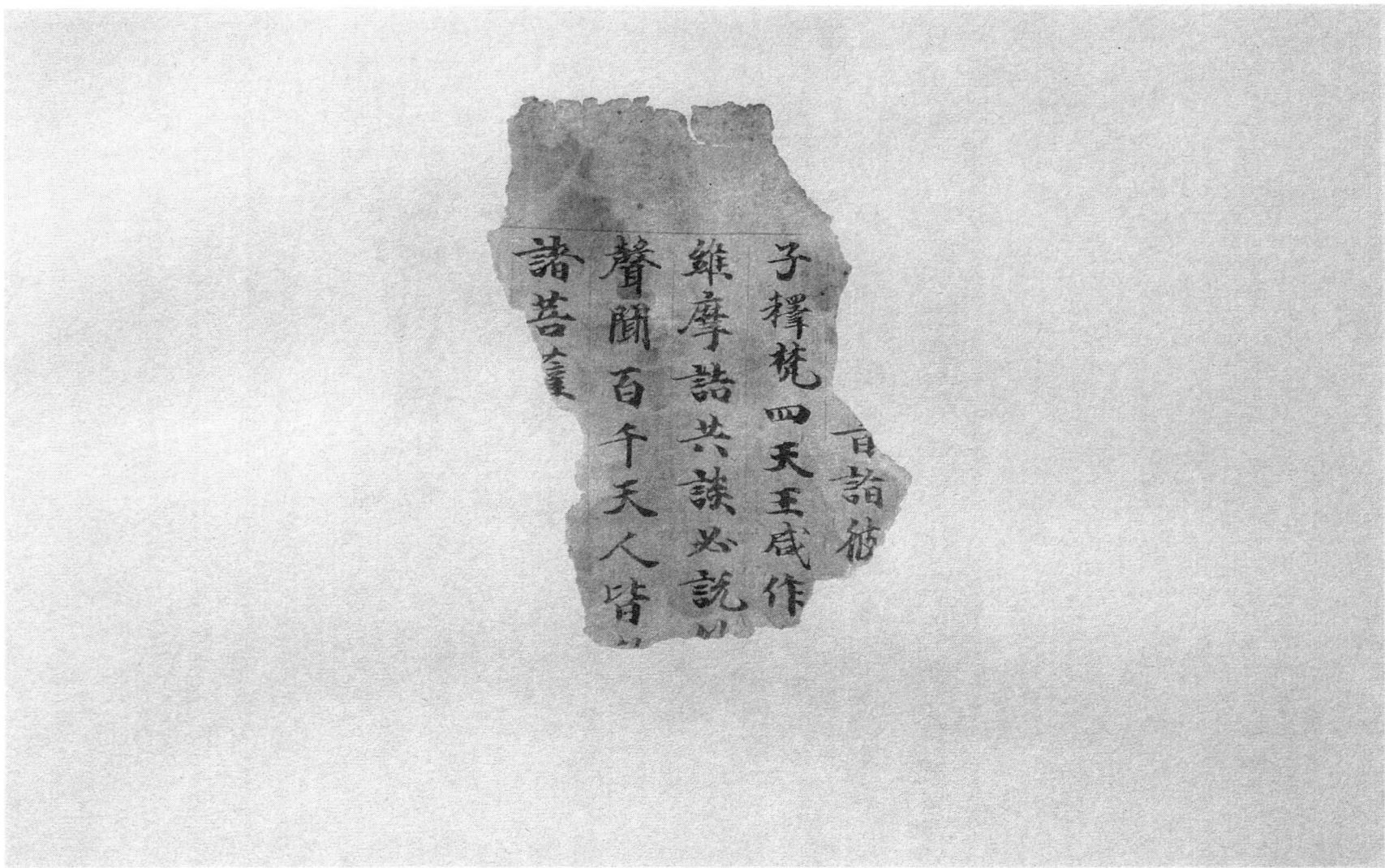

BD10764 號　維摩詰所說經卷中　　　　　　　　　　　　　　　　　　（1-1）

BD10765 號　天地八陽神咒經　　　　　　　　　　　　　　　　　　　（1-1）

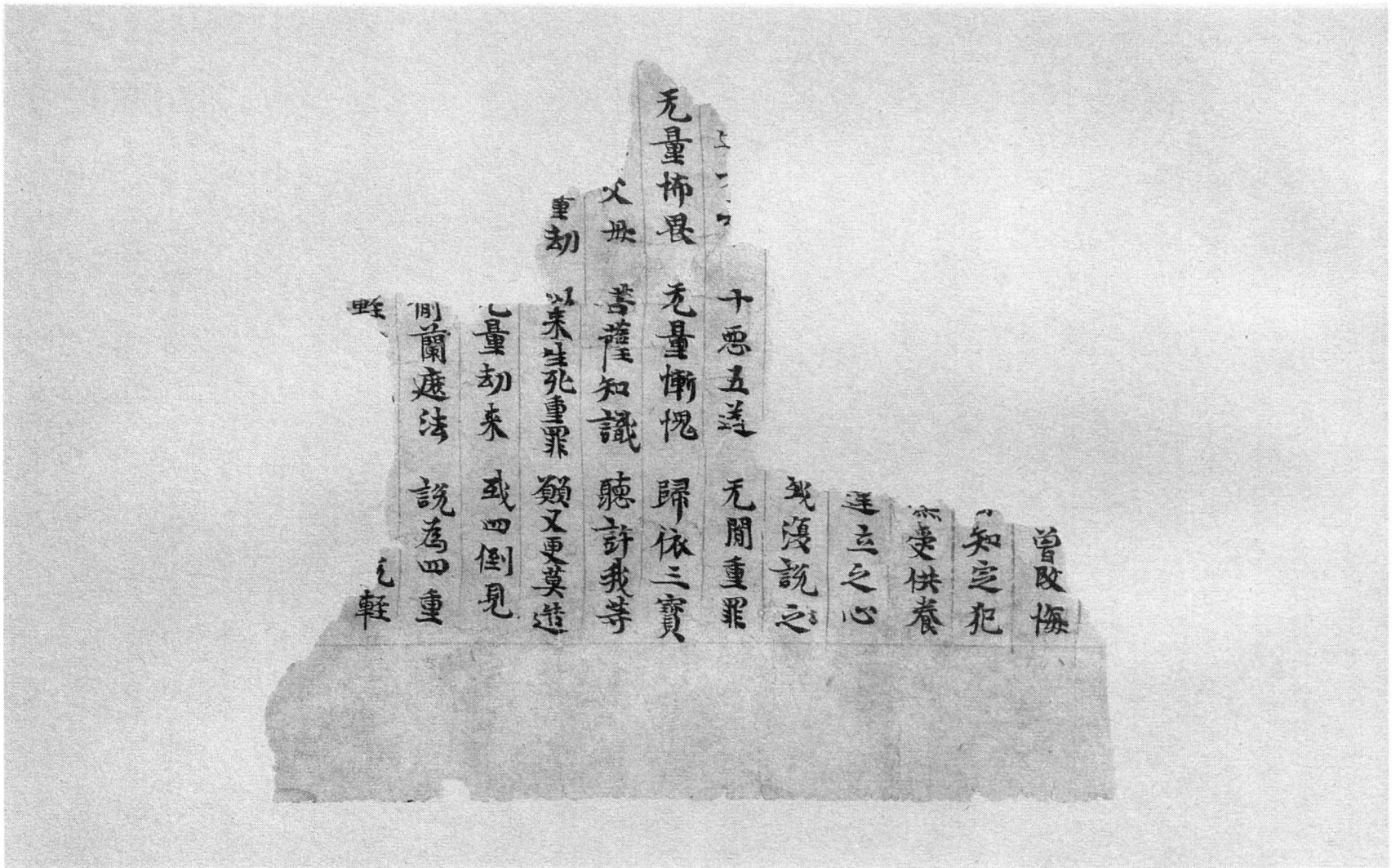

无量怖畏
重劫　父母　无量慚愧　十惡五逆
曾改悔
上…了
以來生死重罪　菩薩知識　歸依三寶　无間重罪
不知定犯
眠　開蘭遮法　无量劫來　頭又更莫造　聽許我等　我受供養　蓮立之心
无輕　說爲四重　或四倒見

BD10766 號　大通方廣懺悔滅罪莊嚴成佛經卷下　　　　　　　　　　（1-1）

菩薩之行令普示　指中廣行大供養　我不違皆於彼意　開演普賢諸行者　與彼行行願爲一　願得與之常相随　盡未來劫行此行　随順衆生轉彼　競善…　惡趣　經受…
爲淨普賢　盡未來劫　佛子圍遶

BD10767 號　普賢菩薩行願王經　　　　　　　　　　（1-1）

137

BD10768號　待考佛教殘片（擬）　　　　　　　　　　　　　　（1-1）

BD10769號　待考佛教殘片（擬）　　　　　　　　　　　　　　（1-1）

BD10770 號　觀無量壽佛經 （1-1）

BD10771 號　待考佛經殘片（擬） （1-1）

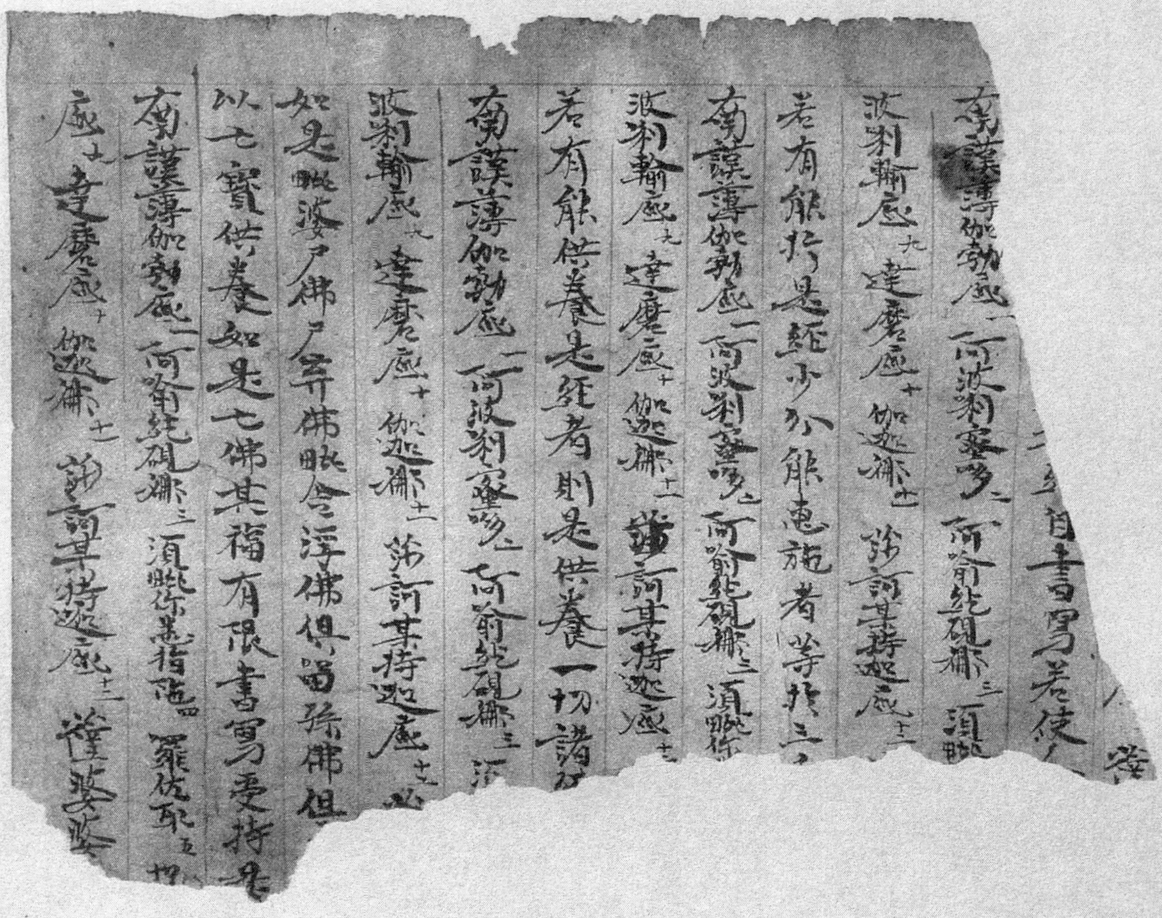

……自書寫若使人……
南謨薄伽勃底一阿波唎蜜多二阿喻紇硯那三須毗……
波唎輸底九達磨底十伽迦那十一莎訶某持遮底十二……
若有能於是經少分能惠施者等於三……
南謨薄伽勃底一阿波唎蜜多二阿喻紇硯那三須毗你……
波唎輸底九達磨底十伽迦那十一莎訶某持遮底十二……
若有能供養是經者則是供養一切諸經……
南謨薄伽勃底一阿波唎蜜多二阿喻紇硯那三須……
波唎輸底九達磨底十伽迦那十一莎訶某持遮底十二必……
如是毗婆尸佛尸棄佛毗舍浮佛俱留孫佛俱……
以七寶供養如是七佛其福有限書寫受持是……
南謨薄伽勃底一阿喻紇硯那三須毗你悉指陀四囉佐耶五怛……
底九達磨底十伽迦那十一莎訶某持遮底十二婆婆……

BD10772 號　無量壽宗要經　　（1–1）

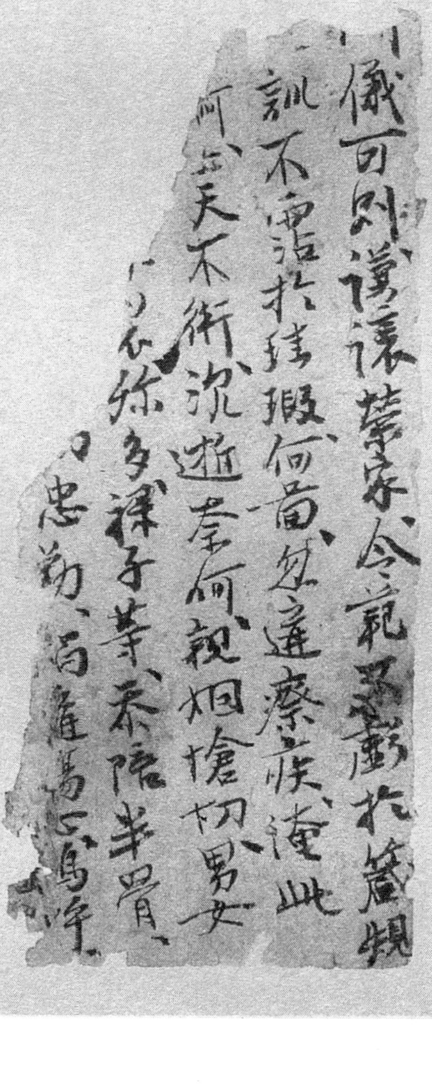

……儀可則、謨儀榮家、今範□彰於簷蜆
……訓不霑於瑕瑕、何圖忽遘療疾、淹此
……何、□天不衍、況遊□何親、姻愴切、男女
……孫多祿子等、忝陪半胃、
……□忠勤、尚遣馬□鳥呼、

BD10773 號 A　祭文（擬）　　（1–1）

BD10773 號 A 背　某寺入破歷（擬）　　　　　　　　　　　　　（1-1）

BD10773 號 B　某寺工料雜破歷（擬）　　　　　　　　　　　　　（1-1）

BD10773 號 B 背 1　某寺殘歷（擬）

BD10773 號 B 背 2　某寺殘歷（擬）

（1-1）

BD10774 號　金光明最勝王經卷五

（1-1）

BD10775 號　妙法蓮華經卷四　　　　　　　　　　　　　　　　　　　　（1-1）

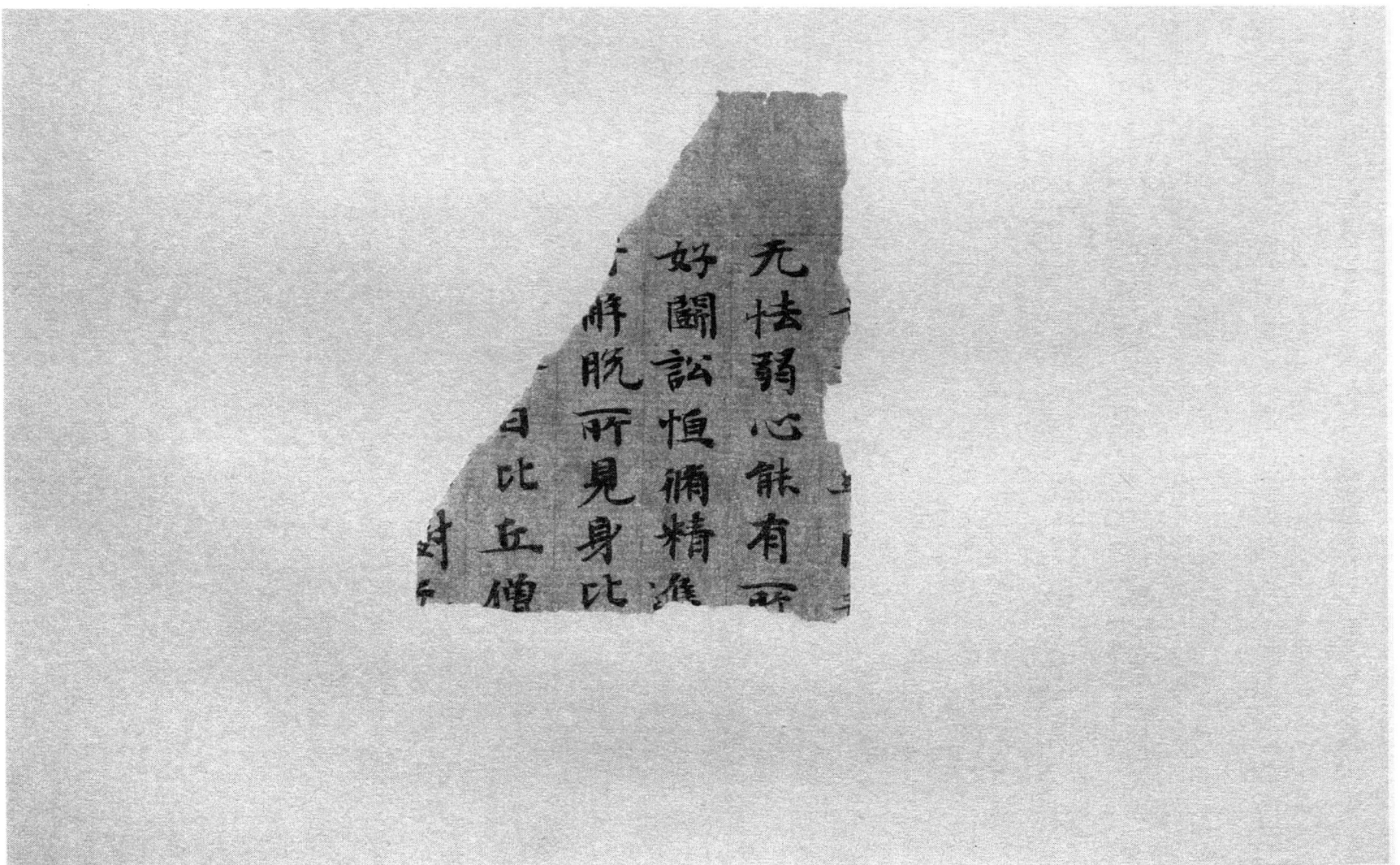

BD10776 號　增壹阿含經卷一九　　　　　　　　　　　　　　　　　　　（1-1）

BD10777 號　優婆塞戒經卷五　　　　　　　　　　　　　　　　　　　　　　　　（1-1）

BD10778 號　大般涅槃經（北本）卷三　　　　　　　　　　　　　　　　　　　（1-1）

BD10779號　待考佛教文獻殘片（擬）　　　　　　　　　　　　　　　　　　（1–1）

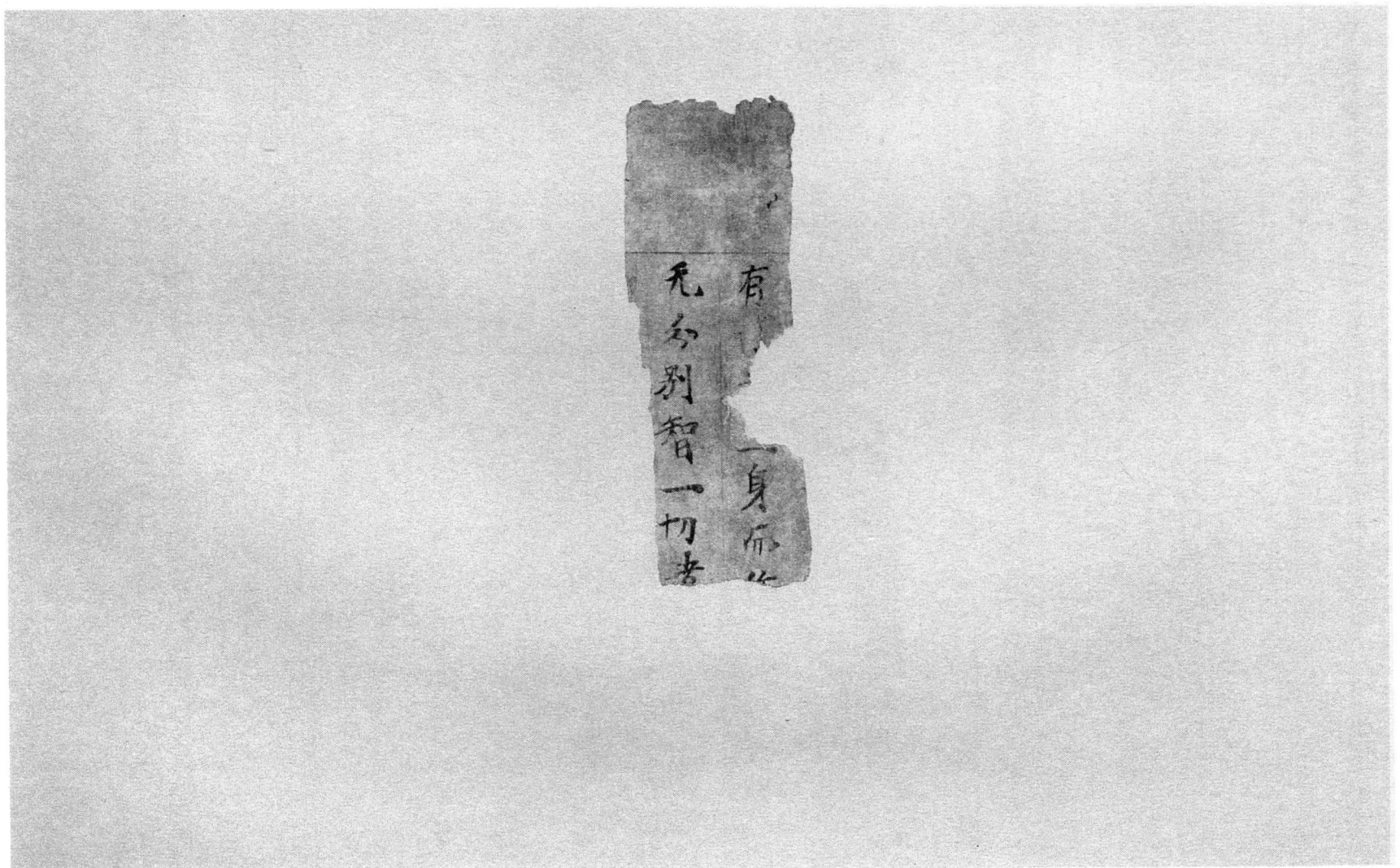

BD10780號　合部金光明經卷一　　　　　　　　　　　　　　　　　　　　（1–1）

BD10781 號　妙法蓮華經卷三　　　　　　　　　　　　　　　　　　　　　　　　（1-1）

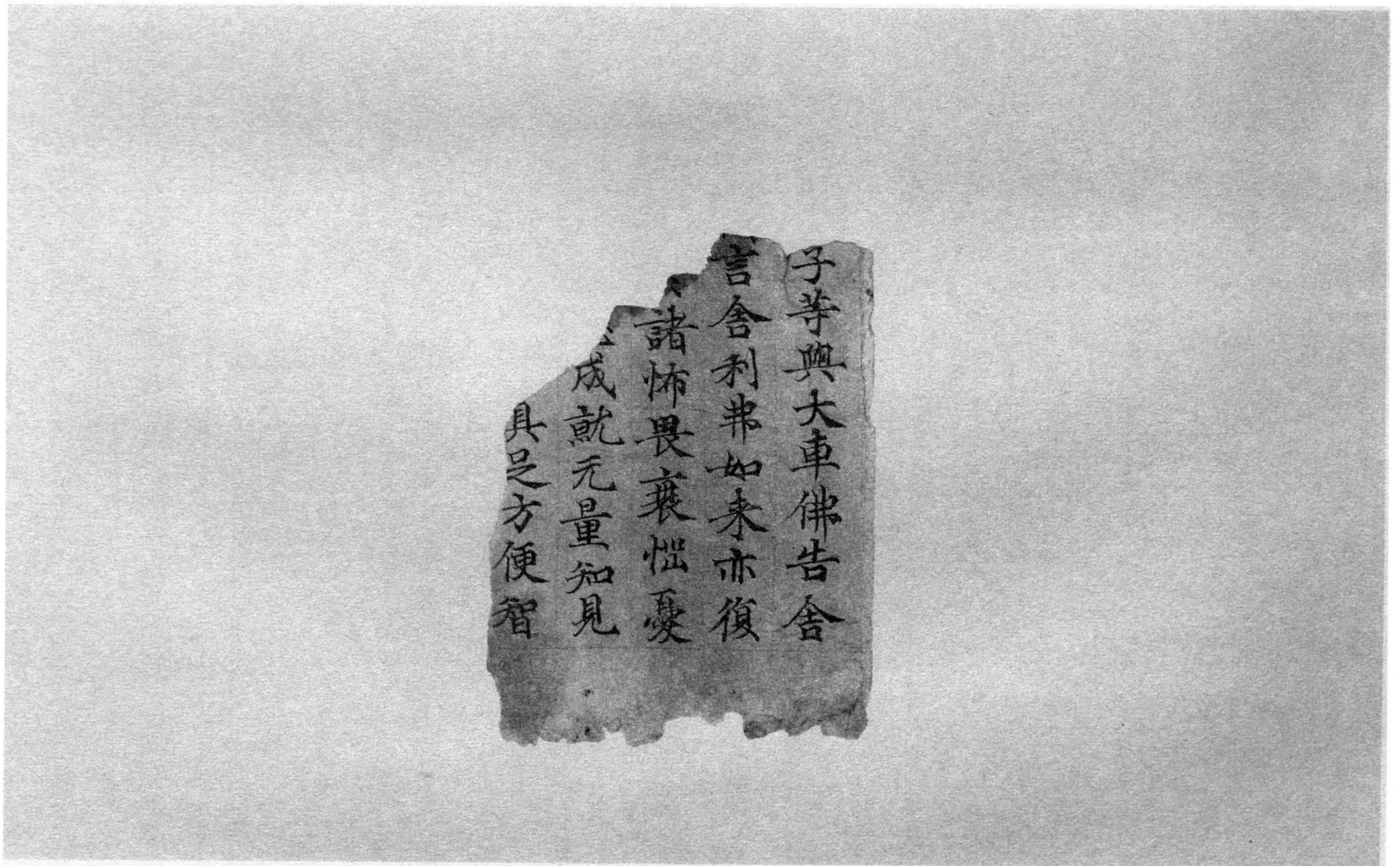

BD10782 號　妙法蓮華經卷二　　　　　　　　　　　　　　　　　　　　　　　　（1-1）

BD10783 號　大方等陀羅尼經卷二　　　　　　　　　　　　　　　　　　　（1-1）

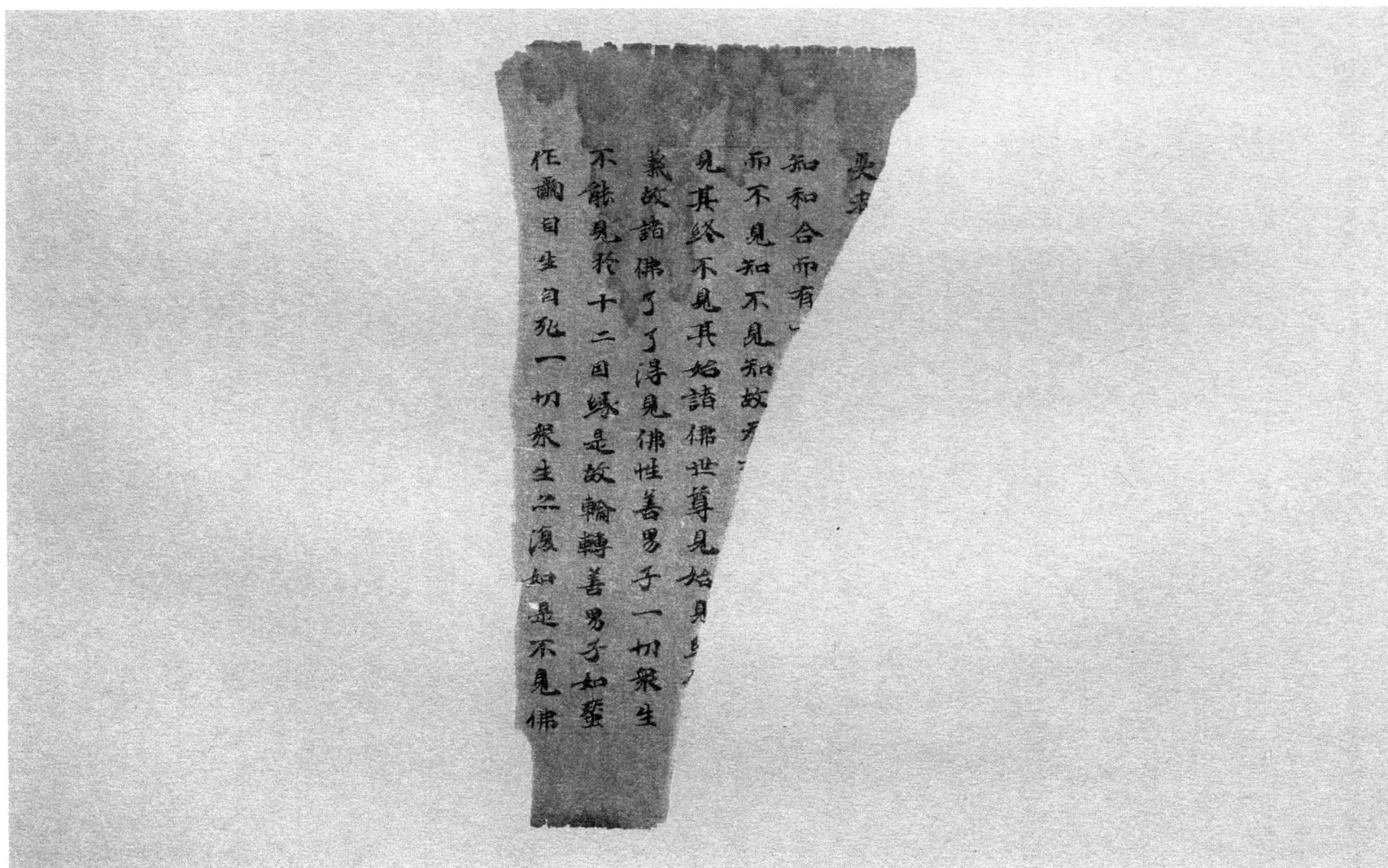

BD10784 號　大般涅槃經（北本）卷二七　　　　　　　　　　　　　　　（1-1）

BD10785 號　法鏡借龍興寺藏本手帖（擬）　　　　　　　　　　　　　　　　（1-1）

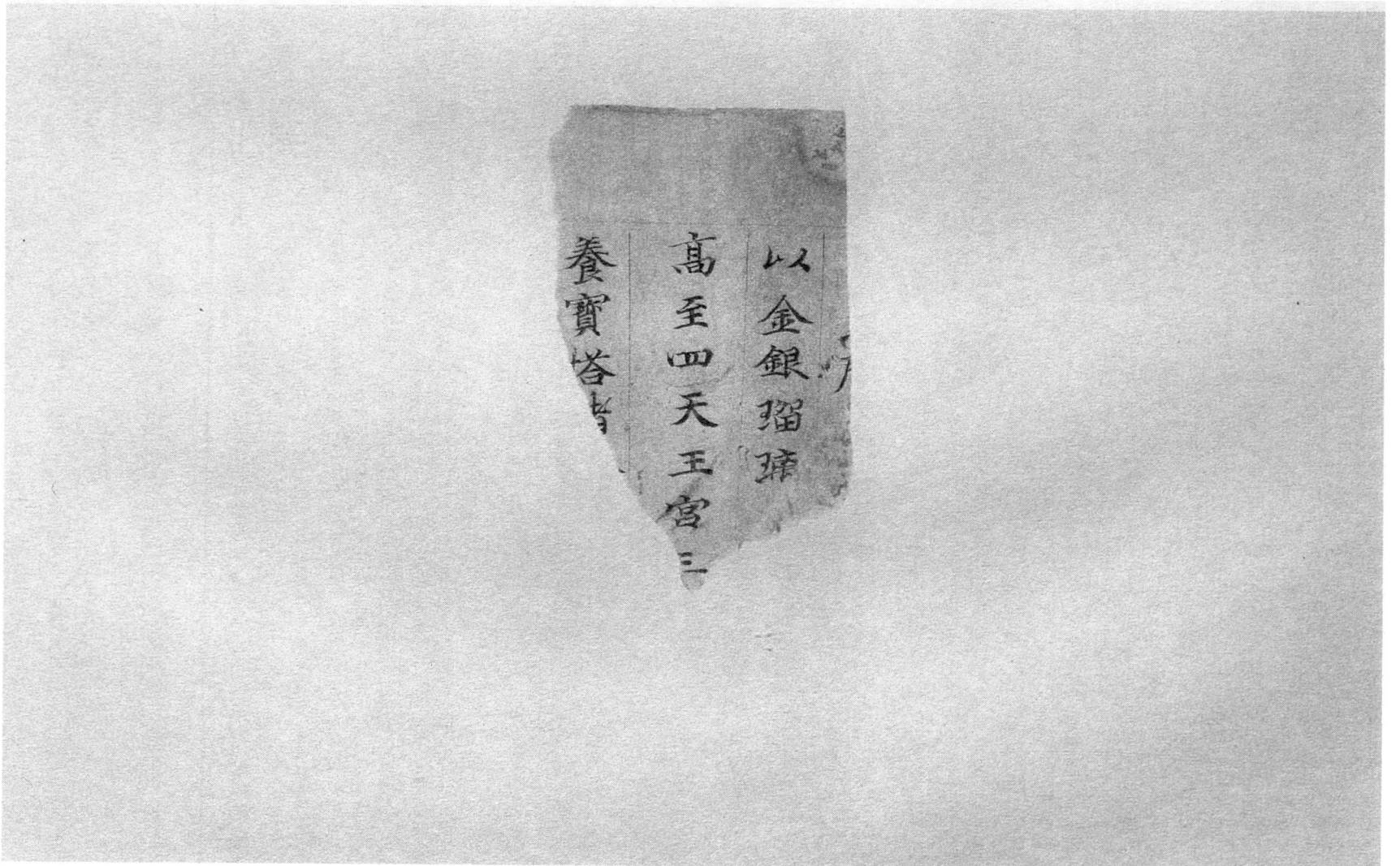

BD10786 號　妙法蓮華經卷四　　　　　　　　　　　　　　　　　　　　（1-1）

BD10786號背　藏文文獻（擬）　　　　　　　　　　　　　　　　　　　　（1-1）

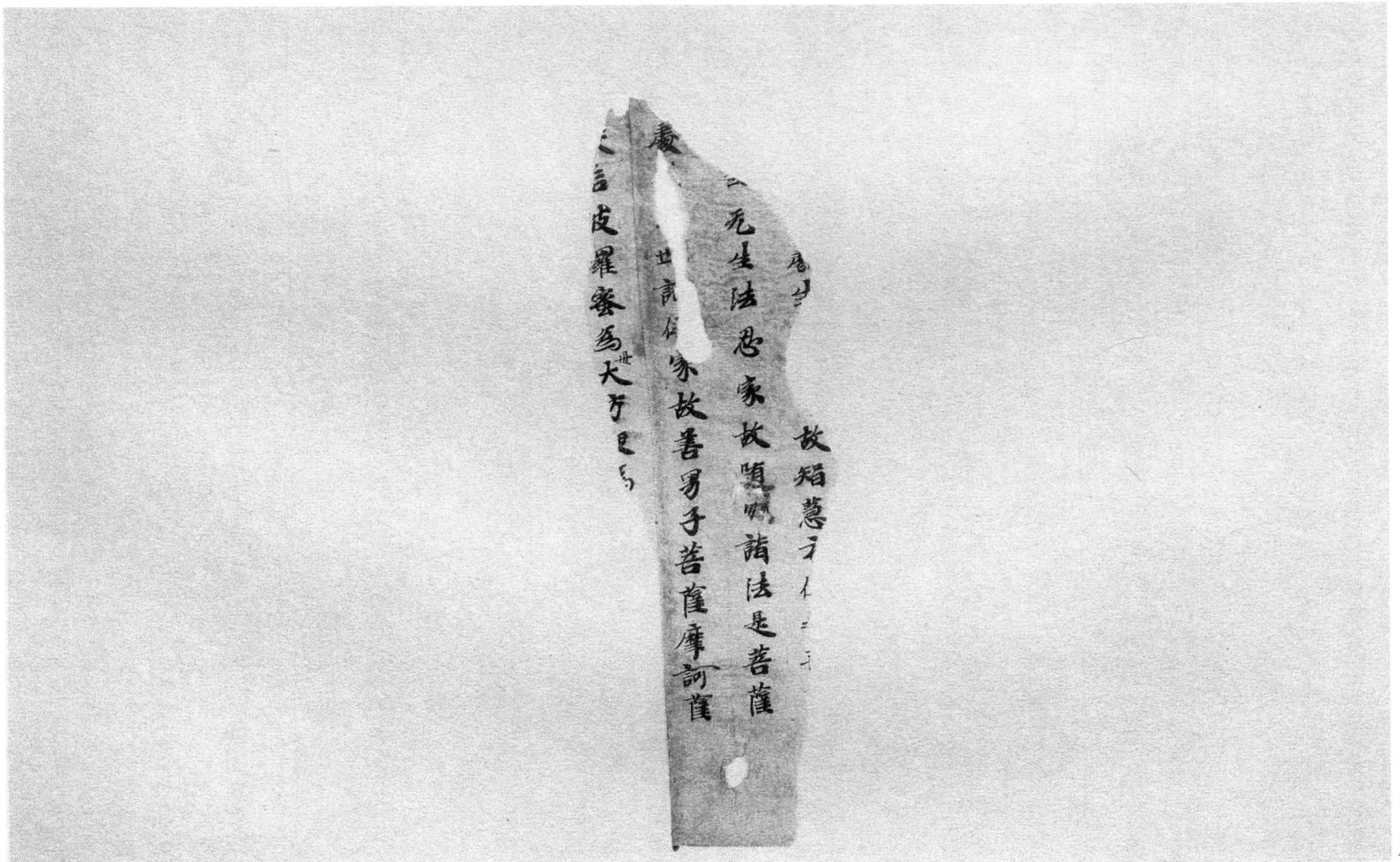

BD10787號　大方廣佛華嚴經（晉譯五十卷本）卷五〇　　　　　　　　（1-1）

149

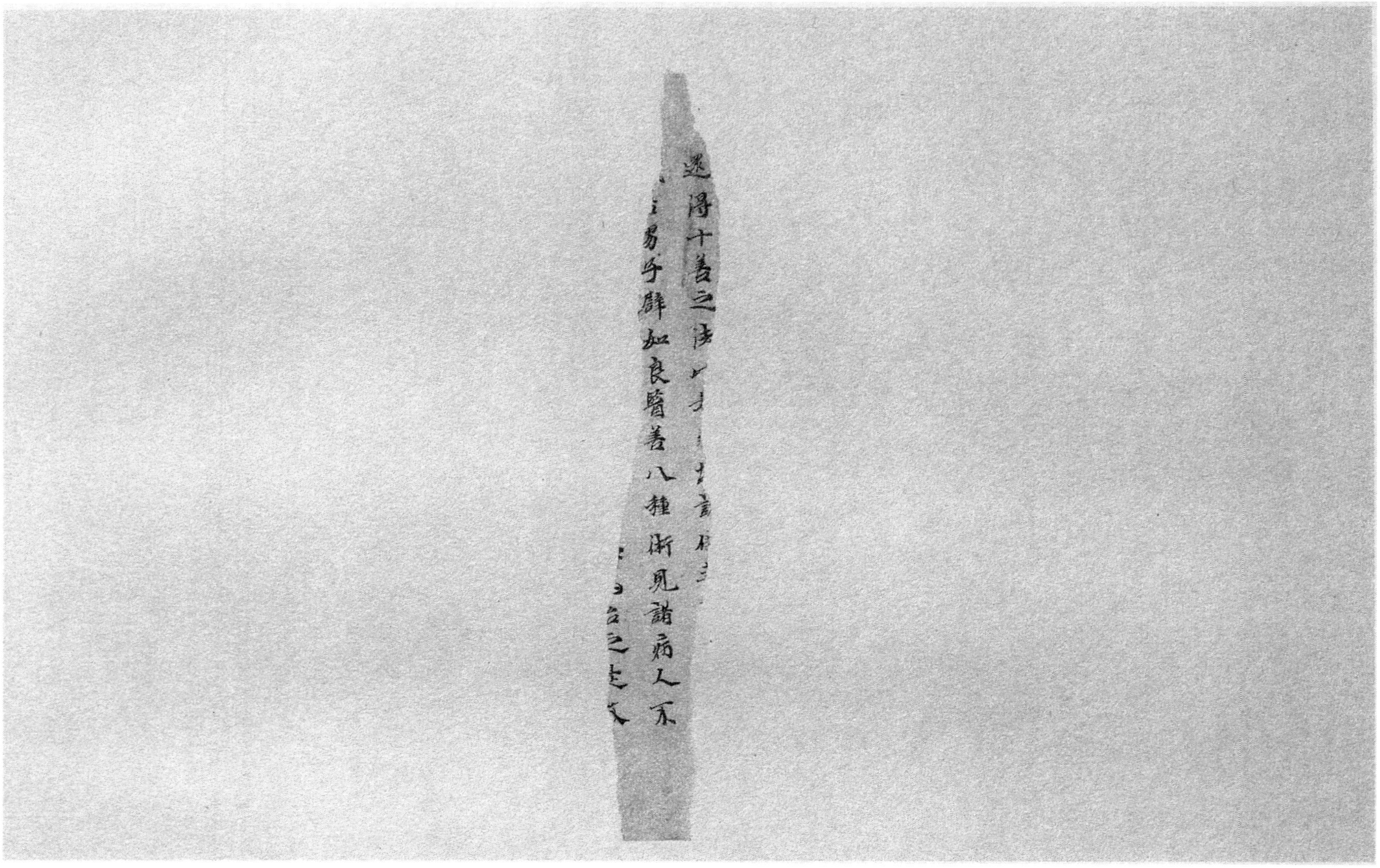

逮得十善之法⋯⋯
⋯⋯更易子群如良醫善八種術見諸病人不⋯⋯

BD10788 號　大般涅槃經（北本）卷二五　　　　　　　　　　　　　　　　　（1-1）

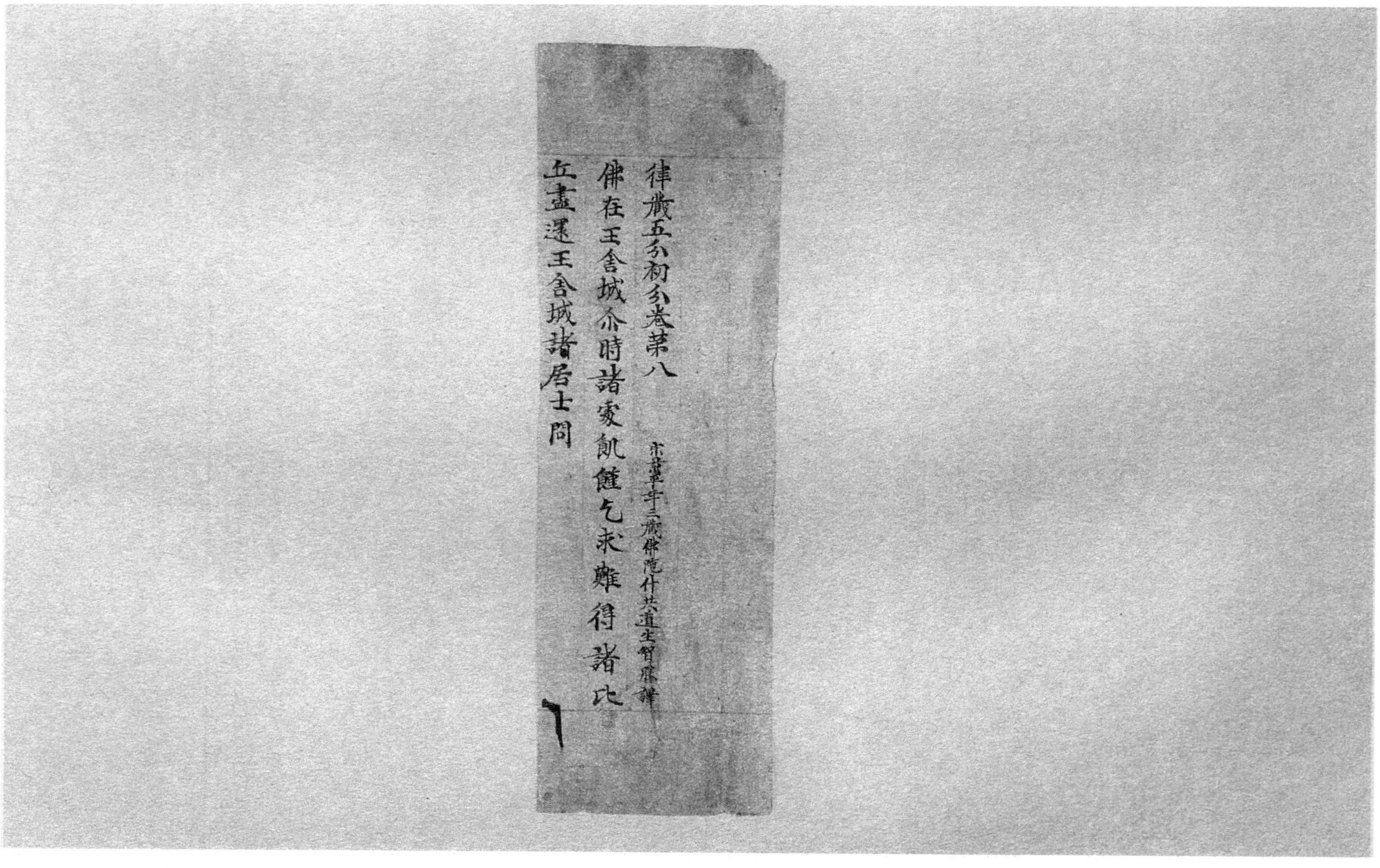

律藏五分初分卷第八　宋罽賓三藏佛陀什共道生智勝譯
佛在王舍城亦時諸愛飢饉乞求難得諸比
丘盡還王舍城諸居士問

BD10789 號　彌沙塞部和醯五分律（宮本）卷七　　　　　　　　　　　　　（1-1）

BD10790 號　禮懺文殘片（擬）　　　　　　　　　　　　　　（1-1）

BD10791 號　魘蠱術殘片（擬）　　　　　　　　　　　　　　（1-1）

BD10792 號　諸雜字（擬）　　　　　　　　　　　　　　　　　　　　　　　　（1-1）

BD10793 號　經袂殘片（擬）　　　　　　　　　　　　　　　　　　　　　　　（1-1）

BD10794 號　大般涅槃經（北本）卷三八　　　　　　　　　　　　　　（1–1）

BD10795 號　維摩詰所說經卷下　　　　　　　　　　　　　　（1–1）

BD10796 號　大般涅槃經（北本）卷一〇　　　　　　　　　　　　　　　　　　（1-1）

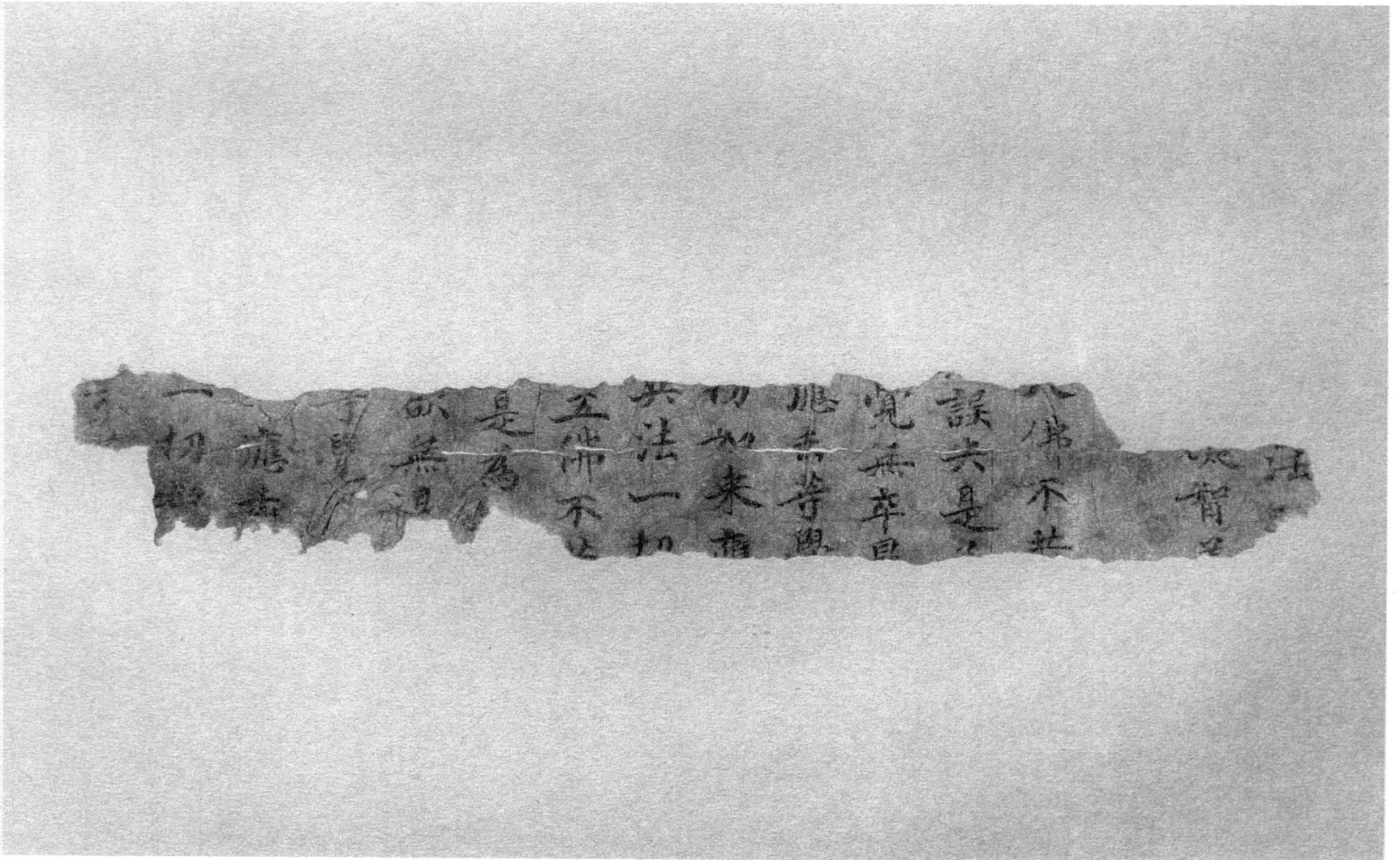

BD10797 號 A　大般若波羅蜜多經卷三八一　　　　　　　　　　　　　　　　　　（1-1）

一切仏一切處一切時乃至一切益如一毛端
皆久如是 四種衆圓者雖前 五義

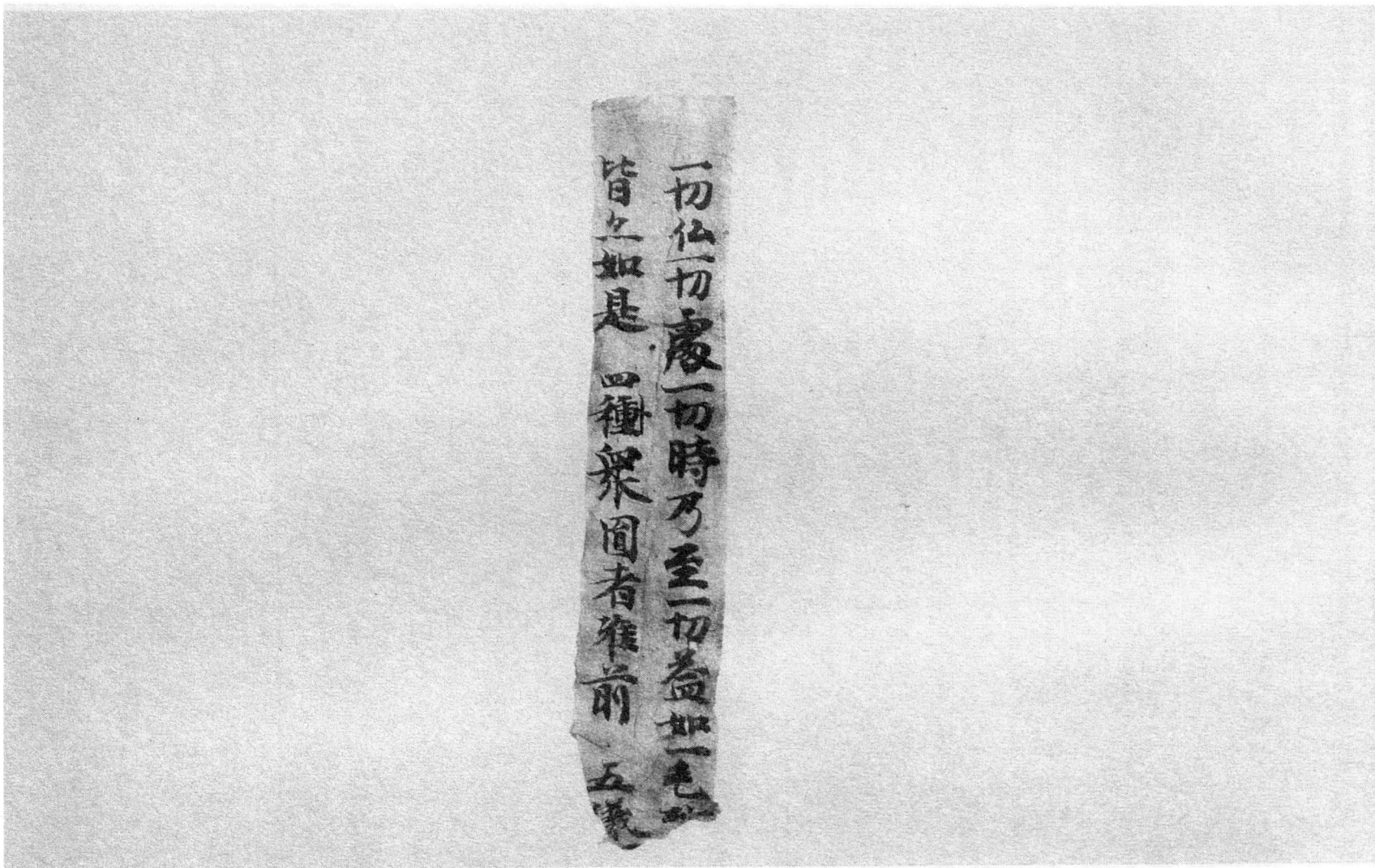

BD10797 號 B　華嚴經旨歸　　　　　　　　　　（1–1）

同 益類雖

BD10797 號 C　華嚴經旨歸　　　　　　　　　　（1–1）

155

BD10798 號　金剛般若波羅蜜經　　　　　　　　　　　　　　　　（1-1）

BD10799 號　佛頂尊勝陀羅尼經（佛陀波利本）序　　　　　　　（1-1）

BD10800 號　瑜伽師地論卷三八　　　　　　　　　　　　　　　（1-1）

BD10801 號　大般若波羅蜜多經卷四七二　　　　　　　　　　　（1-1）

BD10802 號　金剛般若波羅蜜經　　　　　　　　　　　　　　　　　　　　　　（1-1）

BD10803 號　墙上揭下某物殘片（擬）　　　　　　　　　　　　　　　　　　　（1-1）

BD10804 號　妙法蓮華經卷四　　　　　　　　　　　　　　　　　　　　　　（1-1）

BD10805 號　妙法蓮華經卷六　　　　　　　　　　　　　　　　　　　　　　（1-1）

BD10806 號　大般若波羅蜜多經卷一三一 　　　　　　　　　　　　　　　　　　（1-1）

BD10807 號　護首（某般若經） 　　　　　　　　　　　　　　　　　　　　　（1-1）

作復世明...

手脊自通去

以走元更多

恃忘不言高

怒著報奉文

科終行戰

以行待心欲

BD10808號　妙法蓮華經卷七　　　　　　　　　　　　　　（1-1）

以從緣生競名世諦不緣

執有世俗維勤終行終弊

免頻為有究竟理違而相

反經自說為了義者以

諸法守有久已

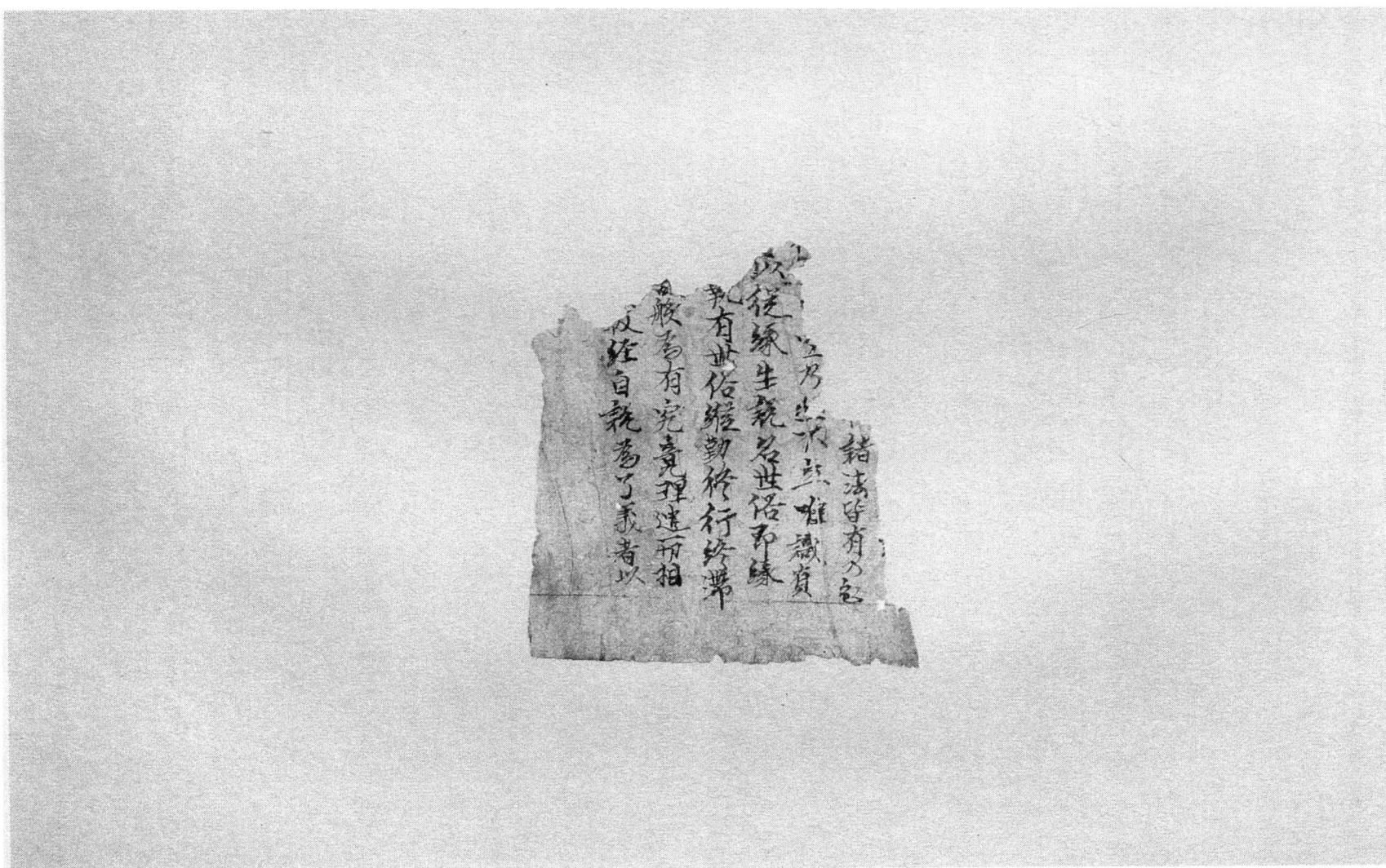

BD10809號　大乘百法明門論開宗義記　　　　　　　　　　（1-1）

BD10810 號　妙法蓮華經卷五　　　　　　　　　　　　　　　　　　　　（1-1）

BD10811 號　無量壽宗要經　　　　　　　　　　　　　　　　　　　　　（1-1）

BD10812 號　妙法蓮華經卷一　　　　　　　　　　　　　　　　　　　　（1-1）

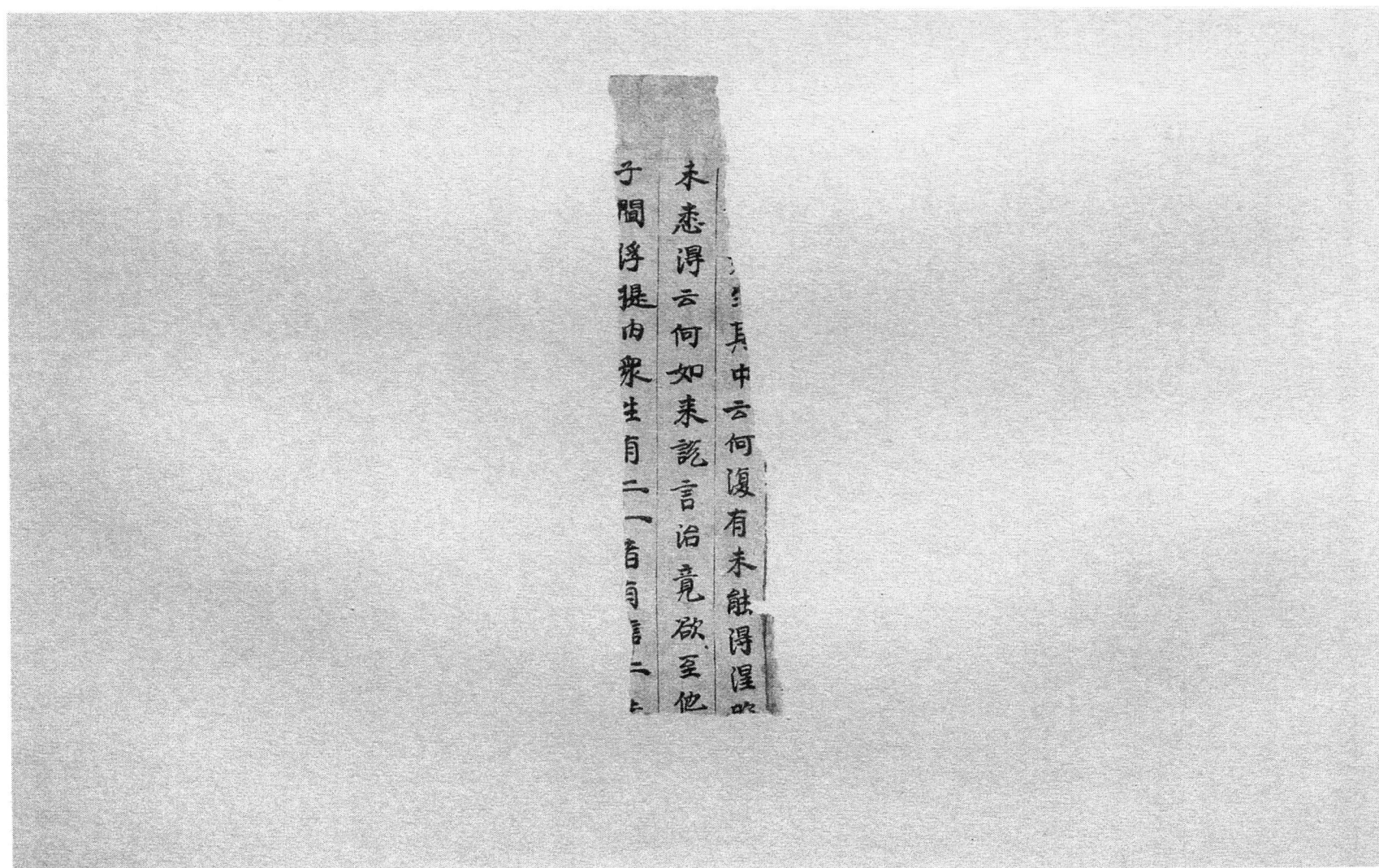

BD10813 號　大般涅槃經（北本）卷五　　　　　　　　　　　　　　（1-1）

BD10814 號　大般若波羅蜜多經卷四三九　　　　　　　　　　　　　（1-1）

BD10815 號　妙法蓮華經卷五　　　　　　　　　　　　　　　　　（1-1）

BD10816 號　遺教經論 　　　　　　　　　　　　　　　　　（1-1）

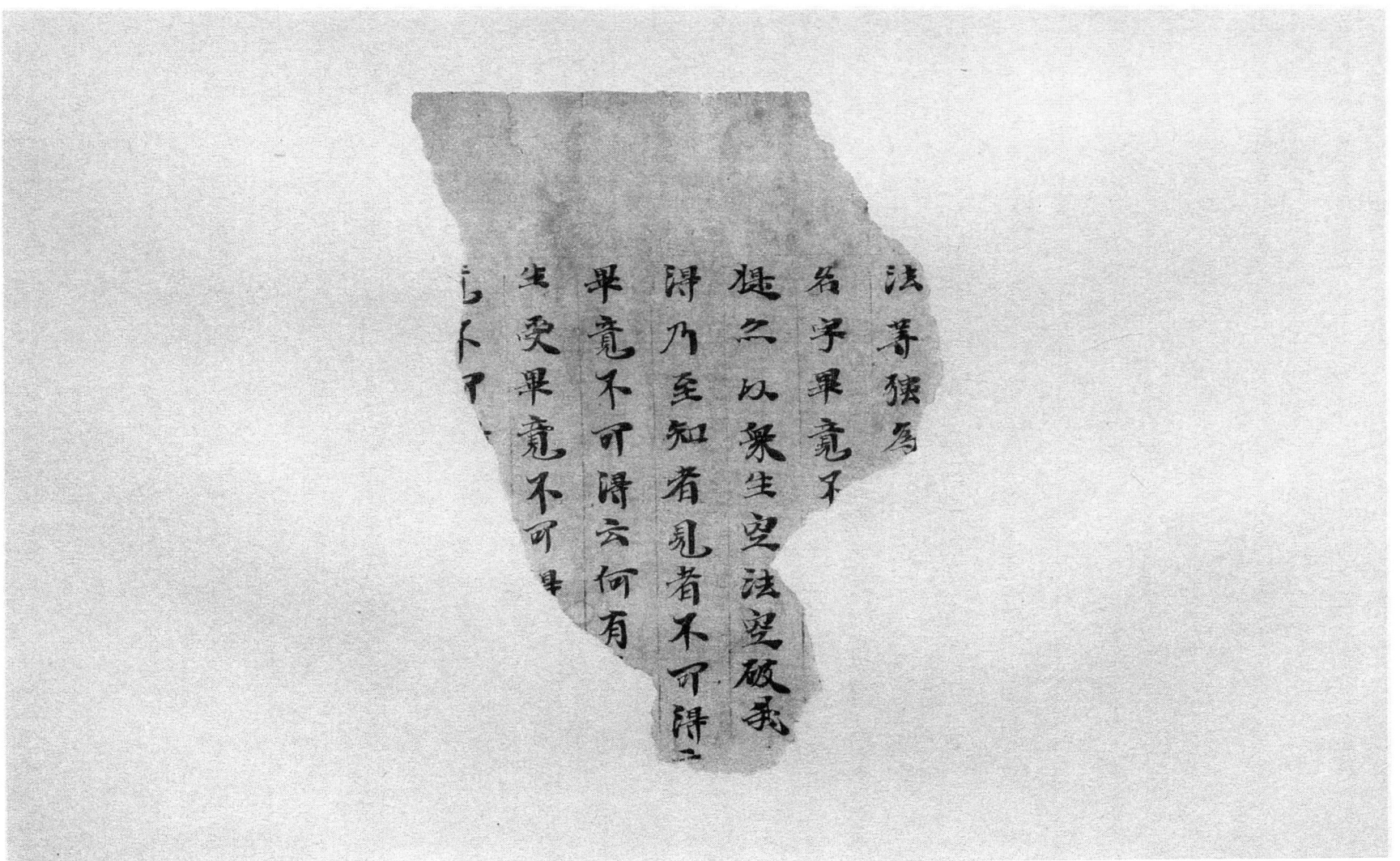

BD10817 號　大智度論卷五二 　　　　　　　　　　　　　　（1-1）

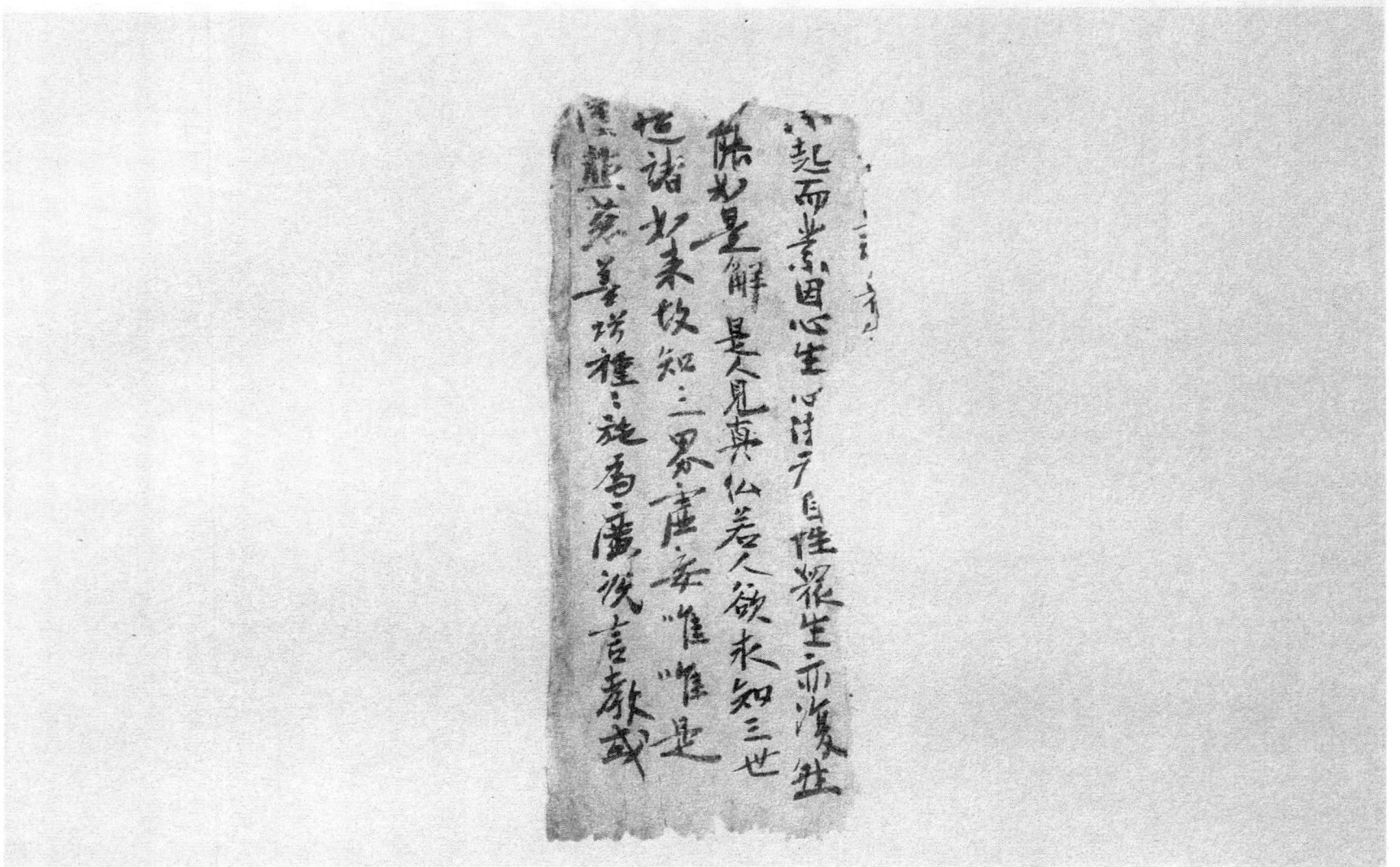

起而業因心生心付于自性眾生亦復生
依如是解 是人見真仏若人欲永知三世
世諸仏未故知三界虛妄唯唯是
薩菩薩善珼種種施屬虛沒言教威

BD10818號　禪宗殘文獻（擬）　　　　　　　　　　　　　　　（1-1）

懺悔四覆藏罪法　行此懺
我某甲比丘故畐　相讀請先
此罪僧說戒時若請淨罪
足罪僧自懺時若淨

BD10819號　僧羯磨卷中　　　　　　　　　　　　　　　　　（1-1）

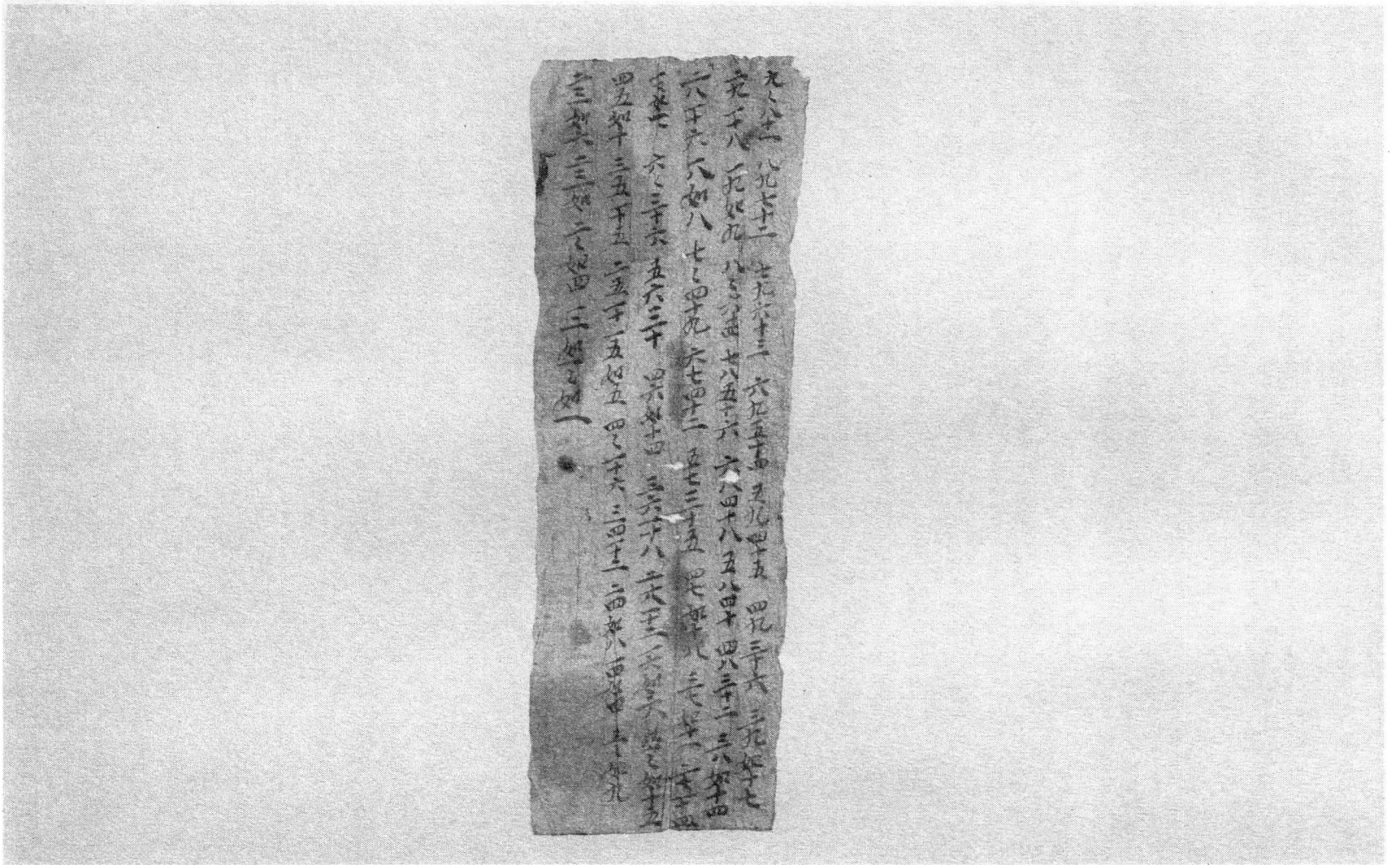

BD10820 號　九九表（擬）　　　　　　　　　　　　　　　　　　　　　　　　　　　（1-1）

BD10821 號　情書稿（擬）　　　　　　　　　　　　　　　　　　　　　　　　　　　（1-1）

BD10821 號背　雜寫　　　　　　　　　　　　　　　　　　　　　（1-1）

BD10822 號　劉子·從化第十三　　　　　　　　　　　　　　　　（1-1）

BD10822 號背　劉子·從化第十三

（1-1）

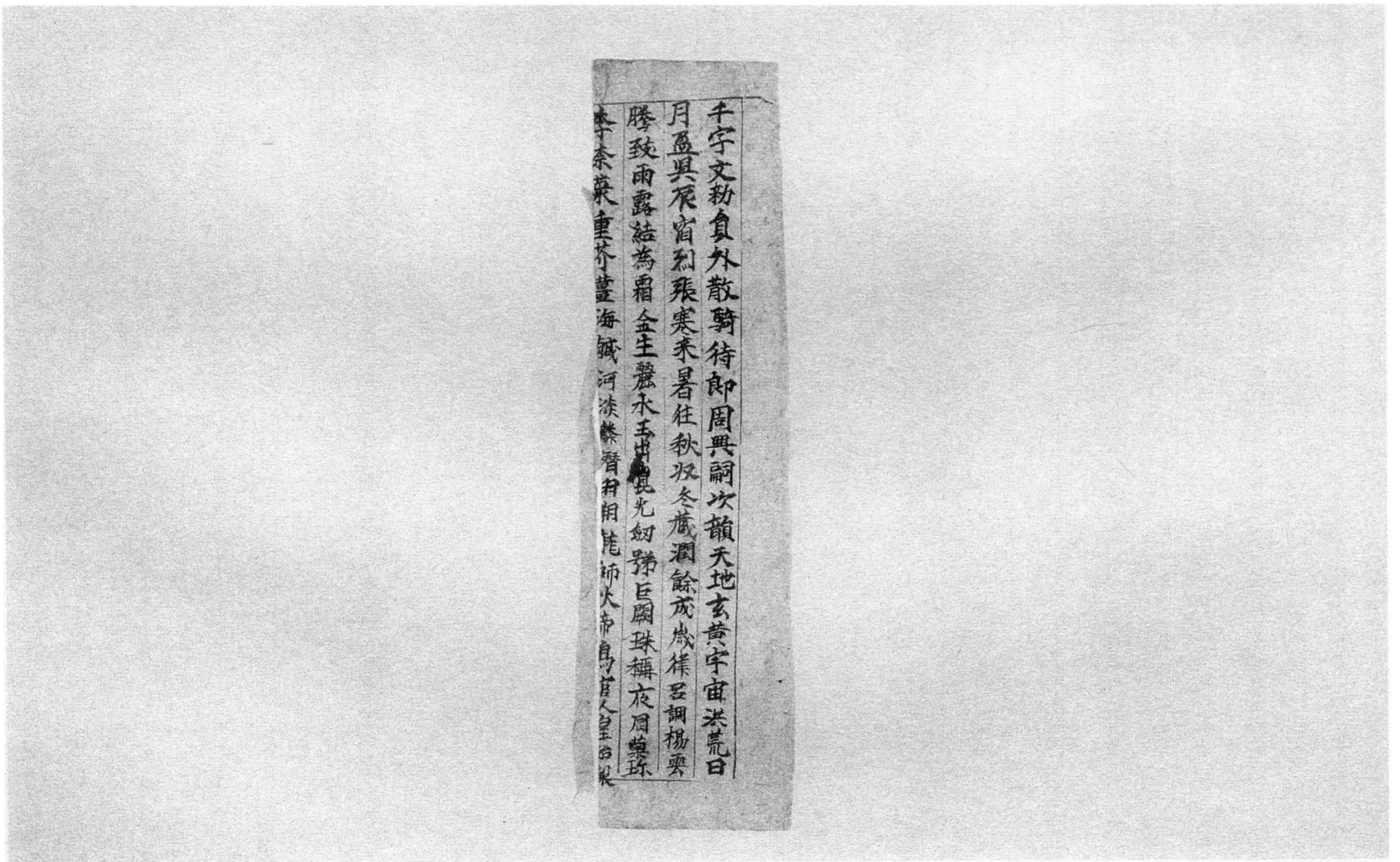

BD10823 號　千字文

（1-1）

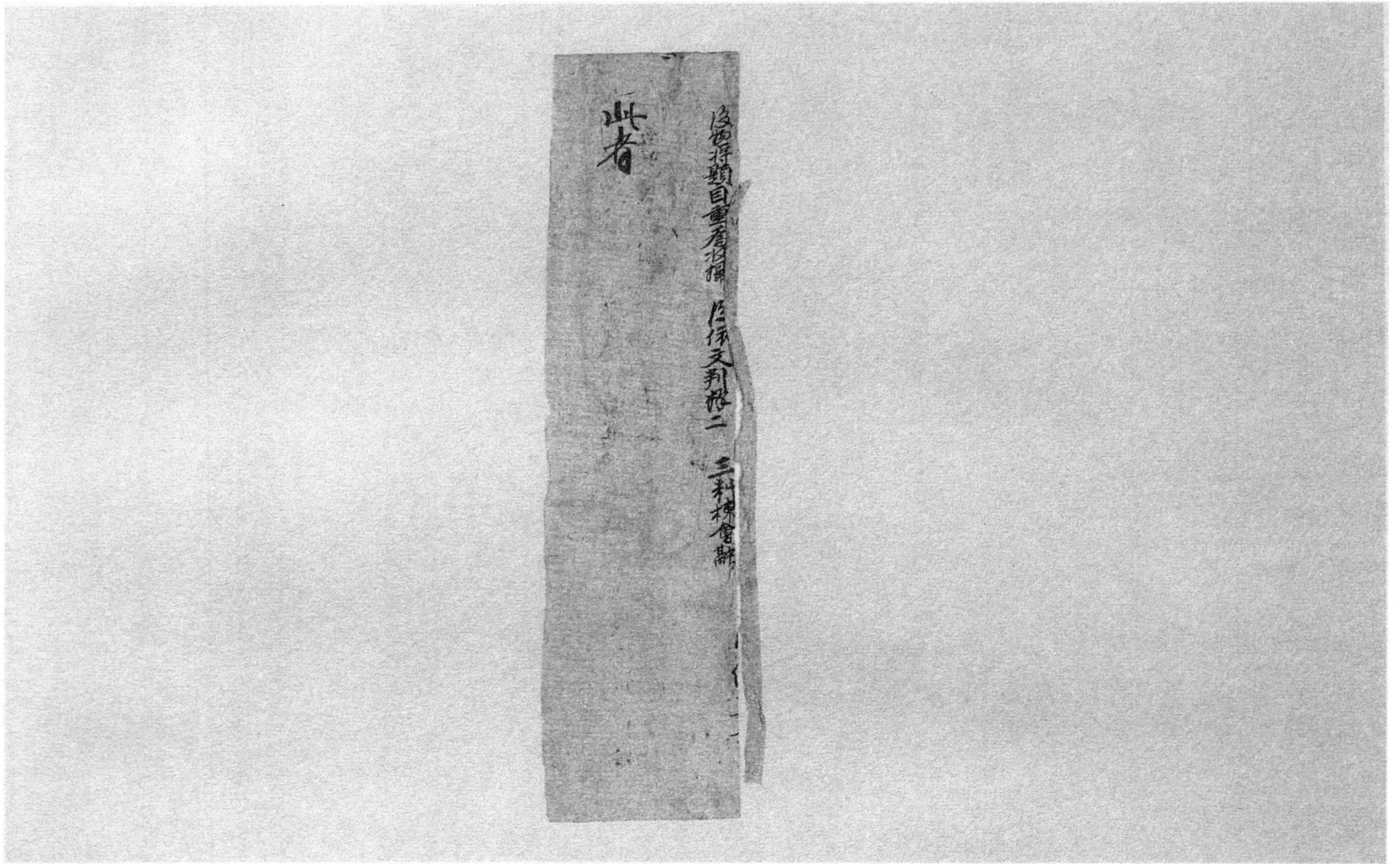

BD10823號背　經疏殘稿（擬）　　　　　　　　　　　　　　　　　　　　　　　（1-1）

BD10824號　習字雜寫（擬）　　　　　　　　　　　　　　　　　　　　　　　（1-1）

BD10825號　待考殘文（擬）　　　　　　　　　　　　　　　　　　　（1-1）

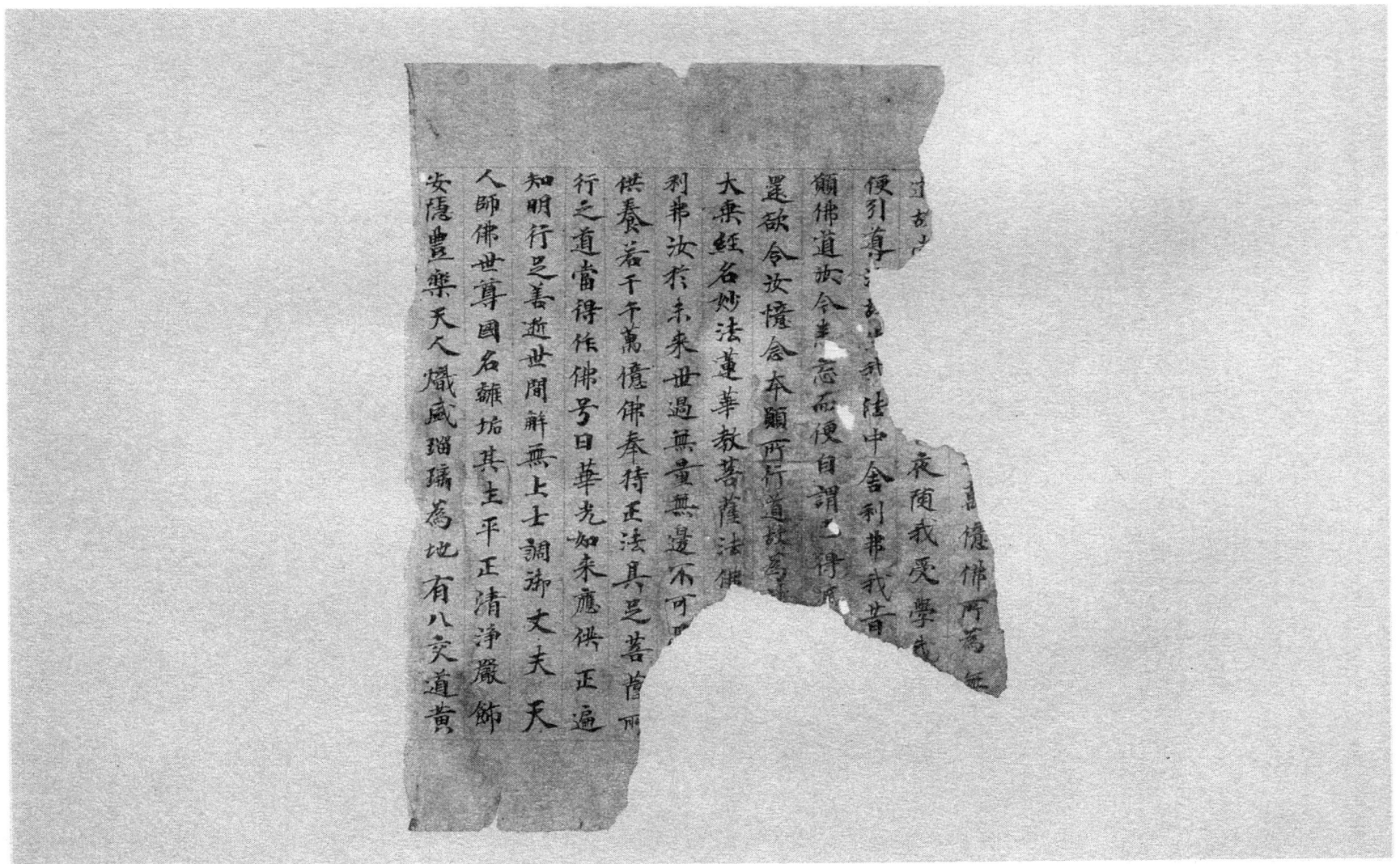

BD10826號　妙法蓮華經卷二　　　　　　　　　　　　　　　　　　　（1-1）

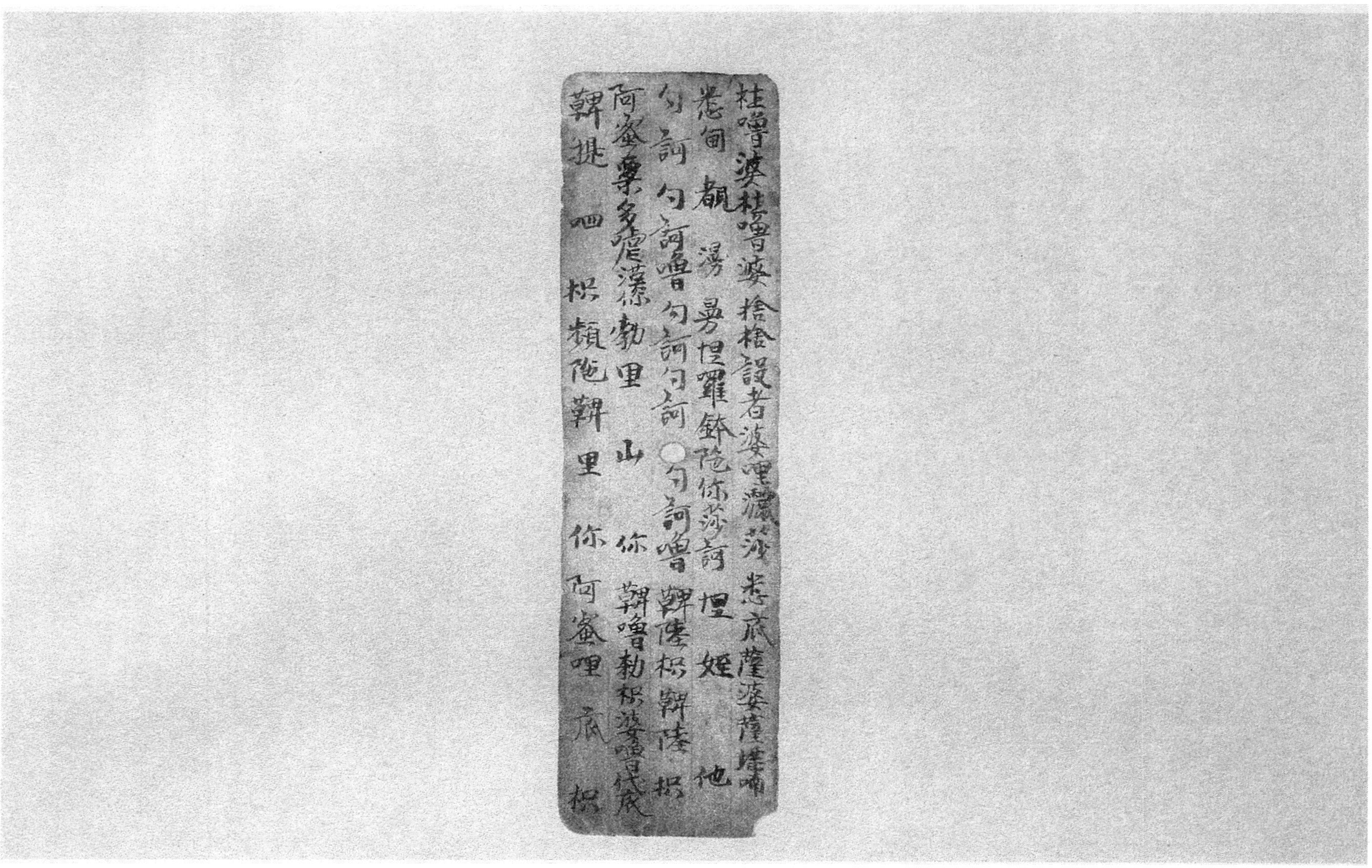
柱嚕婆柱嚕婆捨捨設者婆哩瀕莎悉底薩婆薩埵喃
悉甸覩 湯易怛囉鉢陁你莎訶 怛姪 他
句訶句訶嚕句訶句訶 句訶嚕鞞陁枳鞞陁 枳
阿蜜栗多詹藻勒里 山 你 鞞嚕勒枳婆嚕伐底
鞞提 呬 枳頻陁鞞里 你 阿蜜哩 底 枳

BD10827 號　金光明最勝王經咒語鈔（擬）　（1–1）

薄虎薄主愈 薄虎主愈 莎訶 怛姪他 室里室里你里你
蜜底蜜底 鞨哩鞨哩 貙嚕 貙嚕
貙嚕 主嚕 主嚕畔陁須莎訶 怛姪他 訶哩旃荼哩 枳
俱藍婆 楝體覩喇 死 揿吒揿吒死 室唎室唎迦
室唎迦死室唎莎 悉 底 薩婆薩埵喃 莎訶

BD10827 號背　金光照最勝王經咒語鈔（擬）　（1–1）

轉妙法輪持照法輪兩大法雨擊大法鼓故
法螺建大法幢熾大法炬為欲利益諸
衆生故常行法施誘進群迷令得大果證
樂故如是等諸佛世尊以身語意曾脩習
至心敬禮諸世尊以真實慧以真實眼真
實證明真實平等善知悲見一切衆生善
惡之業我從无始生死以來隨惡流轉
共諸衆生造業障罪為貪瞋癡之所纒縛
未識佛時未識法時未識僧時未識善惡
由身語意造无間罪惡心出佛身血誹謗正
法破和合僧煞阿羅漢殺父害母身三語四
意三種行造十惡業自作教他見作隨喜
諸善人橫生毀謗斗秤欺誑以偽為真不
淨飲食施與一切於六道中而有父母更相
惱害或盜窣堵波物四方僧物現前僧物自
用而用世尊法律不樂奉行師長教示不相
隨順見行聲聞獨覺大乘行者善生罵辱
令諸行人心生悔恨見有勝己便懷嫉妬法施
財施常生慳悋无明所覆邪見我心不脩善

BD10828 號　金光明最勝王經卷三　　　　　　　　　　　　　　　（1-1）

眚障清淨能顯法身
如是依法身故能顯
三昧清淨能顯化
身由性淨故能顯法
諸佛體無有異善男
異如如一味如如解
凡於如來是我大師
一凡應深心解了如
以是義故於諸境
以彼法無有二相
以無有二相正
曰除滅如如
得最清
門目在

BD10829 號　金光明最勝王經卷二　　　　　　　　　　　　　　　（1-1）

BD10830 號　大乘百法明門論開宗義記隨聽疏（擬）　　　　　　　　　　（1-1）

BD10831 號　大乘百法明門論開宗義記隨聽疏（擬）　　　　　　　　　　（1-1）

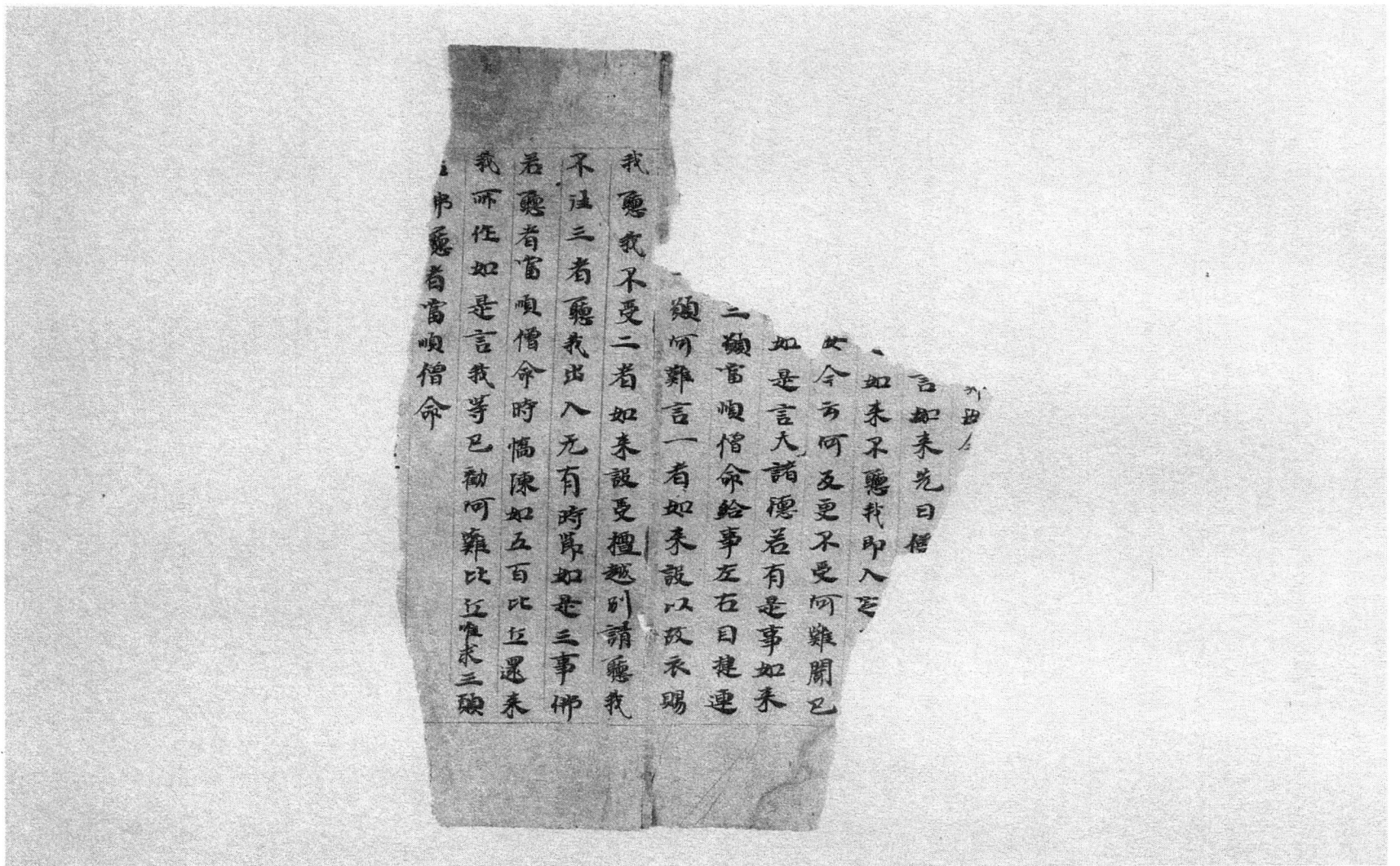

BD10832 號　大般涅槃經（北本）卷四〇　　　　　　　　　　　　　　　（1-1）

BD10833 號　大乘百法明門論開宗義記隨聽疏（擬）　　　　　　　　　　（1-1）

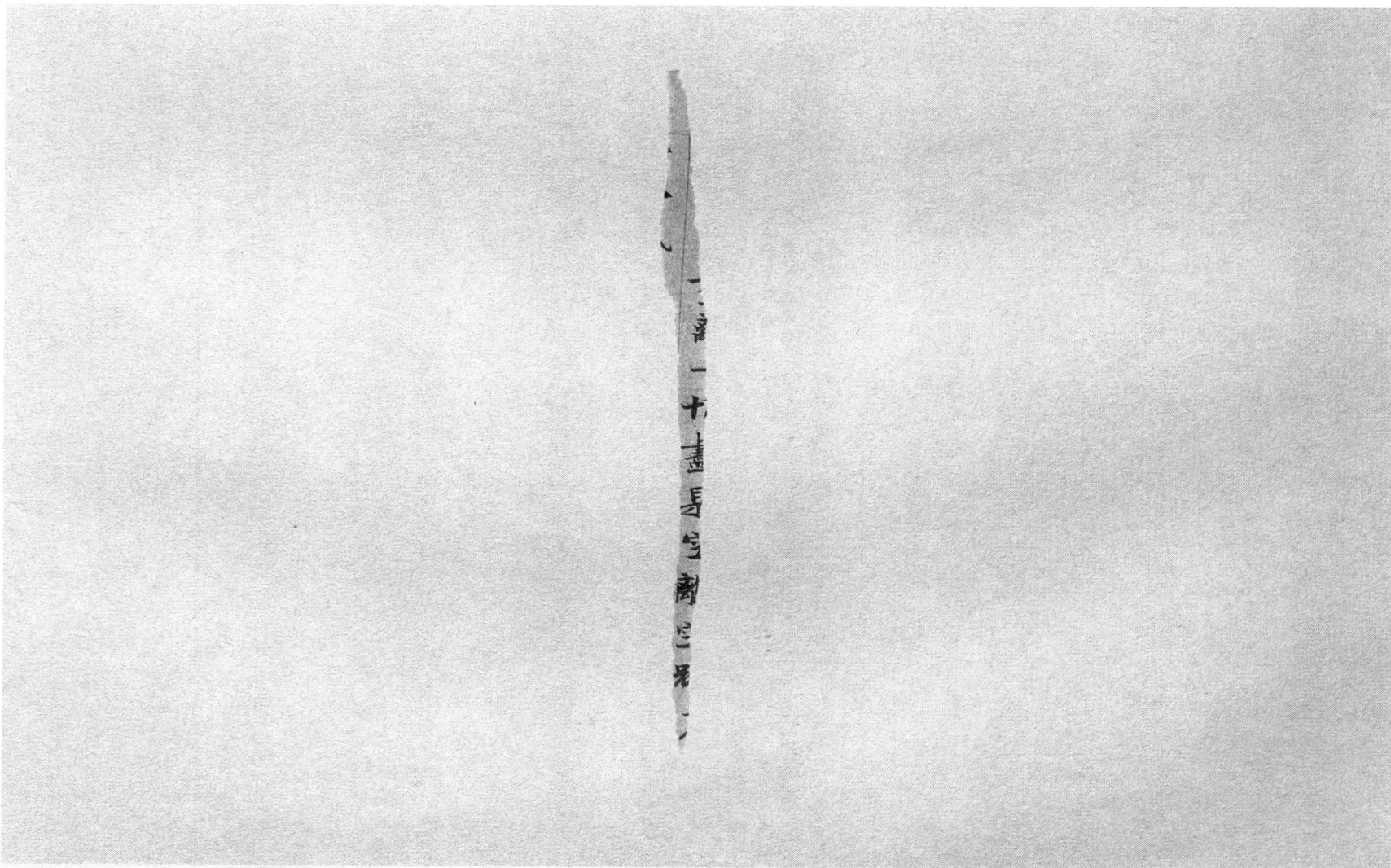

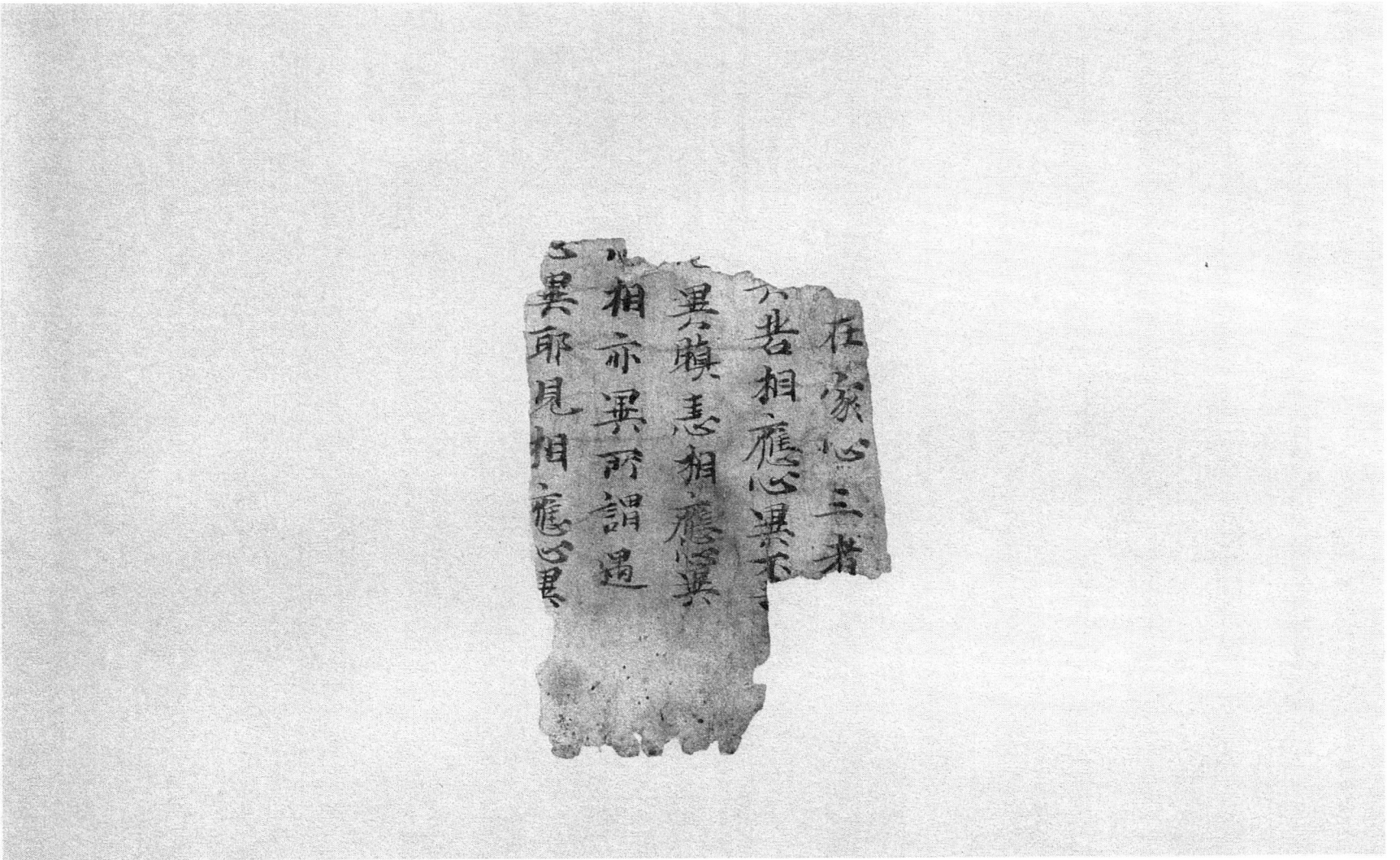

BD10836 號　大般涅槃經（北本）卷一四 （1-1）

BD10837 號　維摩詰所說經卷中 （1-1）

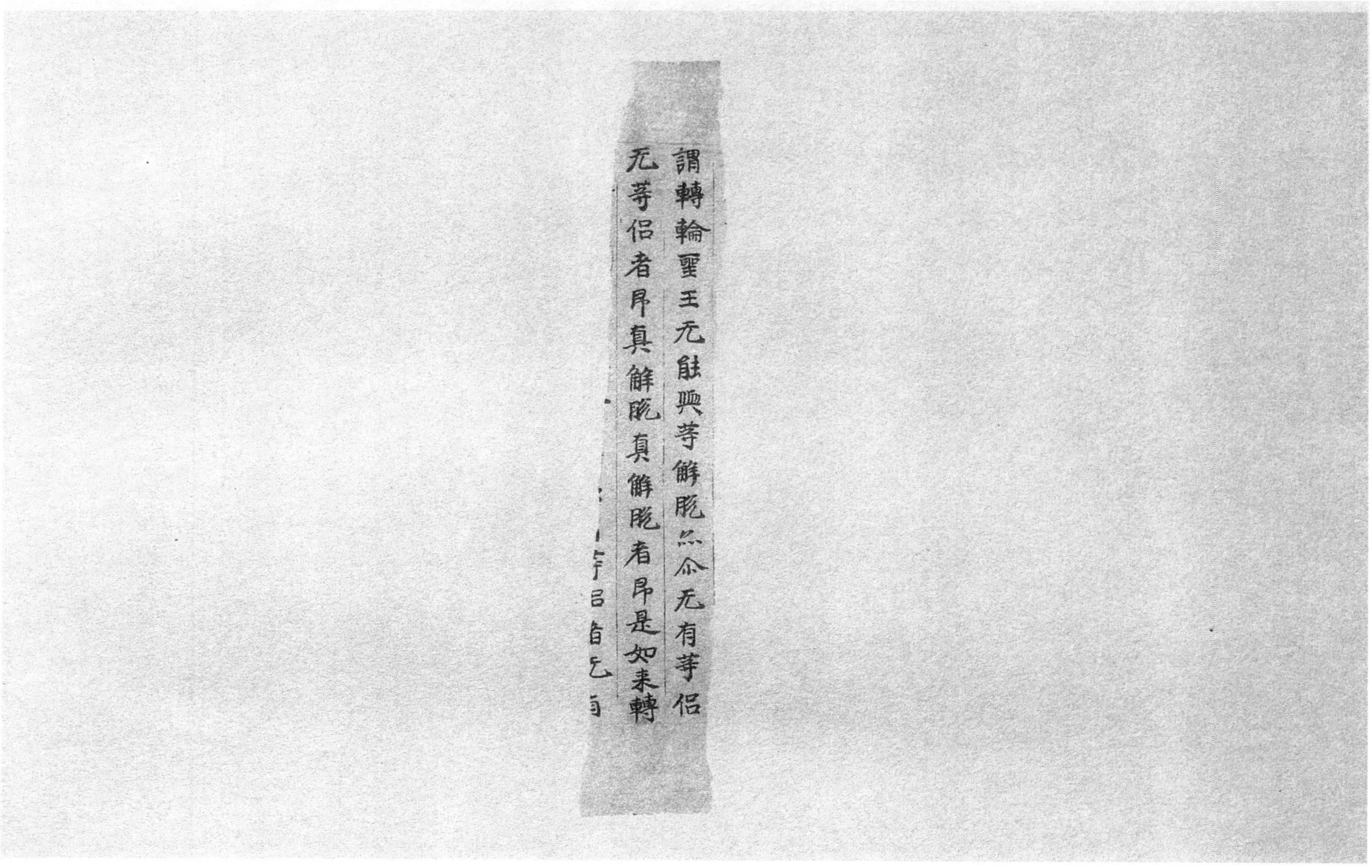

謂轉輪聖王无能與等解脫亦尒无有等侶
无等侶者即真解脫真解脫者即是如來轉
…等侶者无有…

BD10838 號　大般涅槃經（北本）卷五　　　　（1–1）

若於佛法僧　供養一香燈　乃至獻一華　則生不
若爲恐怖故　利養及福德　書是經一偈　則生不
若爲悕利福　能於一日中　讀誦是經典　則生不動
若爲无上道　一日一夜中　受持八戒齋　則生不動
不與犯重禁　同共一…

BD10839 號　大般涅槃經（北本）卷二一　　　　（1–1）

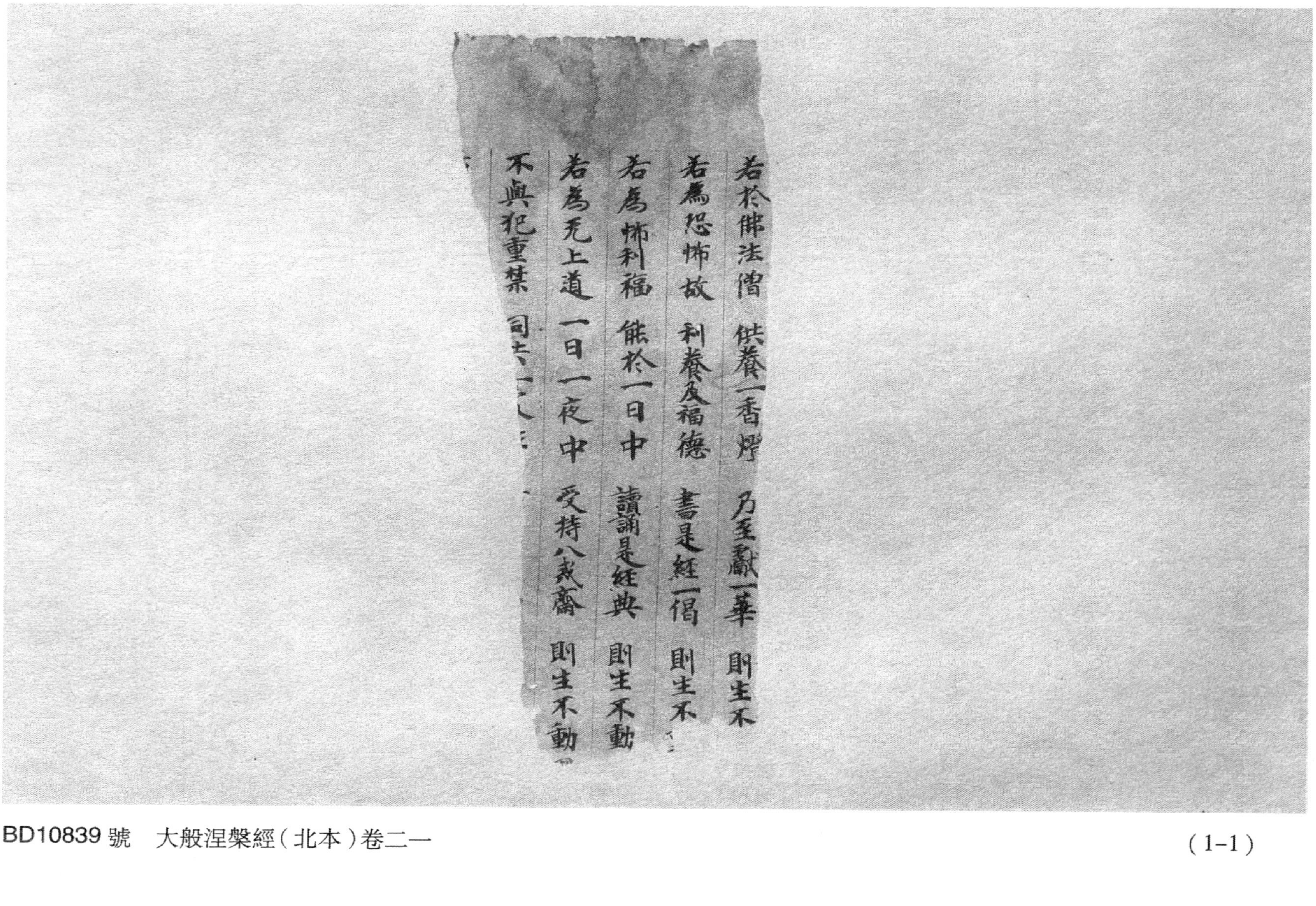

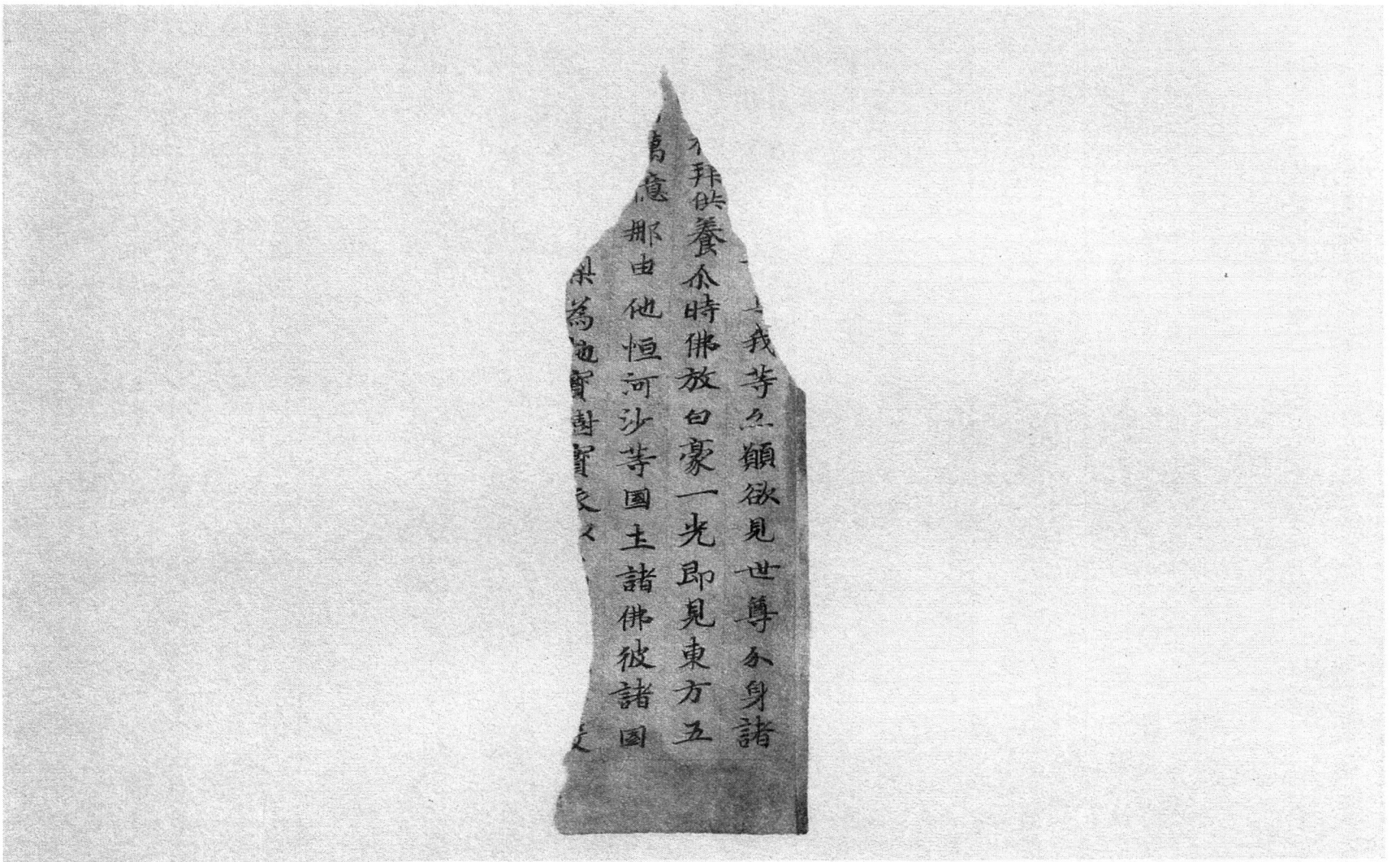

BD10840 號　妙法蓮華經卷四

（1-1）

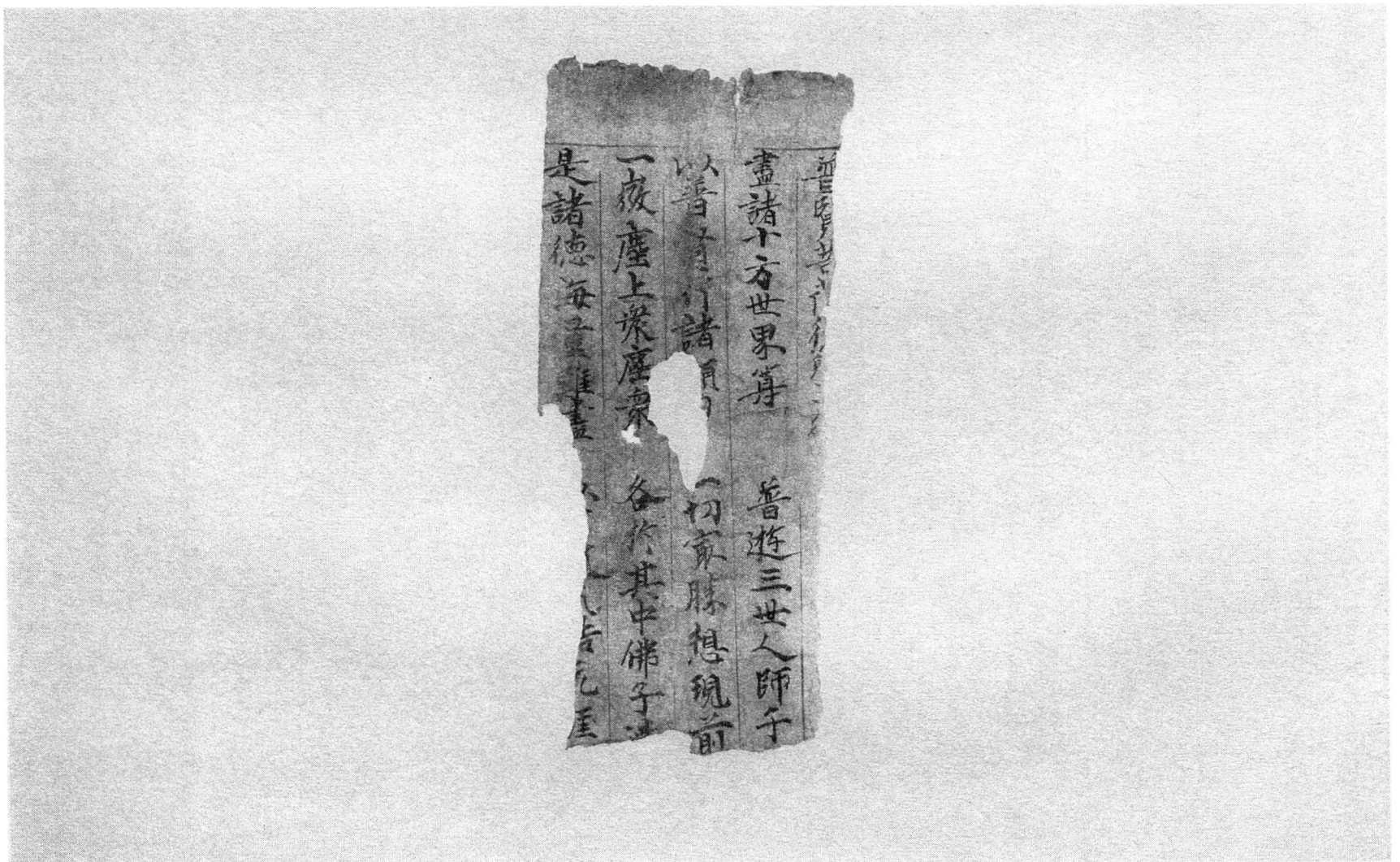

BD10841 號　普賢菩薩行願王經

（1-1）

BD10842 號　大佛頂如來密因修證了義諸菩薩萬行首楞嚴經卷四　　　　　　　　　　　（1-1）

BD10843 號　大方等大集經卷四　　　　　　　　　　　（1-1）

BD10844號　大社條封印 （1-1）

BD10845號　金光明最勝王經卷七 （1-1）

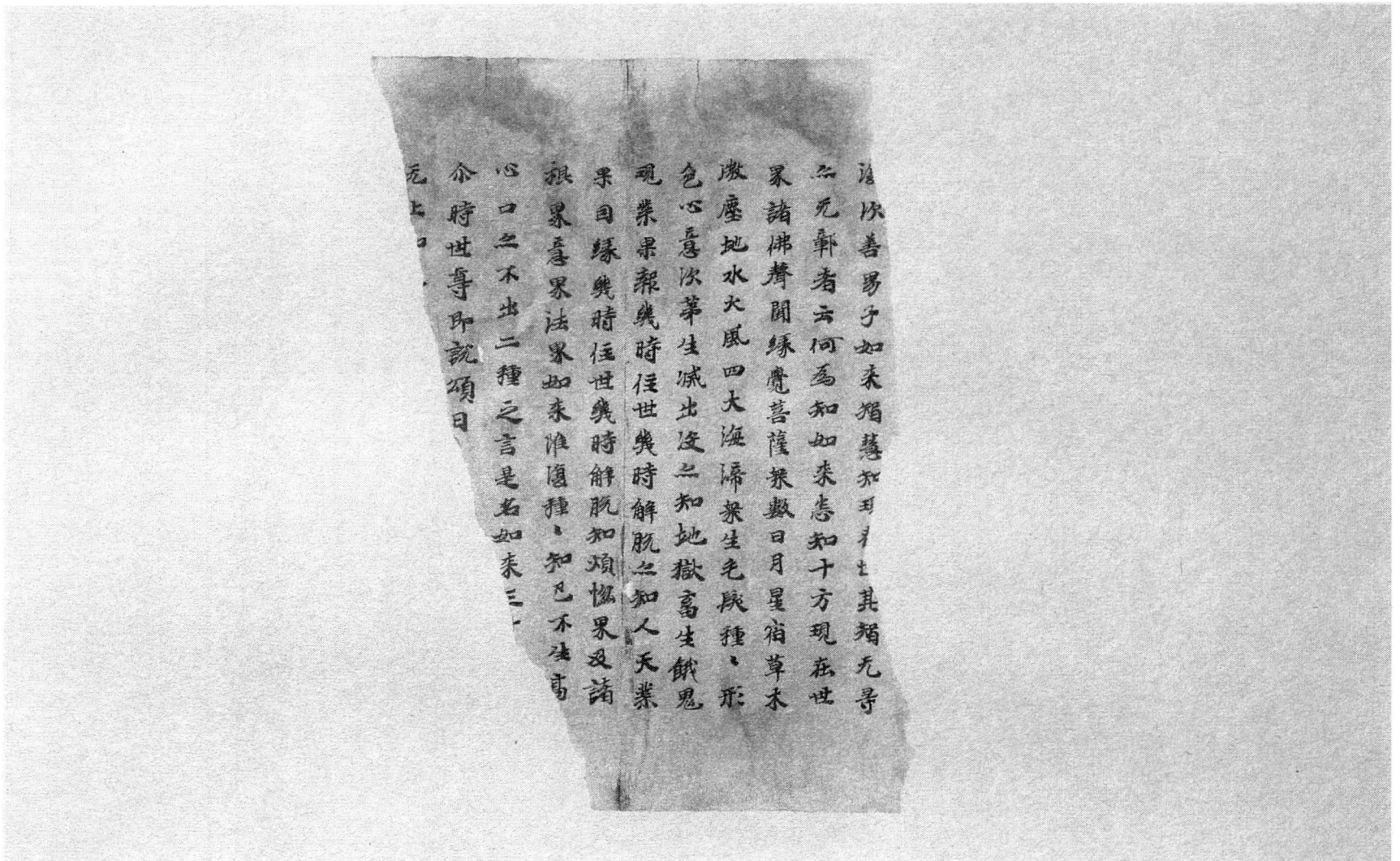

復次善男子如來智慧知刀羊其智无量
尒无邊者云何為知如來志知十方現在世
界諸佛聲聞緣覺菩薩聚數日月星宿草木
微塵地水大風四大海漈衆生无幾種形
色心意次生滅出没二知地獄富生餓鬼
觀業果報幾時住世幾時解脱知人天業
果因緣幾時住世幾時解脱知煩惱果及諸
根果盡果法果如來唯遍種知已不住高
心口二不出二種之言是名如來三
尒時世尊即説頌曰
无上口

寫

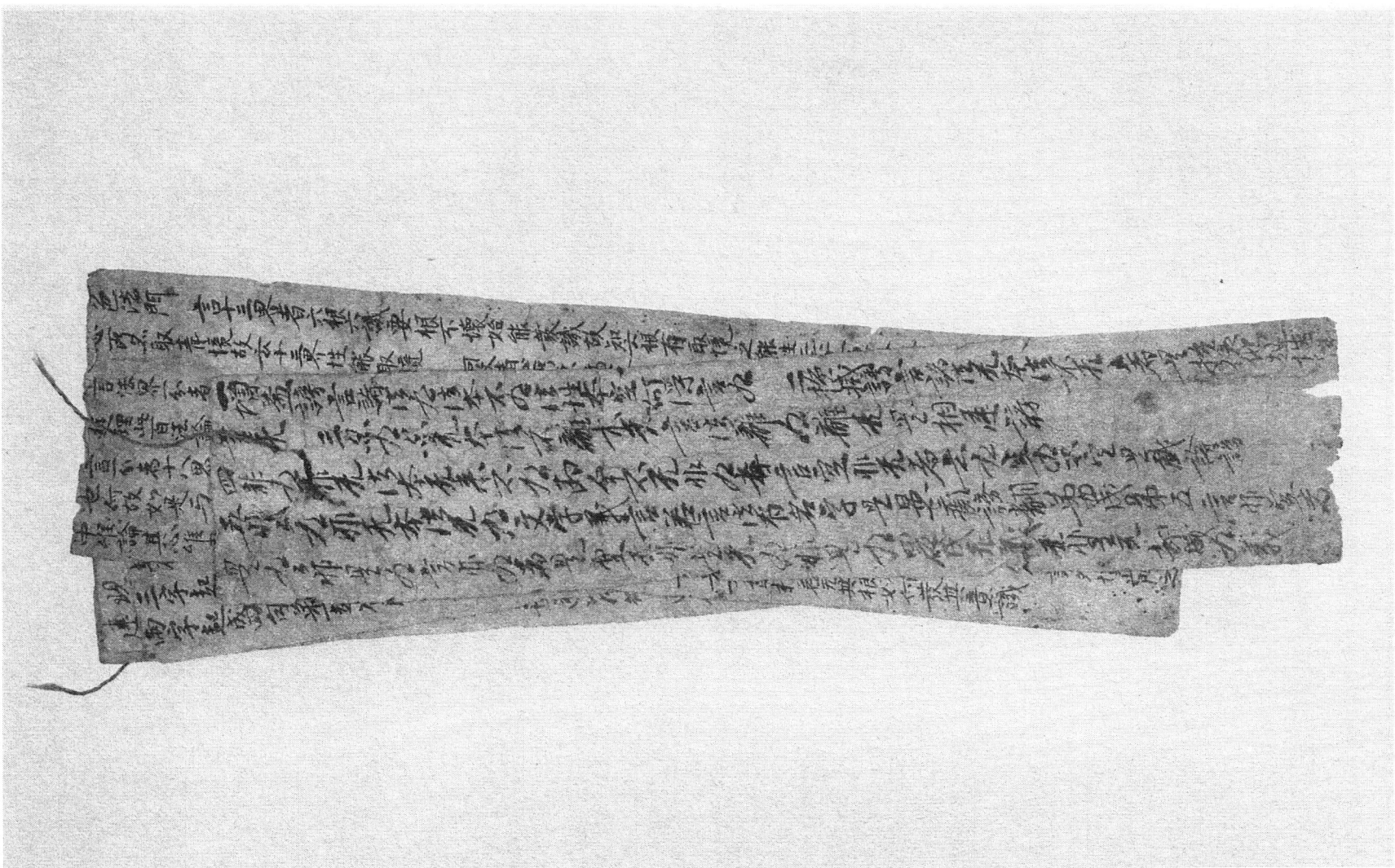

BD10848 號 A　大乘百法明門論開宗義記隨聽疏（擬）　　　　　　　　　　　　（1-1）

BD10848 號 B　大乘百法明門論開宗義記隨聽疏（擬）　　　　　　　　　　　　（1-1）

BD10848 號 C　大乘百法明門論開宗義記隨聽疏（擬）　　　　　　　　　　　　（1-1）

BD10848 號 D　大乘百法明門論開宗義記隨聽疏（擬）　　　　　　　　　　　　（1-1）

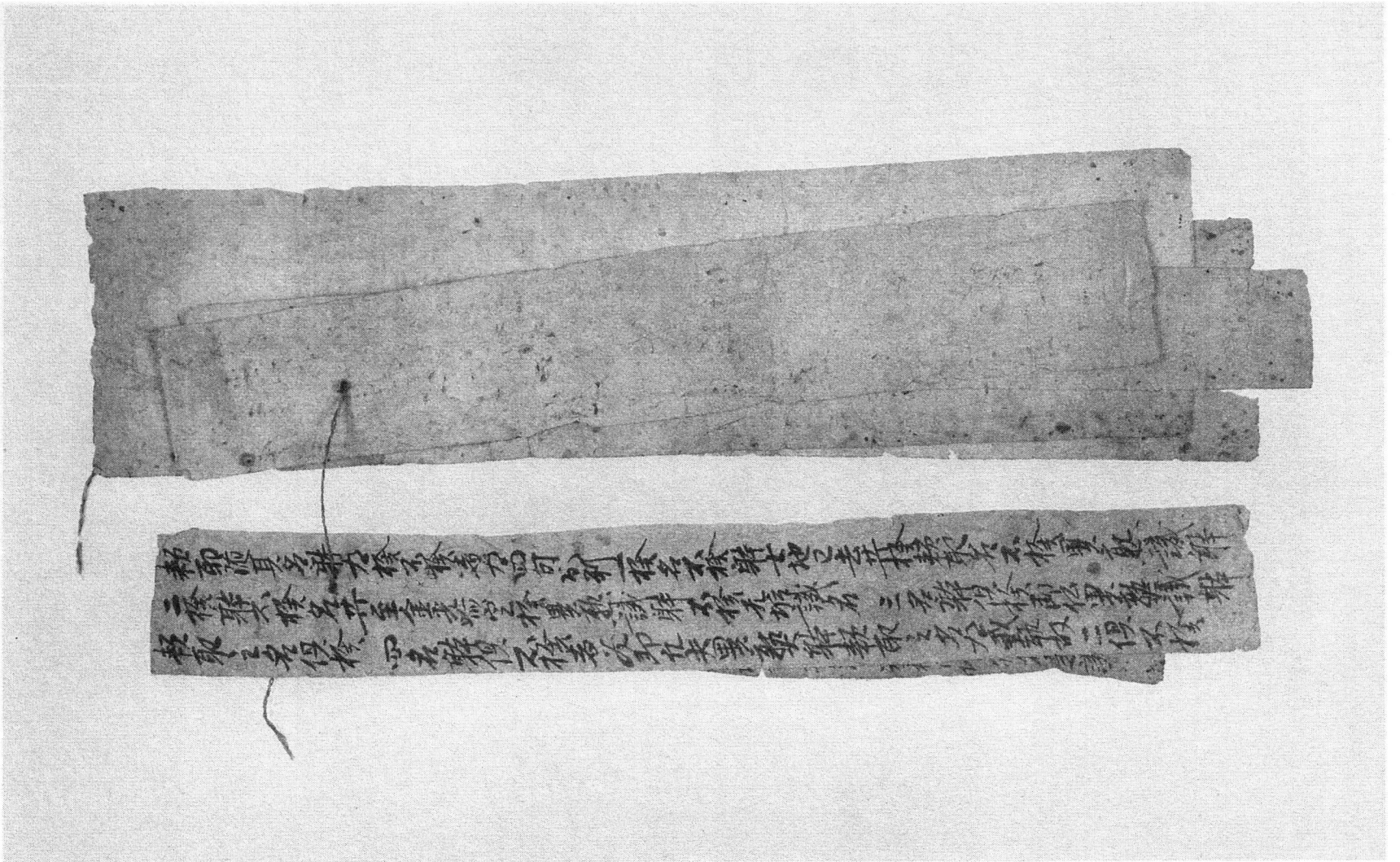

BD10848 號 E　大乘百法明門論開宗義記隨聽疏（擬）　　　　　　　　　　（1-1）

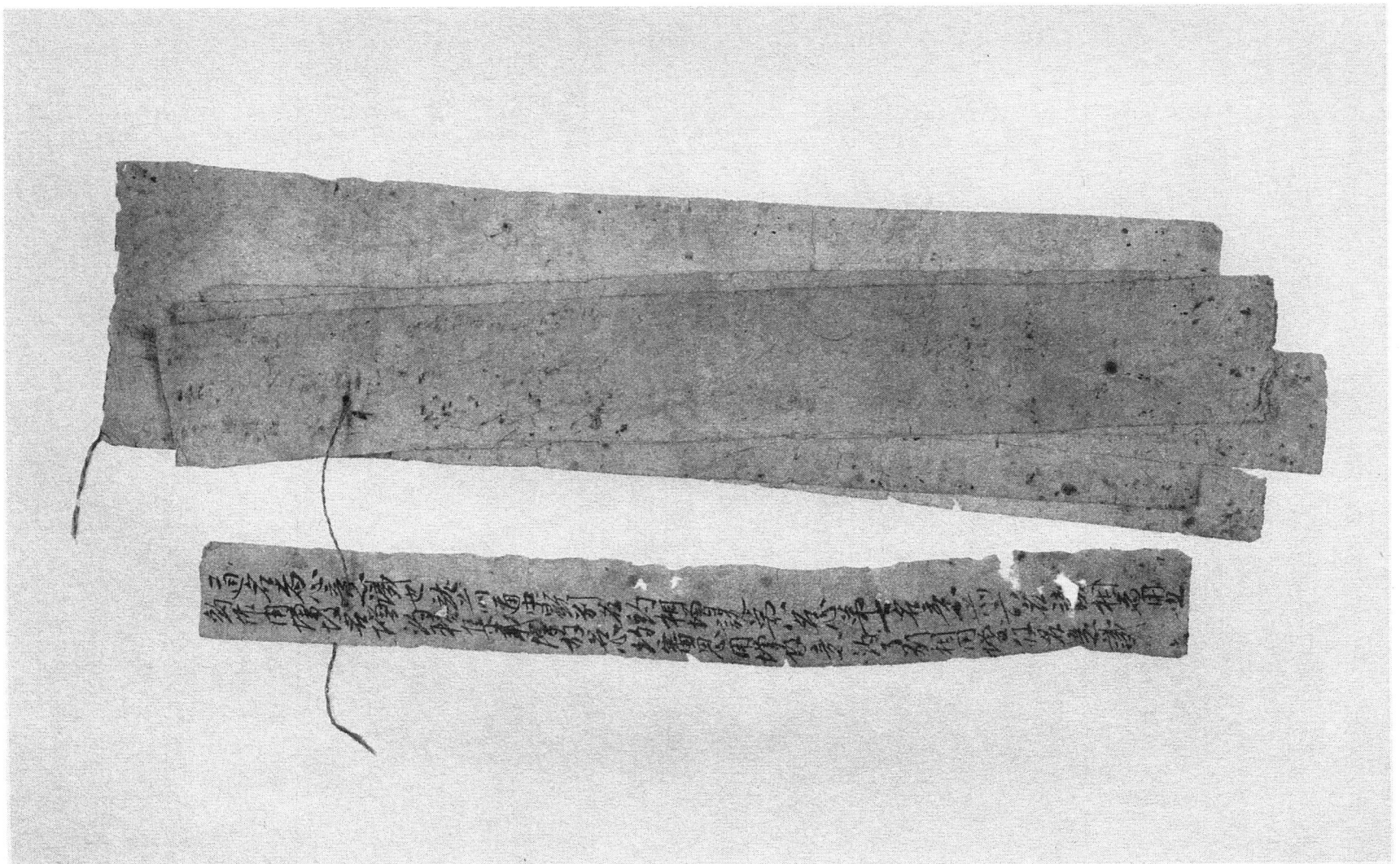

BD10848 號 F　大乘百法明門論開宗義記隨聽疏（擬）　　　　　　　　　　（1-1）

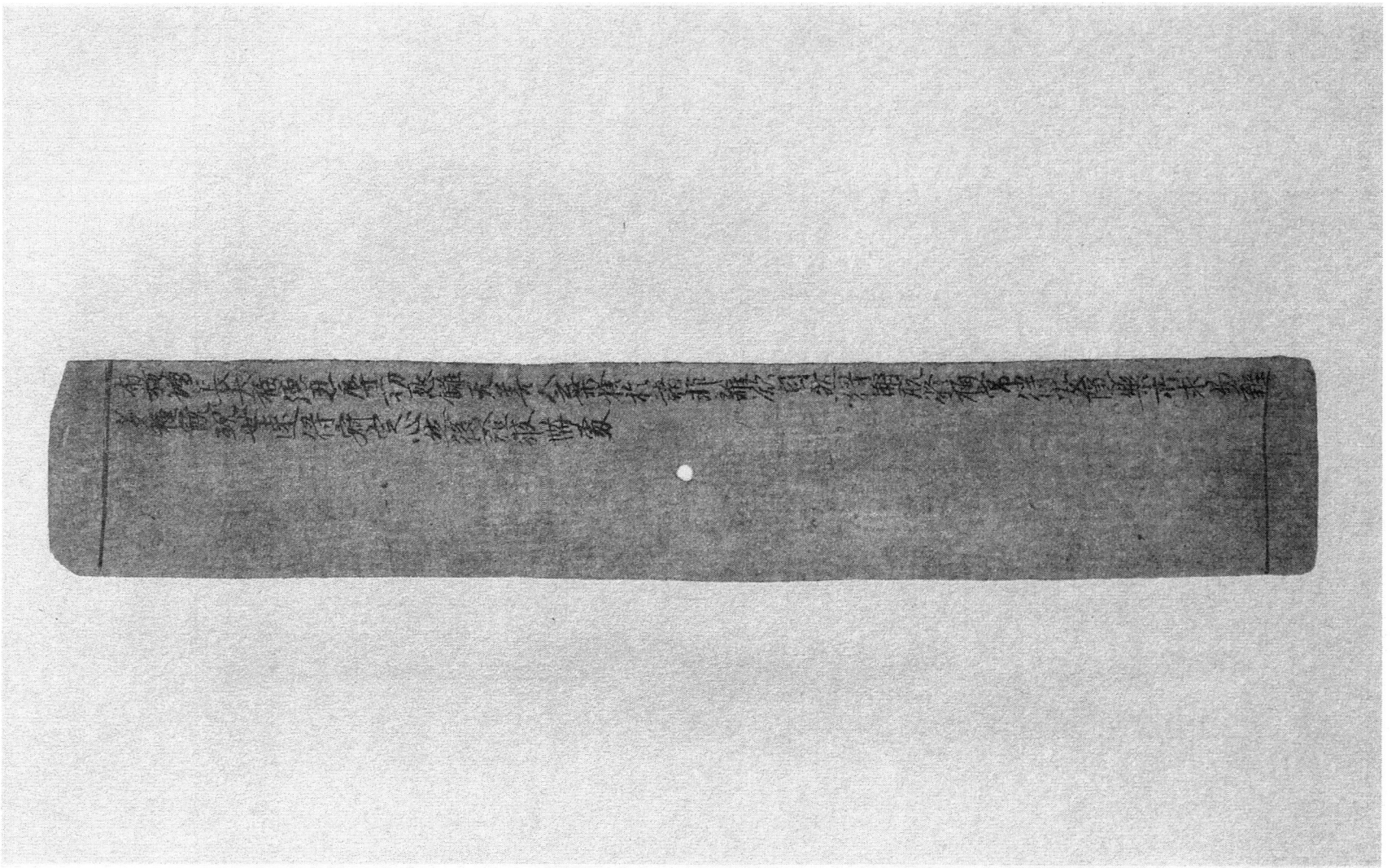

BD10849 號　佛本行集經卷三九 　　　　　　　　　　　　　　　　　　　（1-1）

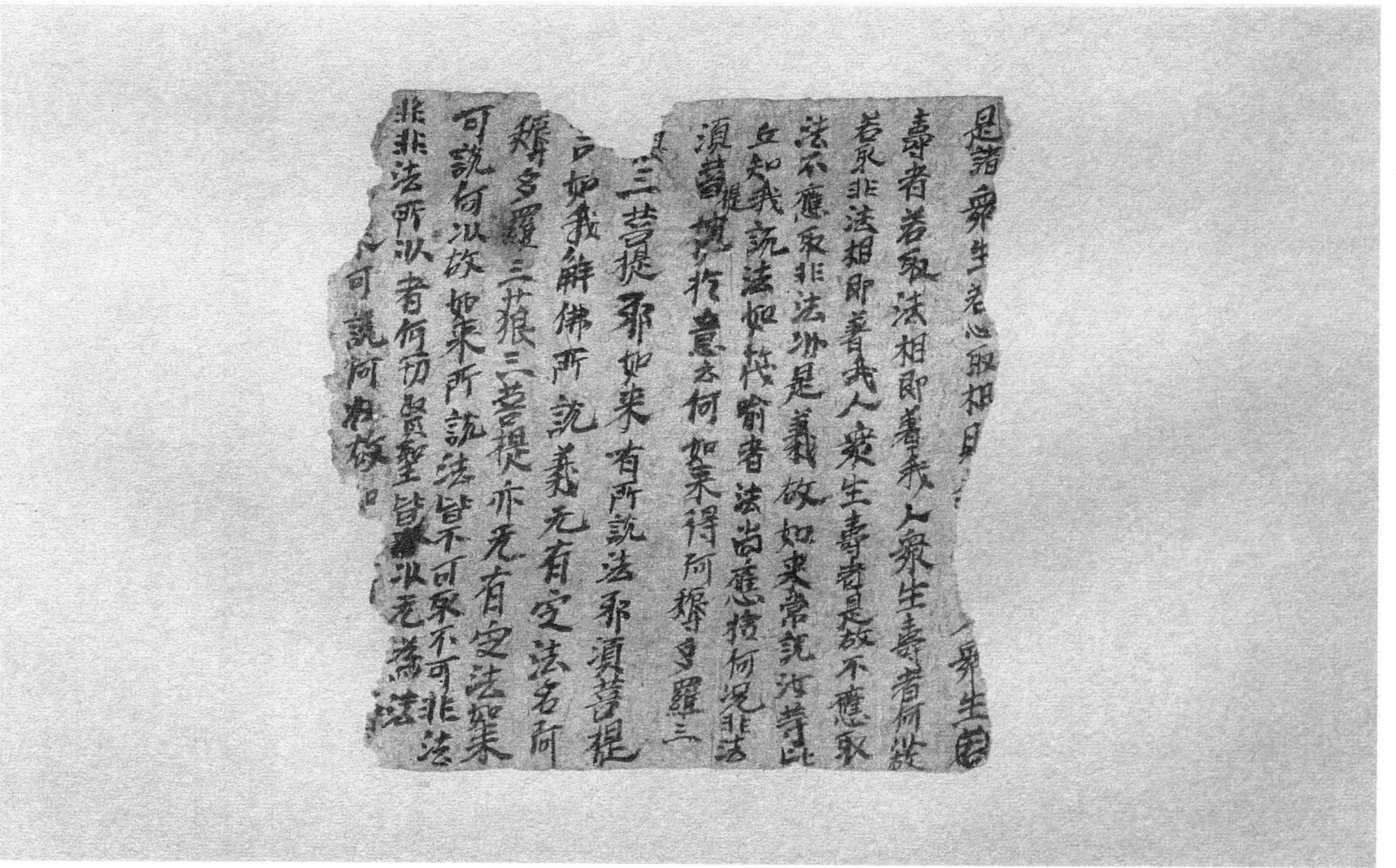

BD10850 號　金剛般若波羅蜜經 　　　　　　　　　　　　　　　　　　　（1-1）

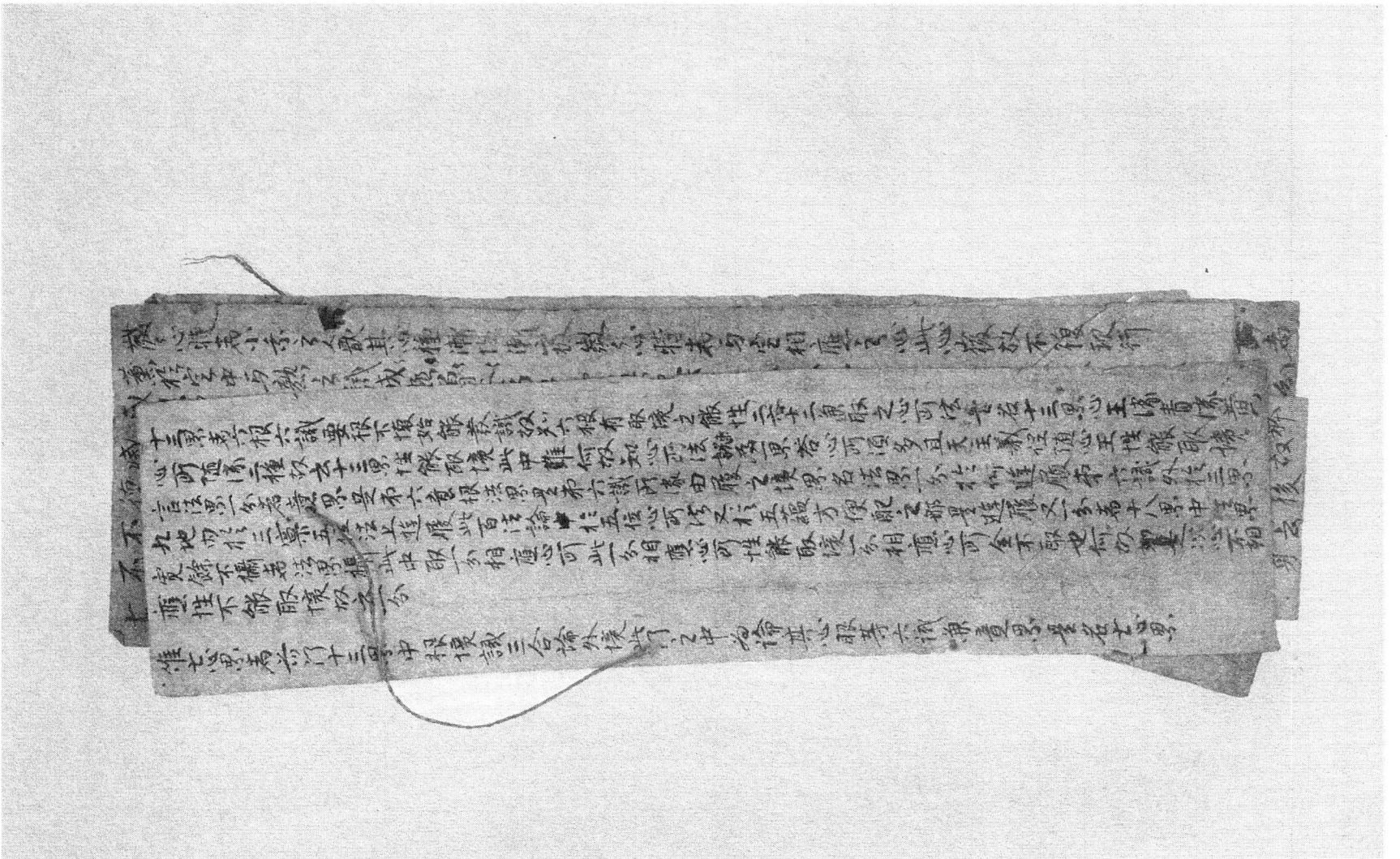

BD10851 號 A　大乘百法明門論開宗義記隨聽疏（擬）　　　　　　　　　　　　　　（1-1）

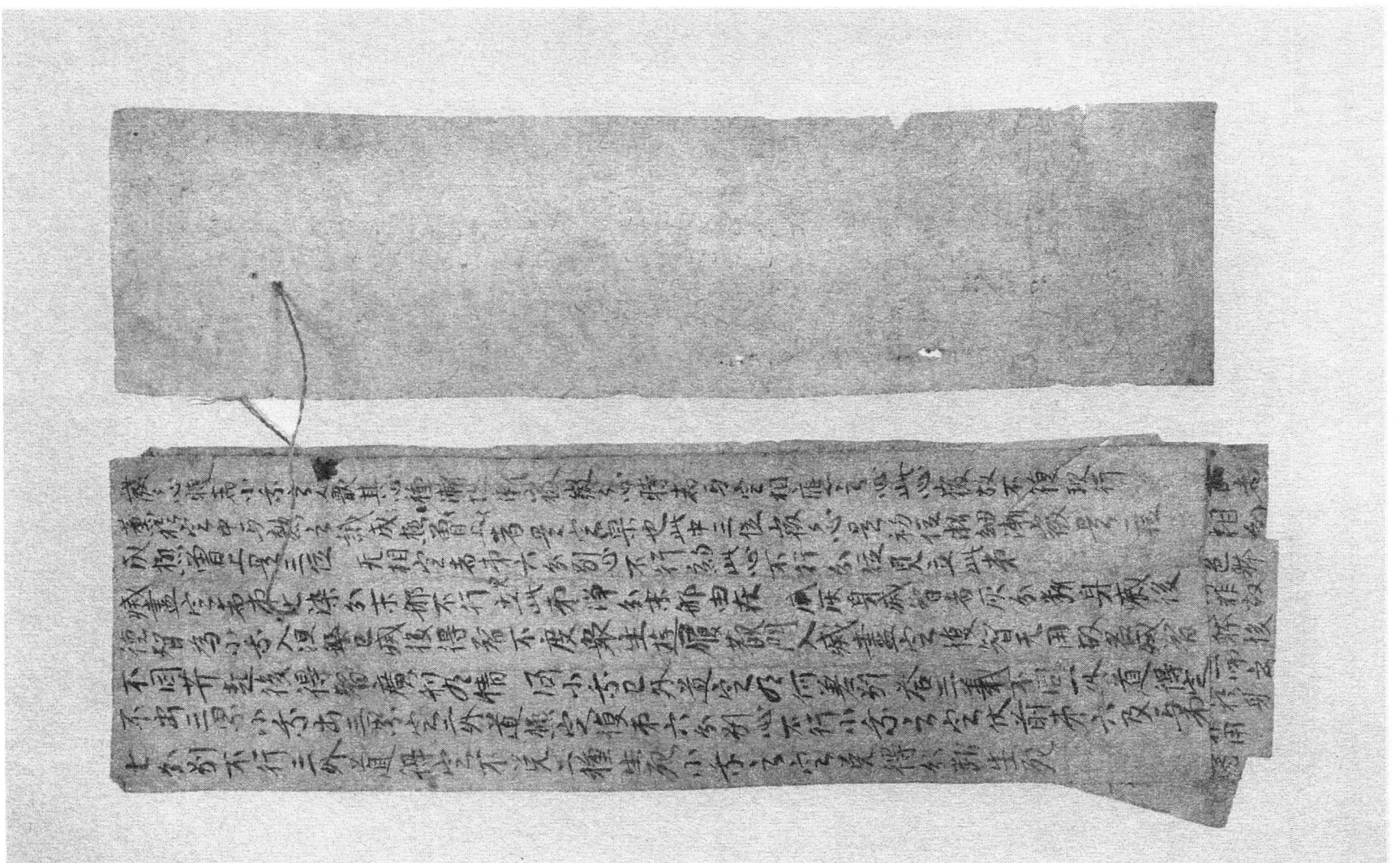

BD10851 號 B　大乘百法明門論開宗義記隨聽疏（擬）　　　　　　　　　　　　　　（1-1）

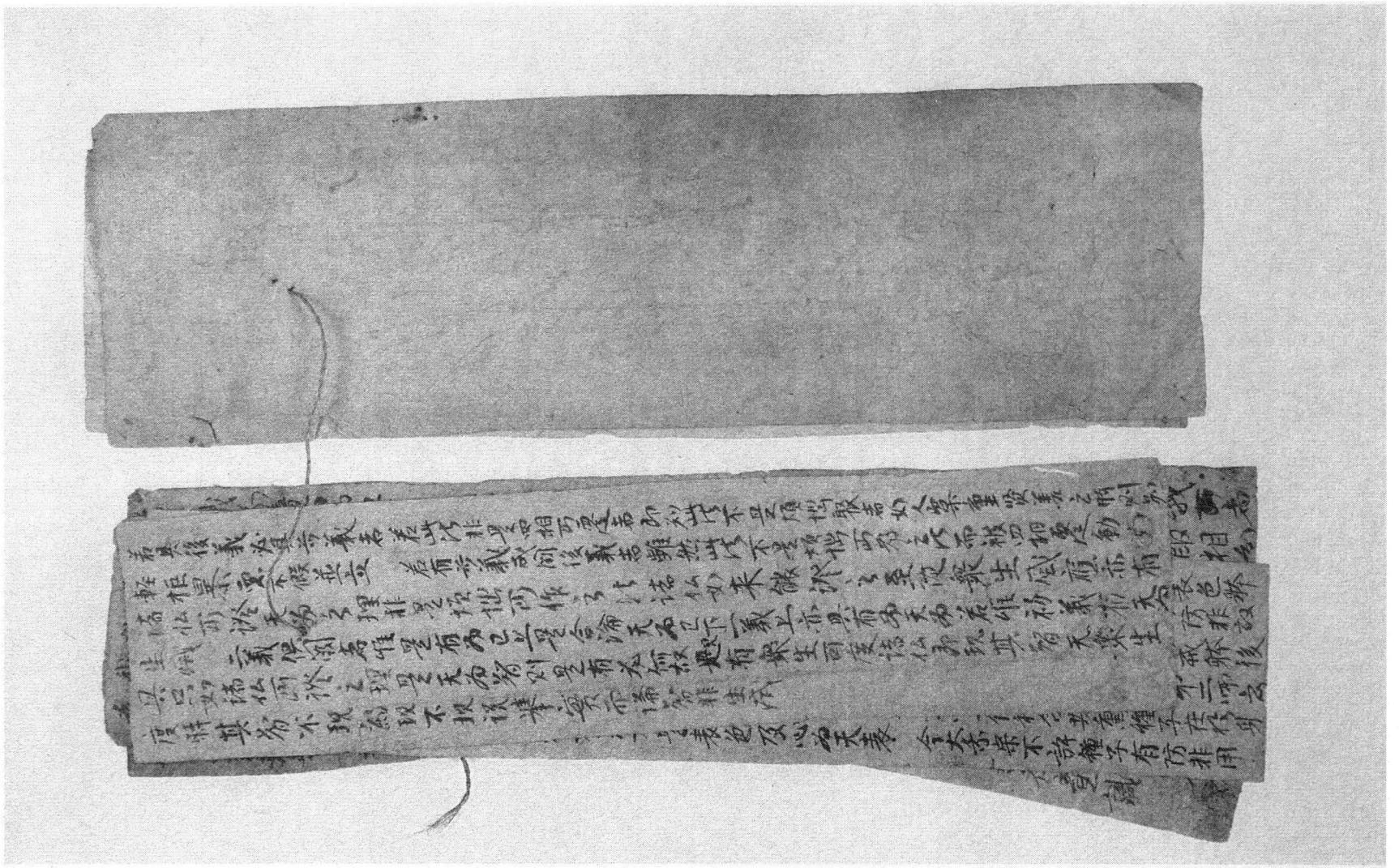

BD10851 號 C　大乘百法明門論開宗義記隨聽疏（擬）　　　　　　　　　　　　　　　　　　　（1-1）

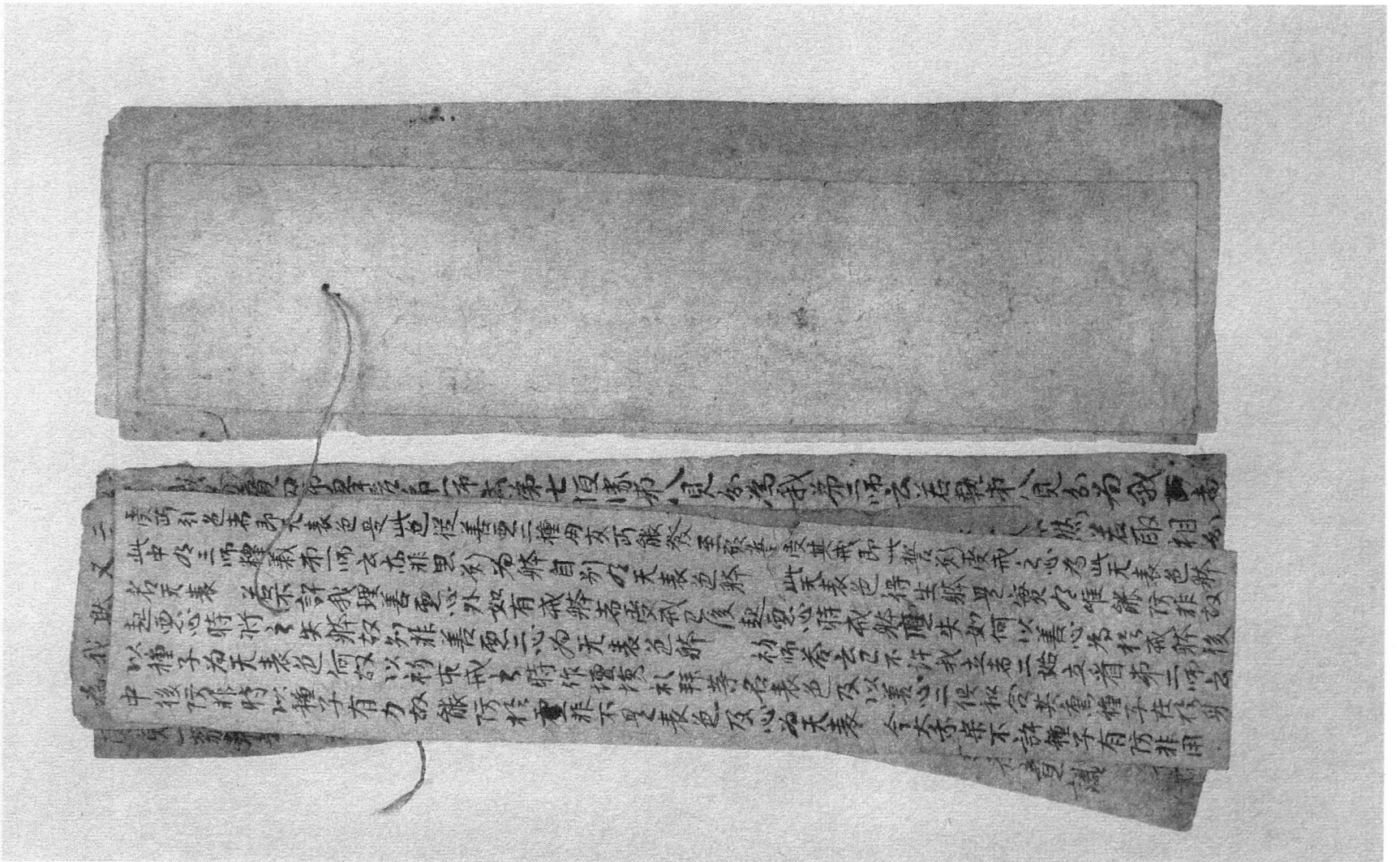

BD10851 號 D　大乘百法明門論開宗義記隨聽疏（擬）　　　　　　　　　　　　　　　　　　　（1-1）

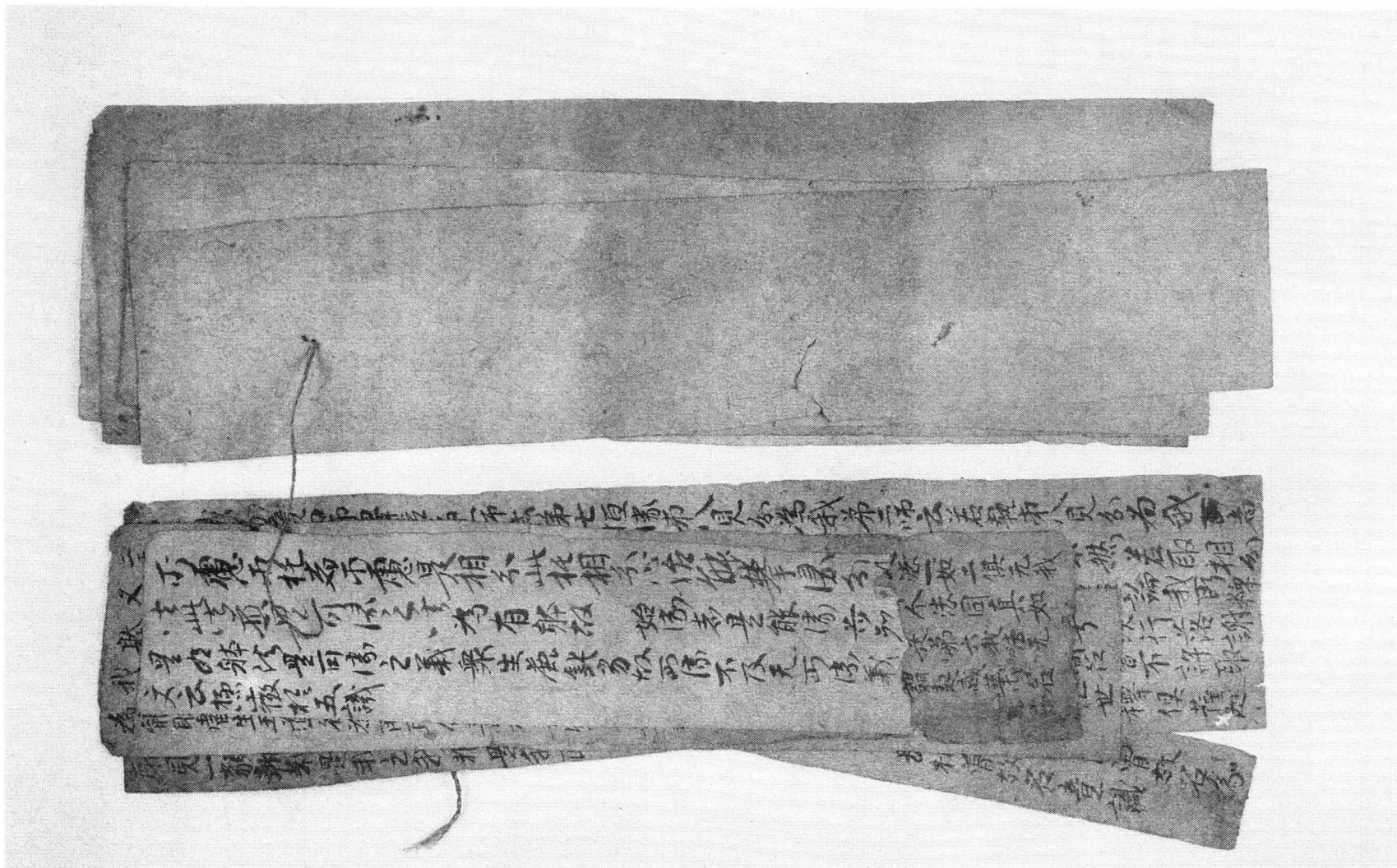

BD10851 號 E　大乘百法明門論開宗義記隨聽疏（擬）　（1-1）

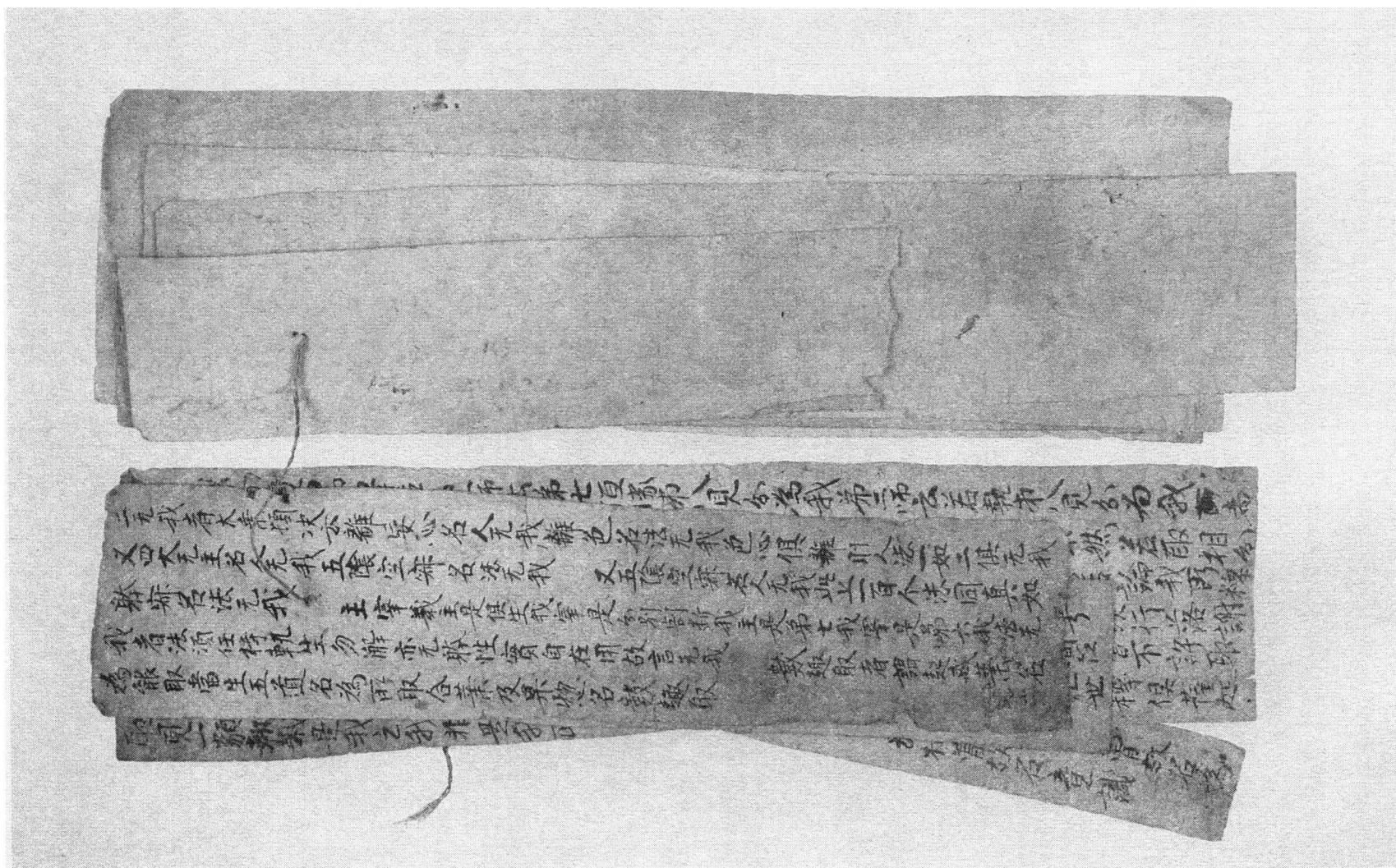

BD10851 號 F　大乘百法明門論開宗義記隨聽疏（擬）　（1-1）

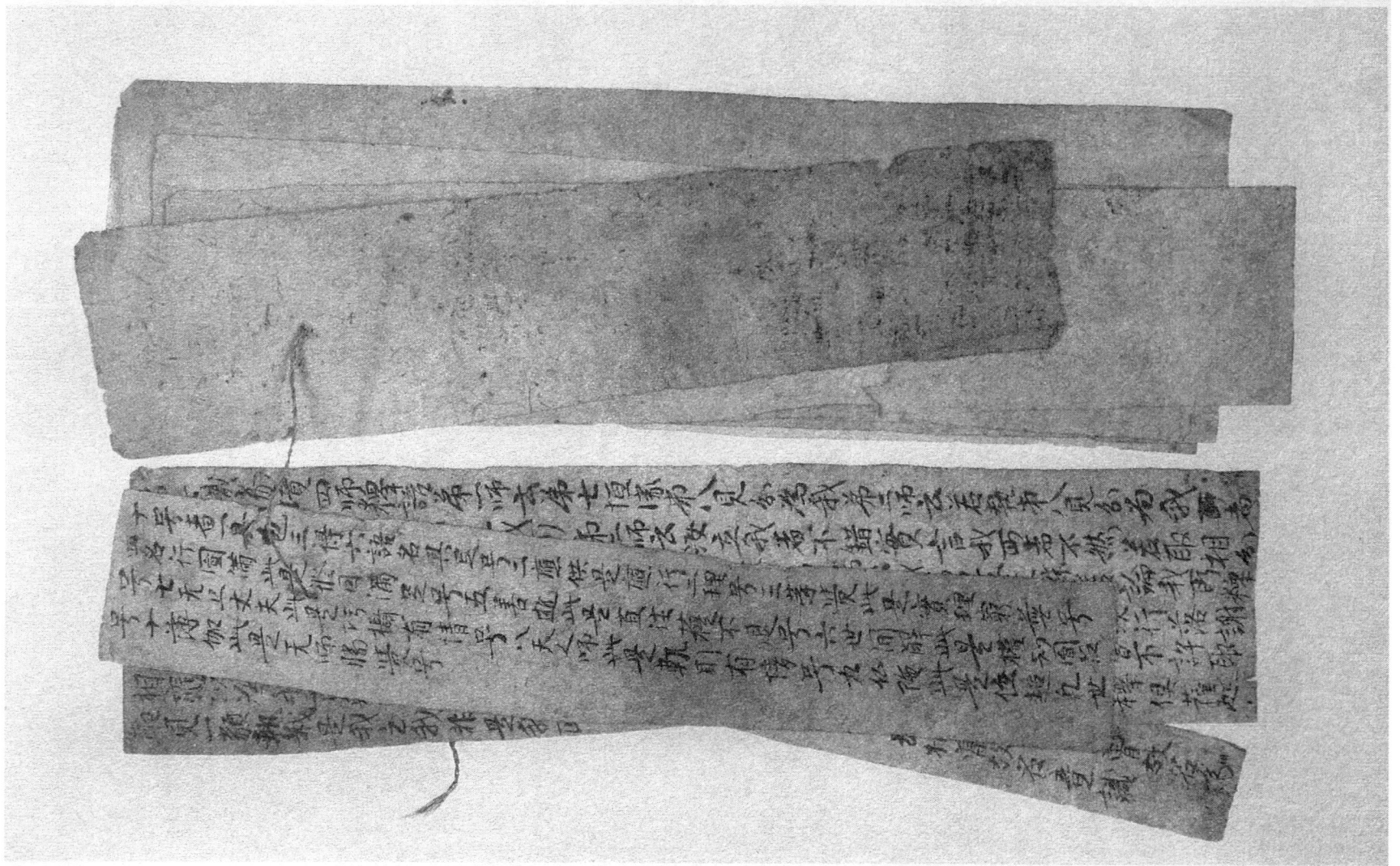

BD10851 號 G　大乘百法明門論開宗義記隨聽疏（擬）　　　　　　　　　　　　（1–1）

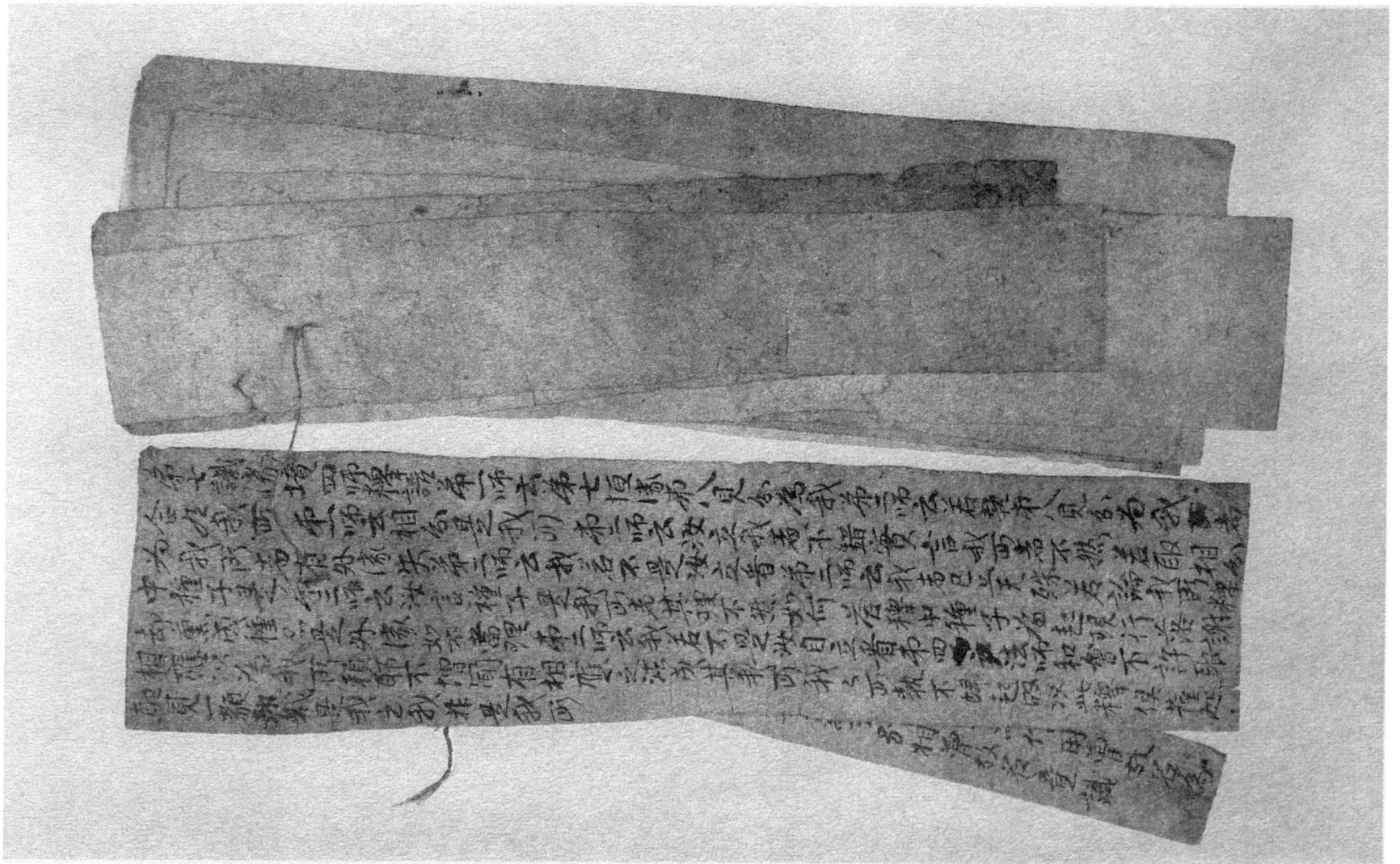

BD10851 號 H　大乘百法明門論開宗義記隨聽疏（擬）　　　　　　　　　　　　（1–1）

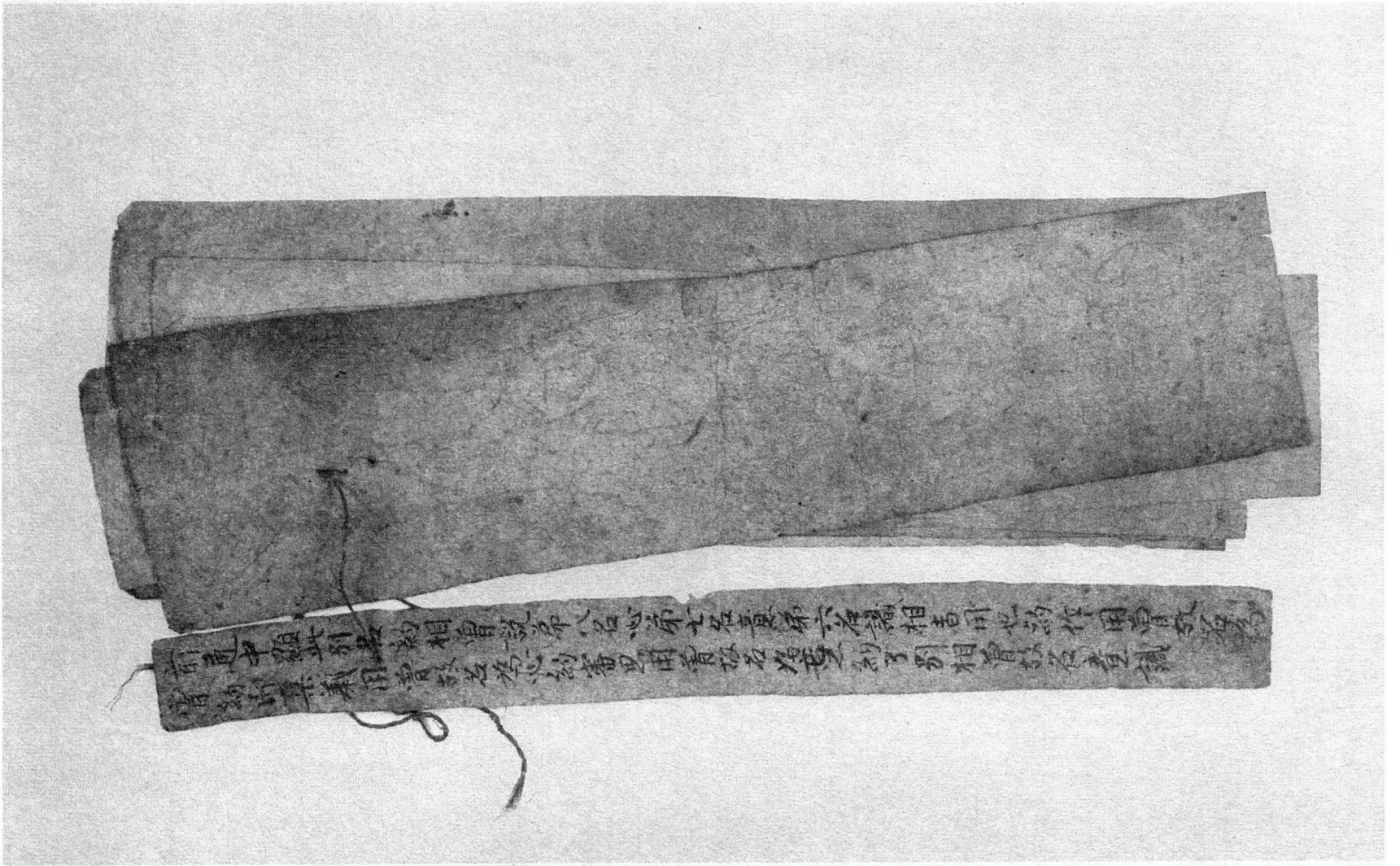

BD10851 號 I　大乘百法明門論開宗義記隨聽疏（擬）　　　　　　　　　　（1-1）

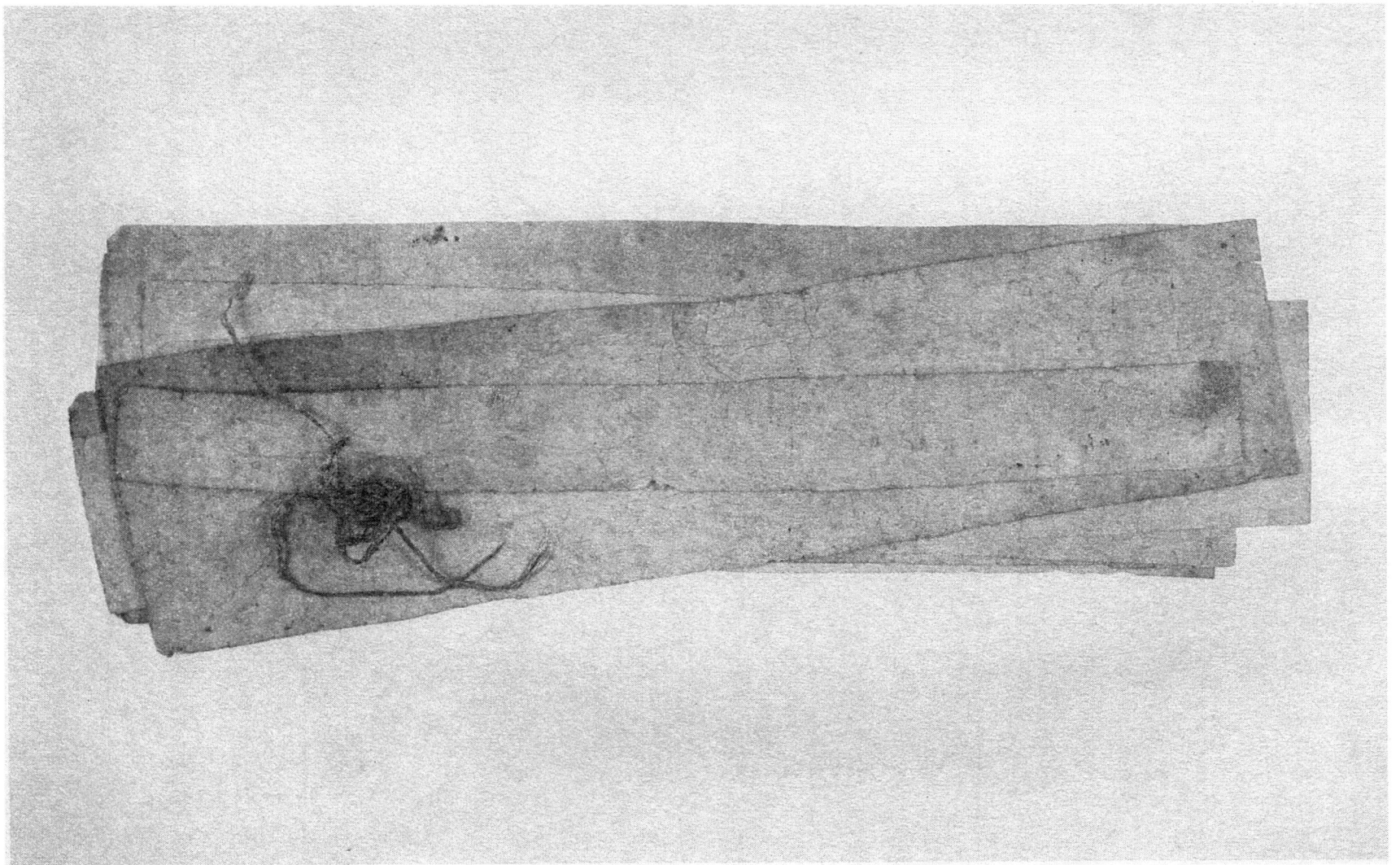

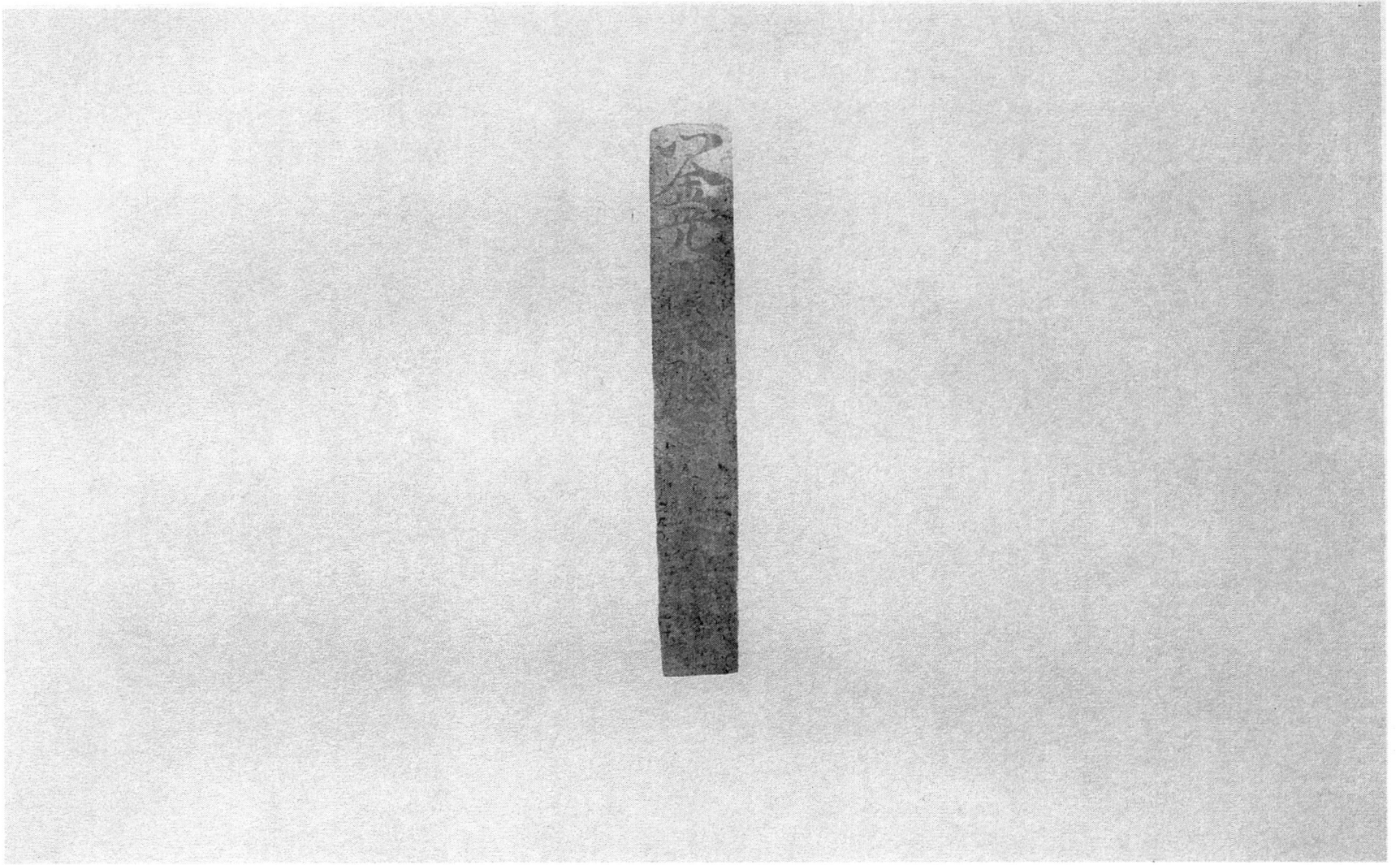

BD10852 號　護首（金光明最勝王經）　　　　　　　　　　　　　　　（1-1）

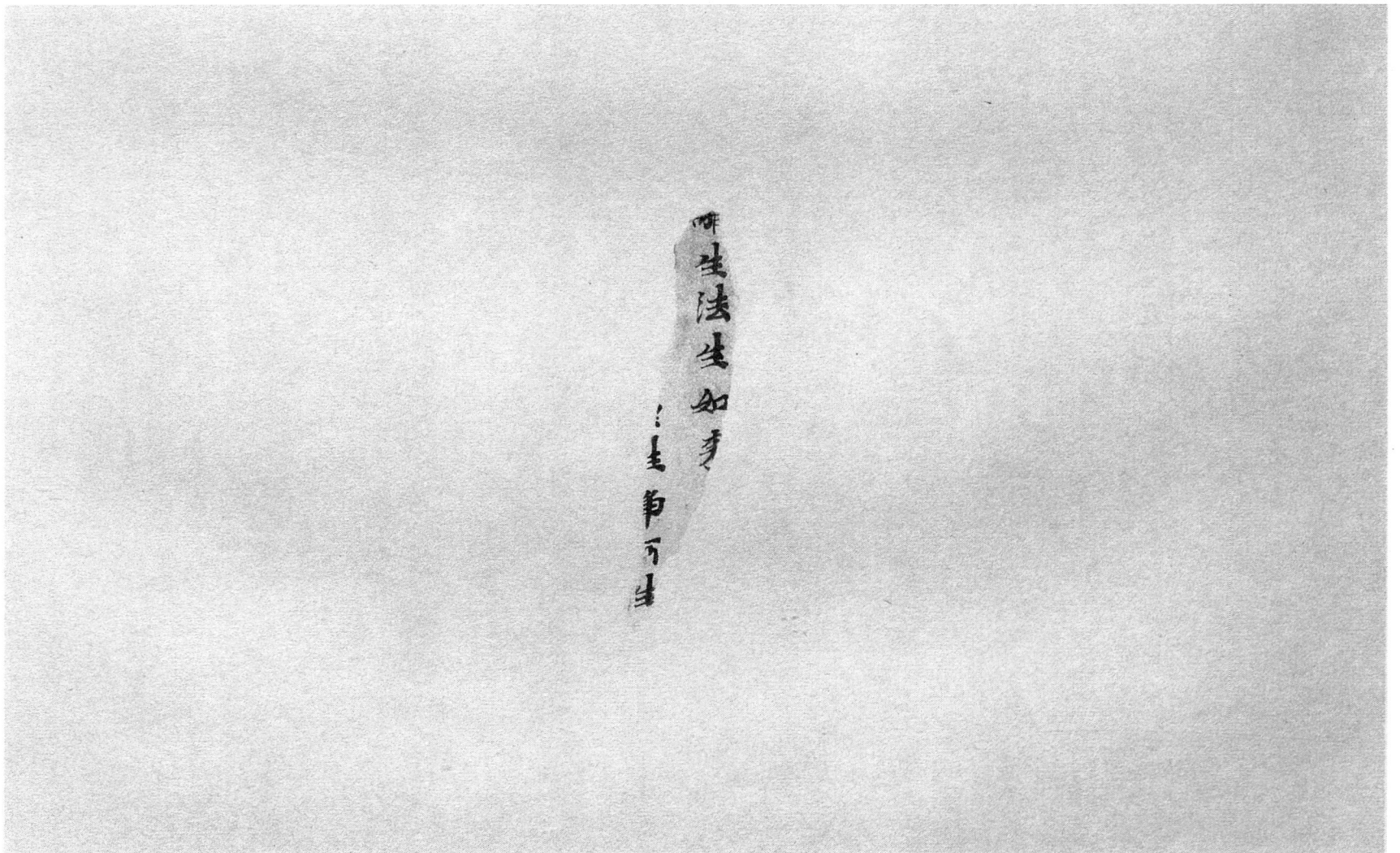

BD10853 號　大方廣佛華嚴經（晉譯五十卷本）卷五〇　　　　　　　　（1-1）

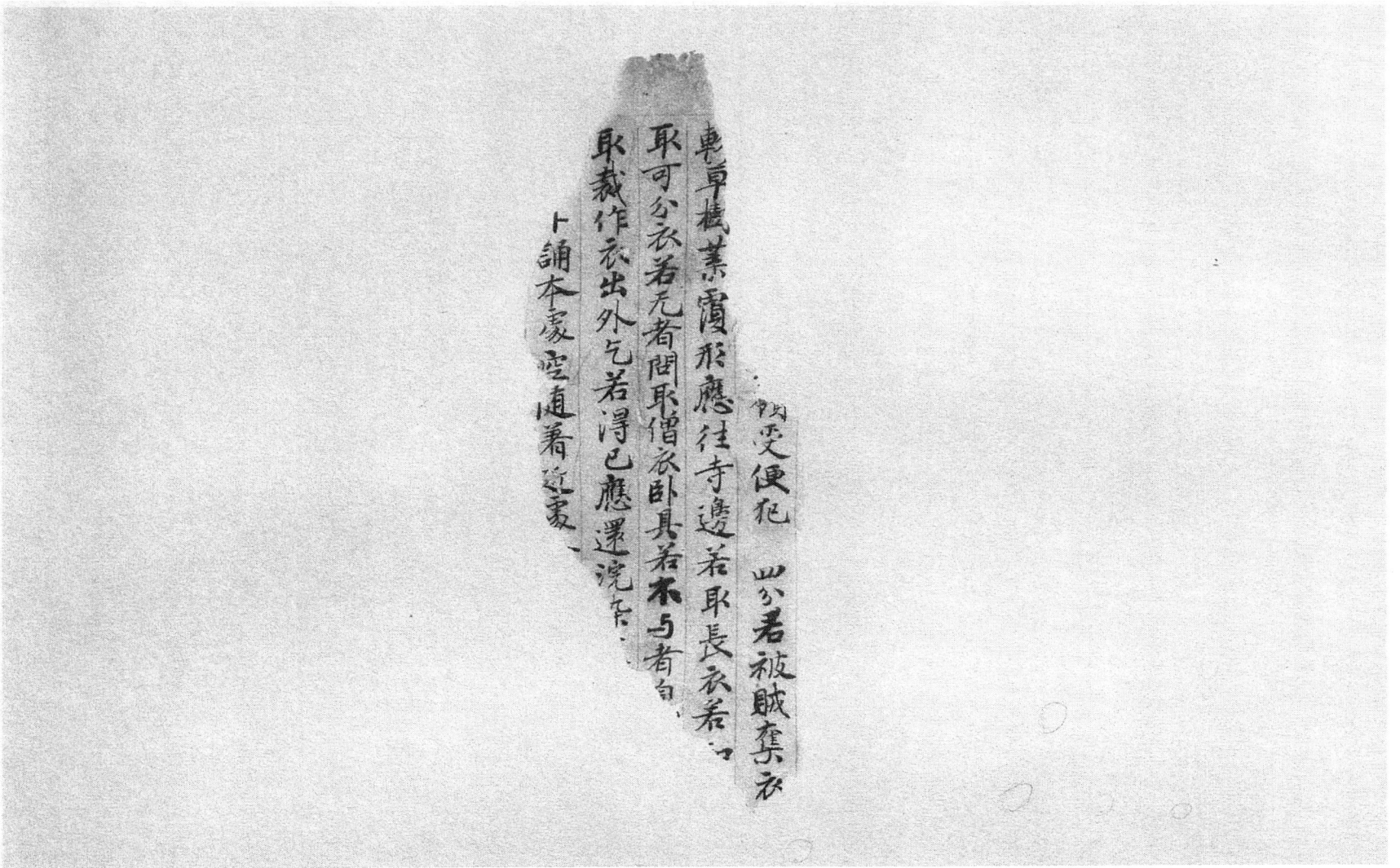

東草樔藁覆形應往寺邊若取長衣若
取可分衣若无者問取僧衣卧具若不与者自
取裁作衣出外乞若得已應還浣衣
卜誦本處空通著慈蒙

即受便犯　此分若被賊棄衣

BD10854 號　四分律刪繁補闕行事鈔卷中　　　　　　　　　　（1-1）

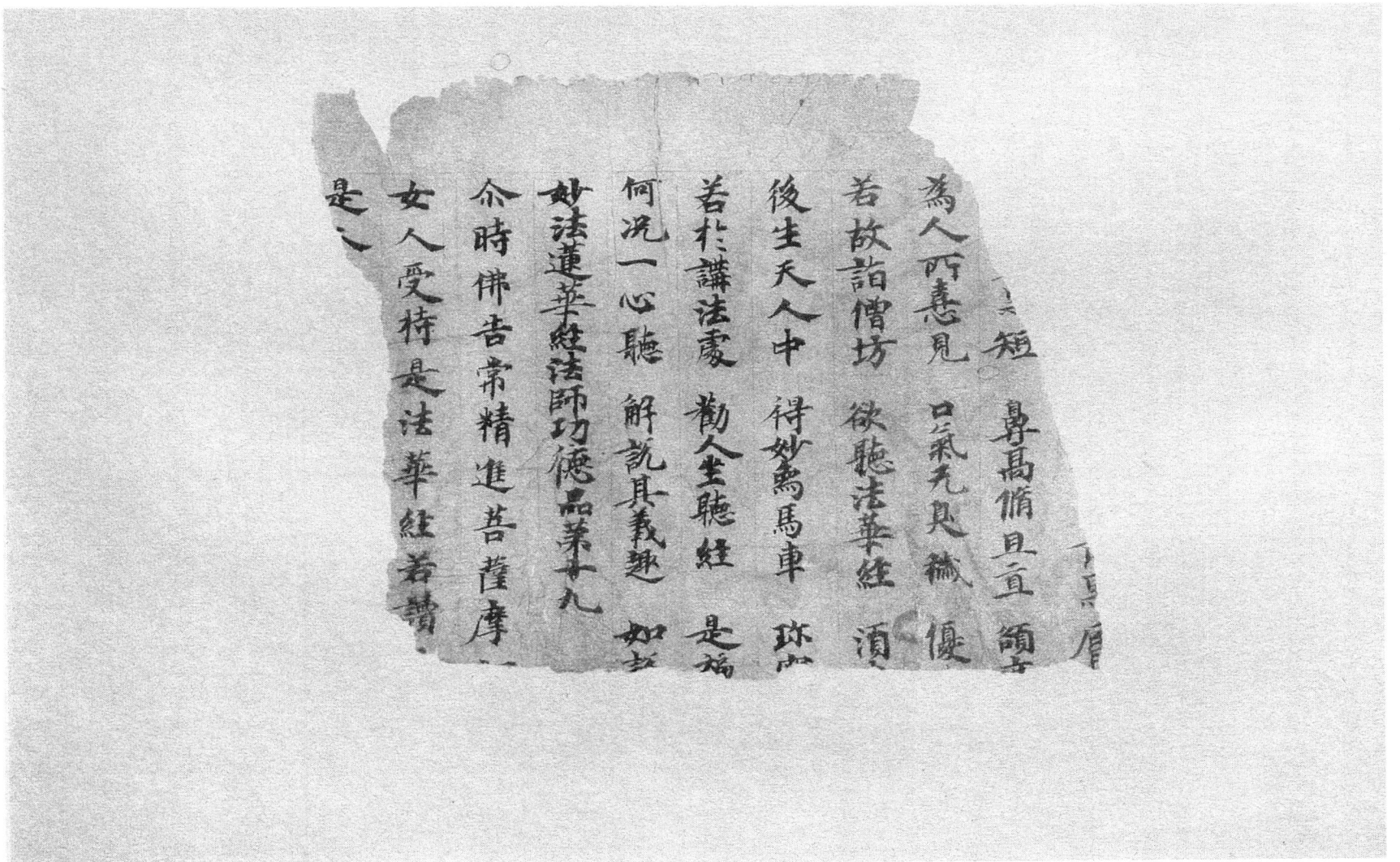

為人所憎見　　　尋為備且直頷
口氣无見穢　優
若故詣僧坊　欲聽法華經
後生天人中　得妙好馬車　琭
若於講法處　勸人坐聽經　是福
何況一心聽　解說其義趣　如
妙法蓮華經法師功德品第十九
尒時佛告常精進菩薩摩訶
女人受持是法華經若讀
是人

BD10855 號　妙法蓮華經卷六　　　　　　　　　　　　　　（1-1）

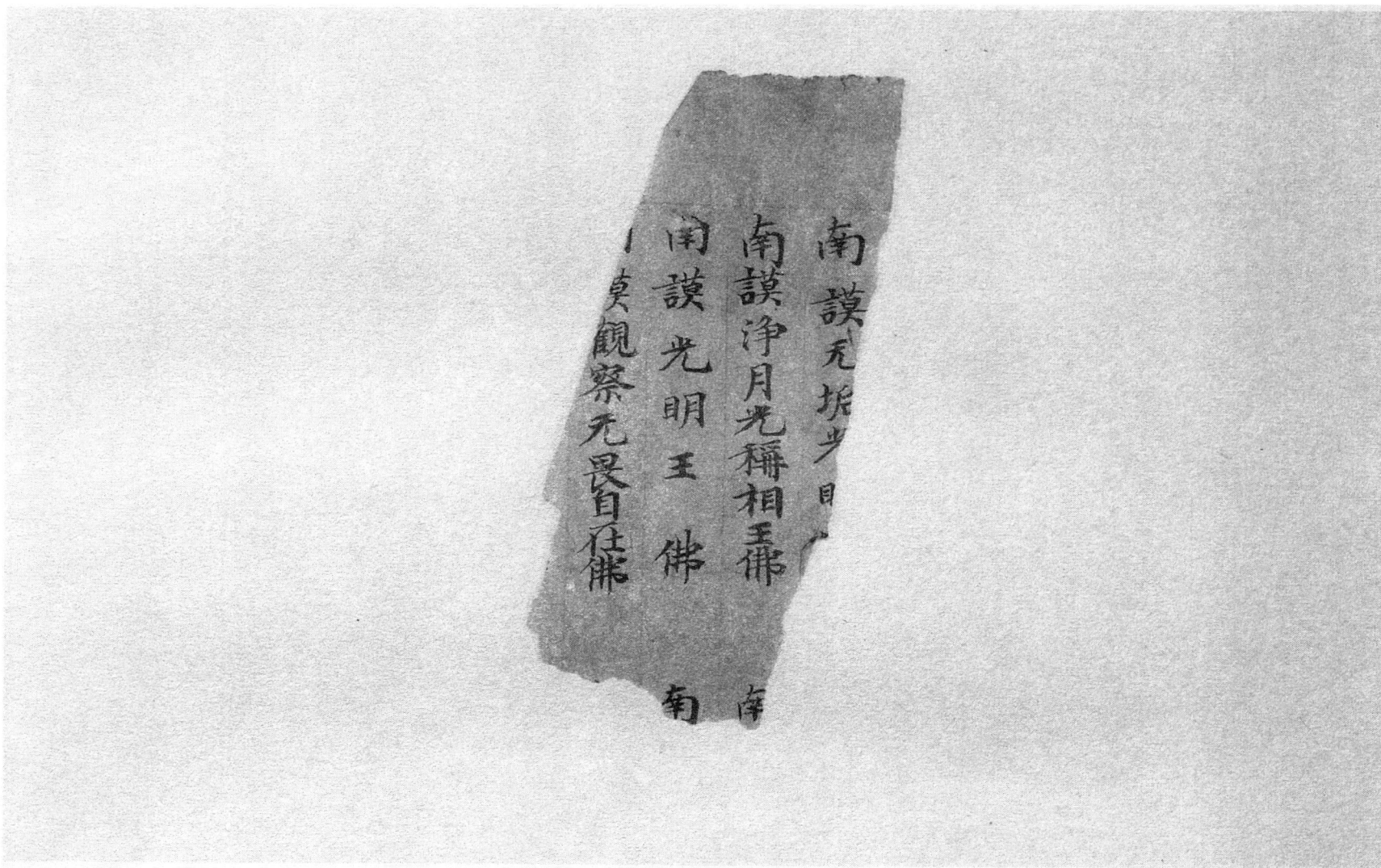

BD10856 號　金光明最勝王經卷五

（1-1）

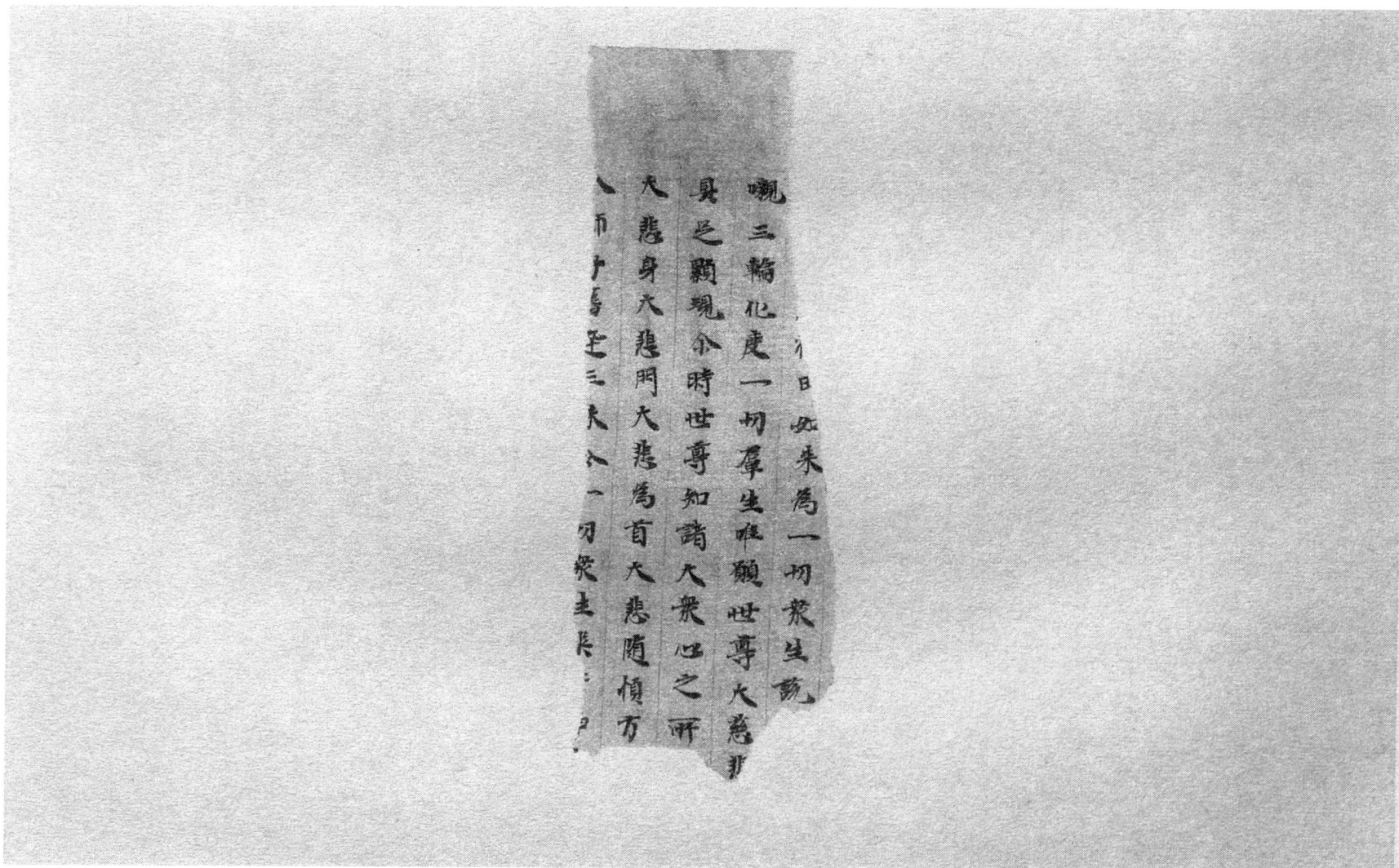

BD10857 號　大方廣佛華嚴經（晉譯五十卷本）卷三七

（1-1）

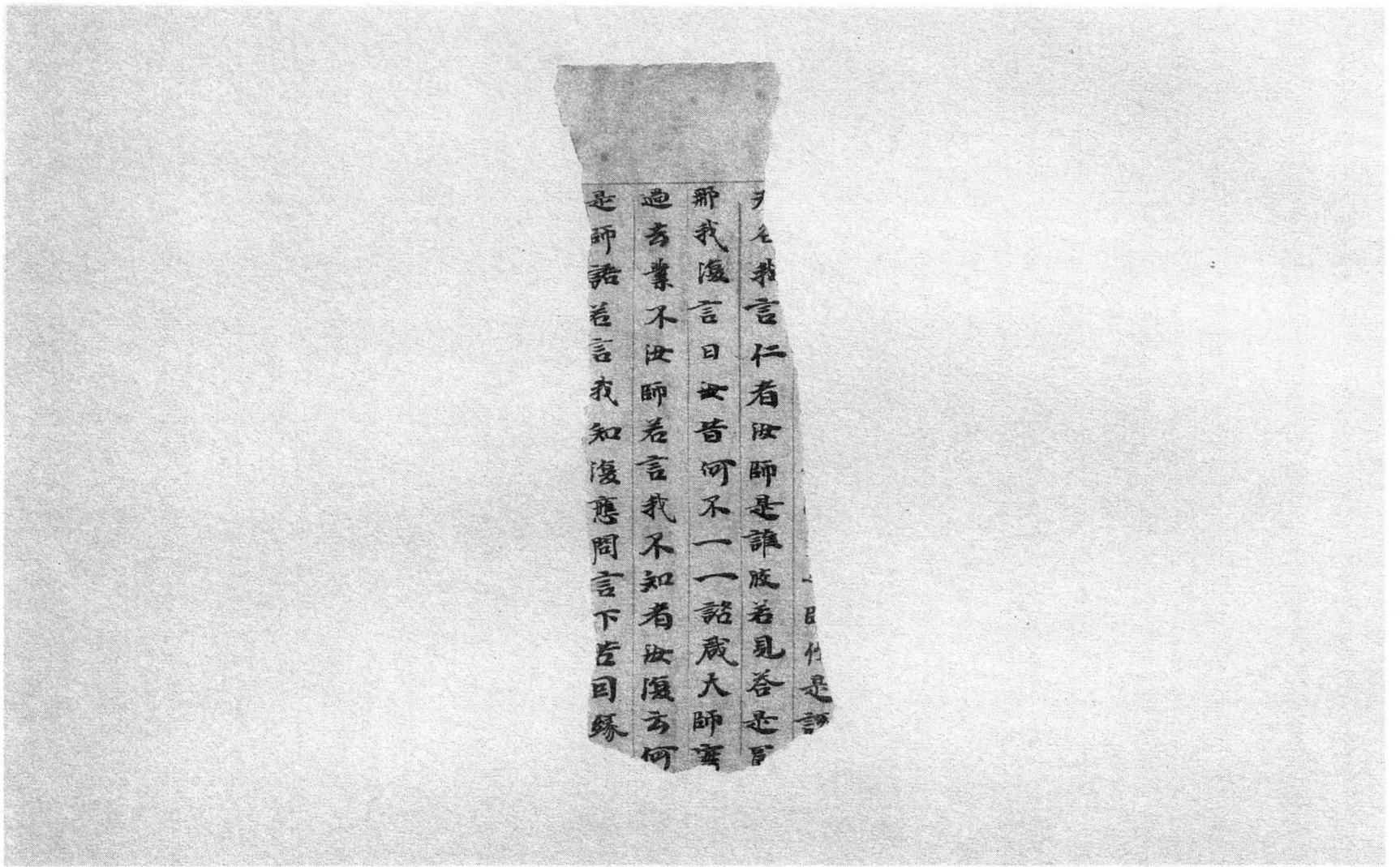

BD10858 號　大般涅槃經（北本）卷四〇　　　　　　　　　　　　　　（1-1）

BD10859 號　摩訶僧祇律卷五　　　　　　　　　　　　　　　　　　（1-1）

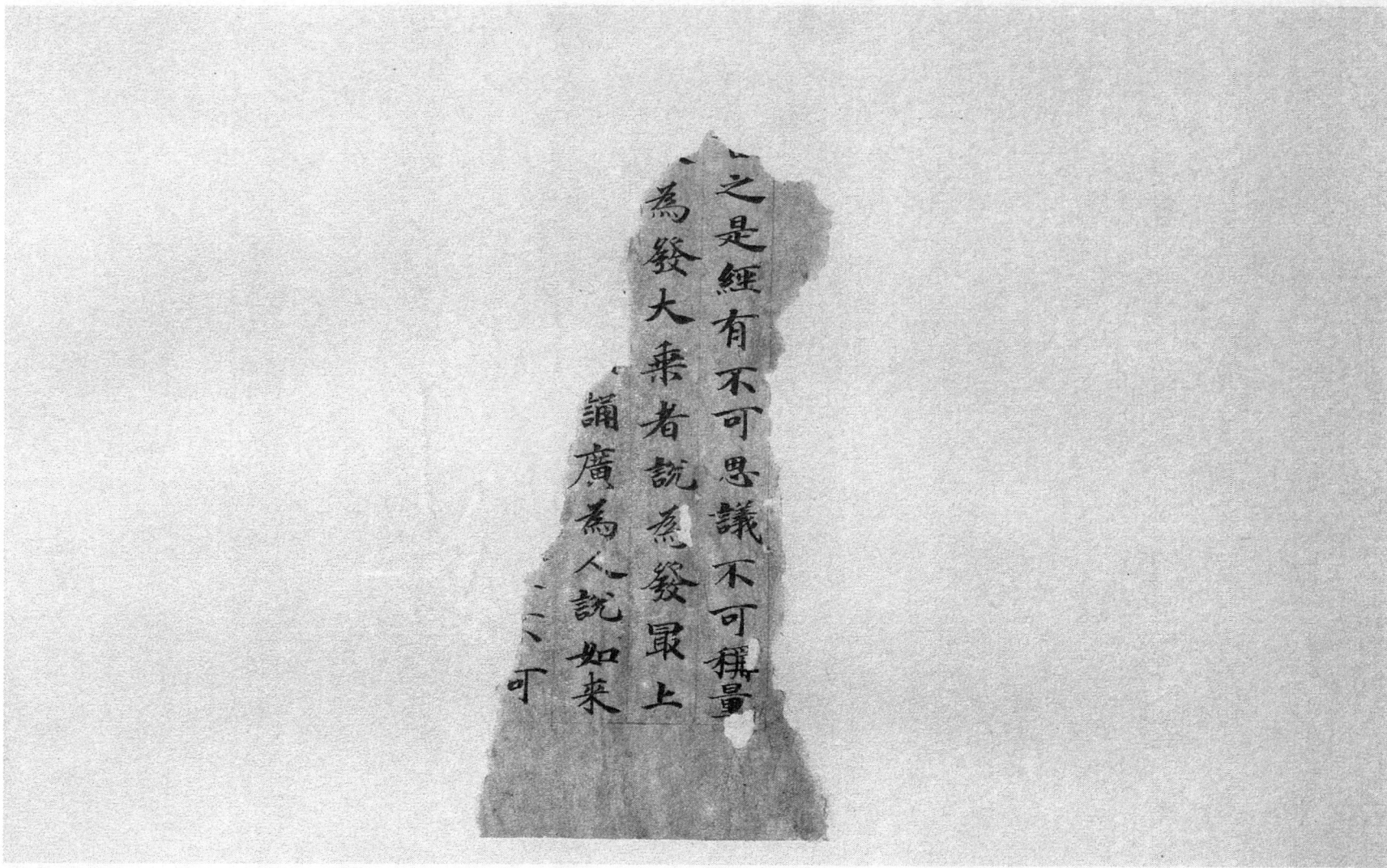

BD10860 號　金剛般若波羅蜜經 (1-1)

BD10861 號　妙法蓮華經卷一 (1-1)

BD10862 號　瑜伽師地論隨聽疏（擬） （1-1）

BD10862 號背　烏絲欄 （1-1）

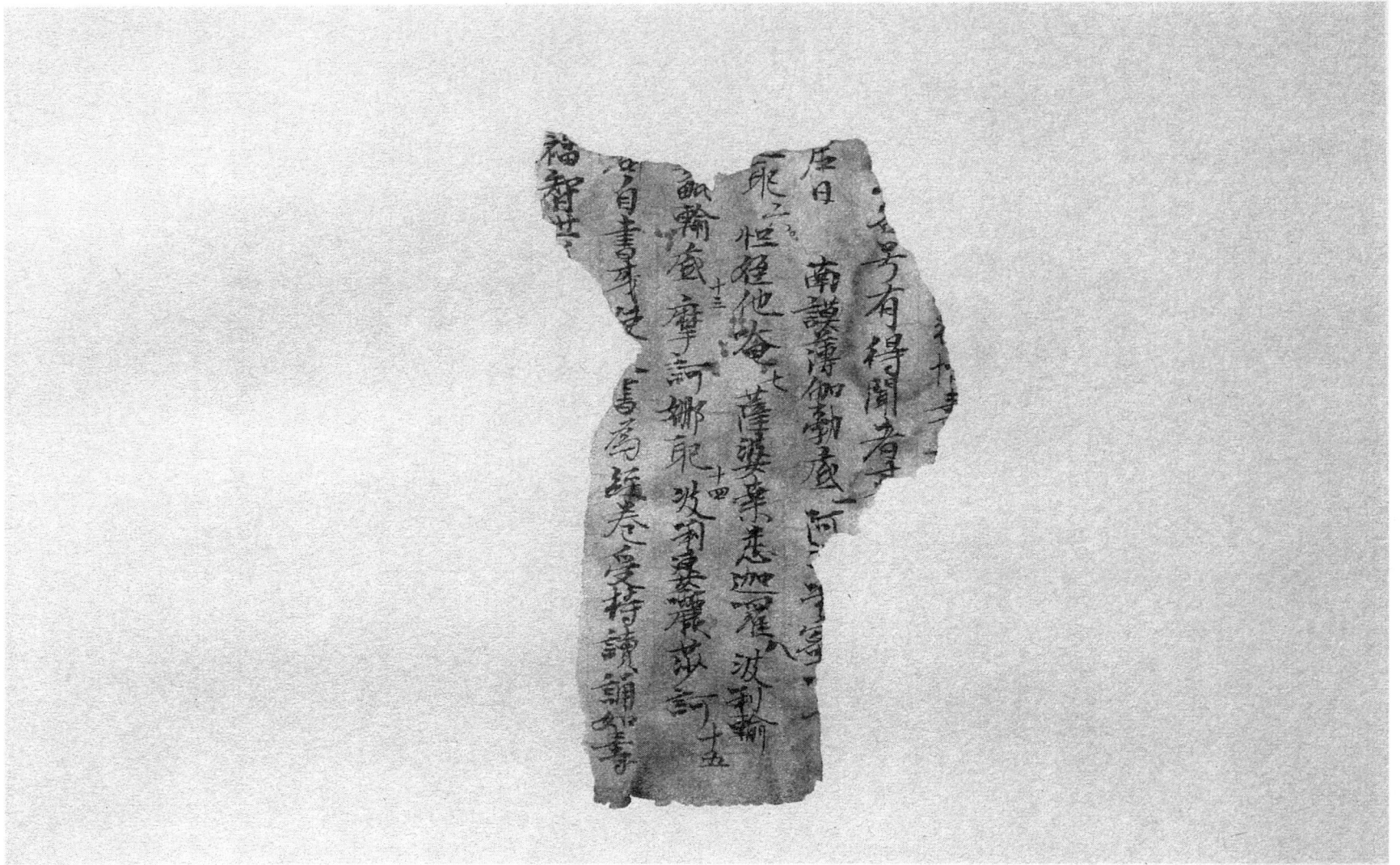

BD10863號　無量壽宗要經　　　　　　　　　　　　　　　　　　　　　　　（1-1）

BD10864號　小鈔　　　　　　　　　　　　　　　　　　　　　　　　　　（1-1）

BD10865 號　金剛般若波羅蜜經 （1-1）

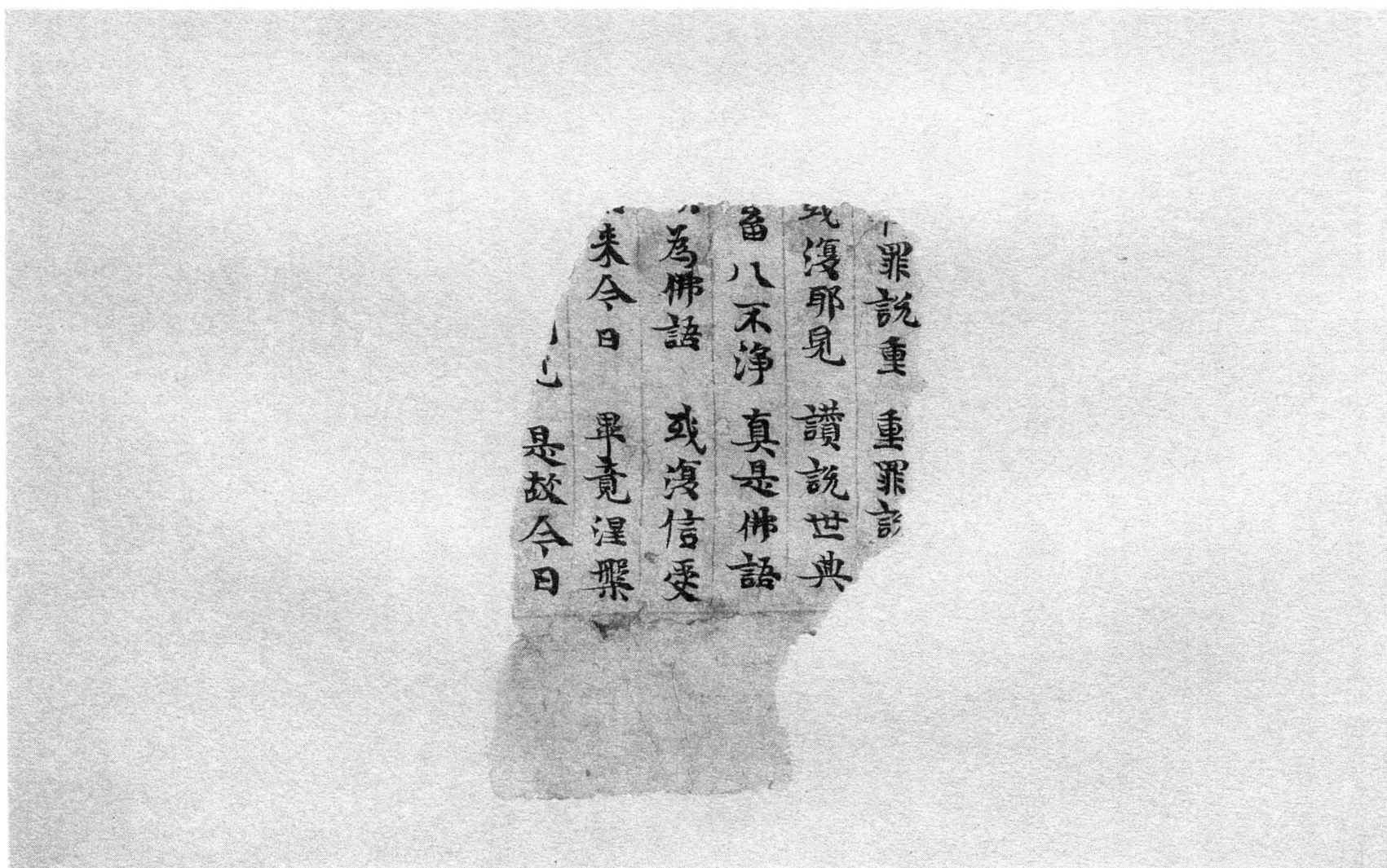

BD10866 號　大通方廣懺悔滅罪莊嚴成佛經卷下 （1-1）

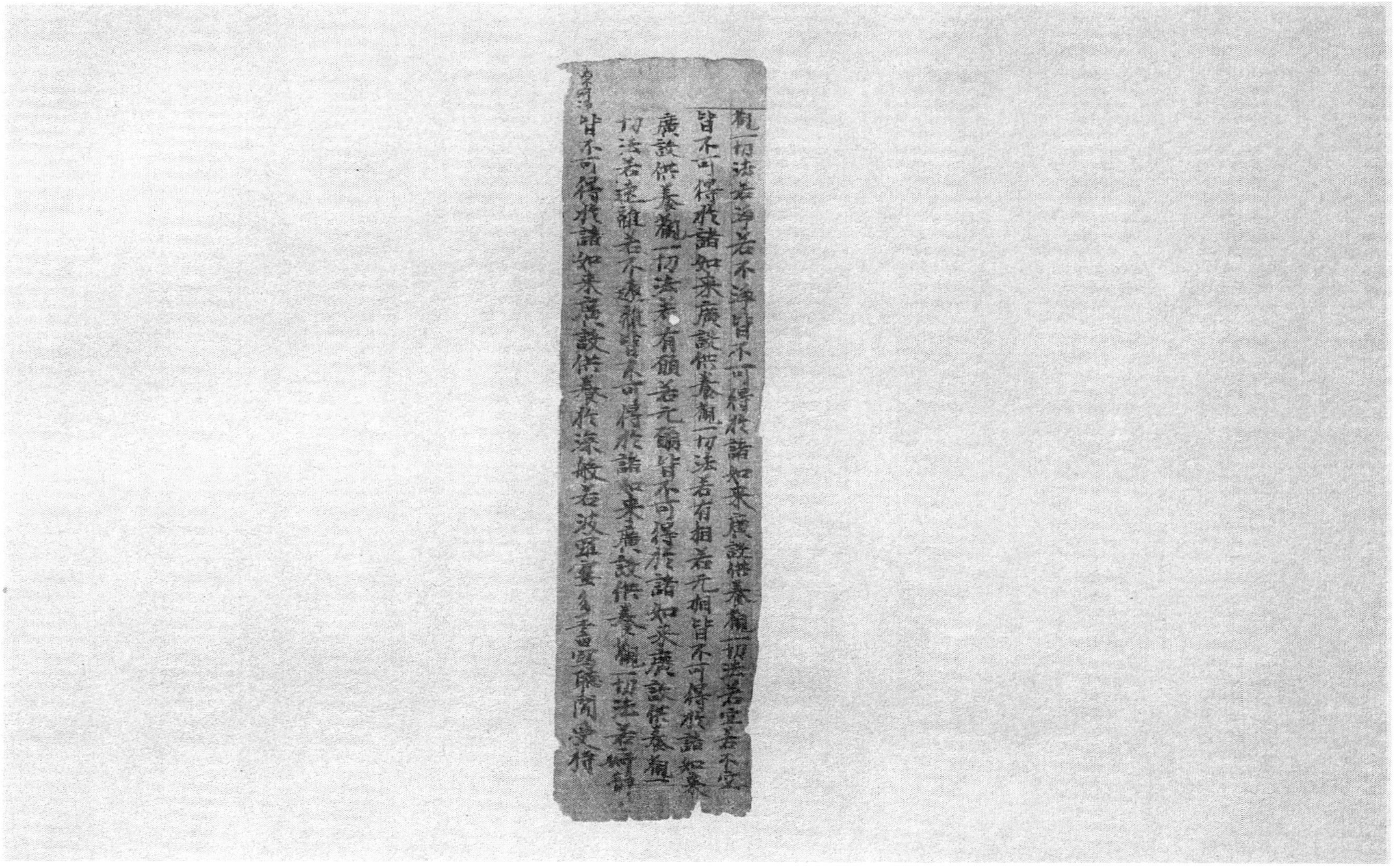
觀一切法若淨若不淨皆不可得於諸如來廣設供養觀一切法若空若不空
皆不可得於諸如來廣設供養觀一切法若有相若无相皆不可得於諸如來
廣設供養觀一切法若有願若无願皆不可得於諸如來廣設供養觀一
切法若遠離若不遠離皆不可得於諸如來廣設供養觀一切法若寂靜
皆不可得於諸如來廣設供養於深般若波羅蜜多[illegible]聞受持

BD10867 號　大般若波羅蜜多經卷五七八　　（1–1）

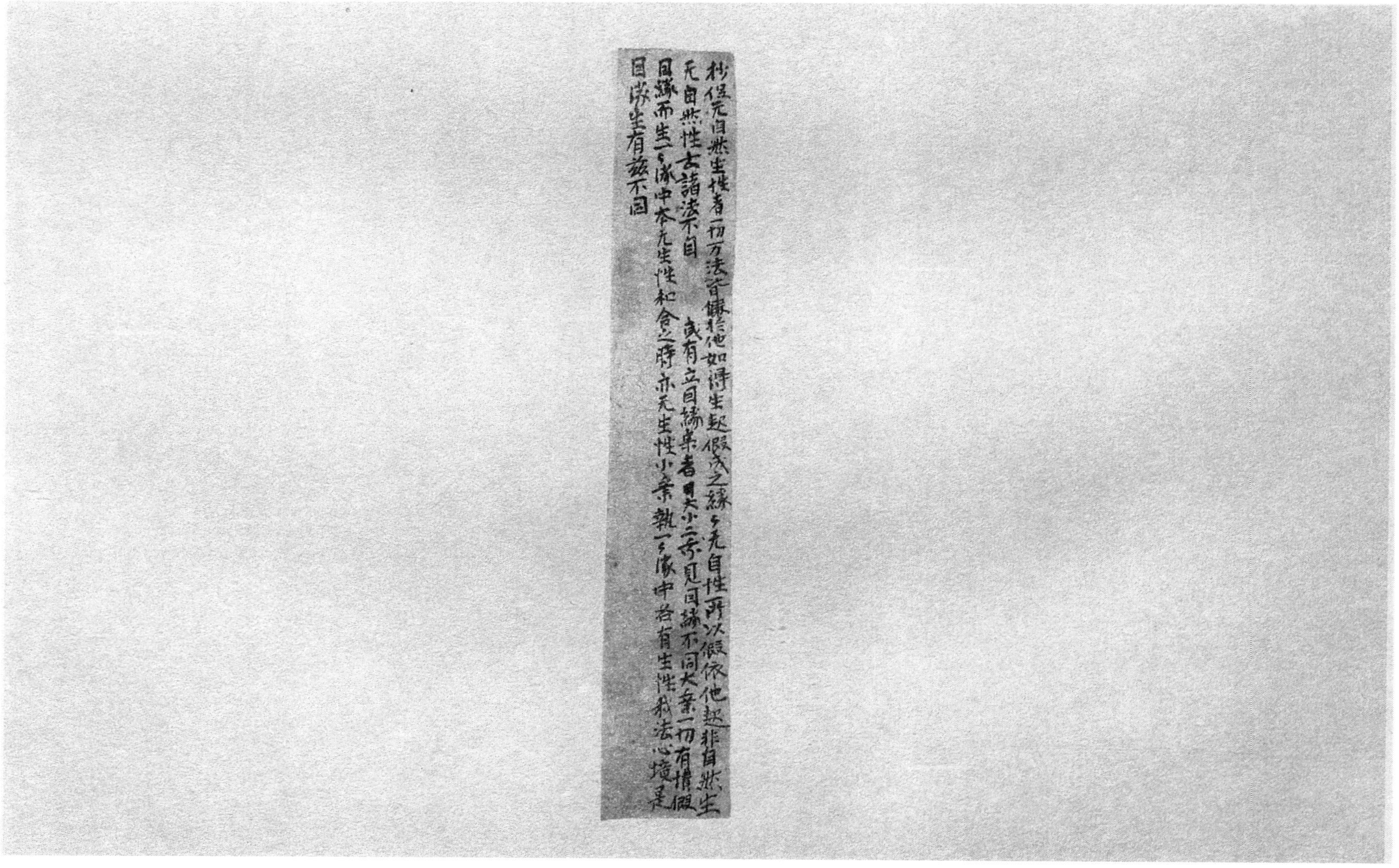
於緣无自然生性者一切万法皆繫於他如得生起假成之緣緣无自性所以假依他起非自然生
无自然性故諸法不自　或有立因緣果者因大小二乘見因緣不同大乘一切有情假
因緣而生緣緣中本无生性和合之時亦无生性小乘執一緣緣中各有生性我法心境是
因緣生有茲不同

BD10868 號　大乘百法明門論開宗義記隨聽疏（擬）　　（1–1）

BD10869 號　大乘百法明門論開宗義記隨聽疏（擬）　　　　　　　　　　（1-1）

BD10870 號　大乘百法明門論開宗義記隨聽疏（擬）　　　　　　　　　　（1-1）

BD10871 號　大乘百法明門論開宗義記隨聽疏（擬）　　（1–1）

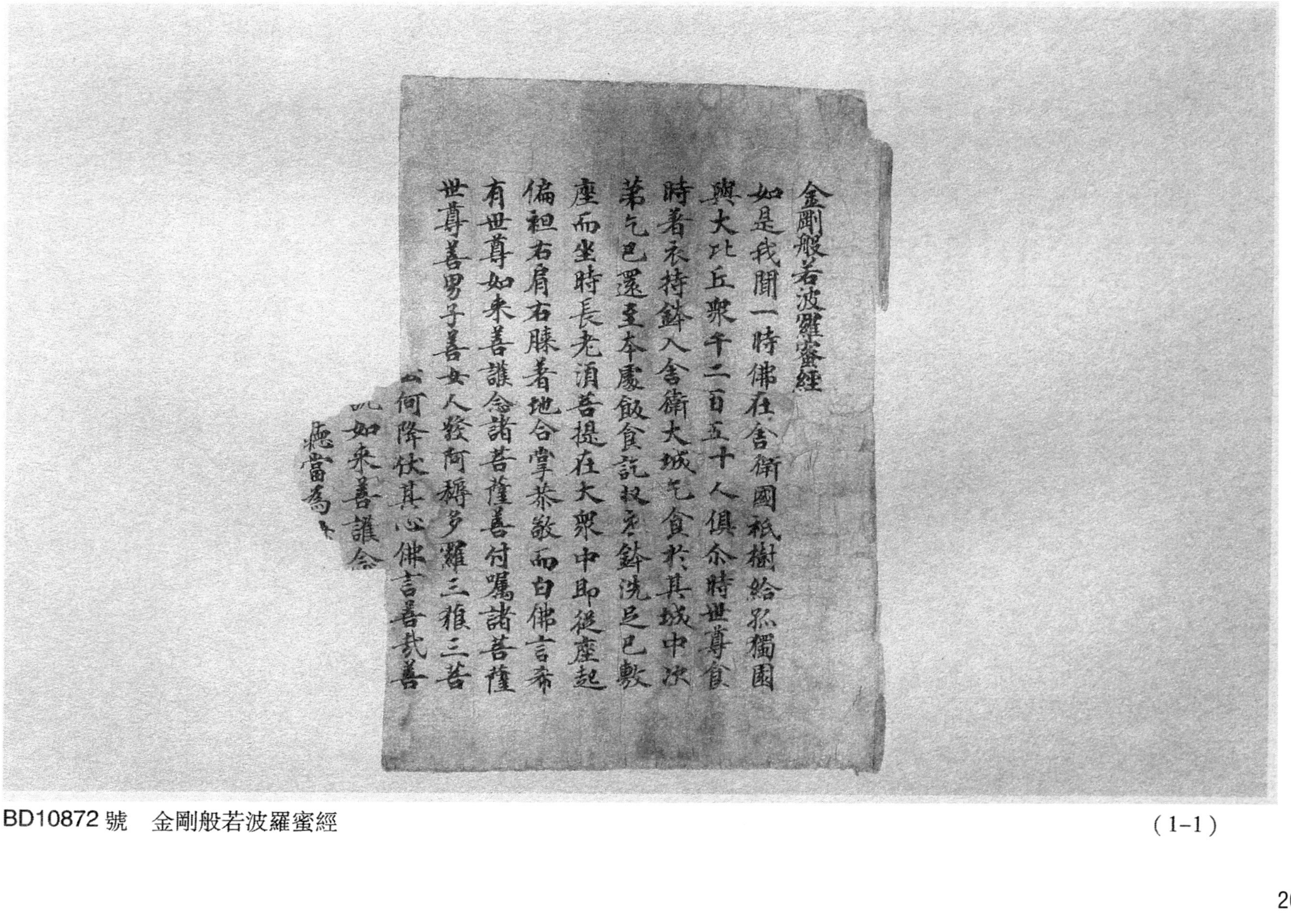

金剛般若波羅蜜經
如是我聞一時佛在舍衛國祇樹給孤獨園
與大比丘衆千二百五十人俱尒時世尊食
時著衣持鉢入舍衛大城乞食於其城中次
第乞已還至本處飯食訖收衣鉢洗足已敷
座而坐時長老須菩提在大衆中即從座起
偏袒右肩右膝著地合掌恭敬而白佛言希
有世尊如來善護念諸菩薩善付囑諸菩薩
世尊善男子善女人發阿耨多羅三藐三菩
云何降伏其心佛言善哉善
說如來善護念
應當爲

BD10872 號　金剛般若波羅蜜經　　（1–1）

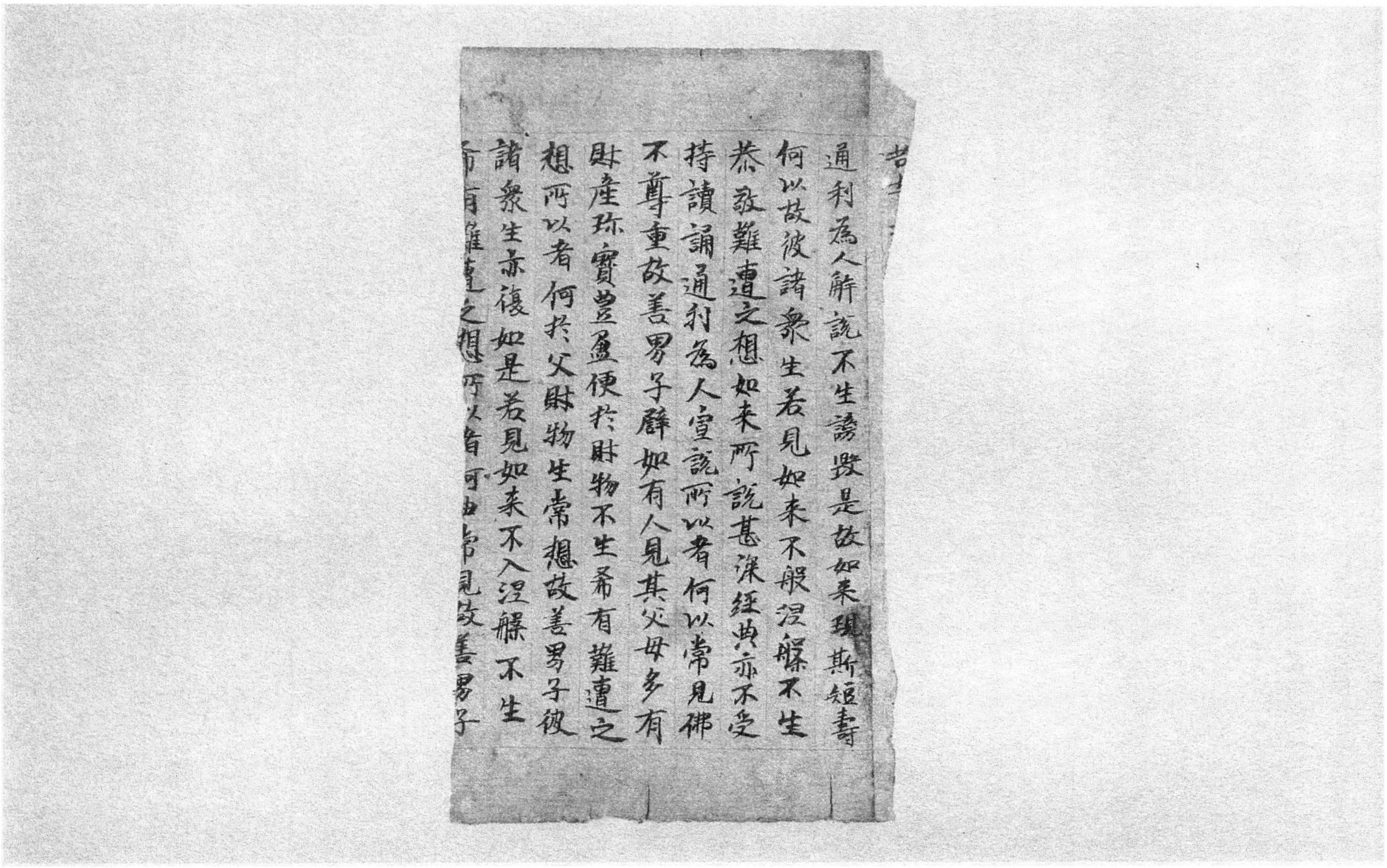

BD10873 號　金光明最勝王經卷一　　　　　　　　　　　　　　　　　（1-1）

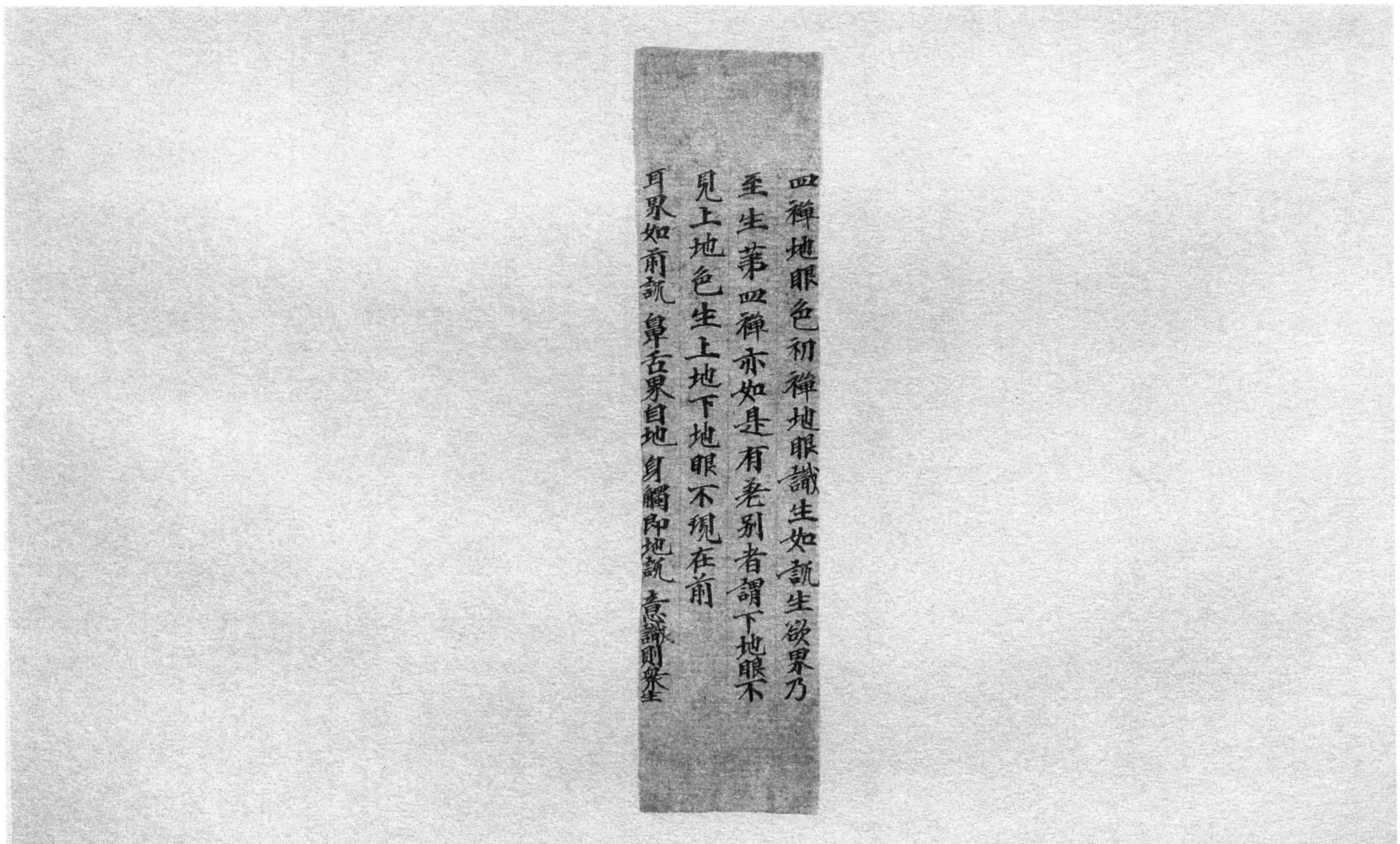

通利為人解說不生謗毀是故如來現斯短壽
何以故彼諸眾生若見如來不服涅槃不生
恭敬難遭之想如來所說甚深經典亦不受
持讀誦通利為人宣說所以者何以常見佛
不尊重故善男子譬如有人見其父母多有
財產珍寶豐盈便於財物不生希有難遭之
想兩以者何共父財物生常想故善男子彼
諸眾生亦復如是若見如來不入涅槃不生
希有難遭之想所以者由常見故善男子

BD10874 號　雜阿毗曇心論卷一　　　　　　　　　　　　　　　　　（1-1）

四禪地眼色初禪地眼識生如說生欲界乃
至生第四禪亦如是有差別者謂下地眼不
見上地色上地下地眼不現在前
耳界如前說鼻舌眾自地　身識即地說　意識則眾生

203

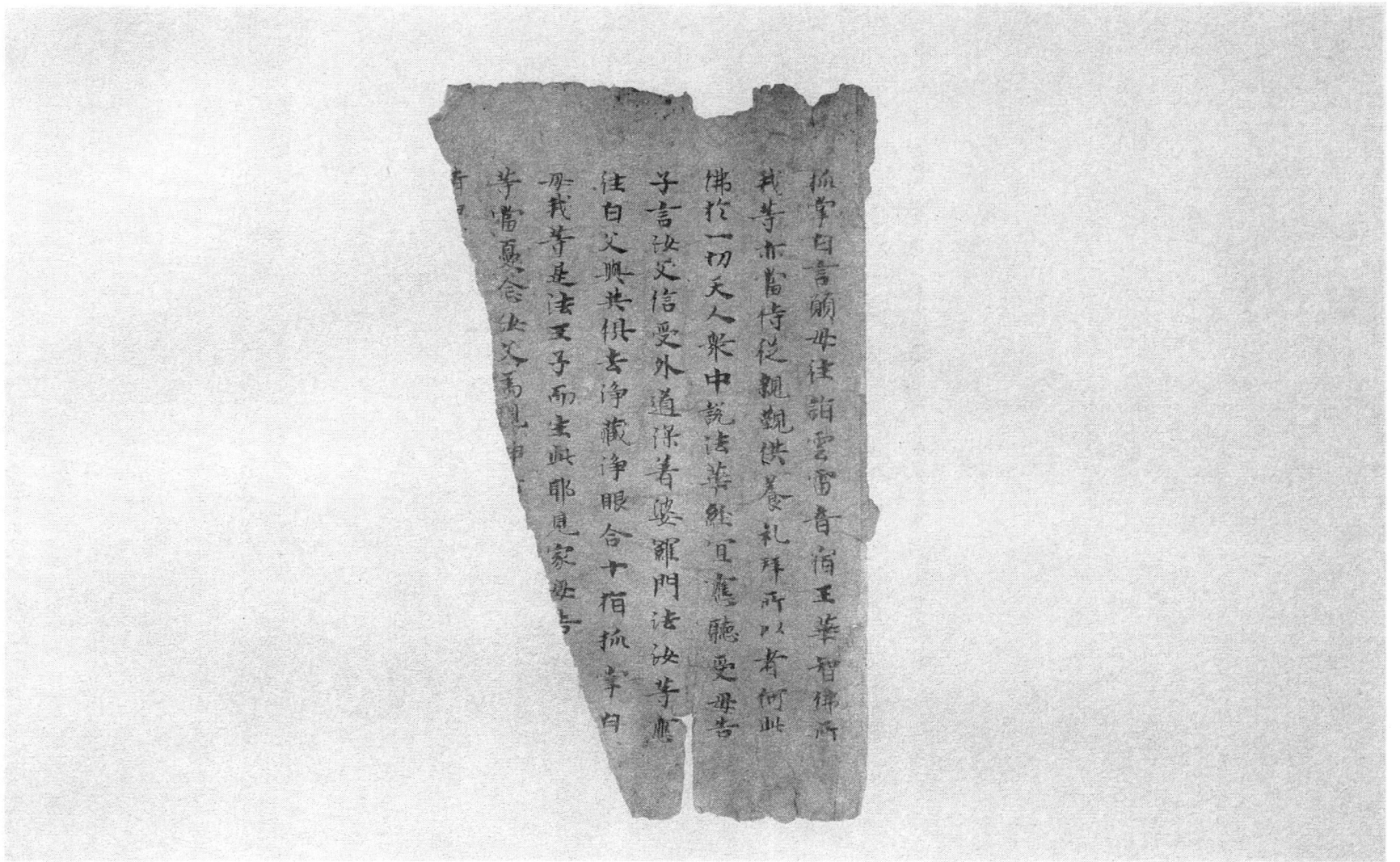

BD10875 號　妙法蓮華經卷七　　　　　　　　　　　　　　　　　　　　（1-1）

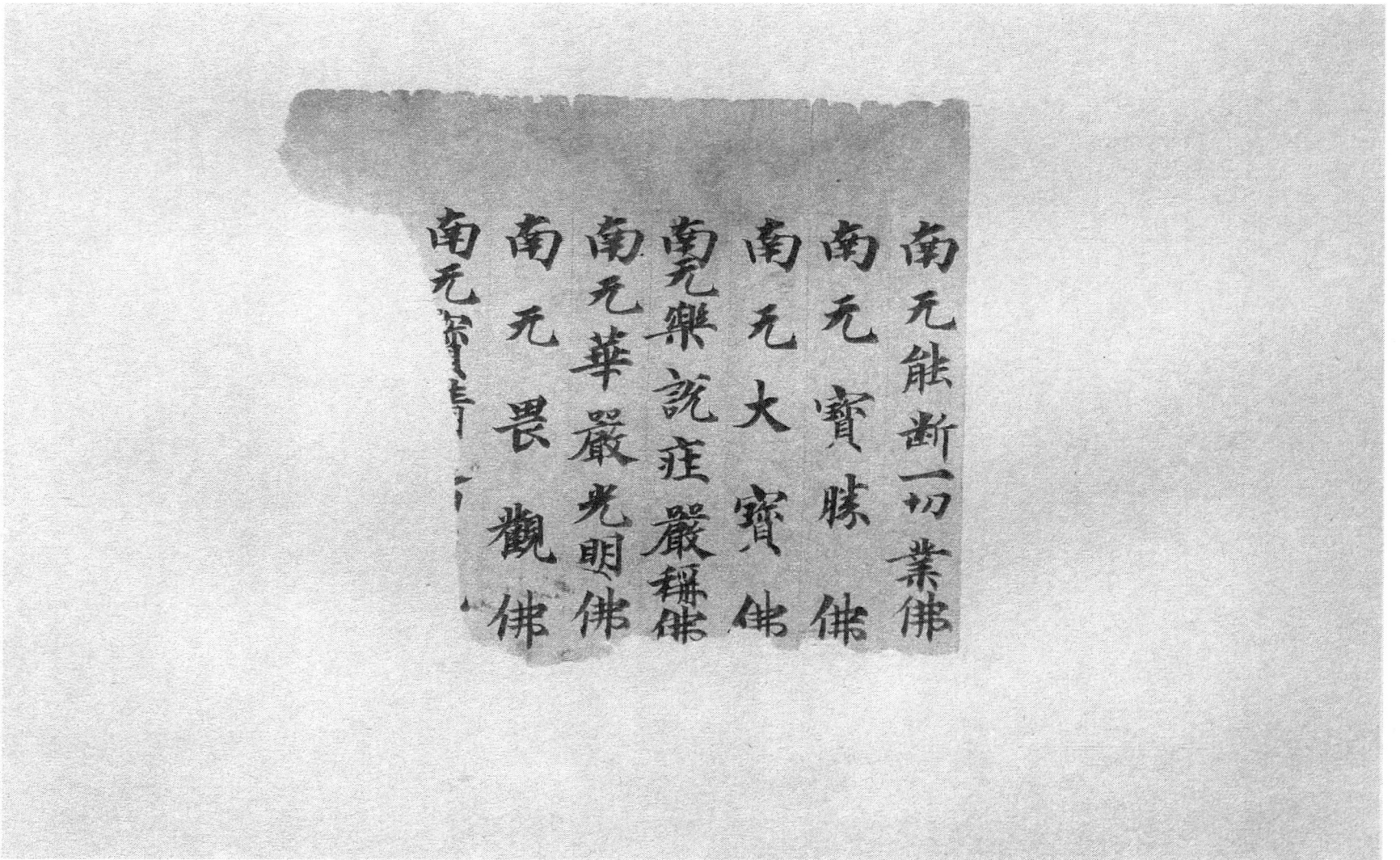

BD10876 號　佛名經（十六卷本）卷一二　　　　　　　　　　　　　　（1-1）

BD10876 號背　勘記　　　　　　　　　　　　　　　　　　　　　　　　　　　（1-1）

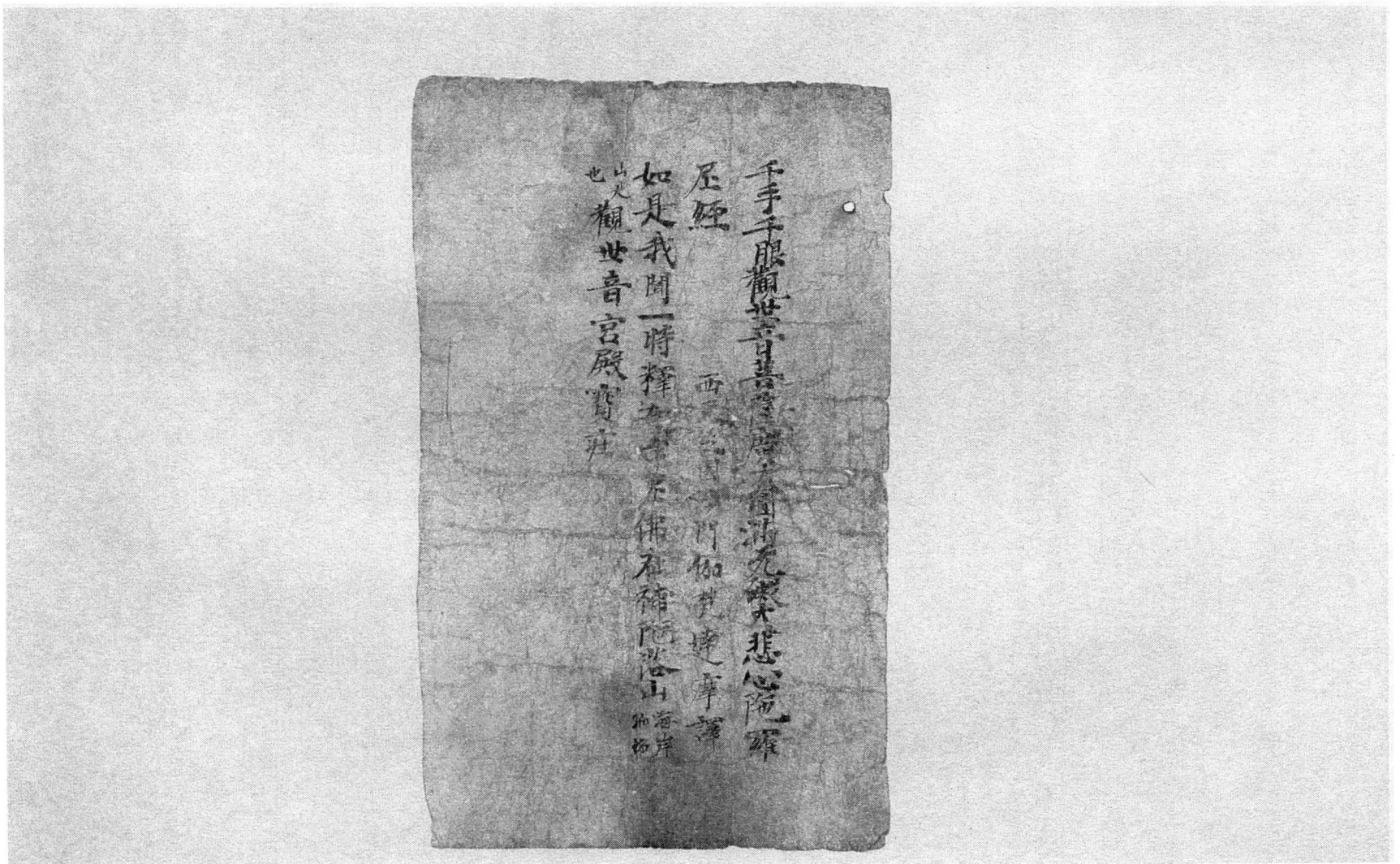

BD10877 號　千手千眼觀世音菩薩廣大圓滿無礙大悲心陀羅尼經（兌廢稿）　　（1-1）

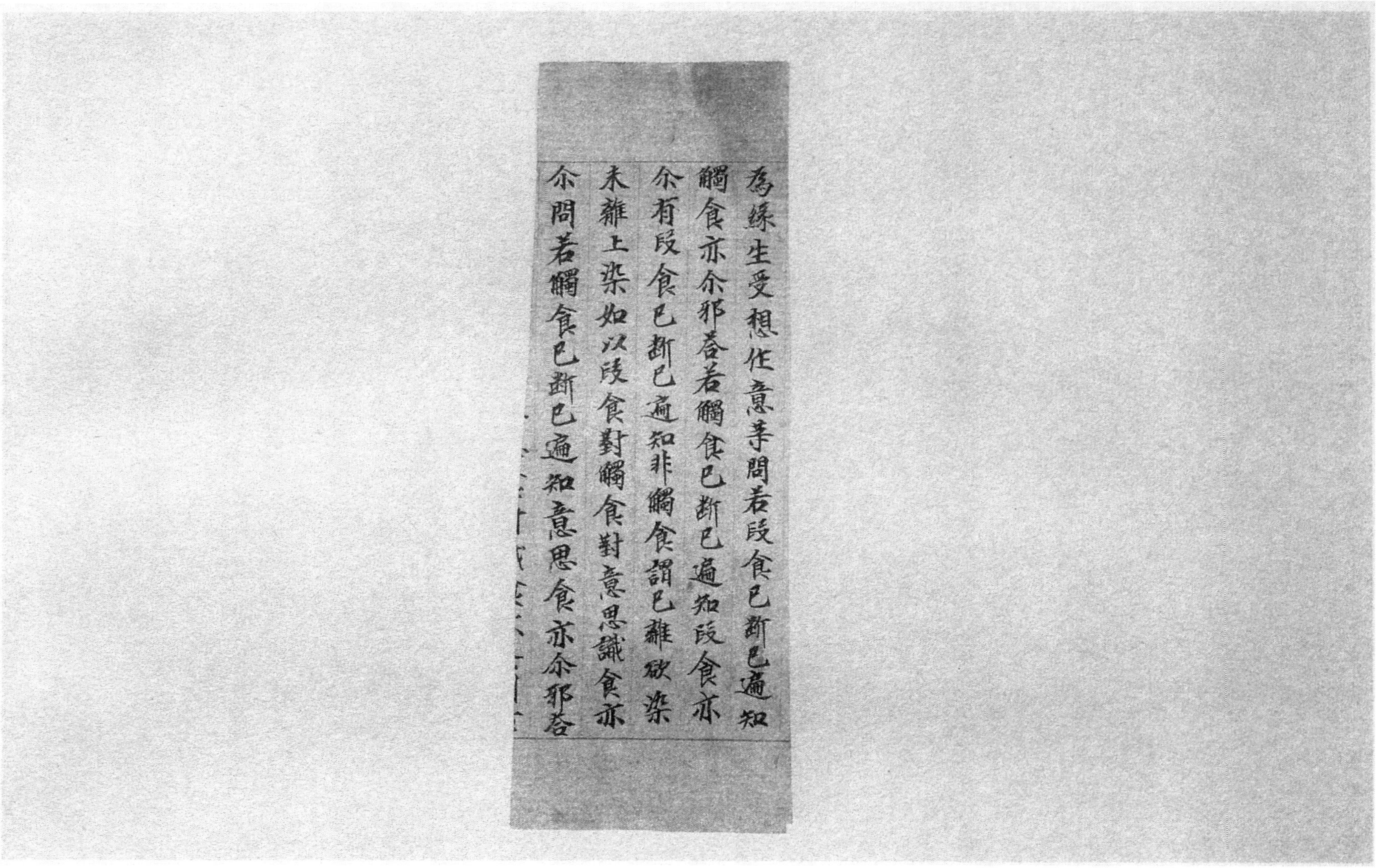

爲緣生受想作意等問若段食已斷已遍知
觸食亦尒耶答若觸食已斷已遍知段食亦
尒有段食已斷已遍知非觸食謂已離欲染
未離上染如以段食對觸食對意思識食亦
尒問若觸食已斷已遍知意思食亦尒耶答

BD10878號　阿毗達磨集異門足論卷一　（1–1）

邊故當知菩薩
觸无邊故當知生
緣所生諸受乃至
故當知菩薩摩訶
无邊故當知菩薩
增上緣无邊故當
明乃至老死无邊
邊布施波羅蜜多 至般若
故當知菩薩摩訶薩亦无邊
聖道支无邊故當知菩薩摩
靜慮四无量四无色定无邊
訶薩亦无邊八解脫九次第
菩薩摩訶薩亦无邊空无相
邊故當知菩薩摩訶薩亦
无邊故當知菩薩

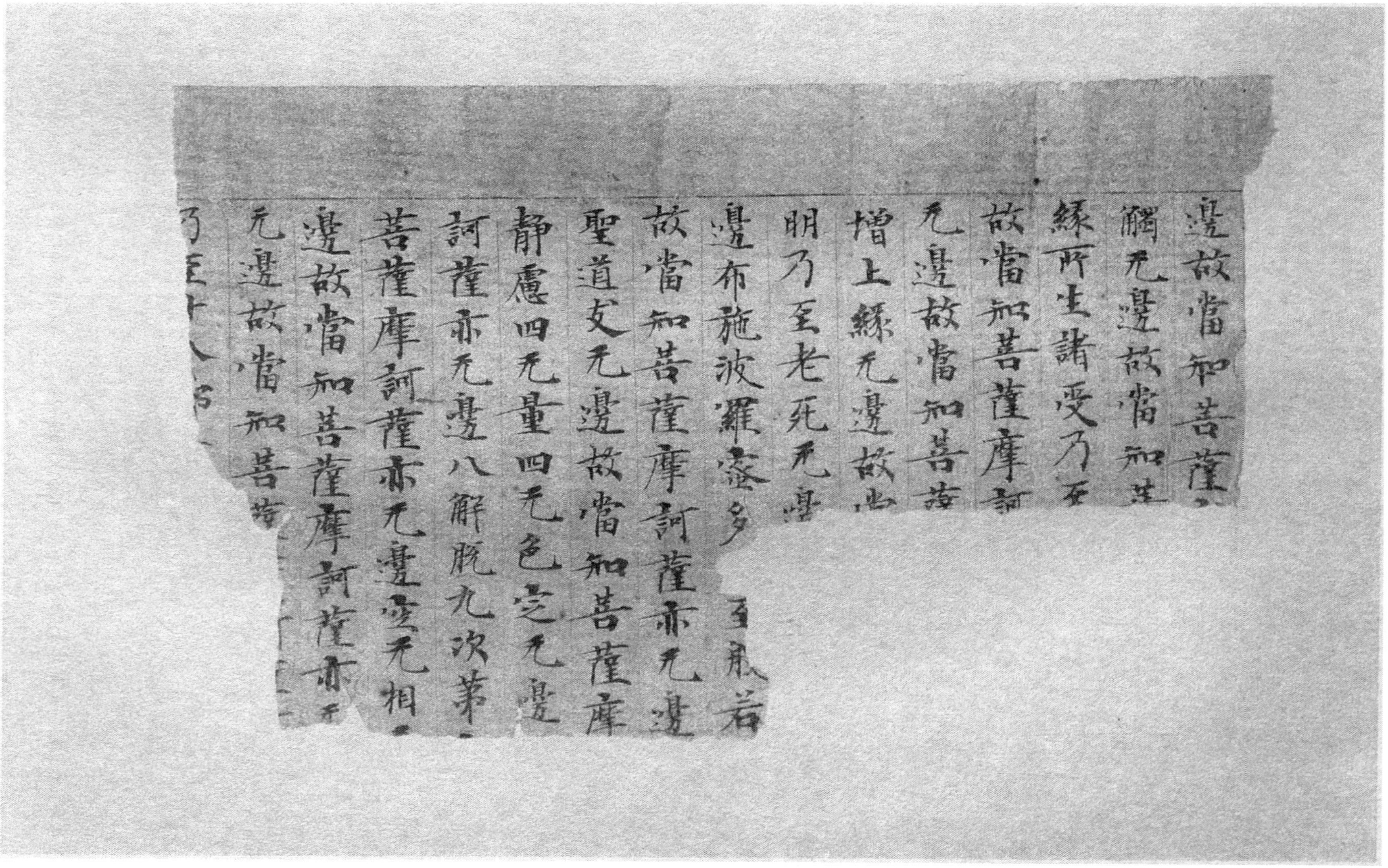

BD10879號　大般若波羅蜜多經卷四九六　（1–1）

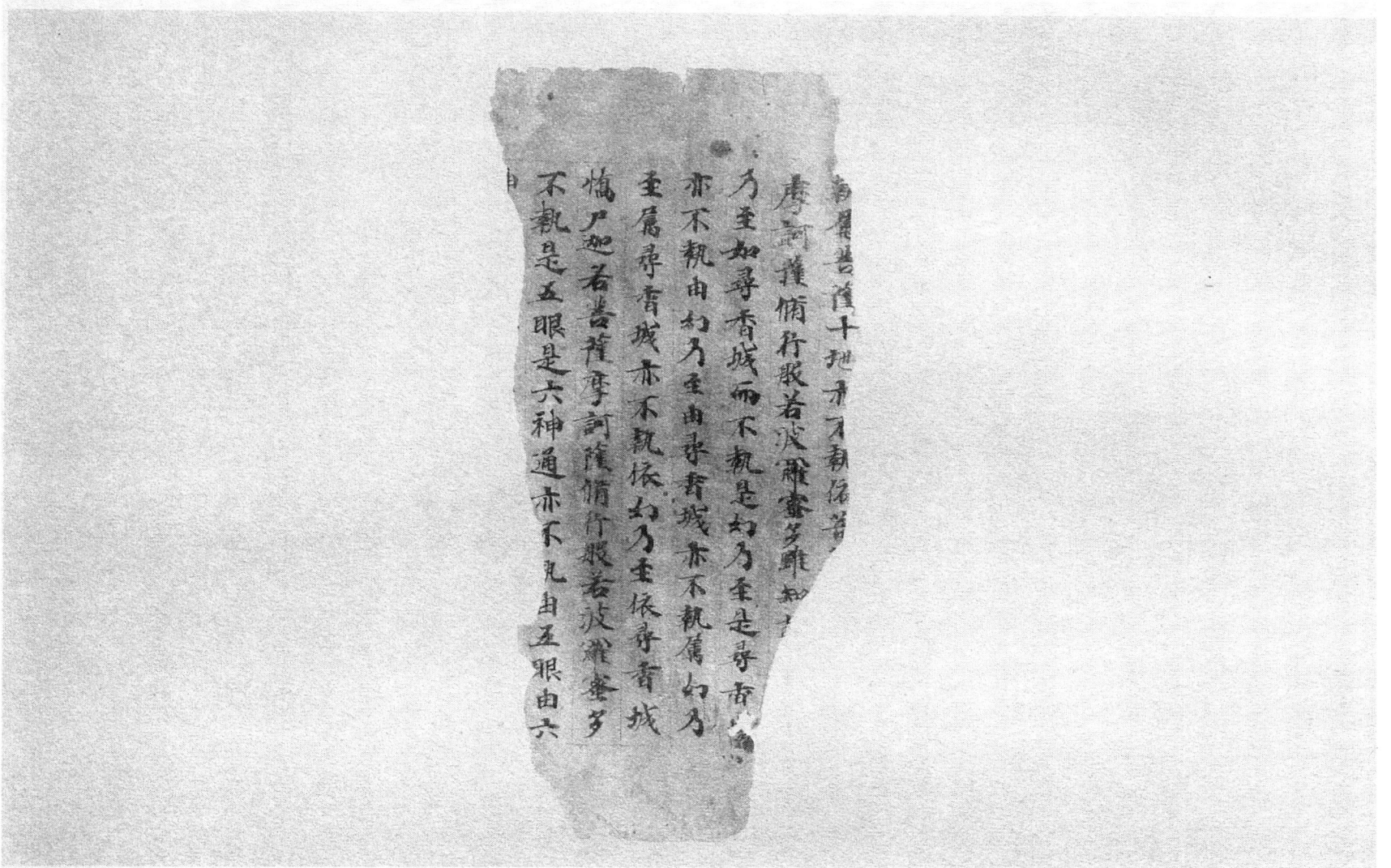

BD10880號　大般若波羅蜜多經卷二九二　　　　　　　　　　　　　　　　（1-1）

BD10881號　大般若波羅蜜多經經文雜寫（擬）　　　　　　　　　　　　　（1-1）

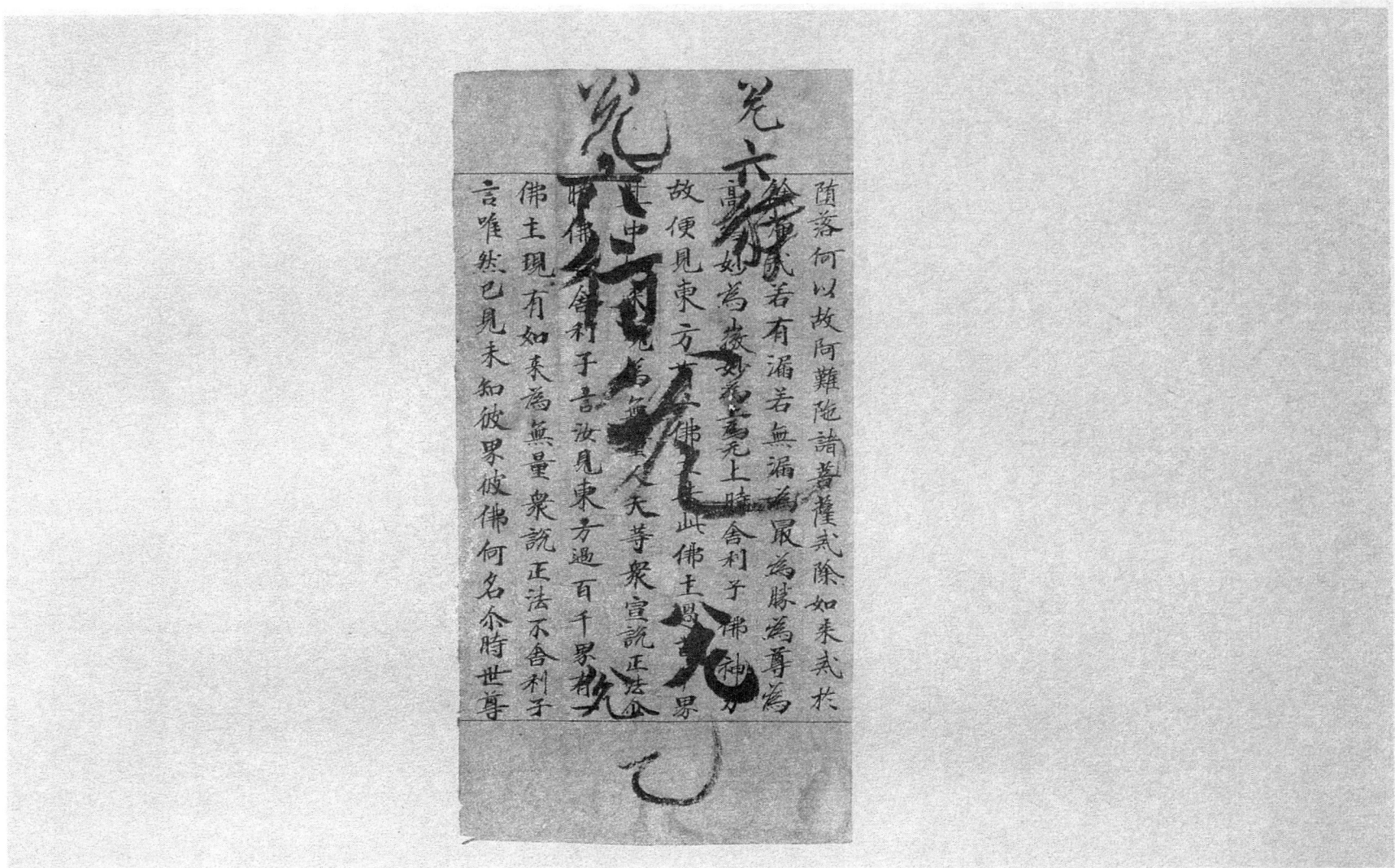

BD10882 號　大般若波羅蜜多經卷五八六（兌廢稿）　　　　　　　　　　（1-1）

BD10883 號　金剛般若波羅蜜經　　　　　　　　　　（1-1）

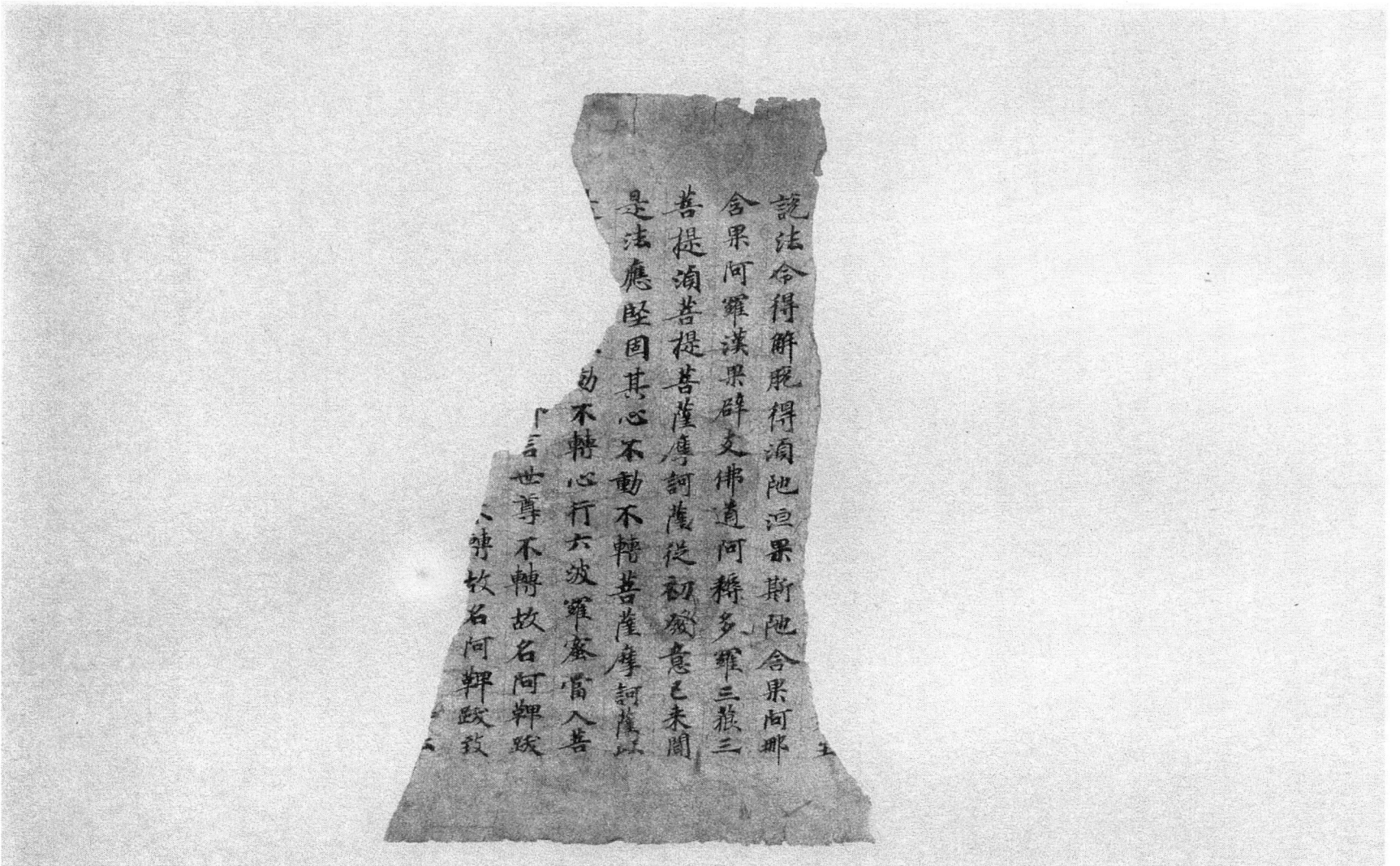

BD10884號　摩訶般若波羅蜜經卷一七　　　　　　　　　　　　　　　　（1-1）

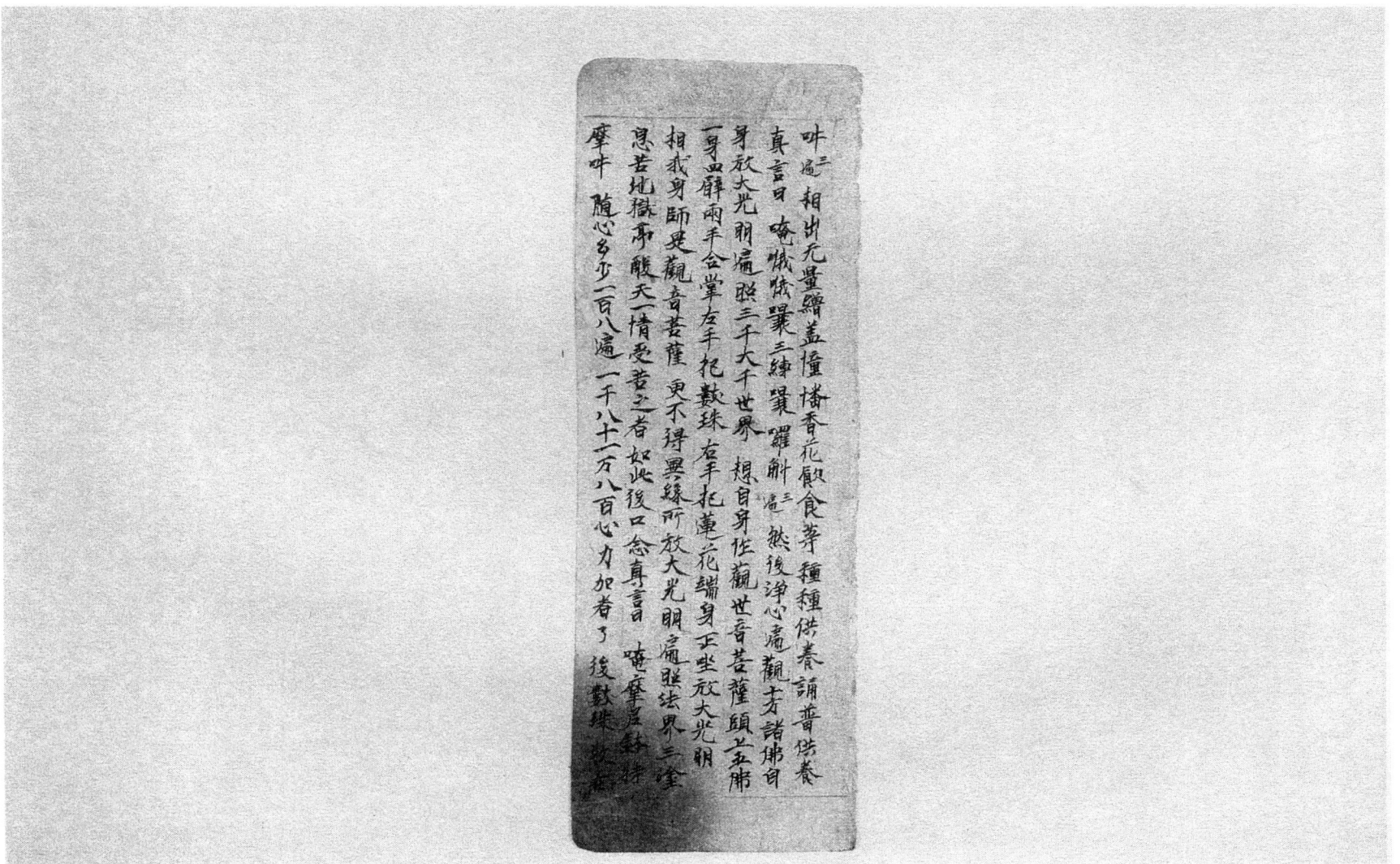

BD10885號　密教修習儀軌（擬）　　　　　　　　　　　　　　　　　　　（1-1）

BD10885 號背　密教修習儀軌（擬）　　　　　　　　　（1-1）

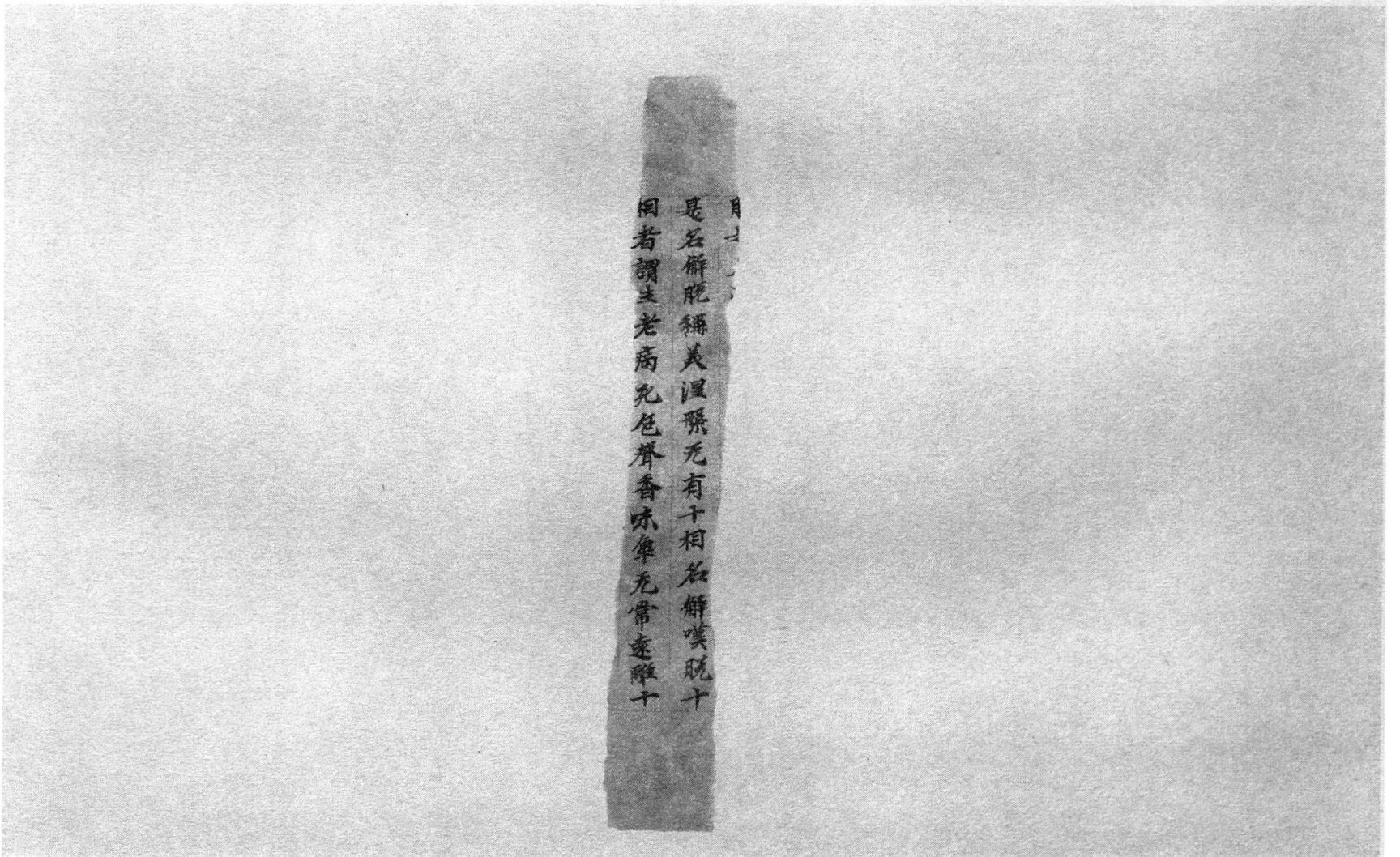

BD10886 號　大般涅槃經（北本）卷二七　　　　　　　（1-1）

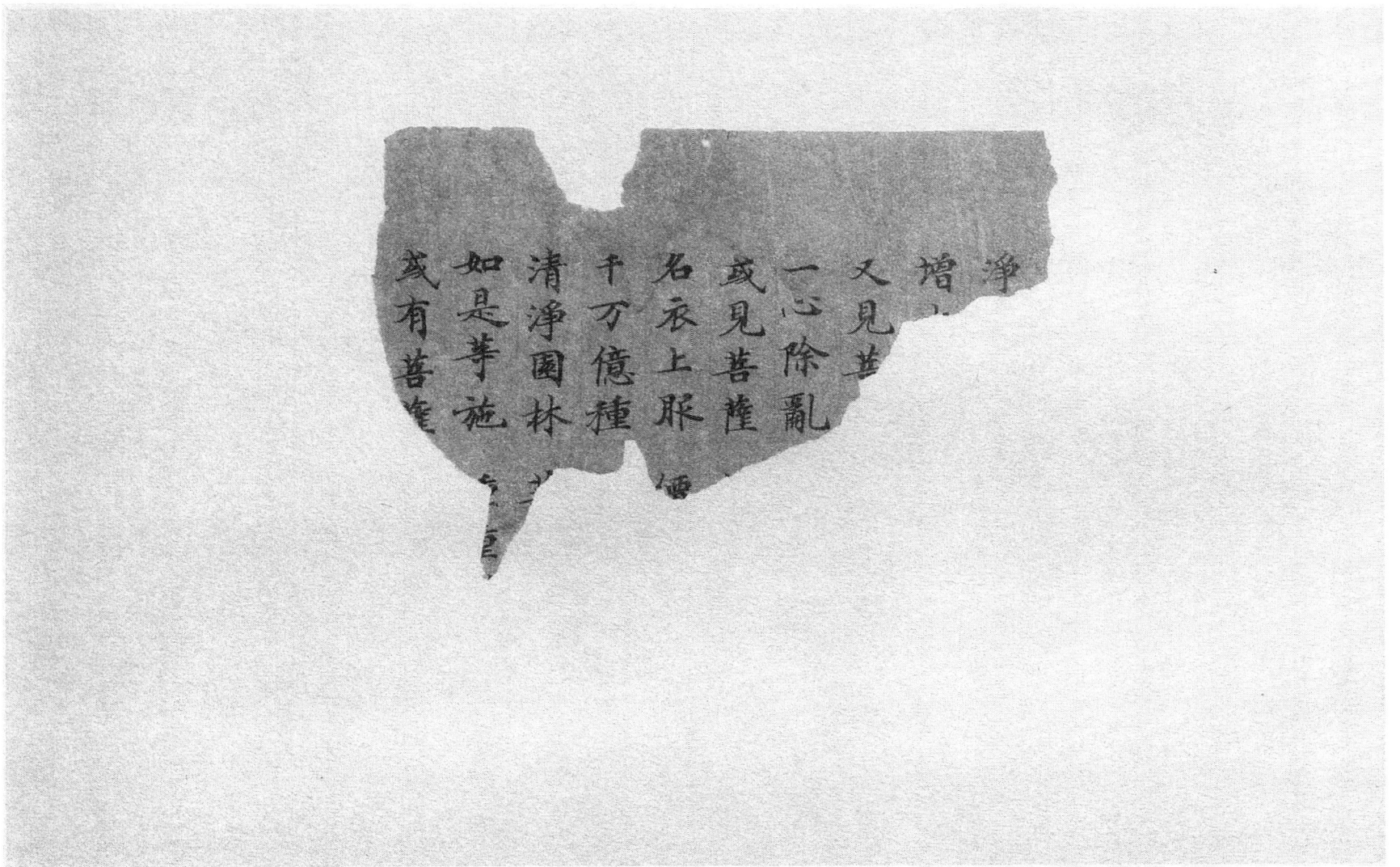

BD10887 號　妙法蓮華經卷一　（1-1）

BD10888 號　妙法蓮華經卷一　（1-i）

BD10889號　妙法蓮華經卷二　　　　　　　　　　　　　　　（1-1）

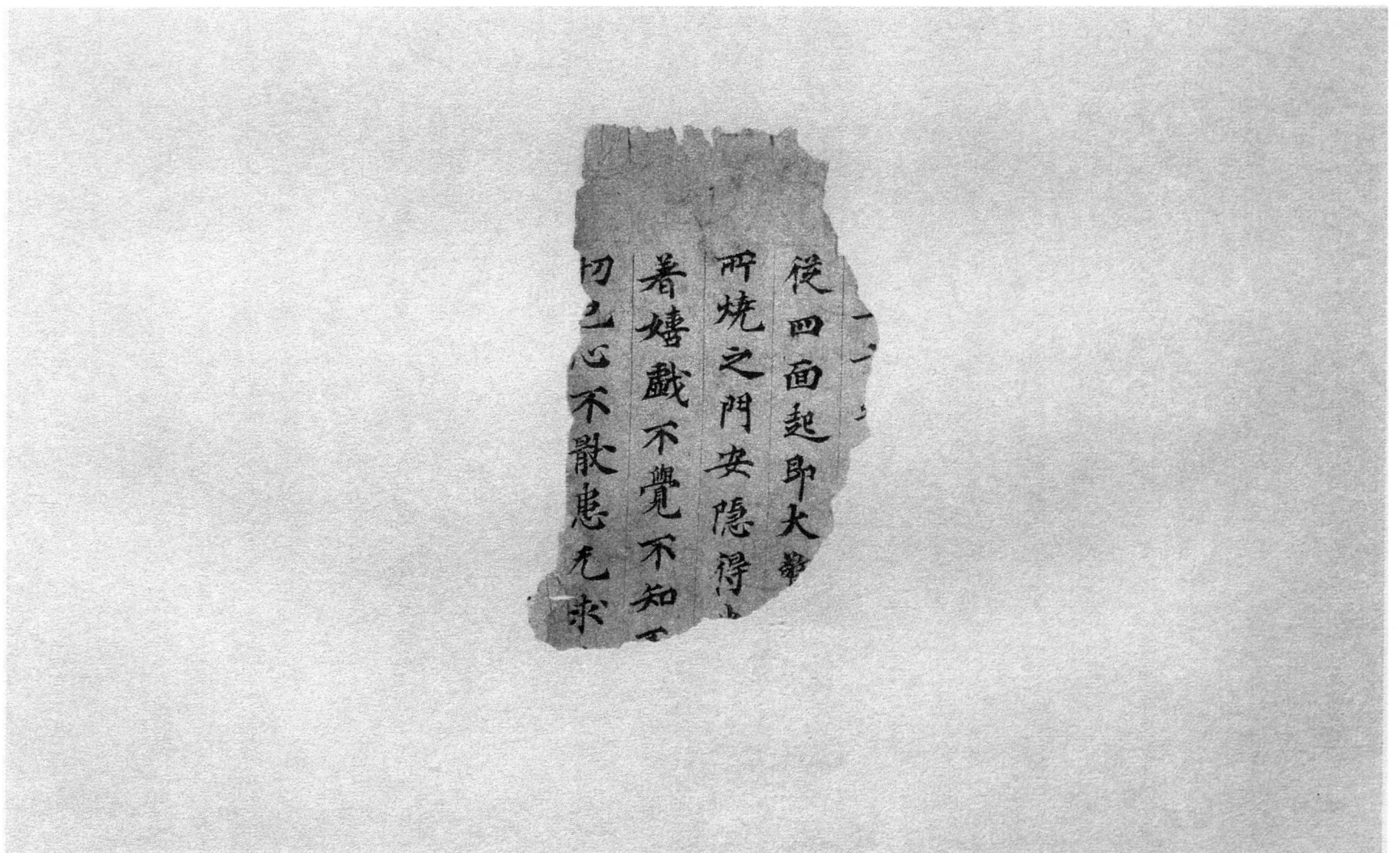

BD10890號　妙法蓮華經卷二　　　　　　　　　　　　　　　（1-1）

BD10891 號　金剛般若波羅蜜經　　　　　　　　　　　　　　　　　　　　（1-1）

BD10892 號　妙法蓮華經卷五　　　　　　　　　　　　　　　　　　　　　（1-1）

BD10893 號　維摩詰所說經卷中　　　　　　　　　　　　　　　　　　（1-1）

BD10894 號　大般涅槃經（北本）卷二　　　　　　　　　　　　　　　（1-1）

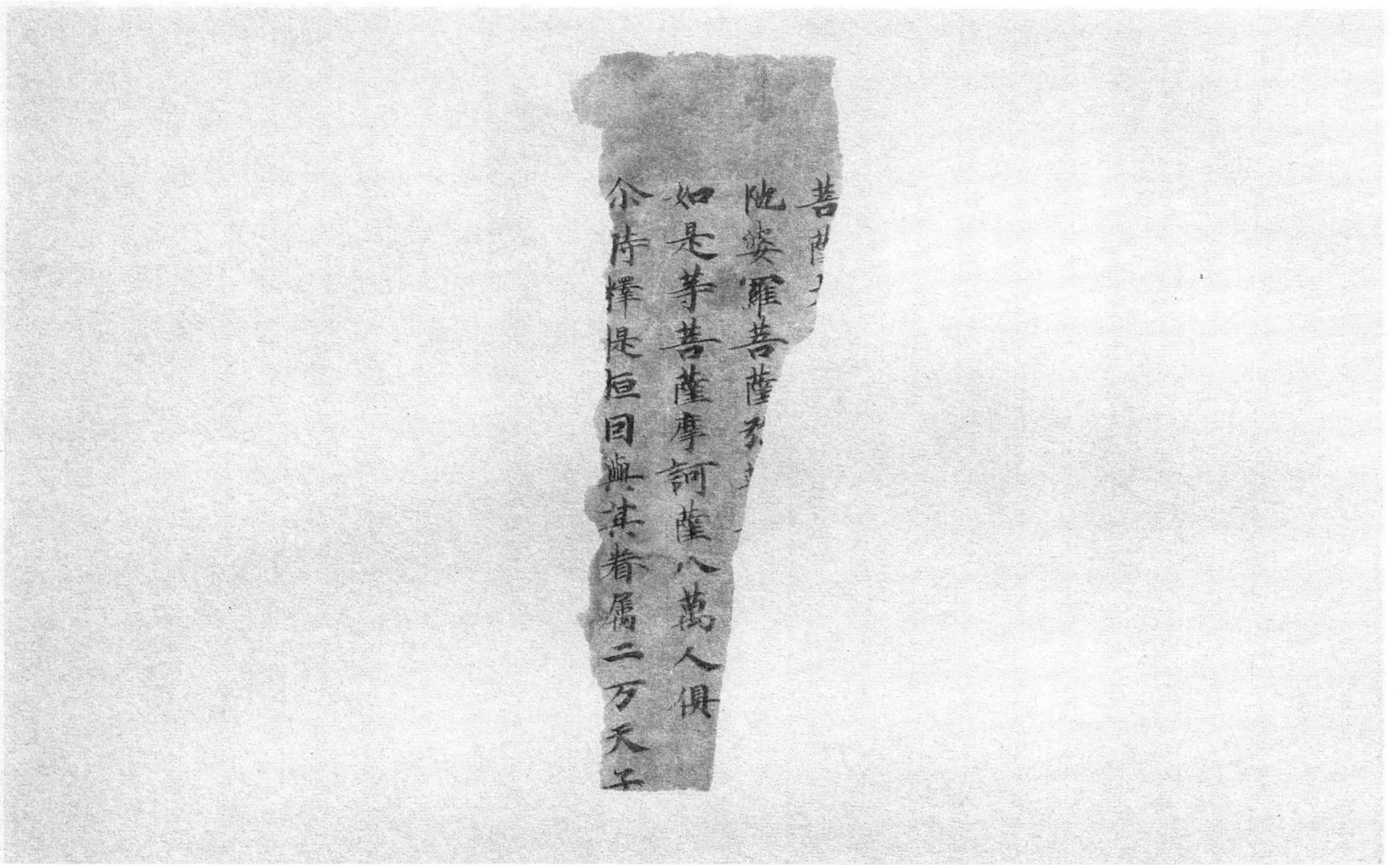

菩薩□□
阿耨羅菩薩□□
如是等菩薩摩訶薩八萬人俱
尒時釋提桓因與其眷屬二万天子

BD10895 號　妙法蓮華經卷一　　　　　　　　　　　　　　（1-1）

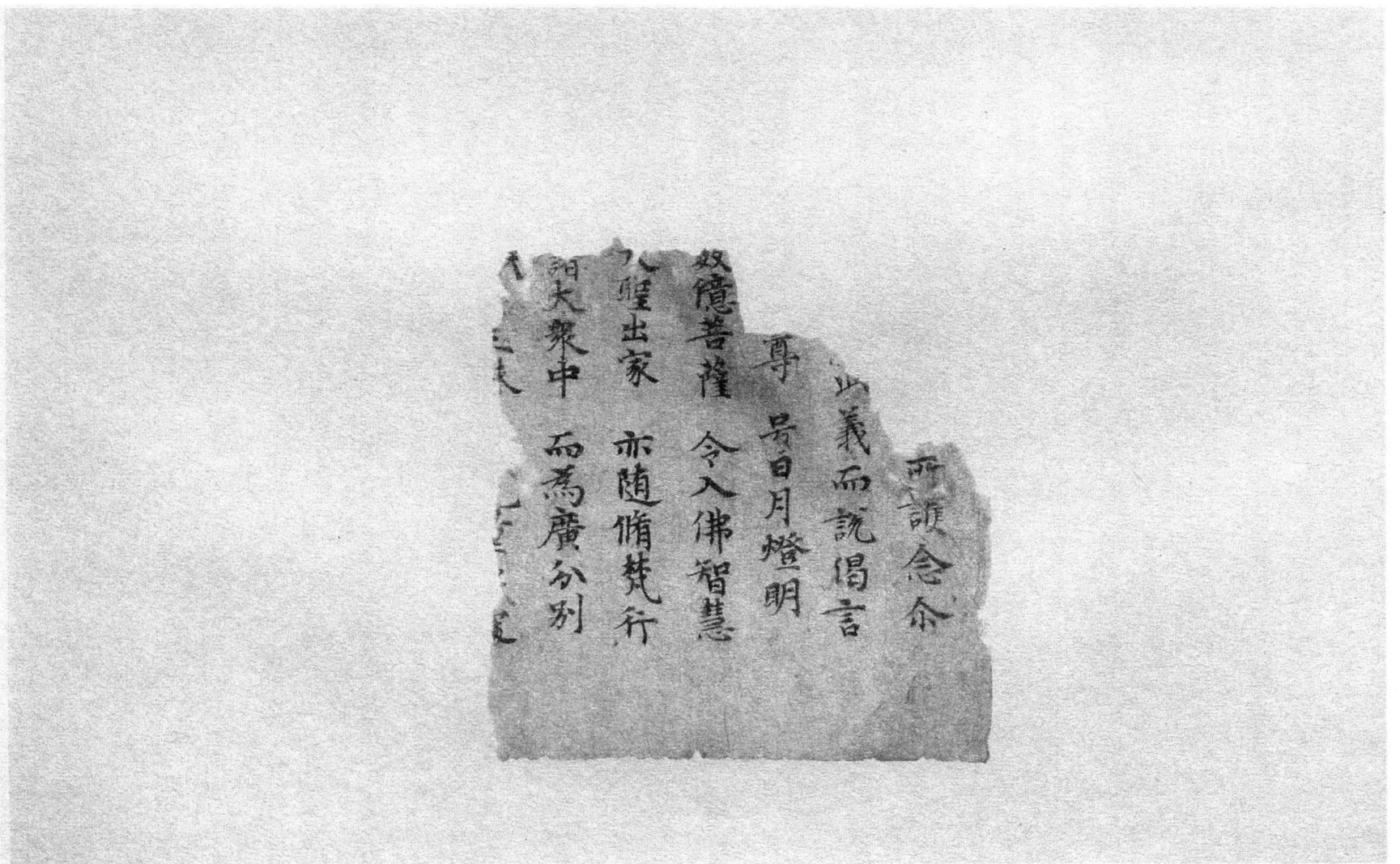

所□念尒
□□義而說偈言
　尊　号曰月燈明
無億菩薩　令入佛智慧
□陛出家　亦随脩梵行
訶大衆中　而為廣分別

BD10896 號　妙法蓮華經卷一　　　　　　　　　　　　　　（1-1）

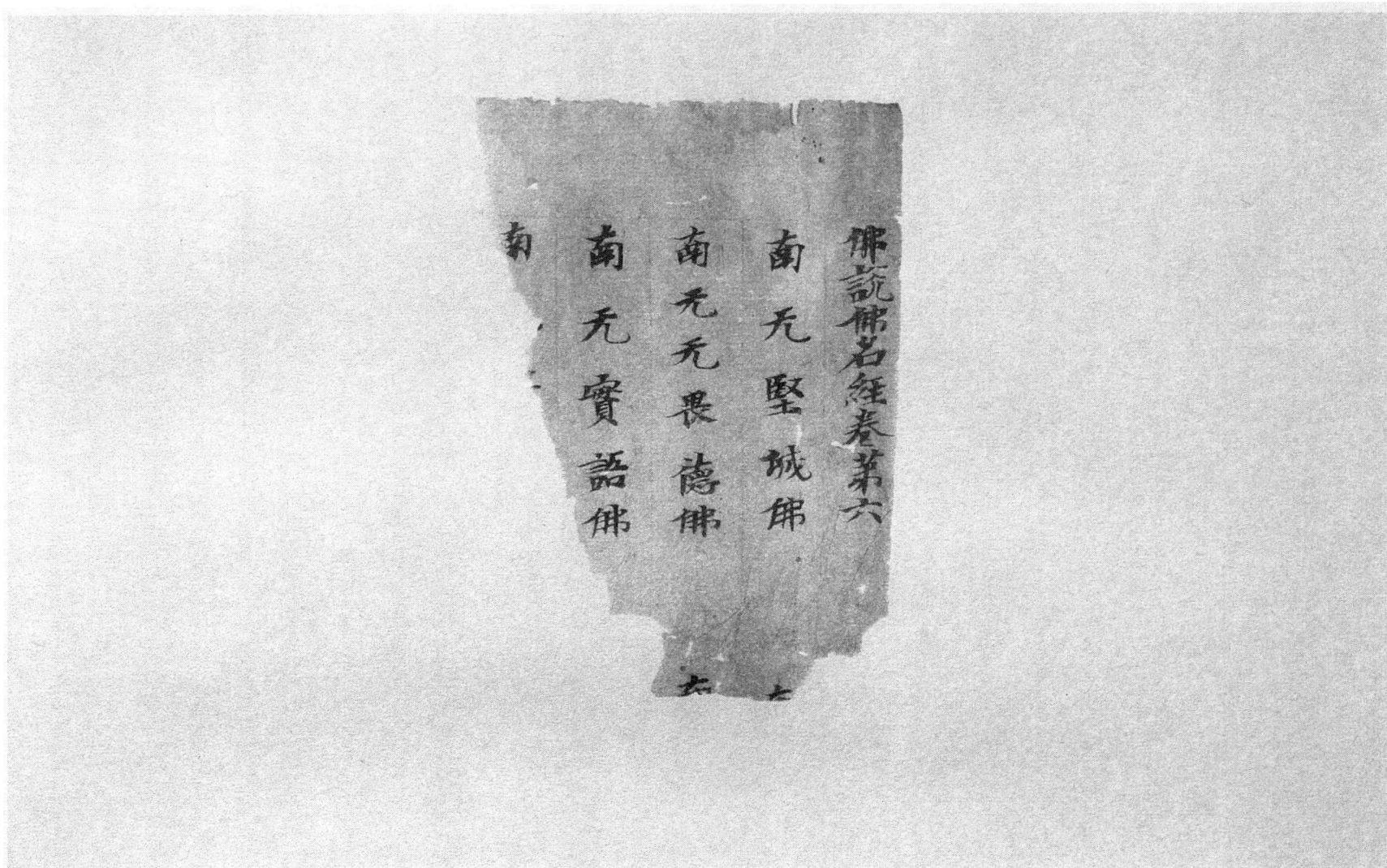

BD10897 號　佛名經（十二卷本）卷六　　　　　　　　　　　　　　　　　（1-1）

佛說佛名經卷第六

南无堅城佛

南无无畏德佛

南无實語佛

南无

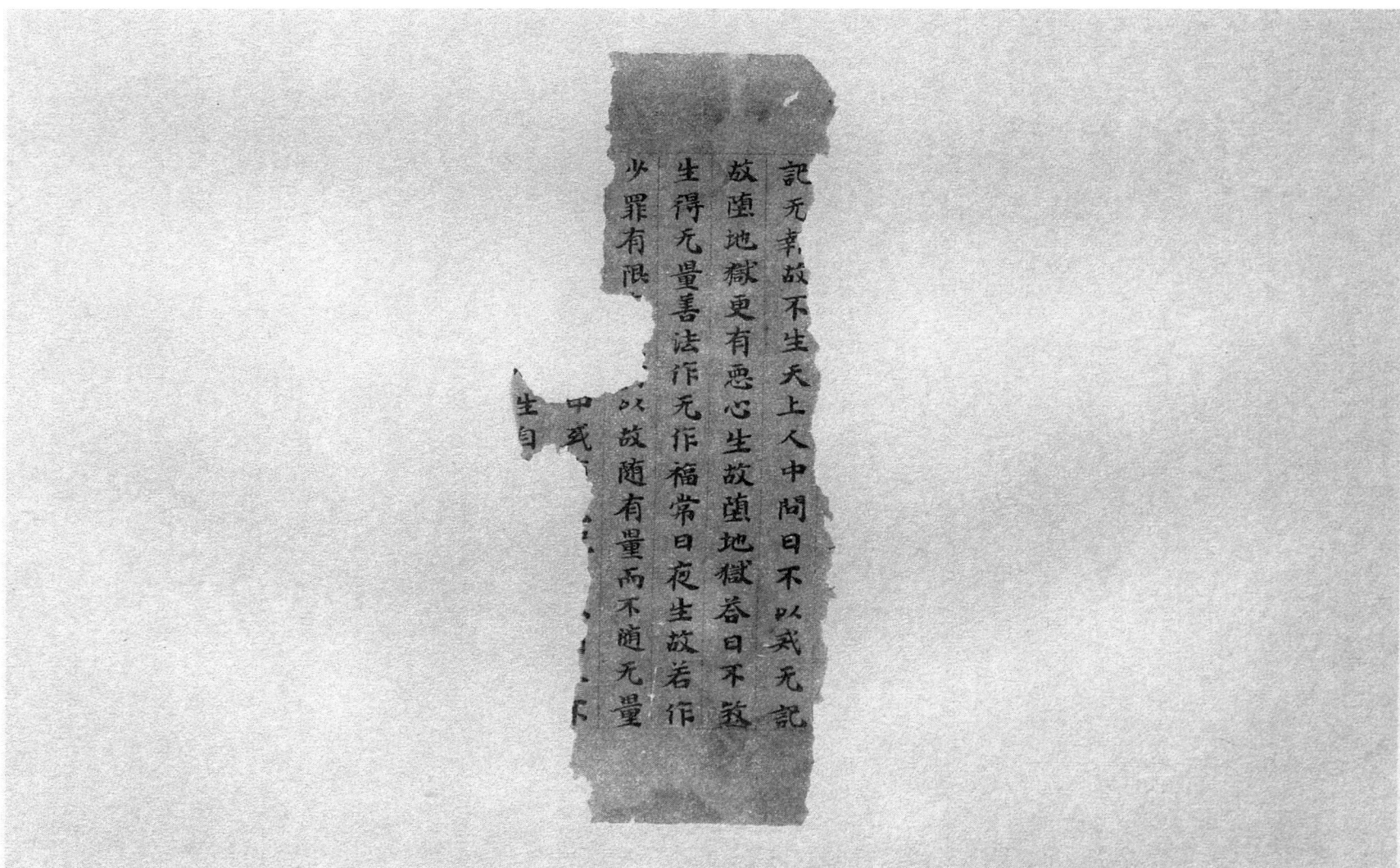

BD10898 號　大智度論卷一三　　　　　　　　　　　　　　　　　　　　（1-1）

記无章故不生天上人中間日不以二无記
故堕地獄更有惡心生故堕地獄春日不致
生得无量善法作无作福常日夜生故若作
少罪有限

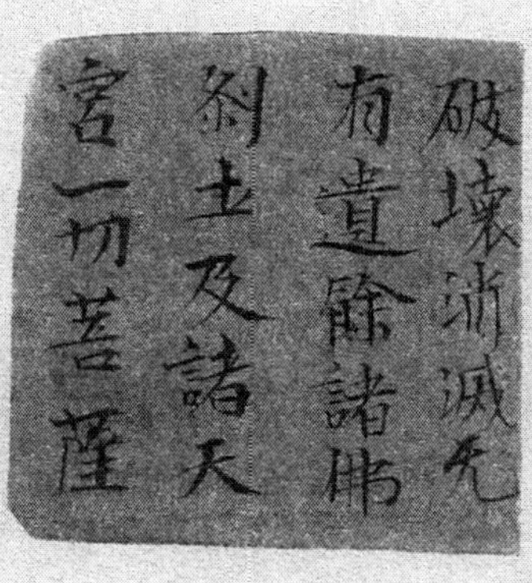

破壞消滅无
有遺餘諸佛
刹土及諸天
宮一切菩薩

BD10899 號　佛頂尊勝陀羅尼經（佛陀波利本）　　　　　　　　　　　　　　（3-1）

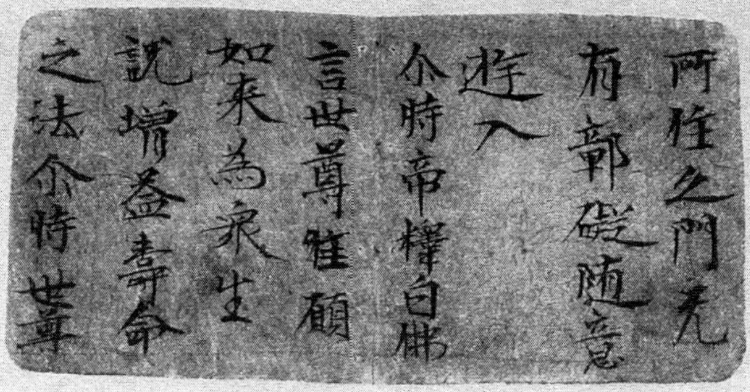

阿倢之門无
有部礙随意
遊入
尒時帝釋白佛
言世尊唯願
如来為衆生
説增益壽命
之法尒時尊

BD10899 號　佛頂尊勝陀羅尼經（佛陀波利本）　　　　　　　　　　　　　　（3-2）

BD10899 號　佛頂尊勝陀羅尼經（佛陀波利本）　　　　　　　　　　　　　　　　　　（3-3）

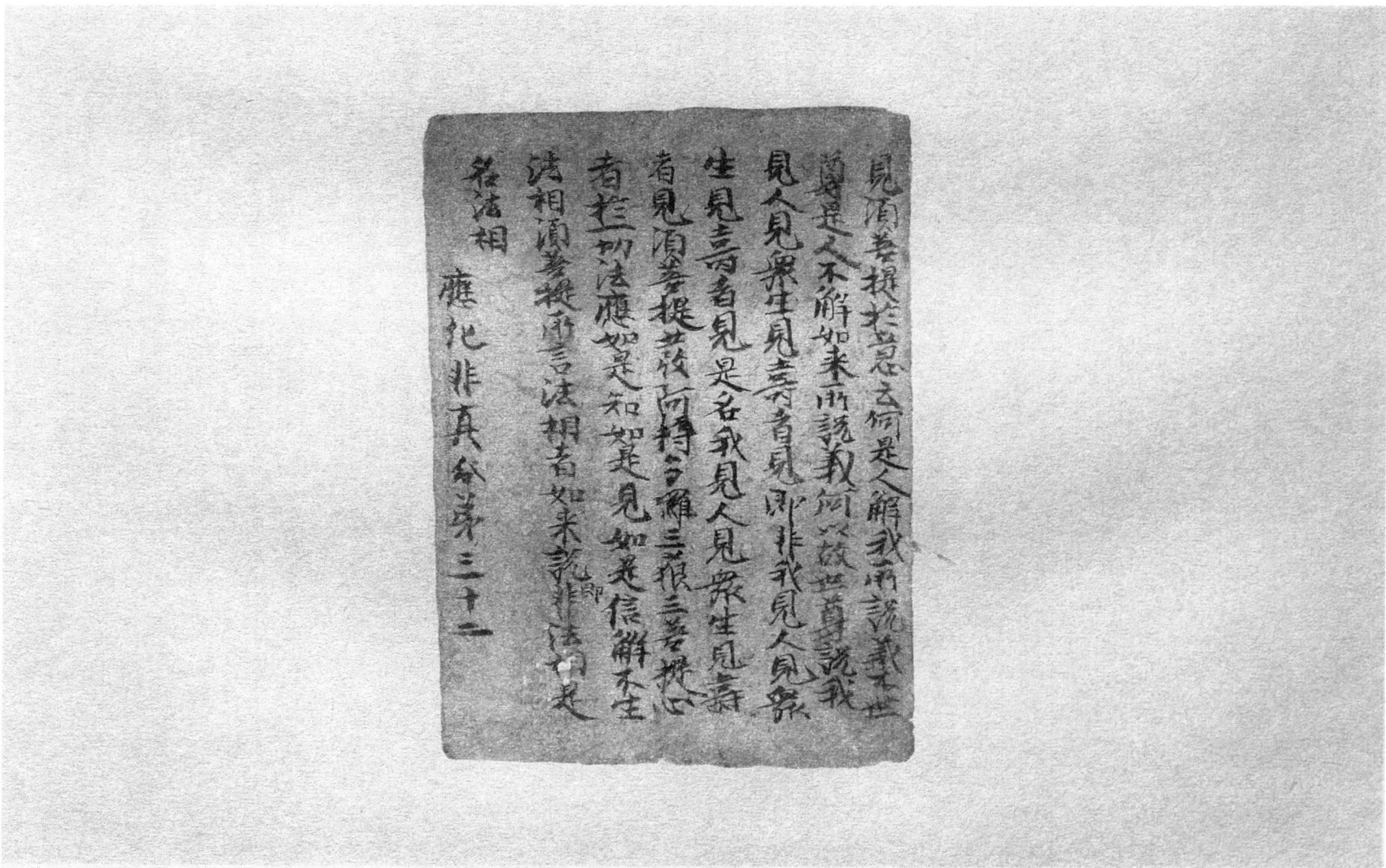

BD10900 號　金剛般若波羅蜜經（三十二分本）　　　　　　　　　　　　　　　　　　（2-1）

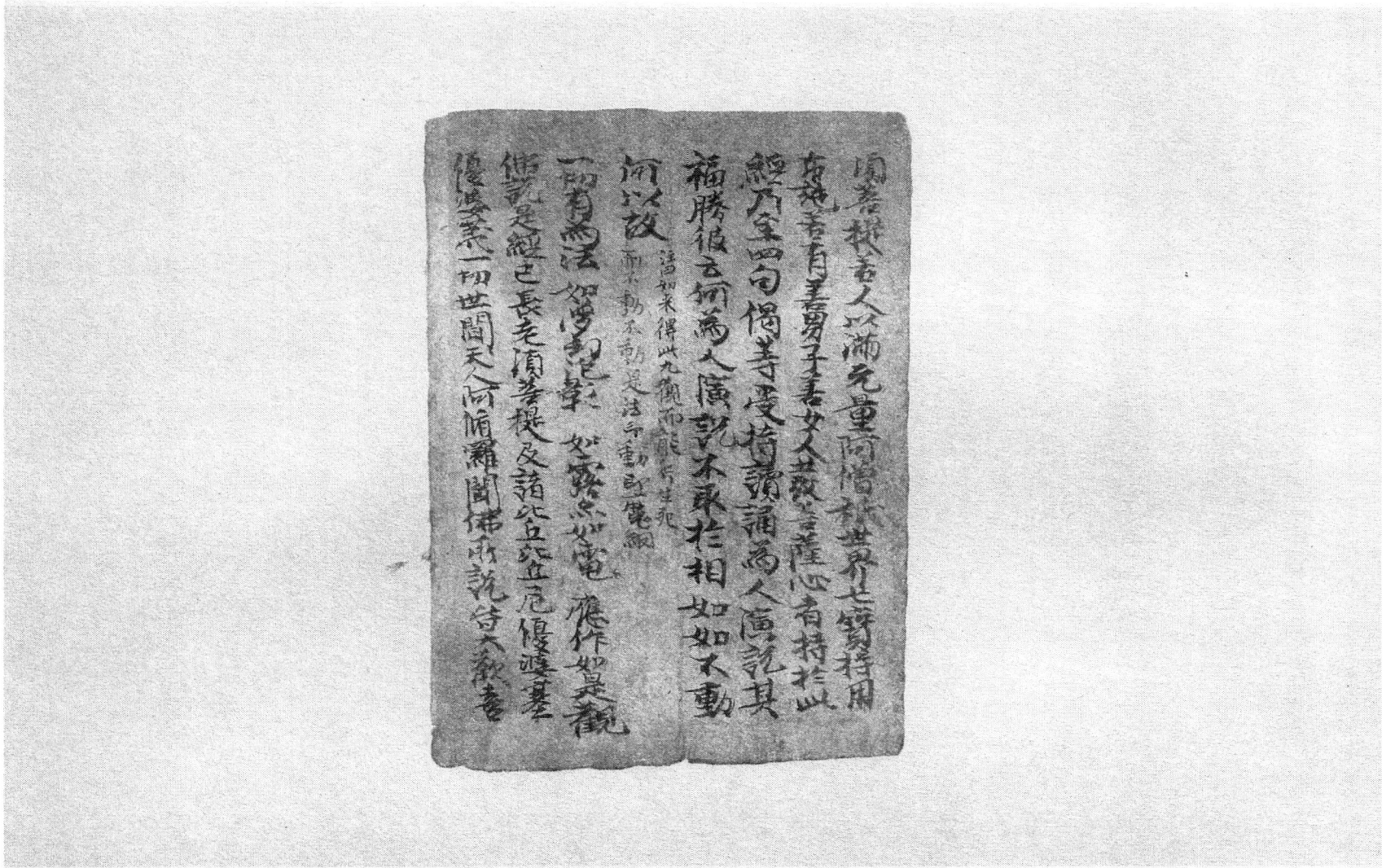

BD10900 號　金剛般若波羅蜜經（三十二分本）　　　　　　　　　　　　　　（2-2）

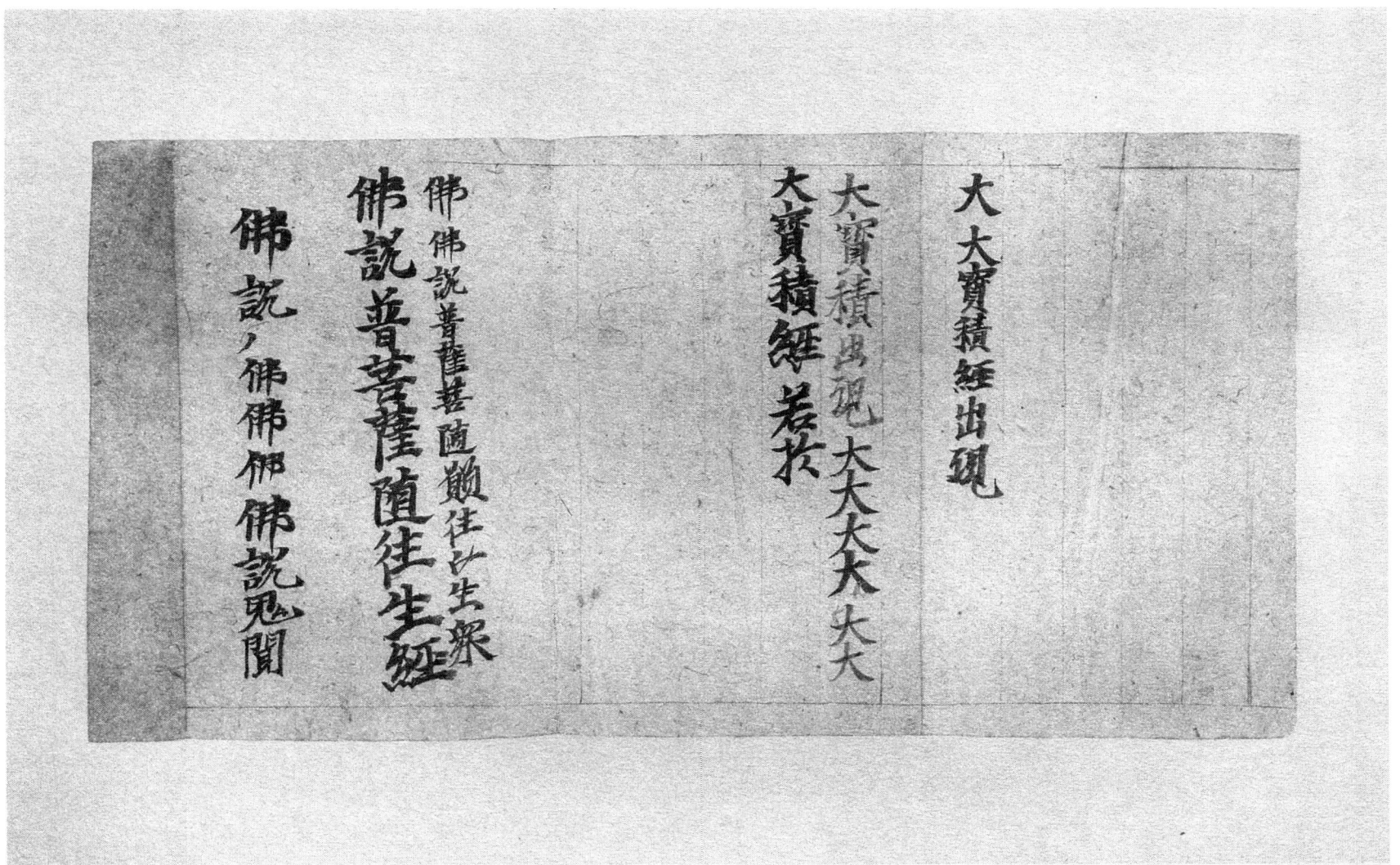

BD10901 號　雜寫（擬）　　　　　　　　　　　　　　　　　　　　　　　（2-1）

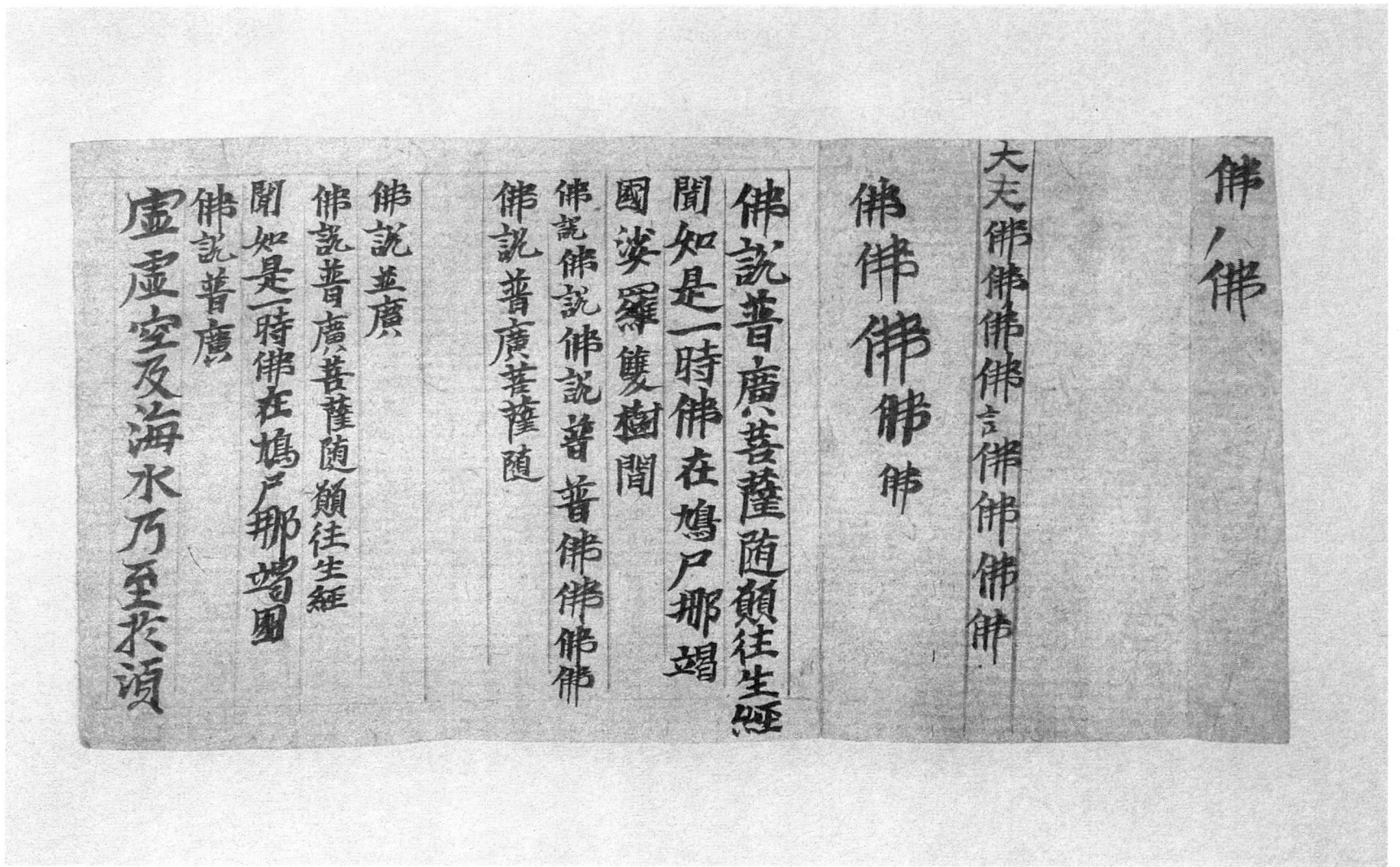

BD10901 號　雜寫（擬） （2-2）

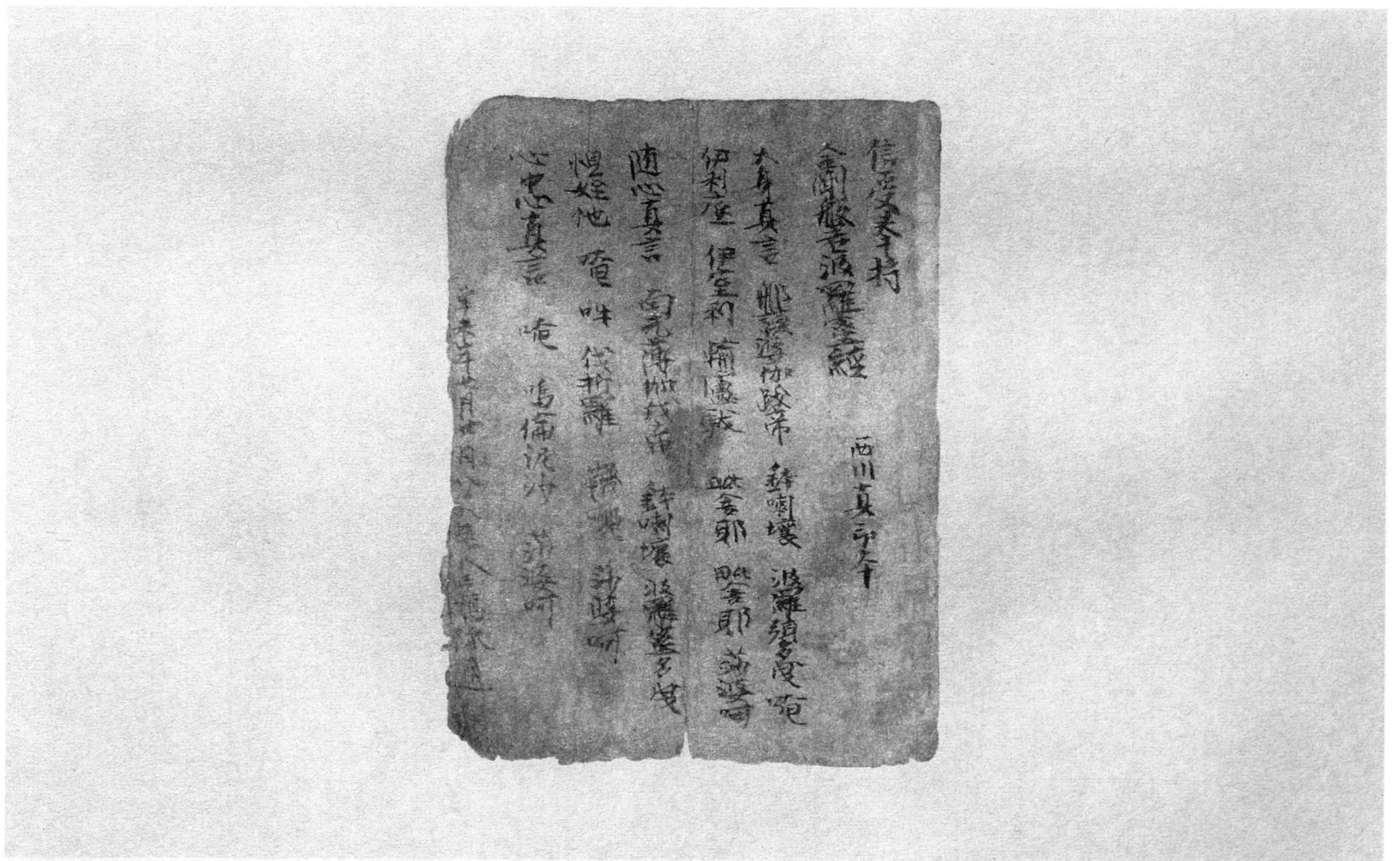

BD10902 號 1　金剛般若波羅蜜經（三十二分本）　（1-1）
BD10902 號 2　念誦金剛經後三眞言（擬）

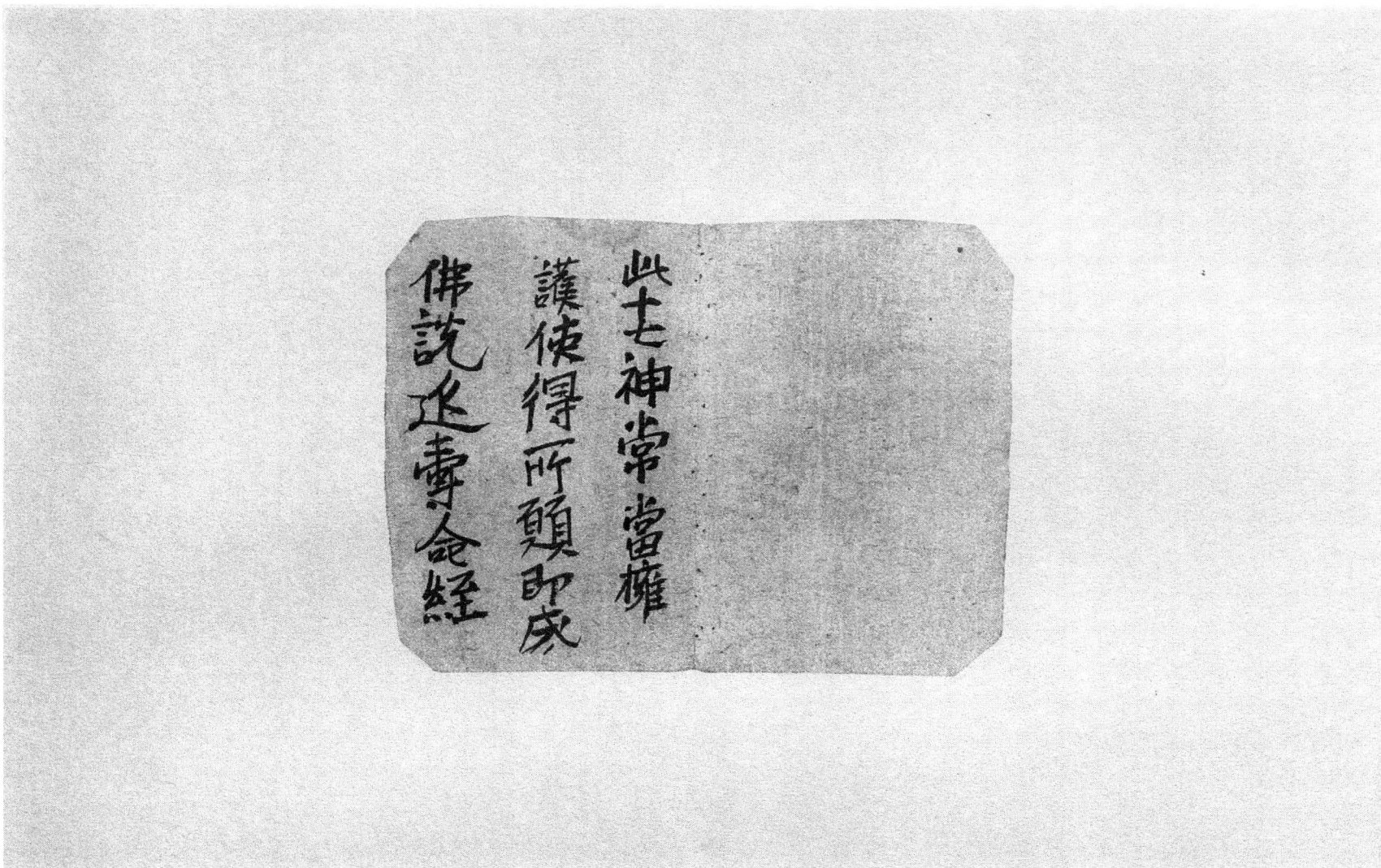

BD10903 號　延壽命經（小本）　　　　　　　　　　　　　　　　　　　　　（1-1）

BD10904 號　佛頂尊勝陀羅尼經（佛陀波利本）　　　　　　　　　　　　　（3-1）

BD10904 號　佛頂尊勝陀羅尼經（佛陀波利本）　（3-2）

BD10904 號　佛頂尊勝陀羅尼經（佛陀波利本）　（3-3）

BD10905 號　佛頂尊勝陀羅尼經（佛陀波利本）　　　　　　　　　　　　　　（3-1）

BD10905 號　佛頂尊勝陀羅尼經（佛陀波利本）　　　　　　　　　　　　　　（3-2）

BD10905 號　佛頂尊勝陀羅尼經（佛陀波利本）　　　　　　　　　　　（3-3）

BD10906 號　延壽命經（小本）　　　　　　　　　　　（2-1）

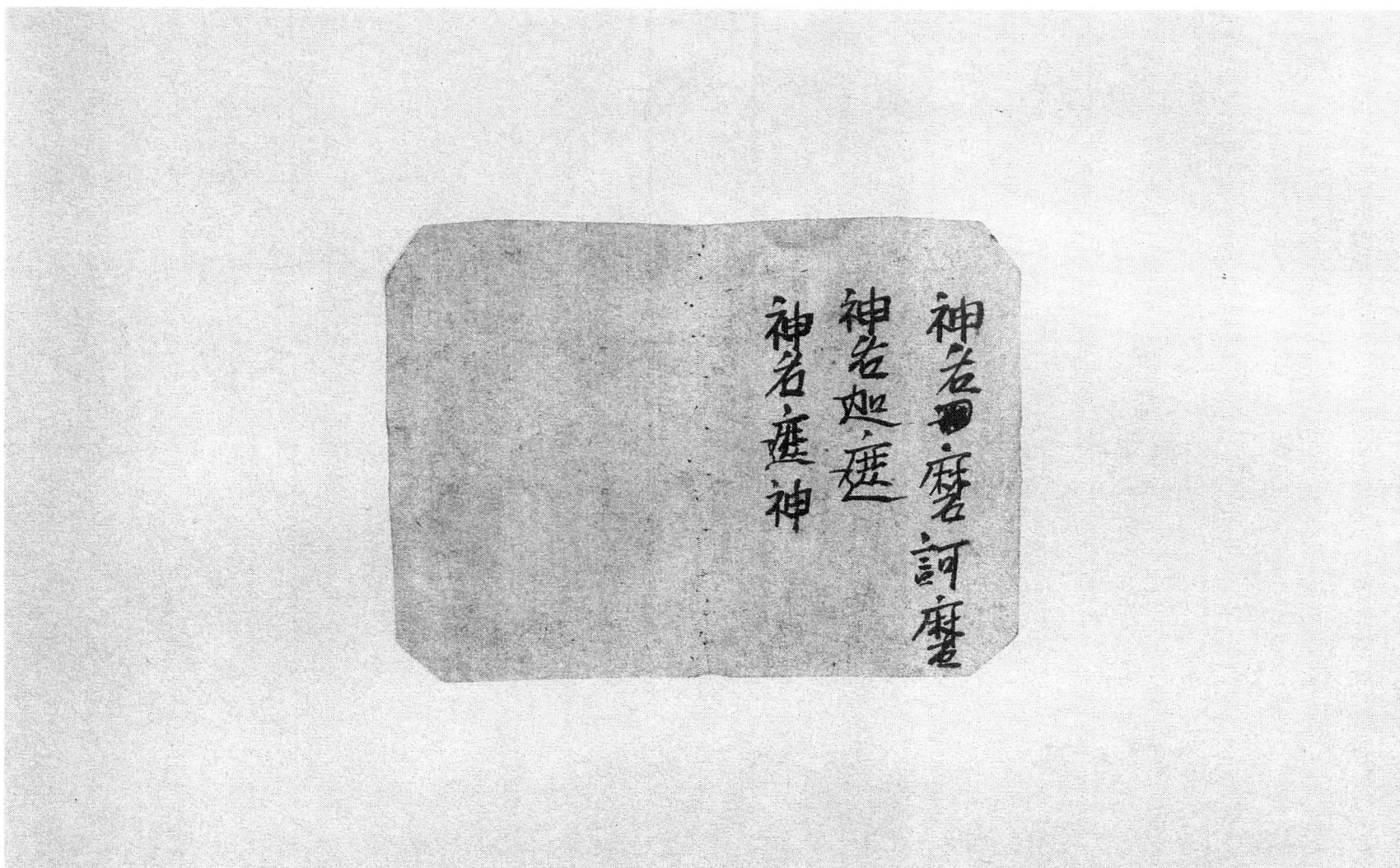

BD10906 號　延壽命經（小本）　　　　　　　　　　　　　　　　　　　　　（2-2）

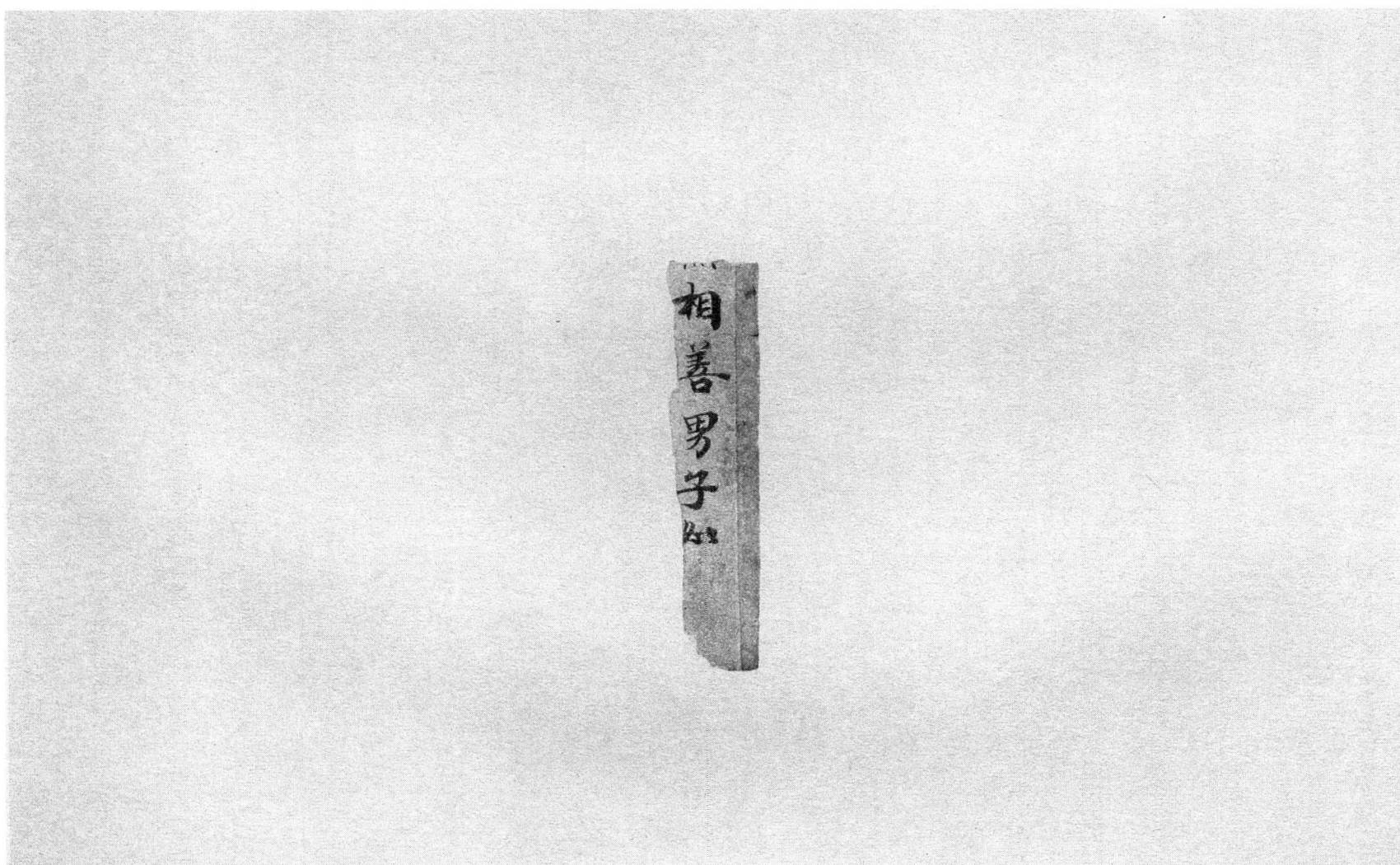

BD10907 號　待考佛教文獻殘片（擬）　　　　　　　　　　　　　　　　　　（1-1）

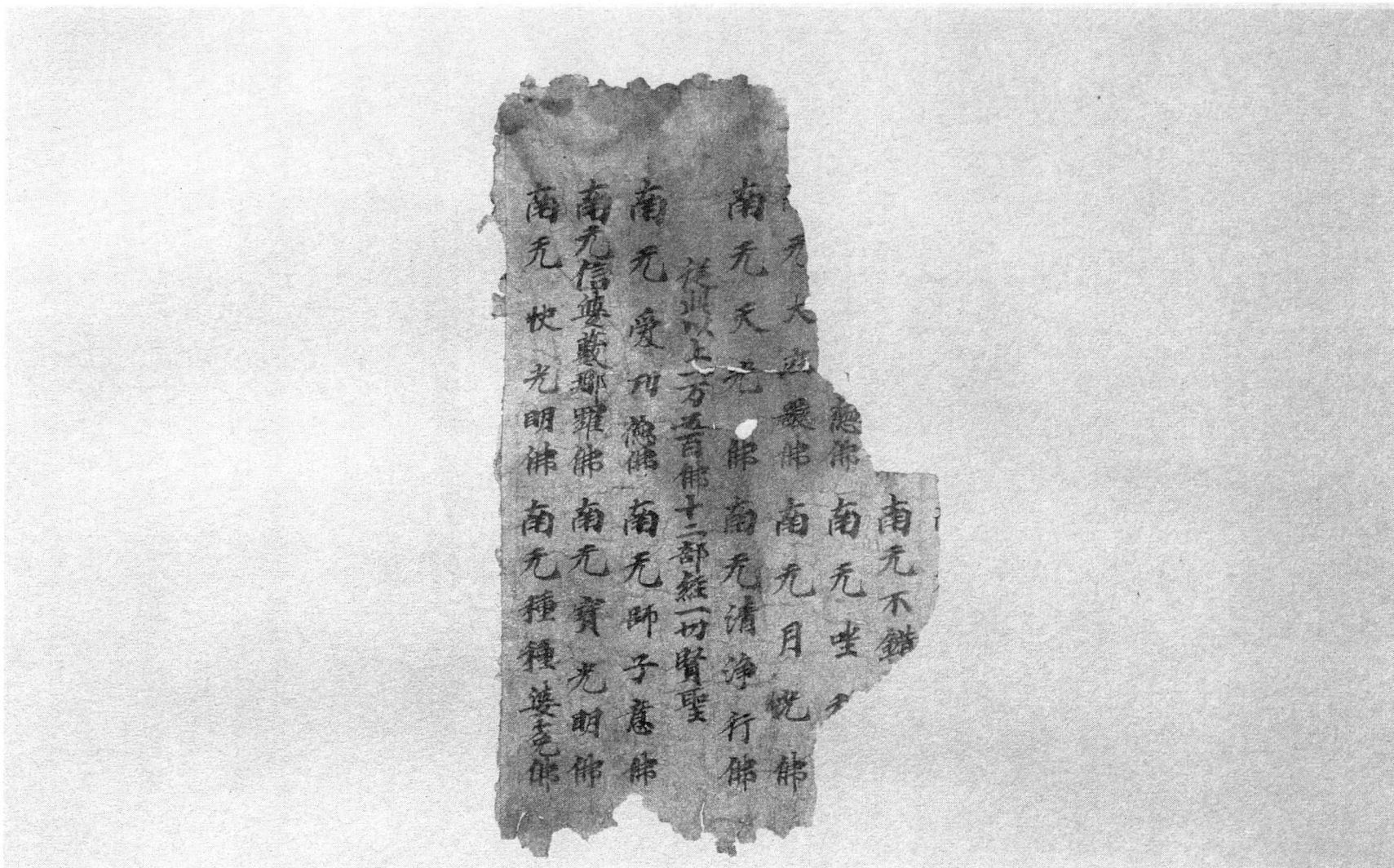

BD10908 號　佛名經（十六卷本）卷一四　　　　　　　　　　　　　　　　（1-1）

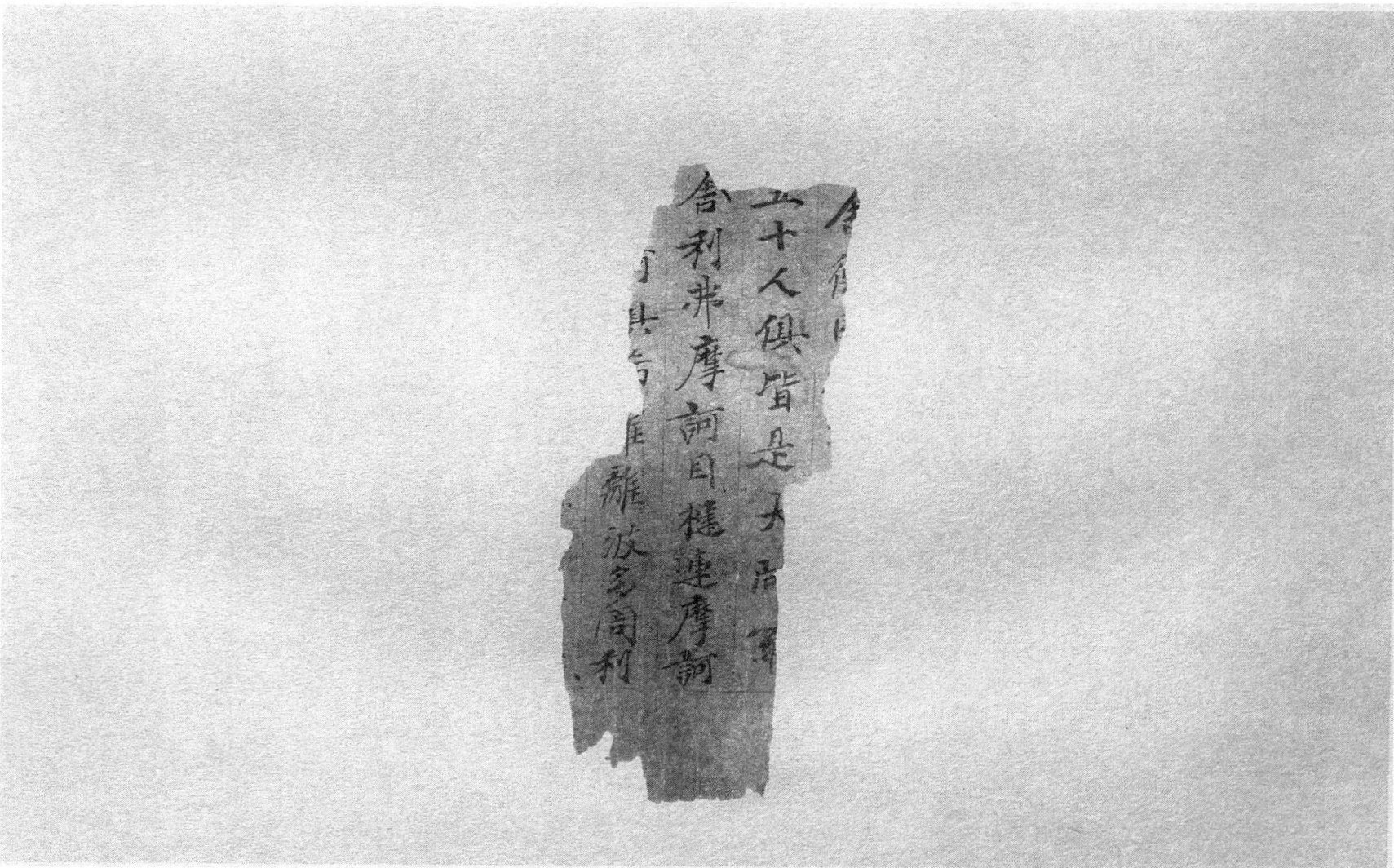

BD10909 號　阿彌陀經　　　　　　　　　　　　　　　　　　　　　　　　（1-1）

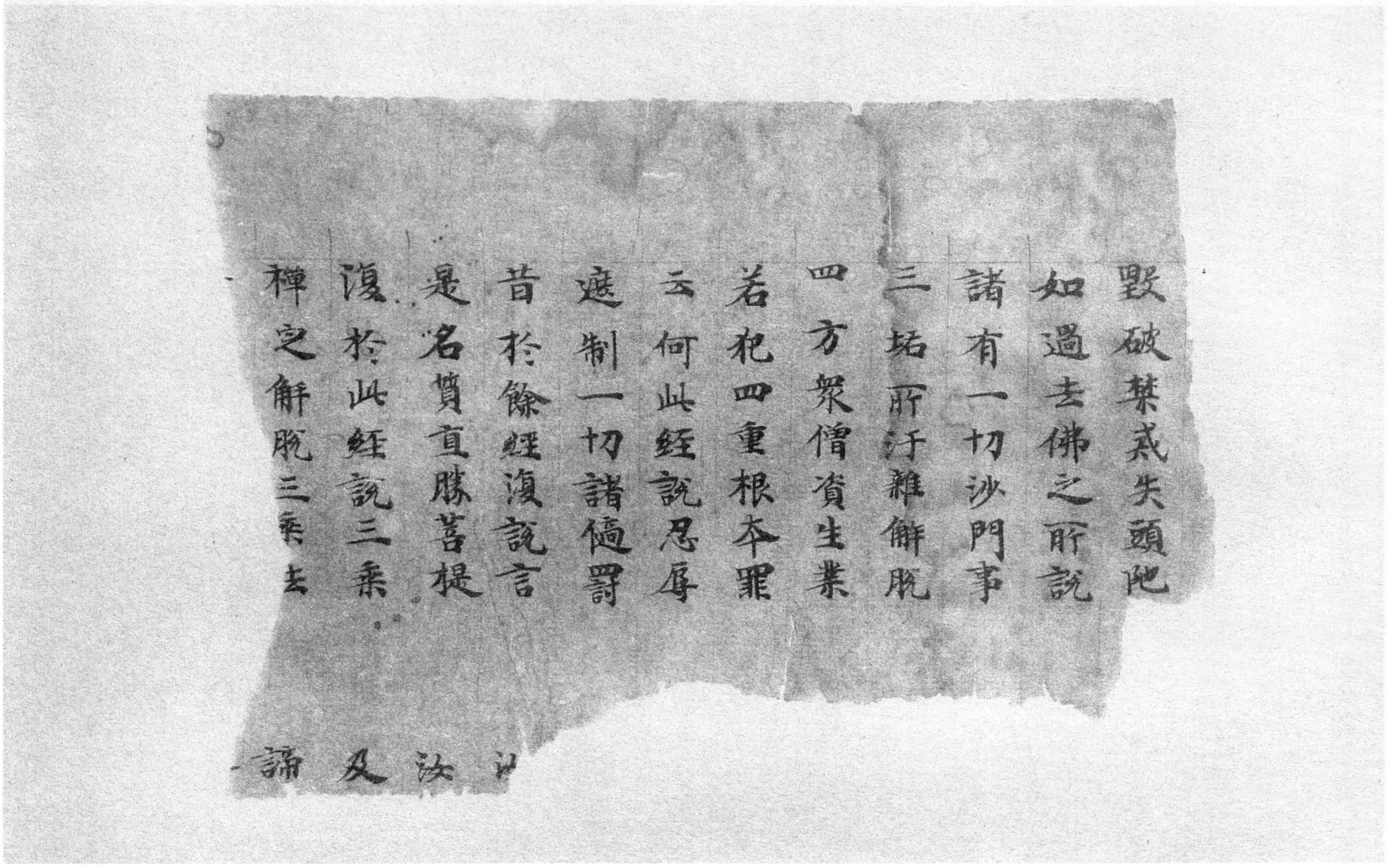

數破禁戒失頭陁

如過去佛之所說

諸有一切沙門事

三垢所汙雜穢脫

四方衆僧資生業

若犯四重根本罪

云何此經說忍辱

遮制一切諸隨罪

昔於餘經復說言

是名質直勝菩提

復於此經說三乘

禪定解脫三乘去

誦　及　汝

BD10910 號　大方廣十輪經卷五　　　　　　　　　　　　　　　　　　　　　　（1-1）

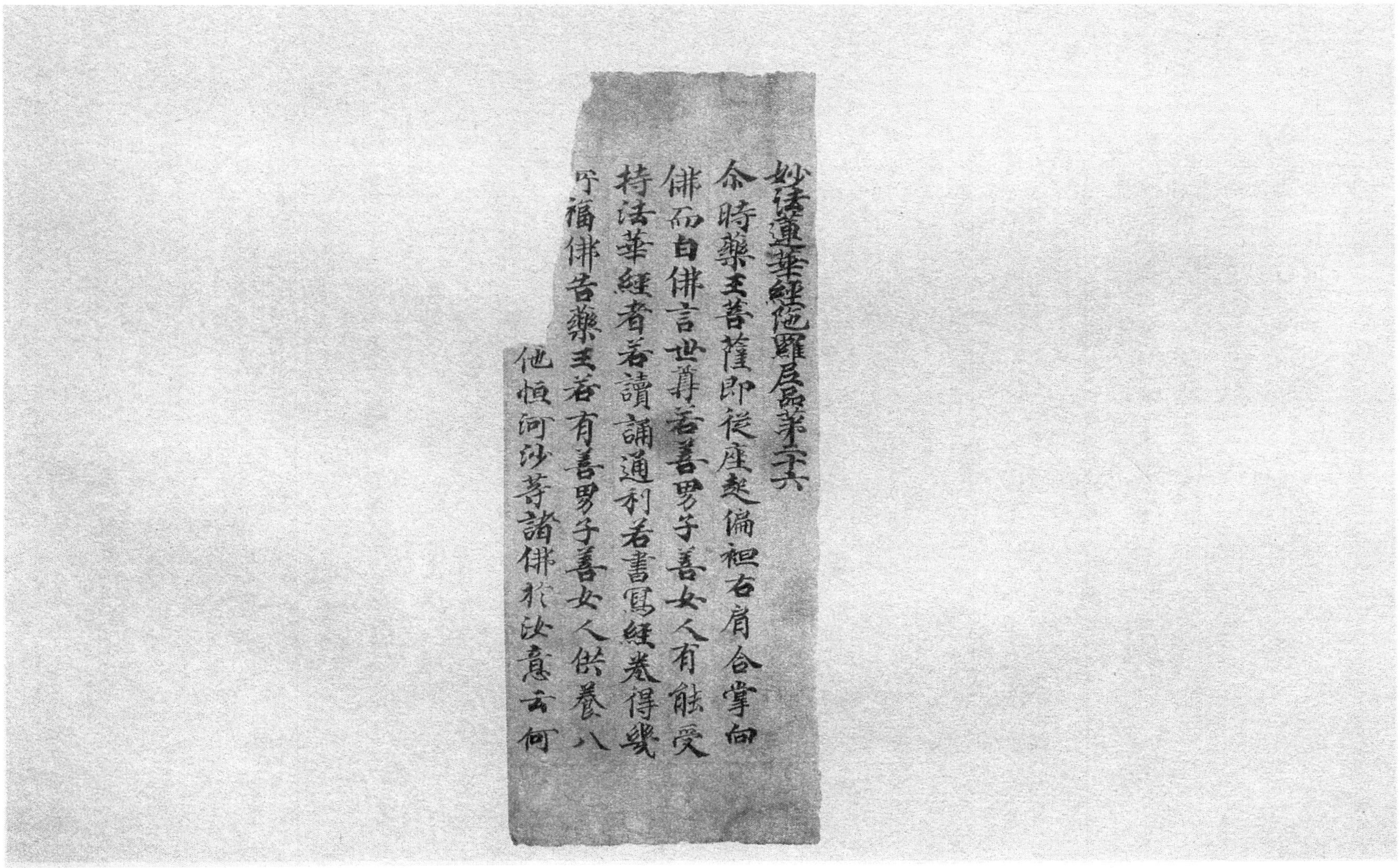

妙法蓮華經陀羅尼品第二十六

爾時藥王菩薩即從座起偏袒右肩合掌向

佛而白佛言世尊若善男子善女人有能受

持法華經者若讀誦通利若書寫經卷得幾

所福佛告藥王若有善男子善女人供養八

百萬億那由他恒河沙等諸佛於汝意云何

BD10911 號　妙法蓮華經卷七　　　　　　　　　　　　　　　　　　　　　　（1-1）

227

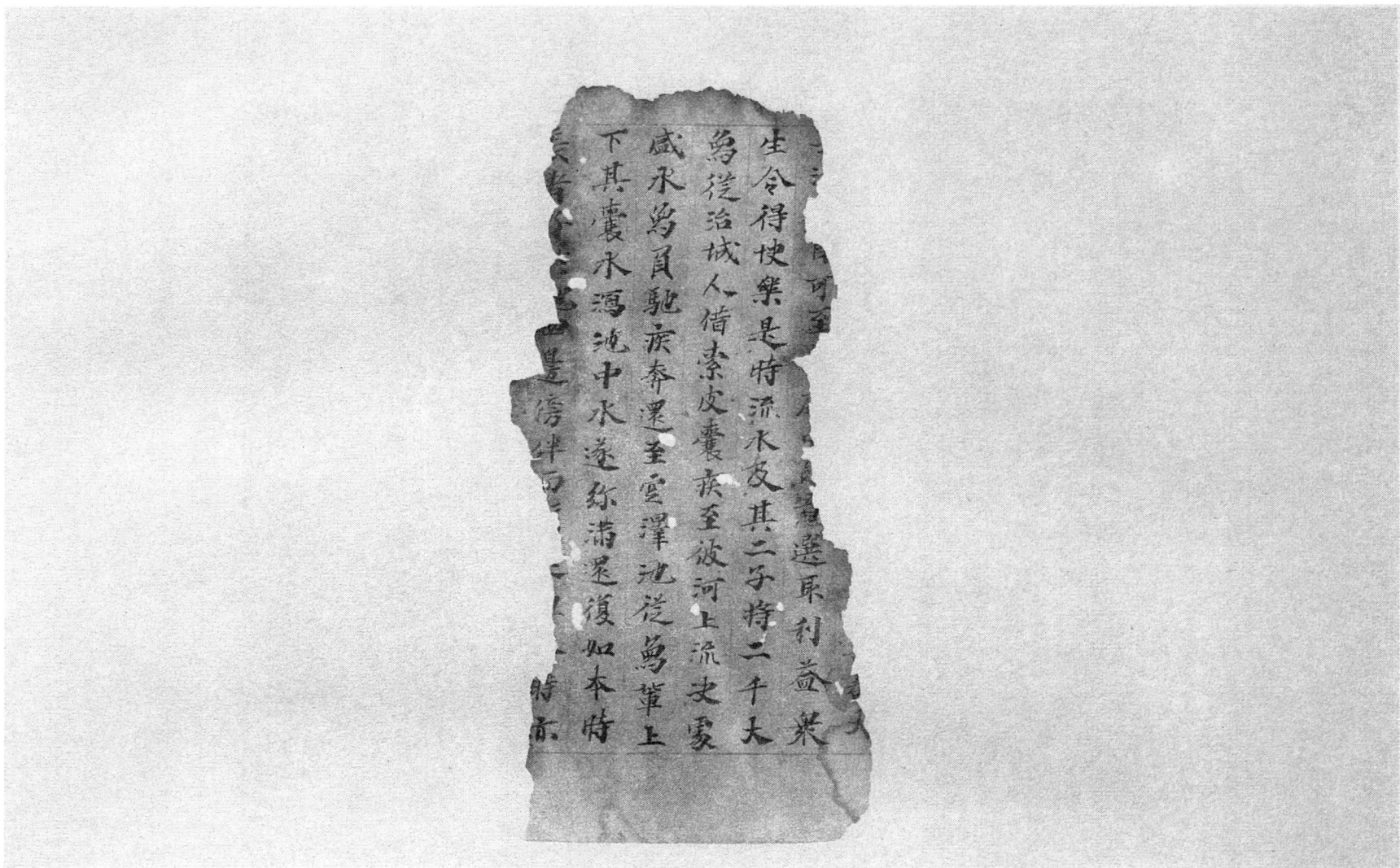

生令得使樂是時流水及其二子持二千天
為從治城人借索皮囊疾至彼河上流決雲
盛水為負馳疾奔還至雲澤池從萬蟲上
下其震水鴻池中水遂弥滿眾復如本時

BD10912 號　金光明經卷四 　　　　　　　　　　　　　　　　　　　　　（1-1）

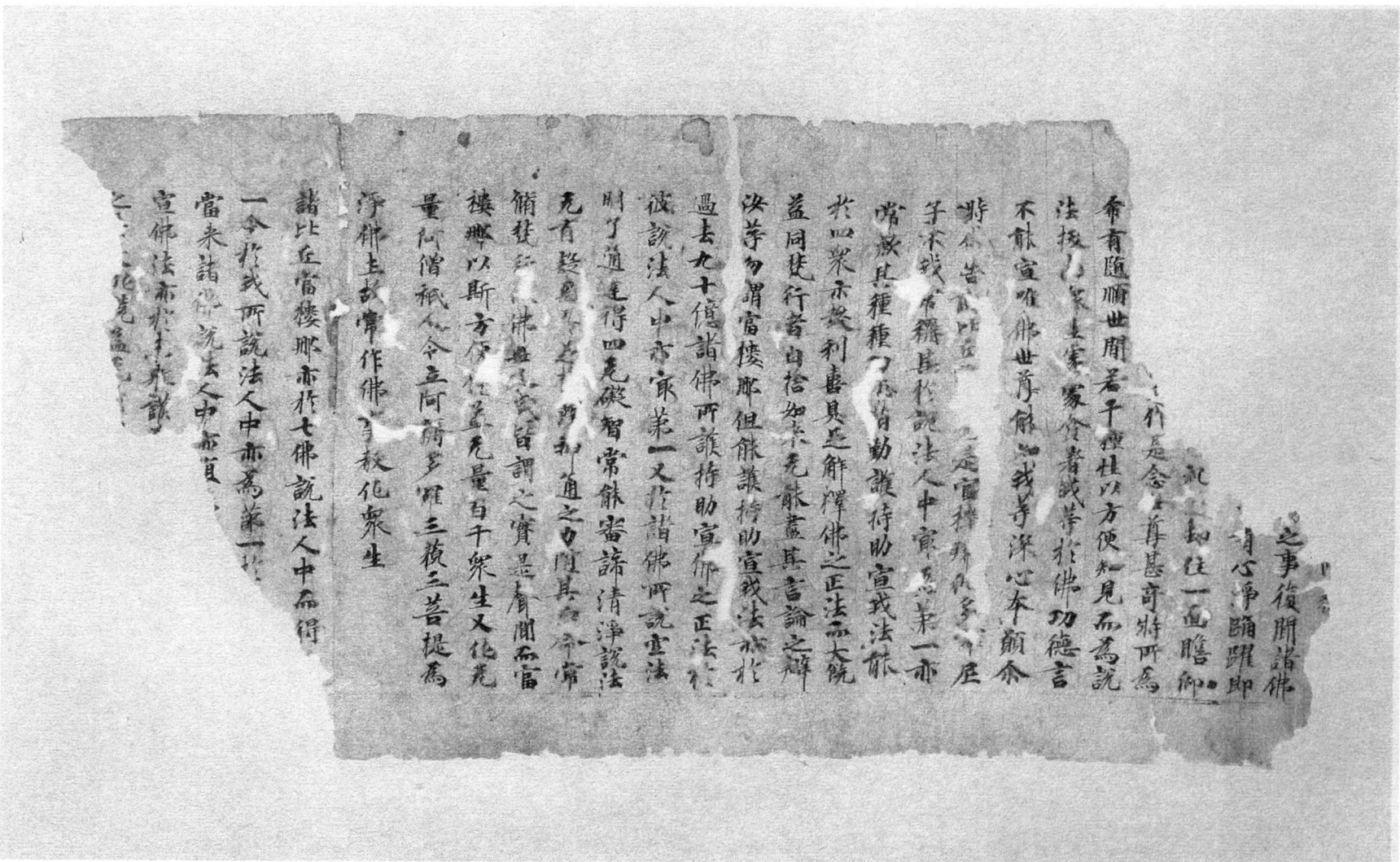

BD10913 號　妙法蓮華經卷四 　　　　　　　　　　　　　　　　　　　　　（1-1）

228

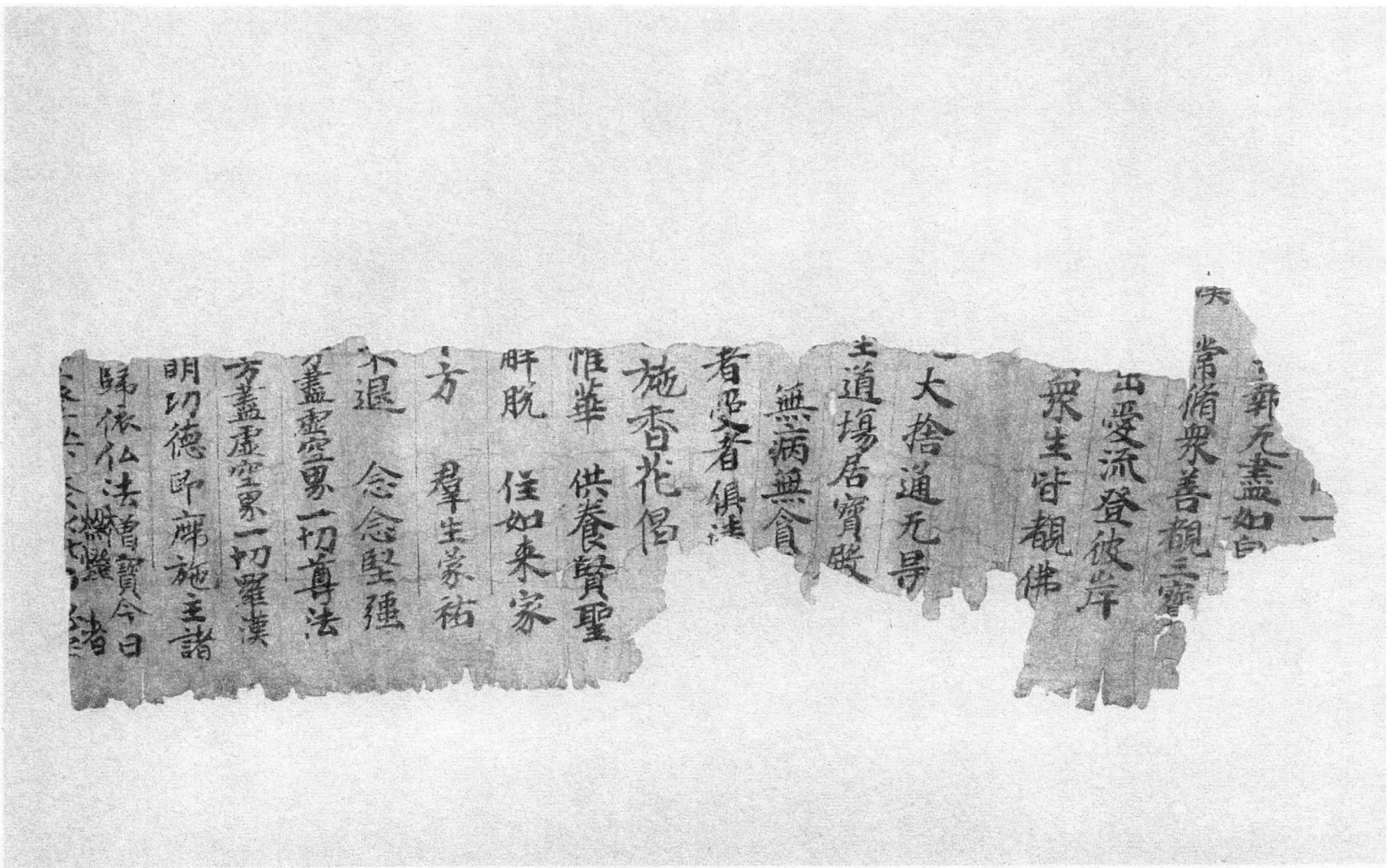

BD10914 號　齋文（擬）　　　　　　　　　　　　　　　　（1-1）

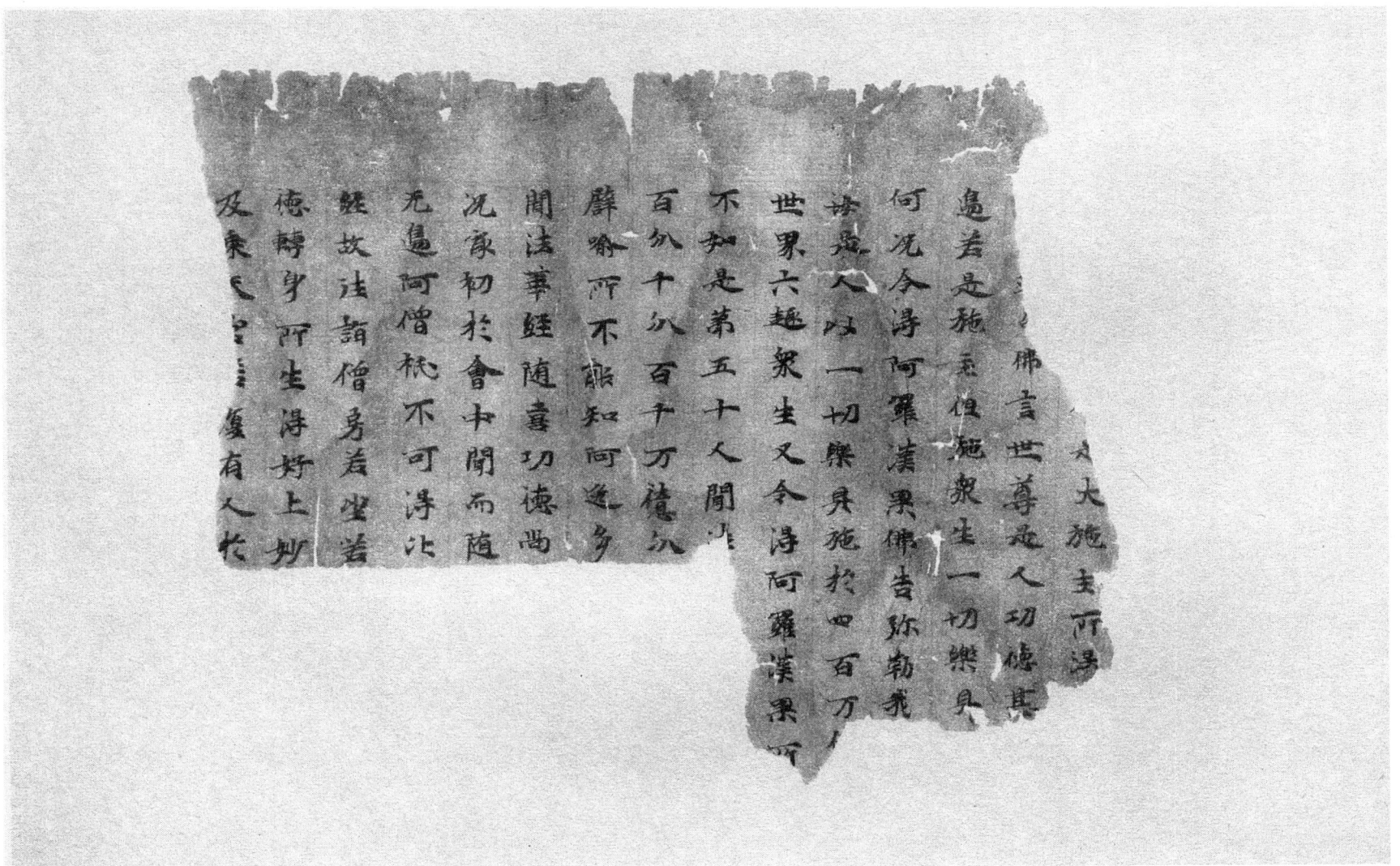

BD10915 號　妙法蓮華經卷六　　　　　　　　　　　　　　（1-1）

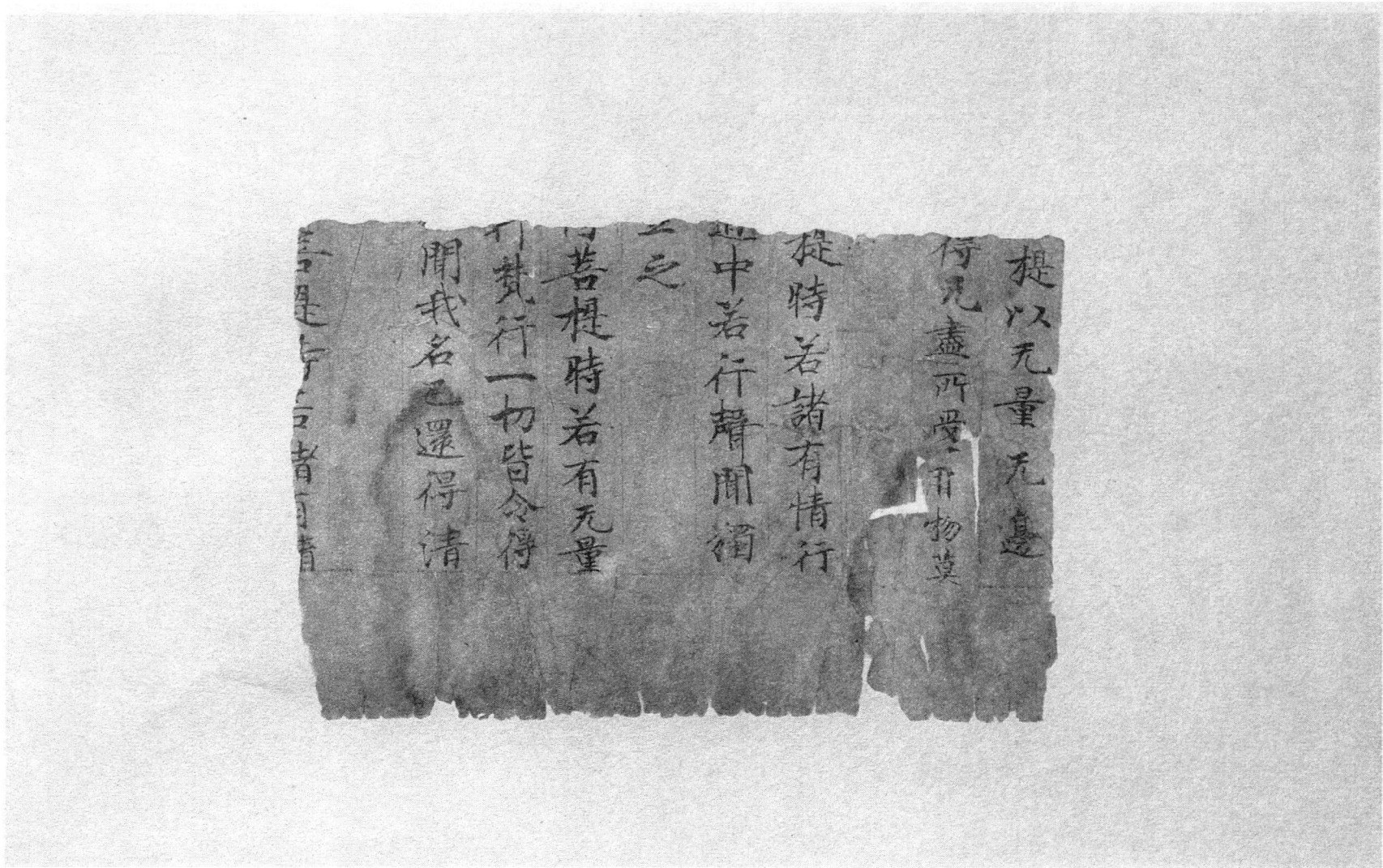

BD10916 號　藥師琉璃光如來本願功德經　　　　　　　　　　　　　　　（1-1）

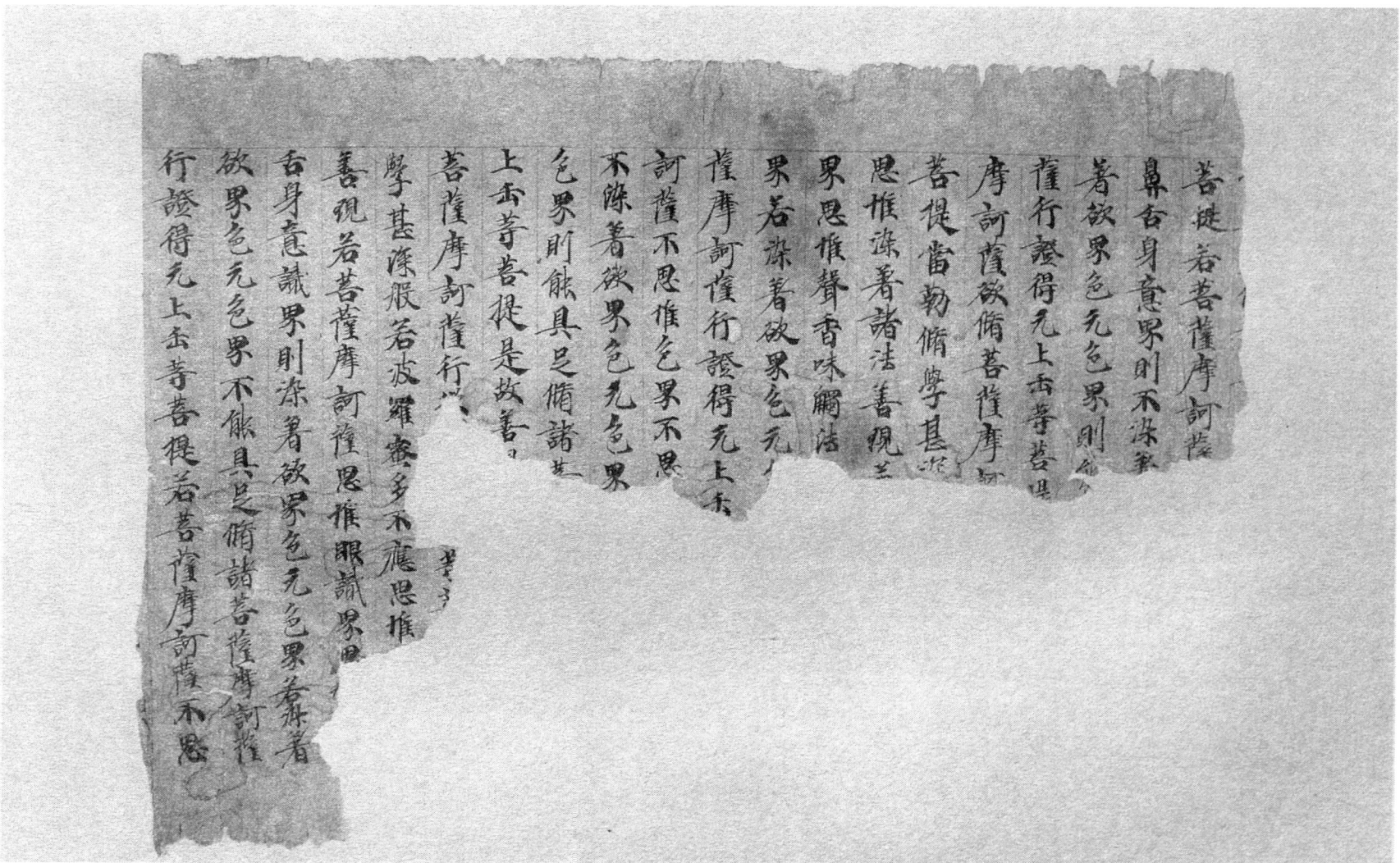

BD10917 號　大般若波羅蜜多經卷三五三　　　　　　　　　　　　　　（1-1）

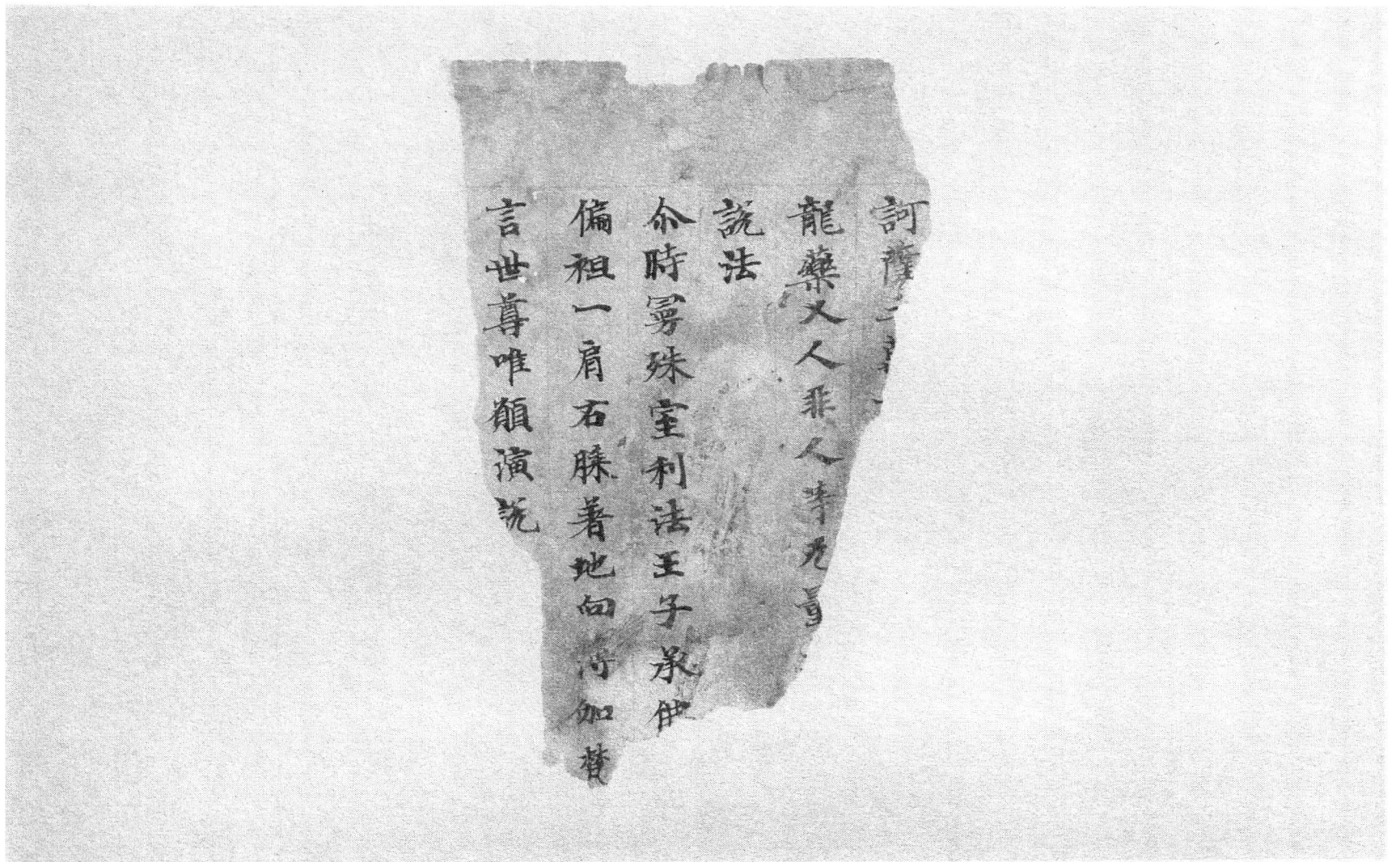

訶薩⋯⋯

龍藥叉人非人等无身⋯

說法

尒時曼殊室利法王子承佛⋯

偏袒一肩右膝著地向⋯伽替

言世尊唯願演說

BD10918號　藥師琉璃光如來本願功德經　　　　　　　　　（1-1）

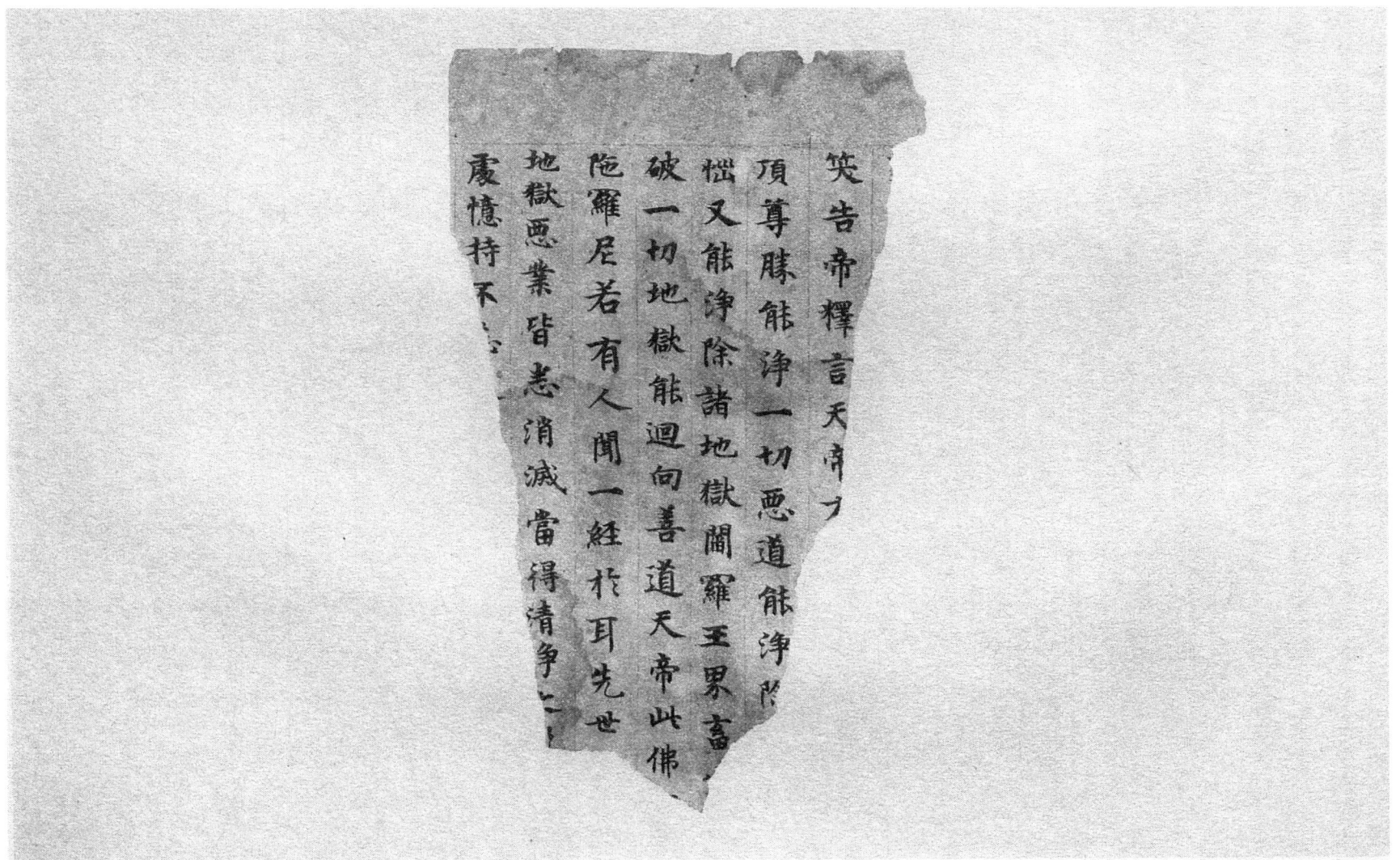

笑告帝釋言天帝⋯

頂尊勝能淨一切惡道能淨除⋯

惱又能淨除諸地獄閻羅王界富⋯

破一切地獄能迴向善道天帝此佛⋯

陀羅尼若有人聞一經於耳先世⋯

地獄惡業皆悉消滅當得清淨⋯

憶持不⋯

BD10919號　佛頂尊勝陀羅尼經（佛陀波利本）　　　　（1-1）

231

BD10920 號　妙法蓮華經卷三　　　　　　　　　　　　　　　　　　　　　（1-1）

BD10921 號　金剛般若波羅蜜經　　　　　　　　　　　　　　　　　　　　　（1-1）

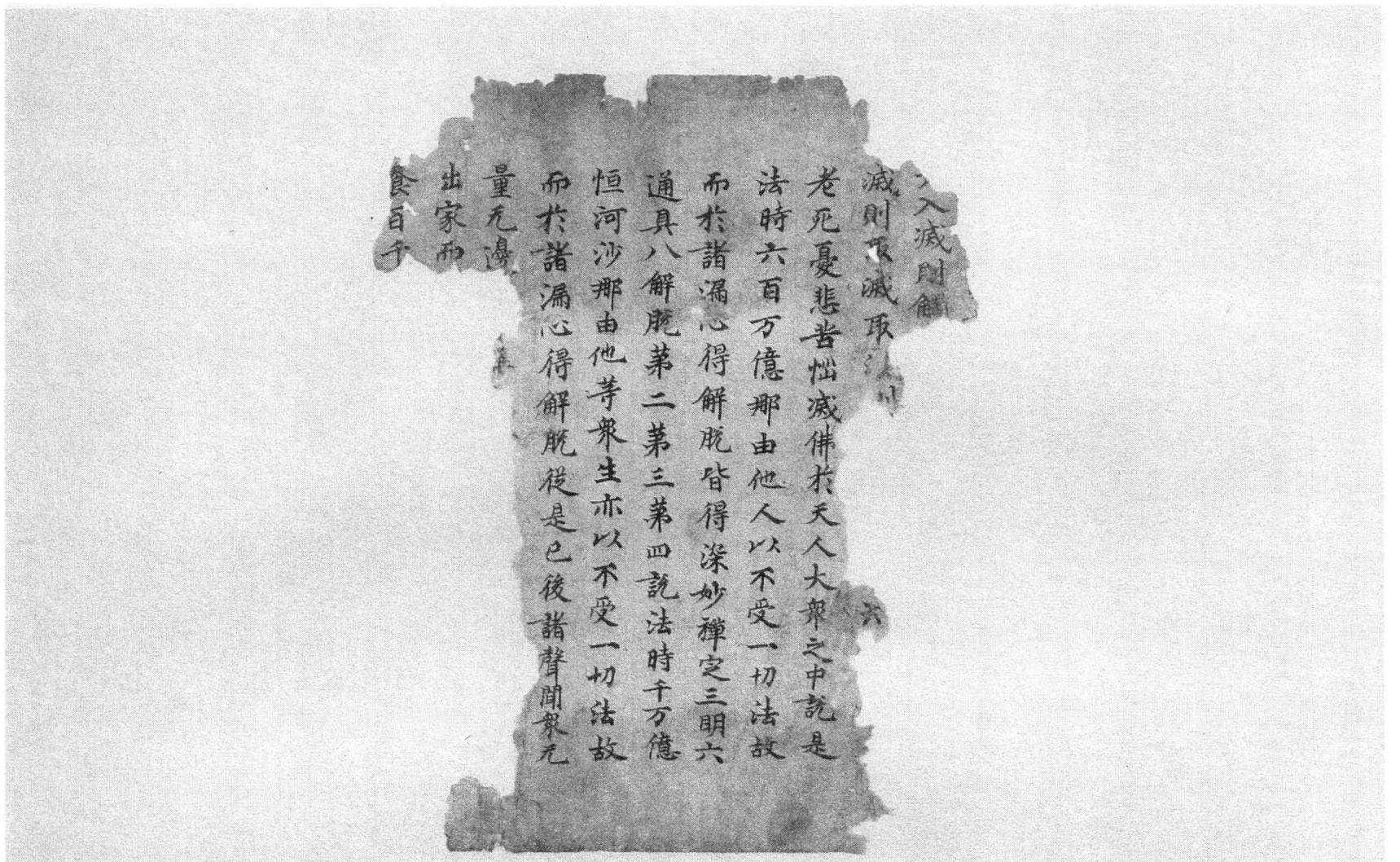

BD10922 號　妙法蓮華經卷三

（1-1）

BD10923 號　妙法蓮華經卷一

（1-1）

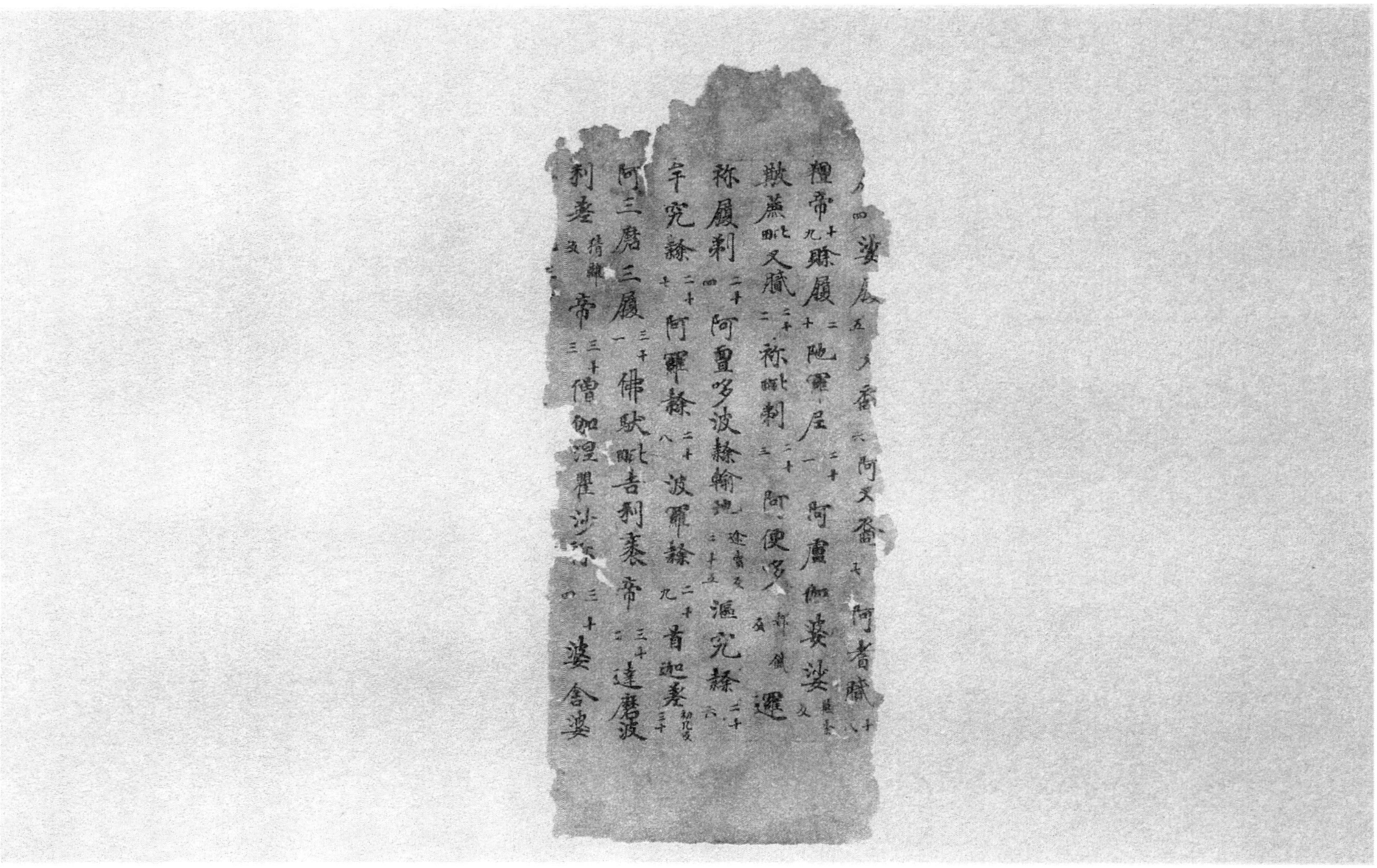

BD10924 號　妙法蓮華經卷七　　（1–1）

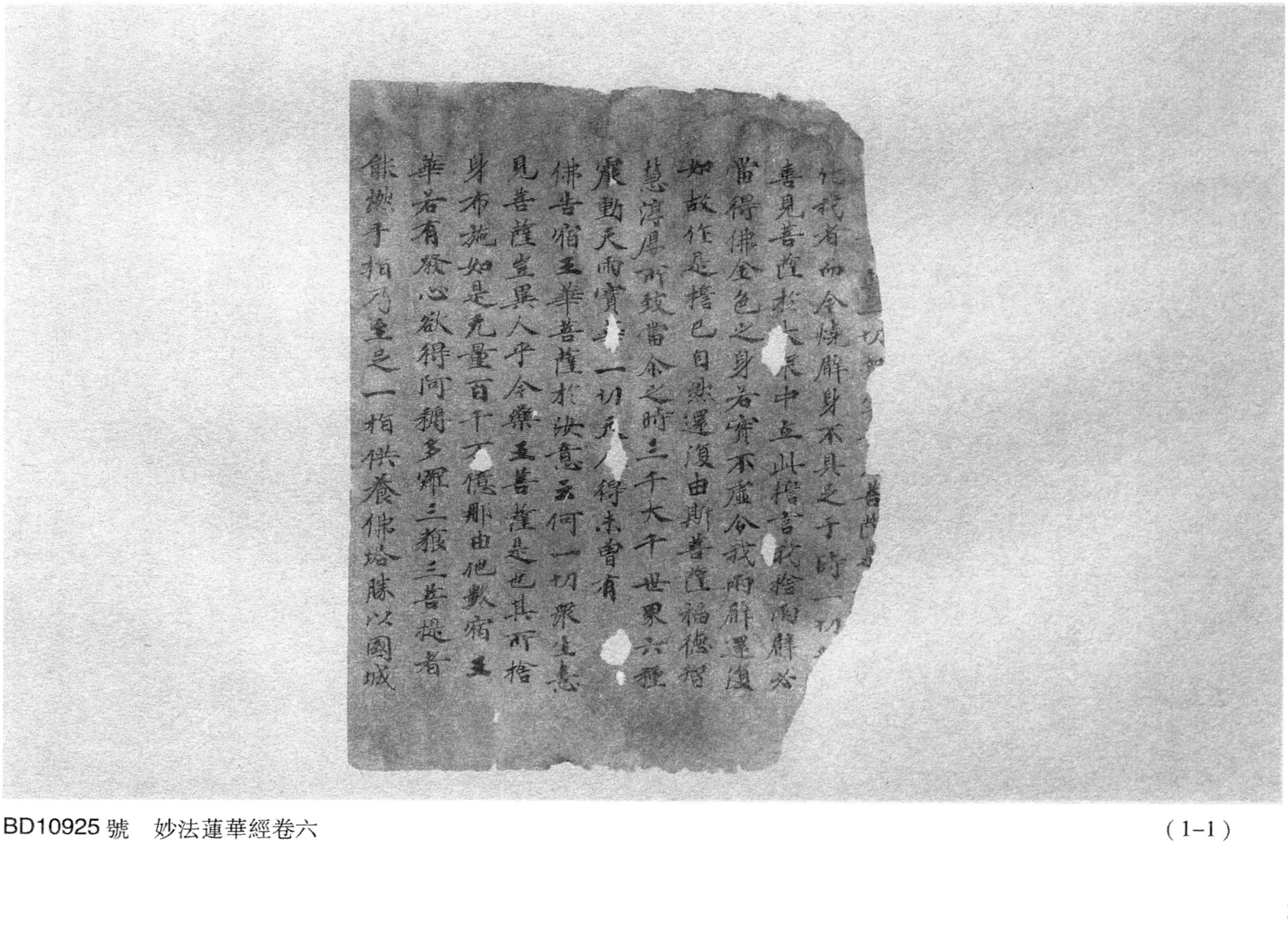
化我者而今燒臂身不具足于時一切
憙見菩薩於大眾中立此誓言我捨兩臂必
當得佛金色之身若實不虛令我兩臂還復
如故作是誓已自然還復由斯菩薩福德智
慧淳厚所致當爾之時三千大千世界六種
震動天雨寶華一切人天得未曾有
佛告宿王華菩薩於汝意云何一切眾生憙
見菩薩豈異人乎今藥王菩薩是也其所捨
身布施如是无量百千萬億那由他數宿王
華若有發心欲得阿耨多羅三藐三菩提者
能燃手指乃至足一指供養佛塔勝以國城

BD10925 號　妙法蓮華經卷六　　（1–1）

BD10926 號　妙法蓮華經卷七 　　　　　　　　　　　　　　　　　（1-1）

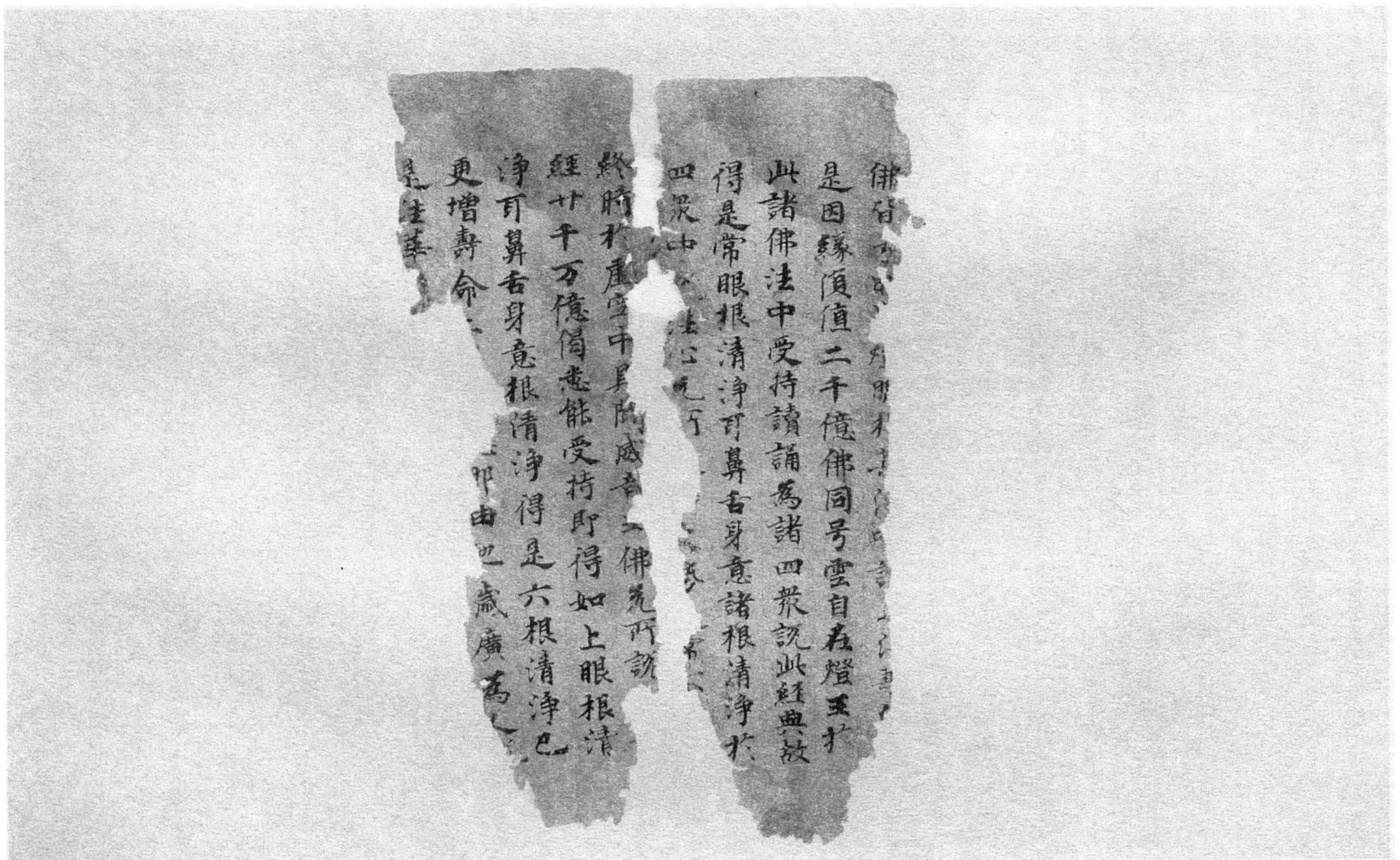

BD10927 號 A　妙法蓮華經卷六 　　　　　　　　　　　　　　　　（1-1）
BD10927 號 B　妙法蓮華經卷六

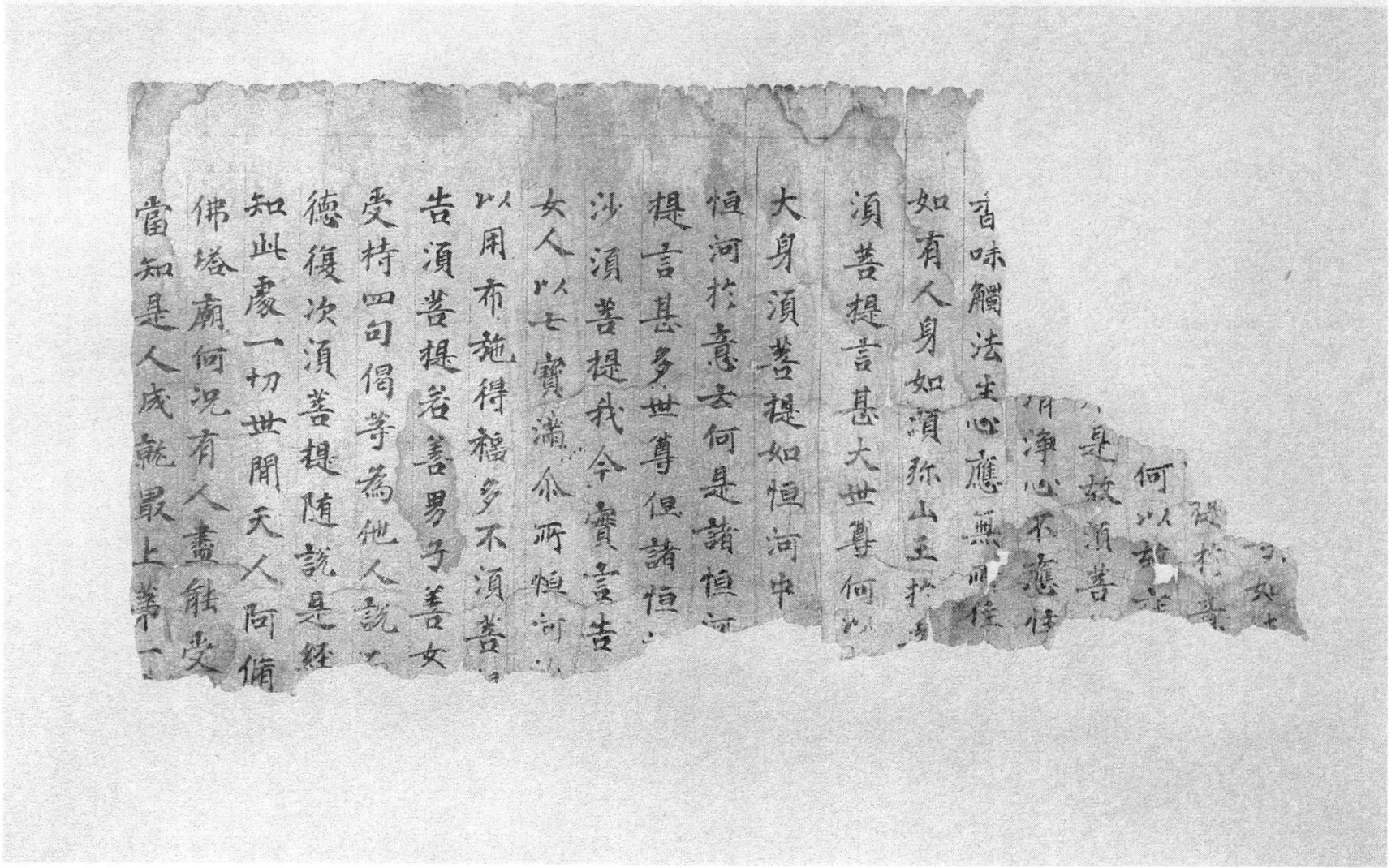

BD10928 號　金剛般若波羅蜜經　　　　　　　　　　　　　　　　　　　　　　（1-1）

BD10929 號　如來莊嚴智慧光明入一切佛境界經卷下　　　　　　　　　　　　　（1-1）

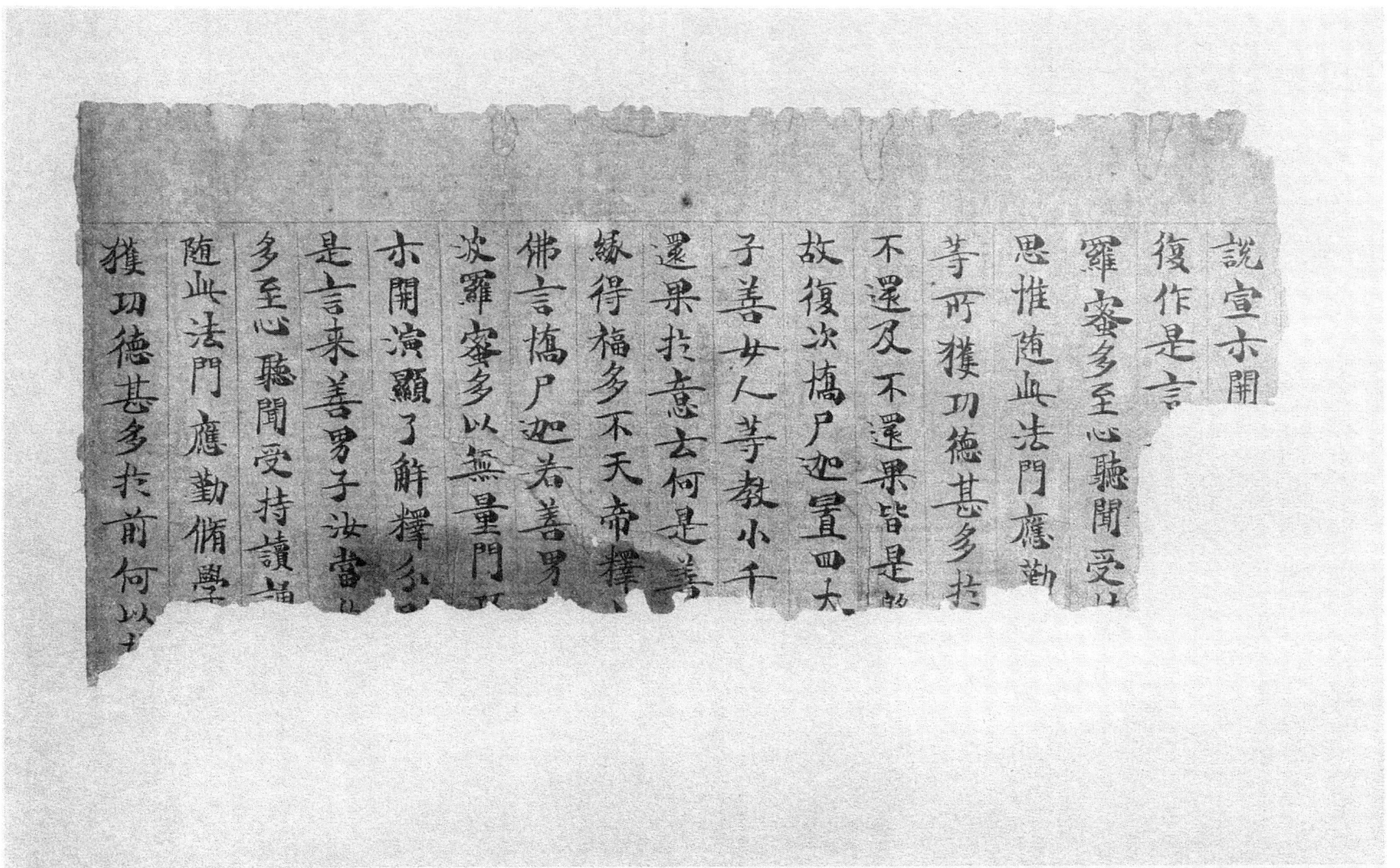

BD10930 號　大般若波羅蜜多經卷一六六　　　　　　　　　　　（1-1）

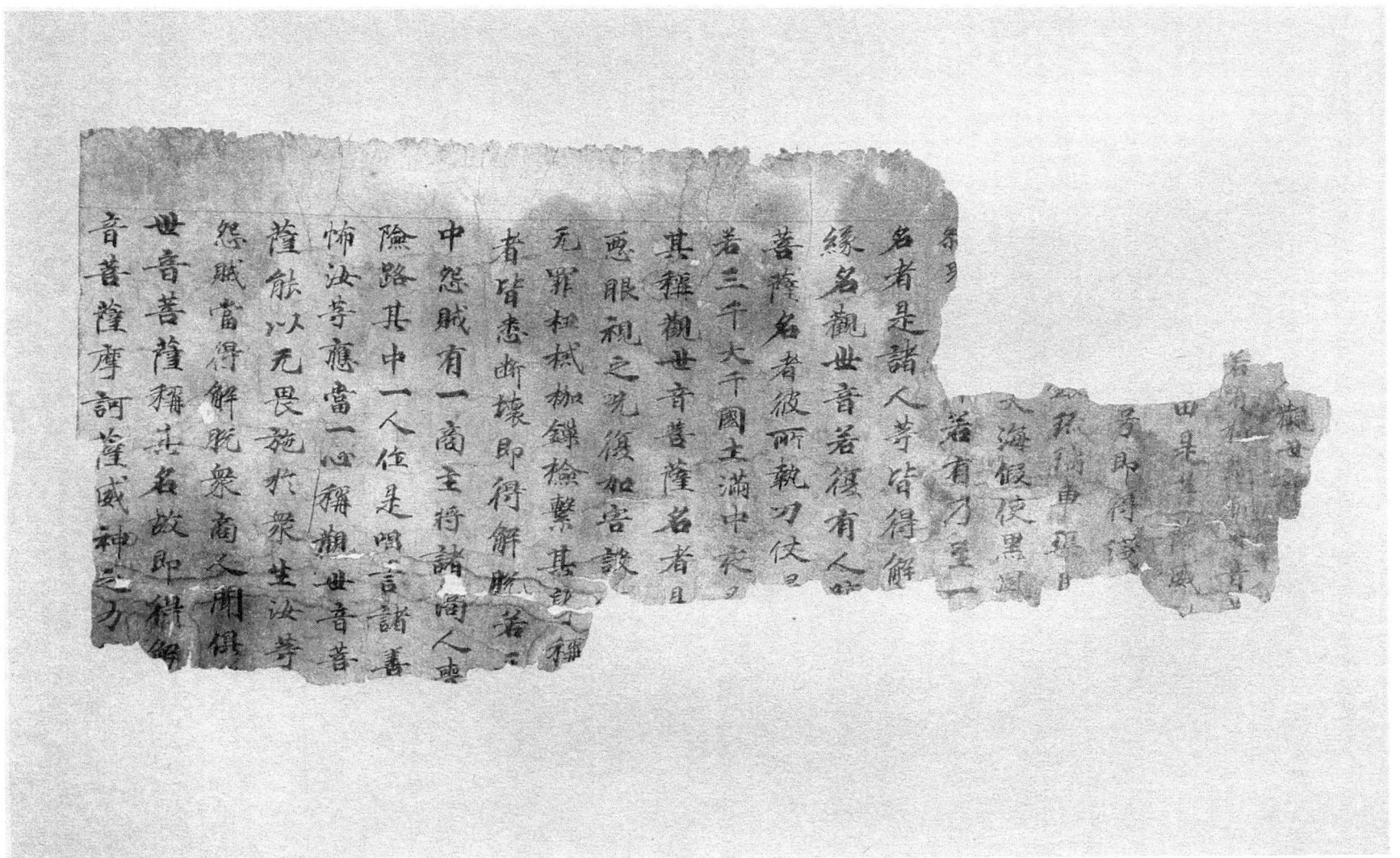

BD10931 號　妙法蓮華經卷七　　　　　　　　　　　　　　　（1-1）

我有時
食看利養
一慮惡心
尼江草

坐閒
至自言說法
常念世俗事

白諸行身道
為此一所恭敬
散名阿練若
為貪利養故
說水道諍義

輕賤人間者
如久通羅喉
好出我等過

從
我得忍充滿

云何名菩薩摩訶
忍辱地柔和善順
於法无所行而觀

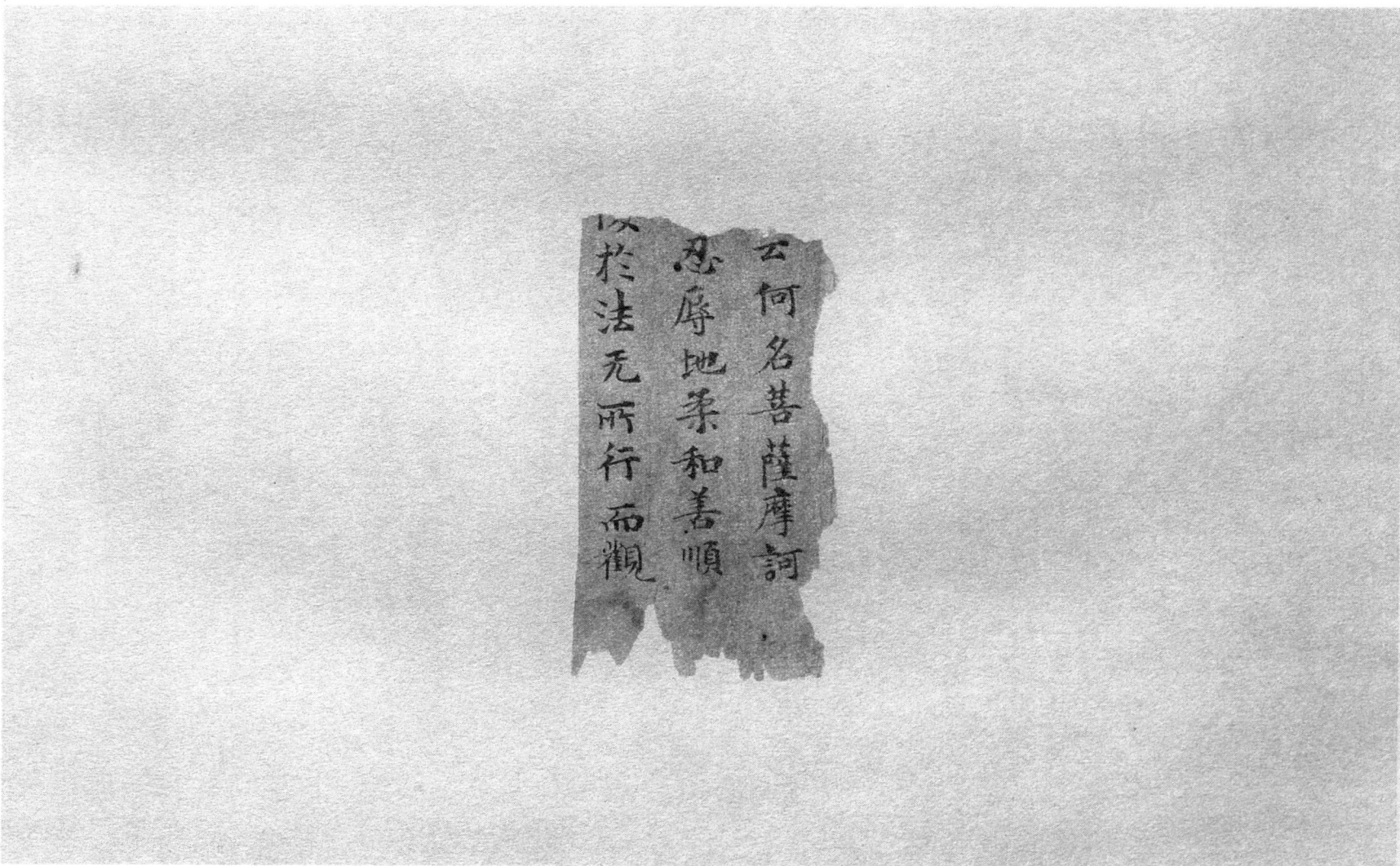

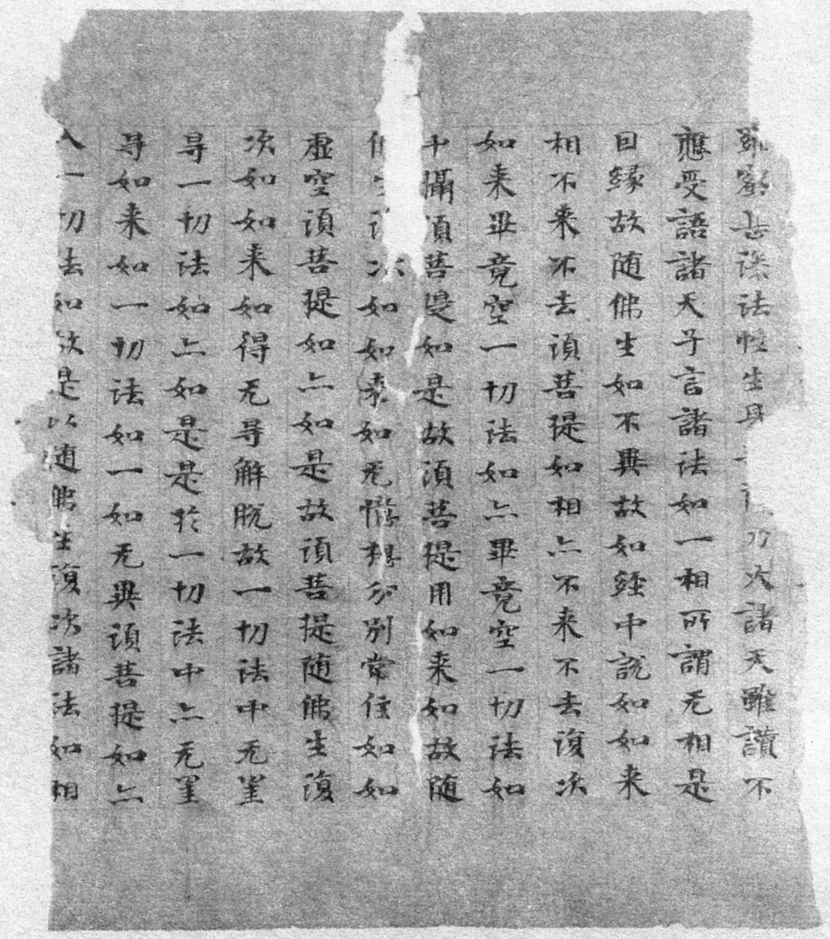

[illegible][illegible][illegible]法性生身[illegible][illegible][illegible]諸天雖讚不
應受語諸天子言諸法如一相所謂无相是
因緣故隨佛生如不異故如經中說如如來
相不來不去須菩提如相亦不來不去復次
如來畢竟空一切法如亦畢竟空一切法如
中攝須菩提如是故須菩提用如來如故隨
佛[illegible][illegible]次如如來如无憶想分別常住如如
虛空須菩提如亦如是故須菩提隨佛生復
次如如來如得无礙解脫故一切法中无罣
礙一切法如亦如是是於一切法中亦无罣
礙如來如一切法如一如无異須菩提如亦
入一切法如故是以隨佛生復次諸法如相

BD10934 號　大智度論卷七二　　（1–1）

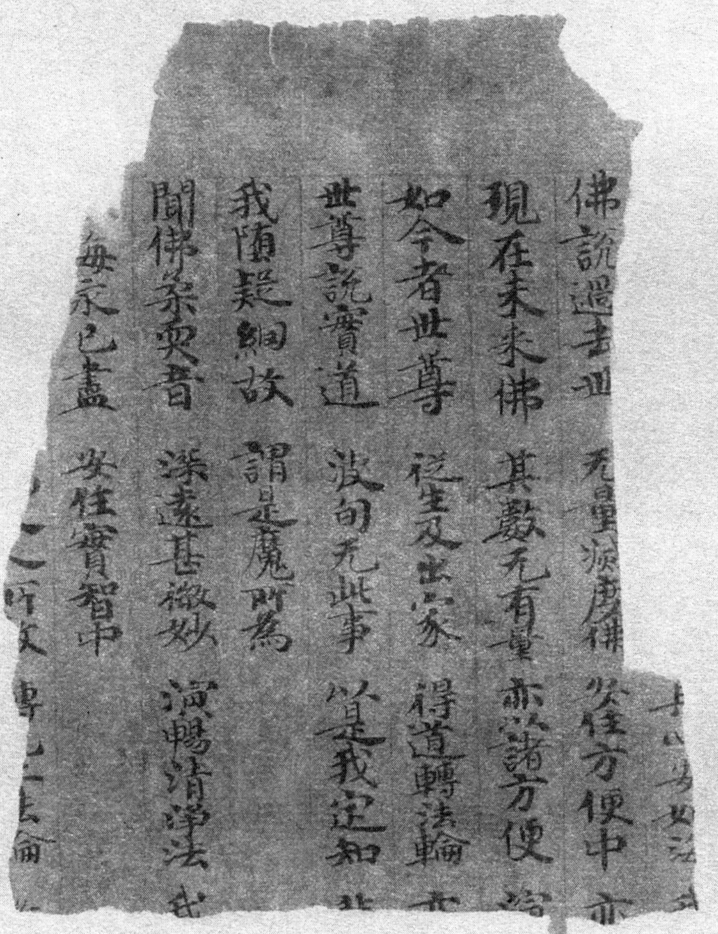

佛說過去世　无量滅度佛　安住方便中　亦
現在未來佛　其數无有量　亦以諸方便　演
如今者世尊　從生及出家　得道轉法輪　亦
世尊說實道　波旬无此事　以是我定知　非
我墮疑網故　謂是魔所為
聞佛柔軟音　深遠甚微妙　演暢清淨法　我
悔永已盡　安住實智中

BD10935 號　妙法蓮華經卷二　　（1–1）

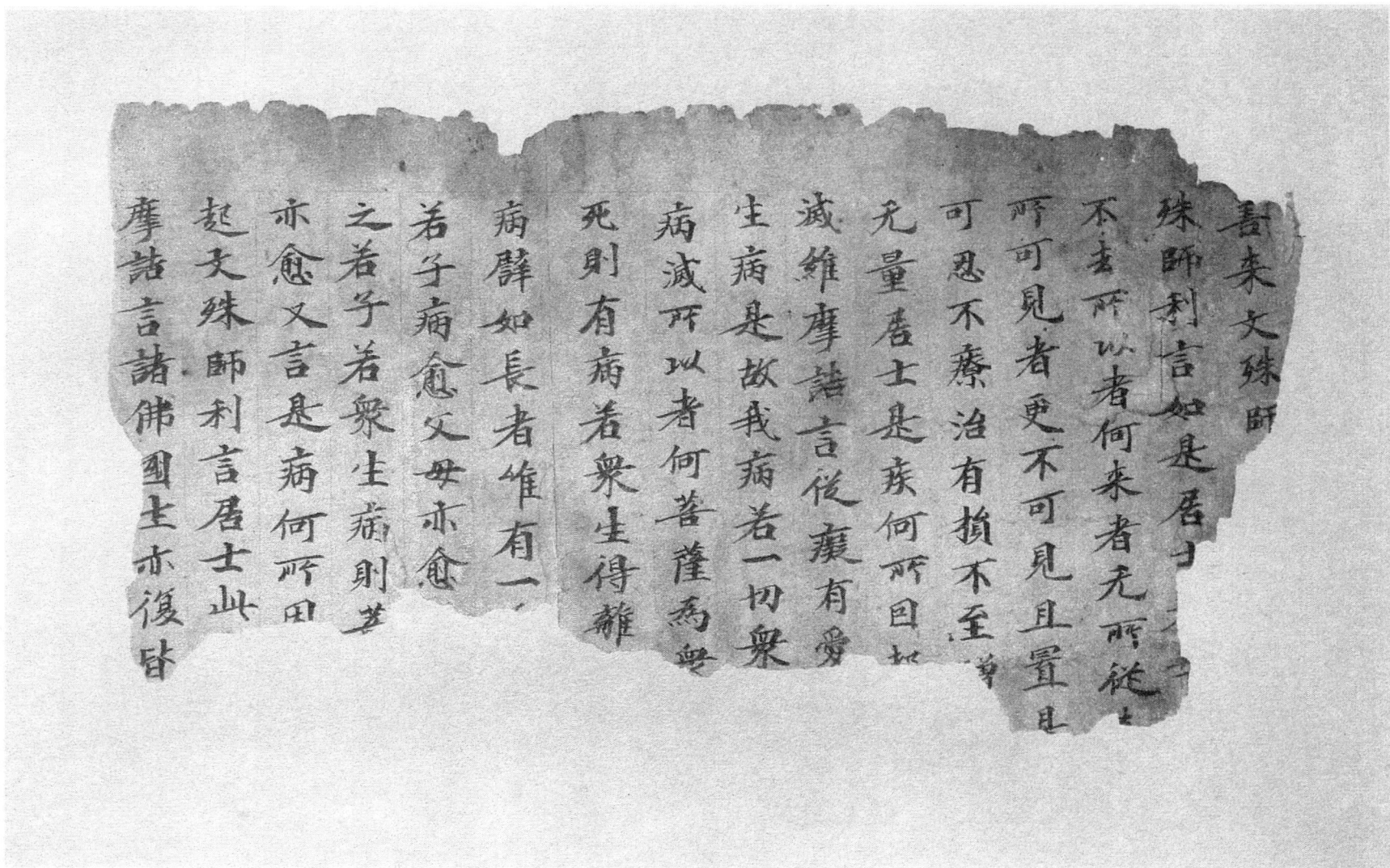

善來文殊師
殊師利言如是居士□□□
不去所以者何來者无所從□
所可見者更不可見且置且□
可忍不療治有損不至增□
无量居士是疾何所因起□
生病是故我病若一切眾□
滅維摩詰言從癡有愛□
病滅所以者何菩薩為□
死則有病若眾生得離□
病辟如長者唯有一□
若子病愈父母亦愈□
之若子若眾生病則菩□
亦愈又言是病何所因□
起文殊師利言居士此□
摩詰言諸佛國土亦復皆□

BD10936 號　維摩詰所說經卷中　　　　　　　　　　（1-1）

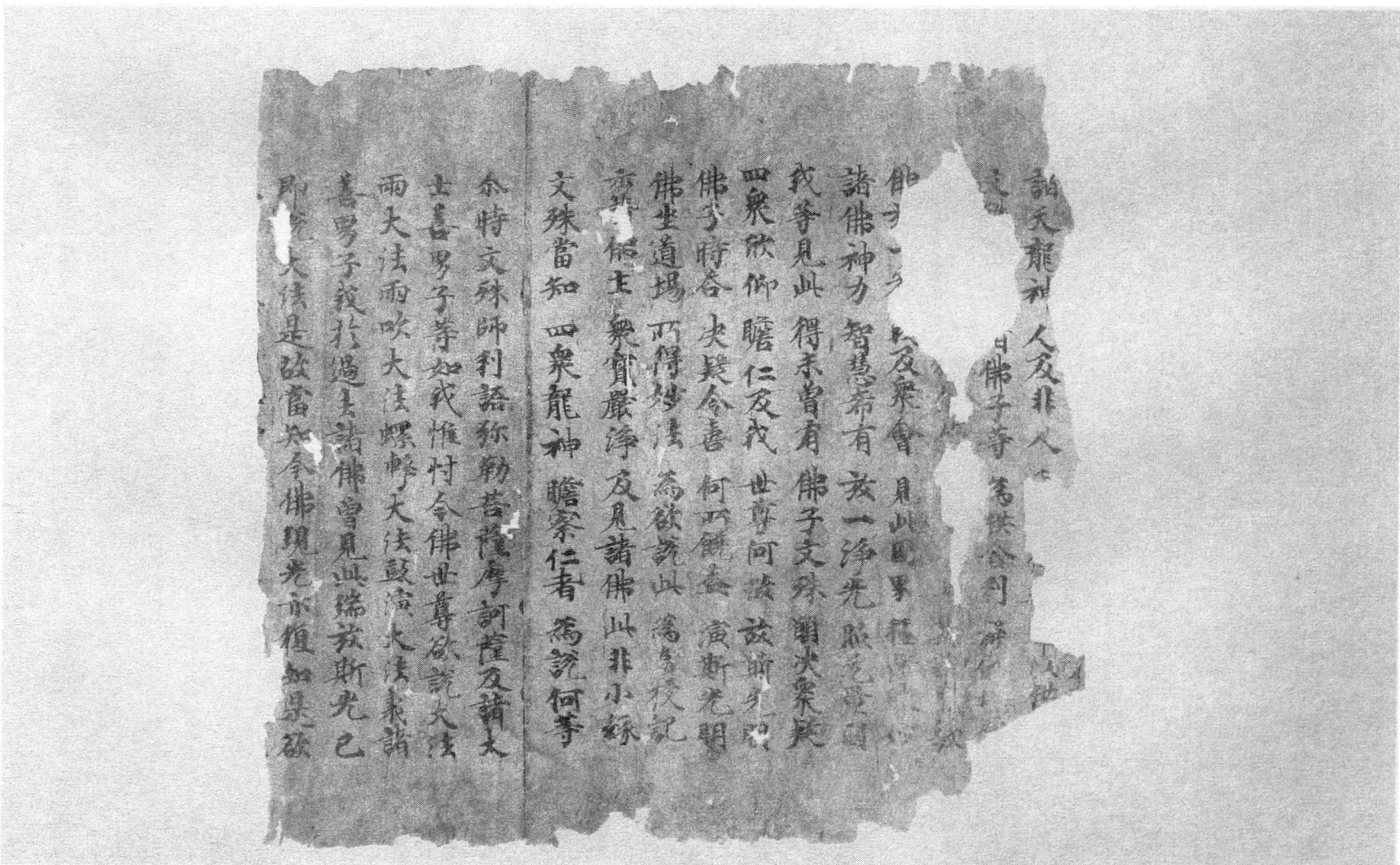

諸天龍神人及非人□
□□□佛子等為供養故□
佛□□□□□□□□□
□□眾欲仰瞻仁及我□
諸佛神力智慧希有放一淨光□
我等見此得未曾有佛子文殊願決眾疑□
四眾欣仰瞻仁及我世尊何故放斯光□
佛子時答決疑令喜何所饒益演斯光明□
齊此佛土眾寶嚴淨及見諸佛此非小緣□
文殊當知四眾龍神瞻察仁者為說何等□
余時文殊師利語彌勒菩薩及諸大□
士善男子等如我惟忖今佛世尊欲說大法□
雨大法雨吹大法螺擊大法鼓演大法義□
善男子我於過去諸佛曾見此瑞放斯光已□
即說大法是故當知今佛現光亦復如是欲□

BD10937 號　妙法蓮華經卷一　　　　　　　　　　（1-1）

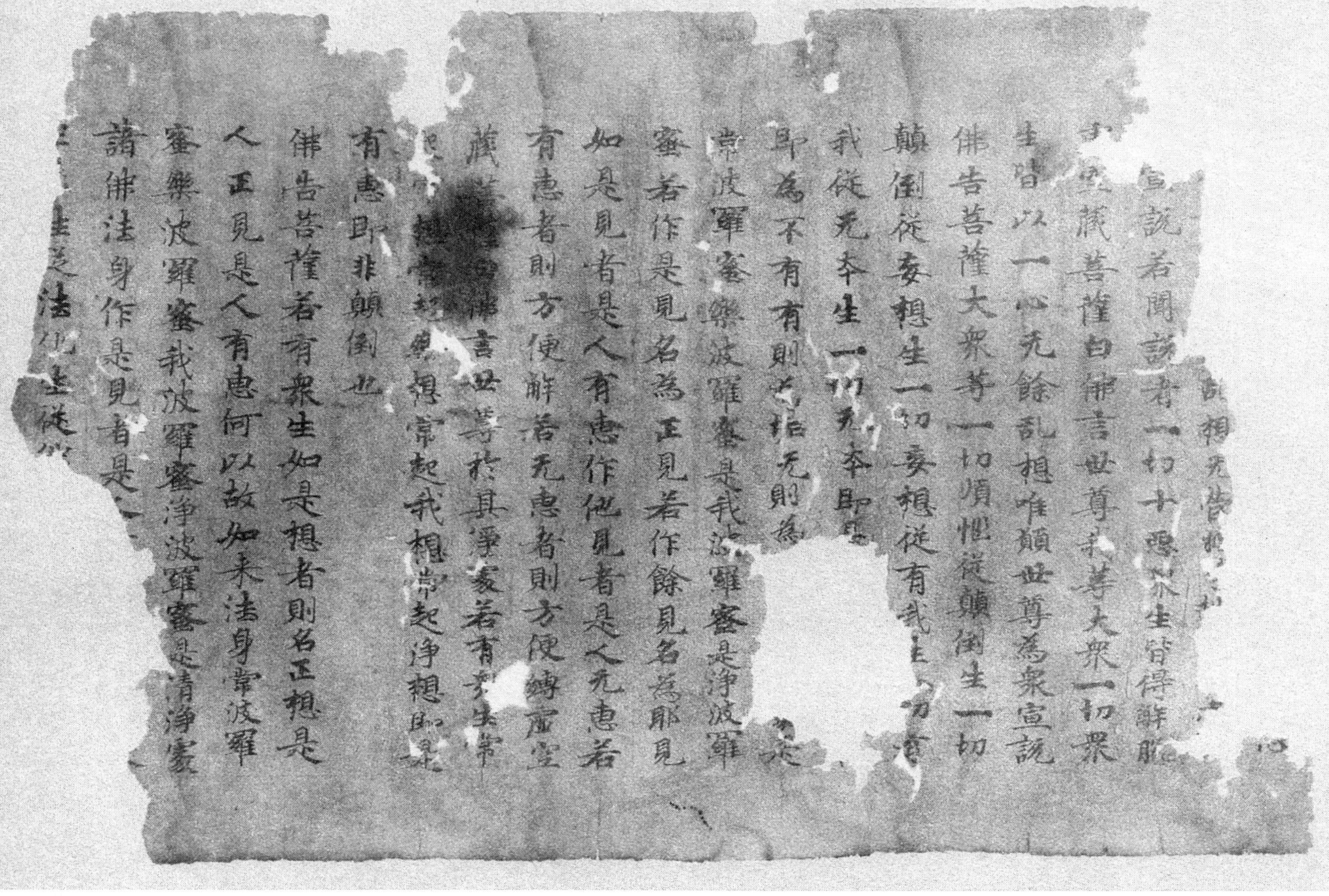

BD10938 號　法王經　　　　　　　　　　　　　　　　　　　　　　　　　　（1-1）

妄想无俗想染利

言若聞諸者一切十惡於生皆得解脫

大眾菩薩白佛言世尊未来大眾一切眾
生皆以一心无餘亂想唯願世尊為眾宣説

佛告菩薩大眾等一切煩惱從顛倒生一切
顛倒妄想生一切妄想從有我生一切有

我從无本生一切无本即是
即為不有有則无則為

常波羅蜜樂波羅蜜是我波羅蜜是淨波羅
蜜若作是見名為正見若作餘見名為邪見

有惠者則方便解苦无惠者則是人无惠若
如是見者是人有惠作他見者是人无惠若

藏⋯佛言世尊於其淨家若有惠生常
⋯想起奥想常起我想常起淨想即⋯

佛告菩薩若有眾生如是想者則名正想是
人正見是人有惠何以故如来法身常波羅

蜜樂波羅蜜我波羅蜜淨波羅蜜是清淨波羅
有惠即非顛倒也

諸佛法身作是見者是⋯生是從⋯

BD10939 號　無量壽宗要經　　　　　　　　　　　　　　　　　　　　　（1-1）

BD10940號　妙法蓮華經卷四　（1-1）

BD10941號　大般若波羅蜜多經卷一四二　（1-1）

BD10942 號　金光明最勝王經卷二 （1-1）

BD10943 號　金剛經包背封皮（擬） （1-1）

BD10943 號　奉請八金剛（擬）

BD10943 號背　奉請八金剛（擬）

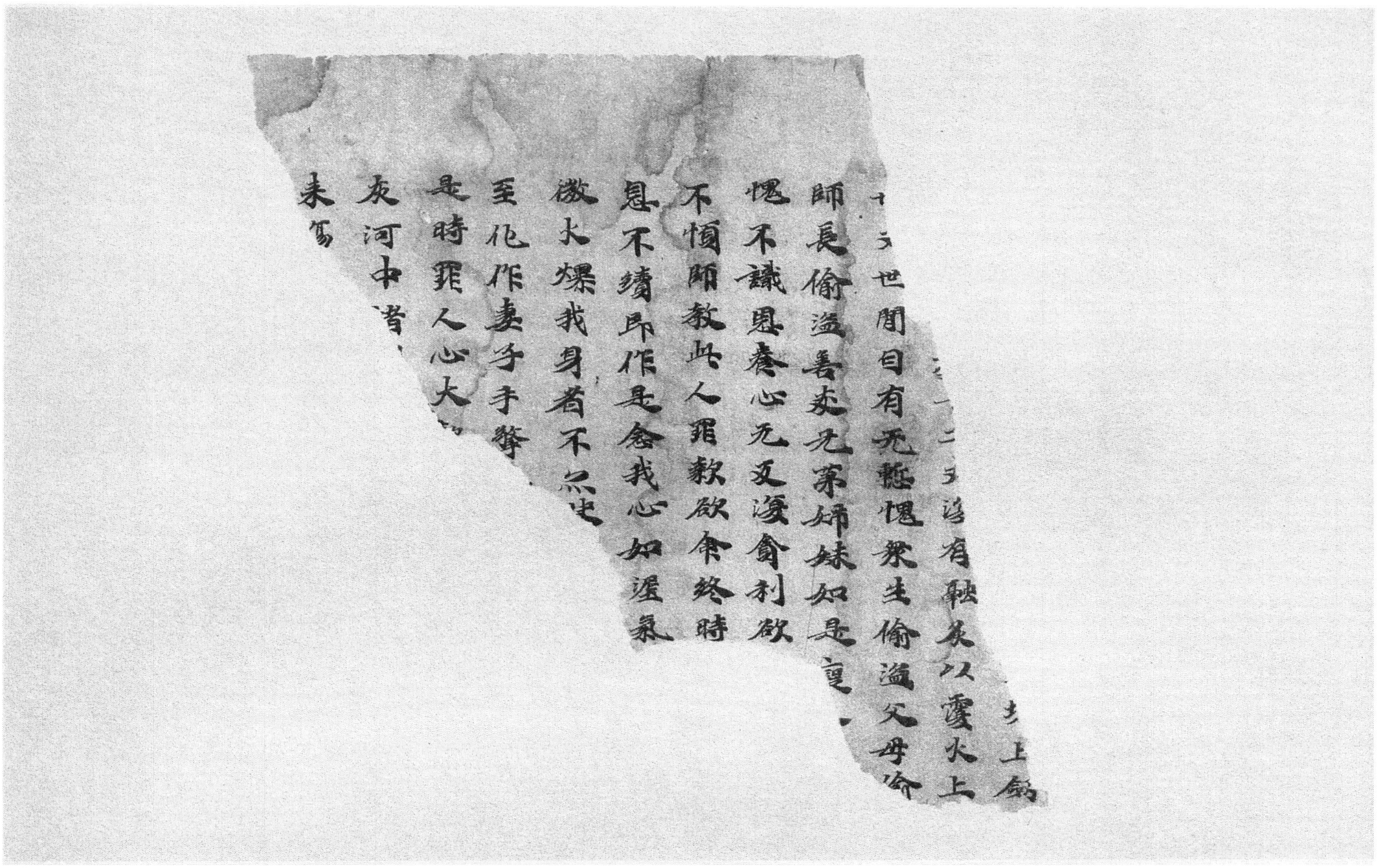

BD10944 號　觀佛三昧海經卷五　（1–1）

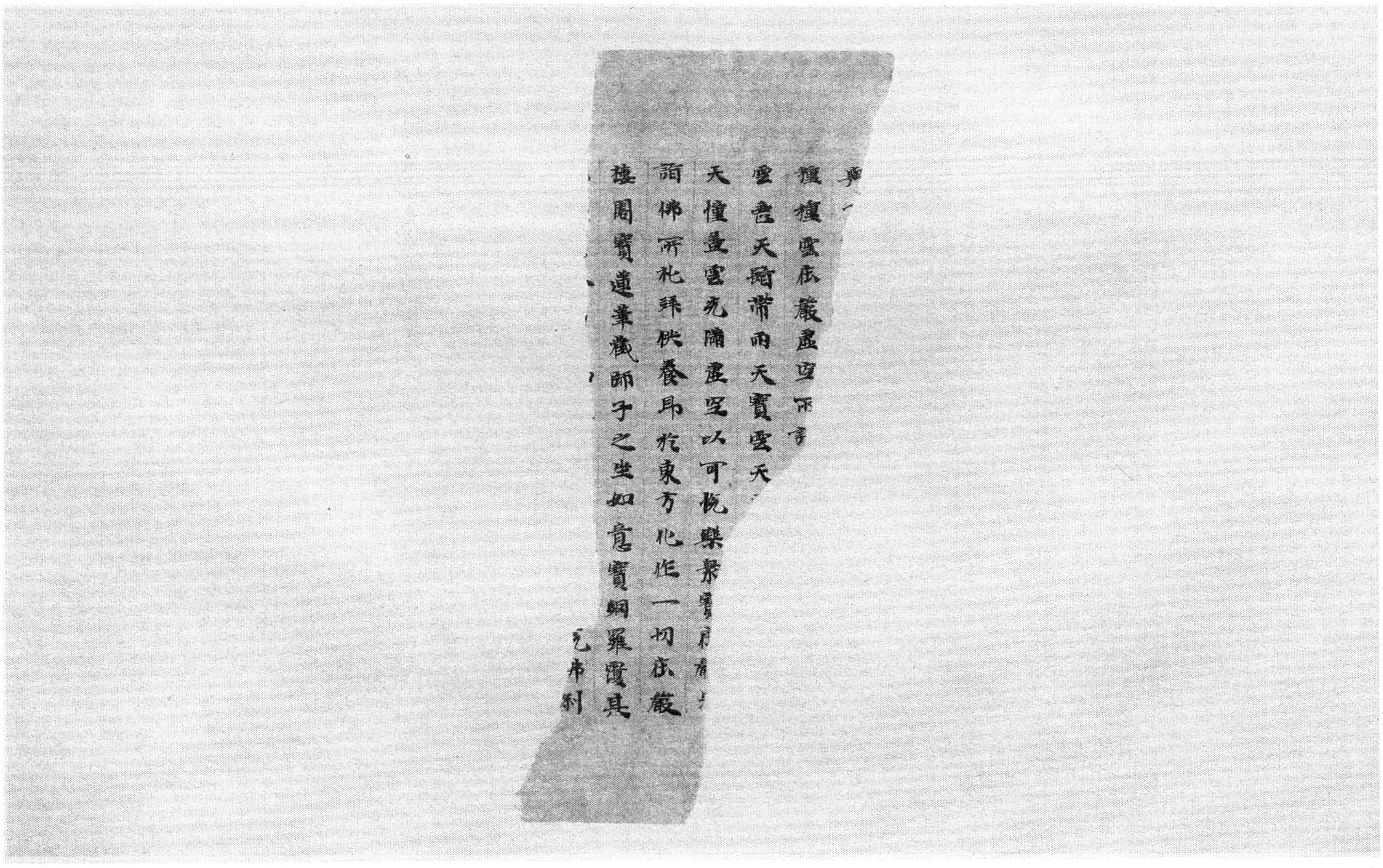

BD10945 號　大方廣佛華嚴經（晉譯五十卷本）卷三七　（1–1）

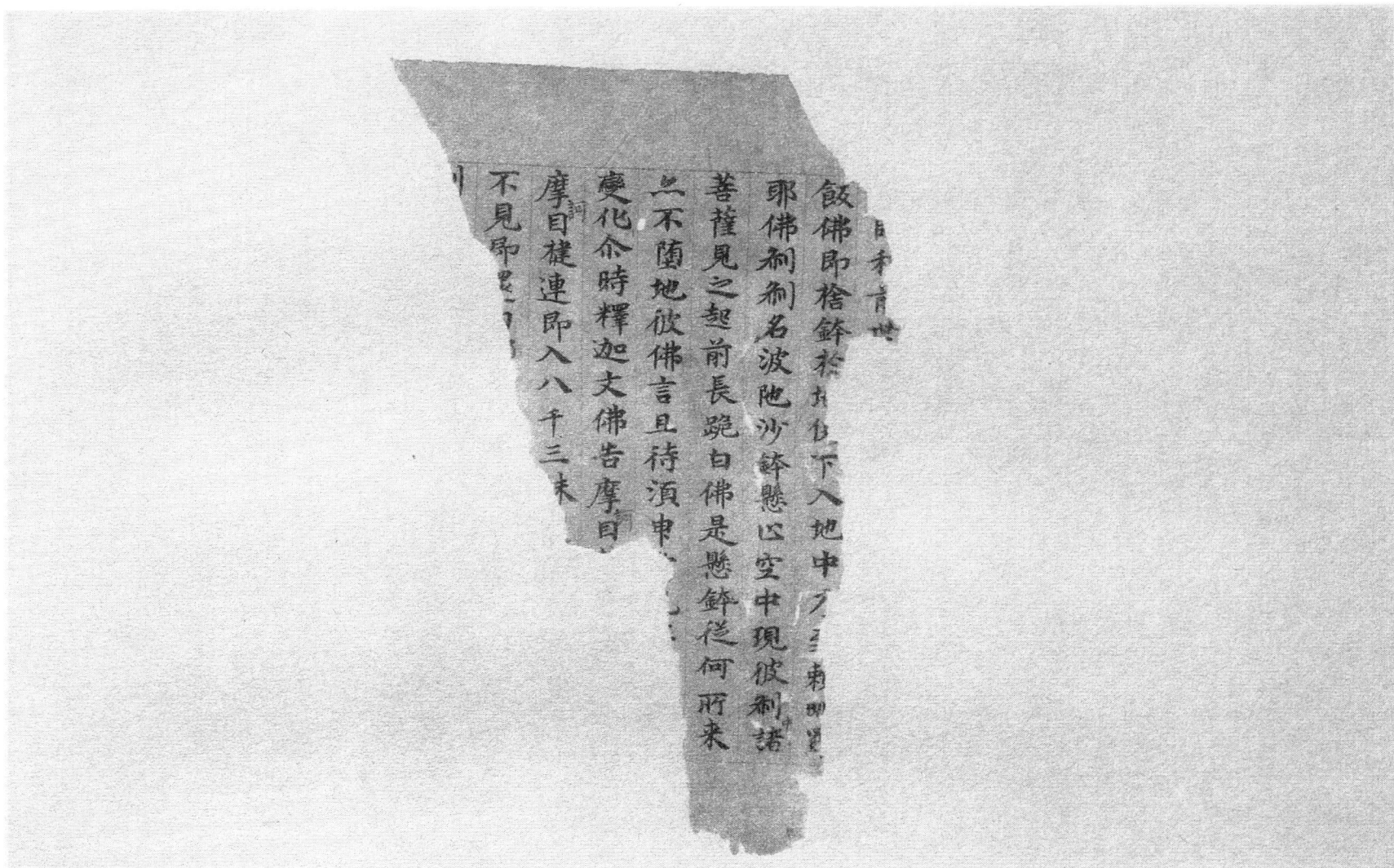

BD10946 號　放鉢經　　　　　　　　　　　　　　　　　　　　（1-1）

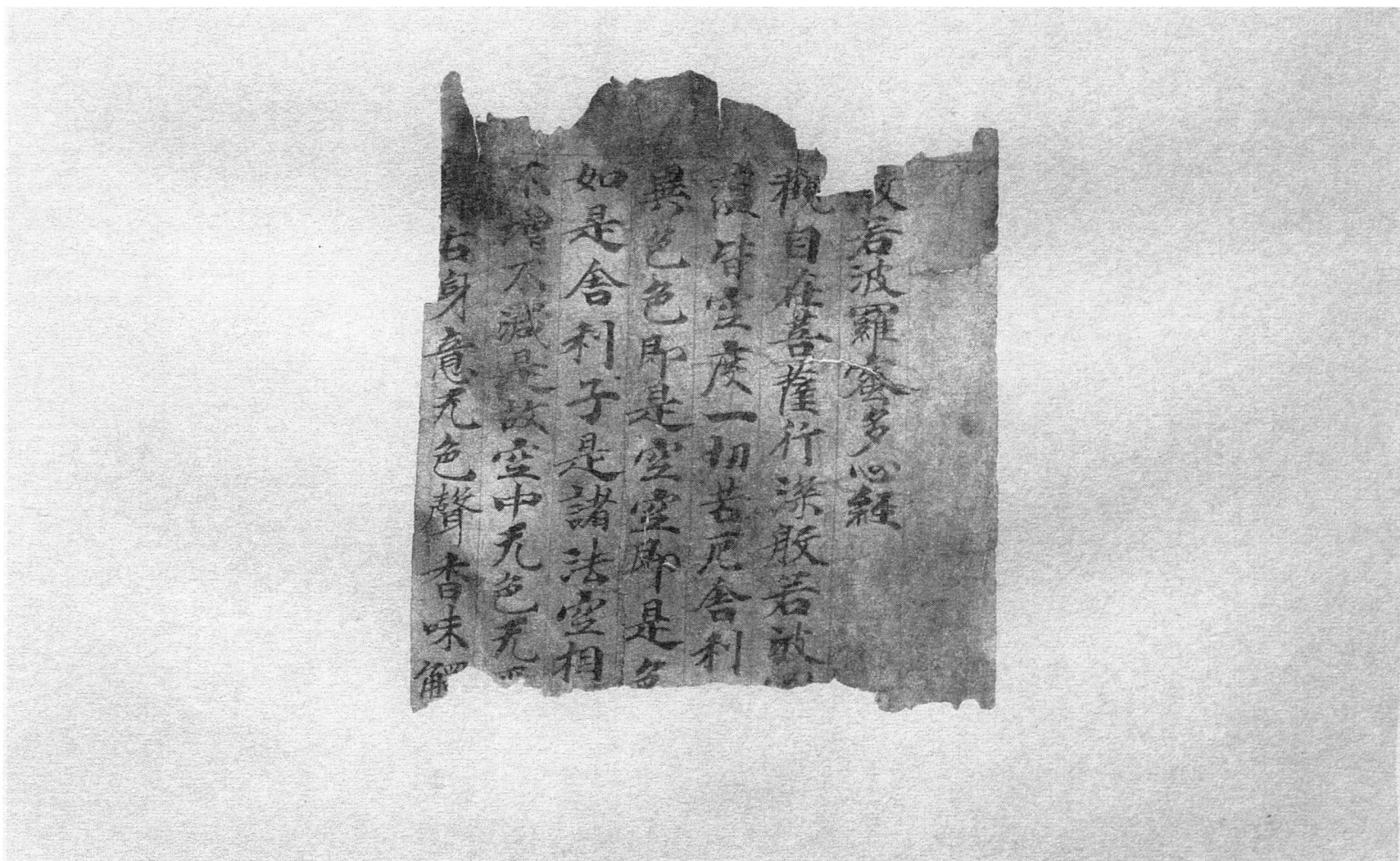

BD10947 號　般若波羅蜜多心經　　　　　　　　　　　　　　（1-1）

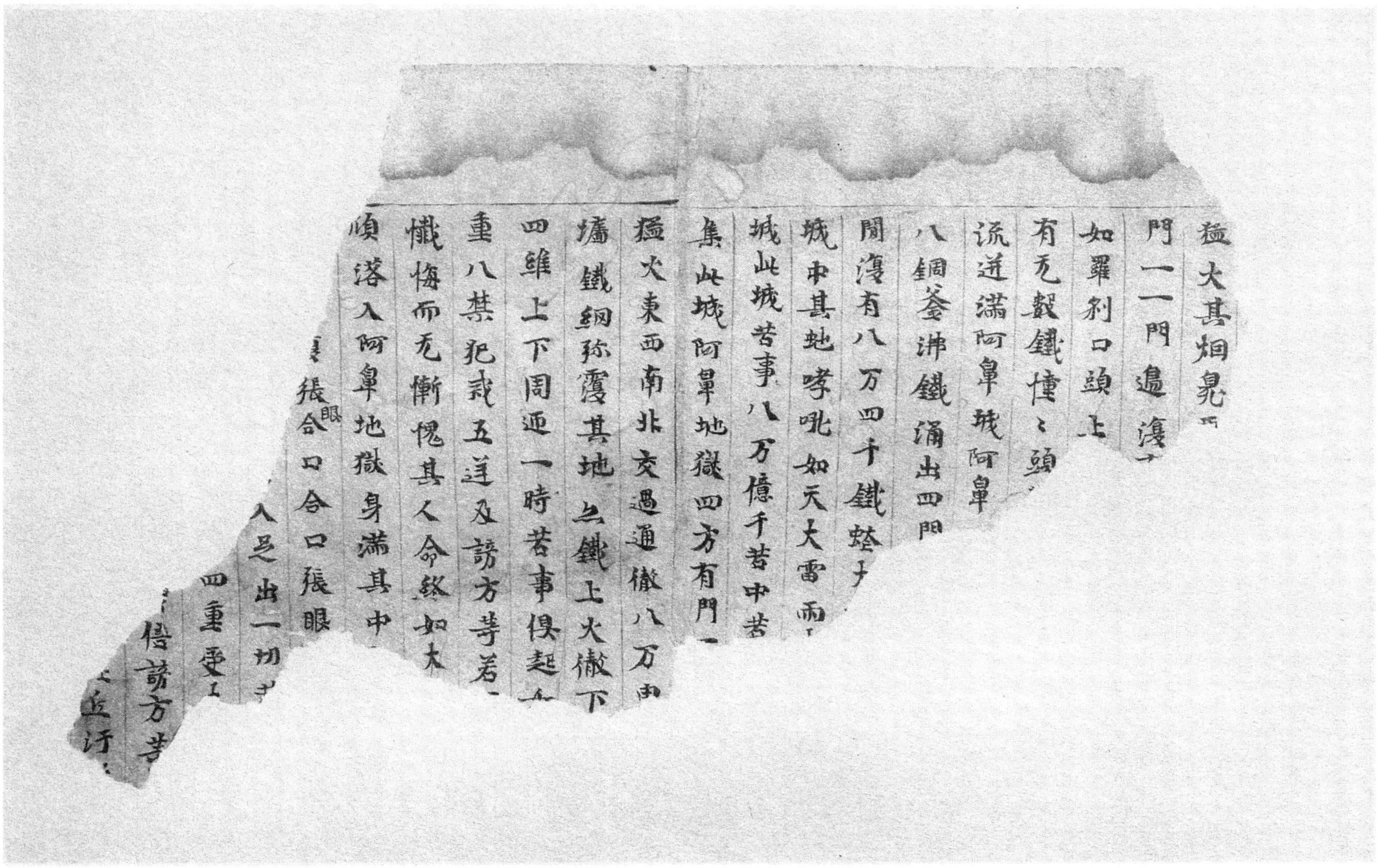

BD10948 號　大通方廣懺悔滅罪莊嚴成佛經卷下　（1–1）

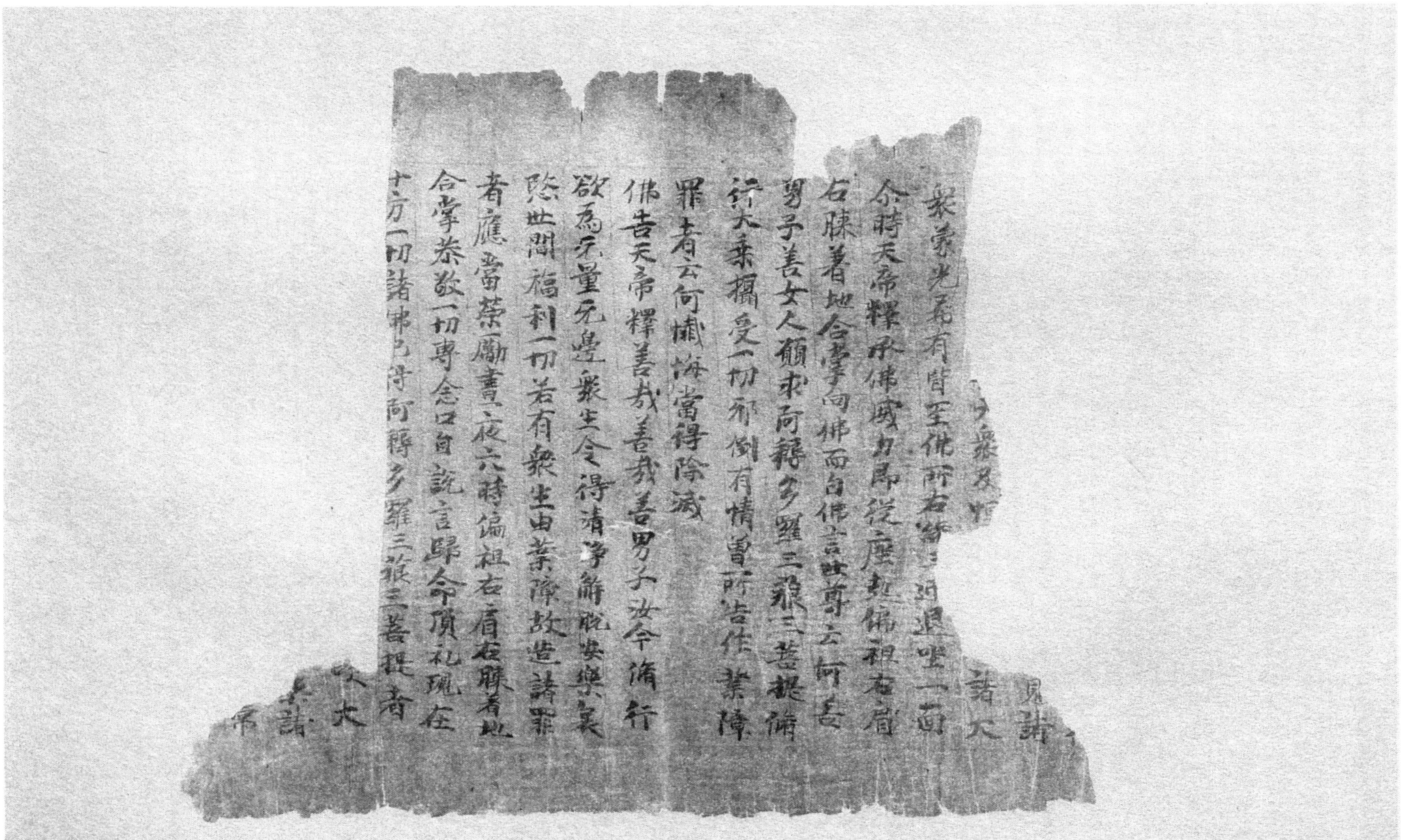

BD10949 號　金光明最勝王經卷三　（1–1）

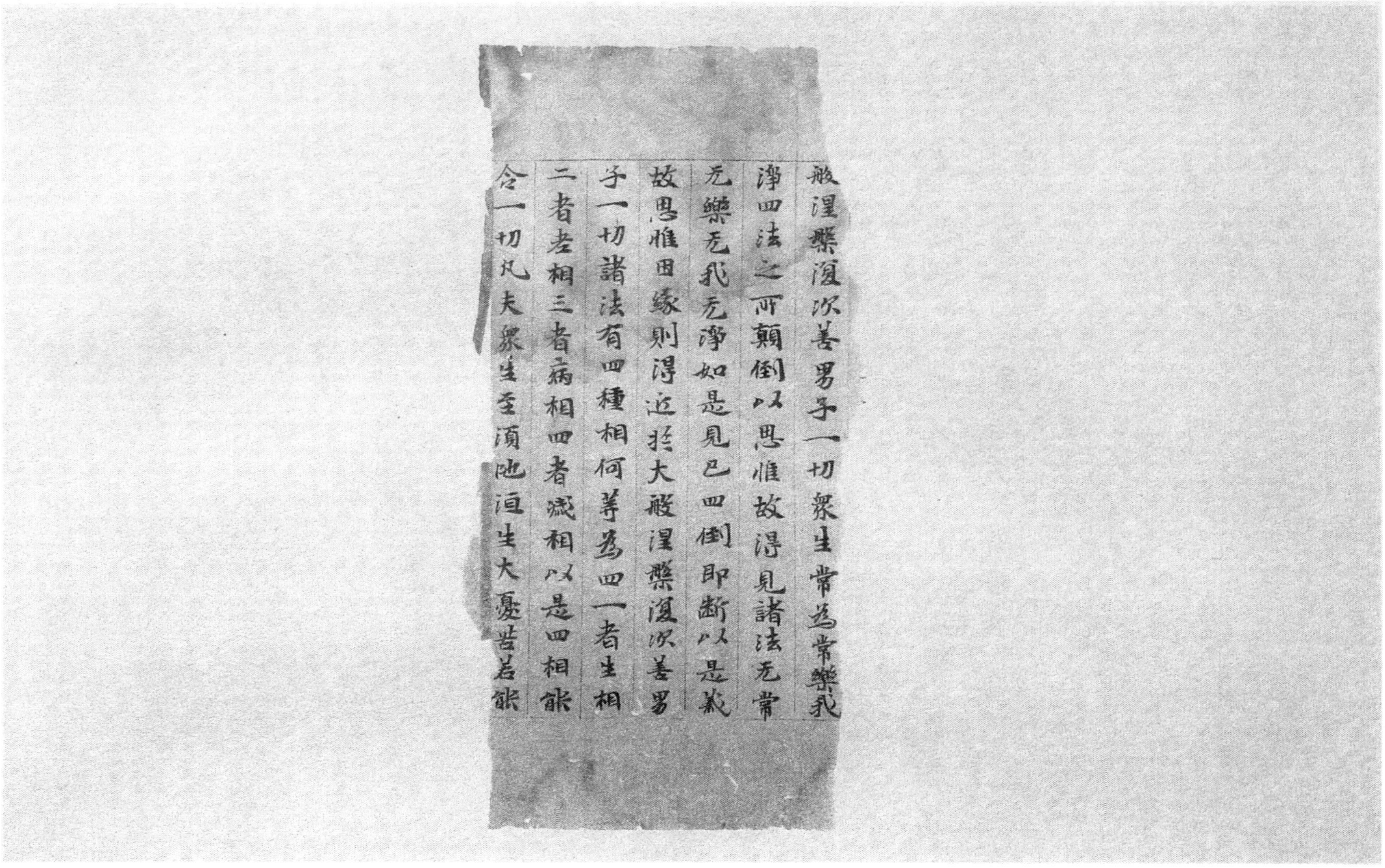

BD10950 號　大般涅槃經（北本）卷二五　　　　　　　　　　　　　　　　　（1-1）

般涅槃復次善男子一切眾生常為常樂我
淨四法之所顛倒以思惟故得見諸法无常
无樂无我无淨如是見已四倒即斷以是義
故思惟因緣則得近於大般涅槃復次善男
子一切諸法有四種相何等為四一者生相
二者老相三者病相四者滅相以是四相能
令一切凡夫眾生至須陀洹生大憂苦若能

BD10951 號　大般涅槃經（北本）卷四　　　　　　　　　　　　　　　　　　（1-1）

使所犯遂復
而制不得一
言世尊如
世尊敷
方迷
皆
此

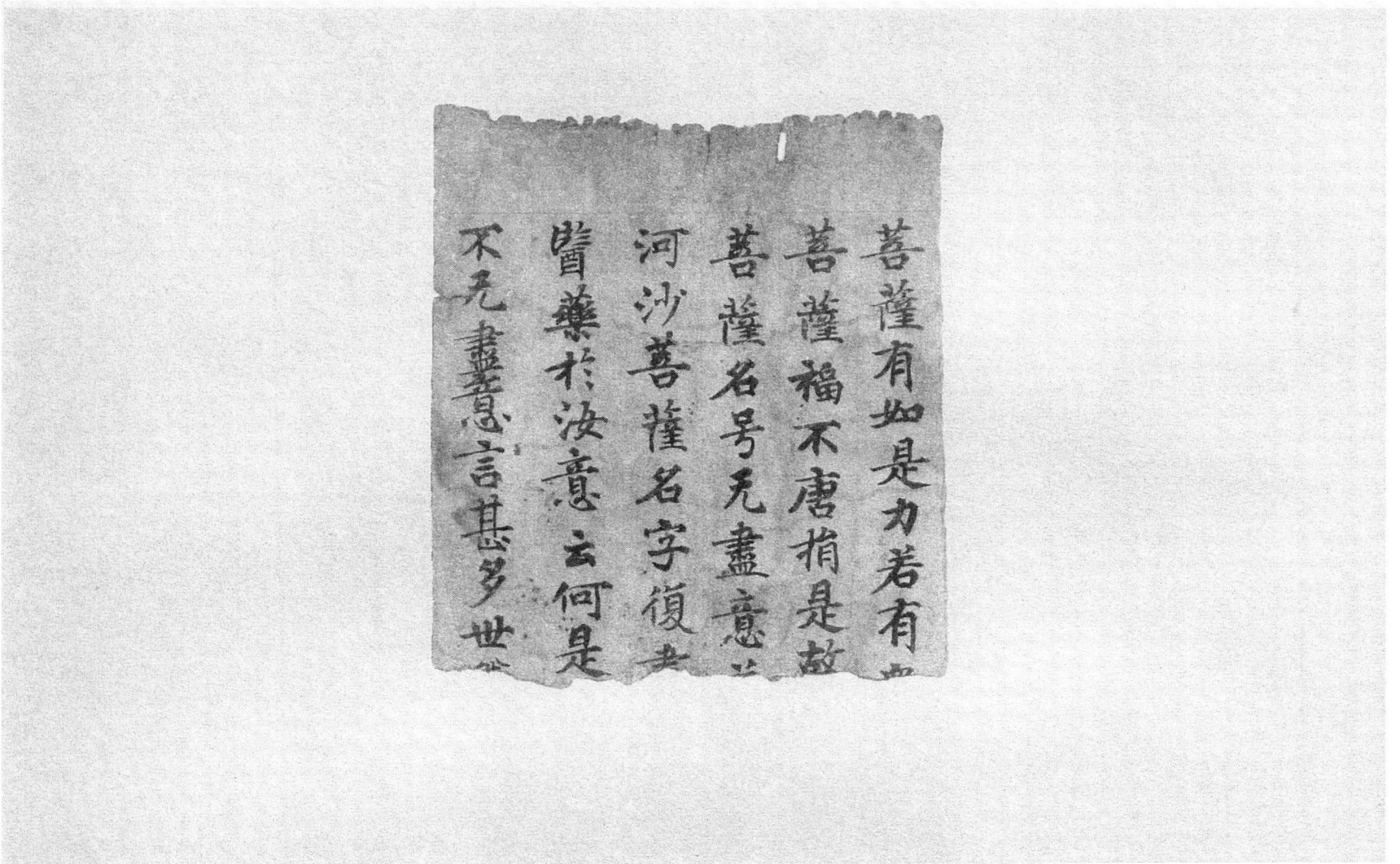

BD10952 號　妙法蓮華經卷七　　　　　　　　　　　　　　　　　　　　（1-1）

不无盡賣意言甚多世尊

毉藥扵汝意云何是

河沙菩薩名字復盡

菩薩名号无盡意若

菩薩福不唐捐是故

菩薩有如是力若有

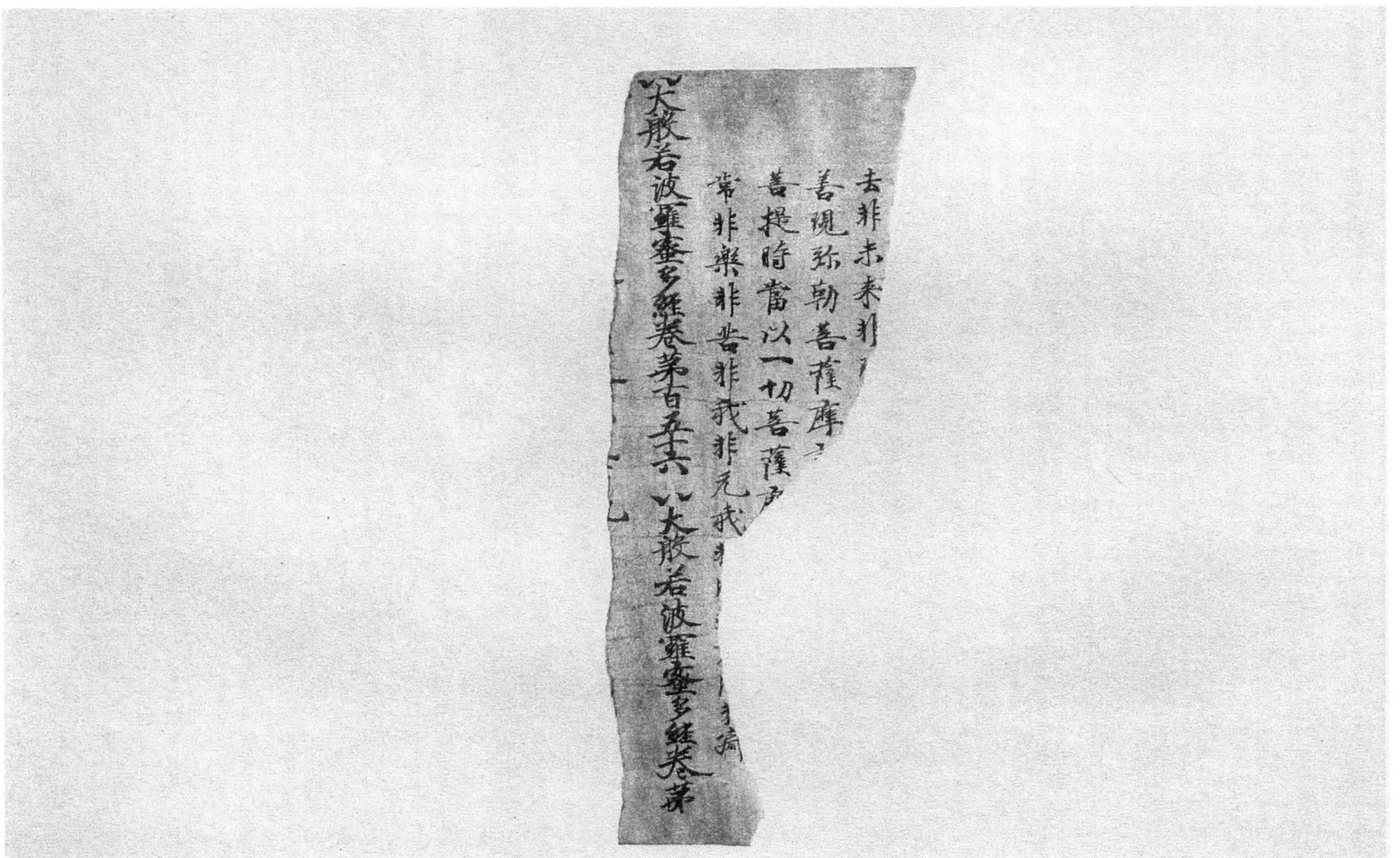

BD10953 號　大般若波羅蜜多經卷二九二（兌廢稿）　　　　　　　　　（1-1）

去非未來非

善現弥勒菩薩摩

菩提時當以一切菩薩

常非樂非苦非我非无我

大般若波羅蜜多經卷第百五十六

大般若波羅蜜多經卷第

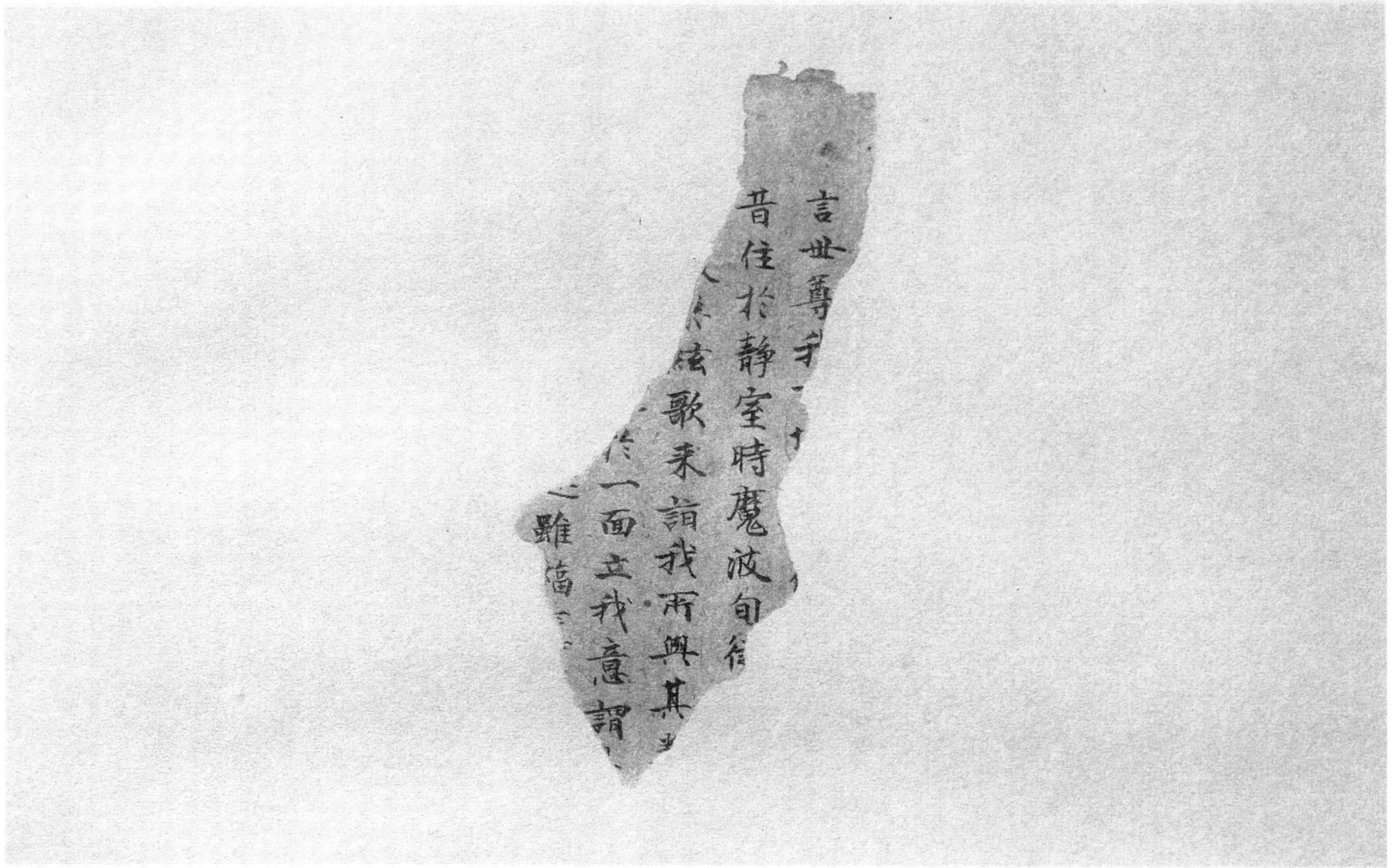

BD10954 號　維摩詰所說經卷上　　　　　　　　　　　　　　　　　　（1-1）

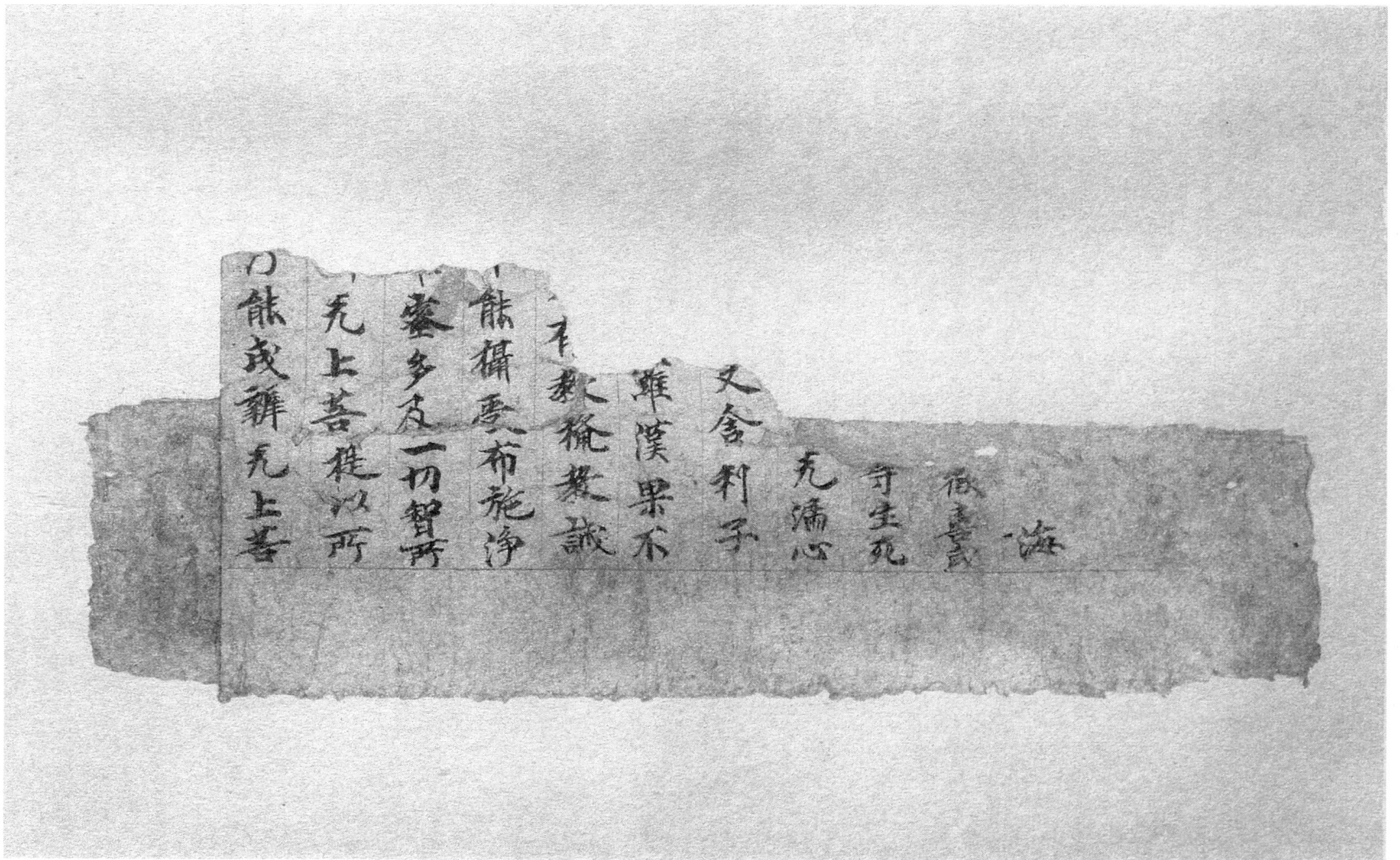

BD10955 號　大般若波羅蜜多經卷五八三　　　　　　　　　　　　　　（1-1）

BD10956 號　大方廣佛華嚴經（晉譯五十卷本）卷四〇　　　　　　　　　　　（1-1）

BD10957 號　七俱胝佛母心大准提陀羅尼經　　　　　　　　　　　　　　　（1-1）

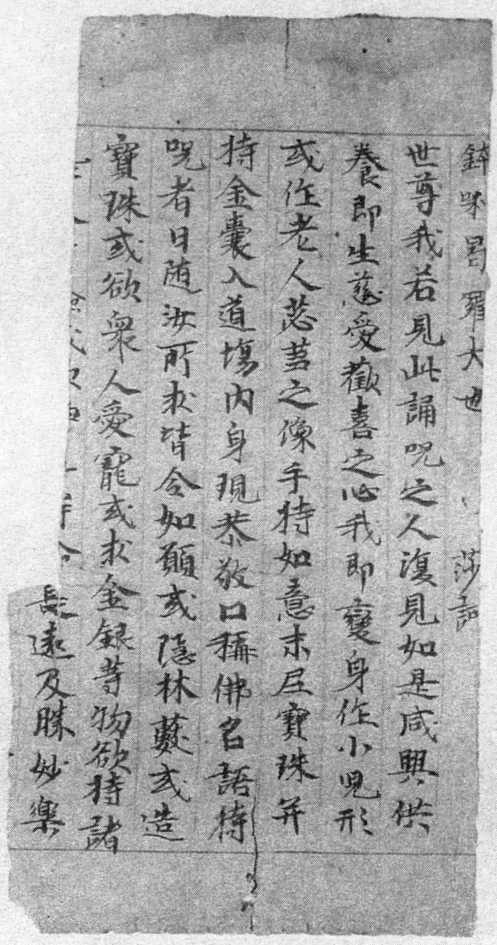

世尊我若見此誦呪之人復見如是咸興供
養即生慈愛歡喜之心我即變身作小兒形
或作老人慈苦之像手持如意末尼寶珠并
持金囊入道場內身現恭敬口稱佛名語持
呪者曰隨汝所求皆令如願或隱林藪或造
寶珠或欲衆人愛寵或求金銀等物欲持諸
長遠及勝妙樂

BD10958 號　金光明最勝王經卷六　　　　　　　　　　　　（1-1）

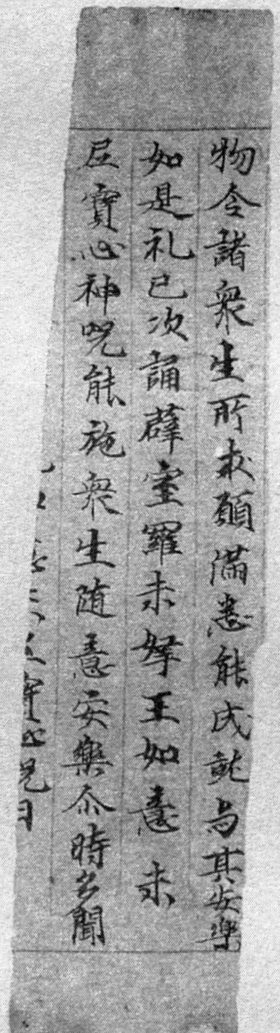

物令諸衆生所求願滿悉能成就与其安樂
如是礼已次誦薜室羅末拏王如意末
盡寶心神呪能施衆生隨意安樂介時玄闢

BD10959 號　金光明最勝王經卷六　　　　　　　　　　　　（1-1）

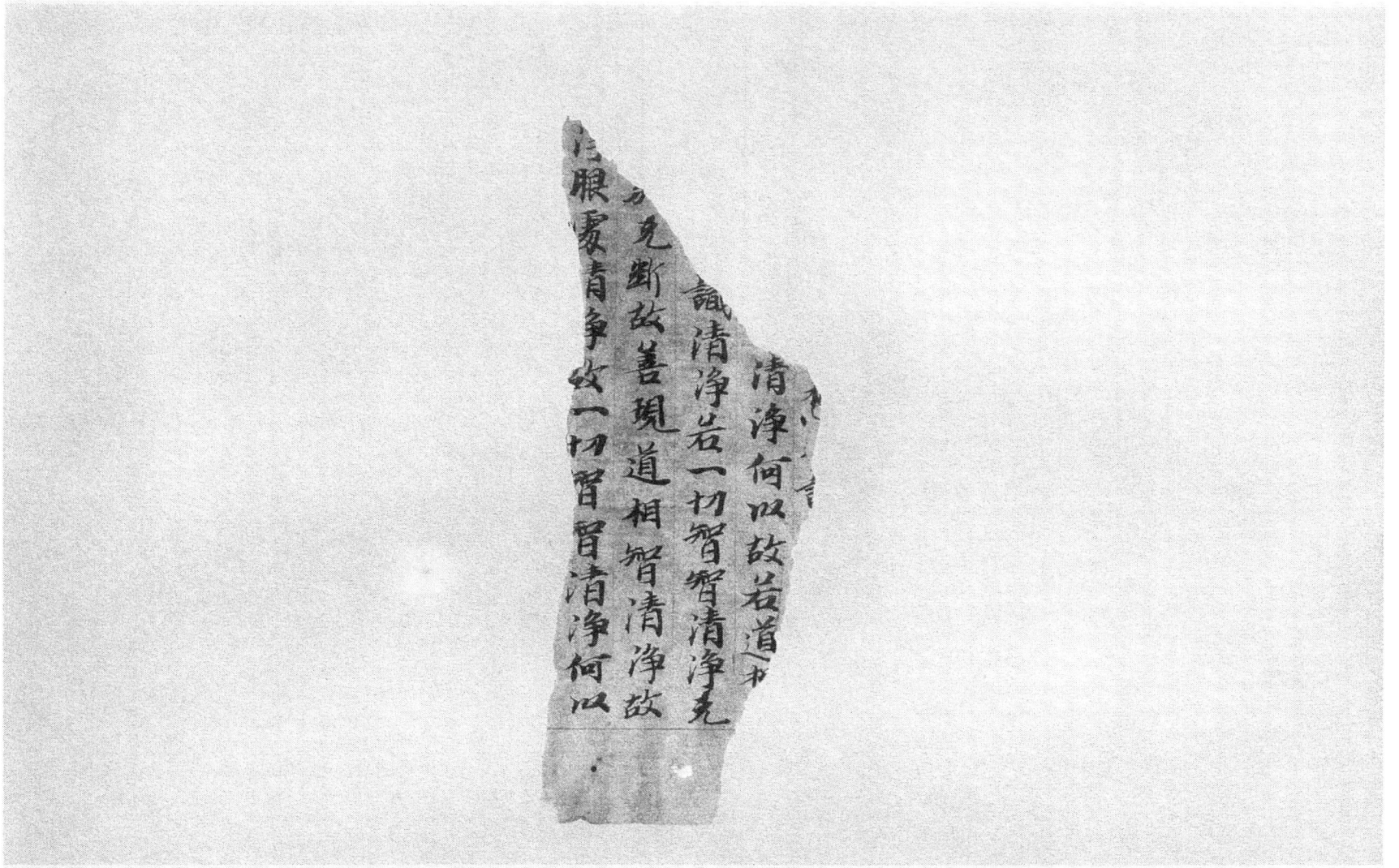

BD10960 號　大般若波羅蜜多經卷二三九 （1-1）

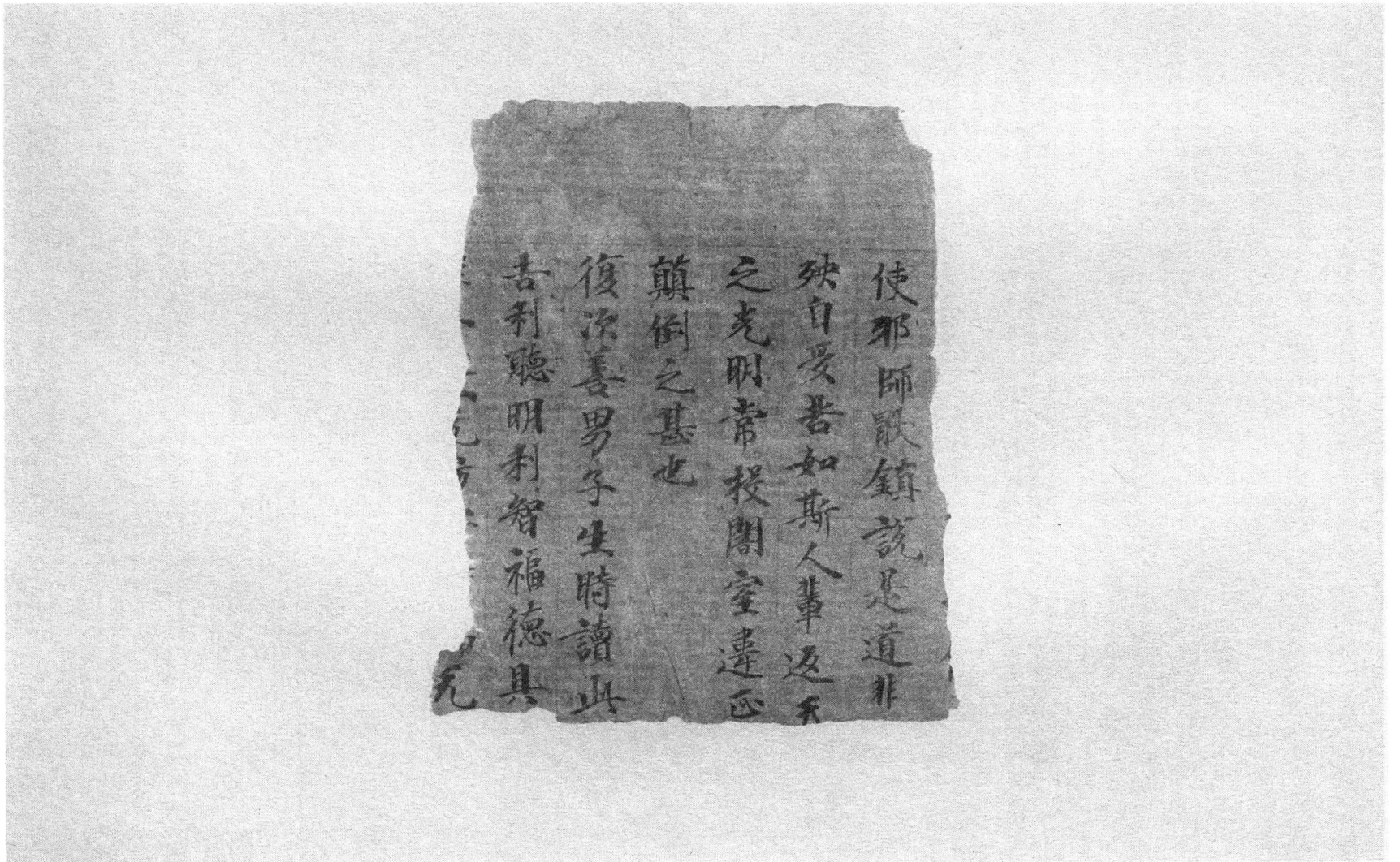

BD10961 號　天地八陽神咒經 （1-1）

BD10962 號　無量大慈教經　　（1-1）

BD10963 號　大般若波羅蜜多經卷五五二　　（1-1）

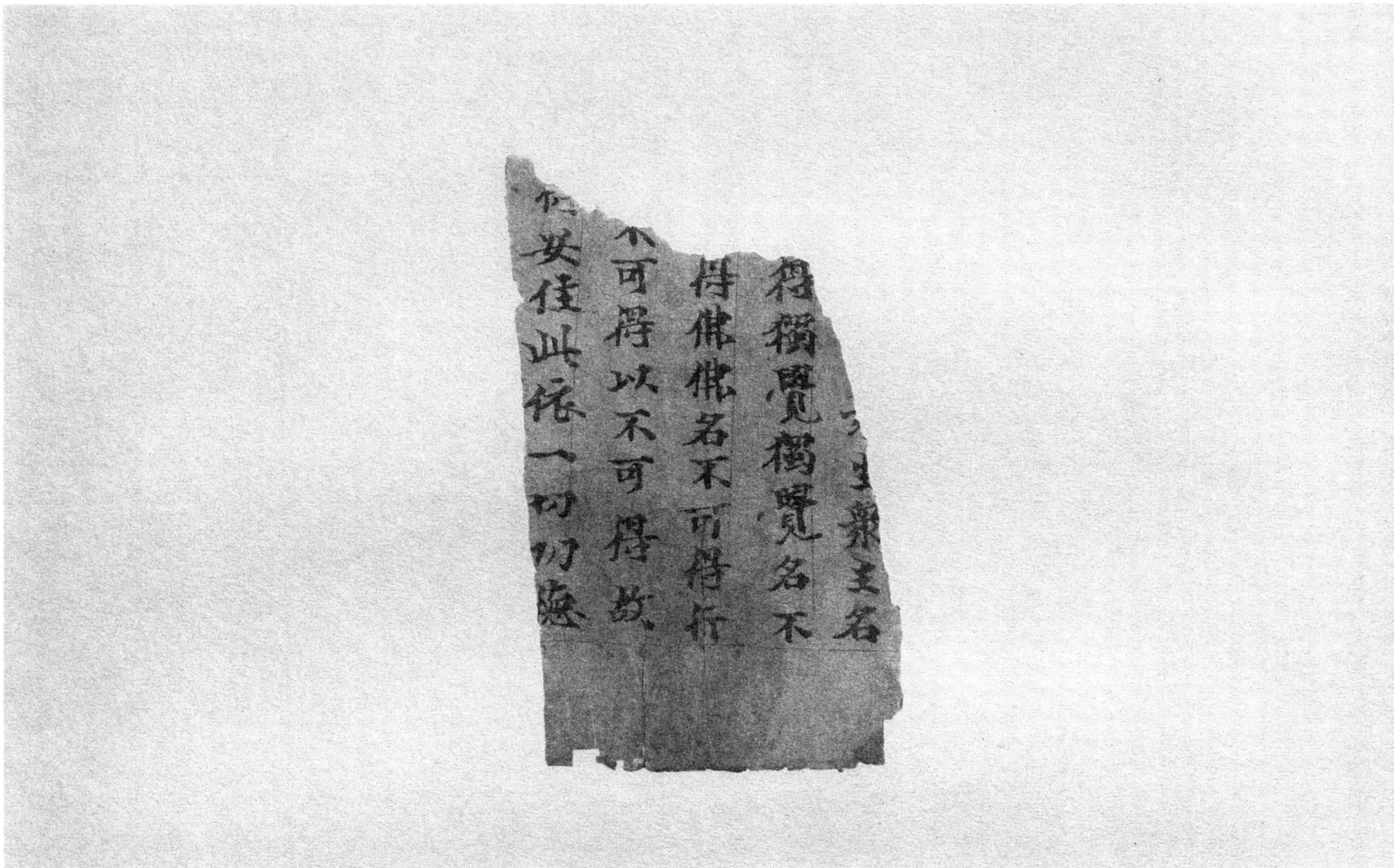

BD10964 號　金光明最勝王經卷四　　　　　　　　　　　　　　　　　　（1-1）

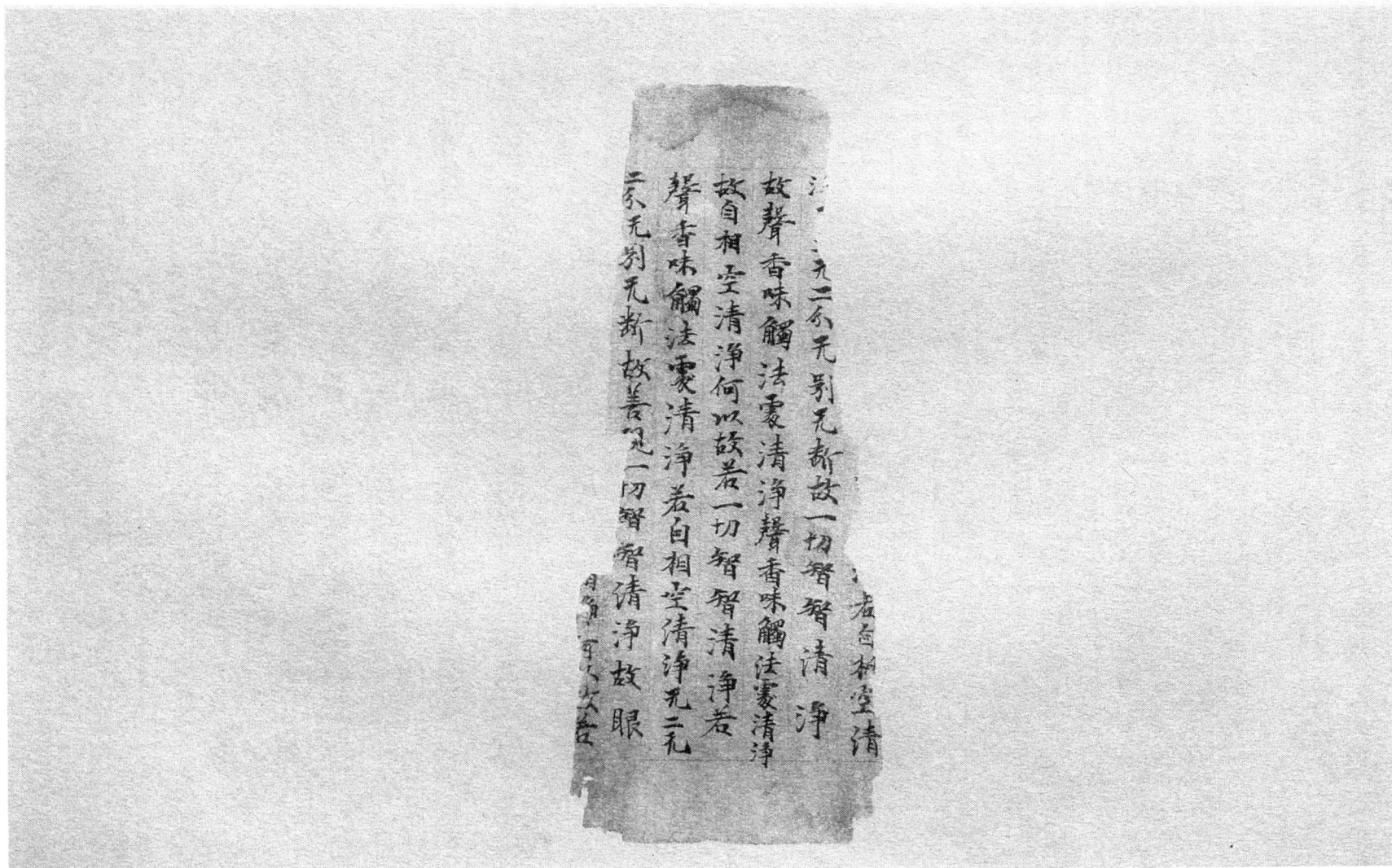

BD10965 號　大般若波羅蜜多經卷二五四　　　　　　　　　　　　　　（1-1）

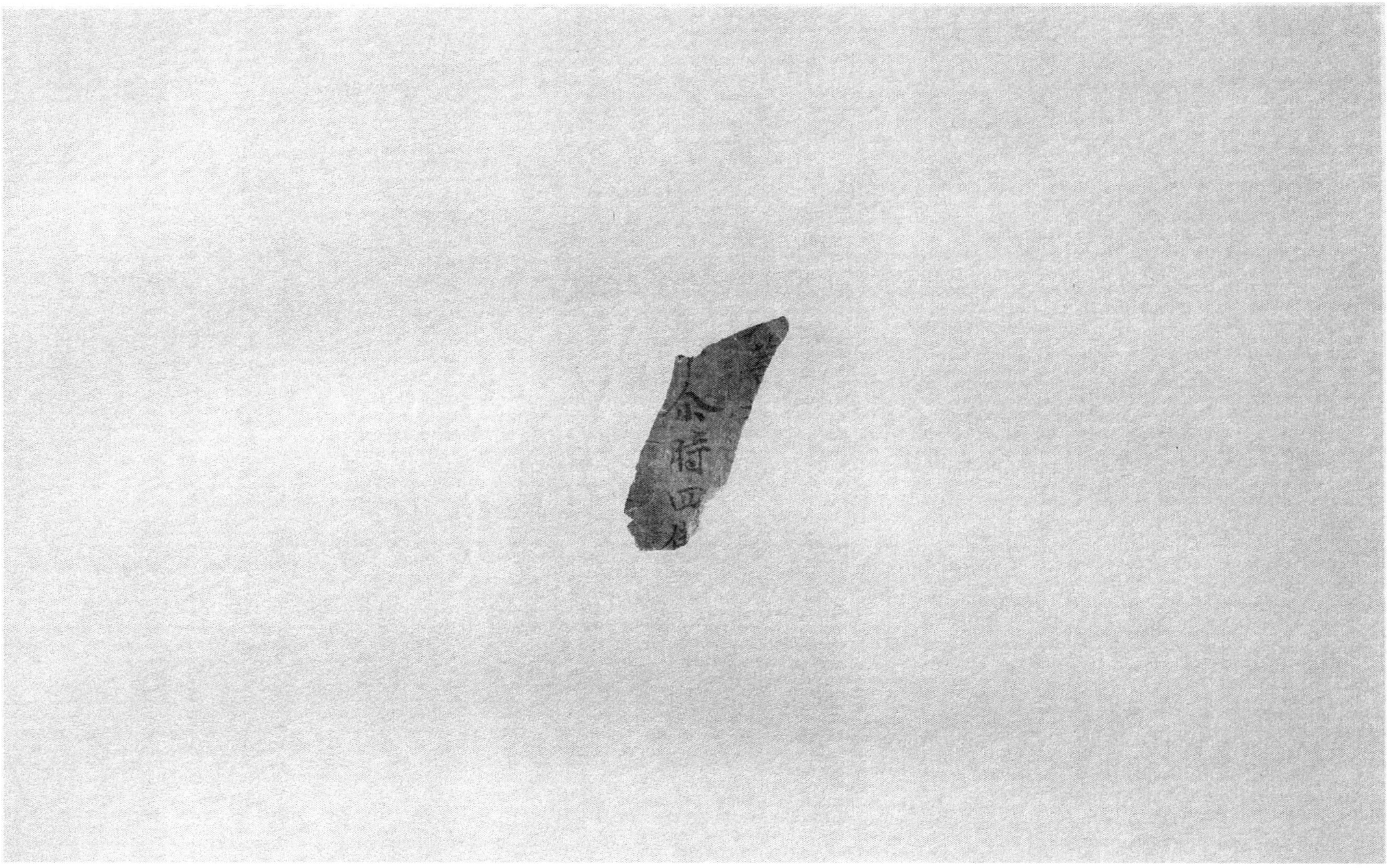

BD10966 號　金光明最勝王經卷一　　（1–1）

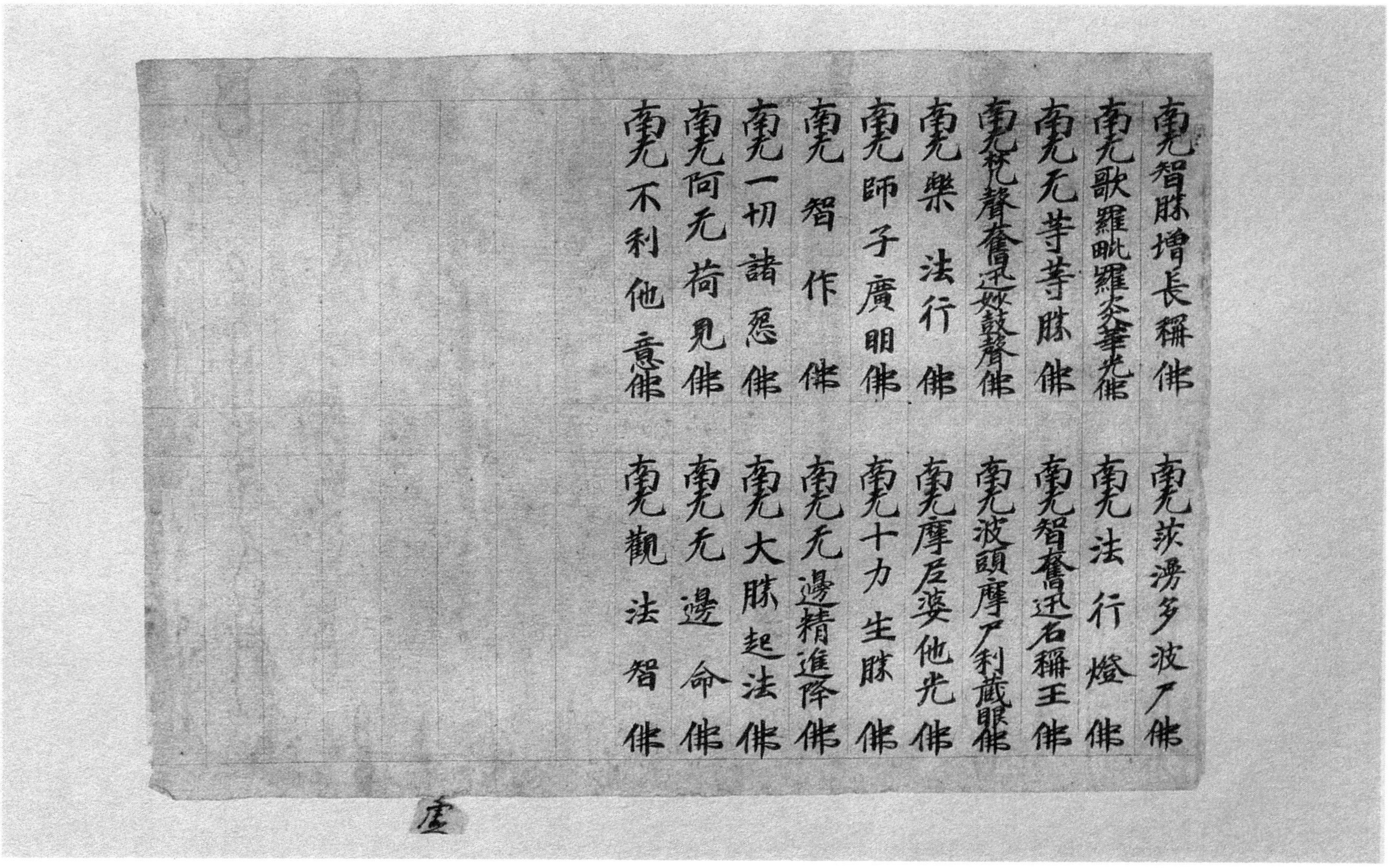

BD10967 號 1　佛名經（十六卷本）卷一三（兌廢稿）　　（1–1）

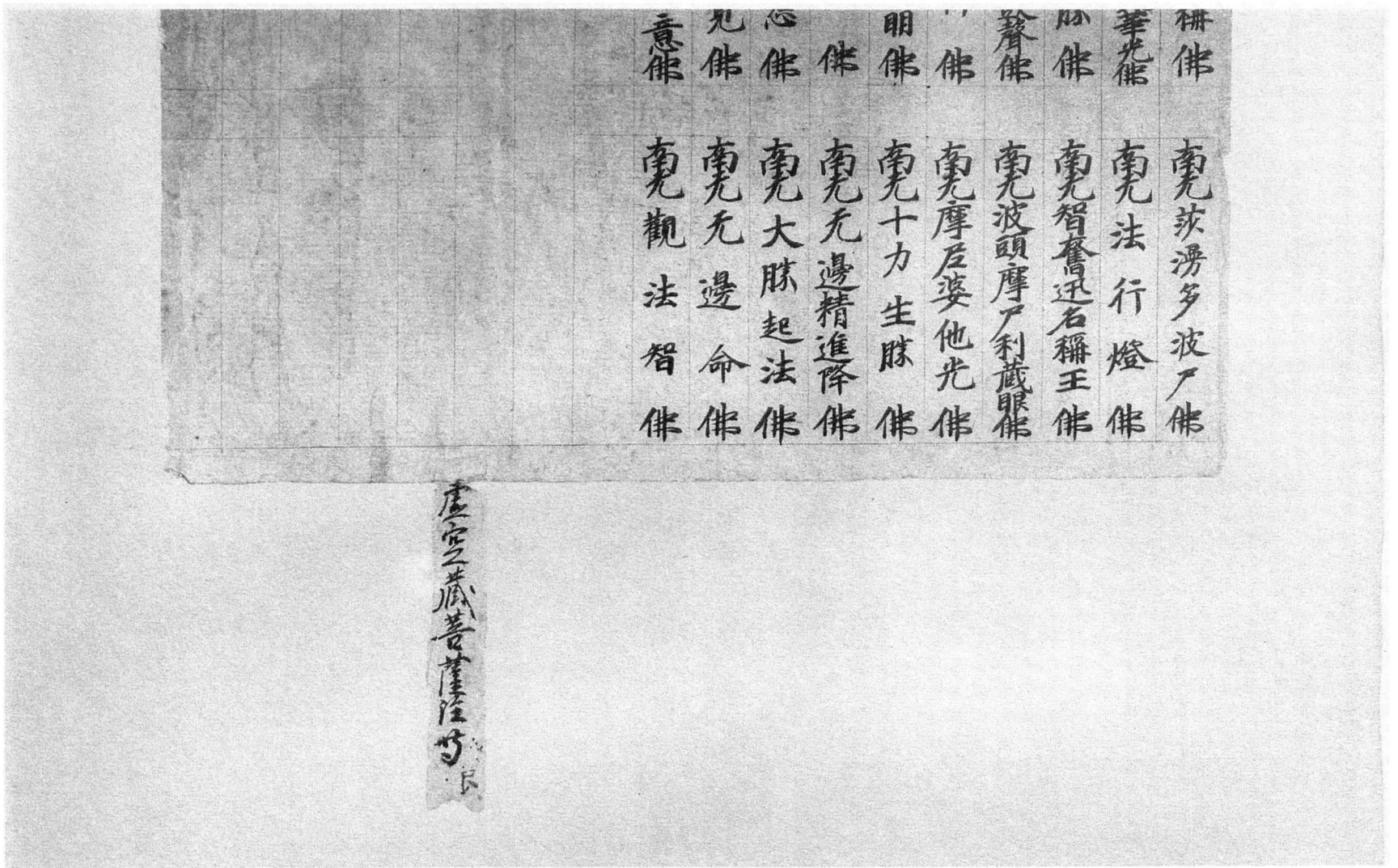

南无荻渧滂多波尸佛
南无法行燈佛
南无智養迅名稱王佛
南无波頭摩尸利藏罷
南无摩尼屈婆他光佛
南无十力生眹佛
南无无邊精進降佛
南无大胜起法佛
南无无邊命佛
南无觀法智佛

栅佛
華光罷
脉佛
罄佛
明佛
佛
念佛
見佛
意罷

虛空藏菩薩涅

BD10967 號 2　虛空藏菩薩經等經袟（擬）　（1-1）

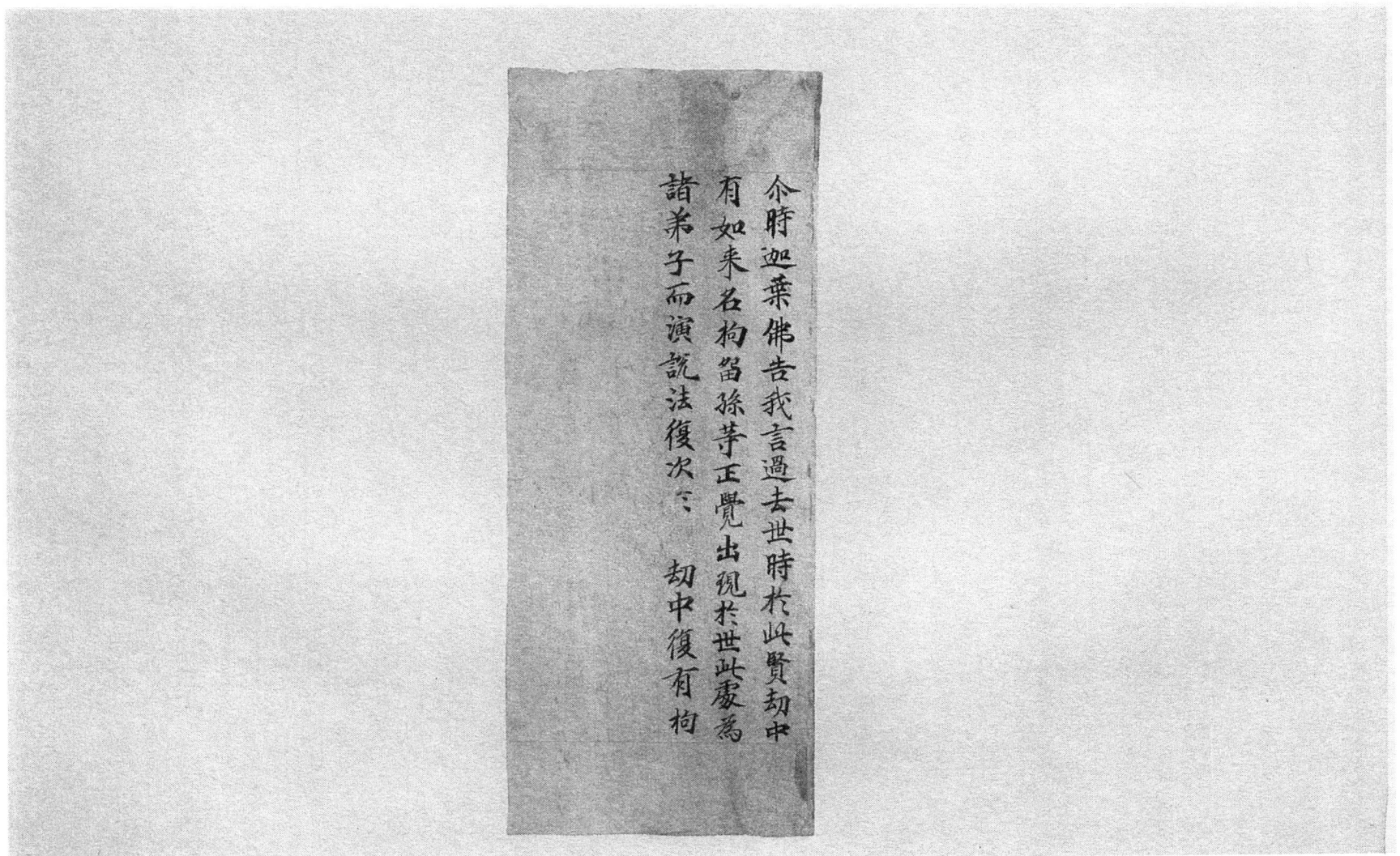

尒時迦葉佛告我言過去世時於此賢劫中
有如来名拘留孫等正覺出現於世此處為
諸弟子而演說法復次云云　劫中復有拘

BD10968 號　增壹阿含經卷一（兌廢稿）　（1-1）

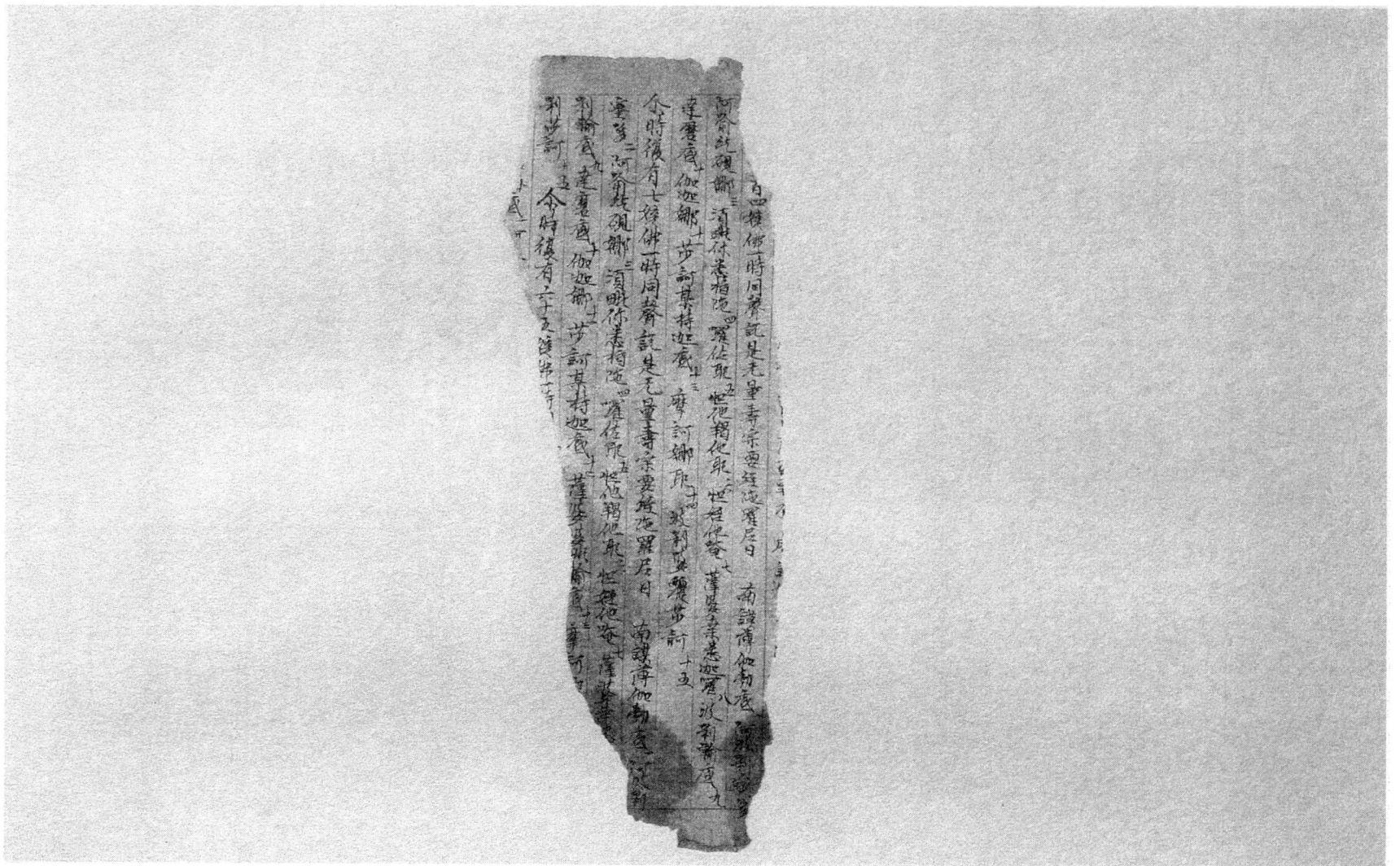

BD10969 號　無量壽宗要經　　　　　　　　　　　　　　　　　　　　　　　（1-1）

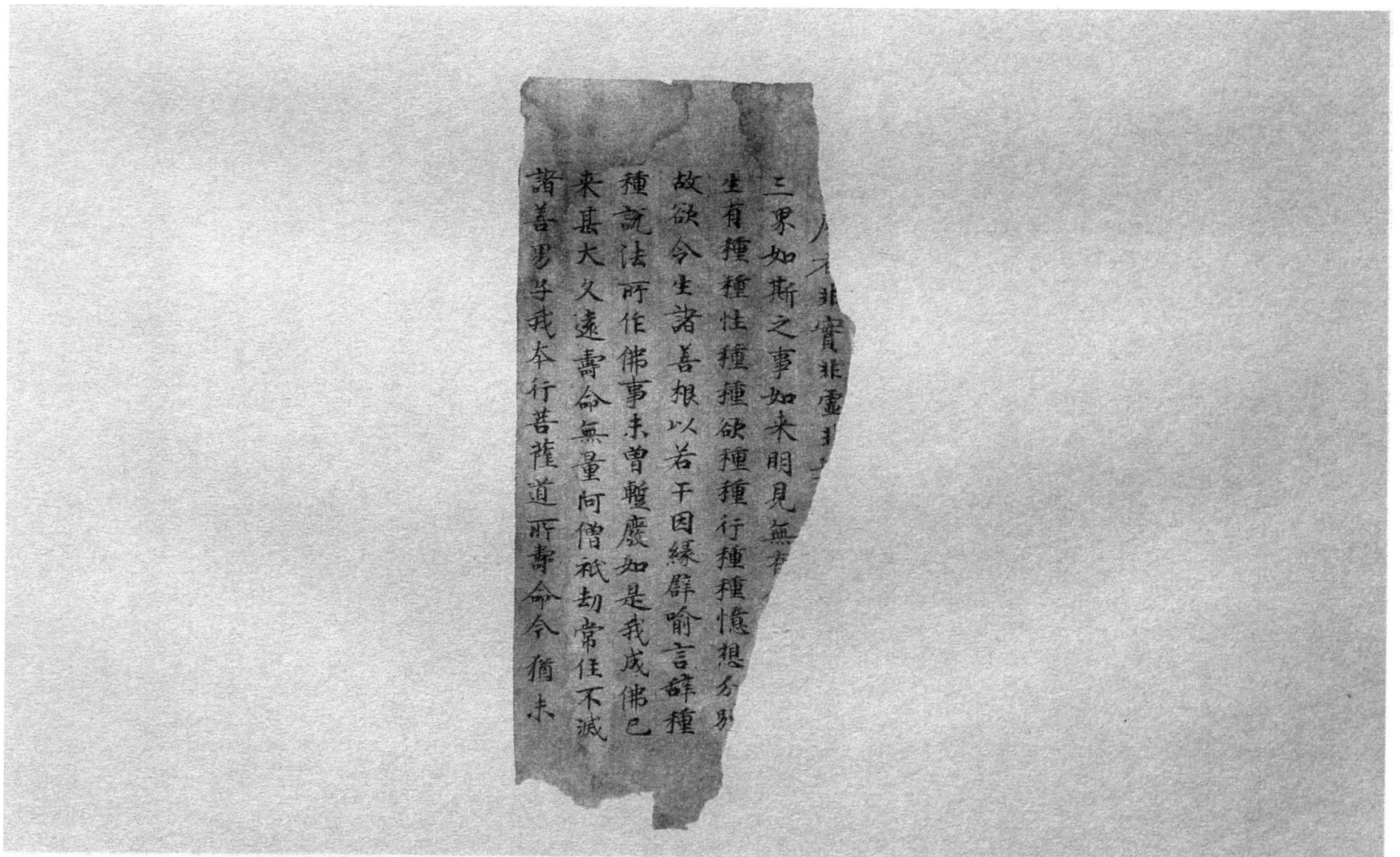

BD10970 號　妙法蓮華經卷五　　　　　　　　　　　　　　　　　　　　　　（1-1）

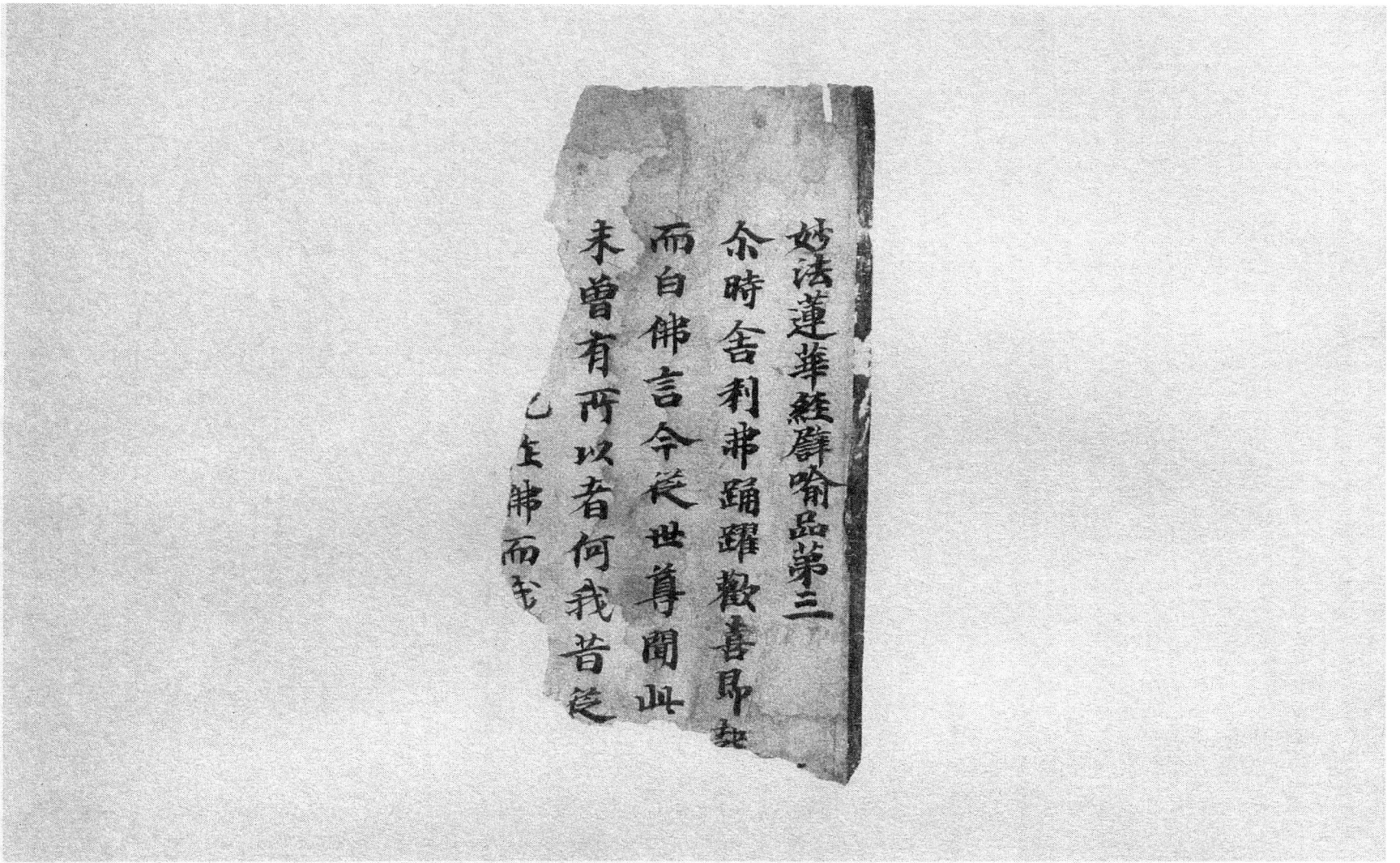

BD10971 號　妙法蓮華經卷二 　　　　　　　　　　　　　（1-1）

BD10972 號　妙法蓮華經卷三 　　　　　　　　　　　　　（1-1）

BD10973號　維摩詰所說經卷下　　　　　　　　　　　　　　　　　　　　　　（1–1）

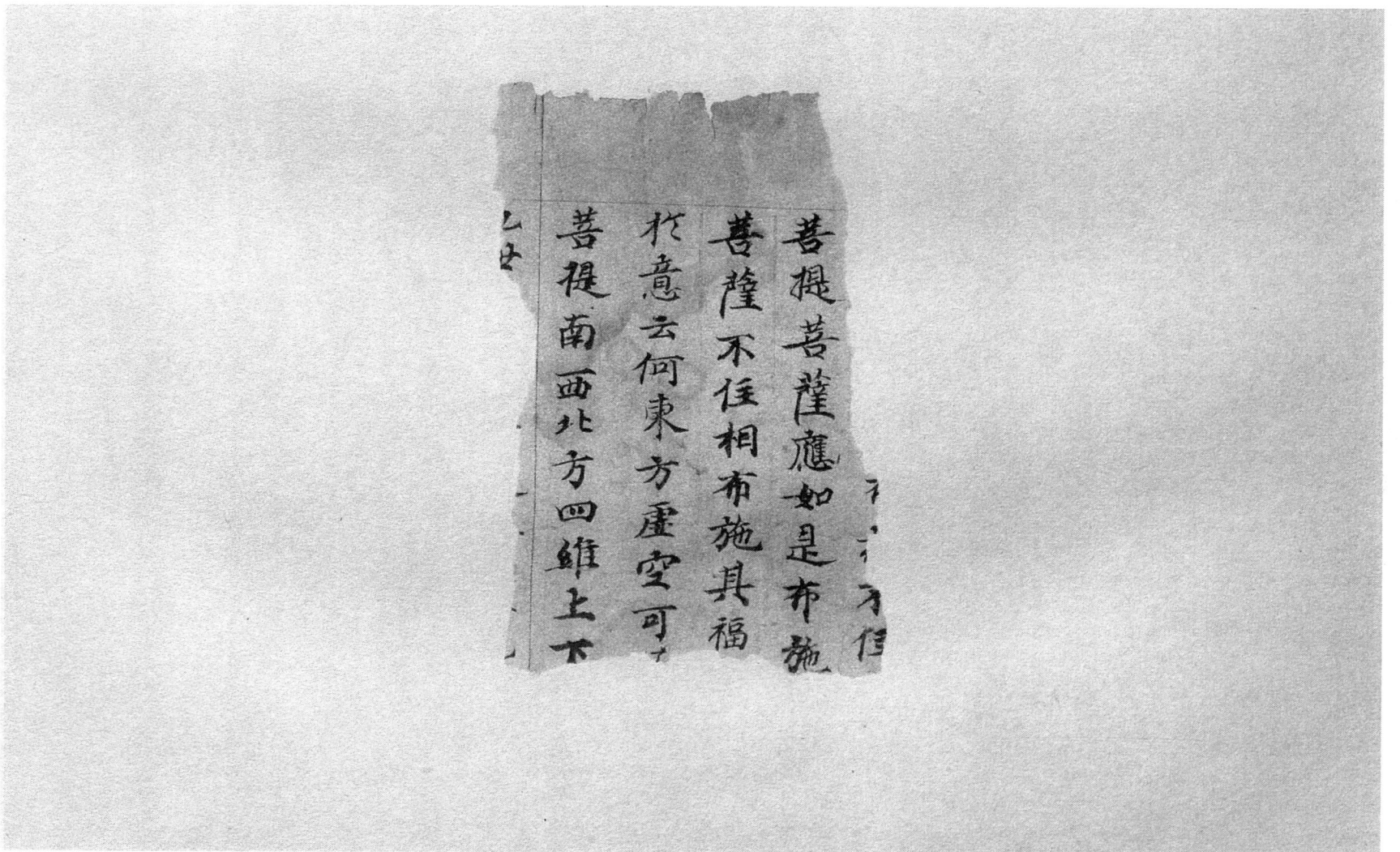

BD10974號　金剛般若波羅蜜經　　　　　　　　　　　　　　　　　　　　　　（1–1）

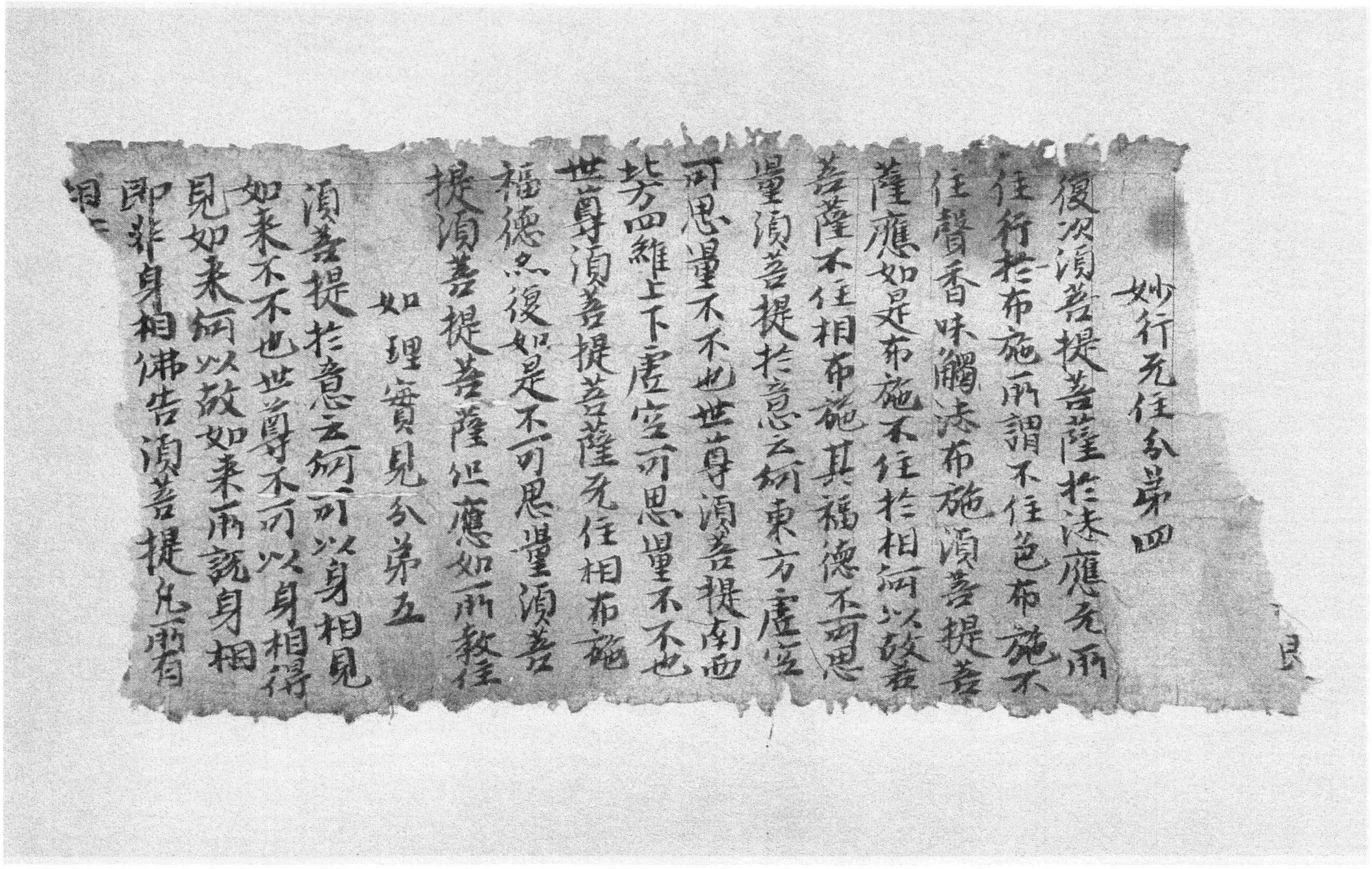

妙行无住分弟四
復次須菩提菩薩於法應无所
住行於布施所謂不住色布施不
住聲香味觸法布施須菩提菩
薩應如是布施不住於相何以故若
菩薩不住相布施其福德不可思
量須菩提於意云何東方虛空
可思量不不也世尊須菩提南西
北方四維上下虛空可思量不不也
世尊須菩提菩薩无住相布施
福德亦復如是不可思量須菩
提須菩提菩薩但應如所教住
如理實見分弟五
須菩提於意云何可以身相見
如來不不也世尊不可以身相得
見如來何以故如來所說身相
即非身相佛告須菩提凡所有

BD10975號　金剛般若波羅蜜經（三十二分本）　（1–1）

或以膠漆布　嚴飾作佛像　如是
采畫作佛像　百福莊嚴相　自
乃至童子戲　若草木及筆　或
如是諸人等　漸漸積功德　具
但化諸菩薩　度脫无量衆　之
以華香幡蓋　敬心而供養　若使

BD10976號　妙法蓮華經卷一　（1–1）

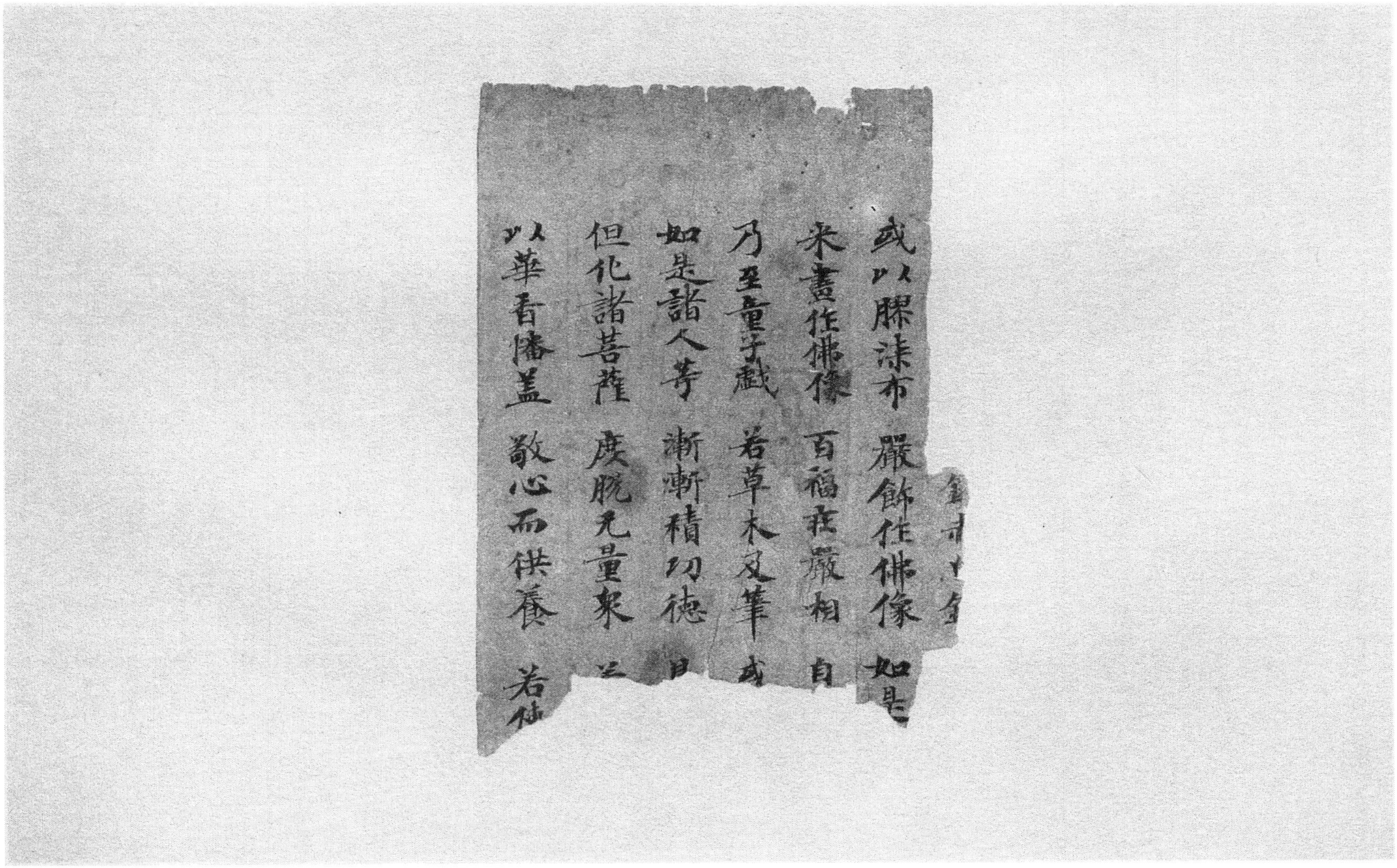

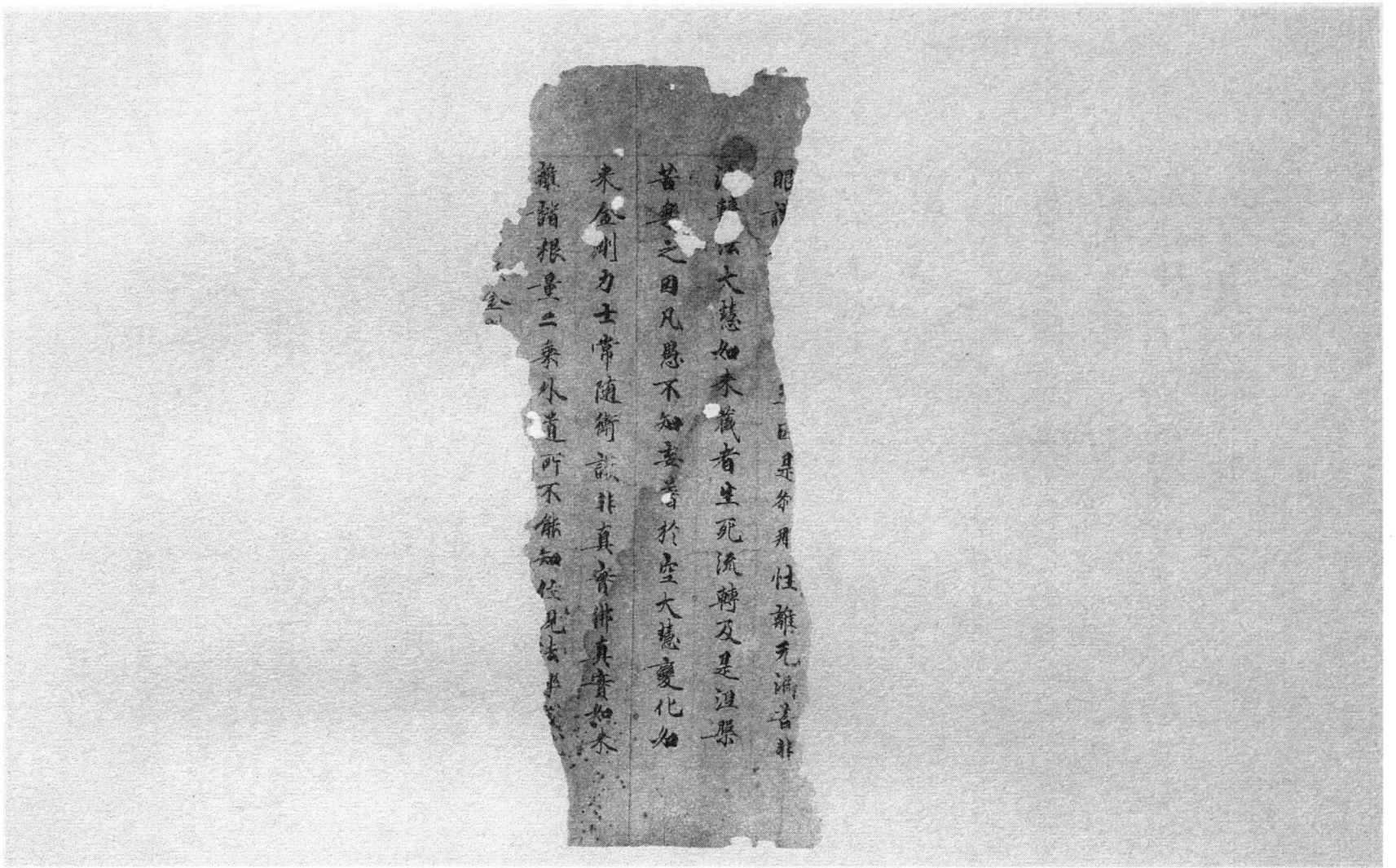

BD10977 號　大乘入楞伽經卷六　　　　　　　　　　　　　　　（1-1）

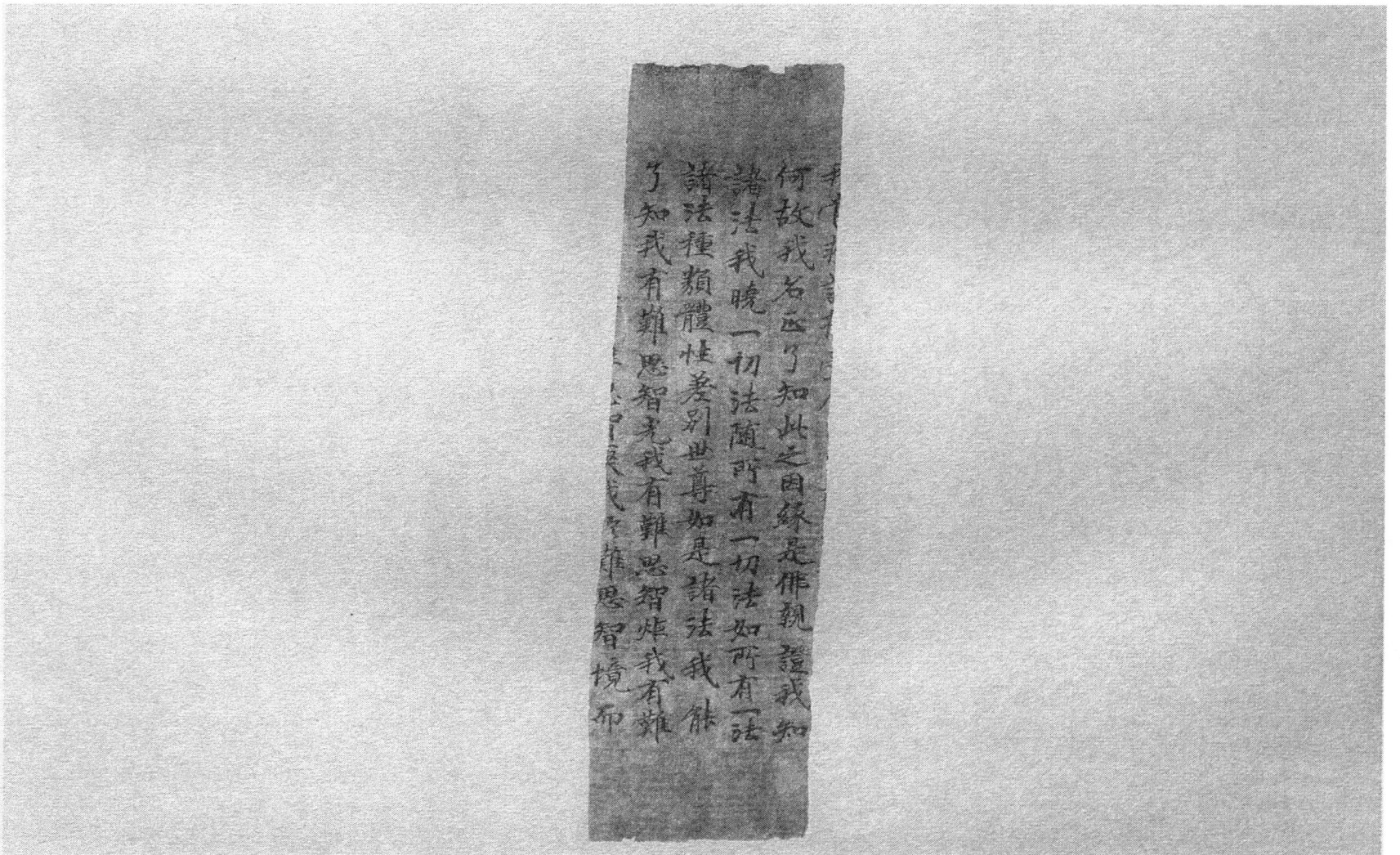

BD10978 號　金光明最勝王經卷八　　　　　　　　　　　　　　（1-1）

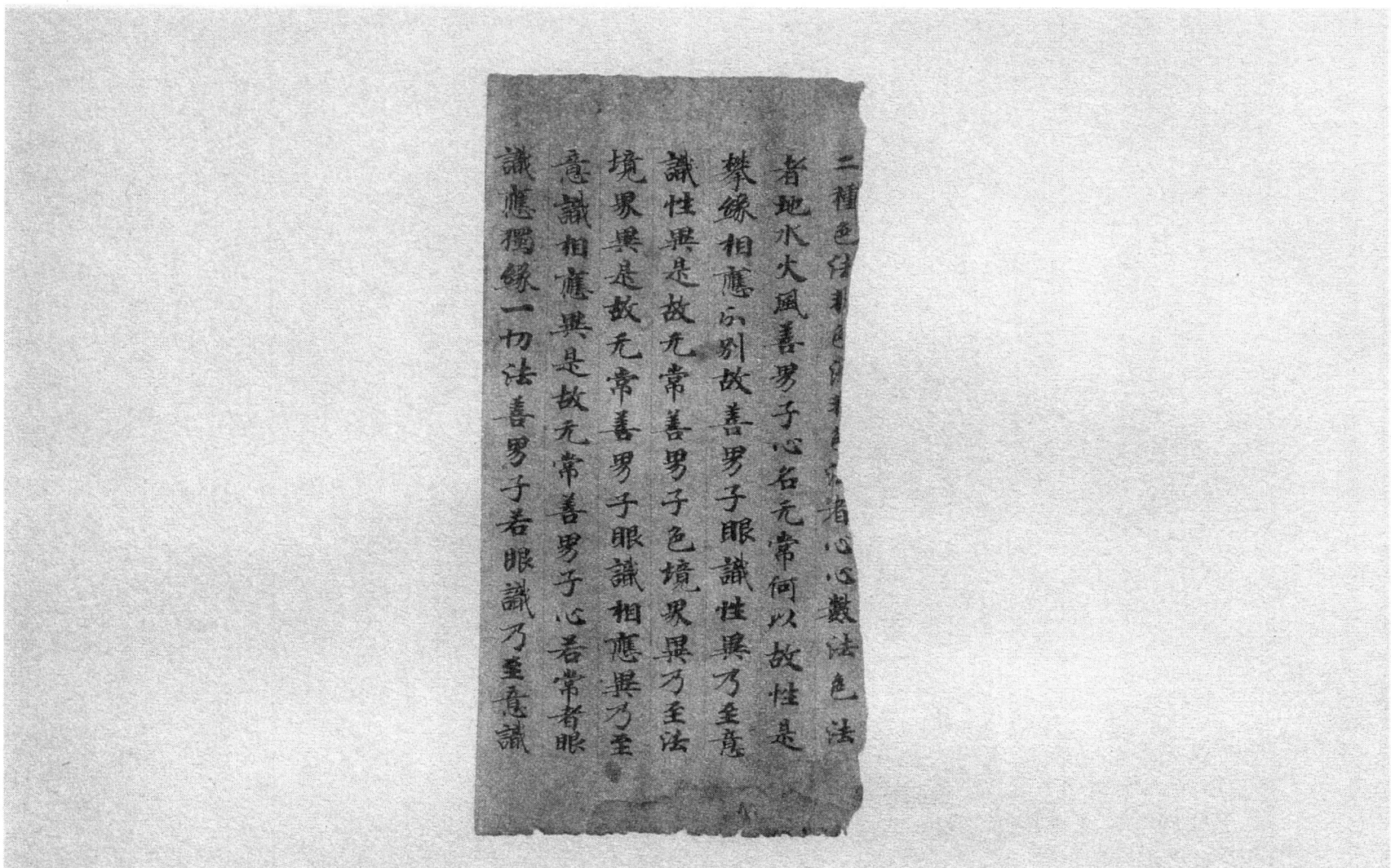

BD10979 號　大般涅槃經（北本）卷一四　　　　　　　　　　　　　　　（1-1）

二種色俱非色法涅槃者心心數法色法
者地水火風善男子心名无常何以故性是
攀緣相應示別故善男子眼識性與乃至意
識性與是故无常善男子色境界異乃至法
境界與是故无常善男子眼識相應與乃至
意識相應與是故无常善男子心若常者眼
識應獨緣一切法善男子若眼識乃至意識

BD10980 號　大般若波羅蜜多經卷二八五（兌廢稿）　　　　　　　　　　（1-1）

清淨本性先潔聲界耳識界及耳觸耳觸為
緣所生諸受畢竟淨故說是清淨本性先潔
舌界鼻識界及鼻觸鼻觸為緣所生諸受畢
竟淨故說是清淨本性先潔舍利子吾界畢
竟淨故說是清淨本性先潔舍利子

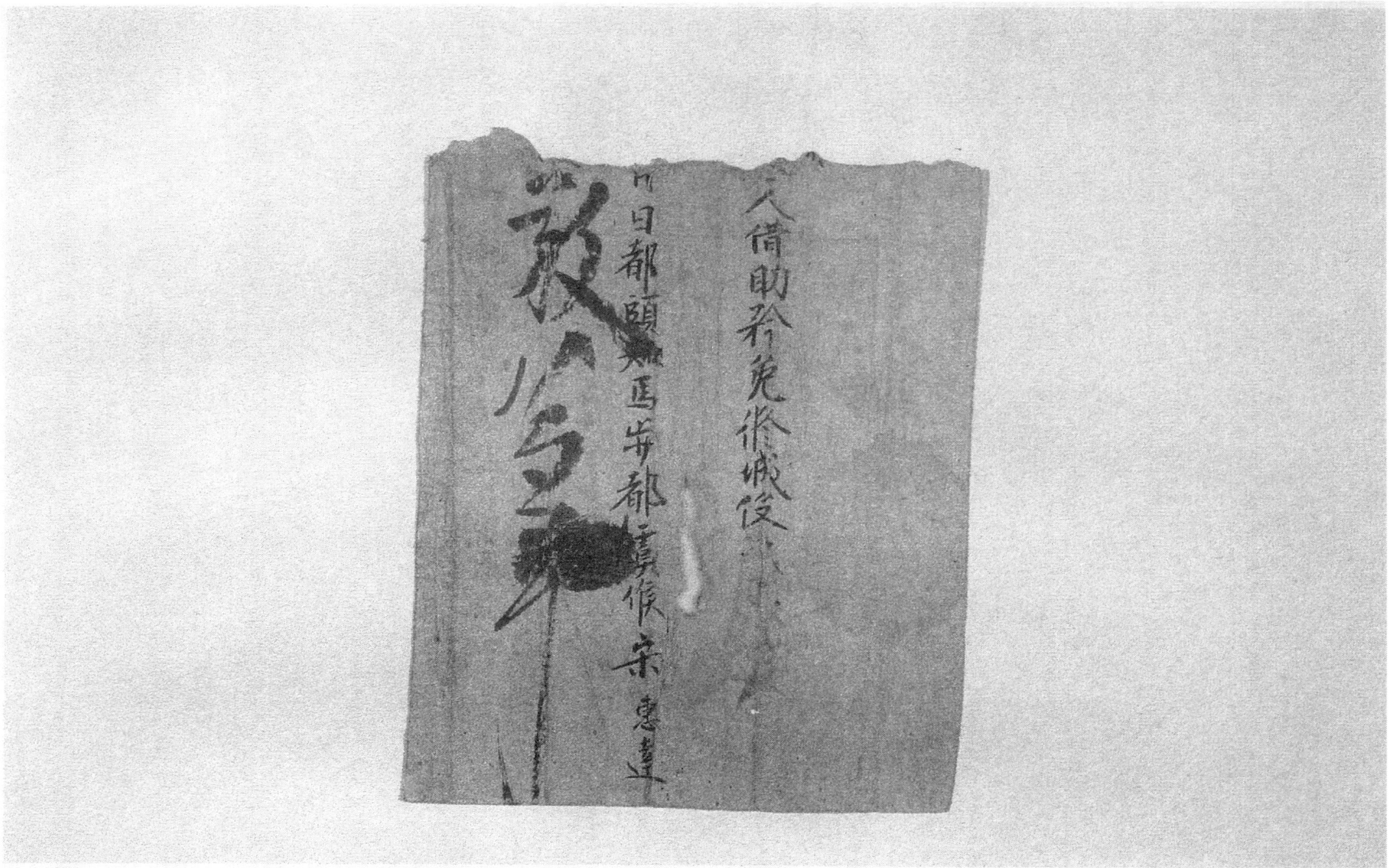

BD10981 號　知馬步都虞候宋惠達求免修城役牒附判詞（擬）　　　　　　　　　　　　　（1-1）

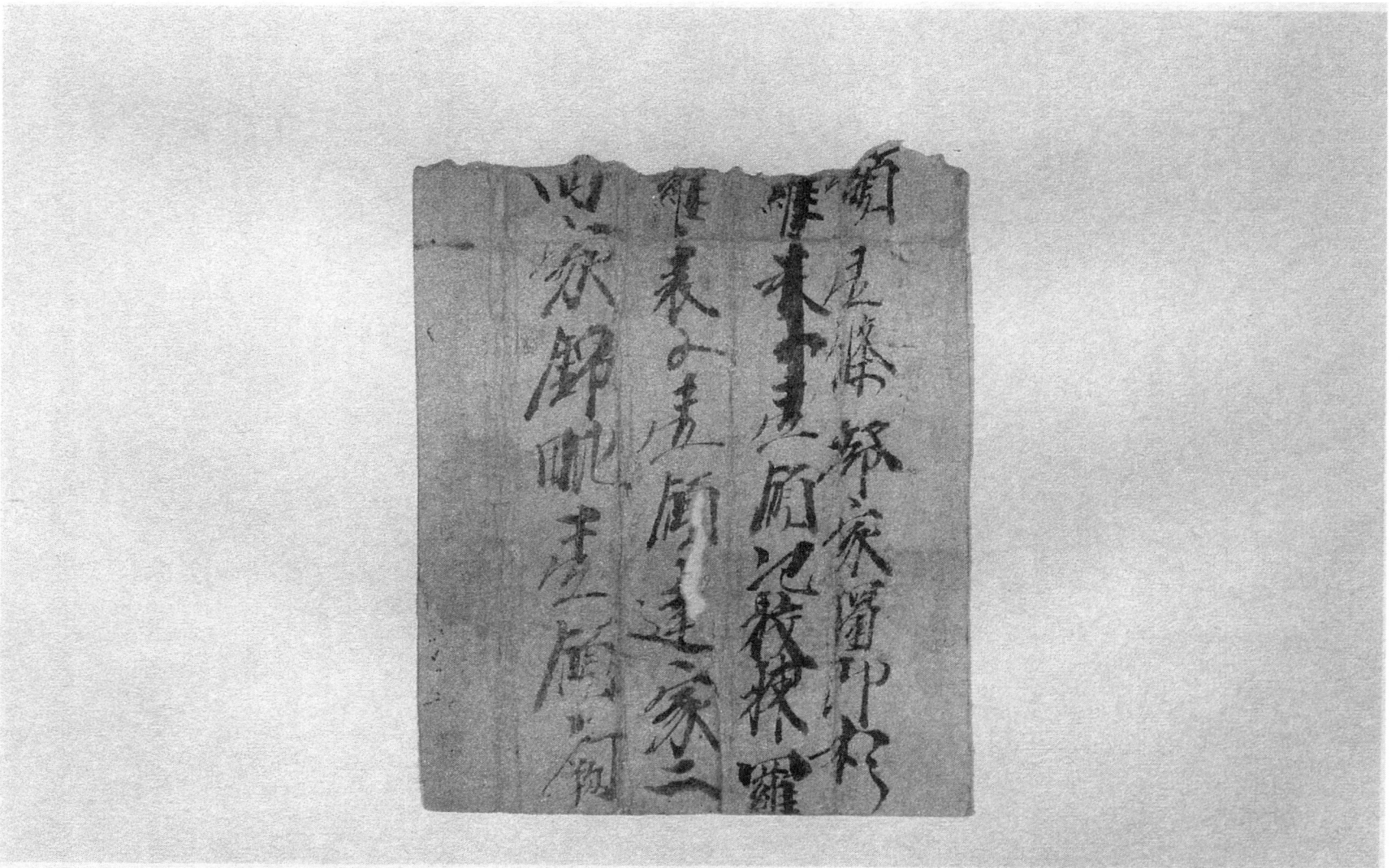

BD10981 號背　雜物歷（擬）　　　　　　　　　　　　　（1-1）

大大
大智度論釋經序品中毗梨耶波羅蜜義第十五之餘 五之餘卅五 筆之五

BD10982 號　經名簽條（擬）

（1-1）

光
南

BD10982 號背　雜寫

（1-1）

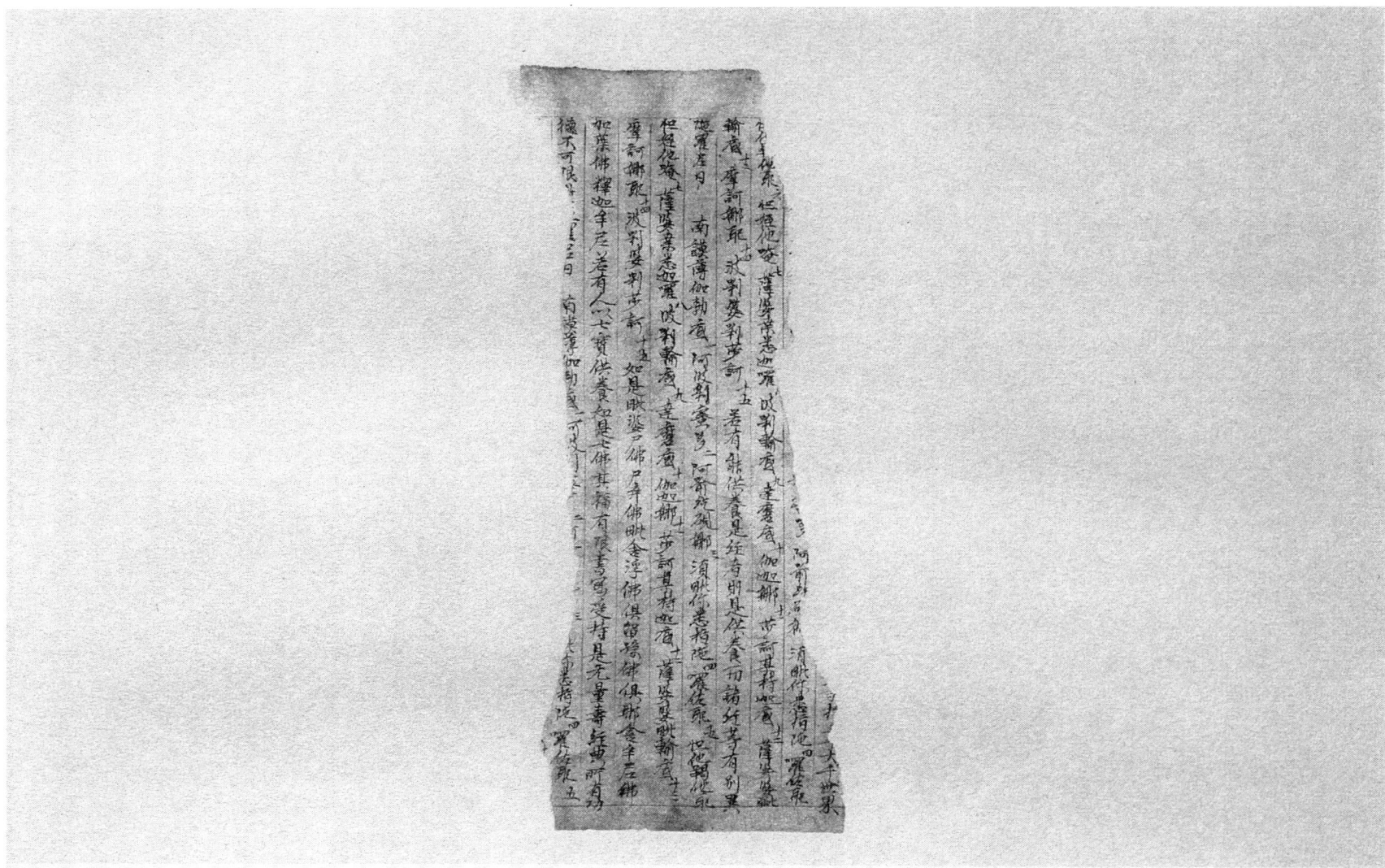

BD10983 號　無量壽宗要經

（1-1）

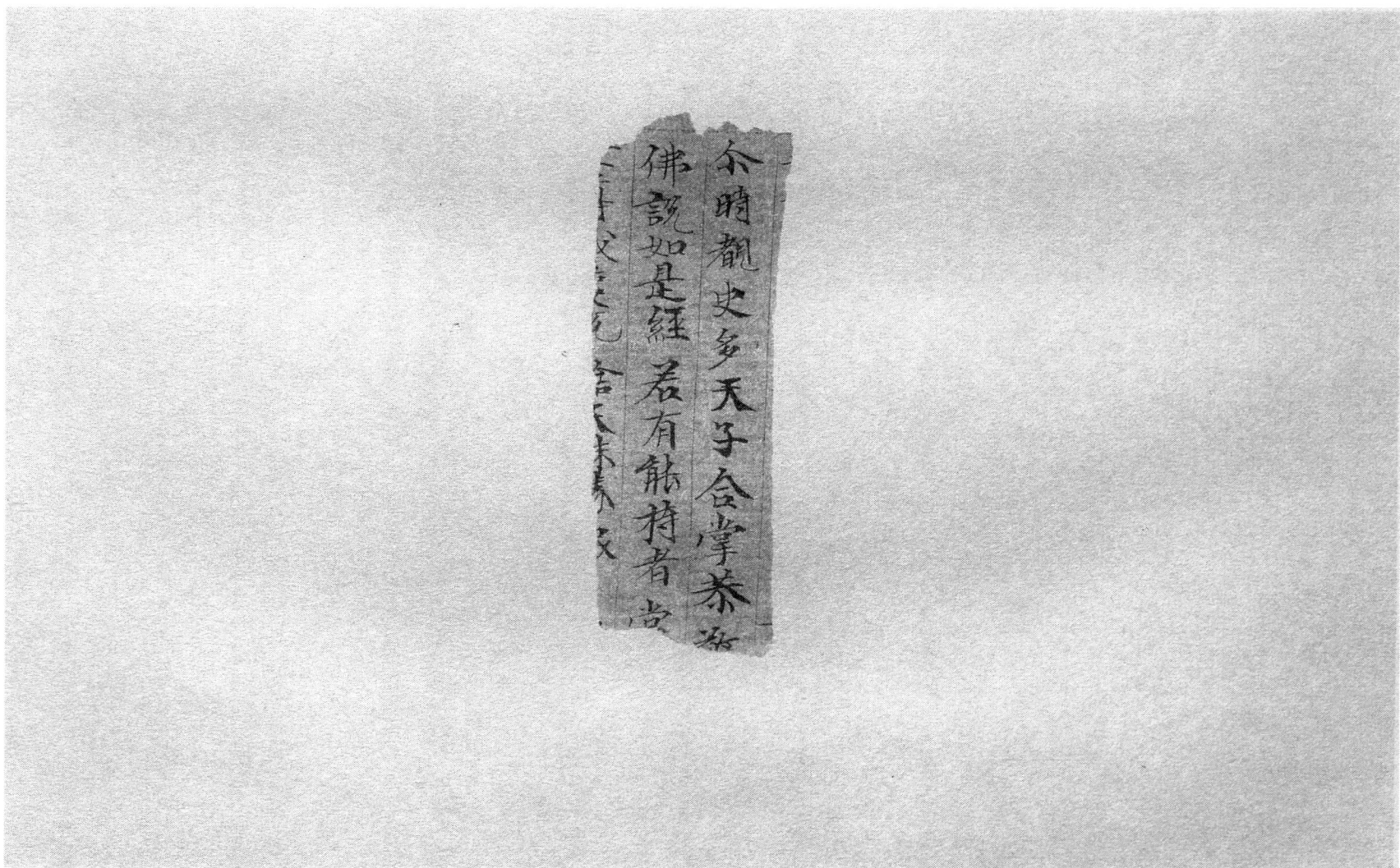

BD10984 號　金光明最勝王經卷一〇

（1-1）

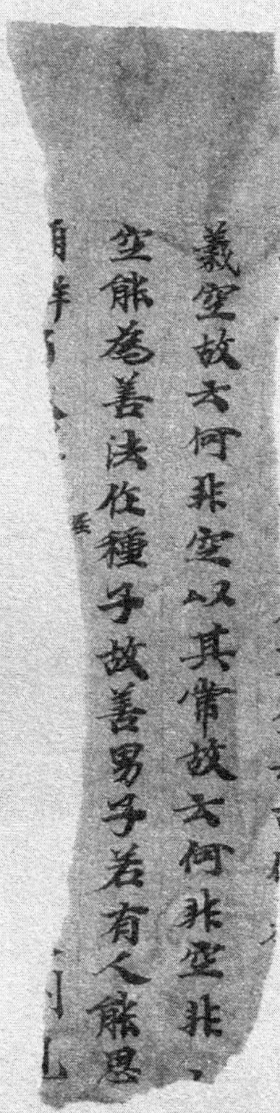
義空故云何非空以其常故云何非空非
空能為善法作種子故善男子若有人能思

BD10985 號　大般涅槃經（北本）卷二七　（1–1）

已心生歡喜歎未曾
有尒時佛告菩提樹神善女天汝今當知昔
時長者子流水者即我身是持水長者即妙
幢是彼之二子長子水滿即銀幢是次子水
藏即銀光是彼天自在光王者即汝菩提樹
神是十千魚者即十千天子是因我往昔以
水濟魚與食令飽為說甚深十二緣起并此相
應陀羅尼呪又為稱彼寶髻佛名因此善根
得生天上今來我所歡喜聽法我皆當為授
於阿耨多羅三藐三菩提記說其名号善女
天如我往昔於生死中輪迴諸有廣為利益
令無量衆

BD10986 號　金光明最勝王經卷九　（1–1）

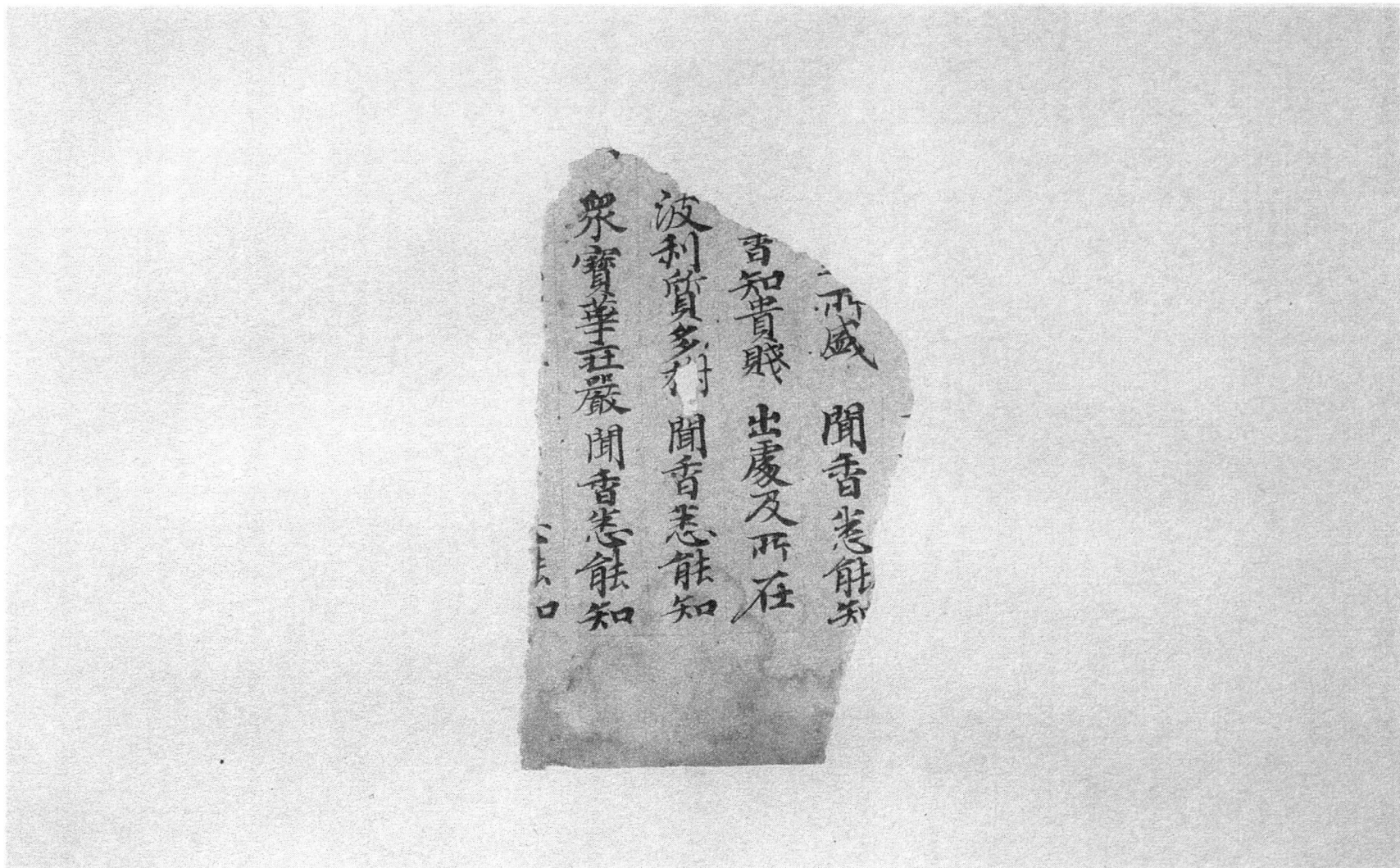

BD10987 號　妙法蓮華經卷六　　　　　　　　　　　　　　　　　　　　（1-1）

BD10988 號　大佛頂如來密因修證了義諸菩薩萬行首楞嚴經卷四　　　（1-1）

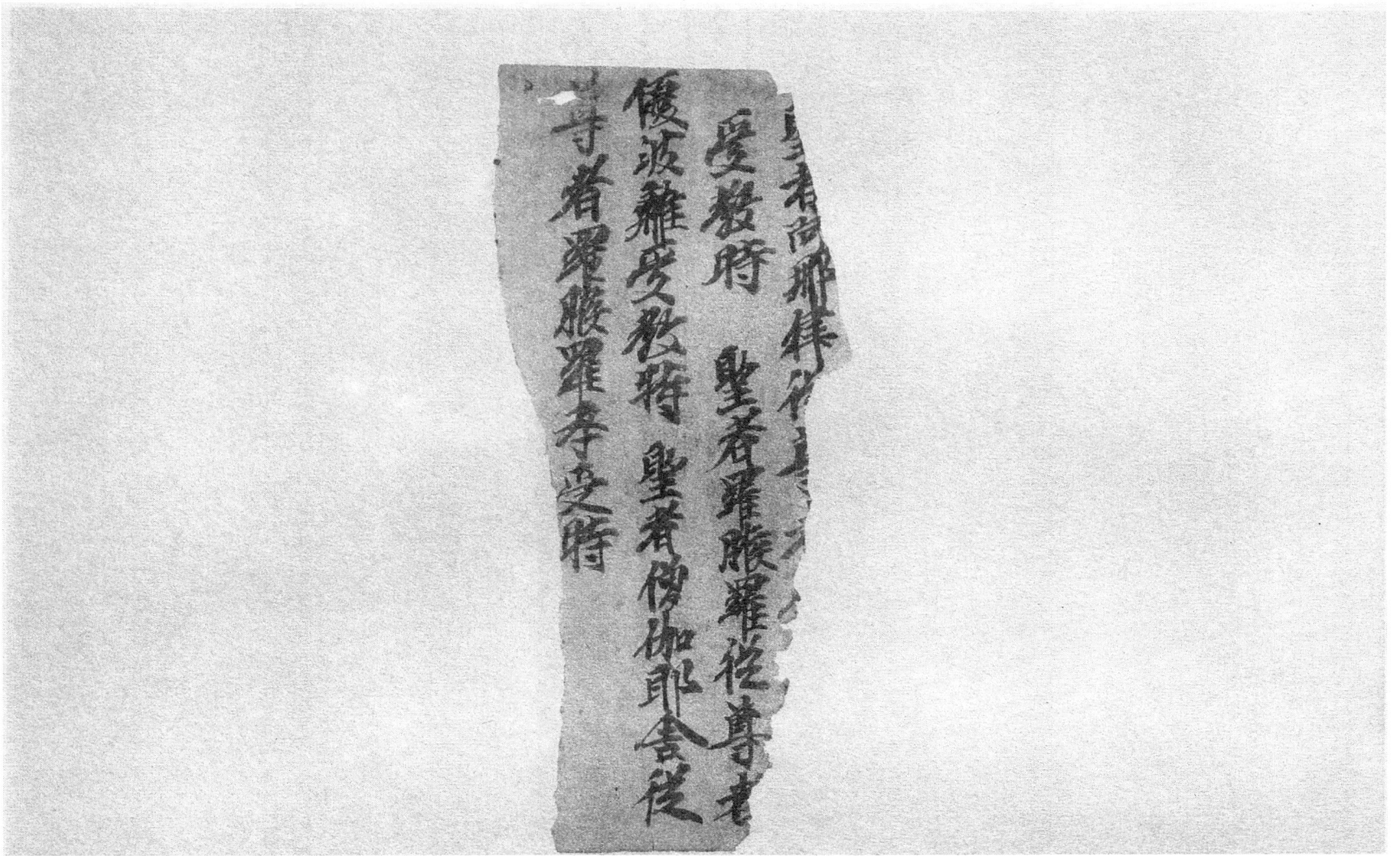

BD10988 號背　付法藏壁畫榜題（擬）　　　　　　　　　　　　　　　　　　（1-1）

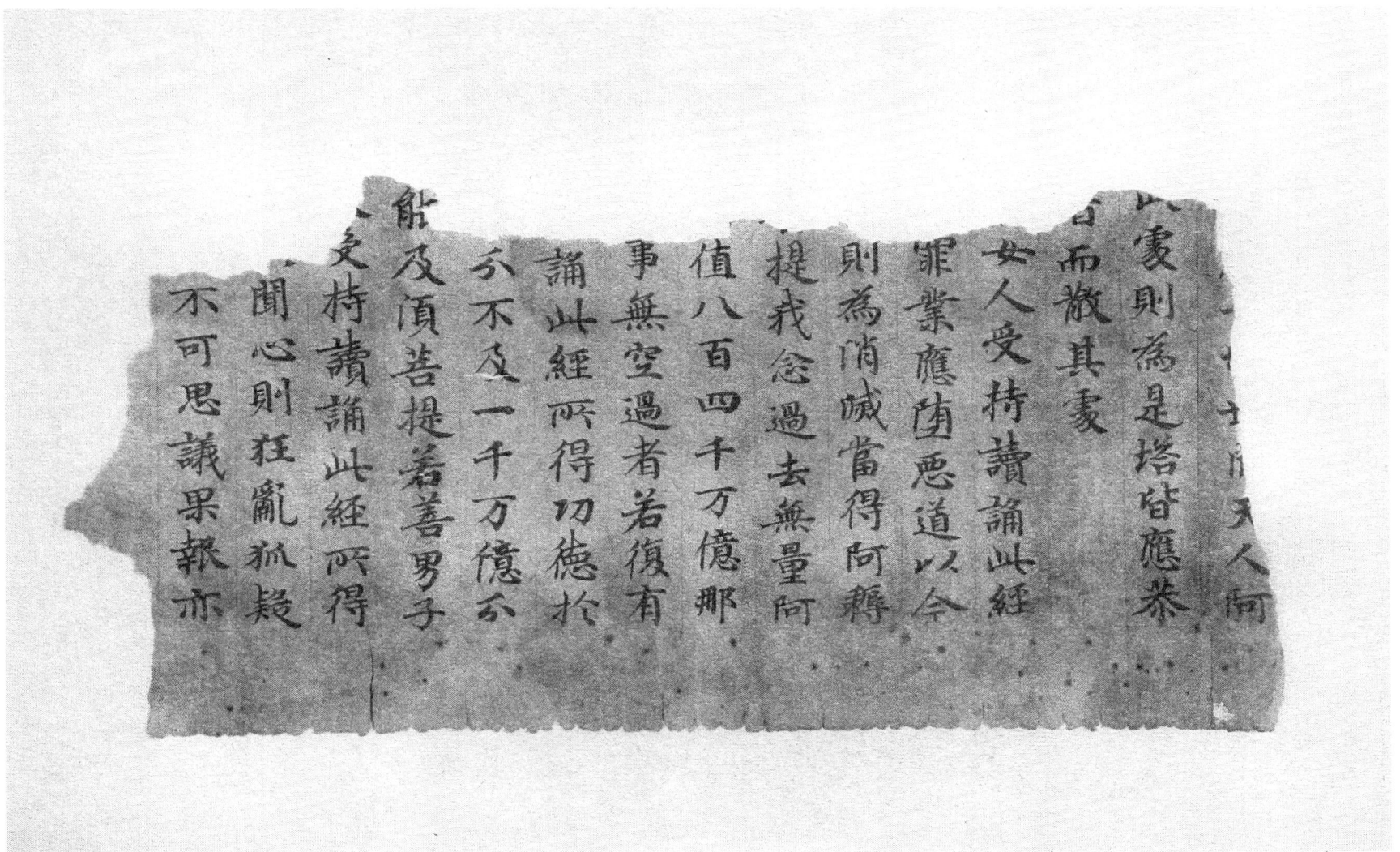

BD10989 號　金剛般若波羅蜜經　　　　　　　　　　　　　　　　　　　（1-1）

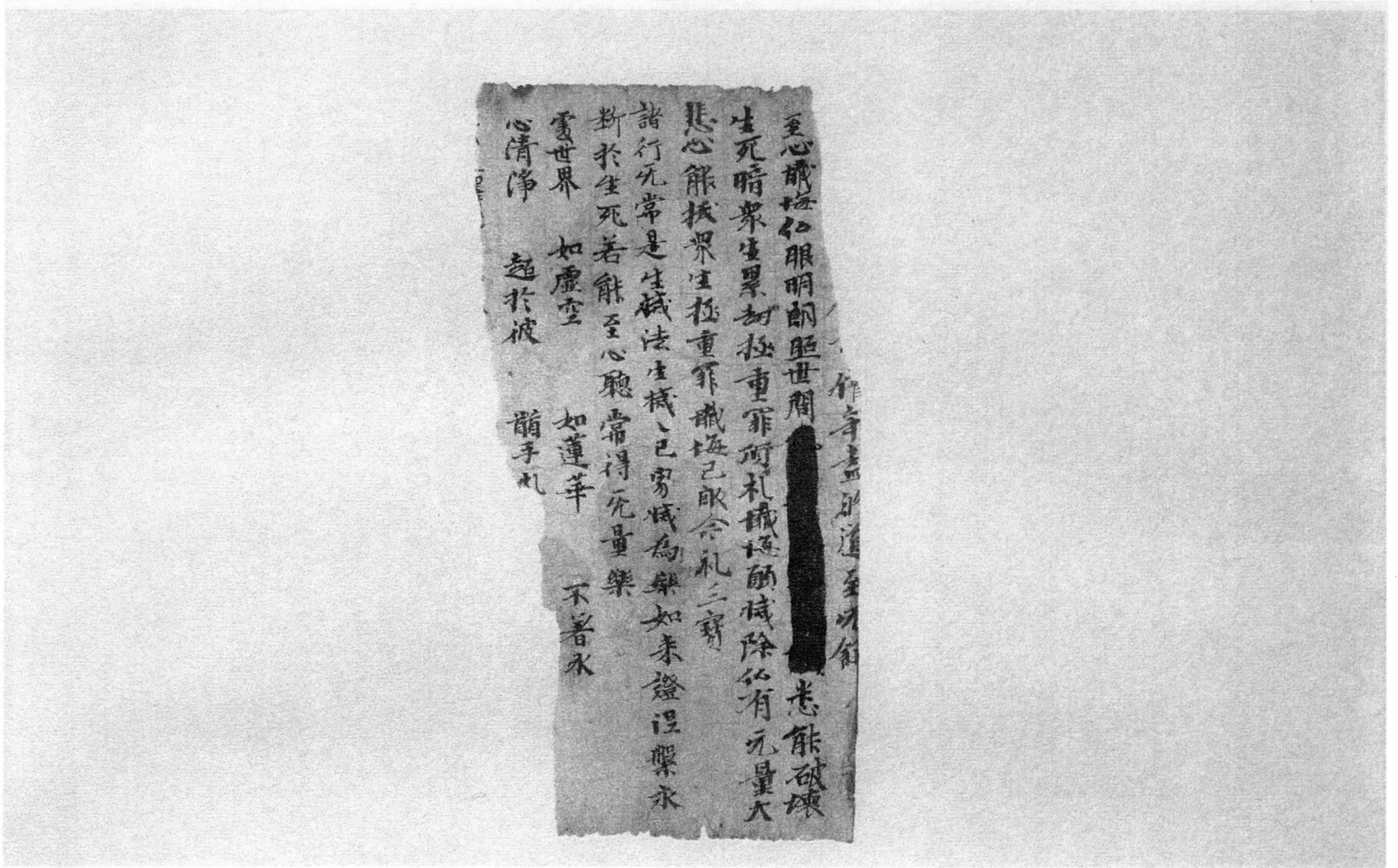

BD10990 號　七階佛名經　　　　　　　　　　　　　　（1-1）

BD10990 號背　雜寫、白畫　　　　　　　　　　　　　（1-1）

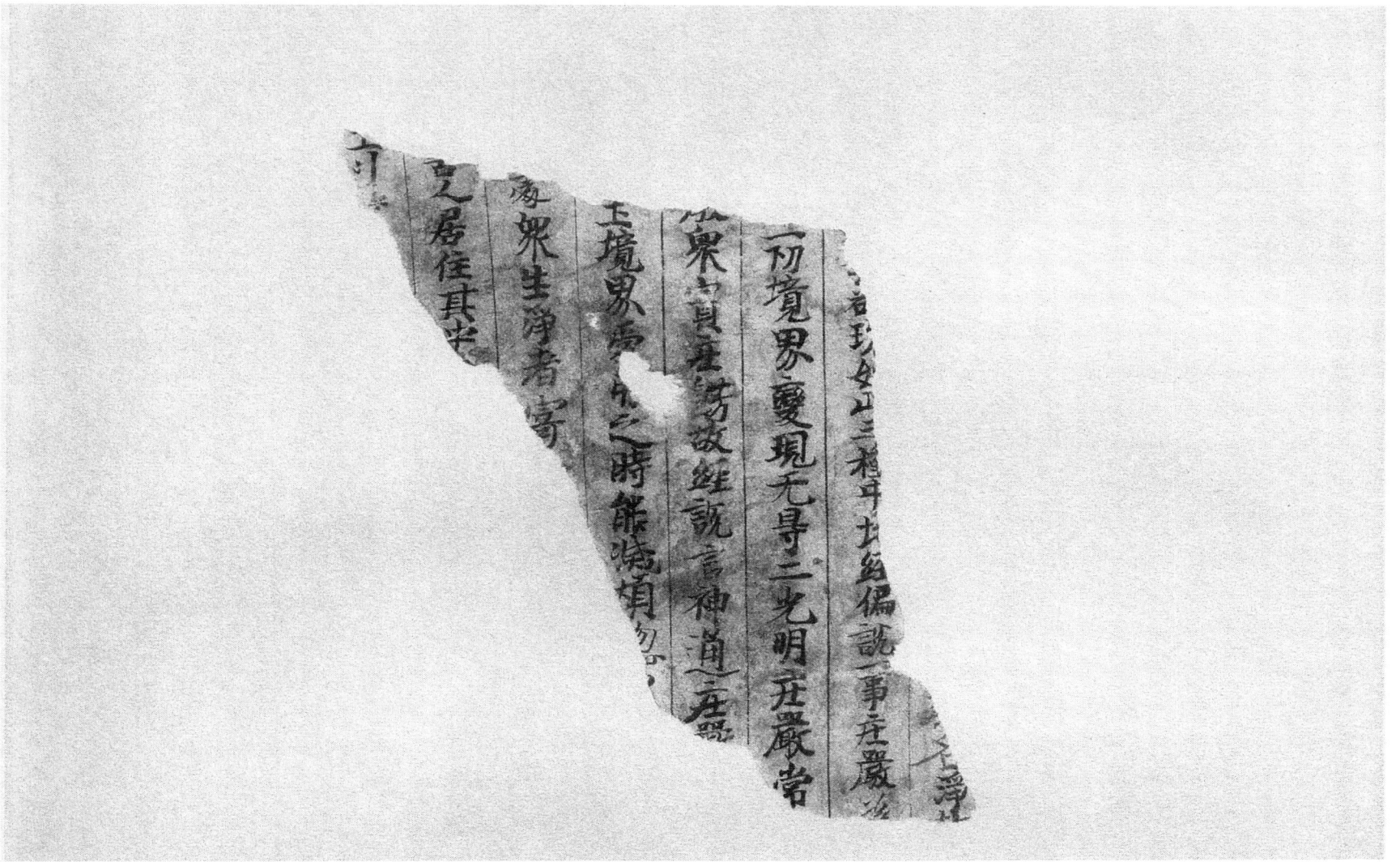

BD10991 號 A　大乘義章卷一九　　　　　　　　　　　　　　　　　（1-1）

BD10991 號 B　大通方廣懺悔滅罪莊嚴成佛經卷中　　　　　　　　　　　（1-1）

BD10991 號 C　大通方廣懺悔滅罪莊嚴成佛經卷中　　　　　　　　　　（1-1）

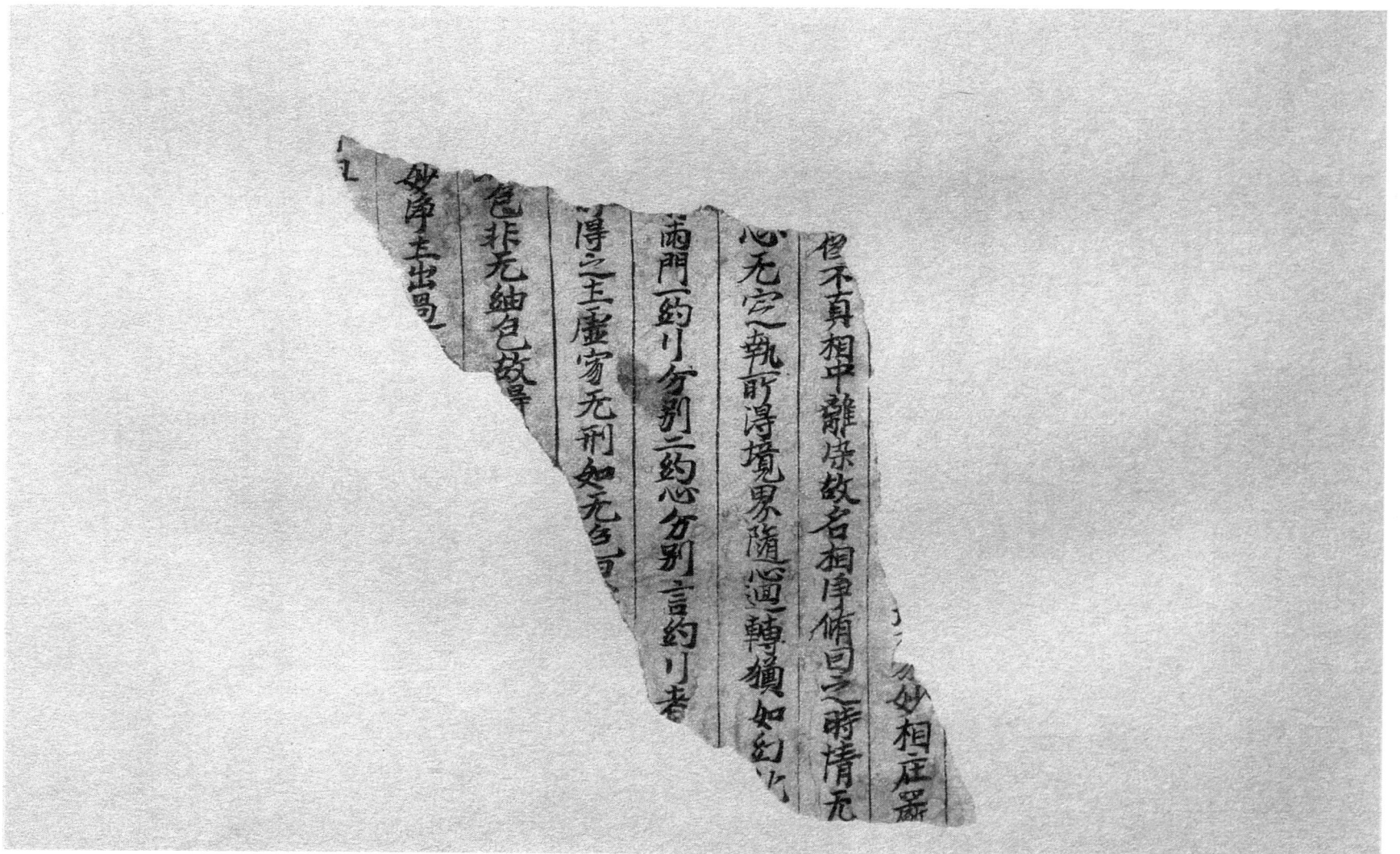

BD10991 號 D　大乘義章卷一九　　　　　　　　　　（1-1）

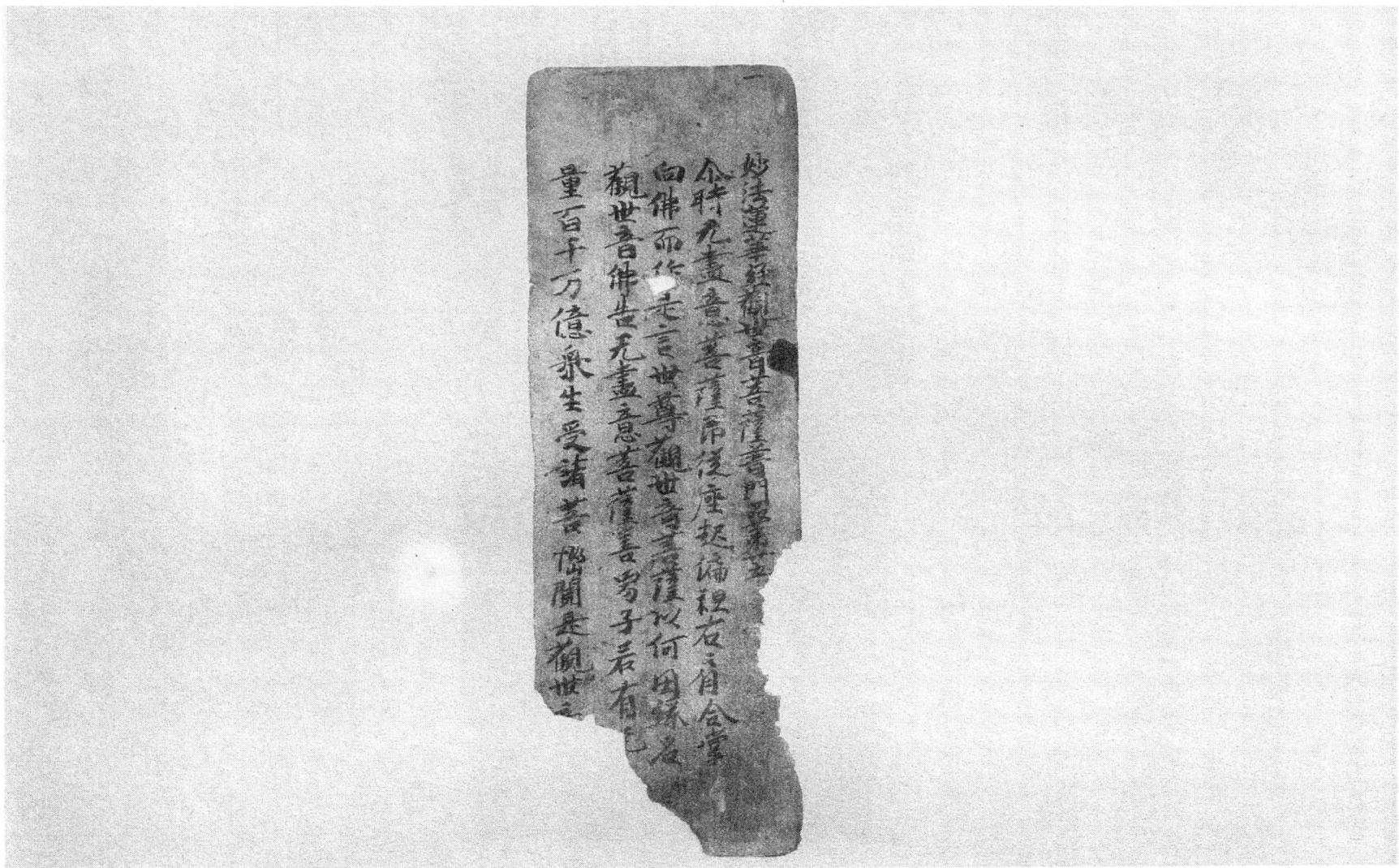

BD10992 號　觀世音經　　　　　　　　　　　　　　　　　　　　（1-1）

妙法蓮華經觀世音菩薩普門品第廿五
尒時无盡意菩薩即從座起偏袒右肩
向佛而作是言世尊觀世音菩薩以何因緣
觀世音佛告无盡意菩薩善男子若有
量百千万億眾生受諸苦惱聞是觀世

BD10992 號背　觀世音經　　　　　　　　　　　　　　　　　　（1-1）

薩一心稱名觀世音菩薩即時觀其音聲
得解脫
若有持是觀世音菩薩名者設入大火火不
能燒由是菩薩威神力故若為大水所漂稱
其名号即得淺處若有百千万億眾生為
金銀瑠璃車璩馬瑙珊瑚虎珀

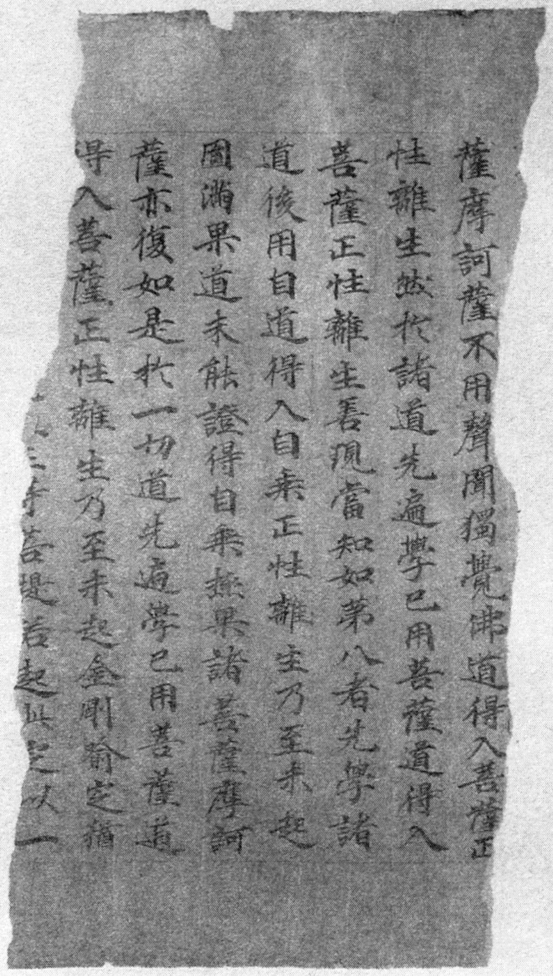

薩摩訶薩不用聲聞獨覺佛道得入菩薩正
性離生然於諸道先遍學已用菩薩道得入
菩薩正性離生善現當知第八者先學諸
道後用自道得入自乘正性離生乃至未起
圖滿果道未能證得曰乘無果諸菩薩摩訶
薩亦復如是於一切道先遍學已用菩薩道
得入菩薩正性離生乃至未起金剛喻定猶
〔　　〕三千菩提若起此定以一

BD10993 號　大般若波羅蜜多經卷五二七　　　　　　　　　　　　　　　　　　　（1-1）

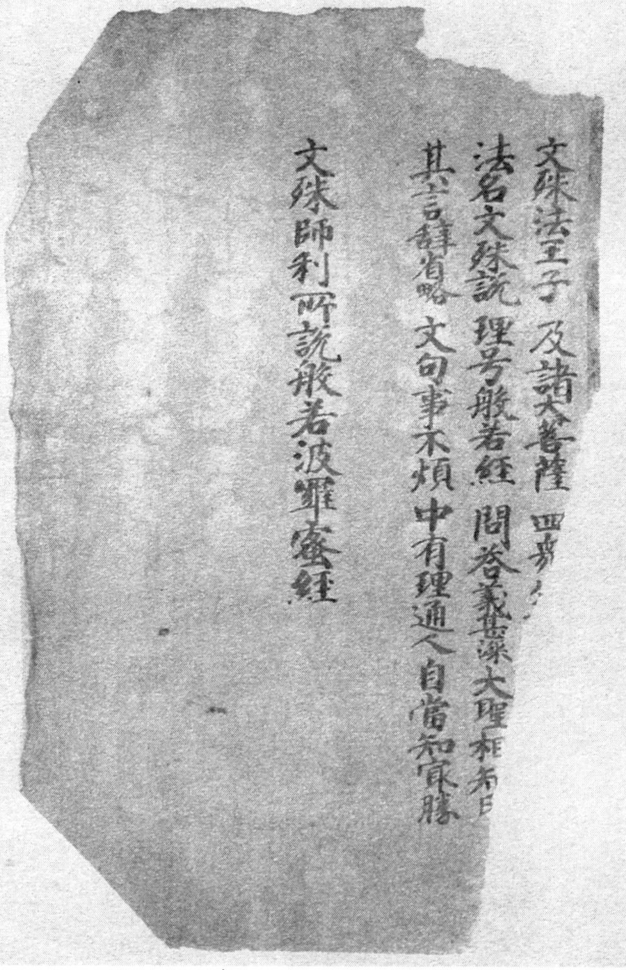

文殊法王子　及諸大菩薩　四眾俱
法名文殊說　理号般若經　問答義舊深　大聖相有因
其言雖省略　文句事不煩　中有理通人　自當知察朕

文殊師利所說般若波羅蜜經

BD10994 號　加頌文殊師利所說般若波羅蜜經（擬）　　　　　　　　　　　　　　　（1-1）

274

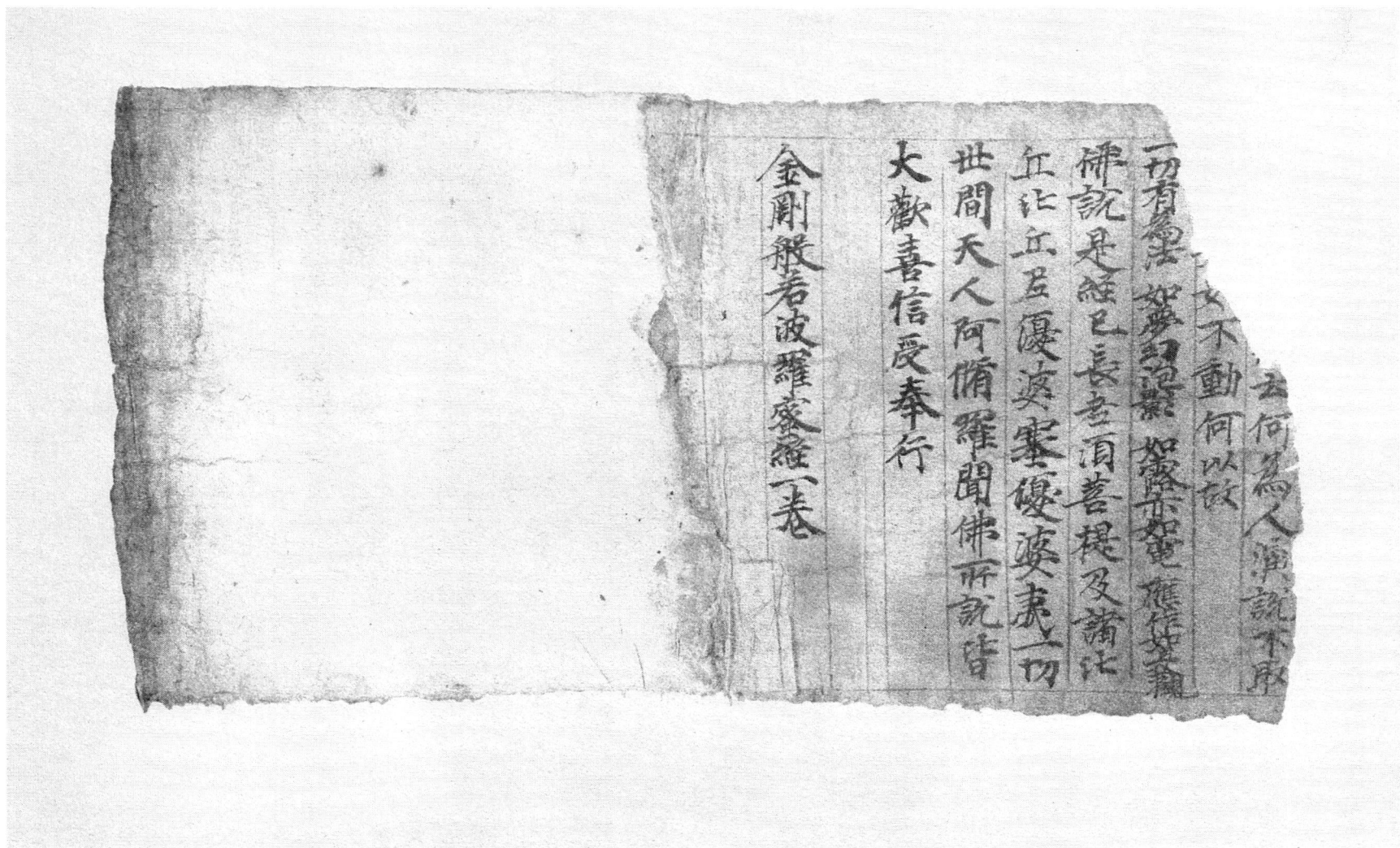

BD10995號　金剛般若波羅蜜經　　　　　　　　　　　　　　（1-1）

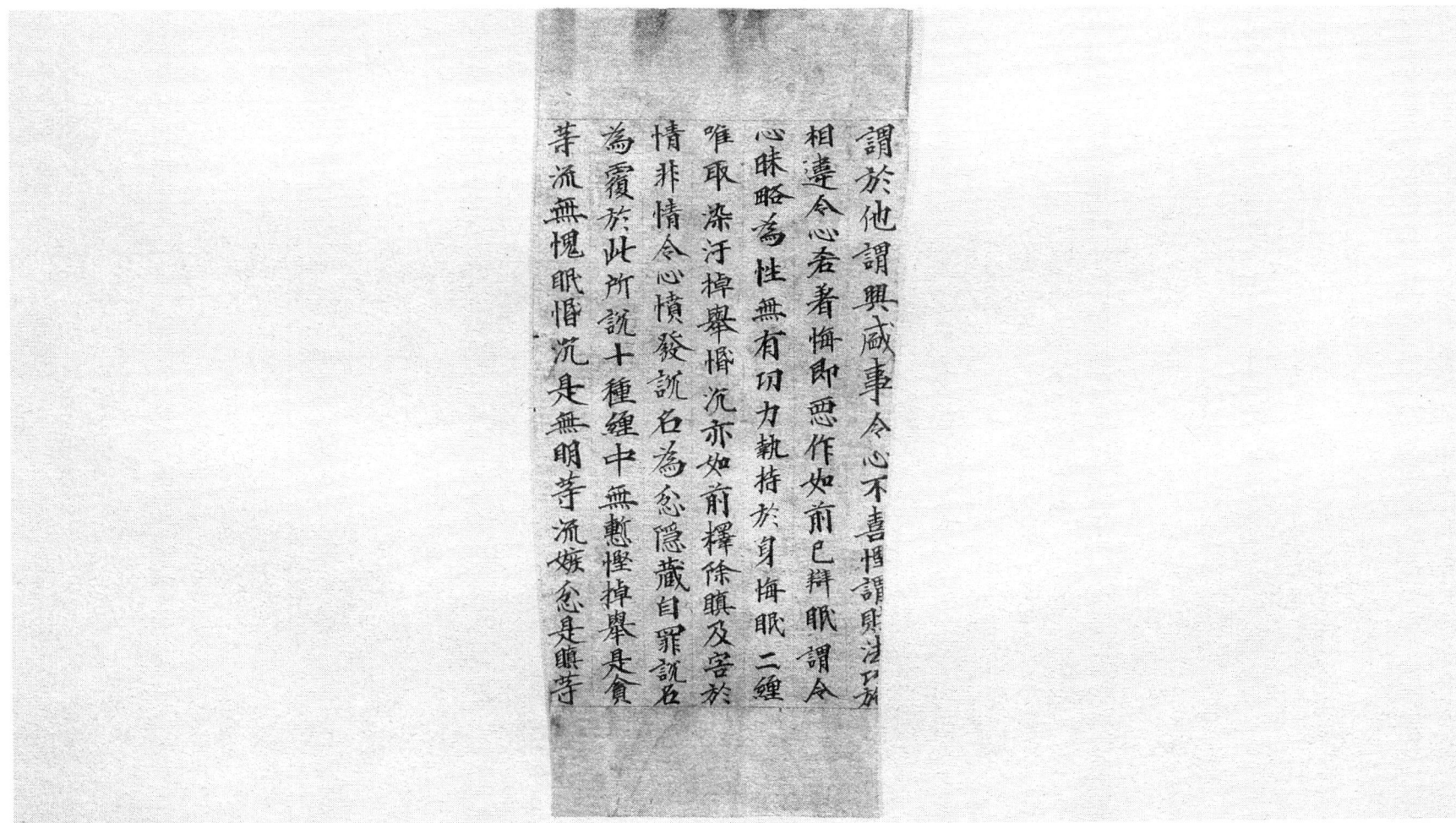

BD10996號　阿毗達磨俱舍論卷二一　　　　　　　　　　　（1-1）

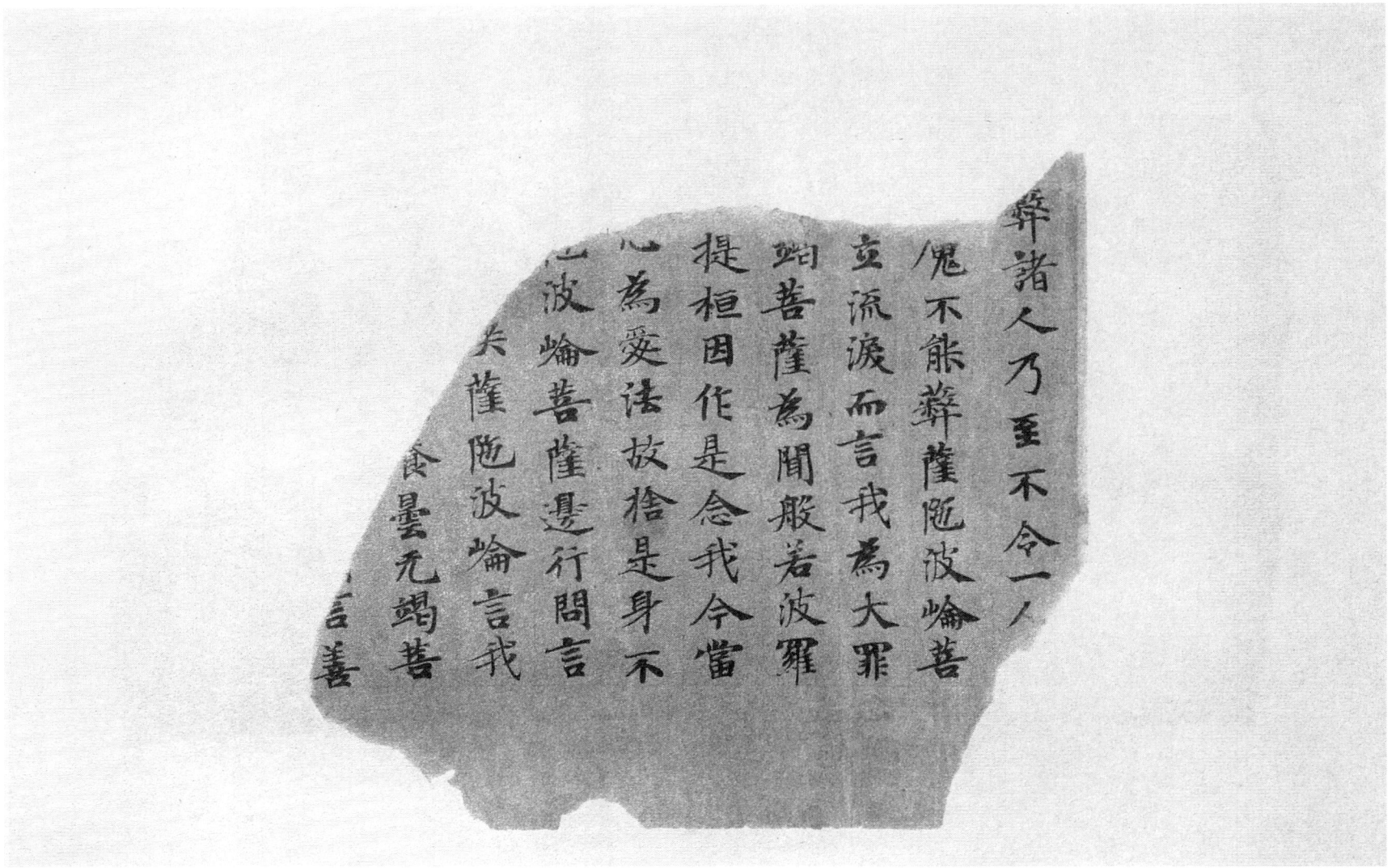

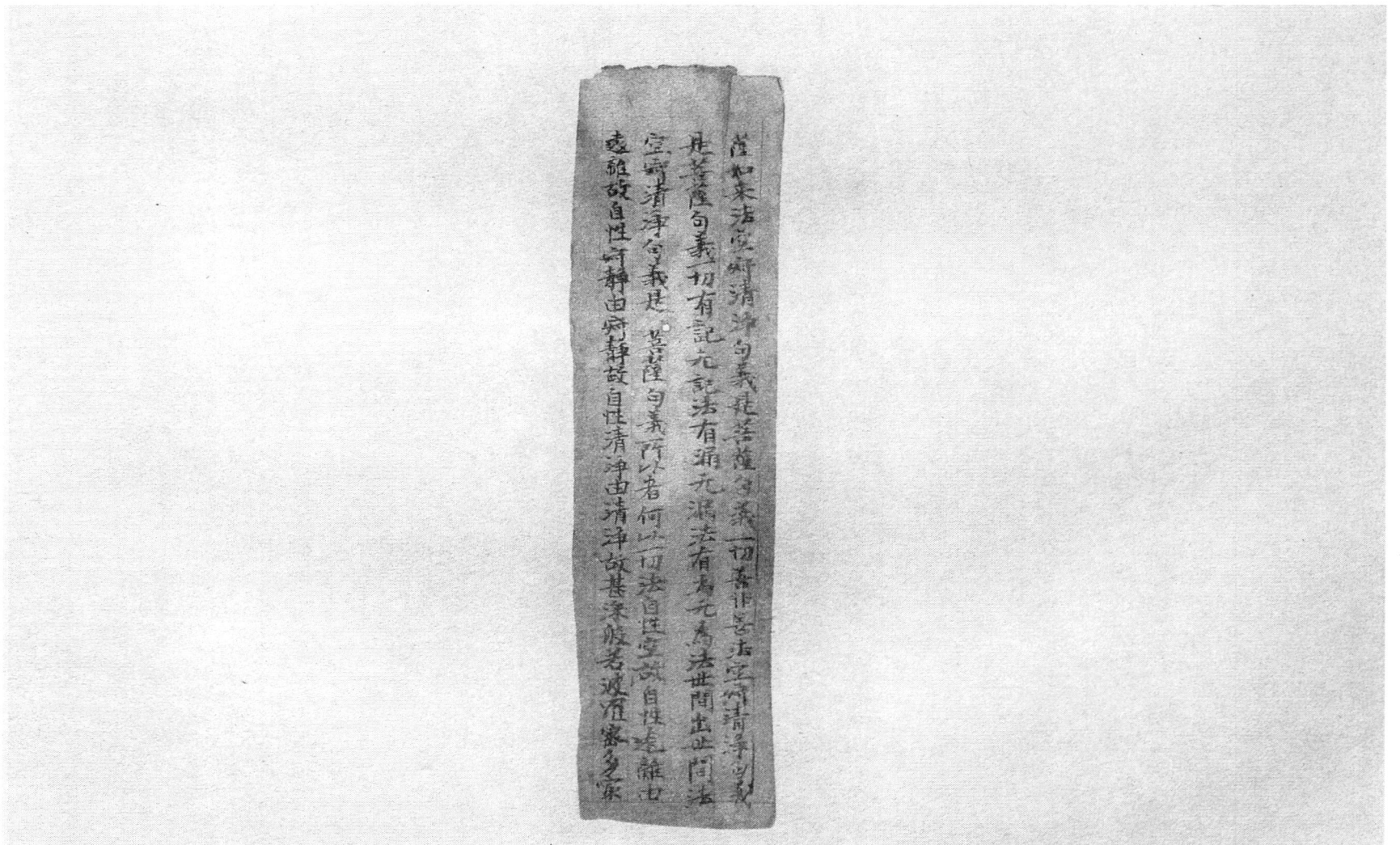

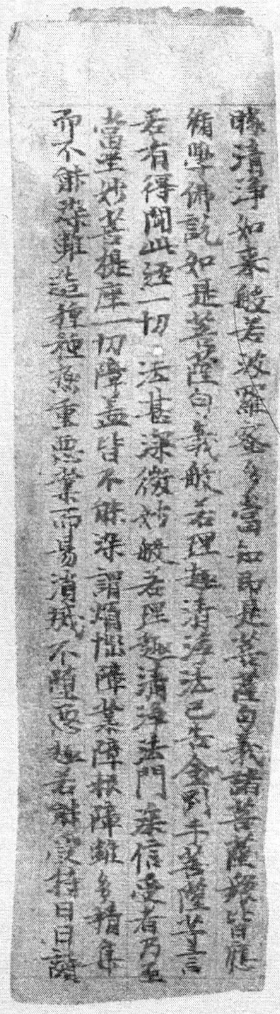

趣清淨如來般若波羅蜜多當知即是菩薩句義諸菩薩摩訶薩皆應
脩學佛說如是菩薩句義般若理趣清淨法已告金剛手菩薩言
若有得聞此經一切法甚深微妙般若理趣清淨法門深信受者乃至
當坐妙菩提座一切障蓋皆不能染謂煩惱障業障報障雖多積集
而不能染雖造種種極重惡業而易消滅不墮惡趣若能受持日日讀

BD10998 號背　大般若波羅蜜多經卷五七八　（1–1）

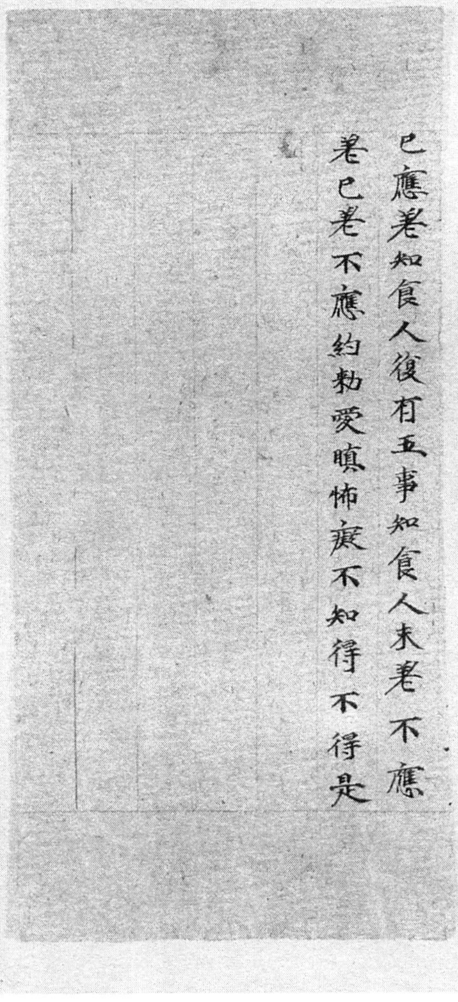

已應老知食人復有五事知食人未老不應
老已老不應約勅愛瞋怖癡不知得不得是

BD10999 號　十誦律（兌廢稿）卷四九　（1–1）

BD11000 號　大般涅槃經（北本）卷一五　　　　　　　　　　　　　　　　（1-1）

BD11001 號　妙法蓮華經卷七　　　　　　　　　　　　　　　　（1-1）

BD11002 號　金剛般若波羅蜜經　　　　　　　　　　　　　　　　　　　　　　　　（1-1）

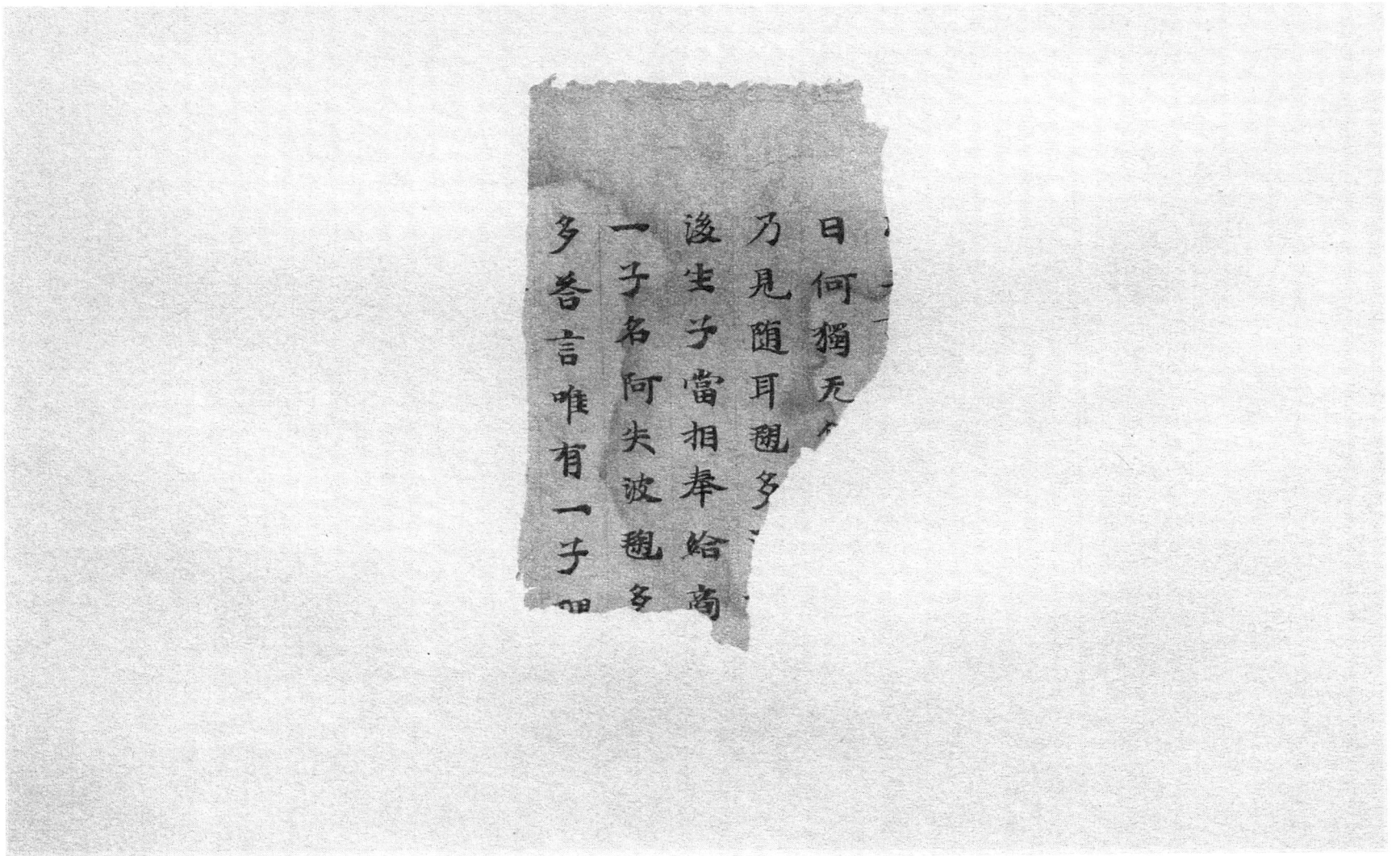

BD11003 號　付法藏因緣傳卷三　　　　　　　　　　　　　　　　　　　　　　　　（1-1）

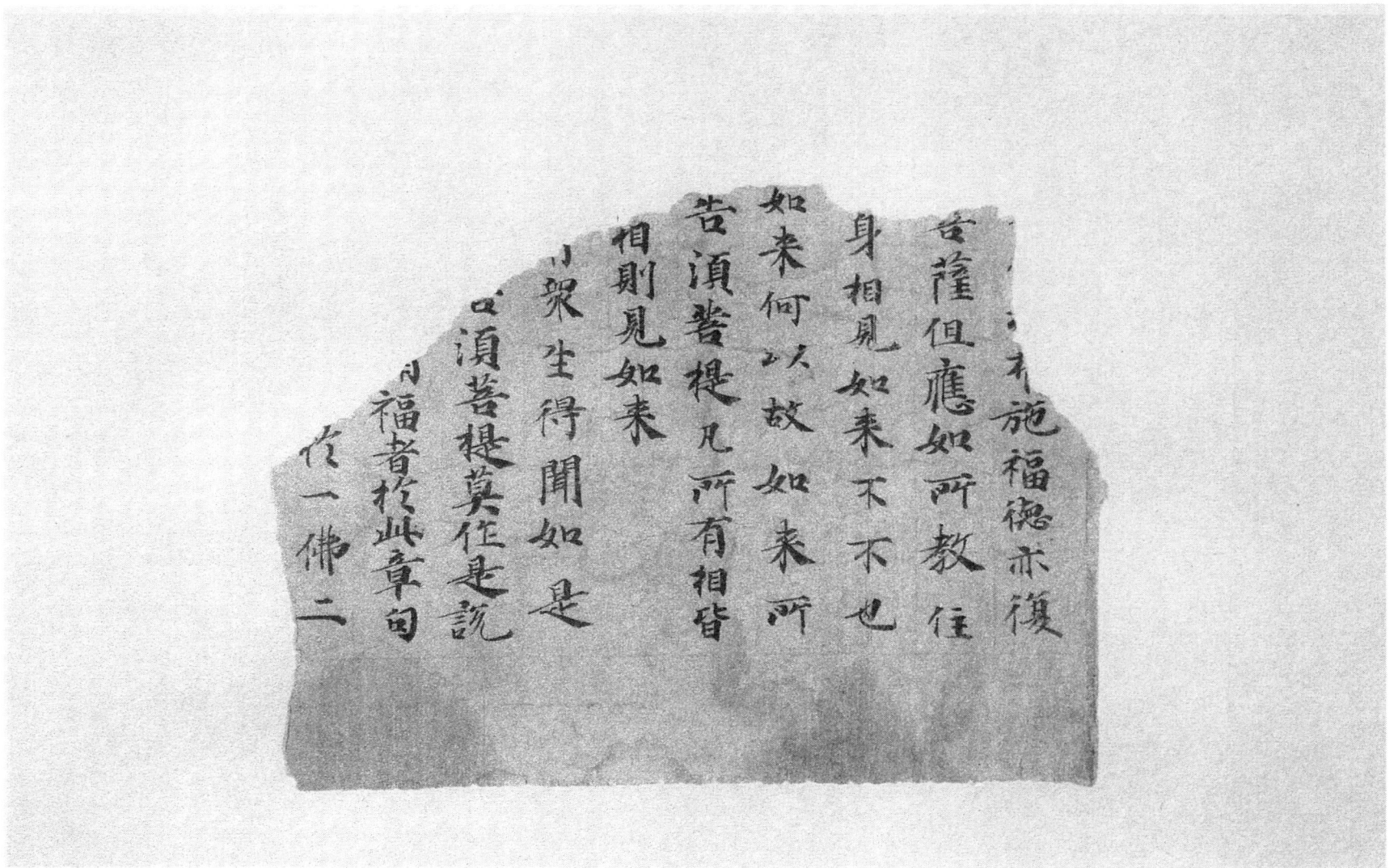

BD11004 號　金剛般若波羅蜜經　　　　　　　　　　　　　　　　　　　　　　（1-1）

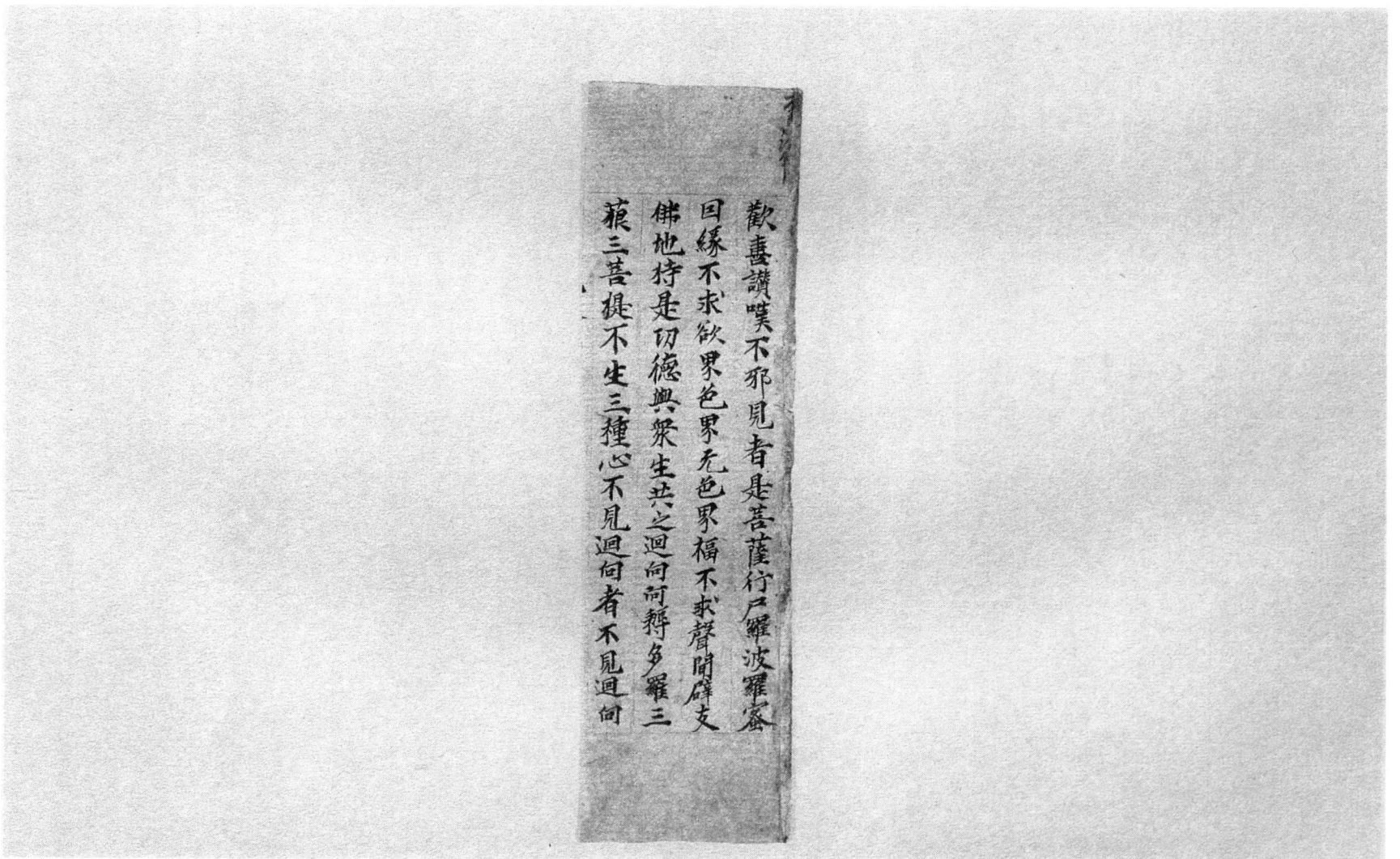

BD11005 號　摩訶般若波羅蜜經卷二〇　　　　　　　　　　　　　　　　　　　（1-1）

BD11006號　般若經名殘片（擬）　　　　　　　　　　　　　　　　　　　　　　　　（1-1）

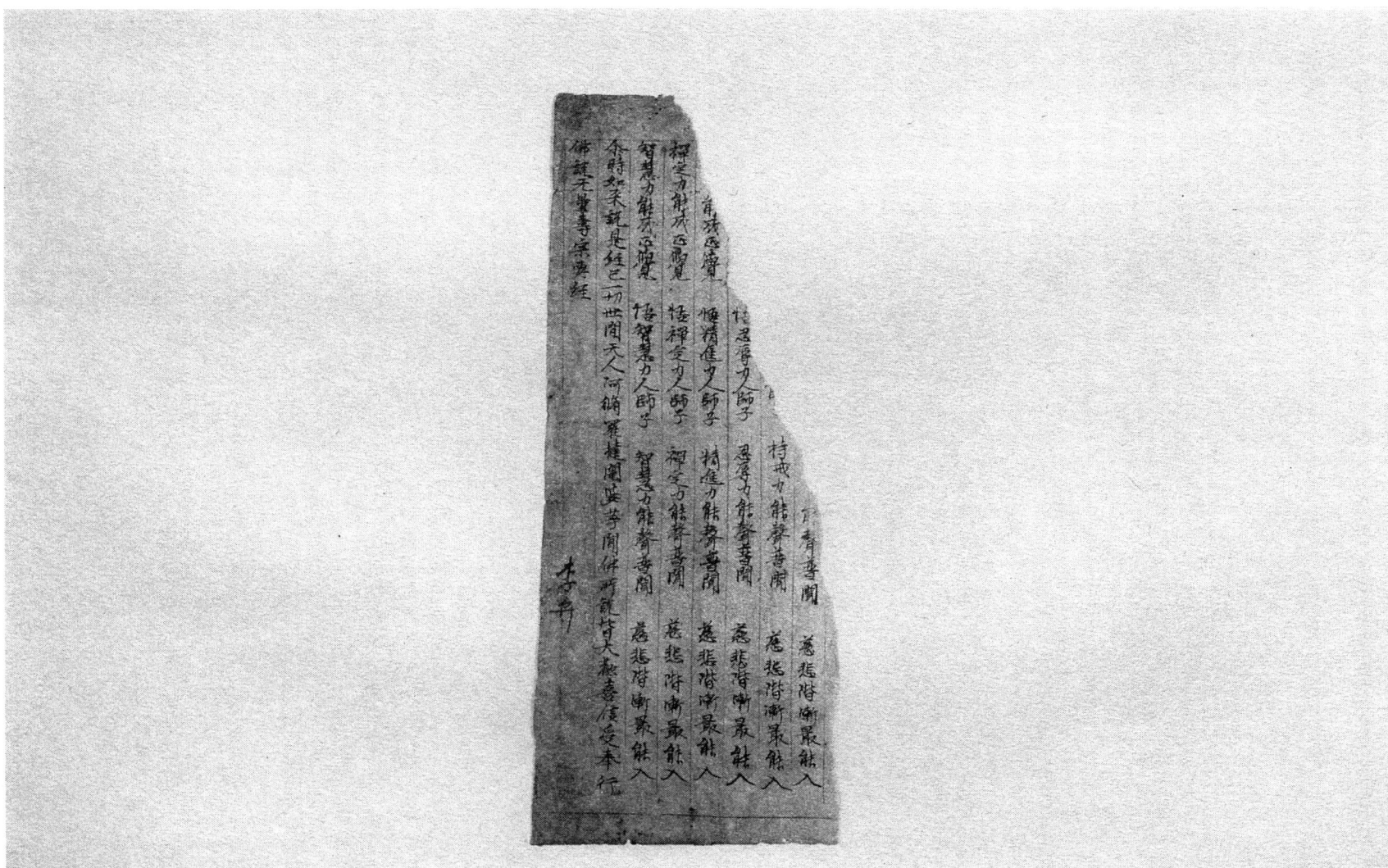

BD11007號　無量壽宗要經　　　　　　　　　　　　　　　　　　　　　　　　（1-1）

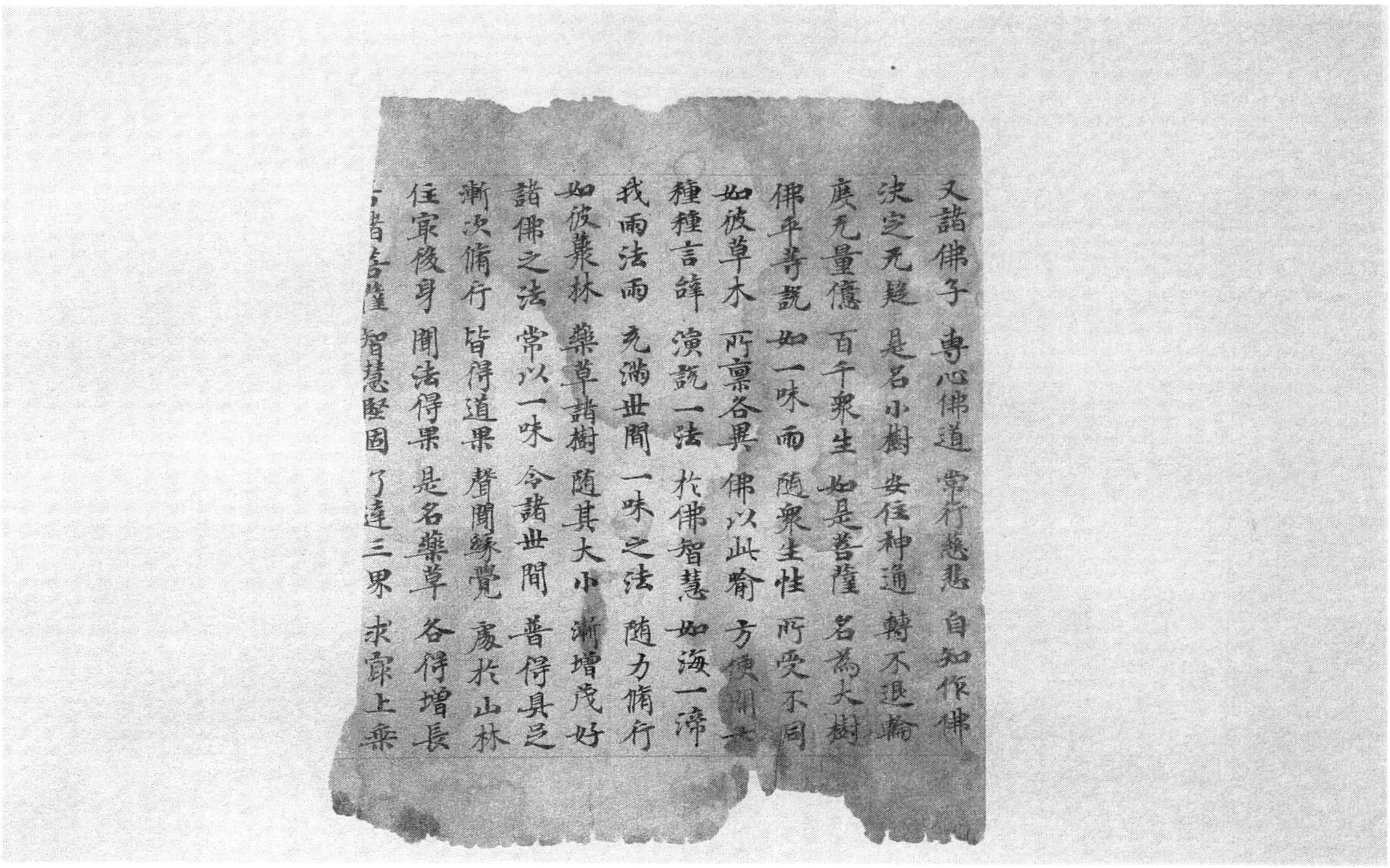

又諸佛子　專心佛道　常行慈悲　自知作佛
決定无疑　是名小樹　安住神通　轉不退輪
度无量億　百千衆生　如是菩薩　名爲大樹
佛平等說　如一味雨　隨衆生性　所受不同
如彼草木　所稟各異　佛以此喻　方便開示
種種言辭　演說一法　於佛智慧　如海一渧
我雨法雨　充滿世間　一味之法　隨力脩行
如彼叢林　藥草諸樹　隨其大小　漸增茂好
諸佛之法　常以一味　令諸世間　普得具足
漸次脩行　皆得道果　聲聞緣覺　處於山林
住最後身　聞法得果　是名藥草　各得增長
若諸菩薩　智慧堅固　了達三界　求最上乘

BD11008 號　妙法蓮華經卷三　（1–1）

宅園林田地
復作是願寧以鐵挺打碎此身從頭至足
令如微塵終不以此破戒之身受信心檀
越恭敬礼拜
復作是願寧以百千熱鐵錐遍身攙刺耳
根經一劫二劫終不以此破戒之心聽好音

BD11009 號　梵網經盧舍那佛說菩薩心地戒品第十卷下　（1–1）

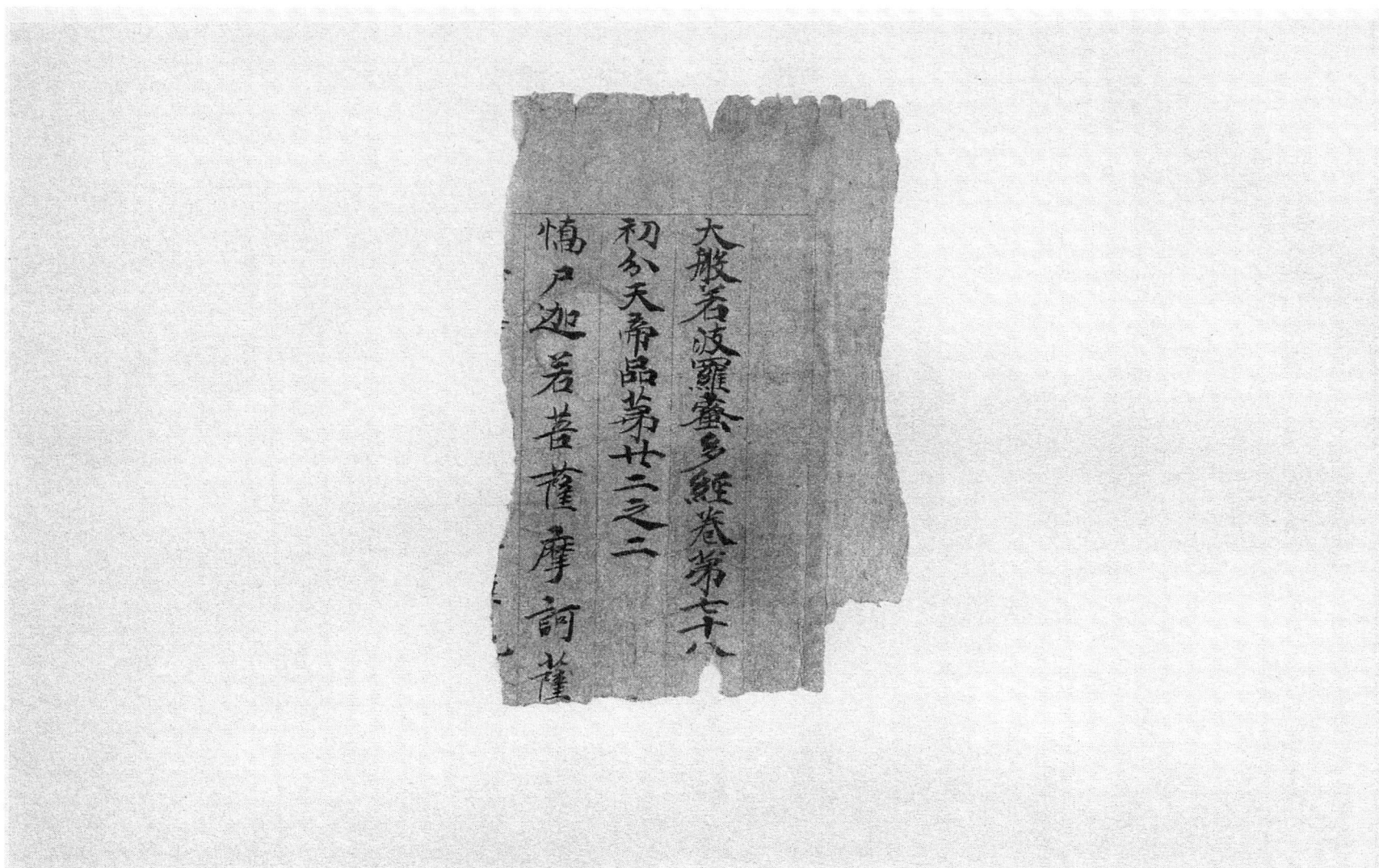

大般若波羅蜜多經卷第七八
初分天帝品第廿二之二
憍尸迦若菩薩摩訶薩

BD11010 號　大般若波羅蜜多經卷七八　　　　　　　　　　　　　　（1-1）

BD11010 號背　勘記　　　　　　　　　　　　　　（1-1）

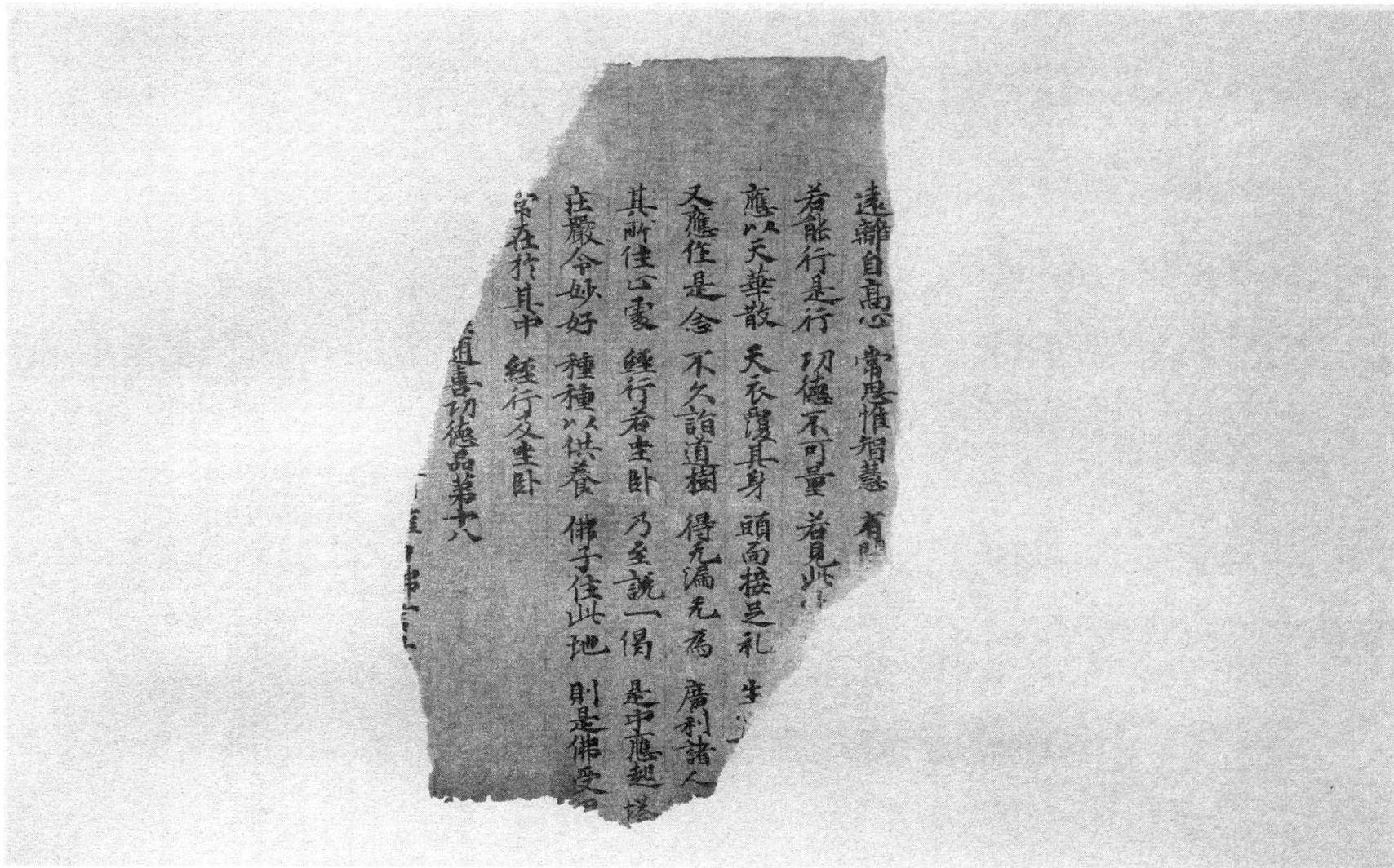

BD11011 號　妙法蓮華經（八卷本）卷六 　　　　　　　　　　　　　　　　　（1–1）

遠離自高心　常思惟智慧　有
若能行是行　功德不可量　若見此
應以天華散　天衣覆其身　頭面接足禮　生
又應作是念　不久詣道樹　得无漏无為　廣利諸人
其所住止處　經行若坐臥　乃至說一偈　是中應起塔
莊嚴令妙好　種種以供養　佛子住此地　則是佛受
常在於其中　經行及坐臥

道喜功德品第十八

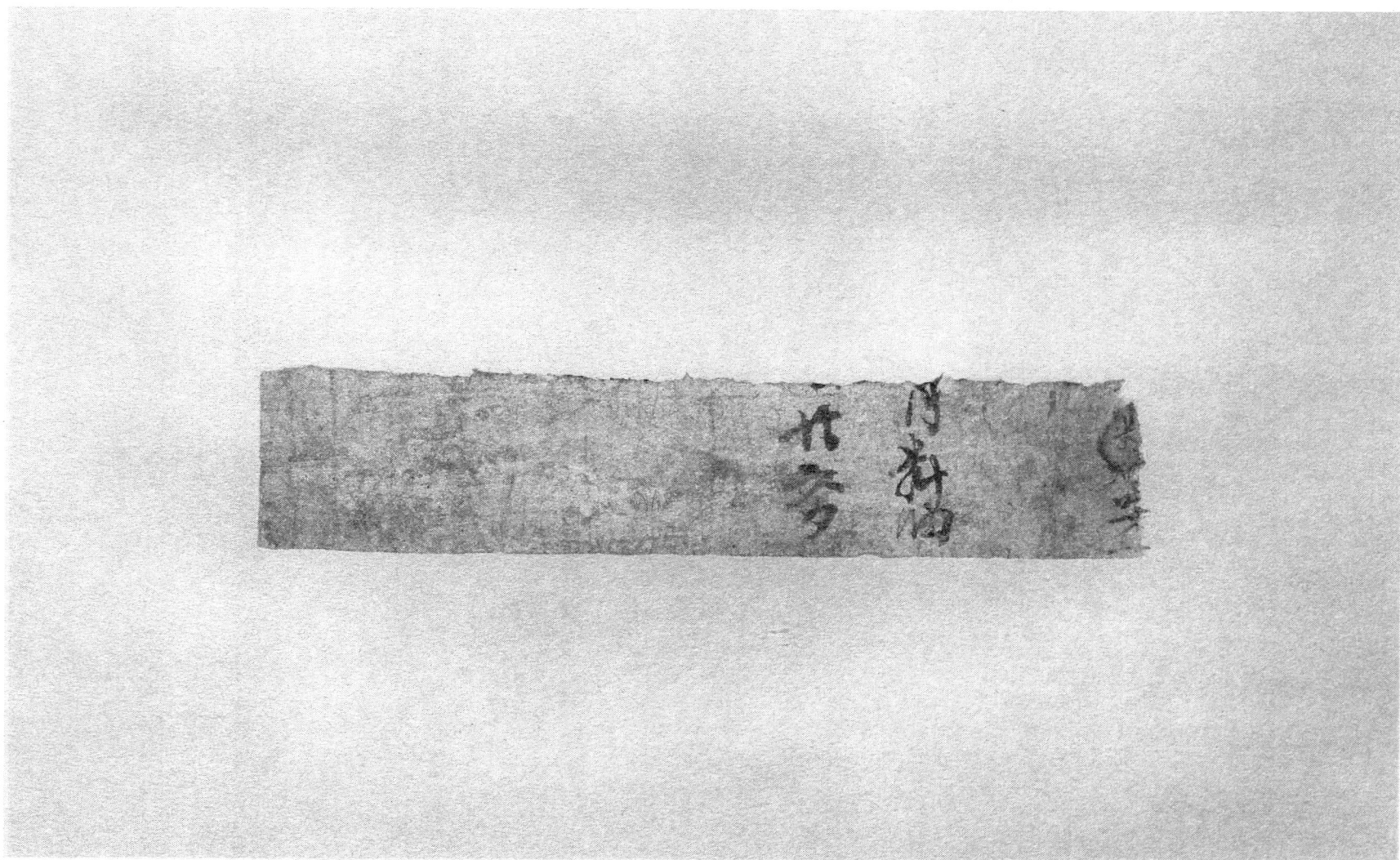

BD11012 號　殘賬歷（擬） 　　　　　　　　　　　　　　　　　　　　（1–1）

284

BD11012 號背　殘筆痕　　　　　　　　　　　　　　　　　　　　　　　（1-1）

BD11013 號　經袱簽條（擬）　　　　　　　　　　　　　　　　　　　　（1-1）

BD11014 號　大般涅槃經（北本）卷二五　　　　　　　　　　　　　　　　　　（1-1）

BD11015 號　妙法蓮華經卷七　　　　　　　　　　　　　　　　　　　　　　（1-1）

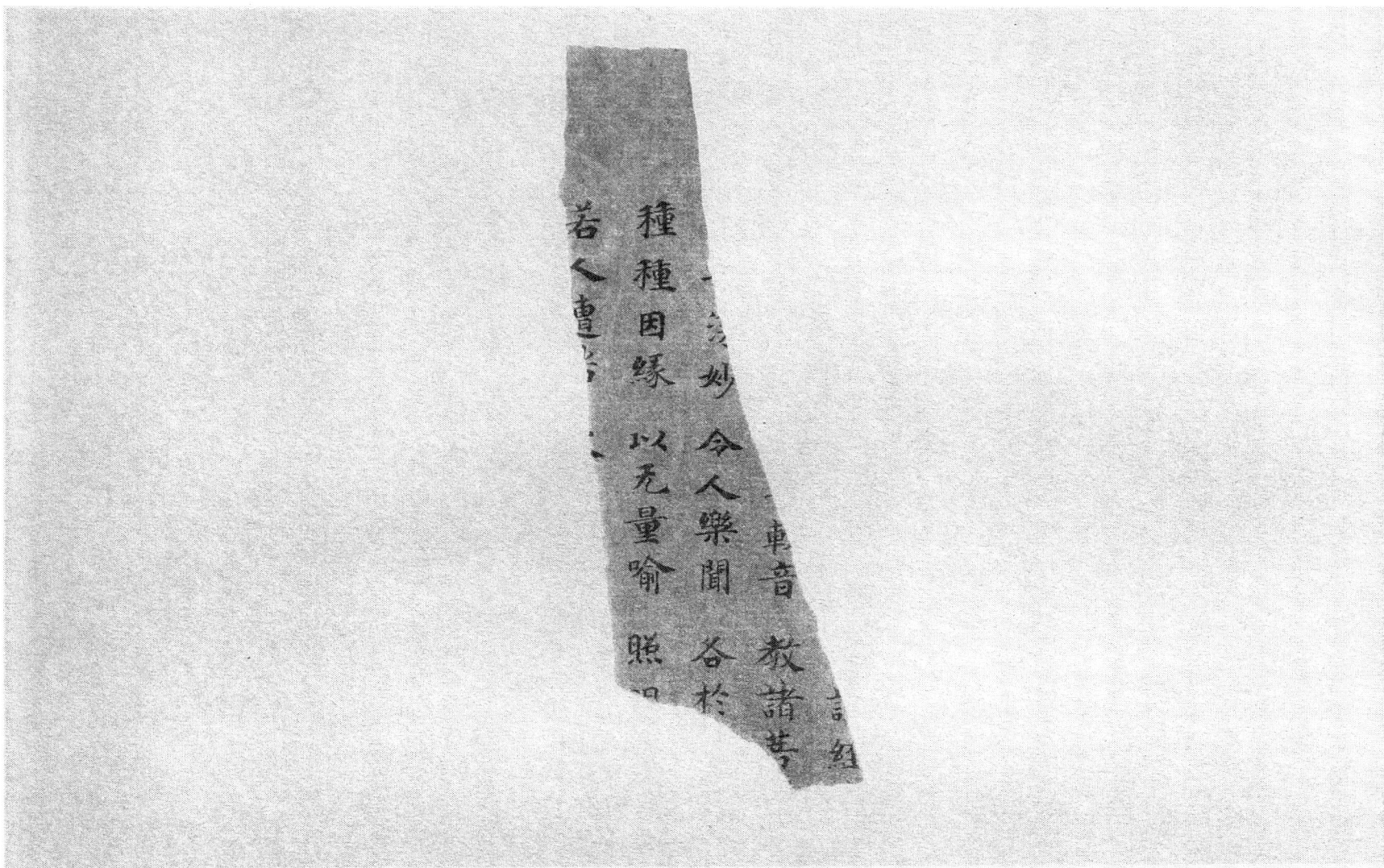

BD11016 號　妙法蓮華經卷一 　　　　　　　　　　　　　　　　　　（1-1）

BD11017 號　大方等大集經卷七 　　　　　　　　　　　　　　　　　　（1-1）

无我法者如来...
須菩提於意云何如来一
如来有肉眼須菩提於...
不如是世尊如来有天眼
如来有慧眼不如是世尊
提於意云何如来有法眼

BD11018號　金剛般若波羅蜜經　　　　　　　　　　　　　　　　　　　（1-1）

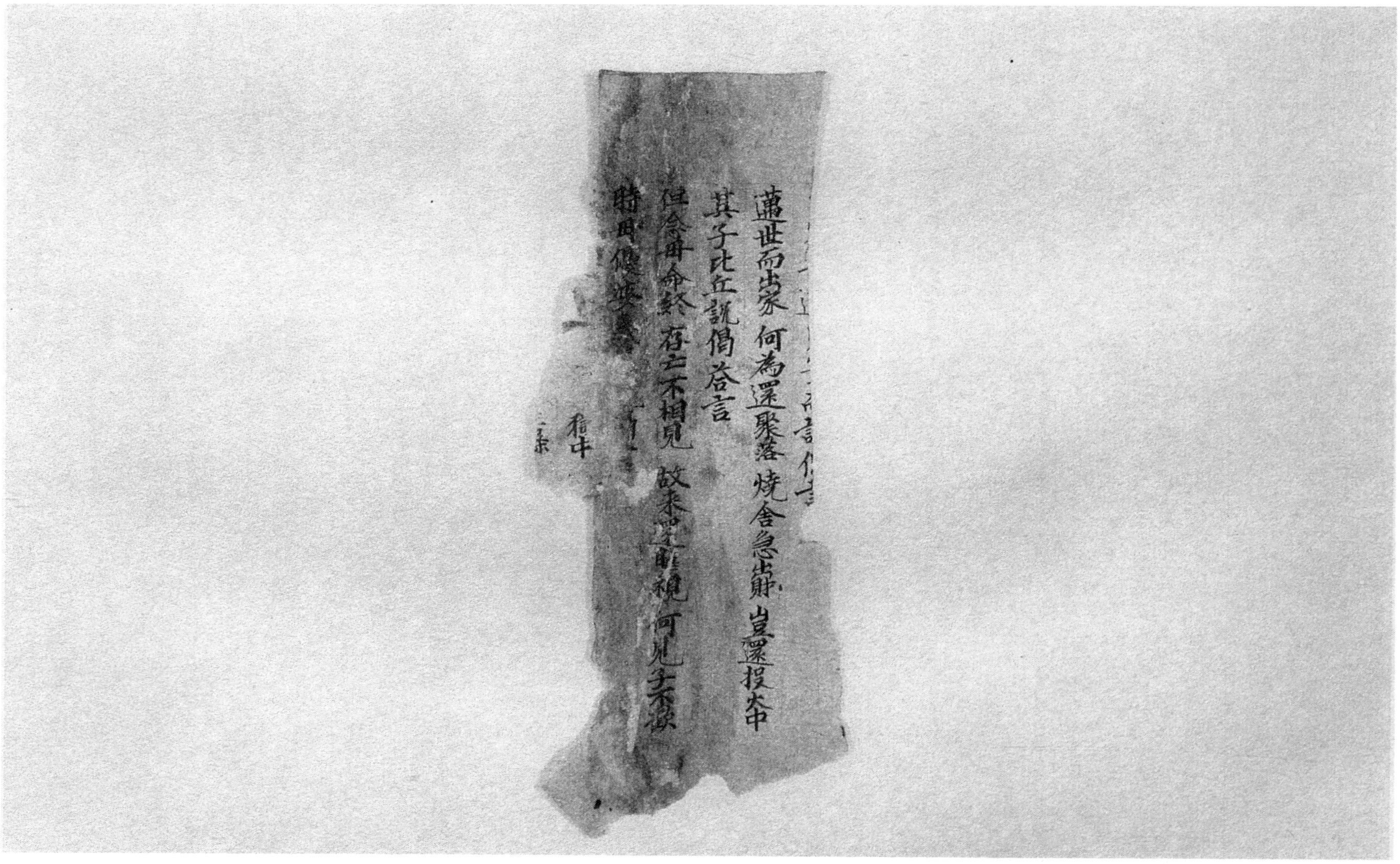

邁世而出家　何為還聚落　燒舍急出財　豈還投火中
其子比丘說偈答言
但念母命終　存亡不相見　故來至前視　何見乎涕淚
時彼優陂夷……

BD11019號　雜阿含經卷五〇　　　　　　　　　　　　　　　　　　　（1-1）

288

BD11019 號背　題名（？）　　　　　　　　　　　　　　　　　　（1-1）

BD11020 號　　無量壽宗要經　　　　　　　　　　　　　　　　（1-1）

BD11021號　大方廣佛華嚴經（晉譯五十卷本）卷三七　　　　　　　　　　　　　　（1-1）

BD11022號　大般涅槃經（北本）卷一四　　　　　　　　　　　　　　（1-1）

BD11023 號　優婆塞戒經卷七　　　　　　　　　　　　　　　　　　　　（1-1）

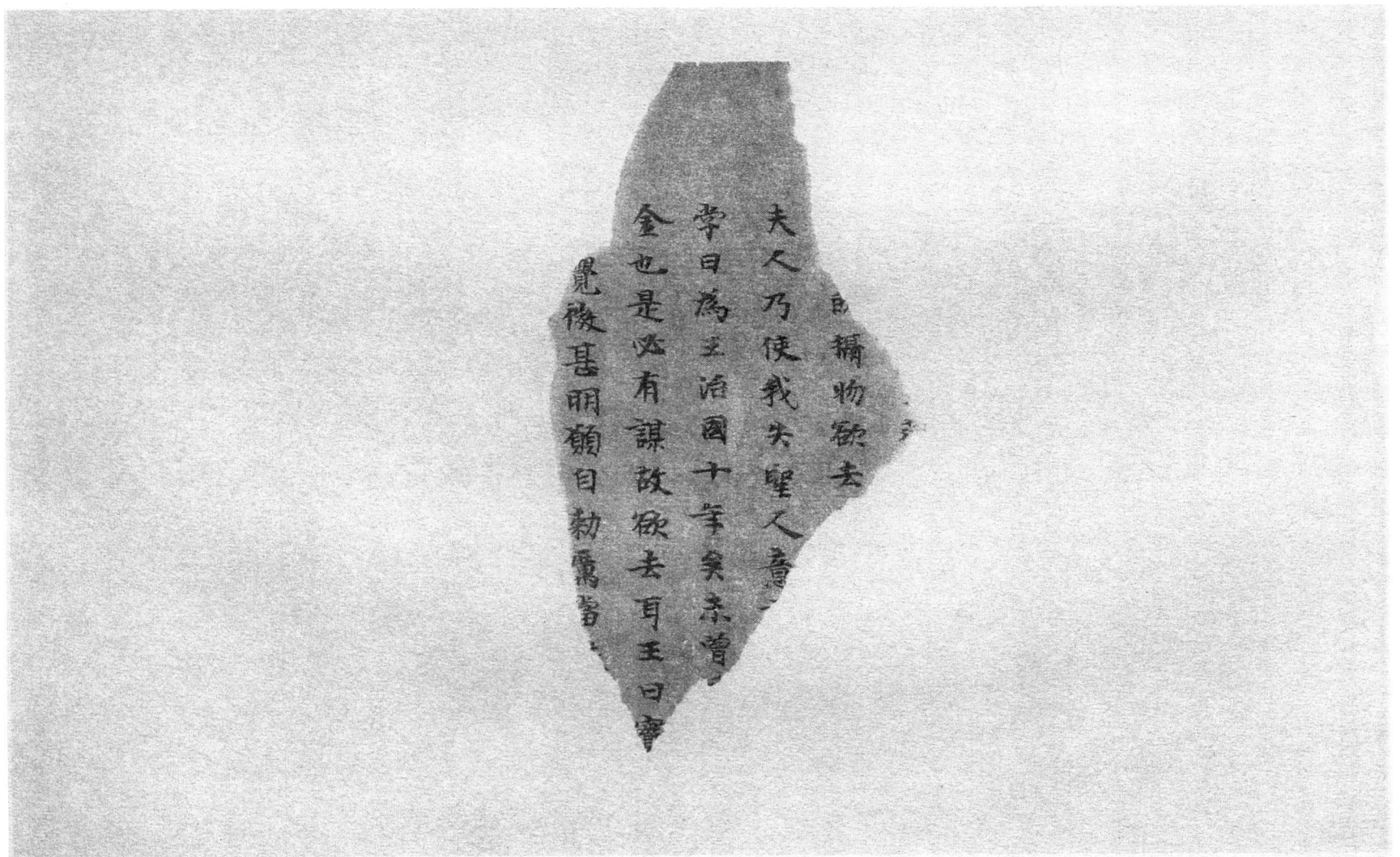

BD11024 號　待考文獻（擬）　　　　　　　　　　　　　　　　　　　　（1-1）

BD11025 號　妙法蓮華經卷七　　　　　　　　　　　　　（1-1）

BD11026 號　妙法蓮華經卷一　　　　　　　　　　　　　（1-1）

解脫无盡意
之力
恭敬觀世音菩薩
心恭⋯見已⋯
常

BD11027 號　妙法蓮華經卷七　　　　　　　　　　　　　　　　（1-1）

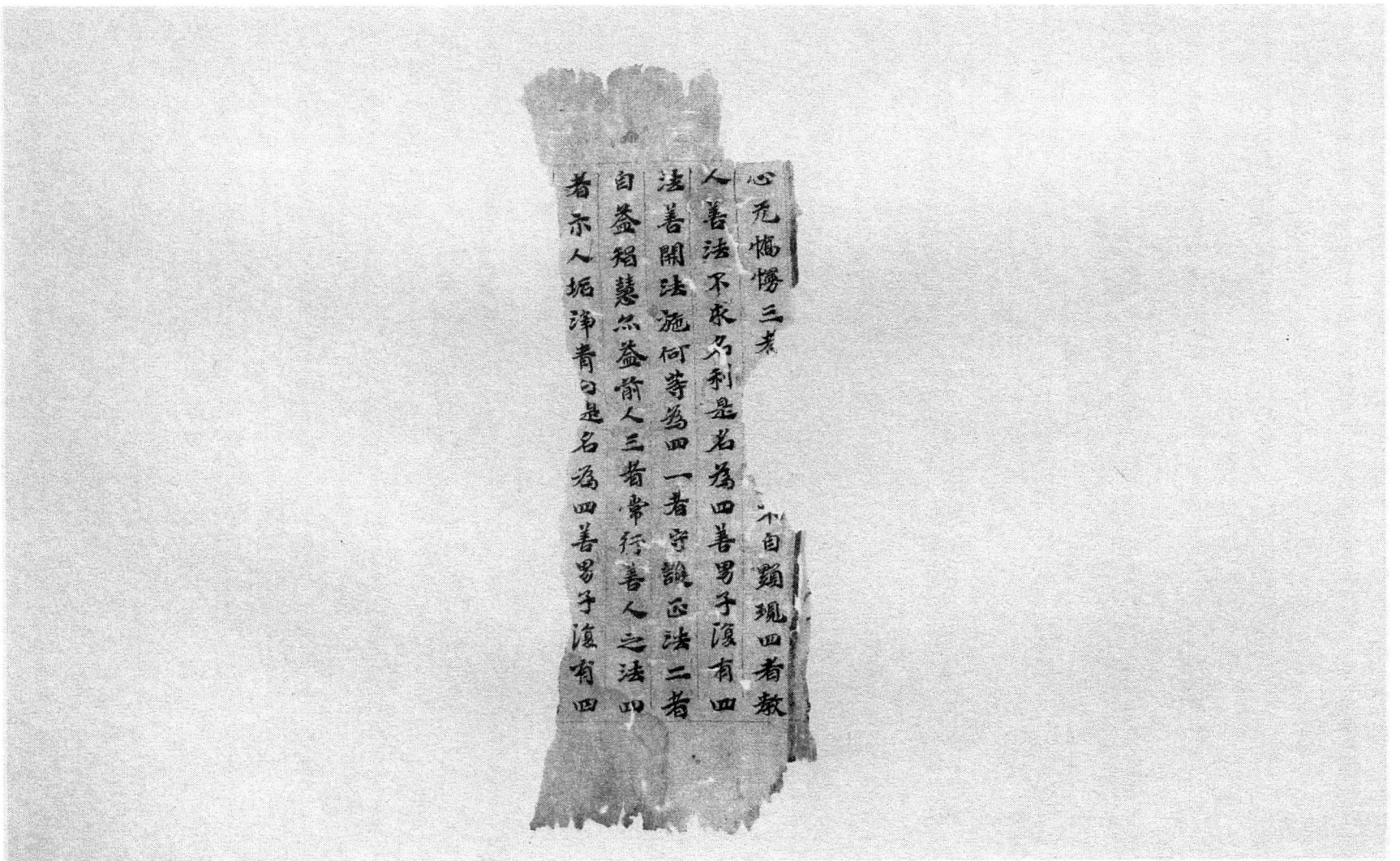

心无惱懅三者
不自顯現四者教
人善法不求名利是名為四善男子復有四
法善開法施何等為四一者守護正法二者
自益智慧亦益前人三者常行善人之法四
者亦人垢淨青日是名為四善男子復有四

BD11028 號　　思益梵天所問經卷一　　　　　　　　　　　　（1-1）

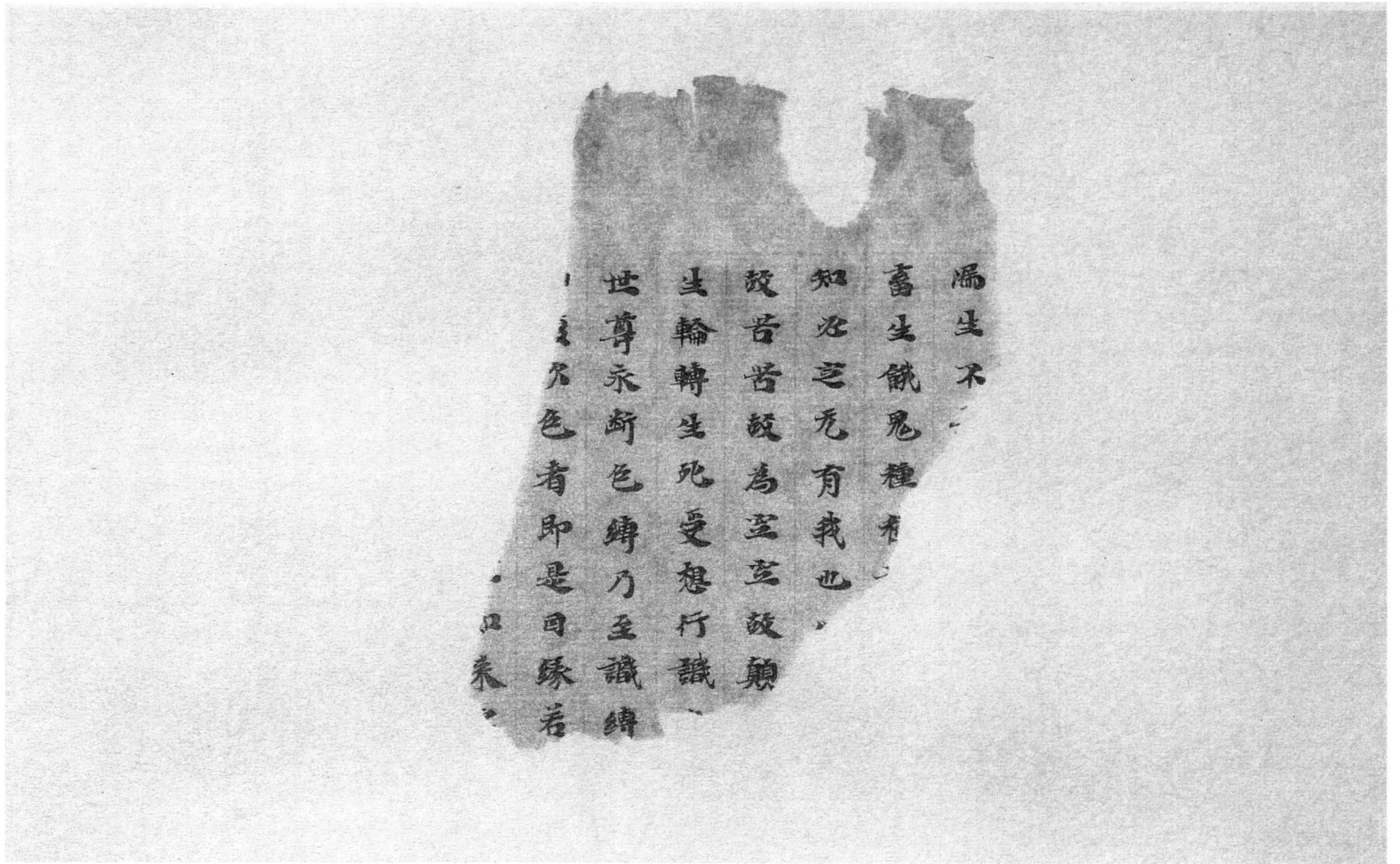

BD11029 號　大般涅槃經（北本）卷三〇　　　　　　　　　　　　　　　　　（1-1）

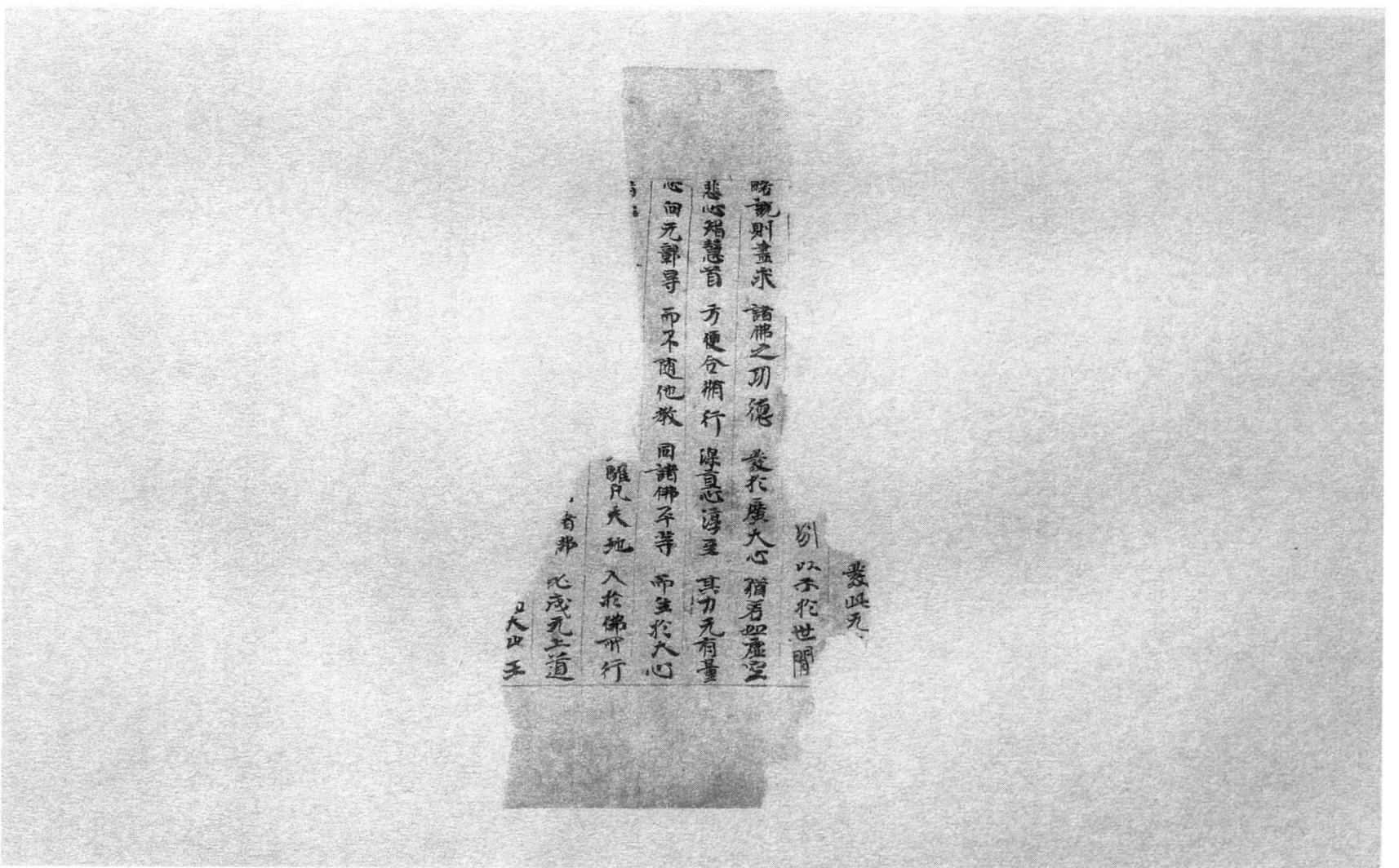

BD11030 號　大方廣佛華嚴經（晉譯五十卷本）卷一九　　　　　　　　　　（1-1）

BD11031號　梵網經盧舍那佛説菩薩心地戒品第十卷下　　　　（1-1）

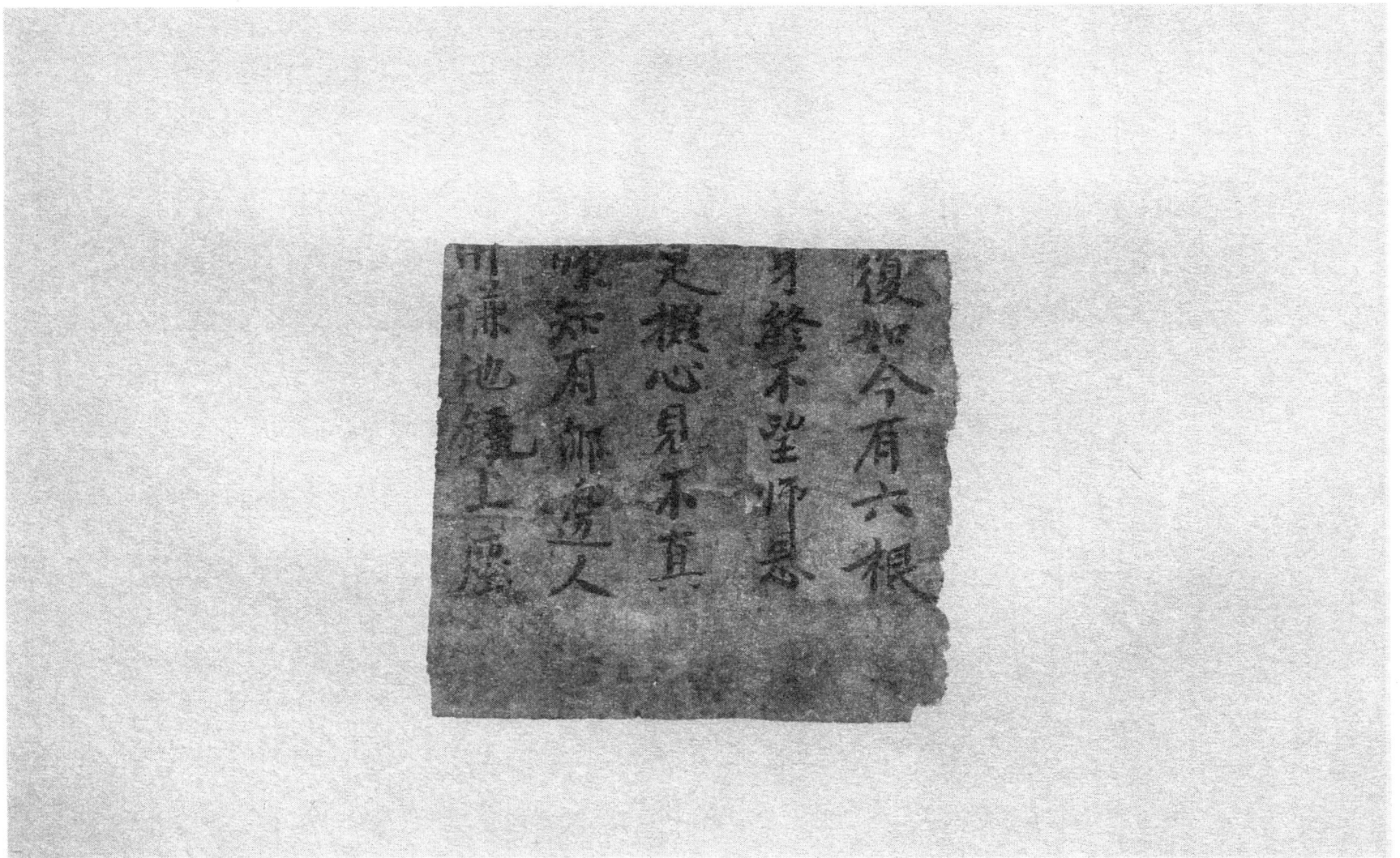

BD11032號　待考佛教文獻殘片（擬）　　　　（1-1）

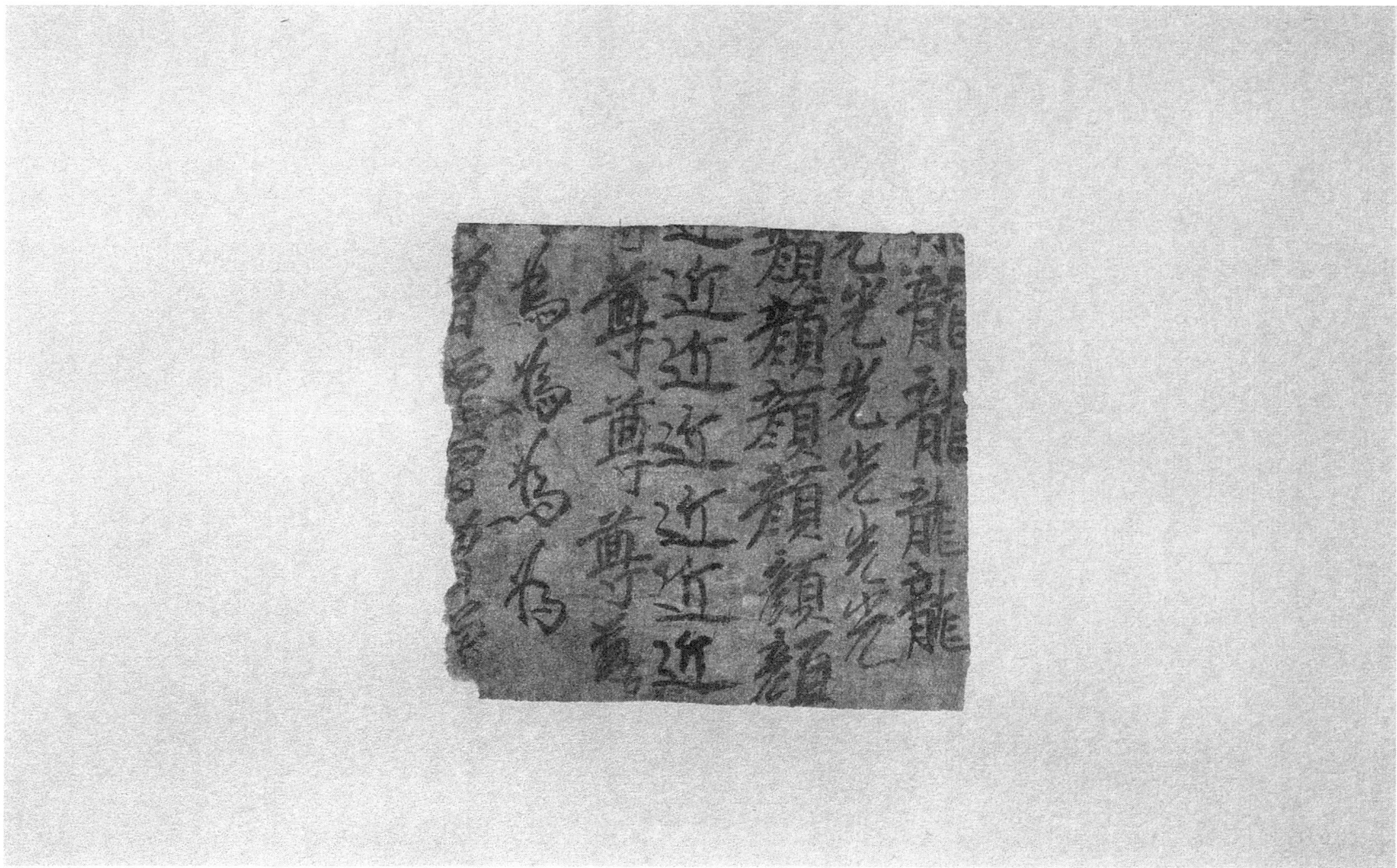

BD11032 號背　習字雜寫（擬）　　　　　　　　　　　　　　　　　　　　（1-1）

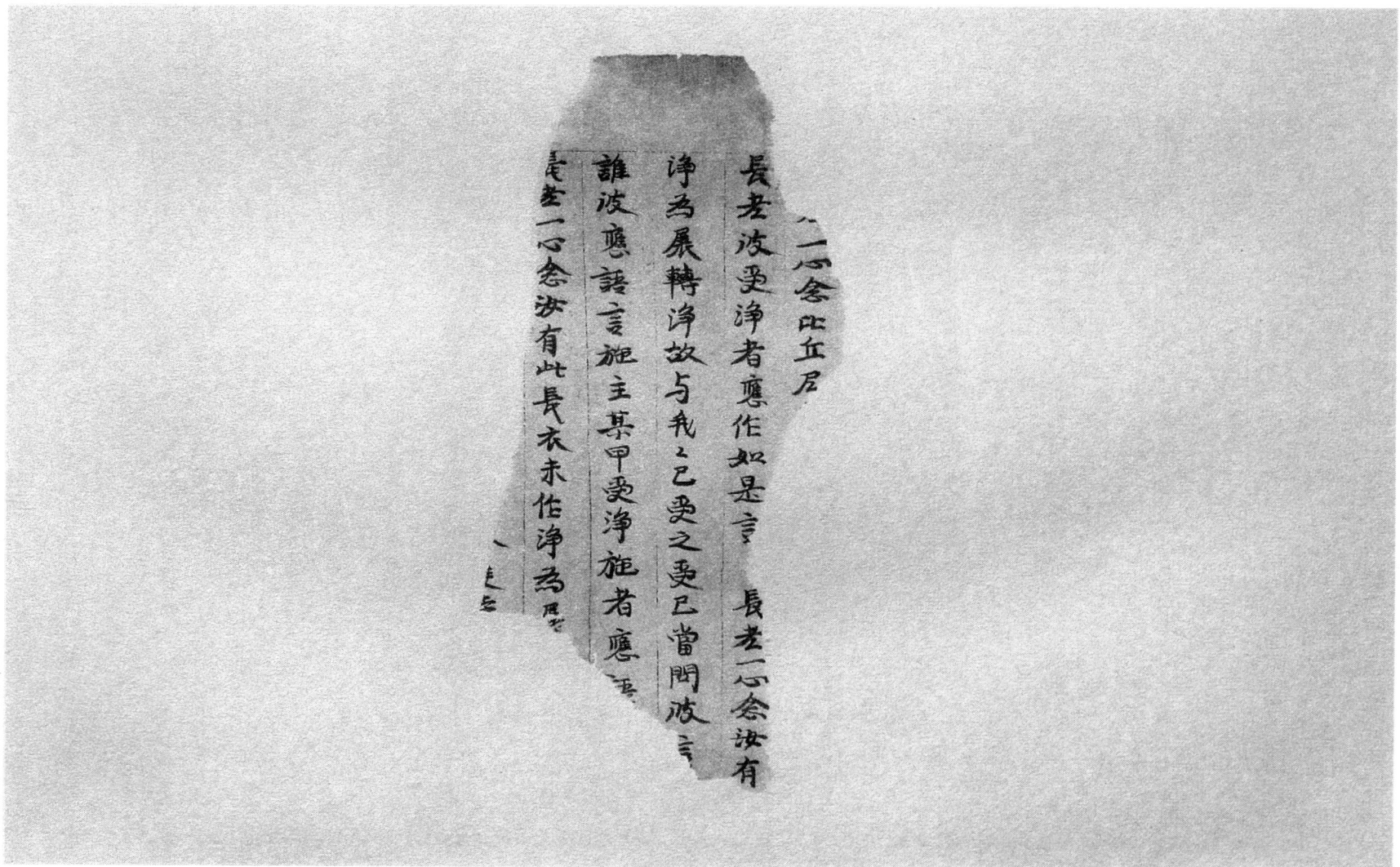

BD11033 號　曇無德律部雜羯磨　　　　　　　　　　　　　　　　　　　　（1-1）

BD11034 號　大方廣佛華嚴經（晉譯五十卷本）卷二九　　　　　　　　　　　　　　　（1-1）

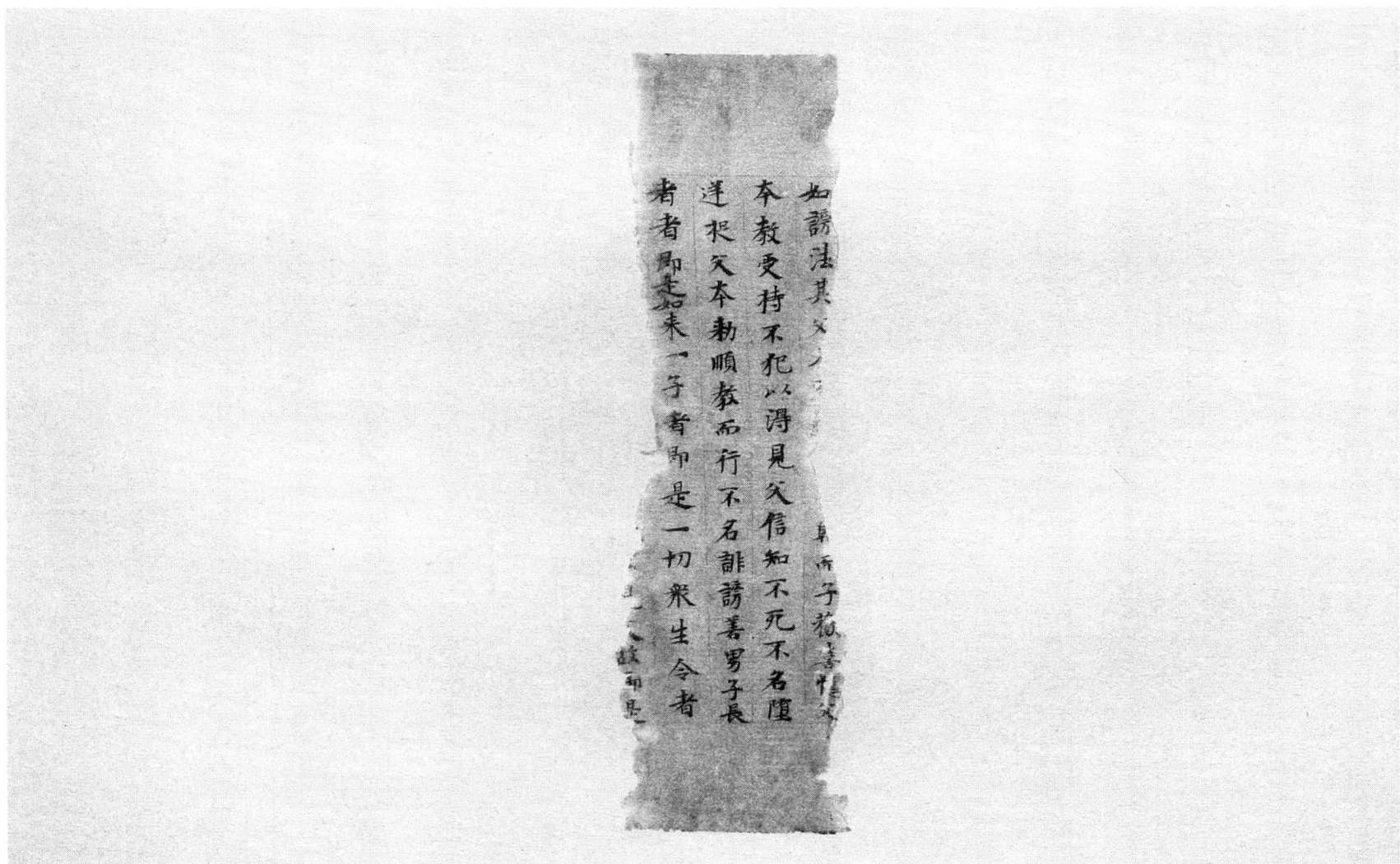

BD11035 號　大通方廣懺悔滅罪莊嚴成佛經卷中　　　　　　　　　　　　　　　　　（1-1）

BD11036 號　大乘修行菩薩行門諸經要集卷下　　　　　　　　　　　　　　　　　（1-1）

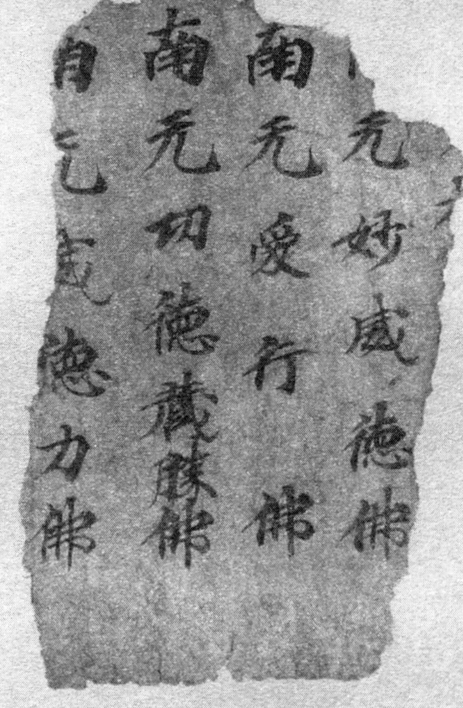

BD11037 號　佛名經（十六卷本）卷一四　　　　　　　　　　　　　　　　　　　　　（1-1）

BD11038 號　大方廣佛華嚴經（晉譯五十卷本）卷一九　　　　　　　　　　　　　　（1-1）

BD11039 號　維摩詰所說經卷下　　　　　　　　　　　　　　　　　　　　　　（1-1）

BD11040號　待考佛教文獻殘片（擬）　　　　　　　　　　　　　　（1-1）

BD11041號　書函殘片（擬）　　　　　　　　　　　　　　　　　（1-1）

是出家住止之慮⋯⋯我等為斯事故而來
至此大王以正法治為民除患沙門瞿曇年
既勿椎學曰又淺道術无施此國先有者舊
宿德自怙王種不生恭敬若是王種法應治
民如其出家應敬宿德大王善聽沙門瞿曇
真實不生王種之中豈曇沙門若有父母何
由劫奪他之父母大王我經中說過千歲巳
有一姟祥幻化物出所謂沙門瞿曇是也是
故當知沙門瞿曇无若有父母云何
說言諸法无常苦空无我花作无我以幻術
故誑或眾生愚者信受智者捨之大王夫人
王者天下父母如稱如地如風如火如道如河
如橋如燈如日如月如法斷事不擇怨親沙
門瞿曇不聽我等我活隨我去豪追逐不捨唯願
大王聽我等輩与彼瞿曇捔其道力若彼瞵
我我當屬彼彼我若勝彼彼⋯⋯自行丁去止住

BD11042 號　大般涅槃經（北本）卷三〇　　　　　　　　　　　　　　　　　　　（1-1）

離房舍臥具飲食衣服⋯⋯
緣故轉下作中轉中作上下業作中中業作
上善薩摩訶薩作是觀時則得遠離生漏曰
緣如是觀時未生煩惱遮令不生巳生煩惱
便得除滅是故我於契經中說智者當觀生
煩惱曰迦葉菩薩白佛言世尊眾生一身云
何能起種種煩惱佛言善男于如一器中有
種種子淂水而巳各各句生眾生二介器雖
是一愛回緣故而能生長種種煩惱迦葉
菩薩言世尊智者云何觀於果報善男于智
⋯⋯觀諸漏回緣能生地獄餓鬼畜生是漏
⋯⋯身是无常苦空无我是身器
⋯⋯无常是漏回緣能令眾生
⋯⋯善根犯四重禁離

BD11043 號　大般涅槃經（北本）卷三七　　　　　　　　　　　　　　　　　　　（1-1）

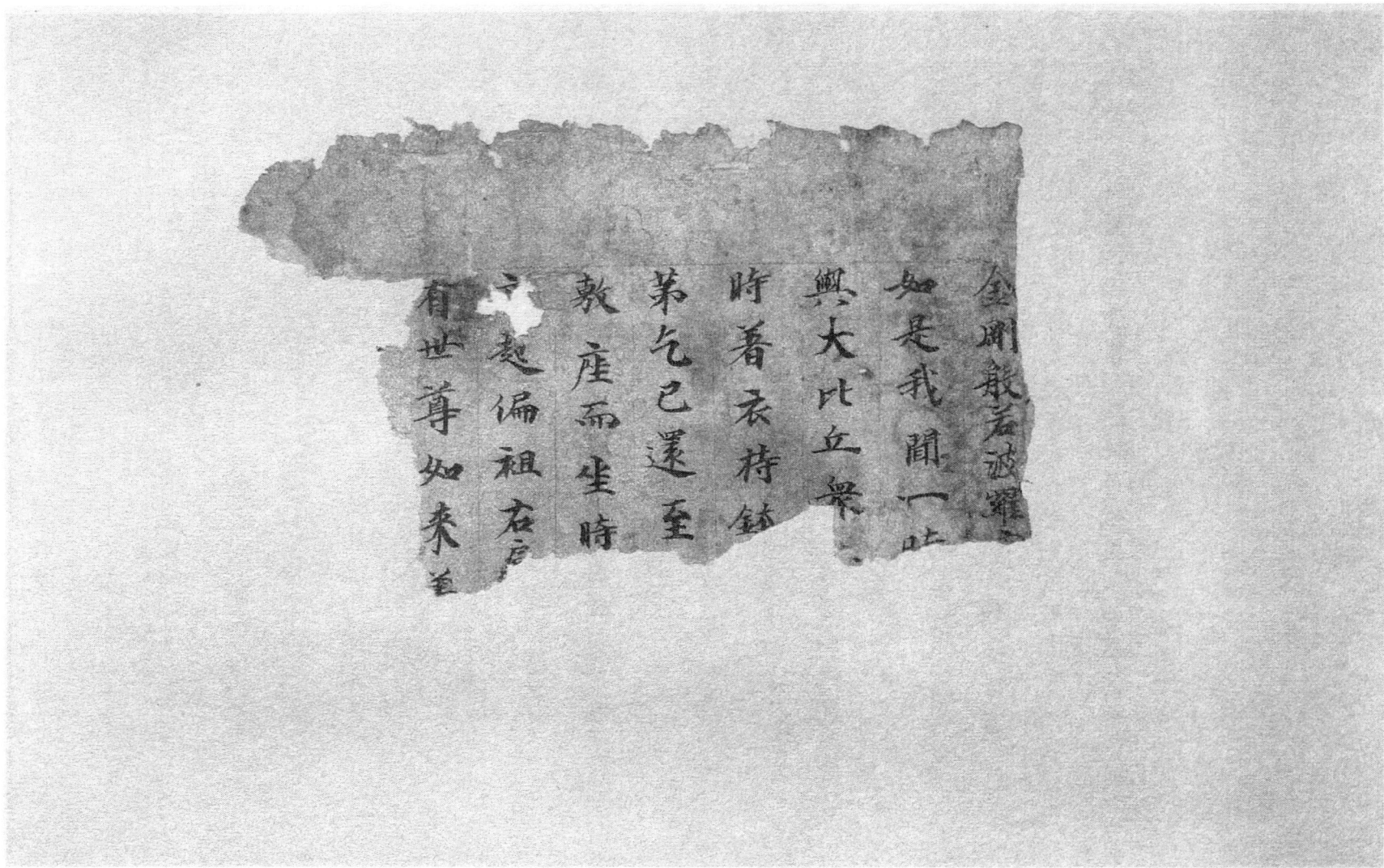

BD11044號　金剛般若波羅蜜經　　　　　　　　　　　　　　　　　　　　（1-1）

金剛般若波羅蜜
如是我聞一時
與大比丘眾
時著衣持鉢
第乞已還至
敷座而坐時
起偏袒右肩
有世尊如來至

BD11045號　妙法蓮華經卷二　　　　　　　　　　　　　　　　　　　　　（1-1）

BD11046 號　阿彌陀佛說咒　　　　　　　　　　　　　　　　　（1-1）

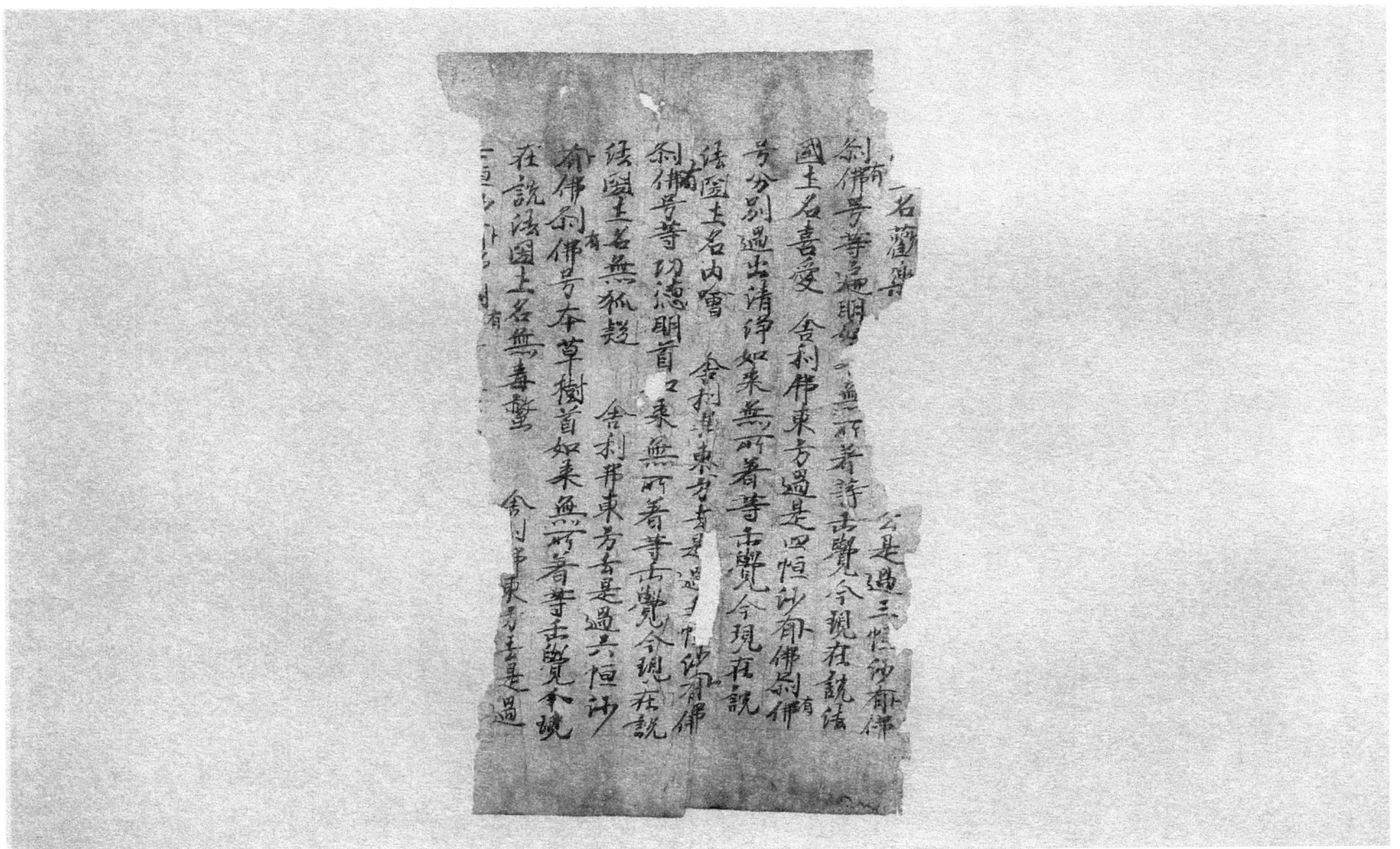

BD11047 號　八陽神咒經　　　　　　　　　　　　　　　　　（1-1）

BD11048 號　護首（經名不詳）　　　　　　　　　　　　　　　（1-1）

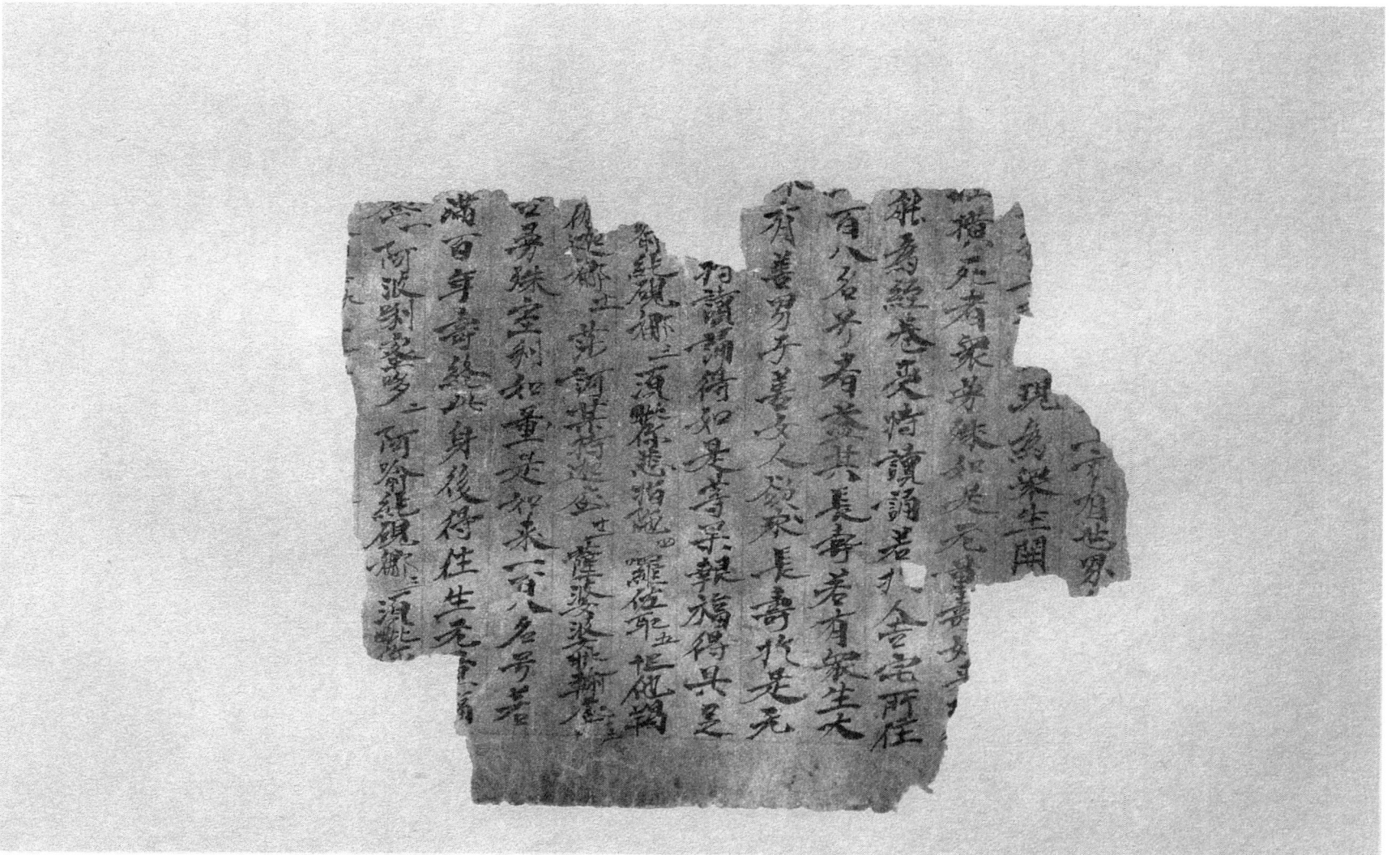

BD11049 號　無量壽宗要經　　　　　　　　　　　　　　　　（1-1）

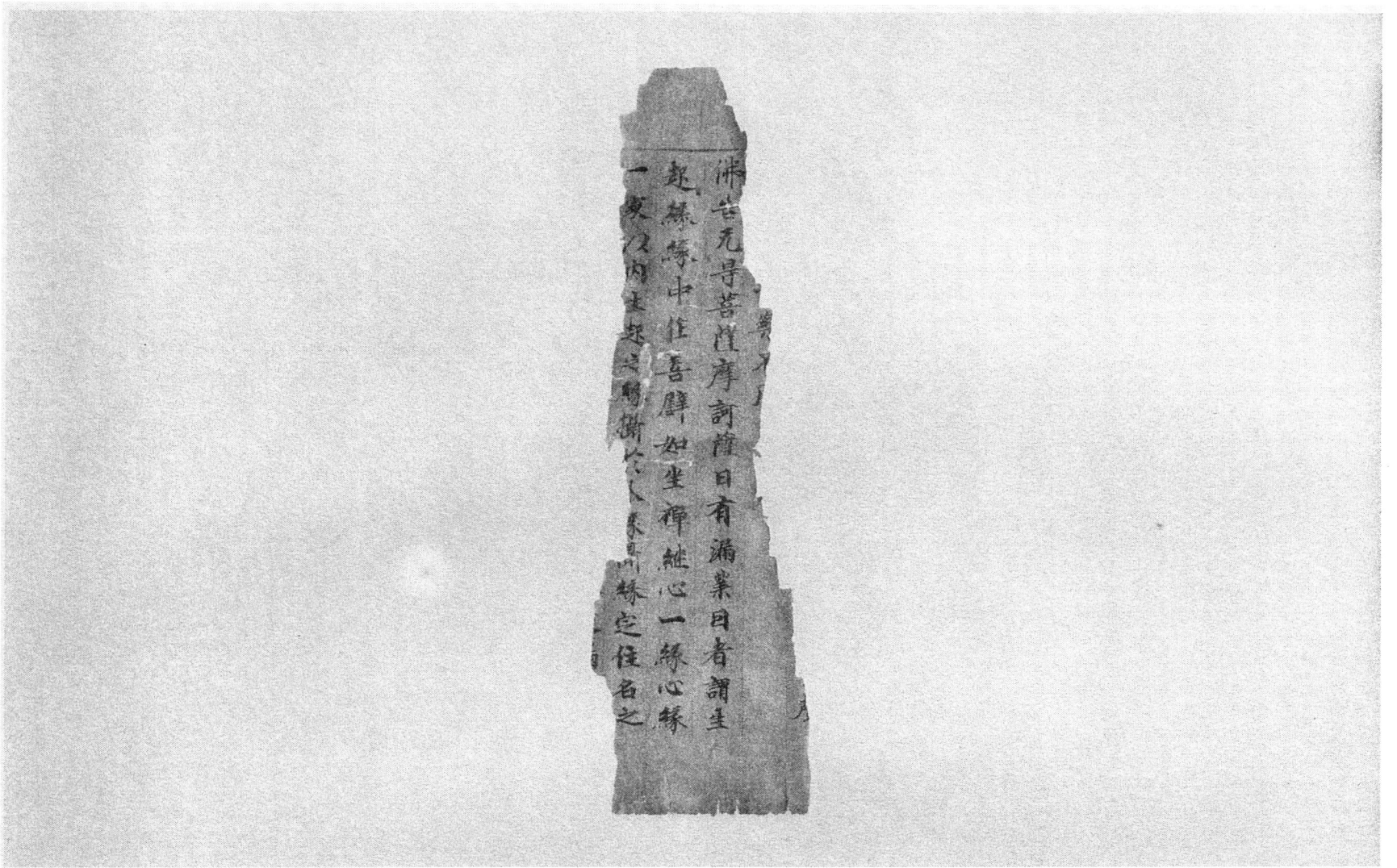

BD11050 號　待考佛教文獻（擬）　　　　　　　　　　　　　　　　　　　（1-1）

BD11051 號　金剛般若波羅蜜經　　　　　　　　　　　　　　　　　　　（1-1）

BD11052 號　妙法蓮華經卷七

（1-1）

BD11052 號背　勘記

（1-1）

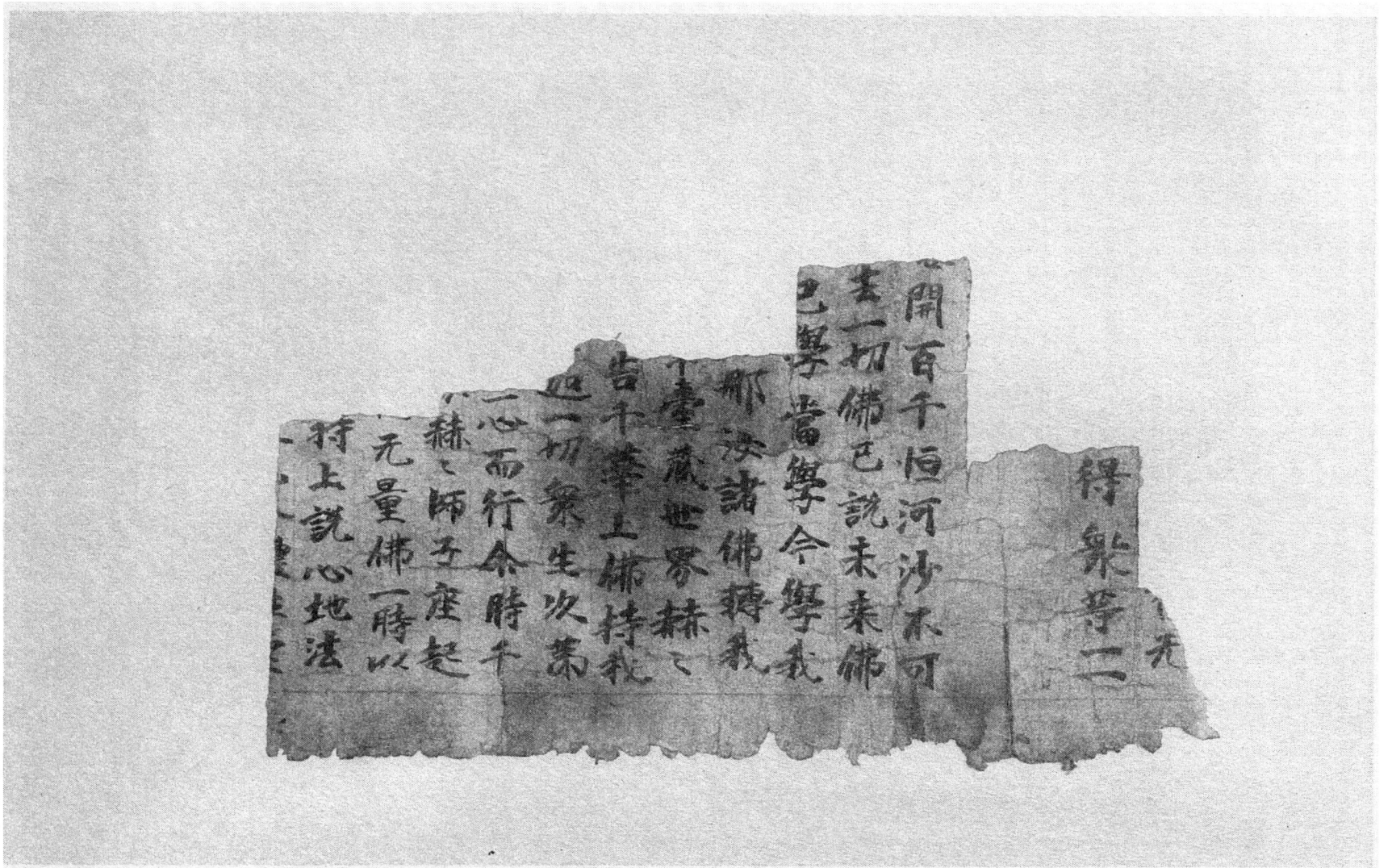

開百千恒河沙不可
盡一切佛已說未來佛
已學當學今學我
那波諸佛誦我
一臺藏世界赫々
告千華上佛持我
赫々師子座起
一心而行余時千
一心說諸眾生次第
无量佛一時以
持上說心地法

BD11053號　梵網經盧舍那佛說菩薩心地戒品第十卷下　　　　　　　　　　　　（1-1）

得眾等二

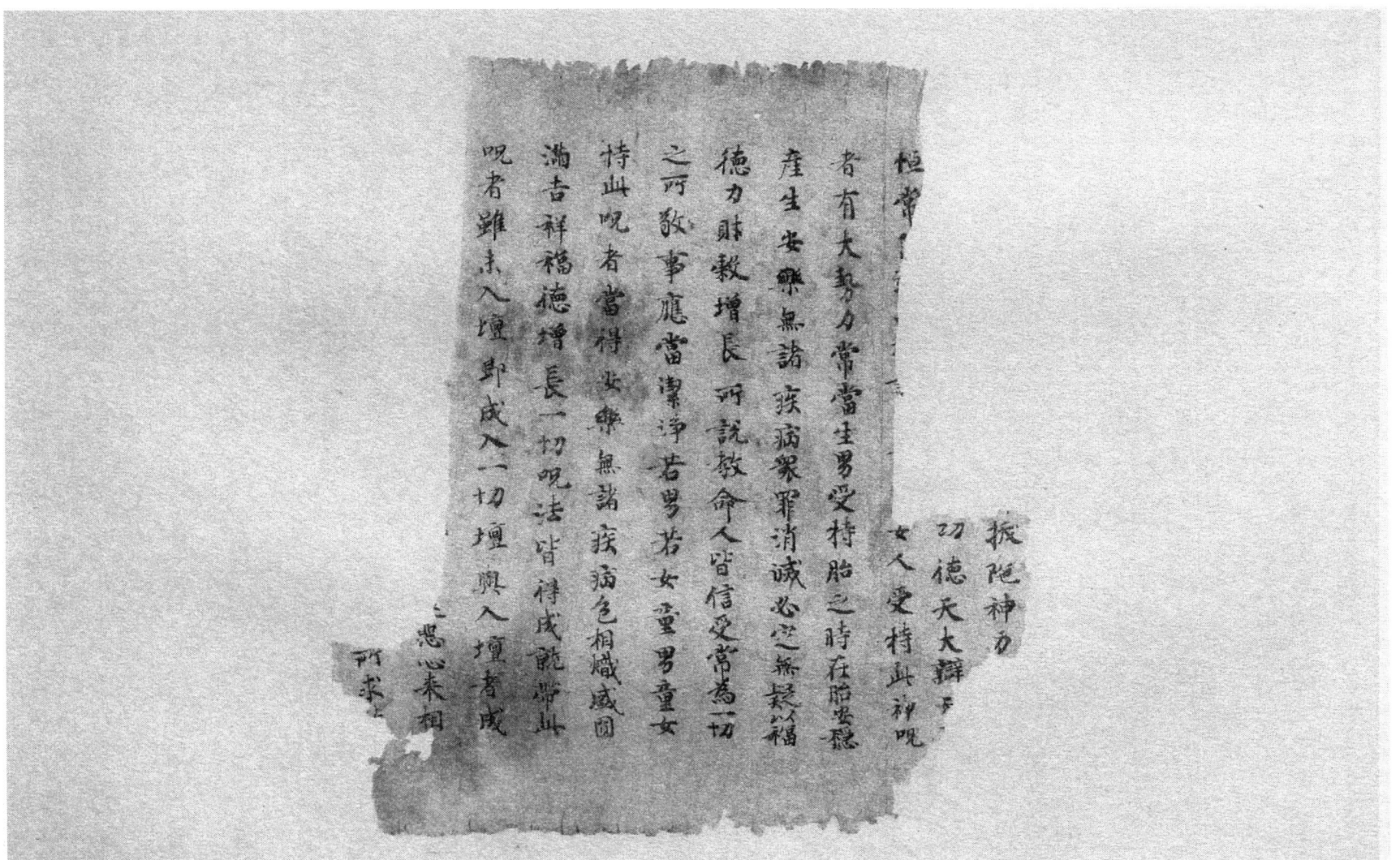

恒常

者有大勢力常當生男受持胎之時在胎安穩
產生安樂無諸疾病眾罪消誡必心無懸福
德力時教命人皆信受常為一切
之所敬事應當潔淨若男若女童男童女
持此呪者當得安樂無諸疾病色相藏威圓
滿吉祥福德增長一切呪法皆得成就常此
呪者雖未入壇即成入一切壇與入壇者成
二悉心未相
阿求上

振陀神力
功德天大辯
女人受持此神呪

BD11054號　隨求即得大自在陀羅尼神呪經　　　　　　　　　　　　（1-1）

307

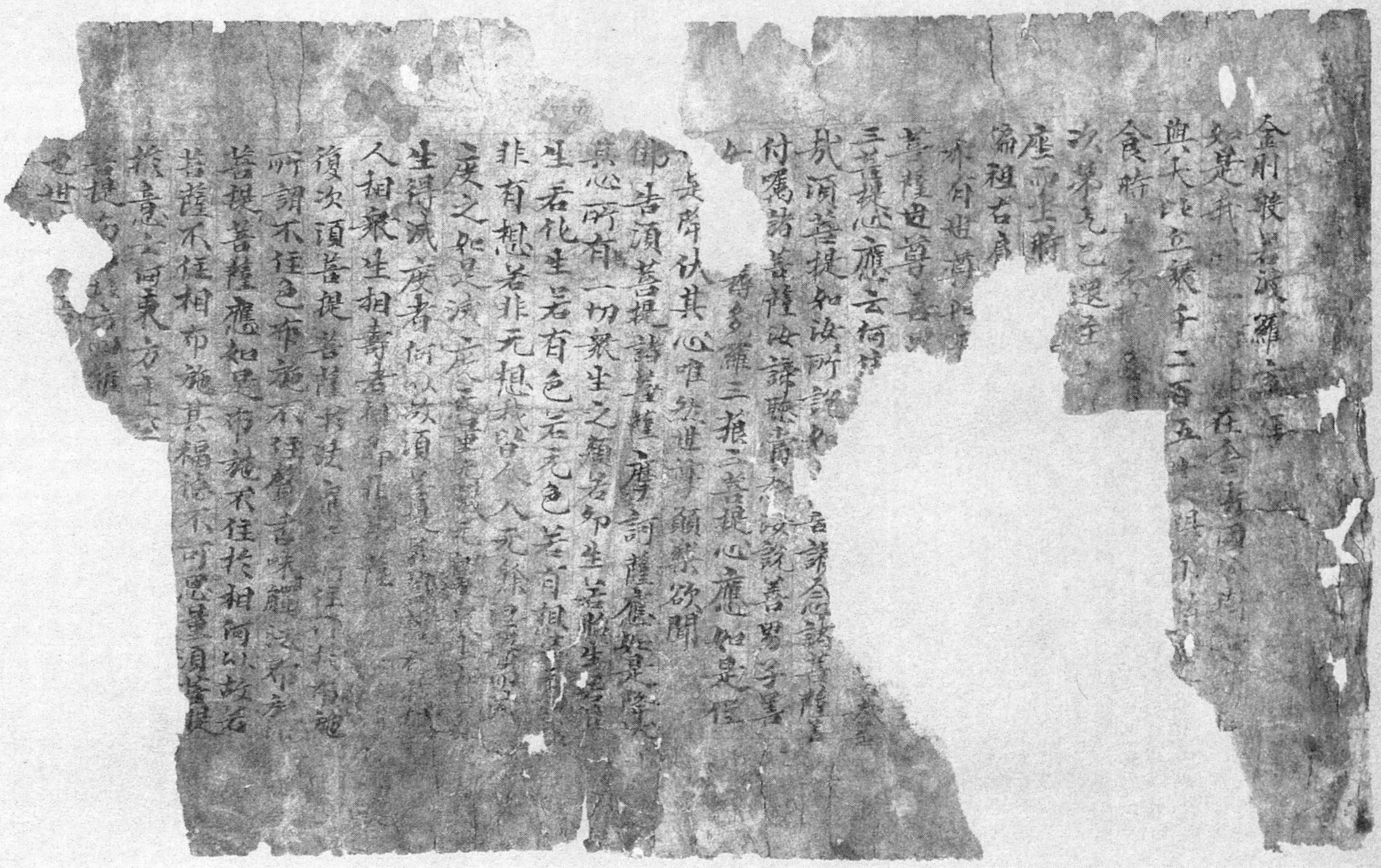

BD11055號　金剛般若波羅蜜經　(1–1)

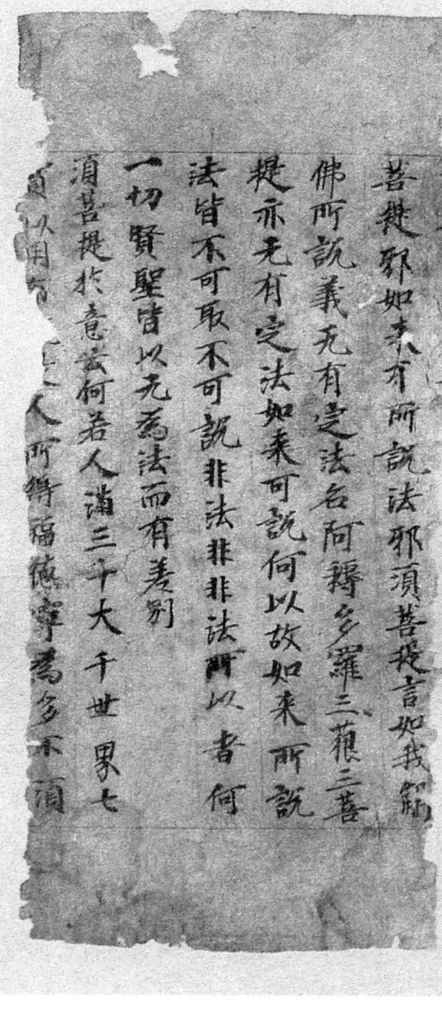

衆生若心取相則為
法相即著我人衆
相即著我人衆生
取非法以是義故
説法如筏喩
須菩提於意
菩提耶如來有所説法耶須菩提言如我解
佛所説義无有定法名阿耨多羅三藐三菩
提亦无有定法如來可説何以故如來所説
法皆不可取不可説非法非非法所以者何
一切賢聖皆以无爲法而有差別
須菩提於意云何若人滿三千大千世界七
寶以用布施是人所得福德寧爲多不須

BD11056號　金剛般若波羅蜜經　(1–1)

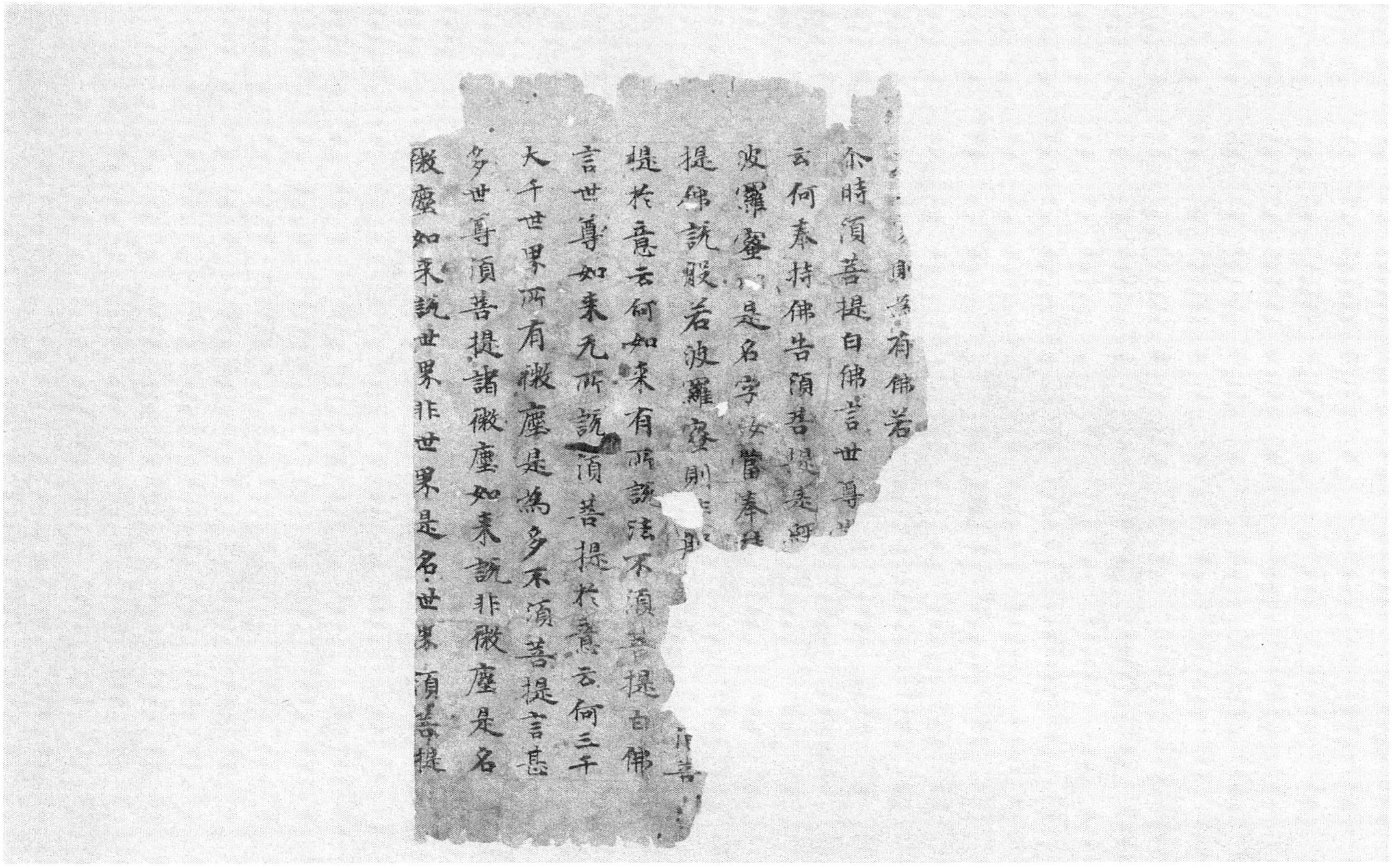
尒時須菩提白佛言世尊……
云何奉持佛告須菩提是經……
波羅蜜以是名字汝當奉持
提佛說般若波羅蜜則非般……
提於意云何如來有所說法不須菩提白佛
言世尊如來无所說須菩提於意云何三千
大千世界所有微塵是為多不須菩提言甚
多世尊須菩提諸微塵如來說非微塵是名
微塵如來說世界非世界是名世界須菩提

BD11057號　金剛般若波羅蜜經　（1–1）

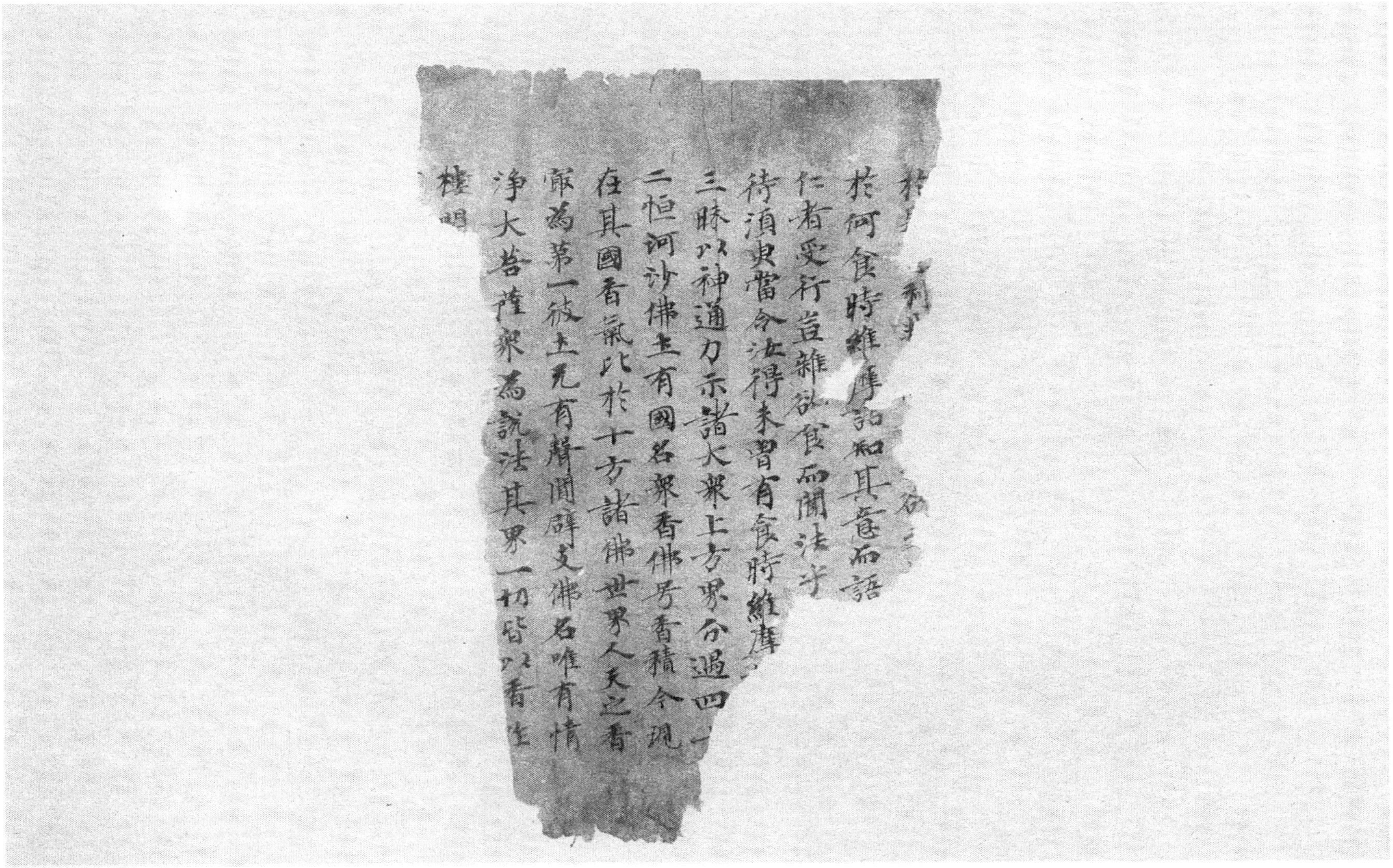
於何食時維摩詰知其意而語
仁者受行當雜欲食而聞法乎
待須臾當令汝得未曾有食時維摩
三昧以神通力示諸大衆上方界分過四
二恒河沙佛土有國名衆香佛号香積今現
在其國香氣比於十方諸佛世界人天之香
最為第一彼土无有聲聞辟支佛名唯有清
淨大菩薩衆為說法其界一切皆以香作
樓閣

BD11058號　維摩詰所說經卷下　（1–1）

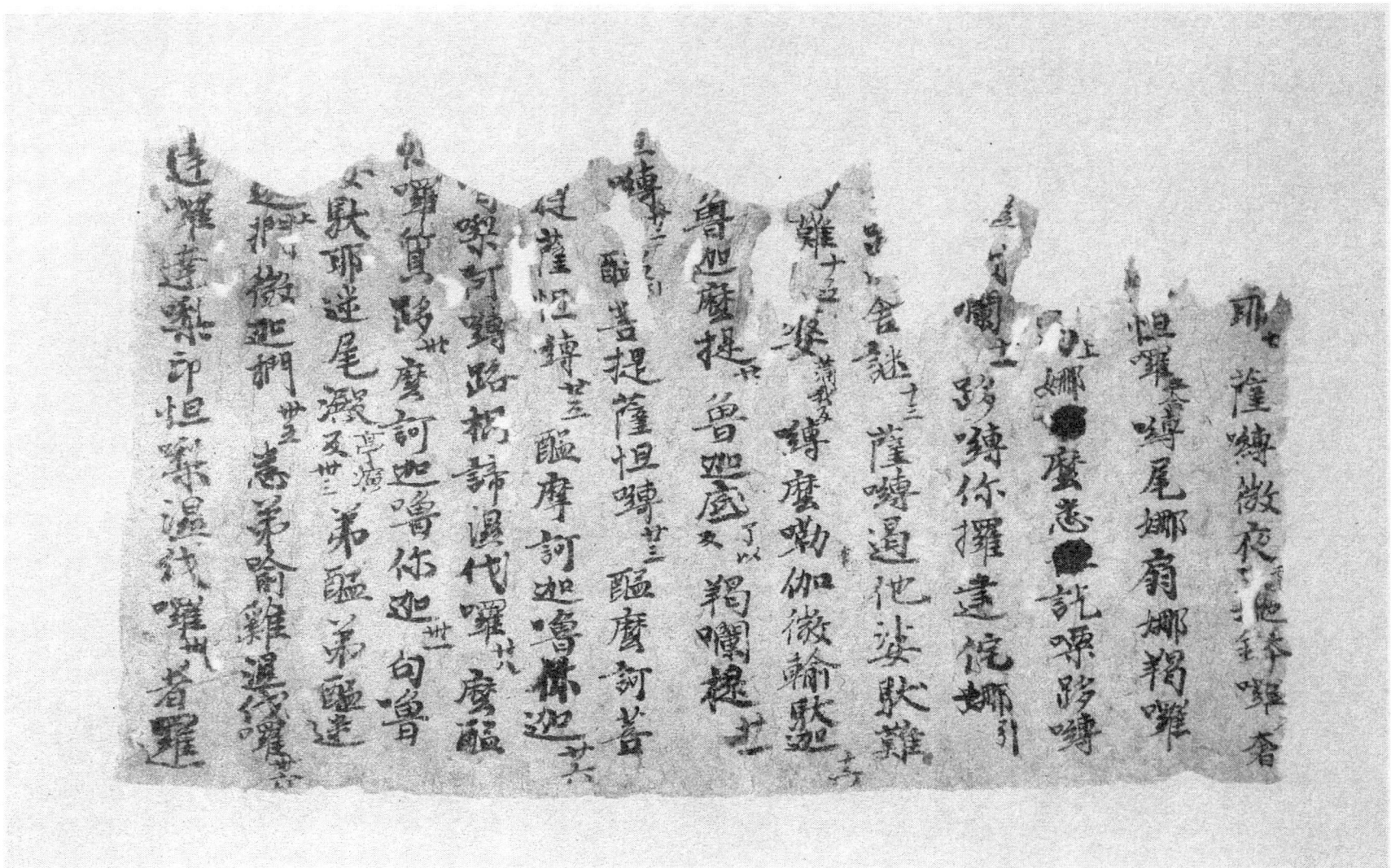

BD11059號　待考咒語（擬）　　　　　　　　　　　　　　　　（1-1）

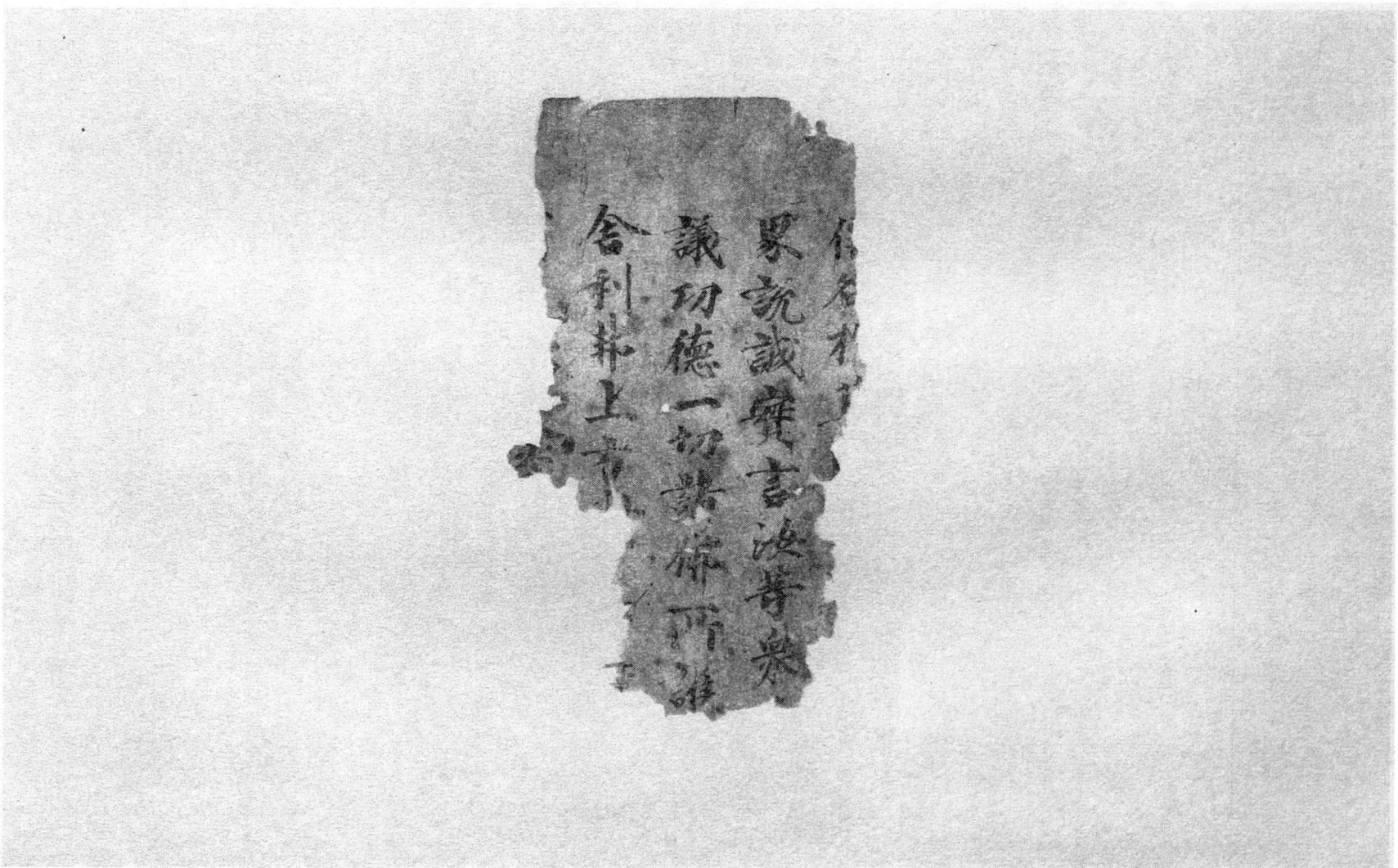

BD11060號　阿彌陀經　　　　　　　　　　　　　　　　　　　（1-1）

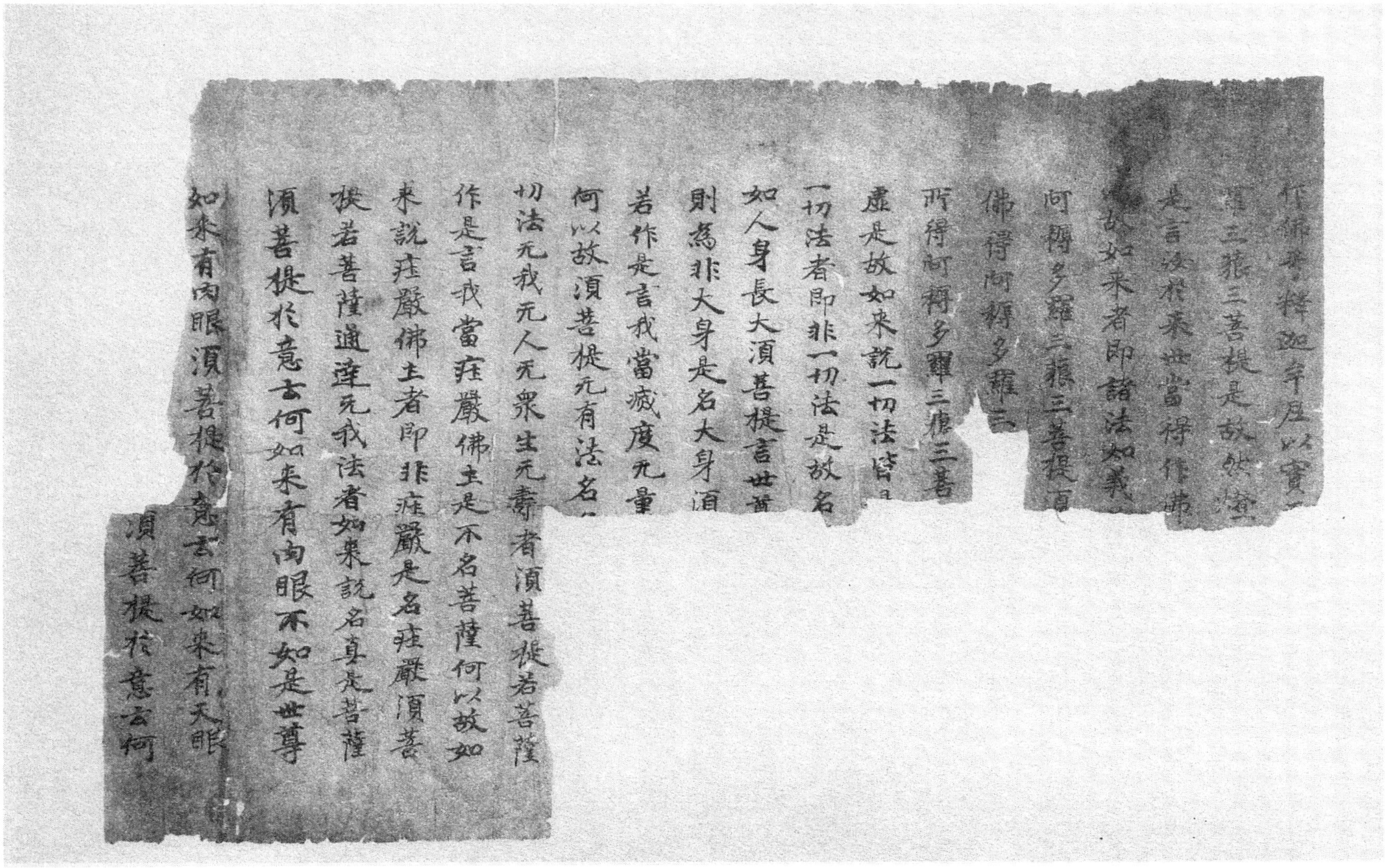

作佛事⋯⋯如來乎以實

得三藐三菩提是故然燈

是言汝於來世當得作佛

阿耨多羅三藐三菩提百

佛得阿耨多羅三⋯⋯

所得阿耨多羅三藐三菩

處是故如來說一切法皆⋯⋯

一切法者即非一切法是故名

如人身長大須菩提言世尊

則為非大身是名大身須⋯⋯

若作是言我當滅度無量

何以故須菩提元有法名⋯⋯

一切法无我无人无眾生无壽者須菩提若菩薩

作是言我當莊嚴佛土是不名菩薩何以故如

來說莊嚴佛土者即非莊嚴是名莊嚴須菩

提若菩薩通達无我法者如來說名真是菩薩

須菩提於意云何如來有肉眼不如是世尊

如來有肉眼須菩提於意云何如來有天眼⋯⋯

須菩提於意云何⋯⋯

BD11061 號　金剛般若波羅蜜經　　　　　　　　　　　　　　（1–1）

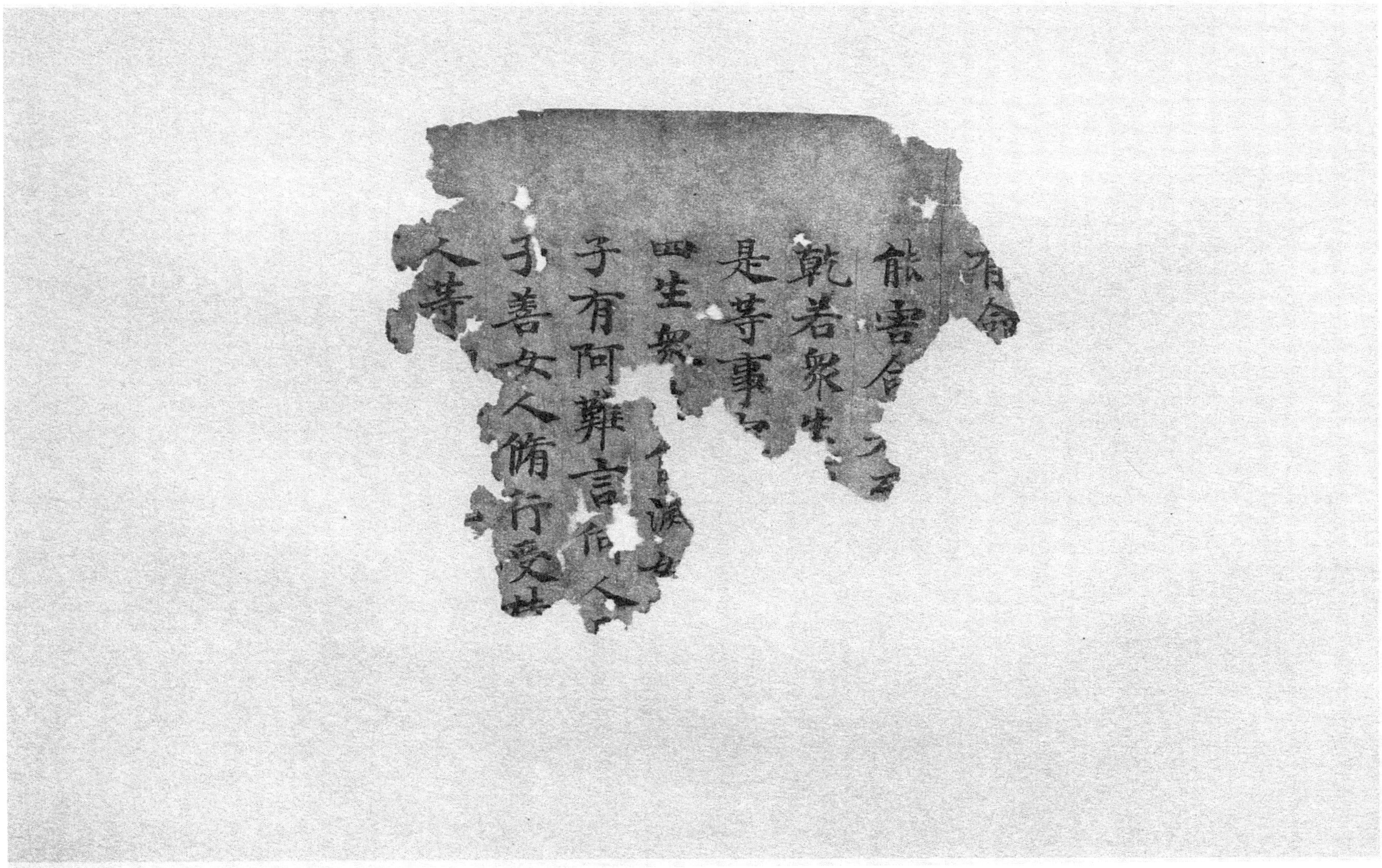

能善合⋯⋯

乾若眾生

是等事

四生眾⋯⋯

子有阿難言作人⋯⋯

手善女人修行受世

人等

BD11062 號 A　大方等陀羅尼經卷二　　　　　　　　　　（1–1）

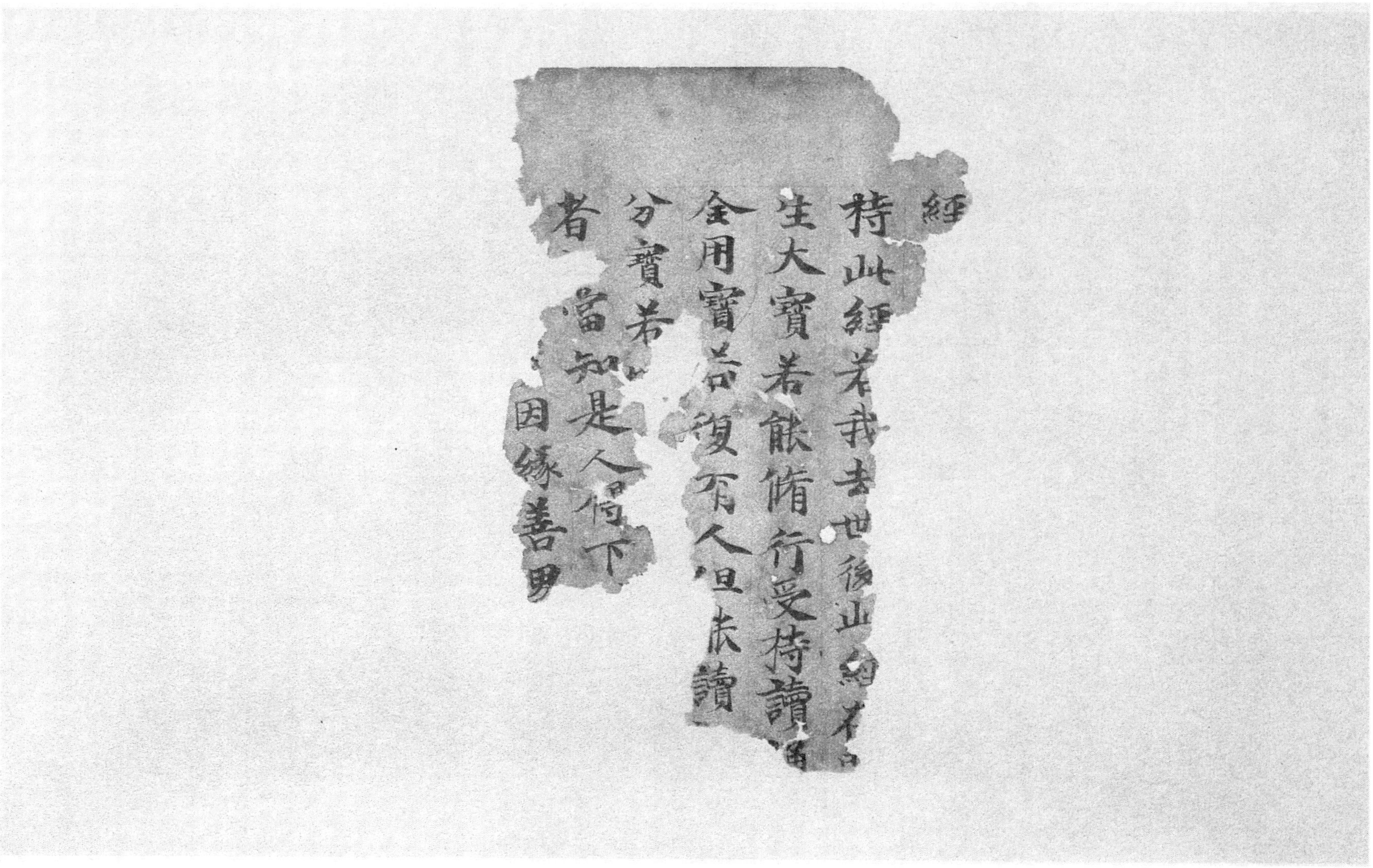

BD11062 號 B　大方等陀羅尼經卷二

（1-1）

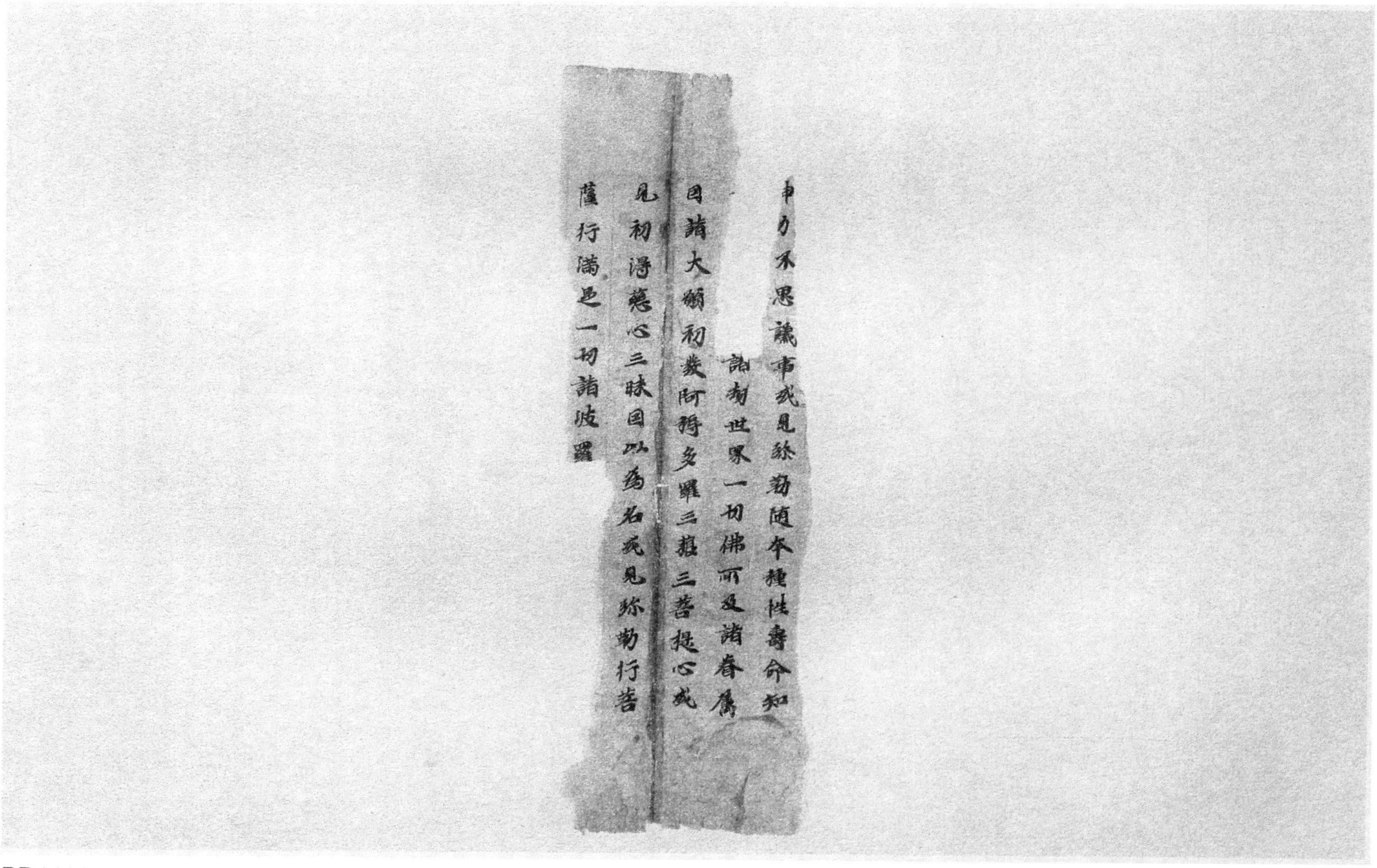

BD11063 號　大方廣佛華嚴經（晉譯五十卷本）卷五〇

（1-1）

BD11064 號　阿彌陀經 (1-1)

BD11065 號　金剛般若波羅蜜經 (1-1)

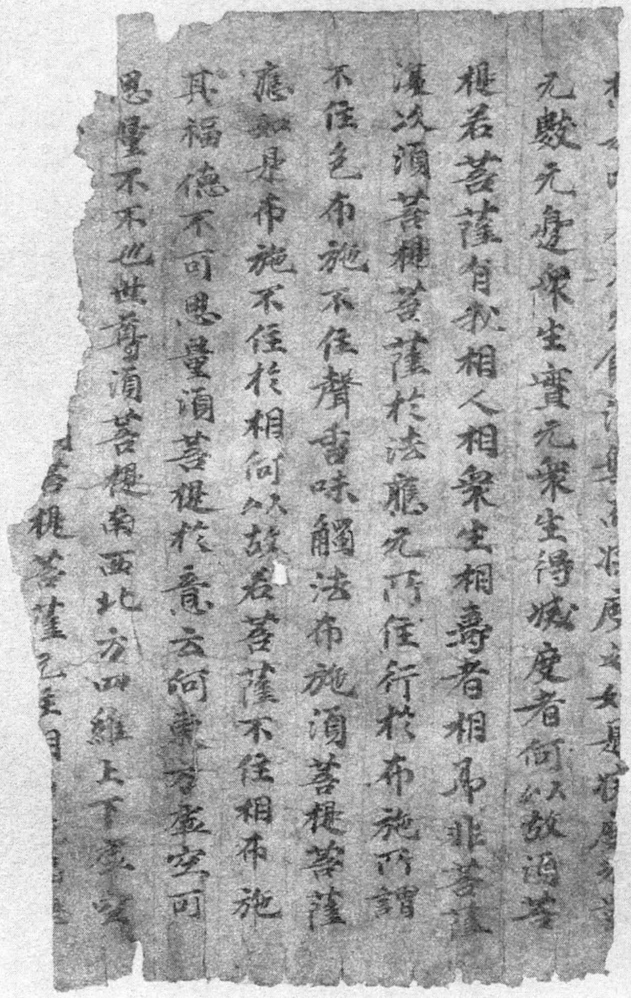

BD11066 號　金剛般若波羅蜜經　（1–1）

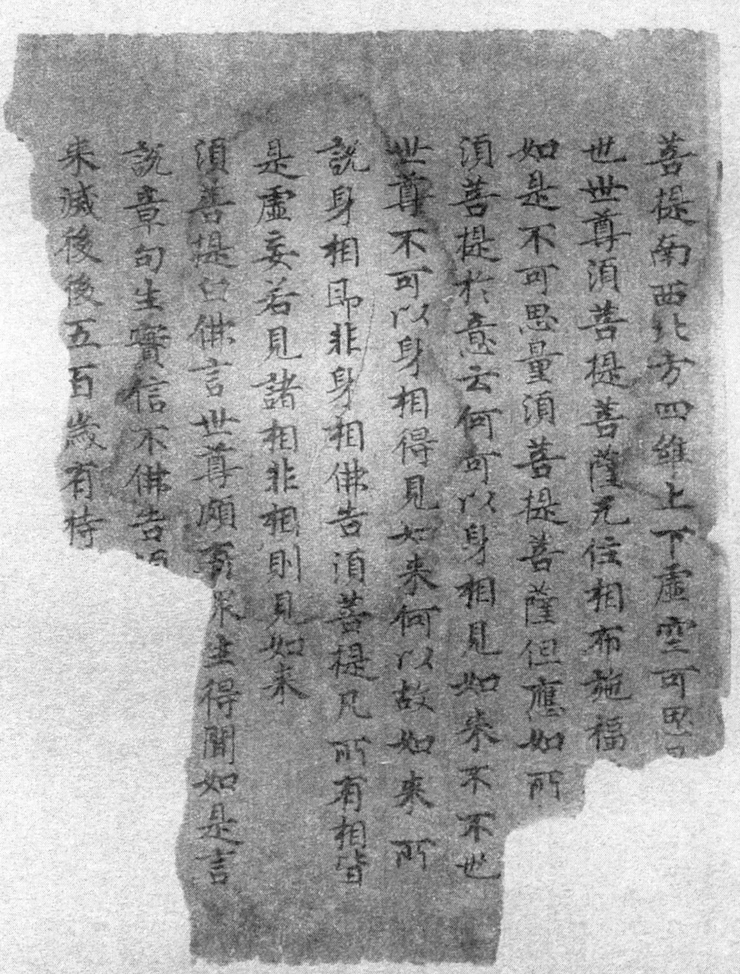

BD11067 號　金剛般若波羅蜜經　（1–1）

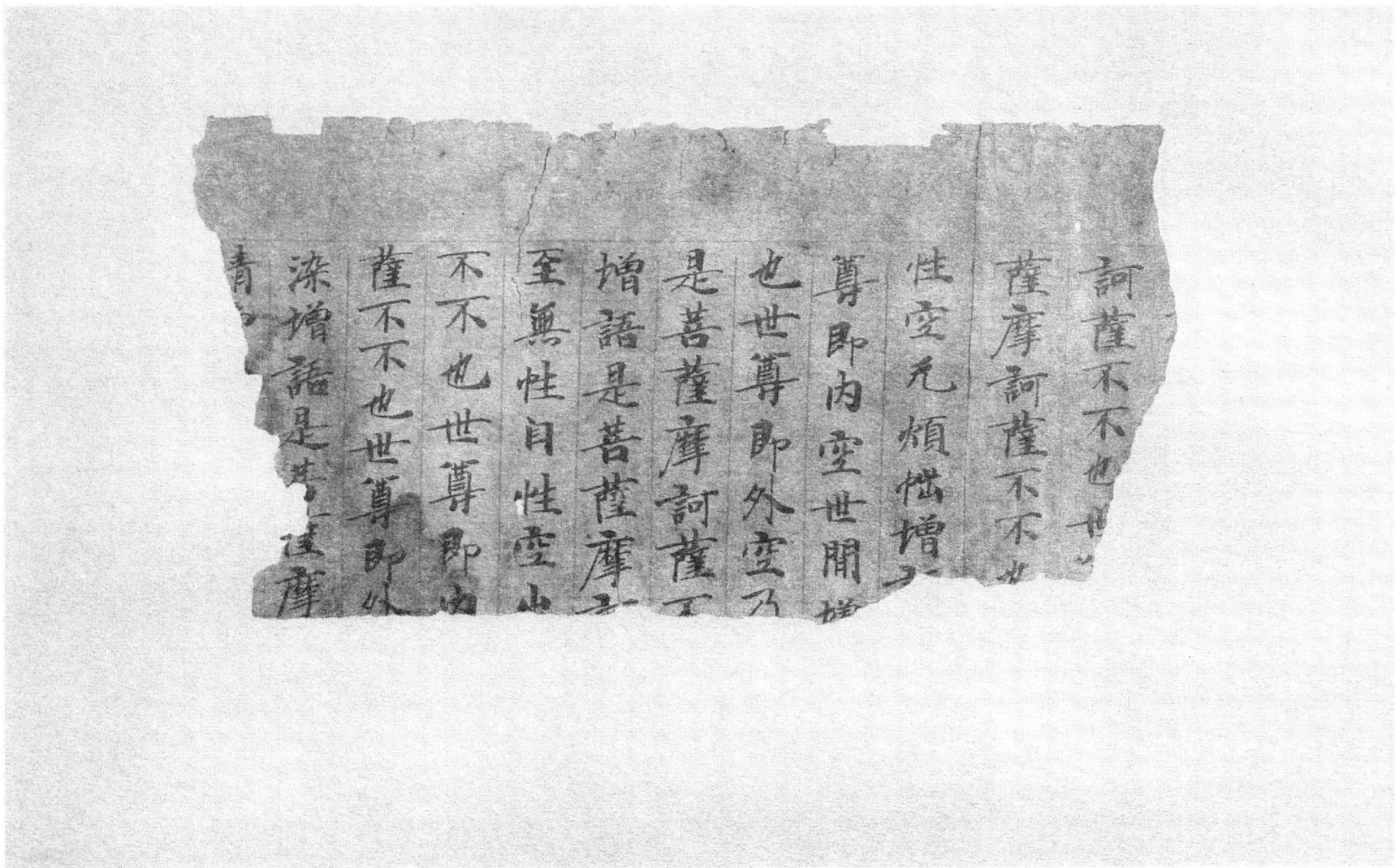

BD11068 號　大般若波羅蜜多經卷二〇　　　　　　　　　　　　　　　　　（1-1）

BD11068 號背　勘記　　　　　　　　　　　　　　　　　　　　　　　　　（1-1）

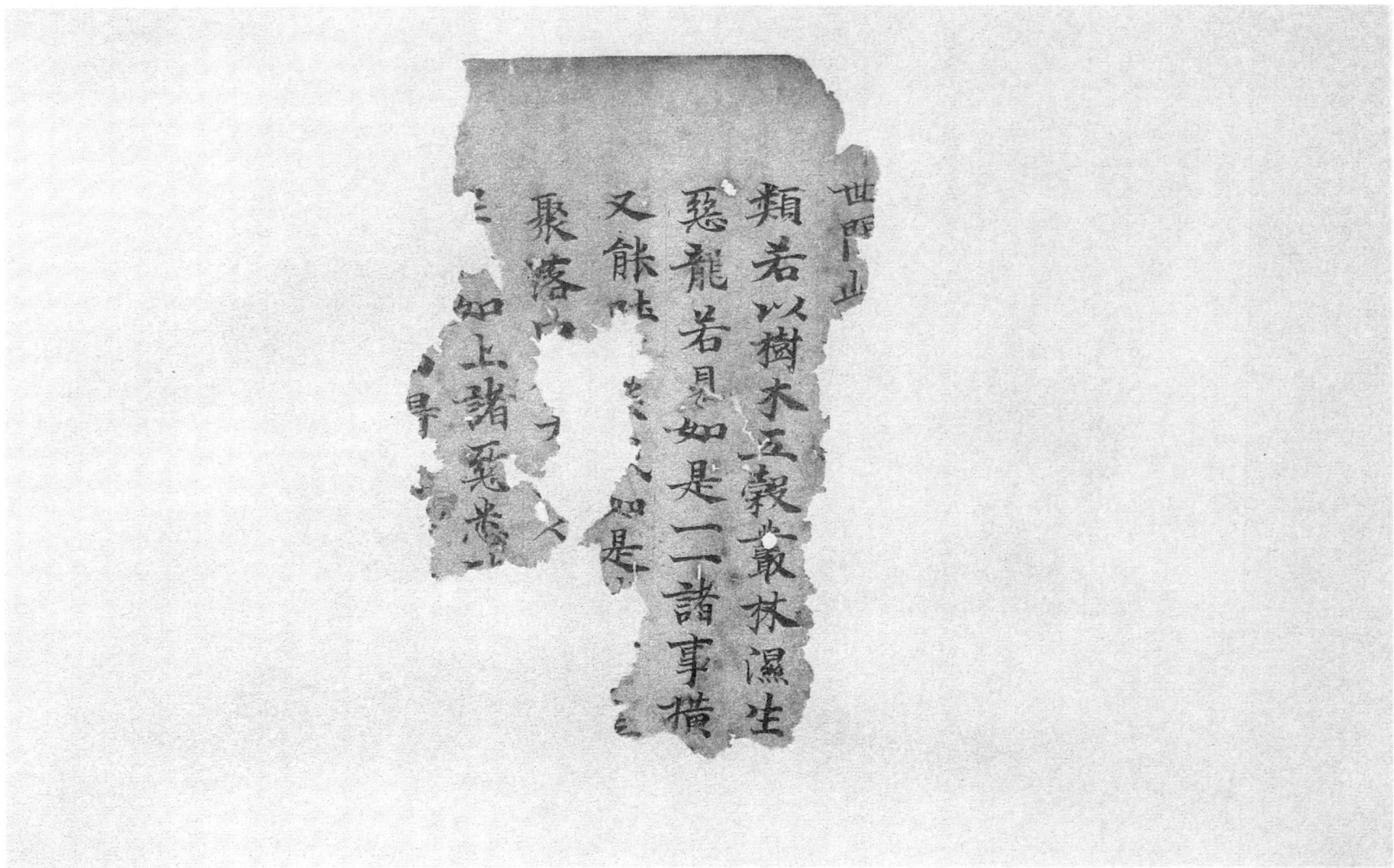

BD11069 號　大方等陀羅尼經卷二 （1-1）

類若以樹木五穀叢林濕生
惡龍若是如是二諸事橫
又能吐
聚落

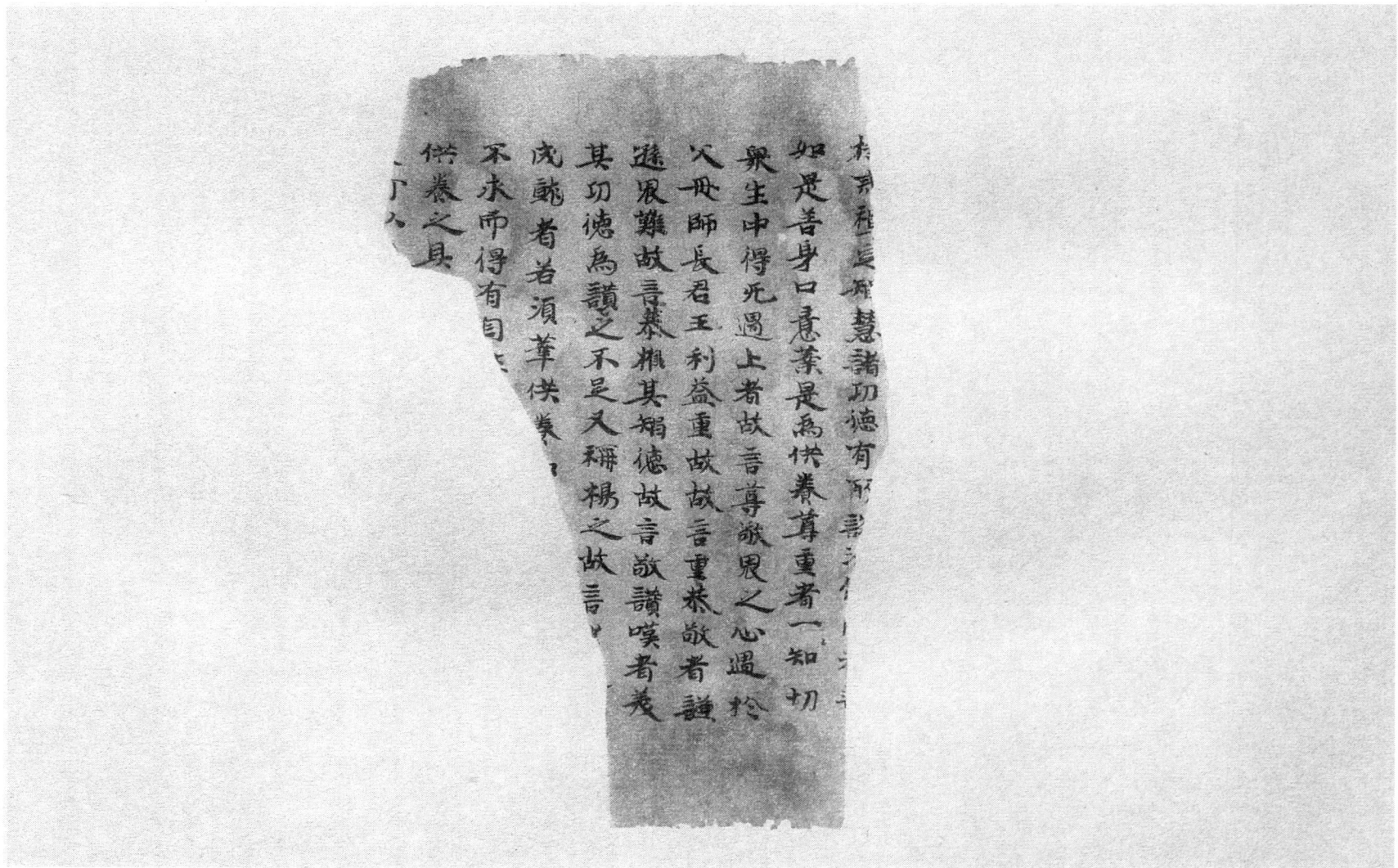

BD11070 號　大智度論卷三○ （1-1）

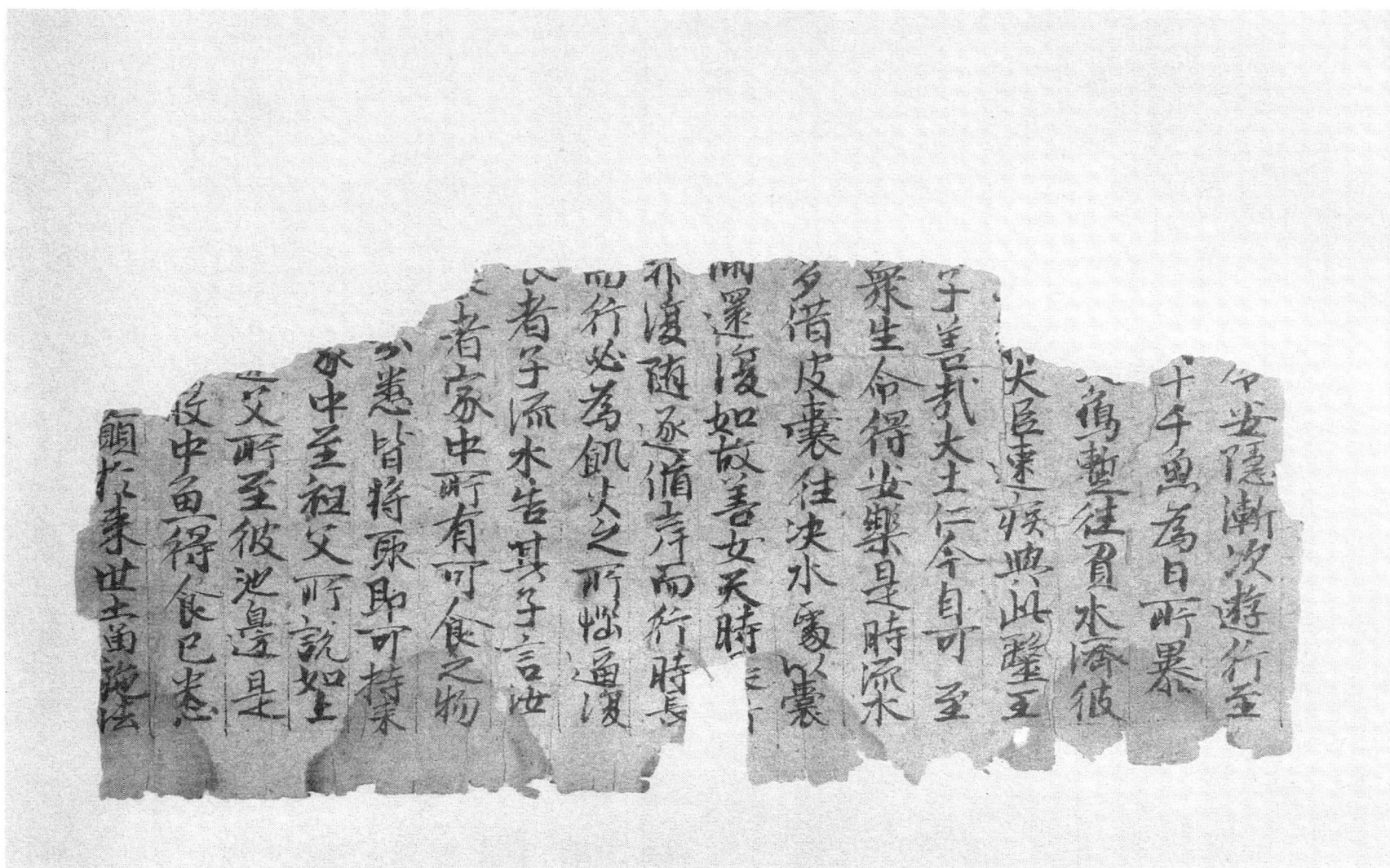

BD11071號　金光明最勝王經卷九　　　　　　　　　　　　　　（1-1）

著　錄　凡　例

本目錄採用條目式著錄法。諸條目意義如下：

1.1　著錄編號。用漢語拼音首字 "BD" 表示，意為 "北京圖書館藏敦煌遺書"，簡稱 "北敦號"。文獻寫在背面者，標註為 "背"。一件遺書上抄有多個文獻者，用數字 1、2、3 等標示小號。一號中包括幾件遺書，且遺書形態各自獨立者，用字母 A、B、C 等區別。

1.2　著錄分類號。本條記目錄暫不分類，該項空缺。

1.3　著錄文獻的名稱、卷本、卷次。

1.4　著錄千字文編號。

1.5　著錄縮微膠卷號。

2.1　著錄遺書的總體數據。包括長度、寬度、紙數、正面抄寫總行數與每行字數、背面抄寫總行數與每行字數。如該遺書首尾有殘破，則對殘破部分單獨度量，用加號加在總長度上。凡屬這種情況，長度用括弧標註。

2.2　著錄每紙數據。包括每紙長度及抄寫行數或界欄數。

2.3　著錄遺書的外觀。包括：（1）裝幀形式。（2）首尾存況。（3）護首、軸、軸頭、天竿、縹帶，經名是書寫還是貼簽，有無經名號，扉頁、扉畫。（4）卷面殘破情況及其位置。（5）尾部情況。（6）有無附加物（蟲繭、油污、線繩及其他）。（7）有無裱補及其年代。（8）界欄。（9）修整。（10）其他需要交待的問題。

2.4　著錄一件遺書抄寫多個文獻的情況。

3.1　著錄文獻首部文字與對照本核對的結果。

3.2　著錄文獻尾部文字與對照本核對的結果。

3.3　著錄錄文。

3.4　著錄對文獻的說明。

4.1　著錄文獻首題。

4.2　著錄文獻尾題。

5　　著錄本文獻與對照本的不同之處。

6.1　著錄本遺書首部可與另一遺書綴接的編號。

6.2　著錄本遺書尾部可與另一遺書綴接的編號。

7.1　著錄題記、題名、勘記等。

7.2　著錄印章。

7.3　著錄雜寫。

7.4　著錄護首及扉頁的內容。

8　　著錄年代。

9.1　著錄字體。如有武周新字、合體字、避諱字等，予以說明。

9.2　著錄卷面二次加工的情況。包括句讀、點標、科分、間隔號、行間加行、行間加字、硃筆、墨塗、倒乙、刪除、兌廢等。

10　　著錄敦煌遺書發現後，近現代人所加內容，裝裱、題記、印章等。

11　　備註。著錄揭裱互見、圖版本出處及其他需要說明的問題。

上述諸條，有則著錄，無則空缺。

為避文繁，上述著錄中出現的各種參考、對照文獻，暫且不列版本說明。全目結束時，將統一編制本條記目錄出現的各種參考書目。

本條記目錄為農曆年份標註其公曆紀年時，未進行歲頭年末之換算，請讀者使用時注意自行換算。

條 記 目 錄

BD10512—BD11071

1.1　BD10512 號

1.3　大方廣佛華嚴經（晉譯五十卷本）卷四八

1.4　L0641

2.1　3×6 厘米；1 紙；2 行。

2.3　卷軸裝。首尾均殘。通卷上殘。小殘片。有烏絲欄。已修整。

3.1　首殘→大正 0278，09/0764A07。

3.2　尾殘→大正 0278，09/0764A08。

8　7～8 世紀。唐寫本。

9.1　楷書。

1.1　BD10513 號

1.3　賢愚經卷一一

1.4　L0642

2.1　19×7 厘米；2 紙；6 行。

2.2　01：14.3，06；　　02：04.7，00；

2.3　卷軸裝。首尾均殘。通卷上殘。殘片。已修整。

3.1　首殘→大正 0202，04/0425A25。

3.2　尾殘→大正 0202，04/0425B02。

8　5～6 世紀。南北朝寫本。

9.1　隸書。

1.1　BD10514 號

1.3　佛頂尊勝陀羅尼經（佛陀波利本）序

1.4　L0643

2.1　14.5×6 厘米；1 紙；9 行。

2.3　卷軸裝。首尾均殘。通卷下殘。殘片。經黃打紙。有烏絲欄。

3.1　首殘→大正 0967，19/0349C04。

3.2　尾殘→大正 0967，19/0349C13。

5　與《大正藏》本對照，文字略有不同。

8　7～8 世紀。唐寫本。

9.1　楷書。

1.1　BD10515 號

1.3　大般涅槃經（北本）卷九

1.4　L0644

2.1　5×10 厘米；1 紙；3 行。

2.3　卷軸裝。首尾均殘。通卷下殘。小殘片。經黃紙。有烏絲欄　已修整。

3.1　首殘→大正 0374，12/0419C05。

3.2　尾殘→大正 0374，12/0419C07。

8　7～8 世紀。唐寫本。

9.1　楷書。

1.1　BD10516 號

1.3　大方廣佛華嚴經（晉譯五十卷本）卷四九

1.4　L0645

2.1　7×12.5 厘米；1 紙；3 行。

2.3　卷軸裝。首尾均殘。通卷下殘。小殘片。有烏絲欄。已修整。

3.1　首殘→大正 0278，09/0749A06。

3.2　尾殘→大正 0278，09/0749A08。

8　5～6 世紀。南北朝寫本。

9.1　隸書。

1.1　BD10517 號

1.3　金剛般若波羅蜜經

1.4　L0646

2.1　20.4×11.5 厘米；2 紙；13 行。

2.2　01：06.3，04；　　02：14.1，09。

2.3　卷軸裝。首尾均殘。通卷上殘。殘片。有烏絲欄。已修整。

3.1　首殘→大正 0235，08/0751A22。

3.2　尾殘→大正 0235，08/0751B06。

8　7～8 世紀。唐寫本。

9.1　楷書。

1.1 BD10518 號

1.3 阿彌陀經

1.4 L0647

2.1 20.7×11.2 厘米；1 紙；12 行。

2.3 卷軸裝。首尾均殘。通卷上殘。殘片。已修整。

3.1 首殘→大正 0366，12/0347A18。

3.2 尾殘→大正 0366，12/0347B02。

8 7~8 世紀。唐寫本。

9.1 楷書。

1.1 BD10519 號

1.3 四分律刪補隨機羯磨序

1.4 L0648

2.1 13.1×12.5 厘米；1 紙；7 行。

2.3 卷軸裝。首尾均殘。通卷上殘。殘片。有烏絲欄。已修整。

3.1 首殘→大正 1808，40/0492A25。

3.2 尾殘→大正 1808，40/0492B03。

5 與《大正藏》本對照，尾行文字不同。

8 7~8 世紀。唐寫本。

9.1 楷書。

9.2 有硃筆斷句。

1.1 BD10520 號

1.3 大方等大集經賢護分卷三

1.4 L0649

2.1 13.5×10 厘米；1 紙；7 行。

2.3 卷軸裝。首全尾殘。通卷上殘。殘片。有烏絲欄。已修整。

3.1 首殘→大正 0416，13/0881B13。

3.2 尾殘→大正 0416，13/0881B21。

4.1 □…□之餘，卷第三（首）。

8 8~9 世紀。吐蕃統治時期寫本。

9.1 楷書。

1.1 BD10521 號

1.3 梵網經盧舍那佛說菩薩心地戒品第十卷下

1.4 L0650

2.1 15×4.5 厘米；1 紙；6 行。

2.3 卷軸裝。首尾均殘。通卷上殘。殘片。有烏絲欄。已修整。

3.1 首殘→大正 1484，24/1005A23。

3.2 尾殘→大正 1484，24/1005B01。

8 8~9 世紀。吐蕃統治時期寫本。

9.1 楷書。

1.1 BD10522 號

1.3 金光明最勝王經卷六

1.4 L0651

2.1 13×24.8 厘米；1 紙；8 行，行 17 字。

2.3 卷軸裝。首尾均殘。殘片。有烏絲欄。已修整。

3.1 首殘→大正 0665，16/0427C04。

3.2 尾殘→大正 0665，16/0427C12。

7.1 背有勘記"六"。

8 8~9 世紀。吐蕃統治時期寫本。

9.1 楷書。

1.1 BD10523 號

1.3 大般若波羅蜜多經首題（擬）

1.4 L0652

2.1 8×14 厘米；2 紙；1 行。

2.2 01：05.5，素紙；   02：02.5，01。

2.3 卷軸裝。首尾均殘。通卷上下殘。殘片。有烏絲欄。已修整。

3.4 說明：

此遺書僅殘賸《大般若波羅蜜多經》首題之"經"字及若干殘筆痕。

8 8~9 世紀。吐蕃統治時期寫本。

9.1 楷書。

1.1 BD10524 號

1.3 觀世音經

1.4 L0653

2.1 28×6.5 厘米；1 紙；18 行。

2.3 卷軸裝。首殘尾全。通卷上下殘。殘片。已修整。通卷橫殘。有烏絲欄。

3.1 首殘→大正 0262，09/0058A07。

3.2 尾殘→大正 0262，09/0058B07。

4.2 □…□卷（尾）。

8 9~10 世紀。歸義軍時期寫本。

9.1 楷書。

1.1 BD10525 號

1.3 大般涅槃經（北本）卷三

1.4 L0654

2.1 7×4 厘米；1 紙；4 行，行 23 字。

2.3 卷軸裝。首尾均殘。殘片。有烏絲欄。已修整。

3.1 首殘→大正 0374，12/0547B01。

3.2 尾殘→大正 0374，12/0547B06。

8 7~8 世紀。唐寫本。

9.1 楷書。

1.1 BD10526 號

1.3 持世經卷四

1.4 L0655

2.1 16×9 厘米；2 紙；7 行。

2.2 01：09.0，05；　　02：07.0，02。

2.3 卷軸裝。首尾均殘。通卷上殘。殘片。有烏絲欄。已修整。

3.1 首殘→大正 0482，14/0660C28。

3.2 尾殘→大正 0482，14/0661A06。

8 5～6 世紀。南北朝寫本。

9.1 楷書。

1.1 BD10527 號

1.3 金光明經卷四

1.4 L0656

2.1 9.5×17 厘米；1 紙；6 行。

2.3 卷軸裝。首尾均殘。通卷下殘。殘片。

3.1 首殘→大正 0663，16/0356B18。

3.2 尾殘→大正 0663，16/0356B26。

8 5～6 世紀。南北朝寫本。

9.1 隸書。

13 《合部金光明經》卷六亦有相同文句，但本遺書年代較早，故應屬《金光明經》。

1.1 BD10528 號

1.3 妙法蓮華經卷三

1.4 L0657

2.1 6.7×7 厘米；1 紙；4 行。

2.3 卷軸裝。首尾均殘。通卷下殘。小殘片。有烏絲欄。

3.1 首殘→大正 0262，09/0019A29。

3.2 尾殘→大正 0262，09/0019B03。

8 7～8 世紀。唐寫本。

9.1 楷書。

1.1 BD10529 號

1.3 大般涅槃經（北本）卷二五

1.4 L0658

2.1 11×20.5 厘米；1 紙；7 行。

2.3 卷軸裝。首尾均殘。通卷下殘。殘片。有烏絲欄。已修整。

3.1 首殘→大正 0374，12/0051B24。

3.2 尾殘→大正 0374，12/0510C01。

8 5～6 世紀。南北朝寫本。

9.1 隸楷。

1.1 BD10530 號

1.3 大般若波羅蜜多經卷二〇四

1.4 L0659

2.1 5.5×14.6 厘米；1 紙；4 行。

2.3 卷軸裝。首尾均殘。通卷上殘。殘片。有烏絲欄。已修整。

3.1 首殘→大正 0220，06/0016C07。

3.2 尾殘→大正 0220，06/0016C10。

8 8～9 世紀。吐蕃統治時期寫本。

9.1 楷書。

1.1 BD10531 號

1.3 待考佛教文獻（擬）

1.4 L0660

2.1 18×11.5 厘米；1 紙；10 行。

2.3 卷軸裝。首尾均殘。通卷上殘。殘片。卷面油污嚴重。有烏絲欄。已修整。

3.3 錄文：

（首殘）

□…□千子受戒法又/

□…□足以香火請一戒/

□…□伏地而聽也又師應/

□…□十忍也割肉飴鷹授/

□…□出髓剜身千燈挑眼/

□…□燒身供佛刺血灑/

□…□重卅八輕不能一一/

□…□師教不復為與受/

□…□菩薩僧具足五德一/

□…□善解律藏四□□/

（錄文完）

8 7～8 世紀。唐寫本。

9.1 楷書。

1.1 BD10532 號

1.3 妙法蓮華經卷四

1.4 L0661

2.1 13×24.5 厘米；1 紙；7 行，行 17 字。

2.3 卷軸裝。首尾均殘。殘片。有烏絲欄。已修整。

3.1 首殘→大正 0262，09/0033B14。

3.2 尾殘→大正 0262，09/0033B20。

8 5～6 世紀。南北朝寫本。

9.1 隸書。

1.1 BD10533 號

1.3 大辯邪正經

1.4 L0662

2.1 28×5.5 厘米；1 紙；17 行。

2.3 卷軸裝。首尾均殘。通卷上下殘。殘片。有烏絲欄。已修整。

3.1 首殘→大正 2893，85/1412A14。

3.2 尾殘→大正 2893，85/1412B04。

8 9～10 世紀。歸義軍時期寫本。

9.1 楷書。

1.1 BD10534 號

1.3 阿彌陀經

1.4 L0663

2.1 8.5×16.5 厘米；1 紙；5 行。

2.3 卷軸裝。首尾均殘。通卷下殘。殘片。經黃紙。有烏絲欄。已修整。

3.1 首殘→大正 0366，12/0346C11。

3.2 尾殘→大正 0366，12/0346C15。

8 7~8 世紀。唐寫本。

9.1 楷書。

1.1 BD10535 號

1.3 妙法蓮華經卷七

1.4 L0664

2.1 7×18 厘米；1 紙；4 行。

2.3 卷軸裝。首尾均殘。通卷上殘。已修整。

3.1 首殘→大正 0262，09/0056B23。

3.2 尾殘→大正 0262，09/0056B26。

8 9~10 世紀。歸義軍時期寫本。

9.1 楷書。

1.1 BD10536 號

1.3 大般涅槃經（南本）卷五

1.4 L0665

2.1 3.5×4 厘米；1 紙；正面 2 行，背面 1 行。

2.3 卷軸裝。首尾均殘。通卷上下殘。小殘片。已修整。

2.4 本遺書包括 2 個文獻：（一）《大般涅槃經》（南本）卷五，2 行，抄寫在正面。今編為 BD10536 號。（二）《殘文書》（擬），1 行，抄寫在背面，今編為 BD10536 號背。

3.1 首殘→大正 0375，12/0631B16。

3.2 尾殘→大正 0375，12/0631B17。

8 9~10 世紀。歸義軍時期寫本。

9.1 楷書。

13 大般涅槃經（北本）卷五亦有類似文句。參見大正 374，12/0391B03。

1.1 BD10536 號背

1.3 殘文書（擬）

1.4 L0665

2.4 本遺書由 2 個文獻組成，本文獻為第 2 個，1 行，抄寫在背面，餘參見 BD10536 號第 2 項。

3.4 說明：

此件上有殘文書"段貳"2 字。

8 9~10 世紀。歸義軍時期寫本。

9.1 楷書。

1.1 BD10537 號

1.3 妙法蓮華經卷七

1.4 L0666

2.1 11×17.7 厘米；1 紙；7 行。

2.3 卷軸裝。首尾均殘。通卷下殘。殘片。有烏絲欄。已修整。

3.1 首殘→大正 0262，09/0056C09。

3.2 尾殘→大正 0262，09/0056C16。

8 7~8 世紀。唐寫本。

9.1 楷書。

1.1 BD10538 號

1.3 金光明最勝王經卷二

1.4 L0667

2.1 10×11.3 厘米；2 紙；6 行。

2.2 01：04.9，03；   02：05.1，03。

2.3 卷軸裝。首尾均殘。通卷上下殘。小殘片。背有古代裱補。已修整。

3.1 首殘→大正 0665，16/0408B26。

3.2 尾殘→大正 0665，16/0408C03。

8 9~10 世紀。歸義軍時期寫本。

9.1 楷書。

1.1 BD10539 號

1.3 金光明最勝王經卷一

1.4 L0668

2.1 9.5×3 厘米；1 紙；5 行。

2.3 卷軸裝。首尾均殘。通卷上下殘。殘片。有烏絲欄。已修整。

3.1 首殘→大正 0665，16/0407C12。

3.2 尾殘→大正 0665，16/0407C16。

8 7~8 世紀。唐寫本。

9.1 楷書。

1.1 BD10540 號

1.3 大方等大集經卷四

1.4 L0669

2.1 6×16 厘米；1 紙；3 行。

2.3 卷軸裝。首尾均殘。通卷下殘。殘片。已修整。

3.1 首殘→大正 0397，13/0023C24。

3.2 尾殘→大正 0397，13/0023C26。

8 5~6 世紀。南北朝寫本。

9.1 隸書。

1.1 BD10541 號

1.3 過去莊嚴劫千佛名經

1.4 L0670

2.1 4.7×9 厘米；1 紙；1 行。

2.3 卷軸裝。首尾均殘。通卷上下殘。小殘片。背有古代裱補。

3.1 首殘→大正 0446，14/0367B07。

3.2 尾殘→大正 0446，14/0367B07。

3.3 錄文：

（首殘）

□…□鱠債為刑戮□…□/

（錄文完）。

8 7~8 世紀。唐寫本。

9.1 楷書。

1.1 BD10542 號

1.3 阿彌陀經

1.4 L0671

2.1 14.4×25 厘米；1 紙；9 行，行 17~18 字。

2.3 卷軸裝。首脫尾殘。殘片。首斷尾殘。已修整。

3.1 首殘→大正 0366，12/0347A10。

3.2 尾 2 行上殘→大正 0366，12/0347A17~19。

8 7~8 世紀。唐寫本。

9.1 楷書。

1.1 BD10543 號

1.3 道行般若經卷二

1.4 L0672

2.1 4.5×11.5 厘米；1 紙；3 行。

2.3 卷軸裝。首尾均殘。通卷上殘。小殘片。有烏絲欄。已修整。

3.1 首殘→大正 0224，08/0431C24。

3.2 尾殘→大正 0224，08/0431C27。

8 5~6 世紀。南北朝寫本。

9.1 隸書。

1.1 BD10544 號

1.3 金剛般若波羅蜜經

1.4 L0673

2.1 4.5×7.5 厘米；1 紙；2 行。

2.3 卷軸裝。首尾均殘。通卷上下殘。小殘片。有烏絲欄。已修整。

3.1 首殘→大正 0235，08/0751B25。

3.2 尾殘→大正 0235，08/0751B26。

8 7~8 世紀。唐寫本。

9.1 楷書。

1.1 BD10545 號

1.3 待考佛教文獻（擬）

1.4 L0674

2.1 7×11.5 厘米；1 紙；4 行。

2.3 卷軸裝。首尾均殘。通卷上殘。有下邊欄。已修整。

3.3 錄文：

（首殘）

□…□注檀越□…□/

□…□◇請諸佛賢聖而不/

□…□功德。懺悔罪亦不/

□…□思美食如渴。/

（錄文完）

8 7~8 世紀。唐寫本。

9.1 楷書。

1.1 BD10546 號

1.3 賢劫十方千五百佛名經

1.4 L0675

2.1 23.5×25.5 厘米；1 紙；14 行，行字不等。

2.3 卷軸裝。首尾均殘。通卷殘破嚴重。有烏絲欄。已修整。

3.1 首殘→大正 0442，14/0317C05。

3.2 尾殘→大正 0442，14/0317C19。

8 5~6 世紀。南北朝寫本。

9.1 隸楷。

1.1 BD10547 號

1.3 待考佛教讚頌（擬）

1.4 L0676

2.1 12.5×9.5 厘米；1 紙；6 行。

2.3 卷軸裝。首尾均殘。通卷上下殘。殘片。有烏絲欄。已修整。

3.3 錄文：

（首殘）

□…□同□…□/

□…□明遍照十方通，一切□…□/

□…□［功］德圓滿十方遍，一心□…□/

□…□者授者俱清淨，同□…□/

□…□受妙樂，千千□…□/

□…□無邊□…□/

（錄文完）

8 7~8 世紀。唐寫本。

9.1 楷書。

1.1 BD10548 號

1.3 大通方廣懺悔滅罪莊嚴成佛經卷中

1.4 L0677

2.1 11.4×27 厘米；1 紙；7 行，行 17 字。

2.3 卷軸裝。首尾均殘。殘片。有烏絲欄。已修整。

3.1 首殘→大正 2871，85/1348A07。

3.2 尾殘→大正 2871，85/1348A14。

8 5~6 世紀。南北朝寫本。

9.1 隸書。

1.1 BD10549 號

1.3 藥師琉璃光如來本願功德經

1.4　L0678

2.1　14.1×13.8厘米；1紙；7行。

2.3　卷軸裝。首尾均殘。通卷下殘。殘片。有烏絲欄。已修整。

3.1　首殘→大正0450，14/0405A02。

3.2　尾殘→大正0450，14/0405A08。

8　7～8世紀。唐寫本。

9.1　楷書。

1.1　BD10550號

1.3　大方等大集經卷五

1.4　L0679

2.1　8.2×8.4厘米；1紙；4行。

2.3　卷軸裝。首全尾殘。通卷下殘。殘片。有烏絲欄。已修整。

3.1　首殘→大正0397，13/0030C13。

3.2　尾殘→大正0397，13/0030C16。

4.1　大方等大集經卷□…□（首）。

8　5～6世紀。南北朝寫本。

9.1　楷書。

1.1　BD10551號

1.3　大方廣佛華嚴經（晉譯五十卷本）卷一一

1.4　L0680

2.1　16.8×25.7厘米；2紙；12行，行約20字。

2.2　01：13.6，08；　02：3.2＋3.2，04。

2.3　卷軸裝。首尾均殘。卷面殘破，多殘洞。有烏絲欄。已修整。

3.1　首殘→大正0278，09/0486C27。

3.2　尾殘→大正0278，09/0487A18。

8　5～6世紀。南北朝寫本。

9.1　隸楷。

9.2　有行間校加字。

1.1　BD10552號

1.3　佛頂尊勝陀羅尼經（佛陀波利本）序

1.4　L0681

2.1　11×13.5厘米；1紙；7行。

2.3　卷軸裝。首尾均殘。通卷上殘。殘片。已修整。

3.1　首殘→大正0967，19/0349B09。

3.2　尾殘→大正0967，19/0349B15。

8　7～8世紀。唐寫本。

9.1　楷書。

1.1　BD10553號

1.3　金剛般若波羅蜜經

1.4　L0682

2.1　4×10.5厘米；1紙；2行。

2.3　卷軸裝。首尾均殘。通卷上殘。小殘片。有烏絲欄。已修

整。

3.1　首殘→大正0235，08/0750B08。

3.2　尾殘→大正0235，08/0750B09。

8　7～8世紀。唐寫本。

9.1　楷書。

1.1　BD10554號

1.3　大般若波羅蜜多經卷五五七

1.4　L0683

2.1　33×26厘米；1紙；20行，行17字。

2.3　卷軸裝。首殘尾脫。中上部殘缺嚴重。有烏絲欄。已修整。

3.1　首15上殘→大正0220，07/0872A26～B11。

3.2　尾殘→大正0220，07/0872B17。

8　8～9世紀。吐蕃統治時期寫本。

9.1　楷書。

1.1　BD10555號

1.3　大方等大集經鈔（擬）

1.4　L0684

2.1　15.9×26.9厘米；1紙；11行。

2.3　卷軸裝。首尾均殘。通卷上下殘。殘片。已修整。

3.4　説明：

　　本遺書所抄為《大方等大集經》卷三四的三段經文，抄寫時文字省略與重新組織。大體如下：

　　　第1～3行相當於大正0397，13/0235A13～18。

　　　第4行相當於大正0397，13/0235B26～27。

　　　第5行～11行相當於大正0397，13/0235C05～20。

5　與《大正藏》本對照，文字有不同。

8　9～10世紀。歸義軍時期寫本。

9.1　楷書。

9.2　有行間校加字。

1.1　BD10556號

1.3　藥師如來本願經序

1.4　L0685

2.1　33.5×15.5厘米；1紙；18行。

2.3　卷軸裝。首尾均殘。通卷上殘。殘片。經黃打紙。有烏絲欄。已修整。

3.1　首殘→大正0449，14/0401A05。

3.2　尾殘→大正0449，14/0401A22。

8　7～8世紀。唐寫本。

9.1　楷書。

1.1　BD10557號

1.3　金剛般若波羅蜜經

1.4　L0686

2.1　13.1×9厘米；1紙；8行。

2.3 卷軸裝。首尾均殘。通卷上殘。殘片。有烏絲欄。已修整。

3.1 首殘→大正 0235，08/0749C28。

3.2 尾殘→大正 0235，08/0750A07。

8 9 ~ 10 世紀。歸義軍時期寫本。

9.1 楷書。

1.1 BD10558 號

1.3 大般若波羅蜜多經卷一一六

1.4 L0687

2.1 14×25.7 厘米；1 紙；10 行，行 17 字。

2.3 卷軸裝。首尾均殘。有烏絲欄。已修整。

3.1 首 3 行上下殘→大正 0220，05/0636A09 ~ 11。

3.2 尾 3 行下殘→大正 0220，05/0636A16 ~ 18。

8 8 ~ 9 世紀。吐蕃統治時期寫本。

9.1 楷書。

1.1 BD10559 號

1.3 四分比丘尼戒本

1.4 L0688

2.1 22×13 厘米；1 紙；13 行。

2.3 卷軸裝。首全尾殘。通卷下殘。殘片。卷面油污，通卷下殘。有烏絲欄。已修整。

3.1 首殘→大正 1431，22/1031A01。

3.2 尾殘→大正 1431，22/1031A25。

4.1 四分戒本（首）。

8 8 ~ 9 世紀。吐蕃統治時期寫本。

9.1 楷書。

1.1 BD10560 號

1.3 金光明最勝王經卷五

1.4 L0689

2.1 16.8×11.2 厘米；2 紙；4 行。

2.2 01：10.1，護首； 02：06.7，04。

2.3 卷軸裝。首全尾殘。通卷上殘。小殘片。有護首，已殘。有烏絲欄。已修整。

3.1 首殘→大正 0665，16/0422B23。

3.2 尾殘→大正 0665，16/0422C02。

4.1 □…□師義淨奉制譯（首）。

8 8 ~ 9 世紀。吐蕃統治時期寫本。

9.1 楷書。

1.1 BD10561 號

1.3 四分律比丘戒本

1.4 L0690

2.1 14.4×11.6 厘米；1 紙；9 行。

2.3 卷軸裝。首尾均殘。通卷上下殘。殘片。卷面油污。有烏絲欄。已修整。

3.1 首殘→大正 1429，22/1016B13。

3.2 尾殘→大正 1429，22/1016B28。

5 與《大正藏》本對照，文字略有不同。

8 8 ~ 9 世紀。吐蕃統治時期寫本。

9.1 楷書。

9.2 有行間校加字。

1.1 BD10562 號

1.3 妙法蓮華經卷七

1.4 L0691

2.1 14×19 厘米；1 紙；8 行。

2.3 卷軸裝。首尾均殘。通卷上下殘。殘片。有烏絲欄。已修整。

3.1 首殘→大正 0262，09/0057C27。

3.2 尾殘→大正 0262，09/0058A13。

8 7 ~ 8 世紀。唐寫本。

9.1 楷書。

1.1 BD10563 號

1.3 妙法蓮華經疏（擬）

1.4 L0692

2.1 11.5×12 厘米；2 紙；6 行。

2.2 01：06.5，03； 02：05.0，03。

2.3 卷軸裝。首尾均殘。通卷上殘。殘片。有烏絲欄。

3.3 錄文：

（首殘）

□…□薩其願若此照□/

□…□斯真要唯願說/

□…□云何佛言初善/

□…□佛羅漢後善者/

□…□來也我法妙難/

□…□佛□□□/

（錄文完）

3.4 說明：

"初善"、"我法妙難思"等語，出於《妙法蓮華經》卷一。

8 5 ~ 6 世紀。南北朝寫本。

9.1 楷書。

1.1 BD10564 號

1.3 釋八比丘（擬）

1.4 L0693

2.1 24.4×30.5 厘米；1 紙；12 行。

2.3 卷軸裝。首尾均殘。殘片。卷面黴爛、污穢。有折疊欄。已修整。

3.4 說明：

本遺書解釋八種比丘的名號及其含義。乃從其他文獻抄出。

8 9 ~ 10 世紀。歸義軍時期寫本。

9.1 楷書。

1.1 BD10565 號

1.3 待考疑偽經（擬）

1.4 L0694

2.1 20×19 厘米；1 紙；9 行。

2.3 卷軸裝。首尾均殘。上邊殘損，下邊殘缺，中有破裂。已修整。

3.3 錄文：

（首殘）

之時定墮阿鼻地獄。二名□…□／

百卅六劫，悉皆入中。百劫千劫，□…□／

日，鐘聲不赦。／

爾時阿難白佛言：世尊，若有□…□／

遠須彌山逕匝數，不如斷酒肉□…□／

廟遍十方大地□…□／

萬兩，在六天布施□…□／

等身命布施不□…□／

語阿難，若有□…□／

（錄文完）

8 7～8 世紀。唐寫本。

9.1 楷書。

9.2 有行間校加字。

1.1 BD10566 號

1.3 金光明經卷二

1.4 L0695

2.1 9×9 厘米；1 紙；3 行。

2.3 卷軸裝。首尾均殘。通卷上殘。小殘片。有烏絲欄。已修整。

3.1 首殘→大正 0663，16/0341A27。

3.2 尾殘→大正 0663，16/0341B01。

8 5～6 世紀。南北朝寫本。

9.1 楷書。

1.1 BD10567 號

1.3 妙法蓮華經卷七

1.4 L0696

2.1 8.5×13 厘米；1 紙；5 行。

2.3 卷軸裝。首尾均殘。通卷上殘。殘片。有烏絲欄。已修整。

3.1 首殘→大正 0262，09/0060A25。

3.2 尾殘→大正 0262，09/0060A29。

5 與《大正藏》本對照，文字略有參差。

8 7～8 世紀。唐寫本。

9.1 楷書。

1.1 BD10568 號

1.3 解迷顯智成悲十明論

1.4 L0697

2.1 5.6×12 厘米；1 紙；4 行。

2.3 卷軸裝。首尾均殘。通卷下殘。小殘片。有烏絲欄。已修整。

3.1 首殘→大正 1888，45/0769B16。

3.2 尾殘→大正 1888，45/0769B19。

5 與《大正藏》本對照，文字略有參差。

8 7～8 世紀。唐寫本。

9.1 楷書。

1.1 BD10569 號

1.3 金光明最勝王經卷三

1.4 L0698

2.1 6.5×9.9 厘米；1 紙；4 行。

2.3 卷軸裝。首尾均殘。通卷下殘。小殘片。有烏絲欄。已修整。

3.1 首殘→大正 0665，16/0413C14。

3.2 尾殘→大正 0665，16/0413C17。

8 8～9 世紀。吐蕃統治時期寫本。

9.1 楷書。

1.1 BD10570 號

1.3 洪潤鄉平富德簽條（擬）

1.4 L0699

2.1 3×15 厘米；1 紙；1 行。

2.3 單葉紙。首尾均全。簽條。

3.4 説明：

此件為簽條，上寫“洪潤，平富德”。

8 9～10 世紀。歸義軍時期寫本。

9.1 楷書。

1.1 BD10571 號

1.3 摩訶般若波羅蜜經卷一六

1.4 L0700

2.1 9.5×9 厘米；1 紙；5 行。

2.3 卷軸裝。首尾均殘。通卷上殘。殘片。有烏絲欄。已修整。

3.1 首殘→大正 0223，08/0336A13。

3.2 尾殘→大正 0223，08/0336A17。

8 6 世紀。南北朝寫本。

9.1 楷書。

1.1 BD10572 號

1.3 無量壽宗要經

1.4 L0701

2.1 24×17 厘米；1 紙；15 行。

2.3 卷軸裝。首全尾殘。卷面油污，上邊殘損，通卷下殘。有

烏絲欄。已修整。

3.1 首殘→大正 0936，19/0084B27。

3.2 尾全→大正 0936，19/0084C29。

4.2 佛說無量壽［宗要經］（尾）。

8　8~9 世紀。吐蕃統治時期寫本。

9.1 楷書。

1.1 BD10573 號

1.3 佛名經（十六卷本）卷一四

1.4 L0702

2.1 （24.5＋0.8）厘米；2 紙；14 行。

2.2 01：24.5，14；　02：00.8，素紙。

2.3 卷軸裝。首尾均殘。通卷下殘。殘片。已修整。

3.1 首殘→《七寺古逸經典研究叢書》，03/0690A07。

3.2 尾殘→《七寺古逸經典研究叢書》，03/0691A07。

8　9~10 世紀。歸義軍時期寫本。

9.1 楷書。

1.1 BD10574 號

1.3 勝思惟梵天所問經論卷四

1.4 L0703

2.1 23×11 厘米；2 紙；12 行。

2.2 01：18.0，10；　02：05.0，02。

2.3 卷軸裝。首尾均殘。通卷下殘。殘片。有烏絲欄。已修整。

3.1 首殘→大正 1532，26/0351B02。

3.2 尾殘→大正 1532，26/0351B14。

8　5~6 世紀。南北朝寫本。

9.1 楷書。

1.1 BD10575 號

1.3 大般涅槃經（北本）卷一二

1.4 L0704

2.1 12.3×13.1 厘米；1 紙；8 行。

2.3 卷軸裝。首尾均殘。通卷上殘。殘片。有烏絲欄。已修整。

3.1 首殘→大正 0374，12/0436C27。

3.2 尾殘→大正 0374，12/0437A06。

8　5~6 世紀。南北朝寫本。

9.1 隸書。

1.1 BD10576 號

1.3 待考佛教典籍殘片（擬）

1.4 L0705

2.1 4.4×8.5 厘米；1 紙；1 行。

2.3 卷軸裝。首尾均殘。通卷上殘。小殘片。有烏絲欄。已修整。

3.4 說明：

本遺書僅殘留"供養" 2 字。

8　9~10 世紀。歸義軍時期寫本。

9.1 楷書。

1.1 BD10577 號

1.3 護首（大般若波羅蜜多經）

1.4 L0706

2.1 3.1×8.7 厘米；1 紙；1 行。

2.3 卷軸裝。首尾均殘。殘片。背有古代裱補。夾有一藍色絲帶，長 0.8 厘米。

3.4 說明：

此號為大般若波羅蜜多經護首，上有經名"大般若波羅蜜多經卷第三百五十五" 及經名號。

8　8~9 世紀。吐蕃統治時期寫本。

9.1 楷書。

1.1 BD10578 號

1.3 大通方廣懺悔滅罪莊嚴成佛經卷下

1.4 L0707

2.1 12×18.5 厘米；1 紙；8 行。

2.3 卷軸裝。首尾均殘。通卷下殘。殘片。有烏絲欄。

3.1 首殘→大正 2871，85/1353B24。

3.2 尾殘→大正 2871，85/1353C02。

8　5~6 世紀。南北朝寫本。

9.1 隸楷。

9.2 有行間校加字。

1.1 BD10579 號

1.3 大般若波羅蜜多經卷三一七

1.4 L0708

2.1 25.8×13.4 厘米；1 紙；15 行。

2.3 卷軸裝。首尾均殘。通卷上殘。殘片。有烏絲欄。已修整。

3.1 首殘→大正 0220，06/0616A21。

3.2 尾殘→大正 0220，06/0616B06。

8　8~9 世紀。吐蕃統治時期寫本。

9.1 楷書。

1.1 BD10580 號

1.3 妙法蓮華經卷五

1.4 L0709

2.1 9.7×15.2 厘米；1 紙；6 行。

2.3 卷軸裝。首尾均殘。通卷上殘。殘片。有烏絲欄。已修整。

3.1 首殘→大正 0262，09/0040A11。

3.2 尾殘→大正 0262，09/0040A16。

8　9~10 世紀。歸義軍時期寫本。

9.1 楷書。

1.1 BD10581 號

1.3 大般涅槃經（北本）卷二五

1.4 L0710

2.1 21.5×25 厘米；1 紙；7 行。

2.3 卷軸裝。首尾均殘。通卷下殘。殘片。有烏絲欄。已修整。

3.1 首殘→大正 0374，12/0516C02。

3.2 尾殘→大正 0374，12/0516C09。

8 5~6 世紀。南北朝寫本。

9.1 楷書。

1.1 BD10582 號

1.3 待考佛教經疏（擬）

1.4 L0711

2.1 5.7×3.1 厘米；1 紙；5 行。

2.3 卷軸裝。首尾均殘。通卷上下殘。小殘片。有烏絲欄，但未按烏絲欄抄寫。已修整。

3.3 錄文：

（首殘）

□…□此明根塵不□…□/

□…□三六十八□…□/

□…□即是三六□…□/

□…□業之執惱亦□…□/

□…□嗄捼淓□…□/

（錄文完）

8 7~8 世紀。唐寫本。

9.1 楷書。

1.1 BD10583 號

1.3 妙法蓮華經卷四

1.4 L0712

2.1 8×21.5 厘米；1 紙；3 行。

2.3 卷軸裝。首全尾殘。下邊殘缺。殘片。有烏絲欄。

3.1 首殘→大正 0262，09/0027B12。

3.2 尾殘→大正 0262，09/0027B18。

4.1 妙法蓮華經五百弟子受記品第八（首）。

8 9~10 世紀。歸義軍時期寫本。

9.1 楷書。

1.1 BD10584 號

1.3 金剛般若波羅蜜經

1.4 L0713

2.1 30.2×24.4 厘米；1 紙；17 行，行 17 字。

2.3 卷軸裝。首尾均殘。卷面殘破，多水漬。有烏絲欄。已修整。

3.1 首 4 行上殘→大正 0235，08/0749B03~06。

3.2 尾 2 行上殘→大正 0235，08/0749B18~20。

8 9~10 世紀。歸義軍時期寫本。

9.1 楷書。

1.1 BD10585 號

1.3 大般涅槃經（北本）卷一二

1.4 L0714

2.1 19.5×15.5 厘米；2 紙；12 行，行 17 字。

2.2 01：05.4，03； 02：14.1，09。

2.3 卷軸裝。首尾均殘。卷左下殘缺。有烏絲欄。已修整。

3.1 首行下殘→大正 0374，12/0436C23~24。

3.2 尾 8 行下殘→大正 0374，12/0436C27~0437A06。

5 與《大正藏》本對照，文字略有參差。

8 5~6 世紀。南北朝寫本。

9.1 隸書。

1.1 BD10586 號

1.3 妙法蓮華經卷一

1.4 L0715

2.1 16×9 厘米；2 紙；9 行。

2.2 01：05.5，03； 02：10.5，06。

2.3 卷軸裝。首尾均殘。通卷下殘。有烏絲欄。已修整。

3.1 首殘→大正 0262，09/0002B15。

3.2 尾殘→大正 0262，09/0002B24。

8 7~8 世紀。唐寫本。

9.1 楷書。

1.1 BD10587 號

1.3 金光明最勝王經卷八

1.4 L0716

2.1 8.4×13.2 厘米；2 紙；4 行。

2.2 01：04.2，02； 02：04.2，02。

2.3 卷軸裝。首尾均殘。通卷上殘。小殘片。有烏絲欄。已修整。

3.1 首殘→大正 0665，16/0438A15。

3.2 尾殘→大正 0665，16/0438A18。

8 8~9 世紀。吐蕃統治時期寫本。

9.1 楷書。

1.1 BD10588 號

1.3 大般涅槃經（北本）卷三一

1.4 L0717

2.1 8.1×14.2 厘米；1 紙；6 行。

2.3 卷軸裝。首尾均殘。通卷下殘。殘片。有烏絲欄。已修整。

3.1 首殘→大正 0374，12/0549C26。

3.2 尾殘→大正 0374，12/0550A02。

8 5~6 世紀。南北朝寫本。

9.1 楷書。

1.1 BD10589 號

1.3 大般涅槃經（北本）卷一六

1.4　L0718

2.1　12.1×16.5 厘米；1 紙；7 行。

2.3　卷軸裝。首尾均殘。通卷下殘。殘片。有烏絲欄。已修整。

3.1　首殘→大正 0374，12/0460B07。

3.2　尾殘→大正 0374，12/0460B13。

8　5～6 世紀。南北朝寫本。

9.1　隸楷。

13　大般涅槃經（南本）卷一五亦有相同文句，參見大正 0375，12/0702C11～18。

1.1　BD10590 號

1.3　大般若波羅蜜多經卷五〇一

1.4　L0719

2.1　13.8×17 厘米；2 紙；7 行。

2.2　01：11.0，06；　02：02.8，01。

2.3　卷軸裝。首尾均殘。通卷上殘。殘片。有烏絲欄。已修整。

3.1　首殘→大正 0220，07/0549A22。

3.2　尾殘→大正 0220，07/0549B01。

8　8～9 世紀。吐蕃統治時期寫本。

9.1　楷書。

1.1　BD10591 號

1.3　佛本行集經卷三四

1.4　L0720

2.1　5.3×25.2 厘米；1 紙；3 行，行 17 字。

2.3　卷軸裝。首脫尾斷。有烏絲欄。已修整。

3.1　首殘→大正 0190，03/0814C24。

3.2　尾殘→大正 0190，03/0814C26。

8　8 世紀。唐寫本。

9.1　楷書。

1.1　BD10592 號

1.3　雜寫（擬）

1.4　L0721

2.1　1.7×23.5 厘米；1 紙；1 行。

2.3　單葉紙。首尾均斷。形如籤條。下部殘缺。

3.4　説明：

此遺書上有雜寫 1 行“爾時淨飯王因緣説著三介（界）內”。

8　9～10 世紀。歸義軍時期寫本。

9.1　楷書。

1.1　BD10593 號

1.3　妙法蓮華經卷七

1.4　L0722

2.1　12×17.5 厘米；1 紙；6 行。

2.3　卷軸裝。首尾均殘。通卷上下殘。殘片。卷面有蟲蟭。有烏絲欄。已修整。

3.1　首殘→大正 0262，09/0055A19。

3.2　尾殘→大正 0262，09/0055A24。

8　9～10 世紀。歸義軍時期寫本。

9.1　楷書。

1.1　BD10594 號

1.3　金剛般若波羅蜜經

1.4　L0723

2.1　22×13 厘米；1 紙；13 行。

2.3　卷軸裝。首尾均殘。通卷上殘。殘片。有烏絲欄。已修整。

3.1　首殘→大正 0235，08/0749B06。

3.2　尾殘→大正 0235，08/0749B19。

8　7～8 世紀。唐寫本。

9.1　楷書。

1.1　BD10595 號

1.3　妙法蓮華經卷二

1.4　L0724

2.1　12.8×22.2 厘米；1 紙；8 行。

2.3　卷軸裝。首尾均殘。通卷上下殘缺嚴重。有烏絲欄。已修整。

3.1　首殘→大正 0262，09/0010C06。

3.2　尾殘→大正 0262，09/0010C14。

8　9～10 世紀。歸義軍時期寫本。

9.1　楷書。

1.1　BD10596 號

1.3　無量壽宗要經

1.4　L0725

2.1　3×6 厘米；1 紙；2 行。

2.3　卷軸裝。首尾均殘。通卷上下殘。小殘片。已修整。紙色變黑。

3.1　首殘→大正 0936，19/0082B23。

3.2　尾殘→大正 0936，19/0082B26。

8　8～9 世紀。吐蕃統治時期寫本。

9.1　楷書。

1.1　BD10597 號

1.3　請觀世音菩薩消伏毒害陀羅尼咒經

1.4　L0726

2.1　（6＋2.5＋2.5）×25.2 厘米；2 紙；6 行，行 17 字。

2.2　01：06＋2.5，05；　02：02.5，01。

2.3　卷軸裝。首尾均殘。通卷上殘。殘片。有烏絲欄。已修整。

3.1　首殘→大正 1043，20/0034C02～05。

3.2　尾殘→大正 1043，20/0034C07。

5　與《大正藏》本對照，文字略有參差。

8　6 世紀。南北朝寫本。

9.1　楷書。

1.1　BD10598 號

1.3　妙法蓮華經卷一

1.4　L0727

2.1　8×11.5 厘米；1 紙；4 行。

2.3　卷軸裝。首尾均殘。通卷上殘。有烏絲欄。已修整。

3.1　首殘→大正 0262，09/0002C21。

3.2　尾殘→大正 0262，09/0003A03。

8　7～8 世紀。唐寫本。

9.1　楷書。

1.1　BD10599 號

1.3　妙法蓮華經卷三

1.4　L0728

2.1　13×13 厘米；1 紙；7 行。

2.3　卷軸裝。首尾均殘。通卷下殘。有烏絲欄。已修整。

3.1　首殘→大正 0262，09/0019C02。

3.2　尾殘→大正 0262，09/0019C08。

8　7～8 世紀。唐寫本。

9.1　楷書。

1.1　BD10600 號

1.3　大般若波羅蜜多經卷五〇

1.4　L0729

2.1　12.3×17.7 厘米；1 紙；7 行。

2.3　卷軸裝。首全尾殘。通卷下殘。殘片。有烏絲欄。已修整。

3.1　首殘→大正 0220，05/0280A09。

3.2　尾殘→大正 0220，05/0280A17。

4.1　□…□五十，/［初分大乘］鎧品第十四之二，三藏法師玄□…□（首）。

8　8～9 世紀。吐蕃統治時期寫本。

9.1　楷書。

1.1　BD10601 號

1.3　維摩詰所說經卷上

1.4　L0730

2.1　20.3×16 厘米；1 紙；12 行。

2.3　卷軸裝。首尾均殘。通卷下殘。殘片。中有殘洞。有烏絲欄。已修整。

3.1　首殘→大正 0475，14/0537A19。

3.2　尾殘→大正 0475，14/0537B03。

5　與《大正藏》本對照，文字略有參差。

8　7～8 世紀。唐寫本。

9.1　楷書。

9.2　有硃筆斷句。

1.1　BD10602 號

1.3　金剛般若波羅蜜經

1.4　L0731

2.1　13.6×12.5 厘米；1 紙；8 行。

2.3　卷軸裝。首尾均殘。通卷上下殘。小殘片。有烏絲欄。已修整。

3.1　首殘→大正 0235，08/0748C20。

3.2　尾殘→大正 0235，08/0748C27。

8　9～10 世紀。歸義軍時期寫本。

9.1　楷書。

1.1　BD10603 號

1.3　開元新格卷三（擬）

1.4　L0732

2.1　9.5×15 厘米；1 紙；正面 5 行，背面 6 行。

2.3　卷軸裝。首尾均殘。通卷上下殘。殘片。已修整。

2.4　本遺書包括 2 個文獻：（一）《開元新格》卷三，5 行，抄寫在正面，今編為 BD10603 號。（二）《大乘百法明門論開宗義記》，6 行，抄寫在背面，今編為 BD10603 號背。

3.3　錄文：

（首殘）

□…□申奏乃附□…□/

□…□具申其寬鄉易田者□…□/

□…□數若籍田兼種□…□/

□…□塞者撿官□…□/

□…□聚□…□/

（錄文完）

6.3　與 BD09348 號為同文獻。

8　7～8 世紀。唐寫本。

9.1　楷書。

13　參見 BD09348 號。

1.1　BD10603 號背

1.3　大乘百法明門論開宗義記

1.4　L0732

2.4　本遺書由 2 個文獻組成，本文獻為第 2 個，6 行，抄寫在背面，餘參見 BD10603 號第 2 項。

3.1　首殘→大正 2810，85/1064A28。

3.2　尾殘→大正 2810，85/1064B08。

6.3　與 BD09348 號為同文獻。

8　8～9 世紀。吐蕃統治時期寫本。

9.1　楷書。

1.1　BD10604 號

1.3　大般涅槃經（北本）卷三

1.4　L0733

2.1　3.3×22 厘米；1 紙；2 行。

2.3 卷軸裝。首尾均殘。長條殘片。有烏絲欄。已修整。

3.1 首殘→大正0374，12/0383B03。

3.2 尾殘→大正0374，12/0383B04。

8　5～6世紀。南北朝寫本。

9.1 楷書。

1.1 BD10605號

1.3 法門名義集

1.4 L0734

2.1 26×15.8厘米；1紙；正面10行，背面18行。

2.3 卷軸裝。首尾均殘。通卷下殘。殘片。正面有上界欄。有小字雙行夾注。已修整。

2.4 本遺書包括2個文獻：（一）《法門名義集》，10行，抄寫在正面，今編為BD10605號。（二）《大乘百法明門論開宗義記》，18行，抄寫在背面，今編為BD10605號背。

3.1 首殘→大正2124，54/0204A18。

3.2 尾殘→大正2124，54/0204B03。

6.1 首→BD10607號。

8　7～8世紀。唐寫本。

9.1 楷書。有武周新字"天""地"。使用周遍。

9.2 有倒乙。

1.1 BD10605號背

1.3 大乘百法明門論開宗義記

1.4 L0734

2.4 本遺書由2個文獻組成，本文獻為第2個，18行，抄寫在背面，餘參見BD10605號第2項。

3.1 首殘→大正2810，85/1046A28。

3.2 尾殘→大正2810，85/1046B21。

6.2 尾→BD10607號。

8　8～9世紀。吐蕃統治時期寫本。

9.1 楷書。

9.2 有硃筆斷句。

1.1 BD10606號

1.3 諸雜字（擬）

1.4 L0735

2.1 15.5×12.5厘米；1紙；正面14行，背面23行。

2.3 卷軸裝。首尾均殘。上下邊殘缺，中有破裂。已修整。

2.4 本遺書包括2個文獻：（一）《諸雜字》（擬），14行，抄寫在正面，今編為BD10606號。（二）《齋文》（擬），23行，抄寫在背面，今編為BD10606號背。

3.4 說明：

　　本遺書抄錄各種日用雜字，含梳妝用品、倉窖、樹木、農具、兵器、日用家具、甀褥、衣服等等。

8　9～10世紀。歸義軍時期寫本。

9.1 楷書。

1.1 BD10606號背

1.3 齋文（擬）

1.4 L0735

2.4 本遺書由2個文獻組成，本文獻為第2個，23行，抄寫在背面，餘參見BD10606號第2項。

3.3 錄文：

（首殘）

□…□像堂願□…□/

□…□國隆家□…□/

□…□至食無煙□…□/

□…□國，嚴□…□/

□…□庫常盈。代龍衣，高門管纓□…□/

□…□豪頓（？）長纓，子孫學若玄□…□/

□…□彈□用掇奇珍，崇勝業□…□/

□…□玉樹，恒淨恒明，體類金剛□…□/

□…□慶，宅納吉祥，天降奇珍。□…□/

□…□響，男資六藝，芳廊廟之中□…□/

□…□遊兜率之天，足躡千，永棄□…□/

□…□天之外。新造像文。其像□…□/

□…□流月照於三千，散星亦豪於百億，□…□/

□…□軸開雪領之槧，潢取□正之璧。文削□…□/

□…□露。燈文。神燈破闇，賓燭除昏。□…□/

□…□明若空裏之木星，似遍天之散月。神□…□/

□…□而竟集。亡律師文。應生五濁，迹紹四依。□…□/

□…□素教守襟，而積勝因。精於□…□/

□…□五篇等救頭之防火。可謂詞微迦□…□/

□…□東風罷扇，掩塵迹以幽冥。大愛稍□…□/

□…□澡性□□永絕◇盃之□…□/

□…□之門。超愛□…□/

□…□八解□…□/

（錄文完）

3.4 說明：

　　文字漫漶，錄文僅供參考。

8　9～10世紀。歸義軍時期寫本。

9.1 楷書。

1.1 BD10607號

1.3 法門名義集

1.4 L0736

2.1 15.6×15.9厘米；1紙；正面7行，背面12行。

2.3 卷軸裝。首尾均殘。通卷下殘。殘片。正面有上界欄。已修整。有小字雙行夾注。

2.4 本遺書包括2個文獻：（一）《法門名義集》，7行，抄寫在正面，今編為BD10607號。（二）《大乘百法明門論開宗義記》，12行，抄寫在背面，今編為BD10607號背。

3.1 首殘→大正2124，54/0204A11。

3.2 尾殘→大正2124，54/0204A18。

6.2 尾→BD10605 號。

8 7~8 世紀。唐寫本。

9.1 楷書。

9.2 有武周新字"天"。使用周遍。

1.1 BD10607 號背

1.3 大乘百法明門論開宗義記

1.4 L0736

2.4 本遺書由2個文獻組成，本文獻為第2個，12 行，抄寫在背面，餘參見 BD10607 號第2項。

3.1 首殘→大正 2810，85/1046B22。

3.2 尾殘→大正 2810，85/1046C09。

5 與《大正藏》本對照，文字略有不同。

6.1 首→BD10605 號。

8 8~9 世紀。吐蕃統治時期寫本。

9.1 楷書。

1.1 BD10608 號

1.3 大方廣佛華嚴經（晉譯五十卷本）卷四〇

1.4 L0737

2.1 8×25.8 厘米；1 紙；5 行，行 17 字。

2.3 卷軸裝。首尾均殘。殘片。有烏絲欄。已修整。

3.1 首殘→大正 0278，09/0698A23。

3.2 尾殘→大正 0278，09/0698A28。

8 5~6 世紀。南北朝寫本。

9.1 隸書。

9.2 有行間校加字。

1.1 BD10609 號

1.3 大般涅槃經（北本）卷一三

1.4 L0738

2.1 9.5×7.4 厘米；1 紙；6 行。

2.3 卷軸裝。首尾均殘。通卷下殘。小殘片。有烏絲欄。已修整。

3.1 首殘→大正 0374，12/0444B05。

3.2 尾殘→大正 0374，12/0444B10。

8 8~9 世紀。吐蕃統治時期寫本。

9.1 楷書。

1.1 BD10610 號

1.3 論語鄭註音義（擬）

1.4 L0739

2.1 19.9×13.2 厘米；1 紙；10 行。

2.3 卷軸裝。首尾均殘。通卷上殘。殘片。有小字雙行夾注。有烏絲欄。已修整。

3.1 首殘→《浙江與敦煌學》，01/0321A15。

3.2 尾殘→《浙江與敦煌學》，01/0322A02。

6.2 尾→BD09521 號。

8 7~8 世紀。唐寫本。

9.1 楷書。

1.1 BD10611 號

1.3 辯中邊論頌

1.4 L0740

2.1 8.6×10.5 厘米；1 紙；正面 5 行，背面 5 行。

2.3 卷軸裝。首尾均殘。通卷上下殘。殘片。已修整。正、背面字跡不同。

2.4 本遺書包括2個文獻：（一）《辯中邊論頌》，5 行，抄寫在正面，今編為 BD10611 號。（二）《大乘稻芉經隨聽疏》，5 行，抄寫在背面，今編為 BD10611 號背。

3.1 首殘→大正 1601，31/0478A09。

3.2 尾殘→大正 1601，31/0478A19。

8 8~9 世紀。吐蕃統治時期寫本。

9.1 行楷。

1.1 BD10611 號背

1.3 大乘稻芉經隨聽疏

1.4 L0740

2.4 本遺書由2個文獻組成，本文獻為第2個，5 行，抄寫在背面，餘參見 BD10611 號第2項。

3.1 首殘→大正 2782，85/0549B06。

3.2 尾殘→大正 2782，85/0549B13。

8 8~9 世紀。吐蕃統治時期寫本。

9.1 行楷

1.1 BD10612 號

1.3 妙法蓮華經卷七

1.4 L0741

2.1 8×6.4 厘米；1 紙；正面 3 行，背面藏文 9 行。

2.3 卷軸裝。首尾均殘。通卷上殘。小殘片。裱補紙上亦有藏文。已修整。

2.4 本遺書包括2個文獻：（一）《妙法蓮華經》卷七，3 行，抄寫作正面，今編為 BD10612 號。（二）《藏文文獻》（擬），9 行，抄寫在背面，今編為 BD10612 號背。

3.1 首殘→大正 0262，09/0059A14。

3.2 尾殘→大正 0262，09/0059A16。

8 7~8 世紀。唐寫本。

9.1 楷書。

1.1 BD10612 號背

1.3 藏文文獻（擬）

1.4 L0741

2.4 本遺書由2個文獻組成，本文獻為第2個，9 行，抄寫在背面，餘參見 BD10612 號第2項。

3.4　說明：

背面抄寫藏文 9 行，正面下邊亦有藏文 3 行，但寫有文字的一面向裏粘貼。

8　8～9 世紀。吐蕃統治時期寫本。

9.1　楷書。

1.1　BD10613 號

1.3　郡望姓望（擬）

1.4　L0742

2.1　5.9×13.2 厘米；1 紙；3 行。

2.3　卷軸裝。首尾均殘。通卷下殘。小殘片。已修整。

3.3　錄文：

（首殘）

□…□ 吳郡興（？）□…□/

蘇州，吳郡，四□…□/

杭州三□，餘杭郡，□…□

（錄文完）

6.3　與伯 3191 號、斯 5861 號為同一文獻。

8　7～8 世紀。唐寫本。

9.1　楷書。

1.1　BD10614 號

1.3　天請問經

1.4　L0743

2.1　17.5×10 厘米；1 紙；10 行。

2.3　卷軸裝。首尾均殘。通卷下殘。殘片。有烏絲欄。已修整。

3.1　首殘→大正 0592，15/0124B20。

3.2　尾殘→大正 0592，15/0124C02。

8　8～9 世紀。吐蕃統治時期寫本。

9.1　楷書。

1.1　BD10615 號

1.3　大般若波羅蜜多經卷二八一

1.4　L0744

2.1　17×15.8 厘米；1 紙；10 行。

2.3　卷軸裝。首尾均殘。通卷下殘。殘片。有烏絲欄。已修整。

3.1　首殘→大正 0220，06/0424B20。

3.2　尾殘→大正 0220，06/0424B29。

8　8～9 世紀。吐蕃統治時期寫本。

9.1　楷書。

1.1　BD10616 號

1.3　十誦律（異本）（擬）

1.4　L0745

2.1　13.4×8.5 厘米；1 紙；9 行。

2.3　卷軸裝。首尾均殘。通卷上下殘。殘片。已修整。

3.3　錄文：

（首殘）

□…□若□…□/

□…□不見言見空誑□…□/

□…□應共事/

□…□眼以下膝以上裸□…□/

□…□若捉若把若捉□…□/

□…□是比丘尼得波羅夷□…□/

□…□心漏心男子邊若□…□/

□…□期若入屏處若待□…□/

□…□此八事與男子身□…□/

（錄文完）

3.4　說明：

本遺書應為與《十誦律》同一系統的戒律，或為從《十誦律》中抄出。詳情待考。

5　與《大正藏》本對照，大正 1435，23/327B18～28 有近似內容。

8　5～6 世紀。南北朝寫本。

9.1　隸書。

1.1　BD10617 號

1.3　金剛般若波羅蜜經

1.4　L0746

2.1　27.1×13.8 厘米；1 紙；16 行。

2.3　卷軸裝。首尾均殘。通卷下殘。殘片。有烏絲欄。已修整。

3.1　首殘→大正 0235，08/0748C20。

3.2　尾殘→大正 0235，08/0749A06。

8　9～10 世紀。歸義軍時期寫本。

9.1　楷書。

1.1　BD10617 號

1.3　大辯邪正經

1.4　L0747

2.1　9.8×11 厘米；1 紙；5 行。

2.3　卷軸裝。首尾均殘。通卷上殘。殘片。有烏絲欄。已修整。

3.1　首殘→大正 2893，85/1411A28。

3.2　尾殘→大正 2893，85/1411B06。

8　9～10 世紀。歸義軍時期寫本。

9.1　楷書。

1.1　BD10619 號

1.3　首羅比丘見月光童子經

1.4　L0748

2.1　15×11.5 厘米；1 紙；9 行。

2.3　卷軸裝。首尾均殘。上下邊殘缺。有破裂。有烏絲欄。已修整。

3.3　錄文：

（首殘）

□…□年□…□/

□…□大仙且□…□/

□□道人曰煩惱永□…□/

□□月光出世是故□…□/

丘聞是語時歡喜踴□…□/

自然飽滿即時問□…□/

大仙答曰王在漢境□…□/

量大寶□…□/

兀無□…□/

（錄文完）

5　與《大正藏》本對照，文字有不同。

8　7～8世紀。唐寫本。

9.1　楷書。

1.1　BD10620 號

1.3　妙法蓮華經卷四

1.4　L0749

2.1　5.5×5.5 厘米；1紙；3行。

2.3　卷軸裝。首尾均殘。上下邊殘缺。小殘片。有烏絲欄。已修整。

3.1　首殘→大正0262，08/0028A05。

3.2　尾殘→大正0262，09/0028A08。

8　7～8世紀。唐寫本。

9.1　楷書。

1.1　BD10621 號

1.3　合部金光明經卷六

1.4　L0750

2.1　8.3×12.2 厘米；1紙；5行。

2.3　卷軸裝。首尾均殘。通卷上殘。殘片。已修整。

3.1　首殘→大正0664，16/0389B23。

3.2　尾殘→大正0664，16/0389B27。

8　9～10世紀。歸義軍時期寫本。

9.1　楷書。

1.1　BD10622 號

1.3　大般若波羅蜜多經卷一七

1.4　L0751

2.1　20×9.4 厘米；1紙；11行。

2.3　卷軸裝。首尾均殘。通卷上下殘。殘片。有烏絲欄。已修整。

3.1　首殘→大正0220，05/0091A18。

3.2　尾殘→大正0220，05/0091A29。

8　8～9世紀。吐蕃統治時期寫本。

9.1　楷書。

1.1　BD10623 號

1.3　金光明經卷四

1.4　L0752

2.1　14.2×13.2 厘米；1紙；9行。

2.3　卷軸裝。首尾均殘。通卷上下殘。殘片。有烏絲欄。已修整。

3.1　首殘→大正0663，16/0353C03。

3.2　尾殘→大正0663，16/0353C19。

6.2　下→BD10756 號。

8　8～9世紀。吐蕃統治時期寫本。

9.1　楷書。

1.1　BD10624 號

1.3　維摩詰所說經卷上

1.4　L0753

2.1　14.5×10.4 厘米；1紙；7行。

2.3　卷軸裝。首尾均殘。通卷上殘。殘片。有烏絲欄。已修整。

3.1　首殘→大正0475，14/0537B23。

3.2　尾殘→大正0475，14/0537C01。

8　7～8世紀。唐寫本。

9.1　楷書。

1.1　BD10625 號

1.3　佛名經（十六卷本）卷一一

1.4　L0754

2.1　6.4×11.4 厘米；1紙；4行。

2.3　卷軸裝。首尾均殘。通卷上下殘。小殘片。有烏絲欄。已修整。

3.1　首殘→《七寺古逸經典研究叢書》，03/0565A03。

3.2　尾殘→《七寺古逸經典研究叢書》，03/0565A05。

8　9～10世紀。歸義軍時期寫本。

9.1　楷書。

1.1　BD10626 號

1.3　維摩詰所說經卷上

1.4　L0755

2.1　8×6.5 厘米；1紙；5行。

2.3　卷軸裝。首尾均殘。通卷上殘。小殘片。有烏絲欄。已修整。

3.1　首殘→大正0475，14/0537C09。

3.2　尾殘→大正0475，14/0537C13。

8　9～10世紀。歸義軍時期寫本。

9.1　楷書。

1.1　BD10627 號

1.3　維摩詰所說經卷下

1.4　L0756

2.1　15.5×13 厘米；1紙；9行。

2.3　卷軸裝。首尾均殘。通卷下殘。殘片。有烏絲欄。已修整。

3.1　首殘→大正 0475，14/0552A10。

3.2　尾殘→大正 0475，14/0552A18。

8　　7～8 世紀。唐寫本。

9.1　楷書。

1.1　BD10628 號

1.3　妙法蓮華經卷一

1.4　L0757

2.1　14.5×19.5 厘米；2 紙；8 行。

2.2　01：08.5，05；　　02：06.0，03。

2.3　卷軸裝。首尾均殘。通卷下殘。殘片。卷面油污。有烏絲欄。已修整。

3.1　首殘→大正 0262，09/0002A12。

3.2　尾殘→大正 0262，09/0002A19。

8　　7～8 世紀。唐寫本。

9.1　楷書。

1.1　BD10629 號

1.3　妙法蓮華經卷六

1.4　L0758

2.1　21×12 厘米；1 紙；13 行。

2.3　卷軸裝。首尾均殘。經黃紙。通卷上殘。有烏絲欄。已修整。

3.1　首殘→大正 0262，09/0046B26。

3.2　尾殘→大正 0262，09/0046C10。

8　　7～8 世紀。唐寫本。

9.1　楷書。

1.1　BD10630 號

1.3　灌頂章句拔除過罪生死得度經

1.4　L0759

2.1　13.6×10.5 厘米；1 紙；7 行。

2.3　卷軸裝。首尾均殘。通卷上下殘。殘片。已修整。

3.1　首殘→大正 1331，21/0535B23。

3.2　尾殘→大正 1331，21/0535C02。

8　　5～6 世紀。南北朝寫本。

9.1　楷書。

1.1　BD10631 號

1.3　護首（大般若波羅蜜多經）

1.4　L0760

2.1　3.8×19 厘米；1 紙；11 行。

2.3　卷軸裝。首尾均殘。殘片。已修整。

3.4　説明：

　　此號爲《大般若波羅蜜多經》護首，上有經名“□…□蜜多經卷第三百冊三，卅五，恩”。

8　　9～10 世紀。歸義軍時期寫本。

9.1　楷書。

1.1　BD10632 號

1.3　金剛般若波羅蜜經

1.4　L0761

2.1　39.8×13.7 厘米；2 紙；23 行。

2.2　01：30.3，18；　　02：09.5，05。

2.3　卷軸裝。首尾均殘。通卷下殘。有烏絲欄。已修整。

3.1　首殘→大正 0235，08/0749A29。

3.2　尾殘→大正 0235，08/0749B23。

8　　7～8 世紀。唐寫本。

9.1　楷書。

1.1　BD10633 號

1.3　妙法蓮華經卷二

1.4　L0762

2.1　13×12 厘米；1 紙；8 行。

2.3　卷軸裝。首尾均殘。通卷下殘。殘片。有烏絲欄。已修整。

3.1　首殘→大正 0262，09/0010B24。

3.2　尾殘→大正 0262，09/0010C06。

4.1　妙法蓮華經卷□□（首）。

8　　7～8 世紀。唐寫本。

9.1　楷書。

1.1　BD10634 號

1.3　妙法蓮華經卷七

1.4　L0763

2.1　10×12.2 厘米；1 紙；6 行。

2.3　卷軸裝。首尾均殘。通卷上殘。殘片。有烏絲欄。已修整。

3.1　首殘→大正 0262，09/0057A18。

3.2　尾殘→大正 0262，09/0057A24。

8　　7～8 世紀。唐寫本。

9.1　楷書。

1.1　BD10635 號

1.3　維摩詰所説經卷下

1.4　L0764

2.1　8×12.3 厘米；1 紙；4 行。

2.3　卷軸裝。首尾均殘。通卷下殘。殘片。已修整。

3.1　首殘→大正 0475，14/0555A11。

3.2　尾殘→大正 0475，14/0555A15。

8　　7～8 世紀。唐寫本。

9.1　楷書。

1.1　BD10636 號

1.3　大般若波羅蜜多經卷四九四

1.4　L0765

2.1　8.1×13.4 厘米；1 紙；5 行。

2.3　卷軸裝。首尾均殘。通卷下殘。殘片。有烏絲欄。已修整。

3.1　首殘→大正 0220，07/0511A17。

3.2　尾殘→大正 0220，07/0511A22。

8　8～9 世紀。吐蕃統治時期寫本。

9.1　楷書。

1.1　BD10637 號

1.3　金剛般若波羅蜜經

1.4　L0766

2.1　12.2×18.7 厘米；1 紙；7 行。

2.3　卷軸裝。首尾均殘。通卷下殘。殘片。打紙，研光上蠟。有烏絲欄。已修整。

3.1　首殘→大正 0235，08/0750B28。

3.2　尾殘→大正 0235，08/0750C05。

8　7～8 世紀。唐寫本。

9.1　楷書。

1.1　BD10638 號

1.3　妙法蓮華經卷一

1.4　L0767

2.1　11.5×10.5 厘米；1 紙；7 行。

2.3　卷軸裝。首尾均殘。通卷上殘。殘片。有烏絲欄。

3.1　首殘→大正 0262，09/0004A24。

3.2　尾殘→大正 0262，09/0004B01。

8　7～8 世紀。唐寫本。

9.1　楷書。

1.1　BD10639 號

1.3　大般涅槃經（北本）卷一七

1.4　L0768

2.1　14.3×4.6 厘米；2 紙；9 行。

2.2　01：01.0，素紙；　　02：13.3，09。

2.3　卷軸裝。首尾均殘。通卷上下殘。有烏絲欄。已修整。

3.1　首殘→大正 0374，12/0462C27。

3.2　尾殘→大正 0374，12/0463A06。

8　5～6 世紀。南北朝寫本。

9.1　隸書。

1.1　BD10640 號

1.3　淨土五會念佛誦經觀行儀卷中

1.4　L0769

2.1　36.3×5.8 厘米；2 紙；4 行。

2.2　01：01.3，素紙。　　02：35.0，04。

2.3　卷軸裝。首尾均殘。通卷下殘。殘片。有烏絲欄。

3.1　首殘→大正 2827，85/1243B24。

3.2　尾殘→大正 2827，85/1243B27。

8　8 世紀。唐寫本。

9.1　楷書。

1.1　BD10641 號

1.3　護首（大般若波羅蜜多經）

1.4　L0770

2.1　8.7×13 厘米；1 紙；1 行。

2.3　卷軸裝。首尾均殘。殘片。已修整。

3.4　説明：

此號為《大般若波羅蜜多經》護首，上有經名“大般若波羅蜜多經□…□”及經名號。

8　8～9 世紀。吐蕃統治時期寫本。

9.1　楷書。

1.1　BD10642 號

1.3　佛名經（十六卷本）卷二

1.4　L0771

2.1　16×12.8 厘米；1 紙；8 行。

2.3　卷軸裝。首尾均殘。通卷下殘。殘片。有烏絲欄。已修整。

3.1　首殘→《七寺古逸經典研究叢書》，03/0082A13。

3.2　尾殘→《七寺古逸經典研究叢書》，03/0083A07。

8　7～8 世紀。唐寫本。

9.1　楷書。

1.1　BD10643 號

1.3　金剛般若波羅蜜經

1.4　L0772

2.1　18.7×8.3 厘米；1 紙；10 行。

2.3　卷軸裝。首尾均殘。通卷上殘。殘片。有烏絲欄。已修整。

3.1　首殘→大正 0235，08/0749C16。

3.2　尾殘→大正 0235，08/0749C26。

8　9～10 世紀。歸義軍時期寫本。

9.1　楷書。

1.1　BD10644 號

1.3　大般若波羅蜜多經卷一六五

1.4　L0773

2.1　5.2×14 厘米；1 紙；3 行。

2.3　卷軸裝。首尾均殘。通卷下殘。殘片。有烏絲欄。已修整。

3.1　首殘→大正 0220，05/0889A05。

3.2　尾殘→大正 0220，05/0889A07。

8　8～9 世紀。吐蕃統治時期寫本。

9.1　楷書。

1.1　BD10645 號

1.3　僧伽吒經卷三

1.4　L0774

2.1　4.6×8 厘米；1 紙；4 行。

2.3　卷軸裝。首尾均殘。通卷上下殘。殘片。已修整。

3.1　首殘→大正 0423，13/0969A24。

3.2　尾殘→大正 0423，13/0969A27。

8　7～8 世紀。唐寫本。

9.1　楷書。

1.1　BD10646 號

1.3　大般涅槃經（北本）卷二八

1.4　L0775

2.1　7.3×9.8 厘米；1 紙；4 行。

2.3　卷軸裝。首尾均殘。通卷上殘。小殘片。有烏絲欄。已修整。

3.1　首殘→大正 0374，12/0529A12。

3.2　尾殘→大正 0374，12/0529A16。

8　5～6 世紀。南北朝寫本。

9.1　楷書。

1.1　BD10647 號

1.3　金光明最勝王經卷九

1.4　L0776

2.1　5.3×13.9 厘米；1 紙；2 行。

2.3　卷軸裝。首尾均殘。通卷上殘。小殘片。有烏絲欄。已修整。

3.1　首殘→大正 0665，16/0447B18。

3.2　尾殘→大正 0665，16/0447B20。

8　8～9 世紀。吐蕃統治時期寫本。

9.1　楷書。

1.1　BD10648 號

1.3　妙法蓮華經卷一

1.4　L0777

2.1　5.5×13 厘米；1 紙；3 行。

2.3　卷軸裝。首脫尾殘。上邊殘缺。小殘片。有烏絲欄。

3.1　首殘→大正 0262，09/0002A19。

3.2　尾殘→大正 0262，09/0002A21。

8　7～8 世紀。唐寫本。

9.1　楷書。

1.1　BD10649 號

1.3　妙法蓮華經卷五

1.4　L0778

2.1　5.2×13.5 厘米；1 紙；3 行。

2.3　卷軸裝。首尾均殘。通卷下殘。小殘片。有烏絲欄。已修整。

3.1　首殘→大正 0262，09/0037B13。

3.2　尾殘→大正 0262，09/0037B15。

8　9～10 世紀。歸義軍時期寫本。

9.1　楷書。

1.1　BD10650 號

1.3　大般若波羅蜜多經卷五三七

1.4　L0779

2.1　7.2×13.7 厘米；1 紙；5 行。

2.3　卷軸裝。首尾均殘。通卷下殘。殘片。有烏絲欄。已修整。

3.1　首殘→大正 0220，07/0756C03。

3.2　尾殘→大正 0220，07/0756C07。

8　8～9 世紀。吐蕃統治時期寫本。

9.1　楷書。

1.1　BD10651 號

1.3　佛名經（十六卷本）卷一三

1.4　L0780

2.1　9×10.2 厘米；1 紙；5 行。

2.3　卷軸裝。首尾均殘。通卷下殘。小殘片。有烏絲欄。已修整。

3.1　首殘→《七寺古逸經典研究叢書》，03/0647A08。

3.2　尾殘→《七寺古逸經典研究叢書》，03/0647A12。

5　與《七寺古逸經典研究叢書》本對照，文字略有參差。

8　7～8 世紀。唐寫本。

9.1　楷書。

1.1　BD10652 號

1.3　大般涅槃經（北本）卷三六

1.4　L0781

2.1　20.5×16.9 厘米；2 紙；12 行。

2.2　01：10.0，06；　　02：10.5，06。

2.3　卷軸裝。首尾均殘。通卷下殘。三角形殘片。有烏絲欄。已修整。

3.1　首殘→大正 0374，12/0579A05。

3.2　尾殘→大正 0374，12/0579A16。

8　5～6 世紀。南北朝寫本。

9.1　隸書。

1.1　BD10653 號

1.3　妙法蓮華經卷一

1.4　L0782

2.1　17×14 厘米；1 紙；10 行。

2.3　卷軸裝。首殘尾脫。通卷下殘。有烏絲欄。已修整。

3.1　首殘→大正 0262，09/0002A07。

3.2　尾殘→大正 0262，09/0002A18。

8　7～8 世紀。唐寫本。

9.1　楷書。

1.1　BD10654 號

1.3　大方廣佛華嚴經（晉譯五十卷本）卷五〇

1.4　L0783

2.1　3×16.3 厘米；1 紙；3 行。

2.3　卷軸裝。首尾均殘。通卷上殘。小殘片。有烏絲欄。

3.1　首殘→大正 0278，09/0782C23。

3.2　尾殘→大正 0278，09/0782C25。

8　5～6 世紀。南北朝寫本。

9.1　隸書。

1.1　BD10655 號

1.3　大般涅槃經（北本）卷一

1.4　L0784

2.1　7.5×11 厘米；1 紙；5 行。

2.3　卷軸裝。首尾均殘。通卷上殘。殘片。有烏絲欄。已修整。

3.1　首殘→大正 0374，12/0366B16。

3.2　尾殘→大正 0374，12/0366B20。

8　5～6 世紀。南北朝寫本。

9.1　隸楷。

1.1　BD10656 號

1.3　大般若波羅蜜多經卷二七五

1.4　L0785

2.1　16×10.5 厘米；1 紙；10 行。

2.3　卷軸裝。首尾均殘。通卷下殘。殘片。中有殘洞，有烏絲欄。

3.1　首殘→大正 0220，06/0394B06。

3.2　尾殘→大正 0220，06/0394B15。

8　8～9 世紀。吐蕃統治時期寫本。

9.1　楷書。

1.1　BD10657 號

1.3　妙法蓮華經卷二

1.4　L0786

2.1　16.5×18.5 厘米；1 紙；9 行。

2.3　卷軸裝。首殘尾脫。通卷下殘。有烏絲欄。已修整。

3.1　首殘→大正 0262，09/0010C19。

3.2　尾殘→大正 0262，09/0011A06。

8　8～9 世紀。吐蕃統治時期寫本。

9.1　楷書。

1.1　BD10658 號

1.3　乙亥丙子年某寺殘籍（擬）

1.4　L0787

2.1　6.6×14.3 厘米；1 紙；2 行。

2.3　卷軸裝。首全尾殘。通卷下殘。有烏絲欄。

3.3　錄文：

（首全）

乙亥年二月八日衆僧□…□/

丙子年四月十三日於□…□/

（錄文完）

8　9～10 世紀。歸義軍時期寫本。

9.1　楷書。

1.1　BD10659 號

1.3　大方等大集經卷四

1.4　L0788

2.1　4.6×18 厘米；2 紙；3 行。

2.2　01：03.1，02；　　02：01.5，01。

2.3　卷軸裝。首尾均殘。通卷下殘。殘片。有烏絲欄。已修整。

3.1　首殘→大正 0397，13/0024B08。

3.2　尾殘→大正 0397，13/0024B11。

8　5～6 世紀。南北朝寫本。

9.1　楷書。

1.1　BD10660 號

1.3　大般若波羅蜜多經卷四三五

1.4　L0789

2.1　5.2×25.7 厘米；1 紙；3 行，行 17 字。

2.3　卷軸裝。首尾均殘。通卷殘缺。小殘片。有烏絲欄。

3.1　首殘→大正 0220，07/0189A01。

3.2　尾 2 行下殘→大正 0220，07/0189A03。

8　8～9 世紀。吐蕃統治時期寫本。

9.1　楷書。

1.1　BD10661 號

1.3　信函稿（擬）

1.4　L0790

2.1　3.5×22.5 厘米；1 紙；正面 1 行，背面 2 行。

2.3　卷軸裝。首尾均殘。通卷上殘。殘片。

3.3　錄文：

（首全）

聞說長友師兄疊榮（?）子上好麥子/

（錄文完）

7.3　背面有“第一第二”等雜寫 2 行。並有塗抹多處。

8　9～10 世紀。歸義軍時期寫本。

9.1　行楷。

1.1　BD10662 號

1.3　金剛般若波羅蜜經

1.4　L0791

2.1　13×14 厘米；1 紙；6 行。

2.3　卷軸裝。首尾均殘。通卷上殘。殘片。已修整。

3.1　首殘→大正 0235，08/0479B02。

3.2 尾殘→大正 0235，08/0479B08。

8　7~8 世紀。唐寫本。

9.1 楷書。

1.1 BD10663 號

1.3 般若波羅蜜多心經

1.4 L0792

2.1 25.5×15.7 厘米；2 紙；13 行。

2.2 01：04.2，02；　02：21.3，11。

2.3 卷軸裝。首尾均殘。袖珍本。已修整。

3.1 首殘→大正 0251，08/0848C10。

3.2 尾殘→大正 0251，08/0848C19。

8　9~10 世紀。歸義軍時期寫本。

9.1 楷書。

1.1 BD10664 號

1.3 佛名經（十六卷本）卷一

1.4 L0793

2.1 6.4×14.7 厘米；1 紙；3 行。

2.3 卷軸裝。首尾均殘。通卷下殘。殘片。有烏絲欄。已修整。

3.1 首殘→《七寺古逸經典研究叢書》，03/0011A09。

3.2 尾殘→《七寺古逸經典研究叢書》，03/0011A11。

8　9~10 世紀。歸義軍時期寫本。

9.1 楷書。

1.1 BD10665 號

1.3 妙法蓮華經卷六

1.4 L0794

2.1 23.5×17 厘米；1 紙；7 行。

2.3 卷軸裝。首尾均殘。經黃打紙。通卷下殘，上邊殘缺。有烏絲欄。已修整。

3.1 首殘→大正 0262，09/0051C08。

3.2 尾殘→大正 0262，09/0051C14。

8　7~8 世紀。唐寫本。

9.1 楷書。

1.1 BD10666 號

1.3 佛名經（十六卷本）卷二

1.4 L0795

2.1 14.5×7.3 厘米；1 紙；4 行。

2.3 卷軸裝。首尾均殘。通卷下殘。小殘片。有烏絲欄。已修整。

3.1 首殘→《七寺古逸經典研究叢書》，03/0065A06。

3.2 尾殘→《七寺古逸經典研究叢書》，03/0065A09。

8　9~10 世紀。歸義軍時期寫本。

9.1 楷書。

1.1 BD10667 號

1.3 木刻花形裝飾圖案（擬）

1.4 L0796

2.1 6.6×19.7 厘米；1 紙。

2.3 卷軸裝。首尾均殘。通卷下殘。小殘片。已修整。

3.4 說明：

　　本遺書上印有 4 朵黑色木刻花形裝飾性圖案，部分花瓣的邊緣殘破，或為刷印時用力過度所致。本遺書為中國早期木刻印刷品標本，甚為珍貴。

8　8~9 世紀。吐蕃統治時期寫本。

1.1 BD10668 號

1.3 金光明最勝王經卷二

1.4 L0797

2.1 6.2×11.5 厘米；1 紙；4 行。

2.3 卷軸裝。首尾均殘。通卷下殘。殘片。有烏絲欄。已修整。

3.1 首殘→大正 0665，16/0408C15。

3.2 尾殘→大正 0665，16/0408C19。

8　8~9 世紀。吐蕃統治時期寫本。

9.1 楷書。

1.1 BD10669 號

1.3 大般涅槃經（北本）卷二五

1.4 L0798

2.1 12.8×25.5 厘米；1 紙；7 行，行 17 字。

2.3 卷軸裝。首尾均殘。殘片。已修整。

3.1 首殘→大正 0374，12/0517A07。

3.2 尾殘→大正 0374，12/0517A13。

8　5~6 世紀。南北朝寫本。

9.1 隸楷。

1.1 BD10670 號

1.3 中論本頌鈔（擬）

1.4 L0799

2.1 15.7×17.9 厘米；2 紙；9 行。

2.2 01：12.7，07；　02：03.0，02。

2.3 卷軸裝。首尾均殘。通卷下殘。殘片。有折疊欄。已修整。

3.4 說明：

　　本遺書所抄為"中論本頌"節抄。具體情況如下：

　　第 1~2 行上：大正 1564，30/0010C11~12；

　　第 2 行下：大正 1564，30/0012A13~14；

　　第 3~4 行：大正 1564，30/0012C06~09；

　　第 5 行上：大正 1564，30/0013C22；

　　第 5 行下~6 行上：大正 1564，30/0016A08~09；

　　第 6 行下~7 行上：大正 1564，30/0016B15~16；

　　第 7 行下~8 行上：大正 1564，30/0018C07~08；

　　第 8 行下：大正 1564，30/0018C16。

5　與《大正藏》本對照，第 1～2 行文字差別較大。

8　7～8 世紀。唐寫本。

9.1　楷書。

9.2　有硃筆斷句。

1.1　BD10671 號

1.3　待考文獻（擬）

1.4　L0800

2.1　25×15.5 厘米；2 紙；22 行。

2.2　01：04.5，04；　　02：20.5，18。

2.3　卷軸裝。首尾均斷。通卷上殘。有折疊欄。已修整。

3.3　錄文：

（首殘）

□…□之則小兒露矣。若能修法成器，言行相逼，其/

□…□不為小見，欲見不要吹毛。聞過自責，收（？）□/

□…□捨重就輕，勿濫無辜人罪。從輕有自新之/

□…□之酷，脫有結獄之際，皆清降意思量。愍/

□…□之珍，如也施賓施珍，乃是天之福業。救苦是/

□…□可如何去難，恐多狂橫。下愧怨魂，聊述是非。故/

□…□寧知禍闇至。高門舉無日，掃墓終難避，/

□…□時察幽冥。勿以榮祿封身，遂忘圖身之間/

□…□羅，自外何能免辱。故知榮辱無定，貧富無/

□…□位，公無五代之家，同春首之損芳蘭，終衰秋之見/

□…□見貪錄之輩，俱無知足之心。求仕之徒，誰/

□…□寵勢之中，寧覺驕奢之逼。驕奢亦逼，危/

□…□逸，貧賤少寬奢。無奢常憂樂，多逸禍恒遮。/

□…□花。然世間虛幻人，並不曉其根。取捨二宜，/

□…□禍福。但節欲息心壠歆，所慮虛度晨朝。又/

□…□惶，遂於郎暑之間，沉吟卅有二。於是年來，/

□…□不堪慢息，自悔踈躬，聊識闇心。故為/

□…□事，豈矣禍來迎。參差神殞朽，恍惚夢懷驚。/

□…□有百年，愚昏並犯之中。復際八十之歲，/

□…□不能停歇。在身顛倒之病，畢竟不自/

□…□代相乘。一去一來，古今常事。妻兒暫/

□…□恩情絕，計校夫妻，並託緣而對。父子/

（錄文完）

3.4　説明：

疑為敦煌翟奉達晚年所撰，待考。

8　7～8 世紀。唐寫本。

9.1　行楷。

9.2　有硃筆斷句。

1.1　BD10672 號

1.3　觀佛三昧海經卷二

1.4　L0801

2.1　25.4×25.5 厘米；1 紙；13 行，行 17 字。

2.3　卷軸裝。首尾均殘。通卷卷面殘缺。殘片。有烏絲欄。已

修整。

3.1　首 9 行下殘→大正 0643，15/0651B10～19。

3.2　尾殘→大正 0643，15/0651B23。

8　5～6 世紀。南北朝寫本。

9.1　楷書。

1.1　BD10673 號

1.3　菩薩訶色欲法經

1.4　L0802

2.1　15.5×14 厘米；1 紙；7 行。

2.3　卷軸裝。首脫尾殘。通卷下殘。殘片。有烏絲欄。已修整。

3.1　首殘→大正 0615，15/0286A13。

3.2　尾殘→大正 0615，15/0286A20。

4.1　菩薩呵色欲法（首）。

8　7～8 世紀。唐寫本。

9.1　楷書。

1.1　BD10674 號

1.3　金剛般若波羅蜜經

1.4　L0803

2.1　23×15.4 厘米；1 紙；13 行。

2.3　卷軸裝。首尾均殘。通卷上殘。卷面有殘洞。背有古代裱

補。已修整。

3.1　首殘→大正 0235，08/0748C16。

3.2　尾殘→大正 0235，08/0749A04。

8　9～10 世紀。歸義軍時期寫本。

9.1　楷書。

1.1　BD10675 號

1.3　請觀世音菩薩消伏毒害陀羅尼咒經

1.4　L0804

2.1　11.9×15.5 厘米；2 紙；7 行。

2.2　01：06.5，04；　　02：05.4，03。

2.3　卷軸裝。首尾均殘。通卷下殘。殘片。已修整。

3.1　首殘→大正 1043，20/0035C15。

3.2　尾殘→大正 1043，20/0036A05。

8　5～6 世紀。南北朝寫本。

9.1　隸書。

1.1　BD10676 號

1.3　金光明最勝王經卷七

1.4　L0805

2.1　15.3×15.3 厘米；1 紙；正面 8 行，背面 3 行。

2.3　卷軸裝。首尾均殘。通卷下殘。殘片。有烏絲欄。已修整。

2.4　本遺書包括 2 個文獻：（一）《金光明最勝王經》卷七，8

行，抄寫在正面，今編為 BD10676 號。（二）《待考文獻殘片》

（擬），3 行，抄寫在背面裱補紙上，今編為 BD10676 號背。

3.1 首殘→大正 0665，16/0437B22。

3.2 尾殘→大正 0665，16/0437B29。

8　8 世紀。唐寫本。

9.1　楷書。

1.1　BD10676 號背

1.3　待考文獻殘片（擬）

1.4　L0805

2.4　本遺書由 2 個文獻組成，本文獻為第 2 個，3 行，抄寫在背面裱補紙上，餘參見 BD10676 號第 2 項。

3.4　說明：

　　此遺書上字跡難辨。可見"法"、"因是"、"廿二日（？）"等。似為世俗文書，詳情待考。

8　9～10 世紀。歸義軍時期寫本。

9.1　行書。

1.1　BD10677 號

1.3　敦煌寺院法事文書（擬）

1.4　L0806

2.1　9×9.5 厘米；1 紙；4 行。

2.3　卷軸裝。首尾均殘。通卷上下殘。殘片。紙厚，係兩層薄紙粘成。紙上有一排針眼，並貫穿細麻繩。已修整。

3.3　錄文：

（首殘）

□…□拾肆，敦煌郡 敦煌□…□父 住 為 戶 □ …□/

□…□卷，濟苦，十戒□…□/

□…□第一，第二，計已□…□/

（錄文完）

3.4　說明：

　　疑為關於轉經法事之文書。詳情待考。

7.2　殘存 2 枚陽文硃印，印文模糊，除末尾"印"字，其餘文字難以辨認。

8　7～8 世紀。唐寫本。

9.1　楷書。

1.1　BD10678 號

1.3　大般涅槃經（北本）卷四〇

1.4　L0807

2.1　18×25 厘米；1 紙；9 行，行 17 字。

2.3　卷軸裝。首殘尾脫。有烏絲欄。已修整。

3.1　首 2 行上殘→大正 0374，12/0599A08～09。

3.2　尾殘→大正 0374，12/0599A17。

8　6 世紀。南北朝寫本。

9.1　楷書。

1.1　BD10679 號

1.3　金剛般若波羅蜜經

1.4　L0808

2.1　7.2×14 厘米；1 紙；4 行。

2.3　卷軸裝。首尾均殘。通卷下殘。小殘片。有烏絲欄。背有古代裱補。已修整。

3.1　首殘→大正 0235，08/0749B05。

3.2　尾殘→大正 0235，08/0749B09。

8　7～8 世紀。唐寫本。

9.1　楷書。

1.1　BD10680 號

1.3　妙法蓮華經卷七

1.4　L0809

2.1　6.8×8.4 厘米；1 紙；4 行。

2.3　卷軸裝。首尾均殘。通卷上殘。小殘片。有烏絲欄。已修整。

3.1　首殘→大正 0262，09/0058B02。

3.2　尾殘→大正 0262，09/0058B06。

8　7～8 世紀。唐寫本。

9.1　楷書。

1.1　BD10681 號

1.3　大般涅槃經疏（擬）

1.4　L0810

2.1　8.7×25.5 厘米；1 紙；8 行。

2.3　卷軸裝。首尾均殘。殘片。有烏絲欄。已修整。

3.3　錄文：

（首殘）

文殊述□純陁□□□幾□得□…□/

大智若作是知厶悅可者我上言如來待食不□於我□…□/

不待於食如來讚嘆於汝若道有待不嘆於我似若如讚汝言無待/

□讚於□□□有愛增愛不盡可名為厶既非是厶正應須食純陁答/

□…□獨悅可我一人一切眾生說厶無為/

□…□上來純陁舉等悅拂（佛）去/

□…□悅可者一切眾生說厶/

□…□悅可若尔有悅不悅/

（錄文完）

3.4　說明：

　　本遺書所抄為《大般涅槃經疏》，所疏釋的經文可參見大正 0374，12/0374c04～20。

8　5～6 世紀。南北朝寫本。

9.1　隸書。"佛"字寫作"厶"。

1.1　BD10682 號

1.3　佛名經（十六卷本）卷二

1.4　L0811

2.1　（11.5＋9.3）×30.5 厘米；2 紙；2 行。

2.2　01：11.5，護首；　　02：09.3，02。

2.3　卷軸裝。首尾均殘。殘片。有護首，已殘。附彩繪佛像殘片。已修整。

3.1　首殘→《七寺古逸經典研究叢書》，03/0064A02。

3.2　尾殘→《七寺古逸經典研究叢書》，03/0054A03。

8　9～10 世紀。歸義軍時期寫本。

9.1　楷書。

13　附彩繪佛像。

1.1　BD10683 號

1.3　妙法蓮華經卷七

1.4　L0812

2.1　19.5×26.5 厘米；1 紙；10 行，行 18 字。

2.3　卷軸裝。首尾均殘。殘片。有烏絲欄。已修整。

3.1　首殘→大正 0262，09/0059A21。

3.2　尾 5 行上殘→大正 0262，09/0059A27～B04。

8　7～8 世紀。唐寫本。

9.1　楷書。

1.1　BD10684 號

1.3　金剛經疏（擬）

1.4　L0813

2.1　8.4×13.7 厘米；1 紙；6 行。

2.3　卷軸裝。首脫尾殘。通卷上下殘。殘片。薄皮紙。已修整。

3.3　錄文：

（首殘）

□…□四句者，西方梵音八字成句。四句卅二字，為四句偈。案□…□/

□…□論字□多少也。受持者，受是聽聞，持是憶念。□…□/

□…□得福却少世尊。佛言：一切諸佛及諸佛皆從此經□…□/

□…□少為廣說，普及衆生。因此經已，皆得成佛。是以□…□/

□…□諸者，過去諸佛也。及諸佛者，言未來諸佛也。/

□…□佛先此言，佛從經出。經佛誰先。答：此經有二。一義□…□/

（錄文完）

3.4　說明：

本遺書抄寫《金剛經疏》，所疏經文，可參見大正 0235，08/0749B21～25。

8　7～8 世紀。唐寫本。

9.1　楷書。

1.1　BD10685 號

1.3　觀世音經

1.4　L0814

2.1　32×9：5 厘米；1 紙；20 行。

2.3　卷軸裝。首尾均殘。通卷上殘。殘片。有烏絲欄。已修整。

3.1　首殘→大正 0262，09/0058A01。

3.2　尾殘→大正 0262，09/0058B07。

8　8～9 世紀。吐蕃統治時期寫本。

9.1　楷書。

1.1　BD10686 號

1.3　佛名經（十二卷本）卷七

1.4　L0815

2.1　14.9×27.4 厘米；2 紙；8 行，行 16～18 字。

2.2　01：07.5，04；　　02：07.4，04。

2.3　卷軸裝。首尾均殘。前部上下殘。殘片。有烏絲欄。已修整。

3.1　首 4 行上下殘→大正 0440，14/0152C21～24。

3.2　尾殘→大正 0440，14/0152C28。

8　7～8 世紀。唐寫本。

9.1　楷書。

1.1　BD10687 號

1.3　妙法蓮華經卷二

1.4　L0816

2.1　12×14 厘米；1 紙；6 行。

2.3　卷軸裝。首殘尾脫。經黃紙。通卷上下殘。有烏絲欄。已修整。

3.1　首殘→大正 0262，09/0014C27。

3.2　尾殘→大正 0262，09/0015A05。

8　7～8 世紀。唐寫本。

9.1　楷書。

1.1　BD10688 號

1.3　金光明最勝王經卷一○

1.4　L0817

2.1　13.3×13 厘米；1 紙；正面 8 行，背面 7 行。

2.3　卷軸裝。首尾均殘。通卷下殘。殘片。有烏絲欄。已修整。

2.4　本遺書包括 2 個文獻：（一）《金光明最勝王經》卷一○，8 行，抄寫在正面，今編為 BD10688 號。（二）《地藏菩薩十齋日》（異本五），7 行，抄寫在背面，今編為 BD10688 號背。

3.1　首殘→大正 0665，16/0453C11。

3.2　尾殘→大正 0665，16/0453C25。

8　8～9 世紀。吐蕃統治時期寫本。

9.1　楷書。

1.1　BD10688 號背

1.3　地藏菩薩十齋日（異本五）

1.4　L0817

2.4 本遺書由 2 個文獻組成，本文獻為第 2 個，7 行，抄寫在背面，餘參見 BD10688 號第 2 項。

3.1 首殘→《藏外佛教文獻》，07／0355A06。

3.2 尾殘→《藏外佛教文獻》，07／0355A13。

3.3 錄文：

（首殘）

□…□將軍下來，此日持齋不／

□…□說一切他人長短，除罪／

□…□來，日持齋不墮拔舌／

□…□他人，除罪二萬劫／

□…□持齋，不墮鐵床地獄／

□…□月廿九日，四天王下／

□…□獄，屬身不著／

（錄文完）

3.4 說明：

與《藏外佛教文獻》所載《地藏菩薩十齋日》（異本五）行文略有差異，可資互校。

8　9～10 世紀。歸義軍時期寫本。

9.1 楷書。

1.1 BD10689 號

1.3 佛名經（十六卷本）卷一○

1.4 L0818

2.1 （19.2＋1.3）×11.2 厘米；2 紙；7 行。

2.2 01：19.2，07；　　02：01.3，00。

2.3 卷軸裝。首尾均殘。通卷下殘。小殘片。有烏絲欄。

3.1 首殘→《七寺古逸經典研究叢書》，03／0503A04。

3.2 尾殘→《七寺古逸經典研究叢書》，03／0503A10。

8　9～10 世紀。歸義軍時期寫本。

9.1 楷書。

1.1 BD10690 號

1.3 天地八陽神咒經

1.4 L0819

2.1 17×14.5 厘米；1 紙；14 行，行 17 字。

2.3 卷軸裝。首尾均殘。有烏絲欄。已修整。

3.1 首殘→大正 2897，85／1423B13。

3.2 尾殘→大正 2897，85／1423C02。

8　9～10 世紀。歸義軍時期寫本。

9.1 楷書。

9.2 有行間校加字。

1.1 BD10691 號

1.3 酒令舞譜（擬）

1.4 L0820

2.1 20.5×17.7 厘米；1 紙；11 行。

2.3 卷軸裝。首尾均殘。通卷下殘。殘片。已修整。

3.3 錄文：

（首殘）

二舞、、、、 送、、、、 □、、、、 据、、、、 送、、□…□／
　　　　　左　　　　　右

三舞、、、、 送、、、、 授、、、、 奇、、、、 送、□…□／
　　　　　右　　　　右

四舞、、、、 送、、、、 授、、、、 据、、、、 送、、□…□／

後四段與前四段同，與撥拽請□…□／

準前曲子一般拍段，令至据□…□／

兩打引令／

　　　左右左　　　右　　　左右左　　右左右　　　左
一打、、、、 皇、、、、 打、、、、 打、、、、 打、、、、 □…□／
　　　右左右　　　左　　　右左右　　　左右左
二舞、、、、 打、、、、 皇、、、、 打、、、、 打、、、、 □…□／
　　　右　　右左右　　　左　　　右□…□
三舞、、、、 授、、、、 打、、、、 皇、、、、 打、□…□／
　　　右　　　左右左
四舞、、、、 授、、、、 据、、、、 打、、、、 □…□／

亦與後四段同／

（錄文完）

3.4 說明：

根據研究，文中“左”、“右”為步法標誌。原文這些標註均用小字標註在相應動作的右邊。為方便起見，錄文另起一行，但不佔行號。

8　9～10 世紀。歸義軍時期寫本。

9.1 行楷。

1.1 BD10692 號

1.3 妙法蓮華經卷七

1.4 L0821

2.1 32.8×20.8 厘米；1 紙；20 行，行 17 字。

2.3 卷軸裝。首尾均殘。天頭地腳似剪掉。卷面油污變色，下邊殘缺。背有古代裱補。有烏絲欄。已修整。

3.1 首 6 行下殘→大正 0262，09／0057A06～12。

3.2 尾殘→大正 0262，09／0057A27。

8　9～10 世紀。歸義軍時期寫本。

9.1 楷書。

1.1 BD10693 號

1.3 金剛般若波羅蜜經

1.4 L0822

2.1 13.4×14.3 厘米；1 紙；9 行。

2.3 卷軸裝。首尾均殘。通卷下殘。殘片。打紙。有烏絲欄。已修整。

3.1 首殘→大正 0235，08／0749A13。

3.2 尾殘→大正 0235，08／0749A23。

8　7～8 世紀。唐寫本。

9.1 楷書。

1.1 BD10694 號

1.3 諸雜字（擬）

1.4 L0823

2.1 16.8×15.5 厘米；1 紙；8 行。

2.3 卷軸裝。首尾均殘。通卷上殘。殘片。已修整。

3.3 錄文：

（首殘）

□…□/

□…□蜜，阿滿兒，沒□…□/

□…□◇◇，踏實力，犢子/

□…□屑舌，齖齒，頭面，要◇/

□…□膝，脇肋，心肺，肝腸/

□…□瞎禿，雙目，癡聾/

□…□頑愚，肥瘦，□□/

□…□/

（錄文完）

3.4 說明：

屬於蒙書。

7.3 背面有經咒雜寫 2 行。"哆姪一，哆哆姪他，羅咖□…□"、"咒曰：南無咖羅叉□…□"。

8 9～10 世紀。歸義軍時期寫本。

9.1 楷書。

1.1 BD10695 號

1.3 摩訶僧祇比丘尼戒本

1.4 L0824

2.1 （2.2＋10.9＋2.5）×25 厘米；1 紙；8 行，行 17 字。

2.3 卷軸裝。首尾均殘。殘片。有烏絲欄。已修整。

3.1 首殘→大正 1427，22/0556B20。

3.2 尾殘→大正 1427，22/0556B28。

8 6 世紀。南北朝寫本。

9.1 隸楷。

1.1 BD10696 號

1.3 大般涅槃經（北本）卷二六

1.4 L0825

2.1 16.4×26 厘米；1 紙；8 行，行 17 字。

2.3 卷軸裝。首尾均殘。殘片。有烏絲欄。已修整。

3.1 首行下殘→大正 0374，12/0520A09～10。

3.2 尾 4 行下殘→大正 0374，12/0520A14～16。

8 7～8 世紀。唐寫本。

9.1 楷書。

1.1 BD10697 號

1.3 大般涅槃經（北本）卷二七

1.4 L0826

2.1 12.6×26.5 厘米；1 紙；7 行，行 17 字。

2.3 卷軸裝。首尾均殘。殘片。有烏絲欄。已修整。

3.1 首殘→大正 0374，12/0527C07。

3.2 尾殘→大正 0374，12/0527C13。

8 5～6 世紀。南北朝寫本。

9.1 隸楷。

1.1 BD10698 號

1.3 無量壽經卷下

1.4 L0827

2.1 （1.5＋16.3＋3）×26 厘米；2 紙；12 行，行 17 字。

2.2 01：1.5＋14.8，10；02：1.5＋3，02。

2.3 卷軸裝。首尾均殘。殘片。有烏絲欄。已修整。

3.1 首殘→大正 0360，12/0279A07。

3.2 尾殘→大正 0360，12/0279A20。

8 5～6 世紀。南北朝寫本。

9.1 隸楷。

1.1 BD10699 號

1.3 紙本彩畫（擬）

1.4 L0828

2.1 15.3×9.3 厘米；1 紙。

2.3 卷軸裝。首尾均殘。通卷下殘。小殘片。已修整。

3.4 說明：

本遺書為人物畫像，只殘留半個頭像。

8 8～9 世紀。吐蕃統治時期寫本。

1.1 BD10700 號

1.3 妙法蓮華經卷二

1.4 L0829

2.1 22×25.5 厘米；1 紙；12 行。

2.3 卷軸裝。首尾均殘。殘片。有烏絲欄。已修整。

3.1 首殘→大正 0262，09/0011B05。

3.2 尾殘→大正 0262，09/0011B17。

8 9～10 世紀。歸義軍時期寫本。

9.1 楷書。

9.2 有行間校加字。

1.1 BD10701 號

1.3 大般若波羅蜜多經卷一二七

1.4 L0830

2.1 13.8×26 厘米；1 紙；7 行，行 17 字。

2.3 卷軸裝。首尾均殘。殘片。卷背有鳥糞。有烏絲欄。已修整。

3.1 首殘→大正 0220，05/0695C01。

3.2 尾殘→大正 0220，05/0695C07。

8　8～9世紀。吐蕃統治時期寫本。

9.1　楷書。

1.1　BD10702號

1.3　妙法蓮華經卷三

1.4　L0831

2.1　42×8厘米；1紙；23行。

2.3　卷軸裝。首殘尾脫。經黃紙。通卷下殘。有烏絲欄。已修整。

3.1　首殘→大正0262，09/0021C25。

3.2　尾殘→大正0262，09/0022A23。

8　7～8世紀。唐寫本。

9.1　楷書。

1.1　BD10703號

1.3　金剛經疏（擬）

1.4　L0832

2.1　16×28.8厘米；1紙；13行。

2.3　卷軸裝。首尾均殘。通卷下殘。殘片。有烏絲欄。已修整。

3.3　錄文：

（首殘）

命須菩提□…□/

下經文為流通分序□…□/

理為利益之本流通者流□…□/

為二初從如是我聞至千二百人俱為證信序□…□/

起序正信者證經可信說時處及同聞眾今後生信故□/

起者正宗也初中有六一如是二我聞三一時四教主佛五說/

處即舍提婆城等亦與大比丘如是我聞即發首明信□□/

如者真如是者定辭唯如為是故言如是又云如是者□…□/

則所言之理順順則師資之道成由信故所說□…□/

又云般若以信執為宗如是者離五謗□…□/

則增益謗二如是此經是無則損減謗□…□/

相違謗四此經非有非無戲論謗五此□…□/

謗□五謗五如是言又云經之說法但為□…□/

（錄文完）

3.4　說明：

本遺書抄寫《金剛經疏》，所疏經文為《金剛經》之序分。

8　9～10世紀。歸義軍時期寫本。

9.1　行書。有合體字"菩提"。

1.1　BD10704號

1.3　父母恩重經（異本）

1.4　L0833

2.1　11.5×15.5厘米；1紙；7行。

2.3　卷軸裝。首殘尾脫。通卷下殘，卷面有破裂。有烏絲欄。已修整。

3.4　說明：

本遺書所抄與《大正藏》本不同，為異本。

8　7～8世紀。唐寫本。

9.1　楷書。

1.1　BD10705號

1.3　梵網經盧舍那佛說菩薩心地戒品第十卷下

1.4　L0834

2.1　10.5×11.2厘米；1紙；4行。

2.3　卷軸裝。首尾均殘。通卷上殘。殘片。有烏絲欄。已修整。

3.1　首殘→大正1484，24/1005A02。

3.2　尾殘→大正1484，24/1005A06。

8　9～10世紀。歸義軍時期寫本。

9.1　楷書。

1.1　BD10706號

1.3　待考佛教殘片（擬）

1.4　L0835

2.1　9.6×7.4厘米；1紙；2行。

2.3　卷軸裝。首尾均殘。通卷上下殘。小殘片。有烏絲欄。已修整。

3.3　錄文：

（首殘）

□…□有廿四，無為□…□/

□…□/

□…□/

□…□/

□…□生也/

（錄文完）

8　9～10世紀。歸義軍時期寫本。

9.1　楷書。

1.1　BD10707號

1.3　佛名經（十六卷本）卷六

1.4　L0836

2.1　4.8×12.5厘米；1紙；2行。

2.3　卷軸裝。首尾均殘。通卷上下殘。小殘片。有烏絲欄。已修整。

3.1　首殘→《七寺古逸經典研究叢書》，03/0272A06。

3.2　尾殘→《七寺古逸經典研究叢書》，03/0272A07。

8　7～8世紀。唐寫本。

9.1　楷書。

1.1　BD10708號

1.3　彩繪菩薩立像（擬）

1.4　·L0837·

2.1　27.6×42.5厘米；1紙；

2.3 卷軸裝。首全尾殘。卷面殘破，多有腐蝕殘洞。已修整。

3.4 説明：

  本遺書上畫彩繪菩薩立像。上邊、右邊爲環迴狀裝飾性邊紋。菩薩頭戴天冠，上有化佛，頭有背光，手結印契，立於蓮花座上。上身有纓絡，下身爲笈多風格的“曹衣出水”。右下角有一戴冠、合掌供養人。菩薩立像左側殘留蓮花座，則原畫當不止一尊菩薩。

8 8～9世紀。吐蕃統治時期寫本。

1.1 BD10709號

1.3 待考佛經殘片（擬）

1.4 L0838

2.1 4.2×5.4厘米；1紙；2行。

2.3 卷軸裝。首尾均殘。通卷上殘。小殘片。有烏絲欄。已修整。

3.3 録文：

  （首殘）

   □…□妙（?）□／

   □…□證法／

  （録文完）

8 8～9世紀。吐蕃統治時期寫本。

9.1 楷書。

1.1 BD10710號

1.3 妙法蓮華經卷一

1.4 L0839

2.1 8.5×15.4厘米；1紙；5行。

2.3 卷軸裝。首尾均殘。通卷下殘。殘片。有烏絲欄。已修整。

3.1 首殘→大正0262，09/0009A25。

3.2 尾殘→大正0262，09/0009B04。

8 5～6世紀。南北朝寫本。

9.1 隸楷。

1.1 BD10711號

1.3 金光明最勝王經卷九

1.4 L0840

2.1 11.2×6厘米；1紙；6行。

2.3 卷軸裝。首尾均殘。通卷上下殘。殘片。有烏絲欄。已修整。

3.1 首殘→大正0665，16/0444A14。

3.2 尾殘→大正0665，16/0444A19。

8 8～9世紀。吐蕃統治時期寫本。

9.1 楷書。

1.1 BD10712號

1.3 藏文文獻殘片（擬）

1.4 L0841

2.1 5.5×8.5厘米；1紙；2行。

2.3 卷軸裝。首尾均殘。通卷上下殘。三角形殘片。

3.4 説明：

  僅殘留藏文2行。

8 8～9世紀。吐蕃統治時期寫本。

9.1 正體。

1.1 BD10713號

1.3 妙法蓮華經卷三

1.4 L0842

2.1 3.3×11厘米；1紙；2行。

2.3 卷軸裝。首尾均殘。通卷下殘。殘片。有烏絲欄。已修整。

3.1 首殘→大正0262，09/0022B23。

3.2 尾殘→大正0262，09/0022B24。

8 5～6世紀。南北朝寫本。

9.1 楷書。

1.1 BD10714號

1.3 佛垂般涅槃略説教誡經

1.4 L0843

2.1 2.8×15.8厘米；1紙；2行。

2.3 卷軸裝。首尾均殘。通卷上殘。殘片。有烏絲欄。

3.1 首殘→大正0389，12/1111A02。

3.2 尾殘→大正0389，12/1111A04。

8 7～8世紀。唐寫本。

9.1 楷書。

1.1 BD10715號

1.3 待考佛經殘片（擬）

1.4 L0844

2.1 5.8×4.3厘米；1紙；2行。

2.3 卷軸裝。首尾均殘。通卷下殘。小殘片。有烏絲欄。

3.3 録文：

  （首殘）

   無□…□／

   他□…□／

  （録文完）

8 5～6世紀。南北朝寫本。

9.1 楷書。

1.1 BD10716號

1.3 摩訶般若波羅蜜經卷二一

1.4 L0845

2.1 3.3×18.4厘米；1紙；2行。

2.3 卷軸裝。首尾均殘。通卷上下殘。殘片。有烏絲欄。已修整。

3.1 首殘→大正0223，08/0371B05。

3.2 尾殘→大正0223，08/0371B07。

8 5~6世紀。南北朝寫本。

9.1 隸楷。

1.1 BD10717號

1.3 釋四無礙辯（擬）

1.4 L0846

2.1 6×29.9厘米；1紙；4行，行字不等。

2.3 單葉紙。首尾均全。已修整。

3.3 錄文：

（首全）

辯無礙辯者。說法之時，隨其言音。當根無失。名辭無礙辯。/

所說教法，義理相從，曠劫無盡，名義無礙辯。/

如來隨機設教，性相咸同。無有疑礙，名法無礙辯。如來說法之時，辭理多端，一音/

設法，隨累（類）得解，巧便多惠，恆無厭倦，所說辭理，無有塞澀，名樂說無礙辯。/

（錄文完）

3.4 說明：

《大乘百法明門論開宗義記序釋》，大正2811，85/1066A07~12有相似內容。本文獻或出自《大乘百法明門論開宗義記序釋》。

8 9~10世紀。歸義軍時期寫本。

9.1 楷書。

1.1 BD10718號

1.3 大般若波羅蜜多經卷五二五

1.4 L0847

2.1 15.7×14.4厘米；1紙；13行。

2.3 卷軸裝。首尾均殘。通卷下殘。殘片。有烏絲欄。已修整。

3.1 首殘→大正0220，07/0690A12。

3.2 尾殘→大正0220，07/0690A24。

7.1 背有勘記"般若經第五百廿□…□"。

8 8~9世紀。吐蕃統治時期寫本。

9.1 楷書。

1.1 BD10719號

1.3 四分律疏（擬）

1.4 L0848

2.1 10.9×15.5厘米；1紙；6行。

2.3 卷軸裝。首尾均殘。通卷上殘。殘片。有折疊欄。已修整。

3.3 錄文：

（首殘）

□…□煩惱，自謂永斷，故生此慢。復/

□…□即便修道，及成羅漢，以疑白佛。佛便開/

□…□想，三境虛，四知境虛，五說過人法，六自言/

□…□自知有德，不淨觀及夢中說，皆不犯/

□…□祇樹給孤獨蘭，時有大善鹿樂長［者］/

□…□五緣成一男子，簡非天與畜男異女等/

（錄文完）

3.4 說明：

參見《四分律刪繁補闕行事鈔》卷中、《四分律鈔簡正記》卷第十七等。

8 8~9世紀。吐蕃統治時期寫本。

9.1 楷書。

1.1 BD10720號

1.3 金光明最勝王經卷五

1.4 L0849

2.1 9.3×5.3厘米；1紙；5行。

2.3 卷軸裝。首尾均殘。通卷上下殘。小殘片。有烏絲欄。已修整。

3.1 首殘→大正0665，16/0423A02。

3.2 尾殘→大正0665，16/0423A06。

8 8~9世紀。吐蕃統治時期寫本。

9.1 楷書。

1.1 BD10721號

1.3 藥師琉璃光如來本願功德經

1.4 L0850

2.1 6.6×11.3厘米；2紙；3行。

2.2 01：02.6，01；　02：04.0，02。

2.3 卷軸裝。首尾均殘。通卷上殘。小殘片。有烏絲欄。已修整。

3.1 首殘→大正0450，14/0405A11。

3.2 尾殘→大正0450，14/0405A13。

8 7~8世紀。唐寫本。

9.1 楷書。

1.1 BD10722號

1.3 無量壽宗要經

1.4 L0851

2.1 6×9厘米；1紙；4行。

2.3 卷軸裝。首尾均殘。通卷上下殘。有烏絲欄。已修整。

3.1 首殘→大正0936，19/0082A06。

3.2 尾殘→大正0936，19/0082A12。

8 8~9世紀。吐蕃統治時期寫本。

9.1 楷書。

1.1 BD10723號

1.3 妙法蓮華經卷一

1.4 L0852

2.1 5.9×8.6厘米；1紙；4行。

2.3 卷軸裝。首尾均殘。通卷上下殘。小殘片。卷背有鳥糞。有烏絲欄。已修整。

3.1 首殘→大正 0262，09/0001C28。

3.2 尾殘→大正 0262，09/0002A02。

8 7～8 世紀。唐寫本。

9.1 楷書。

1.1 BD10724 號

1.3 妙法蓮華經卷四

1.4 L0853

2.1 16.5×11 厘米；1 紙；10 行。

2.3 卷軸裝。首尾均殘。通卷上下殘。有烏絲欄。已修整。

3.1 首殘→大正 0262，09/0027C28。

3.2 尾殘→大正 0262，09/0028A09。

8 7～8 世紀。唐寫本。

9.1 楷書。

1.1 BD10725 號

1.3 妙法蓮華經卷七

1.4 L0854

2.1 17.8×8.2 厘米；1 紙；10 行。

2.3 卷軸裝。首尾均殘。通卷上殘。有烏絲欄。已修整。

3.1 首殘→大正 0262，09/0057A04。

3.2 尾殘→大正 0262，09/0057A14。

8 8 世紀。唐寫本。

9.1 楷書。

1.1 BD10726 號

1.3 佛名經（十六卷本）卷一

1.4 L0855

2.1 15×12.8 厘米；1 紙；8 行。

2.3 卷軸裝。首尾均殘。通卷下殘。殘片，上部殘缺。已修整。

3.1 首殘→《七寺古逸經典研究叢書》，03/0010A07。

3.2 尾殘→《七寺古逸經典研究叢書》，03/0011A01。

8 7～8 世紀。唐寫本。

9.1 楷書。

1.1 BD10727 號

1.3 妙法蓮華經卷五

1.4 L0856

2.1 12.9×17.4 厘米；1 紙；8 行。

2.3 卷軸裝。首尾均殘。通卷下殘。殘片。有烏絲欄。已修整。

3.1 首殘→大正 0262，09/0042C10。

3.2 尾殘→大正 0262，09/0042C18。

8 9～10 世紀。歸義軍時期寫本。

9.1 楷書。

1.1 BD10728 號

1.3 維摩詰所說經疏（擬）

1.4 L0857

2.1 7.8×5.7 厘米；1 紙；6 行。

2.3 卷軸裝。首尾均殘。通卷上殘。小殘片。有烏絲欄。已修整。

3.3 錄文：

（首殘）

□…□住結/

□…□名聞德/

□…□名聞德文二/

□…□善又三。初標/

□…□師得空喻。一釋/

□…□二明應生/

（錄文完）

3.4 說明：

參見《淨名經集解關中疏》卷上。

8 8～9 世紀。吐蕃統治時期寫本。

9.1 行書。

9.2 有硃筆斷句。

1.1 BD10729 號

1.3 阿彌陀經

1.4 L0858

2.1 20×10.3 厘米；1 紙；11 行。

2.3 卷軸裝。首尾均殘。通卷上下殘。殘片。有烏絲欄。已修整。

3.1 首殘→大正 0366，12/0346C03。

3.2 尾殘→大正 0366，12/0346C15。

8 7～8 世紀。唐寫本。

9.1 楷書。

1.1 BD10730 號

1.3 佛名經（十六卷本）卷二

1.4 L0859

2.1 27×26.5 厘米；1 紙；17 行，行 17 字。

2.3 卷軸裝。首尾均殘。殘片。打紙，砑光上蠟。有烏絲欄。已修整。

3.1 首 6 行上殘→《七寺古逸經典研究叢書》，03/0084A02～07。

3.2 尾殘→《七寺古逸經典研究叢書》，03/0085A05。

5 與《七寺古逸經典研究叢書》本對照，文字略有參差。

8 7～8 世紀。唐寫本。

9.1 楷書。

9.2 有行間校加字。

1.1 BD10731 號

1.3 妙法蓮華經卷一

1.4 L0860

2.1 8×10.5厘米；1紙；4行。

2.3 卷軸裝。首尾均殘。通卷下殘。殘片。經黃紙。有烏絲欄。已修整。

3.1 首殘→大正0262，09/0003C15。

3.2 尾殘→大正0262，09/0003C18。

8 7~8世紀。唐寫本。

9.1 楷書。

1.1 BD10732號

1.3 大般若波羅蜜多經卷一九二

1.4 L0861

2.1 11.9×12.4厘米；1紙；7行。

2.3 卷軸裝。首尾均殘。通卷下殘。殘片。有烏絲欄。已修整。

3.1 首殘→大正0220，05/1029B14。

3.2 尾殘→大正0220，05/1029B20。

8 8~9世紀。吐蕃統治時期寫本。

9.1 楷書。

1.1 BD10733號

1.3 大般涅槃經（北本）卷一〇

1.4 L0862

2.1 9.6×9.3厘米；1紙；3行。

2.3 卷軸裝。首尾均殘。通卷下殘。小殘片。有烏絲欄。

3.1 首殘→大正0374，12/0425B27。

3.2 尾殘→大正0374，12/0425C02。

8 5~6世紀。南北朝寫本。

9.1 隸楷。

1.1 BD10734號

1.3 大般若波羅蜜多經卷二二七

1.4 L0863

2.1 14.4×14.2厘米；1紙；正面9行，背面8行。

2.3 卷軸裝。首尾均殘。通卷下殘。殘片。有烏絲欄。已修整。

2.4 本遺書包括2個文獻：（一）《大般若波羅蜜多經》卷二二七，9行，抄寫在正面，今編為BD10734號。（二）《于闐文文獻》（擬），8行，抄寫在背面，今編為BD10734號背。

3.1 首殘→大正0220，06/0139B06。

3.2 尾殘→大正0220，06/0139B14。

8 8~9世紀。吐蕃統治時期寫本。

9.1 楷書。

1.1 BD10734號背

1.3 于闐文文獻（擬）

1.4 L0863背

2.4 本遺書由2個文獻組成，本文獻為第2個，8行，抄寫在背

面，餘參見BD10734號第2項。

3.4 説明：

本遺書背面抄寫于闐文文獻，殘存8行，内容待考。

8 10世紀。歸義軍時期寫本。

1.1 BD10735號

1.3 金剛般若波羅蜜經

1.4 L0864

2.1 12×6.1厘米；1紙；6行。

2.3 卷軸裝。首尾均殘。通卷上殘。小殘片。有烏絲欄。已修整。

3.1 首殘→大正0235，08/0748C16。

3.2 尾殘→大正0235，08/0748C22。

8 8~9世紀。吐蕃統治時期寫本。

9.1 楷書。

1.1 BD10736號

1.3 大方廣佛華嚴經（晉譯五十卷本）卷三五

1.4 L0865

2.1 6.7×19厘米；1紙；4行。

2.3 卷軸裝。首尾均殘。通卷下殘。殘片。有烏絲欄。已修整。

3.1 首殘→大正0278，09/0660A16。

3.2 尾殘→大正0278，09/0660A19。

8 5~6世紀。南北朝寫本。

9.1 隸楷。

1.1 BD10737號

1.3 金光明最勝王經卷二

1.4 L0866

2.1 12.5×12厘米；1紙；6行。

2.3 卷軸裝。首尾均殘。通卷上殘。殘片。有烏絲欄。已修整。

3.1 首殘→大正0665，16/0410B01。

3.2 尾殘→大正0665，16/0410B07。

8 8~9世紀。吐蕃統治時期寫本。

9.1 楷書。

1.1 BD10738號

1.3 無量壽宗要經

1.4 L0867

2.1 6×12厘米；1紙；4行。

2.3 卷軸裝。首尾均殘。通卷上殘。小殘片。有烏絲欄。

3.1 首殘→大正0936，19/0083C03。

3.2 尾殘→大正0936，19/0083C11。

8 8~9世紀。吐蕃統治時期寫本。

9.1 楷書。

1.1 BD10739號

1.3 大般涅槃經（北本）卷三

1.4 L0868

2.1 2.9×25.3 厘米；1 紙；3 行。

2.3 卷軸裝。首尾均殘。長條殘片。有烏絲欄。已修整。

3.1 首殘→大正 0374，12/0383B11。

3.2 尾殘→大正 0374，12/0383B14。

8 5～6 世紀。南北朝寫本。

9.1 隸書。

1.1 BD10740 號

1.3 大般涅槃經（北本）卷三

1.4 L0869

2.1 5.7×8 厘米；1 紙；3 行。

2.3 卷軸裝。首尾均殘。通卷上殘。小殘片。有烏絲欄。已修整。

3.1 首殘→大正 0374，12/0383B07。

3.2 尾殘→大正 0374，12/0383B10。

8 5～6 世紀。南北朝寫本。

9.1 隸書。

1.1 BD10741 號

1.3 金剛般若波羅蜜經

1.4 L0870

2.1 7.9×8.2 厘米；1 紙；5 行。

2.3 卷軸裝。首尾均殘。通卷下殘。殘片。卷面有霉斑。有烏絲欄。已修整。

3.1 首殘→大正 0235，08/0751C01。

3.2 尾殘→大正 0235，08/0751C06。

8 7～8 世紀。唐寫本。

9.1 楷書。

1.1 BD10742 號

1.3 觀世音經

1.4 L0871

2.1 13.9×7.5 厘米；1 紙；2 行。

2.3 卷軸裝。首尾均殘。通卷上殘。殘片。有燕尾。有烏絲欄。已修整。

3.1 首殘→大正 0262，09/0058B06。

3.2 尾殘→大正 0262，09/0058B07。

8 7～8 世紀。唐寫本。

9.1 楷書。

1.1 BD10743 號

1.3 待考道教殘片（擬）

1.4 L0872

2.1 3×12.4 厘米；1 紙；正面 2 行。背面 1 行。

2.3 卷軸裝。首尾均殘。小殘片。黃紙。有烏絲欄。已修整。

2.4 本遺書包括 2 個文獻：（一）《待考道教殘片》（擬），2 行，抄寫在正面，今編為 BD10743 號。（二）《過去莊嚴劫千佛名經》，1 行，抄寫在背面，今編為 BD10743 號背。

3.3 錄文：

（首殘）

人賢之論禁神三司/

□…□之厭苦/

（錄文完）

8 7～8 世紀。唐寫本。

9.1 楷書。

1.1 BD10743 號背

1.3 過去莊嚴劫千佛名經

1.4 L0872

2.4 本遺書由 2 個文獻組成，本文獻為第 2 個，1 行，抄寫在背面，餘參見 BD10743 號第 2 項。

3.1 首殘→大正 0446，14/0365A10。

3.2 尾殘→大正 0446，14/0365A11。

8 9～10 世紀。歸義軍時期寫本。

9.1 楷書。

13 多個佛經中均有本遺書所抄佛名。暫定此經。

1.1 BD10744 號

1.3 護首（大般若波羅蜜多經）

1.4 L0873

2.1 3.6×12.8 厘米；1 紙；1 行。

2.3 卷軸裝。首尾均殘。殘片。已修整。

3.4 説明：

本遺書為《大般若波羅蜜多經》護首。上有經名"大般若波羅蜜多經卷第三百□…□"及經名號。

8 8～9 世紀。吐蕃統治時期寫本。

9.1 楷書。

1.1 BD10745 號

1.3 妙法蓮華經卷七

1.4 L0874

2.1 8×12.1 厘米；1 紙；5 行。

2.3 卷軸裝。首尾均殘。通卷下殘。殘片。經黃紙。有烏絲欄。已修整。

3.1 首殘→大正 0262，09/0057A19。

3.2 尾殘→大正 0262，09/0057A23。

8 7～8 世紀。唐寫本。

9.1 楷書。

1.1 BD10746 號

1.3 金光明最勝王經卷二

1.4 L0875

2.1 12.6×21.8 厘米；2 紙；7 行。

2.2 01：06.2，03； 02：06.4，03。

2.3 卷軸裝。首尾均殘。通卷下殘。殘片。有烏絲欄。已修整。

3.1 首殘→大正 0665，16/0408B27。

3.2 尾殘→大正 0665，16/0408C04。

8 8～9 世紀。吐蕃統治時期寫本。

9.1 楷書。

1.1 BD10747 號

1.3 佛名經（十六卷本）卷三

1.4 L0876

2.1 15.5×13.2 厘米；1 紙；6 行。

2.3 卷軸裝。首尾均殘。通卷上殘。小殘片。卷面油污。已修整。

3.1 首殘→《七寺古逸經典研究叢書》，03/0129A04。

3.2 尾殘→《七寺古逸經典研究叢書》，03/0129A08。

5 與《七寺古逸經典研究叢書》本對照，多"□…□量無邊如來"一行。

8 9～10 世紀。歸義軍時期寫本。

9.1 楷書。

1.1 BD10748 號

1.3 金剛般若波羅蜜經

1.4 L0877

2.1 17×7.8 厘米；1 紙；7 行。

2.3 卷軸裝。首尾均殘。通卷上殘。殘片。背有古代裱補。有烏絲欄。已修整。

3.1 首殘→大正 0235，08/0748C17。

3.2 尾殘→大正 0235，08/0748C24。

8 7～8 世紀。唐寫本。

9.1 楷書。

1.1 BD10749 號

1.3 金剛般若波羅蜜經

1.4 L0878

2.1 8.6 厘米；1 紙；4 行。

2.3 卷軸裝。首尾均殘。通卷下殘。殘片。有烏絲欄。已修整。

3.1 首殘→大正 0235，08/0750A10。

3.2 尾殘→大正 0235，08/0750A13。

8 9～10 世紀。歸義軍時期寫本。

9.1 楷書。

1.1 BD10750 號

1.3 大般涅槃經後分卷上

1.4 L0879

2.1 10.7×12.8 厘米；1 紙；4 行。

2.3 卷軸裝。首尾均殘。通卷上殘。殘片。有烏絲欄。已修整。

3.1 首殘→大正 0377，12/0900A05。

3.2 尾殘→大正 0377，12/0900A08。

8 8～9 世紀。吐蕃統治時期寫本。

9.1 楷書。

1.1 BD10751 號

1.3 諸經要集卷一一

1.4 L0880

2.1 7.7×8.8 厘米；1 紙；5 行。

2.3 卷軸裝。首尾均殘。通卷上下殘。小殘片。卷面油污變色。已修整。

3.1 首殘→大正 2123，54/0103B26。

3.2 尾殘→大正 2123，54/0103C03。

5 與《大正藏》本對照，文字略有參差。

8 7～8 世紀。唐寫本。

9.1 楷書。

1.1 BD10752 號

1.3 金剛般若波羅蜜經

1.4 L0881

2.1 5.1×5.7 厘米；1 紙；3 行。

2.3 卷軸裝。首尾均殘。通卷上下殘。小殘片。有烏絲欄。已修整。

3.1 首殘→大正 0235，08/0750A21。

3.2 尾殘→大正 0235，08/0750A23。

8 9～10 世紀。歸義軍時期寫本。

9.1 楷書。

1.1 BD10753 號

1.3 妙法蓮華經卷七

1.4 L0882

2.1 34.6×14.7 厘米；1 紙；21 行。

2.3 卷軸裝。首尾均殘。通卷下殘。殘片。有烏絲欄。已修整。

3.1 首殘→大正 0262，09/0057A04。

3.2 尾殘→大正 0262，09/0057A24。

8 7～8 世紀。唐寫本。

9.1 楷書。

1.1 BD10754 號

1.3 大般若波羅蜜多經卷二四九

1.4 L0883

2.1 12.1×6.2 厘米；1 紙；4 行。

2.3 卷軸裝。首尾均殘。通卷上殘。小殘片。有烏絲欄。已修整。

3.1 首殘→大正 0220，06/0256A08。

3.2 尾殘→大正 0220，06/0256A12。

4.1 □…□詔譯（首）。

8　8～9 世紀。吐蕃統治時期寫本。

9.1　楷書。

9.2　有倒乙。

1.1　BD10755 號

1.3　大般若波羅蜜多經卷二四四

1.4　L0884

2.1　5.9×11.8 厘米；1 紙；2 行。

2.3　卷軸裝。首尾均殘。通卷上下殘。小殘片。有烏絲欄。已修整。

3.1　首殘→大正 0220，06/0230A04。

3.2　尾殘→大正 0220，06/0230A07。

4.1　□…□多經卷第二百卌四，/□…□卅四之六十三，三藏法師□…□/（首）。

8　8～9 世紀。吐蕃統治時期寫本。

9.1　楷書。

9.2　有行間校加字。

1.1　BD10756 號

1.3　金光明經卷四

1.4　L0885

2.1　9.7×14.6 厘米；1 紙；6 行。

2.3　卷軸裝。首尾均殘。通卷上下殘。殘片。卷面油污變色、變脆，有殘洞。已修整。

3.1　首殘→大正 0663，16/0353C09。

3.2　尾殘→大正 0663，16/0353C19。

6.1　上→BD10623 號。

8　9～10 世紀。歸義軍時期寫本。

9.1　楷書。

1.1　BD10757 號

1.3　六門陀羅尼經

1.4　L0886

2.1　8.7×16.8 厘米；1 紙；5 行。

2.3　卷軸裝。首全尾殘。通卷下殘。殘片。有烏絲欄。已修整。

3.1　首殘→大正 1360，21/0878A01。

3.2　尾殘→大正 1360，21/0878A07。

4.1　六門陀羅尼經一卷（首）。

7.3　背有文字一行，字跡模糊，難以辨認。

8　8～9 世紀。吐蕃統治時期寫本。

9.1　楷書。

1.1　BD10758 號

1.3　大智度論卷三〇

1.4　L0887

2.1　12.2×25.2 厘米；2 紙；7 行，行 17 字。

2.2　01：10.4，06；　　02：01.8，02。

2.3　卷軸裝。首尾均殘。殘片。已修整。

3.1　首行中殘→大正 1509，25/0276C20～21。

3.2　尾行中上殘→大正 1509，25/0277A01～02。

8　6 世紀。南北朝寫本。

9.1　楷書。

1.1　BD10759 號

1.3　妙法蓮華經卷七

1.4　L0888

2.1　15.5×26 厘米；2 紙；8 行，行 17 字。

2.2　01：15.5×26；　　02：03.0，01。

2.3　卷軸裝。首尾均殘。殘片。有烏絲欄。已修整。

3.1　首殘→大正 0262，09/0055C04。

3.2　尾殘→大正 0262，09/0055C12。

8　8 世紀。唐寫本。

9.1　楷書。

1.1　BD10760 號

1.3　待考佛教殘片（擬）

1.4　L0889

2.1　12.2×15.3 厘米；1 紙；4 行。

2.3　卷軸裝。首尾均殘。通卷下殘。殘片。已修整。

3.3　錄文：

（首殘）

從今兒女上頭（？）哭千呼萬□…□/

不脫裝束衣裳遮莫新終□…□/

微塵高堂几舍永長別□□…□/

一死者何時更得□…□/

（錄文完）

7.3　背有文字 4 行，均僅殘存首字殘痕，似為數字，其中三行似作"六"、"廿"、"一九"。

8　9～10 世紀。歸義軍時期寫本。

9.1　楷書。

1.1　BD10761 號

1.3　金光明經卷四

1.4　L0890

2.1　5.6×14.7 厘米；1 紙；正面 3 行，背面 2 行。

2.3　卷軸裝。首尾均殘。通卷上殘。殘片。有烏絲欄。已修整。

2.4　本遺書包括 2 個文獻：（一）《金光明經》卷四，3 行，抄寫在正面，今編為 BD10761 號。（二）《藏文文獻殘片》（擬），2 行，抄寫在背面，今編為 BD10761 號背。

3.1　首殘→大正 0663，16/0353A16。

3.2　尾殘→大正 0663，16/0353A21。

8　9～10 世紀。歸義軍時期寫本。

9.1　楷書。

1.1　BD10761 號背

1.3　藏文文獻殘片（擬）

1.4　L0890

2.4　本遺書由 2 個文獻組成，本文獻為第 2 個，2 行，抄寫在背面。餘參見 BD10761 號之第 2 項。

3.4　說明：

殘留藏文 2 行，詳情待考。

8　9 ~ 10 世紀。歸義軍時期寫本。

9.1　正體。

1.1　BD10762 號

1.3　金剛般若波羅蜜經

1.4　L0891

2.1　16.7×19.5 厘米；1 紙；10 行。

2.3　卷軸裝。首尾均殘。通卷下殘。殘片。有烏絲欄。已修整。

3.1　首殘→大正 0235，08/0750A10。

3.2　尾殘→大正 0235，08/0750A20。

8　7 ~ 8 世紀。唐寫本。

9.1　楷書。

1.1　BD10763 號

1.3　金剛般若波羅蜜經

1.4　L0892

2.1　7.6×11.4 厘米；1 紙；4 行。

2.3　卷軸裝。首尾均殘。通卷上殘。小殘片。有烏絲欄。已修整。

3.1　首殘→大正 0235，08/0748C16。

3.2　尾殘→大正 0235，08/0748C20。

8　9 ~ 10 世紀。歸義軍時期寫本。

9.1　楷書。

1.1　BD10764 號

1.3　維摩詰所說經卷中

1.4　L0893

2.1　8×12.3 厘米；1 紙；5 行。

2.3　卷軸裝。首尾均殘。通卷下殘。小殘片。有烏絲欄。已修整。

3.1　首殘→大正 0475，14/0544B02。

3.2　尾殘→大正 0475，14/0544B07。

8　8 ~ 9 世紀。吐蕃統治時期寫本。

9.1　楷書。

1.1　BD10765 號

1.3　天地八陽神咒經

1.4　L0894

2.1　4.7×9.2 厘米；1 紙；3 行。

2.3　卷軸裝。首尾均殘。通卷上殘。小殘片。有烏絲欄。已修整。

3.1　首殘→大正 2897，85/1423A22。

3.2　尾殘→大正 2897，85/1423A25。

8　9 ~ 10 世紀。歸義軍時期寫本。

9.1　楷書。

1.1　BD10766 號

1.3　大通方廣懺悔滅罪莊嚴成佛經卷下

1.4　L0895

2.1　21.8×19.3 厘米；1 紙；12 行。

2.3　卷軸裝。首尾均殘。通卷上殘。殘片。有烏絲欄。已修整。

3.1　首殘→大正 2871，85/1350C09。

3.2　尾殘→大正 2871，85/1350C20。

8　5 ~ 6 世紀。南北朝寫本。

9.1　隸書。

1.1　BD10767 號

1.3　普賢菩薩行願王經

1.4　L0896

2.1　18.5×15 厘米；1 紙；11 行。

2.3　卷軸裝。首尾均殘。通卷下殘。有烏絲欄。已修整。

3.1　首殘→大正 2907，85/1453A15。

3.2　尾殘→大正 2907，85/1453A27。

5　與《大正藏》本對照，漏抄"願我常得親睹見""恒持諸佛最妙法"兩句。

8　8 ~ 9 世紀。吐蕃統治時期寫本。

9.1　楷書。

1.1　BD10768 號

1.3　待考佛教殘片（擬）

1.4　L0897

2.1　4.1×5.5 厘米；1 紙；3 行。

2.3　卷軸裝。首尾均殘。通卷下殘。小殘片。有烏絲欄。已修整。

3.3　錄文：

（首殘）

若□…□/

諸□…□/

淨（?）□…□/

（錄文完）

8　5 ~ 6 世紀。南北朝寫本。

9.1　隸楷。

1.1　BD10769 號

1.3　待考佛教殘片（擬）

1.4　L0898

2.1　2.1×5.9 厘米；1 紙；2 行。

2.3 卷軸裝。首尾均殘。通卷上下殘。小殘片。有烏絲欄。已修整。

3.3 錄文：

（首殘）

□…□誘（?）喚（?）令（?）便（使?）來□…□/

□…□者何緣不見□…□/

（錄文完）

8 8~9世紀。吐蕃統治時期寫本。

9.1 楷書。

1.1 BD10770號

1.3 觀無量壽佛經

1.4 L0899

2.1 5.5×4.3厘米；1紙；2行。

2.3 卷軸裝。首尾均殘。通卷上下殘。小殘片。有烏絲欄。已修整。

3.1 首殘→大正0365，12/0343C02。

3.2 尾殘→大正0365，12/0343C03。

8 7~8世紀。唐寫本。

9.1 楷書。

1.1 BD10771號

1.3 待考佛經殘片（擬）

1.4 L0900

2.1 3.3×5.8厘米；1紙；2行。

2.3 卷軸裝。首尾均殘。通卷上殘。小殘片。有烏絲欄。已修整。

3.3 錄文：

（首殘）

□…□我等/

□…□若/

（錄文完）

8 8~9世紀。吐蕃統治時期寫本。

9.1 楷書。

1.1 BD10772號

1.3 無量壽宗要經

1.4 L0901

2.1 22×17厘米；1紙；13行。

2.3 卷軸裝。首殘尾脫。通卷下殘。有烏絲欄。已修整。

3.1 首殘→大正0936，19/0084A18。

3.2 尾殘→大正0936，19/0084B19。

8 8~9世紀。吐蕃統治時期寫本。

9.1 楷書。

1.1 BD10773號A

1.3 祭文（擬）

1.4 L0902

2.1 10.2×24.8厘米；1紙；正面5行，背面2行。

2.3 卷軸裝。首尾均殘。通卷上殘。殘片。已修整。

2.4 本遺書包括2個文獻：（一）《祭文》（擬），5行，抄寫在正面，今編為BD10773號A。（二）《某寺入破歷》（擬），2行，抄寫在背面，今編為BD10773號A背。

3.3 錄文：

（首殘）

□…□儀可則。謙讓榮家。令範不虧，於篋規/

□…□訓，不霑於珪瑕。何圖忽遘瘵疾，淹此/

□…□疴，上天不術，沉逝奈何。親姻愴切，男女/

□…□彌□多，祿子等忝陪半骨。/

□…□忠勤，□□傷心，嗚呼/

（錄文完）

8 9~10世紀。歸義軍時期寫本。

9.1 行楷。

9.2 有倒乙。有斷句。

1.1 BD10773號A背

1.3 某寺入破歷（擬）

1.4 L0902

2.4 本遺書由2個文獻組成，本文獻為第2個，2行，抄寫在背面，餘參見BD10773號A第2項。

3.3 錄文：

（首殘）

□…□◇◇麥（?）一石，八日◇馬（?）◇麥一石，◇…◇/

◇付

庭（?）蘭二月九日修紙碓朝木一◇◇一石◇了。供像◇木◇粟一石/

（錄文完）

3.4 說明：

第一行硃筆書寫。第二行"庭蘭"兩字墨筆，恐非原文書內容，為雜寫。"◇付"為墨筆，註於行間。其餘均為硃筆，大部分文字筆跡漫漶，甚難辨認。

8 9~10世紀。歸義軍時期寫本。

9.1 行書。

1.1 BD10773號B

1.3 某寺工料雜破歷（擬）

1.4 L0902

2.1 11.3×26.5厘米；1紙；正面5行，背面8行。

2.3 卷軸裝。首尾均殘。通卷上下殘。殘片。有烏絲欄。已修整。

2.4 本遺書包括3個文獻：（一）《某寺工料雜破歷》（擬），5行，抄寫在正面，今編為BD10773號B。（二）《某寺殘歷》（擬），3行，硃筆，抄寫在背面，今編為BD10773號B背1。

（三）《某寺殘歷》（擬），6 行，墨筆，抄寫在背面，今編為 BD10773 號 B 背 2。背面的兩個文獻疊壓書寫。

3.3 錄文：

（首殘）

陳孫老手功四石。灰三石。飯共体功◇□…□/

雜［一石二斗］五升。赤土、墨膠七斗，油低（抵?）麥一 石二□…□/

石工三石。支納一石二斗。秤□…□/

◇◇等二石九斗。□…□/

□…□下，陳平□…□/

（錄文完）

第 2 行"雜"為大字，下面壓掉 4 個字，似為"一石二 斗"，錄文用"［　］"表示。第 4 行"二石九斗"旁註："二石 二斗，陳平。"

8　9～10 世紀。歸義軍時期寫本。

9.1　行書。

13　本文獻為某寺破歷。支出內容，有工匠的工資，也有灰、 赤土、墨膠等各種工程用料。故擬此名。

1.1　BD10773 號 B 背 1

1.3　某寺殘歷（擬）

1.4　L0902

2.4　本遺書由 3 個文獻組成，本文獻為第 2 個，3 行，抄寫在背 面，硃筆，餘參見 BD10773 號 B 第 2 項。

3.3　錄文：

（首缺）

曹□…□十口◇上□…□/

◇…◇ 計七十二疋□…□/

◇◇，┐◇◇。┐◇◇。◇索有。┐重（?）人三。┐李 ◇◇/

（錄文完）

3.4　說明：

本文獻用硃筆寫成。從形態看，乃先書寫本文獻，然後書 寫 BD10773 號 B 背 2，故 BD10773 號 B 背 2 的墨筆文字疊壓在本 文獻之上。字跡模糊，甚難辨認。上述錄文僅為隱約可辨者。

8　9～10 世紀。歸義軍時期寫本。

9.1　行書。

1.1　BD10773 號 B 背 2

1.3　某寺殘歷（擬）

1.4　L0902

2.4　本遺書由 3 個文獻組成，本文獻為第 3 個，6 行，抄寫在背 面，墨筆，餘參見 BD10773 號 B 第 2 項。

3.3　錄文：

（首殘）

廿六日，馬圖（?），七。五月廿□…□/

賀志德，七。六日，裴度。十一日，□…□/

廿一日，吳（?）之。◇雲（?）奴。廿六日，孫（?）◇田 □…□/

曹◇◇，五。親（?）客（?），半之（?）。氾日興，一。梁 達。□…□/

七月十二，人（人）◇主庭廜，一八。八月十一日 ◇通吳 （?）一通，七。

計欠兩疋，戶（?）◇◇◇◇，白悉，阮麥（?）□…□/

（錄文完）

8　9～10 世紀。歸義軍時期寫本。

9.1　行書。

1.1　BD10774 號

1.3　金光明最勝王經卷五

1.4　L0903

2.1　（4.5 + 7 + 9）×25.5 厘米；1 紙；12 行，行 14 字。

2.3　卷軸裝。首尾均殘。殘片。有烏絲欄。

3.1　首 2 行上下殘→大正 0665，16/0423A10～11。

3.2　尾 5 行中上殘→大正 0665，16/0423A17～21。

8　8～9 世紀。吐蕃統治時期寫本。

9.1　楷書。

1.1　BD10775 號

1.3　妙法蓮華經卷四

1.4　L0904

2.1　26 × 25 厘米；1 紙；14 行。

2.3　卷軸裝。首尾均殘。經黃紙。上邊殘缺。有烏絲欄。

3.1　首殘→大正 0262，09/0033C08。

3.2　尾殘→大正 0262，09/0033C24。

8　7～8 世紀。唐寫本。

9.1　楷書。

1.1　BD10776 號

1.3　增壹阿含經卷一九

1.4　L0905

2.1　8.5 × 10.5 厘米；1 紙；4 行。

2.3　卷軸裝。首尾均殘。通卷下殘。殘片。有烏絲欄。

3.1　首殘→大正 0125，02/0641B14。

3.2　尾殘→大正 0125，02/0641B18。

8　6 世紀。南北朝寫本。

9.1　楷書。

1.1　BD10777 號

1.3　優婆塞戒經卷五

1.4　L0906

2.1　5.9 × 12 厘米；1 紙；3 行。

2.3　卷軸裝。首尾均殘。通卷下殘。殘片。有烏絲欄。

3.1　首殘→大正 1488，24/1062B02。

3.2　尾殘→大正 1488，24/1062B05。

8　5 世紀。南北朝寫本。

9.1　隸書。

1.1　BD10778 號

1.3　大般涅槃經（北本）卷三

1.4　L0907

2.1　2.8×20.5 厘米；1 紙；1 行。

2.3　卷軸裝。首尾均殘。通卷下殘。殘片。有烏絲欄。

3.1　首殘→大正 0374，12/0383A24。

3.2　尾殘→大正 0374，12/0383A25。

8　5～6 世紀。南北朝寫本。

9.1　隸楷。

1.1　BD10779 號

1.3　待考佛教文獻殘片（擬）

1.4　L0908

2.1　7.4×4.7 厘米；1 紙；6 行。

2.3　卷軸裝。首尾均殘。通卷上下殘。小殘片。

3.3　錄文：

（首殘）

□…□敬禮大□…□/

□…□訶迦羅世□…□/

□…□蓮華種姓□…□/

□…□種姓。敬禮龍□…□/

□…□正真等覺□…□/

□…□覺世□…□/

（錄文完）

8　9～10 世紀。歸義軍時期寫本。

9.1　楷書。

1.1　BD10780 號

1.3　合部金光明經卷一

1.4　L0909

2.1　3.6×10.7 厘米；1 紙；2 行。

2.3　卷軸裝。首尾均殘。通卷下殘。小殘片。有烏絲欄。

3.1　首殘→大正 0664，16/0363A07。

3.2　尾殘→大正 0664，16/0363A08。

8　8～9 世紀。吐蕃統治時期寫本。

9.1　楷書。

1.1　BD10781 號

1.3　妙法蓮華經卷三

1.4　L0910

2.1　3.4×14.8 厘米；1 紙；2 行。

2.3　卷軸裝。首尾均殘。通卷下殘。小殘片。

3.1　首殘→大正 0262，09/0020A23。

3.2　尾殘→大正 0262，09/0020A25。

8　9～10 世紀。歸義軍時期寫本。

9.1　楷書。

1.1　BD10782 號

1.3　妙法蓮華經卷二

1.4　L0911

2.1　8.5×11.5 厘米；1 紙；5 行。

2.3　卷軸裝。首脫尾殘。通卷上殘。有烏絲欄。

3.1　首殘→大正 0262，09/0013A10。

3.2　尾殘→大正 0262，09/0013A15。

8　7～8 世紀。唐寫本。

9.1　楷書。

1.1　BD10783 號

1.3　大方等陀羅尼經卷二

1.4　L0912

2.1　6.5×12.2 厘米；1 紙；4 行。

2.3　卷軸裝。首尾均殘。通卷上下殘。殘片。有烏絲欄。已修整。

3.1　首殘→大正 1339，21/0651A12。

3.2　尾殘→大正 1339，21/0651A16。

5　與《大正藏》本對照，文字略有不同。

8　5～6 世紀。南北朝寫本。

9.1　隸楷。

1.1　BD10784 號

1.3　大般涅槃經（北本）卷二七

1.4　L0913

2.1　（7+6）×25.4 厘米；1 紙；7 行，行 17 字。

2.3　卷軸裝。首尾均殘。殘片。有烏絲欄。

3.1　首 4 行下殘→大正 0374，12/0524A20～24。

3.2　尾殘→大正 0374，12/0524A27。

8　5～6 世紀。南北朝寫本。

9.1　隸書。

1.1　BD10785 號

1.3　法鏡借龍興寺藏本手帖（擬）

1.4　L0914

2.1　5.2×34.7 厘米；1 紙；3 行。

2.3　卷軸裝。首尾均殘。通卷上殘。殘片。

3.1　首殘→《敦煌佛教經錄輯校》，02/0796A07。

3.2　尾殘→《敦煌佛教經錄輯校》，02/0797A01。

3.3　錄文：

（首殘）

□…□請龍興寺藏本：佛華嚴經，叁袟，新寫本。叁袟內壹/

□…□卷，並分付法鏡勒手拈。法鏡。第六袟內欠兩卷，法鏡。/

□…□般若藏本，第六十袟。/

（錄文完）

8　9～10世紀。歸義軍時期寫本。

9.1　楷書。

1.1　BD10786號

1.3　妙法蓮華經卷四

1.4　L0915

2.1　6.3×10.7厘米；1紙；正面3行，背面藏文5行。

2.3　卷軸裝。首尾均殘。通卷下殘。小殘片。經黃紙。有烏絲欄。

2.4　本遺書包括2個文獻：（一）《妙法蓮華經》卷四，3行，抄寫在正面，今編為BD10786號。（二）《藏文文獻》（擬），5行，抄寫在背面，今編為BD10786號背。

3.1　首殘→大正0262，09/0032B22。

3.2　尾殘→大正0262，09/0032B24。

8　7～8世紀。唐寫本。

9.1　楷書。

1.1　BD10786號背

1.3　藏文文獻（擬）

1.4　L0915

2.4　本遺書由2個文獻組成，本文獻為第2個，5行，抄寫在背面，餘參見BD10786號第2項。

3.4　說明：

背面抄寫藏文5行，已殘缺，內容待考。

8　8～9世紀。吐蕃統治時期寫本。

9.1　草書。

1.1　BD10787號

1.3　大方廣佛華嚴經（晉譯五十卷本）卷五○

1.4　L0916

2.1　6.2×25.4厘米；2紙；4行。

2.2　01：04.8，03；　02：01.4，01。

2.3　卷軸裝。首尾均殘。通卷上殘。殘片。第1紙上有殘洞。有烏絲欄。

3.1　首殘→大正0278，09/0782C24。

3.2　尾殘→大正0278，09/0782C28。

8　5～6世紀。南北朝寫本。

9.1　隸書。

9.2　有行間校加字。

1.1　BD10788號

1.3　大般涅槃經（北本）卷二五

1.4　L0917

2.1　3.4×25.7厘米；1紙；3行。

2.3　卷軸裝。首尾均殘。長條殘片。有烏絲欄。已修整。

3.1　首殘→大正0374，12/0511C21。

3.2　尾殘→大正0374，12/0511C24。

8　5～6世紀。南北朝寫本。

9.1　隸楷。

1.1　BD10789號

1.3　彌沙塞部和醯五分律（宮本）卷七

1.4　L0918

2.1　8.5×27.4厘米；1紙；3行，行17字。

2.3　卷軸裝。首全尾斷。殘片。有烏絲欄。

3.1　首殘→大正1421，22/0052A16。

3.2　尾殘→大正1421，22/0052A17。

4.1　律藏五分初分卷第八，宋景平三年三藏佛陀什共道生智勝譯（首）。

5　與《大正藏》本對照，分卷不同。與宋、元、明及宮內寮本同。

8　8世紀。唐寫本。

9.1　楷書。

1.1　BD10790號

1.3　禮懺文殘片（擬）

1.4　L0919

2.1　13.5×15厘米；1紙；6行，行13字。

2.3　卷軸裝。首尾均殘。袖珍本。殘片。有烏絲欄。已修整。

3.3　錄文：

（首全）

入經藏智慧如海。自歸依僧當願/

衆生統利大衆，一切無礙。願諸衆/

生，諸惡莫作，諸善奉行，自淨其意，/

是諸佛教。和南一切聖賢。/

/

/

黃昏禮懺 是諸衆生等人各/

蹦跪嚴持香花，如法供養。/

（錄文完）

8　9～10世紀。歸義軍時期寫本。

9.1　楷書。

1.1　BD10791號

1.3　魘蠱術殘片（擬）

1.4　L0920

2.1　5.1×17厘米；1紙；4行。

2.3　卷軸裝。首尾均斷。原為揭下的裱補紙，卷面有糨糊。

3.3　錄文：

（首殘）

魘用三升醬盛瓮中，懸一◇（繩?）上大吉。未日/
魘用桃木長三寸，以六枚狗（雞?）血書天文符/
魘用梧桐木，長六寸，三枚書天文符。瞎肉/
西日憂死，三官□□。魘用□（桐?）木□□□/
（錄文完）

8　9～10世紀。歸義軍時期寫本。

9.1　楷書。

1.1　BD10792號

1.3　諸雜字（擬）

1.4　L0921

2.1　7.3×29厘米；1紙；2行。

2.3　單葉紙。首尾均斷。長條殘片。

3.3　錄文：

（首全）

農鹵冀杌杌矜純牧乳麋黟仰全起蠋芬鋒旨□□伊/
涼腫幸壯侵遷裹蠱爾爾蚊虻奧吐泡制蔑/
（錄文完）

3.4　說明：

此件為諸雜字之雜寫。

8　8世紀。唐寫本。

9.1　楷書。

1.1　BD10793號

1.3　經袟殘片（擬）

1.4　L0922

2.1　8×6.1厘米。

2.3　卷軸裝。首尾均殘。通卷上下殘。殘片。由多層經紙粘貼而成，卷面粘有紅色纖維。有烏絲欄。

3.4　說明：

此件原為經袟殘片。可辨有4層紙粘貼而成，不少紙張上有殘存經文，但互被粘貼，難以辨認。文獻為7～8世紀。唐寫本。製作經袟年代不清，暫定為歸義軍時期。

8　9～10世紀。歸義軍時期寫本。

9.1　楷書。

1.1　BD10794號

1.3　大般涅槃經（北本）卷三八

1.4　L0923

2.1　3.1×7.7厘米；1紙；2行。

2.3　卷軸裝。首尾均殘。通卷上殘。小殘片。有烏絲欄。

3.1　首殘→大正0374，12/0586C23。

3.2　尾殘→大正0374，12/0586C24。

8　5～6世紀。南北朝寫本。

9.1　楷書。

1.1　BD10795號

1.3　維摩詰所說經卷下

1.4　L0924

2.1　12×11.6厘米；1紙；7行。

2.3　卷軸裝。首尾均殘。通卷上殘。殘片。有烏絲欄。

3.1　首殘→大正0475，14/0554A01。

3.2　尾殘→大正0475，14/0554A08。

8　5～6世紀。南北朝寫本。

9.1　楷書。

1.1　BD10796號

1.3　大般涅槃經（北本）卷一〇

1.4　L0925

2.1　12×14.9厘米；1紙；8行。

2.3　卷軸裝。首尾均殘。通卷上下殘。三角形殘片。有烏絲欄。

3.1　首殘→大正0374，12/0426A07。

3.2　尾殘→大正0374，12/0426A15。

8　7～8世紀。唐寫本。

9.1　隸楷。

1.1　BD10797號A

1.3　大般若波羅蜜多經卷三八一

1.4　L0926

2.1　26.5×3.9厘米；1紙；15行。

2.3　卷軸裝。首尾均殘。通卷上下殘。殘片。經黃紙。卷面有紅色污痕。紙背有2塊裱補紙，均有文字，揭下另編號。

3.1　首殘→大正0220，06/0967A22。

3.2　尾殘→大正0220，06/0967B09。

8　7～8世紀。唐寫本。

9.1　楷書。有武周新字“正”。

12　BD10797號原件編為BD10797號A。背裱補紙分別編為BD10797號B和BD10797號C。

1.1　BD10797號B

1.3　華嚴經旨歸

1.4　L0926

2.1　3.3×17.5厘米；1紙；2行。

2.3　卷軸裝。首尾均殘。通卷下殘。殘片。原為BD10797號A揭下的裱補紙。

3.1　首殘→大正1871，45/0596C18。

3.2　尾殘→大正1871，45/0596C20。

6.3　與BD10797號C為同文獻。

8　7～8世紀。唐寫本。

9.1　楷書。

9.2　有刪除號。

1.1　BD10797號C

1.3　華嚴經旨歸

1.4 L0926

2.1 1.6×6.5 厘米；1 紙；1 行。

2.3 卷軸裝。首尾均殘。通卷上下殘。殘片。原為 BD10797 號 A 揭下的裱補紙。

3.1 首殘→大正 1871，45/0596C21。

3.2 尾殘→大正 1871，45/0596C21。

6.3 與 BD10797 號 B 為同文獻。

8 7～8 世紀。唐寫本。

9.1 楷書。

1.1 BD10798 號

1.3 金剛般若波羅蜜經

1.4 L0927

2.1 7.4×23.4 厘米；1 紙；4 行。

2.3 卷軸裝。首尾均殘。通卷下殘。殘片。經黃紙。有烏絲欄。已修整。

3.1 首殘→大正 0235，08/0749A05。

3.2 尾殘→大正 0235，08/0749A08。

8 7～8 世紀。唐寫本。

9.1 楷書。

1.1 BD10799 號

1.3 佛頂尊勝陀羅尼經（佛陀波利本）序

1.4 L0928

2.1 16.4×11 厘米；1 紙；10 行。

2.3 卷軸裝。首尾均殘。通卷上殘。殘片。經黃紙。有烏絲欄。

3.1 首殘→大正 0967，19/0349C03。

3.2 尾殘→大正 0967，19/0349C13。

8 7～8 世紀。唐寫本。

9.1 楷書。

1.1 BD10800 號

1.3 瑜伽師地論卷三八

1.4 L0929

2.1 2.9×8.4 厘米；1 紙；2 行。

2.3 卷軸裝。首尾均殘。通卷上下殘。小殘片。有烏絲欄。

3.1 首殘→大正 1579，30/0499A12。

3.2 尾殘→大正 1579，30/0499A13。

3.4 說明：

《瑜伽師地論》中多卷、《顯揚聖教論》卷四、《大般若波羅蜜多經般若理趣分述讚》卷三等多種經典均有此文字，但以《瑜伽師地論》卷三八為妥。

8 9～10 世紀。歸義軍時期寫本。

9.1 楷書。

1.1 BD10801 號

1.3 大般若波羅蜜多經卷四七二

1.4 L0930

2.1 7.7×14.7 厘米；2 紙；2 行。

2.2 01：02.0，護首；　　02：05.7，02。

2.3 卷軸裝。首尾均殘。通卷下殘。殘片。有護首，已殘。有烏絲欄。

3.1 首殘→大正 0220，07/0388A04。

3.2 尾殘→大正 0220，07/0388A07。

4.1 大般若波羅蜜多經□…□/第二分善達品第□…□/（首）。

8 8～9 世紀。吐蕃統治時期寫本。

9.1 楷書。

1.1 BD10802 號

1.3 金剛般若波羅蜜經

1.4 L0931

2.1 7.5×10.8 厘米；1 紙；4 行。

2.3 卷軸裝。首尾均殘。通卷下殘。殘片。有烏絲欄。已修整。

3.1 首殘→大正 0235，08/0749A19。

3.2 尾殘→大正 0235，08/0749A23。

8 9～10 世紀。歸義軍時期寫本。

9.1 楷書。

1.1 BD10803 號

1.3 墻上揭下某物殘片（擬）

1.4 L0932

2.1 9.9×18.6 厘米；1 紙。

2.3 卷軸裝。首尾均殘。此件為 5 層寫經紙粘貼而成，表面粘有淡綠色殘絹，卷背粘有石灰，似從墻上揭下。有烏絲欄。

3.4 說明：

此遺書由 5 張紙粘貼而成，每張紙的厚度分別為 0.49 毫米、0.48 毫米、0.36 毫米、0.58 毫米、0.63 毫米。紙上殘存經文，但被粘貼，難以辨認，似為佛教文獻。

8 7～8 世紀。唐寫本。

9.1 楷書。

1.1 BD10804 號

1.3 妙法蓮華經卷四

1.4 L0933

2.1 3.1×5.6 厘米；1 紙；2 行。

2.3 卷軸裝。首尾均殘。通卷上下殘。小殘片。經黃打紙。首尾上下斷。有烏絲欄。

3.1 首殘→大正 0262，09/0035A27。

3.2 尾殘→大正 0262，09/0035A28。

8 9～10 世紀。歸義軍時期寫本。

9.1 楷書。

1.1 BD10805 號

1.3 妙法蓮華經卷六

1.4 L0934

2.1 10×7.3 厘米；1 紙；4 行。

2.3 卷軸裝。首尾均殘。通卷下殘。殘片。有烏絲欄。

3.1 首殘→大正 0262，09/0048C17。

3.2 尾殘→大正 0262，09/0048C23。

8 8 世紀。唐寫本。

9.1 楷書。

1.1 BD10806 號

1.3 大般若波羅蜜多經卷一三一

1.4 L0935

2.1 16.2×7.2 厘米；1 紙；10 行。

2.3 卷軸裝。首尾均殘。通卷上殘。殘片。背有古代裱補。有烏絲欄。

3.1 首殘→大正 0220，05/0718B20。

3.2 尾殘→大正 0220，05/0718B28。

8 7～8 世紀。唐寫本。

9.1 楷書。

1.1 BD10807 號

1.3 護首（某般若經）

1.4 L0936

2.1 10×16.5 厘米；1 紙；1 行。

2.3 卷軸裝。首尾均殘。通卷殘破。殘片。

3.4 説明：

此件上僅殘留護首經名 "般若經" 3 個字。

8 7～8 世紀。唐寫本。

9.1 楷書。

1.1 BD10808 號

1.3 妙法蓮華經卷七

1.4 L0937

2.1 11×6.5 厘米；1 紙；7 行。

2.3 卷軸裝。首尾均殘。通卷上殘。殘片。背有古代裱補。有烏絲欄。

3.1 首殘→大正 0262，09/0058A01。

3.2 尾殘→大正 0262，09/0058A13。

8 9～10 世紀。歸義軍時期寫本。

9.1 楷書。

1.1 BD10809 號

1.3 大乘百法明門論開宗義記

1.4 L0938

2.1 11.5×12.6 厘米；1 紙；6 行。

2.3 卷軸裝。首尾均殘。通卷上殘。殘片。有烏絲欄。已修整。

3.1 首殘→大正 2810，85/1047C02。

3.2 尾殘→大正 2810，85/1047C11。

8 8～9 世紀。吐蕃統治時期寫本。

9.1 楷書。

1.1 BD10810 號

1.3 妙法蓮華經卷五

1.4 L0939

2.1 6.9×16.7 厘米；1 紙；4 行。

2.3 卷軸裝。首尾均殘。通卷上殘。殘片。有烏絲欄。已修整。

3.1 首殘→大正 0262，09/0037A22。

3.2 尾殘→大正 0262，09/0037A26。

8 7～8 世紀。唐寫本。

9.1 楷書。

1.1 BD10811 號

1.3 無量壽宗要經

1.4 L0940

2.1 6.5×9.5 厘米；1 紙；3 行。

2.3 卷軸裝。首尾均殘。通卷上下殘。小殘片。有烏絲欄。已修整。

3.1 首殘→大正 0936，19/0082A05。

3.2 尾殘→大正 0936，19/0082A10。

8 8～9 世紀。吐蕃統治時期寫本。

9.1 楷書。

1.1 BD10812 號

1.3 妙法蓮華經卷一

1.4 L0941

2.1 6.4×6.1 厘米；1 紙；4 行。

2.3 卷軸裝。首尾均殘。通卷上殘。殘片。打紙，研光上蠟。有烏絲欄。

3.1 首殘→大正 0262，09/0002B07。

3.2 尾殘→大正 0262，09/0002B10。

3.3 錄文：

（首殘）

□…□養/

□…□無量/

□…□跏趺/

□…□時天雨/

（錄文完）

8 7～8 世紀。唐寫本。

9.1 隸楷。

1.1 BD10813 號

1.3 大般涅槃經（北本）卷五

1.4 L0942

2.1 5×19 厘米；1 紙；3 行。

2.3 卷軸裝。首尾均殘。通卷下殘。長條殘片。背有古代裱補。

有烏絲欄。已修整。

3.1 首殘→大正 0374，12/0391C20。

3.2 尾殘→大正 0374，12/0391C23。

8　　5～6 世紀。南北朝寫本。

9.1 隸楷。

1.1 BD10814 號

1.3 大般若波羅蜜多經卷四三九

1.4 L0943

2.1 4.5×5.3 厘米；1 紙；3 行。

2.3 卷軸裝。首尾均殘。通卷上殘。小殘片。有烏絲欄。

3.1 首殘→大正 0220，07/0209C27。

3.2 尾殘→大正 0220，07/0210A01。

8　　8～9 世紀。吐蕃統治時期寫本。

9.1 楷書。

1.1 BD10815 號

1.3 妙法蓮華經卷五

1.4 L0944

2.1 5.8×5.1 厘米；1 紙；2 行。

2.3 卷軸裝。首尾均殘。通卷上殘。小殘片。有烏絲欄。

3.1 首殘→大正 0262，09/0040A04。

3.2 尾殘→大正 0262，09/0040A05。

8　　7～8 世紀。唐寫本。

9.1 楷書。

1.1 BD10816 號

1.3 遺教經論

1.4 L0945

2.1 5.1×10 厘米；1 紙；3 行。

2.3 卷軸裝。首尾均殘。通卷下殘。小殘片。有烏絲欄。已修整。

3.1 首殘→大正 1529，26/0283A21。

3.2 尾殘→大正 1529，26/0283A23。

8　　7～8 世紀。唐寫本。

9.1 楷書。

1.1 BD10817 號

1.3 大智度論卷五二

1.4 L0946

2.1 10.4×15.3 厘米；1 紙；6 行。

2.3 卷軸裝。首尾均殘。通卷下殘。殘片。有烏絲欄。

3.1 首殘→大正 1509，25/0433B29。

3.2 尾殘→大正 1509，25/0433C06。

8　　5～6 世紀。南北朝寫本。

9.1 楷書。

1.1 BD10818 號

1.3 禪宗殘文獻（擬）

1.4 L0947

2.1 7.9×18.1 厘米；1 紙；4 行。

2.3 卷軸裝。首尾均殘。通卷上殘。殘片。薄皮紙。

3.3 錄文：

（首殘）

□…□起而業因心生，心法無自性，衆生亦復然。/

□…□能如是解，是人見真佛。若人欲求知三世/

□…□諸如來，故知三界虛妄，唯唯是/

□…□悲慈善巧，種種施為，廣說言教。或/

（錄文完）

8　　8 世紀。唐寫本。

9.1 楷書。

1.1 BD10819 號

1.3 僧羯磨卷中

1.4 L0948

2.1 8.5×11.3 厘米；1 紙；4 行。

2.3 卷軸裝。首尾均殘。通卷下殘。殘片。

3.1 首殘→大正 1809，40/0528B04。

3.2 尾殘→大正 1809，40/0528B08。

8　　8～9 世紀。吐蕃統治時期寫本。

9.1 楷書。

1.1 BD10820 號

1.3 九九表（擬）

1.4 L0949

2.1 10.7×30.1 厘米；1 紙；6 行。

2.3 卷軸裝。首尾均全。有折疊欄。

3.3 錄文：

（首全）

九九八十一　八九七十二　七九六十三　六九五十四　五九四十五　四九三十六　三九如十七/

二九一十八　一九如九　八八六十四　七八五十六　六八四十八　五八四十　四八三十二　三八如十四/

二八一十六　一八如八　七七四十九　六七四十二　五七三十五　四七如十八　三七如十一　二七一十四/

一七如七　六六三十六　五六三十　四六如十四　三六一十八　二六一十二　一六如六　五五如十五/

四五如十　三五一十五　二五一十　一五如五　四四一十六　三四一十二　二四如八　一四如四　三三如九/

二三如六　二（一）三如［三］　二二如四　一二如［二］　一一如一/

（錄文完）

3.4 說明：

原文末行略有誤，錄文時已作修訂。

8　9～10 世紀。歸義軍時期寫本。

9.1　楷書。

9.2　有重文號。

1.1　BD10821 號

1.3　情書稿（擬）

1.4　L0950

2.1　7.5×12.3 厘米；1 紙；4 行。

2.3　卷軸裝。首脫尾殘。通卷下殘。有烏絲欄。

3.3　錄文：

（首全）

某啟。久隔 冰姿□…□／

夢魂雖潛冀□…□／

去年□…□／

寄卑懇衷情□…□／

（錄文完）

7.3　背面有雜寫"聞"字。

8　9～10 世紀。歸義軍時期寫本。

9.1　楷書。

9.2　有塗抹。

1.1　BD10822 號

1.3　劉子·從化第十三

1.4　L0951

2.1　13.5×26.5 厘米；1 紙；正面 6 行，背面 2 行，行約 18 字。

2.3　卷軸裝。首尾均殘。正、背面文字相接。

3.1　首殘→《劉子集校》，01／0075A02。

3.2　尾殘→《劉子集校》，01／0075A06。

3.3　錄文：

（正面錄文）

君以民體，民以君為心。心既好之，身必安之。君□／

民必從之。未見心好而身不從，君欲而民□／

墮（隨）者也。民之從君，如草之從風，水之從器也。□（君）／

之德如風與器也。民之情如草與水也。草之□／

也，風務東則東扇，風務西則東靡，是隨風□（東）／

西也。水之在器也，器方則水方，器圓則水圓，／

（正面錄文完）

（背面錄文）

是隨器之圓方也。下之事上，從其所行，猶影／

之隨形，響之從聲。上好是物，下必有甚。／

（錄文完）

5　與《劉子集校》本文字略有差異，可資互校。

8　9～10 世紀。歸義軍時期寫本。

9.1　楷書。"民"字末筆避諱。

1.1　BD10823 號

1.3　千字文

1.4　L0952

2.1　7.6×30.3 厘米；1 紙；正面 4 行，行 24 字；背面 2 行。

2.3　卷軸裝。首全尾殘。有烏絲欄。有一長條紙粘於卷尾背面。

2.4　本遺書包括 2 個文獻：（一）《千字文》，4 行，抄寫在正面，今編為 BD10823 號。（二）《經疏殘稿》（擬），2 行，抄寫在背面，今編為 BD10823 號背。

3.3　錄文：

（首全）

千字文勅員外散騎侍郎周興嗣次韻 天地玄黃宇宙洪荒日／

月盈昃辰宿烈（列）張寒來暑往秋收冬藏潤（閏）餘成歲律呂調楊（陽）雲／

騰致雨露結為霜金生麗水玉出崑光（崗）劍號巨闕珠稱夜罔（光）菓珍／

李奈菜重芥薑海鹹河淡鱗潛羽翔龍師火帝鳥官人皇始製／

（錄文完）

8　8 世紀。唐寫本。

9.1　楷書。

1.1　BD10823 號背

1.3　經疏殘稿（擬）

1.4　L0952

2.4　本遺書由 2 個文獻組成，本文獻為第 2 個，2 行，抄寫在背面，餘參見 BD10823 號第 2 項。

3.3　錄文：

（首全）

後總將題目重為收攝，後依文判釋二，三料棟會融，□…□／

此者／

（錄文完）

8　8 世紀。唐寫本。

9.1　行書。

1.1　BD10824 號

1.3　習字雜寫（擬）

1.4　L0953

2.1　18×25.5 厘米；2 紙；2 行。

2.2　01：04.0，素紙；　02：06.0，02。

2.3　卷軸裝。首殘尾斷。

3.4　說明：

此件上僅有"佛"字習字雜寫。

8　9～10 世紀。歸義軍時期寫本。

9.1　楷書。

1.1　BD10825 號

1.3　待考殘文（擬）

1.4　L0954

2.1 18.2×13.3 厘米；1 紙；1 行。

2.3 卷軸裝。首尾均殘。通卷上下殘。殘片。有烏絲欄。已修整。

3.3 錄文：

（首殘）

□…□欽宅夙其夜夢見有一人交作一字/

（錄文完）

8 9～10 世紀。歸義軍時期寫本。

9.1 楷書。

1.1 BD10826 號

1.3 妙法蓮華經卷二

1.4 L0955

2.1 20.5×27 厘米；1 紙；12 行，行 17 字。

2.3 卷軸裝。首殘尾脫。下邊殘缺。有烏絲欄。

3.1 首 7 行下殘→大正 0262，09/0011B10～17。

3.2 尾殘→大正 0262，09/0011B22。

8 8 世紀。唐寫本。

9.1 楷書。

1.1 BD10827 號

1.3 金光明最勝王經咒語鈔（擬）

1.4 L0956

2.1 7.6×26.9 厘米；1 紙 1 葉 2 個半葉；半葉 5 行，共 10 行，行字不等。

2.3 梵夾裝。首尾均脫。有穿綫洞孔。兩面書寫，文字相連。有烏絲欄。

3.4 說明：

本遺書抄寫《金光明最勝王經》卷四的咒語，參見大正 0665，16/0421A02～B07。

8 8～9 世紀。吐蕃統治時期寫本。

9.1 楷書。

1.1 BD10828 號

1.3 金光明最勝王經卷三

1.4 L0957

2.1 （6.8＋26.7）×25.1 厘米；2 紙；19 行，行 17 字。

2.2 01：6.8＋2.5，05；　02：24.2，14。

2.3 卷軸裝。首尾均殘。卷面油污。有烏絲欄。

3.1 首 3 行下殘→大正 0665，16/0414A06～09。

3.2 尾殘→大正 0665，16/0414A26。

8 9～10 世紀。歸義軍時期寫本。

9.1 楷書。

1.1 BD10829 號

1.3 金光明最勝王經卷二

1.4 L0958

2.1 27×12 厘米；1 紙；15 行。

2.3 卷軸裝。首尾均殘。通卷上殘。殘片。有烏絲欄。

3.1 首殘→大正 0665，16/0410B08。

3.2 尾殘→大正 0665，16/0410B23。

8 8～9 世紀。吐蕃統治時期寫本。

9.1 楷書。

1.1 BD10830 號

1.3 大乘百法明門論開宗義記隨聽疏（擬）

1.4 L0959

2.1 6.9×28.1 厘米；1 紙 1 葉 2 個半葉；半葉 4 行，行字不等。

2.3 梵夾裝。首尾均脫。單面抄寫。卷中間有穿繩孔洞。

3.3 錄文：

（首全）

四緣中，前一通因及緣，後三唯緣無因。此四緣，因緣約種子勢分，如有無間，約自性勢分。如有/

所緣緣，約只相勢分。如有曾（增）上緣，約助伴勢分。

如有　須心異累　眼心王去時，變行別境等/

三十四心所，俱時並去。種累不同，名異累。/

三為（？）三位名殊者，三位者，/

（錄文完）

3.4 說明：

本遺書解釋《大乘百法明門論開宗義記》中“四緣”、“三位名殊”等名相。乃學習筆記，並非正式文獻。

8 8～9 世紀。吐蕃統治時期寫本。

9.1 楷書。

1.1 BD10831 號

1.3 大乘百法明門論開宗義記隨聽疏（擬）

1.4 L0960

2.1 10.9×27.7 厘米；1 紙 1 葉 2 個半葉；半葉 9 行，行 38 字。

2.3 梵夾裝。首尾均脫。單面抄寫。卷中間有穿繩孔洞。

3.3 錄文：

（首全）

“分果”者，四向前三果地，上地前兼等覺，名分果。

“滿果”者，謂阿羅漢、佛二人。謂煩惱悉已/斷除，所證圓多，更無缺滅。三祇大劫，萬行俱修。四智圓明，為佛獨得。故名滿果。/

“信數初增”者，為初起智斷染煩惱，數數有起。後久而起智，斷染煩惱，不能起增。/

“轉依”者，轉染依淨，轉凡成聖，轉小依大。轉依中，報身亦斷二障，法身亦斷二障，/此二何殊？答：報身斷二障，由得其報，俱諸功德。法身斷二障者，證得無處無方，變/果之身。有茲不同。

“斷分別生”者，分別，是分別煩惱。生者，是俱生煩惱。菩薩見道中/有煩惱障、所知障。煩惱障中，有一分俱生煩惱，一分分別煩惱。俱生煩惱中，有俱生我執、俱生法

執。/分別煩惱中，有分別我執、分別法執。所知障中亦然。菩薩初見道，但斷二執分別，不斷/二執俱生。後修道中，但斷二執俱生，不斷二執分別。/

（錄文完）

3.4 說明：

本遺書對《大乘百法明門論開宗義決》中"分果"、"滿果"等名相進行解釋。

8　8~9世紀。吐蕃統治時期寫本。

9.1 楷書。"煩惱"寫作"煩々"。有合體字"菩薩"。

1.1 BD10832 號

1.3 大般涅槃經（北本）卷四〇

1.4 L0961

2.1 19×25.3 厘米；2 紙；12 行，行 17 字。

2.2 01：10.8，07；　02：08.2，05。

2.3 卷軸裝。首尾均殘。殘片。有烏絲欄。已修整。

3.1 首 7 行上下殘→大正 0374，12/0601B05~11。

3.2 尾殘→大正 0374，12/0601B16。

8　5~6世紀。南北朝寫本。

9.1 隸書。

1.1 BD10833 號

1.3 大乘百法明門論開宗義記隨聽疏（擬）

1.4 L0962

2.1 7.5×30.6 厘米；1 紙 1 葉 2 個半葉；半葉 6 行，行字不等。

2.3 梵夾裝。首尾均脫。單面抄寫。卷中間有穿繩孔洞。卷面略殘。

3.3 錄文：

（首全）

約人弁（辨）藏者，約能詮人也。藏者，攝也。攝者，在人。人能弘道，非道弘人。人有教言，即此教言，/便有其理。依理起行，修行必證依果。隨人所弘，有菩薩、聲聞二藏。

如何分二？根有利鈍，亦有淺深。/此於《攝論》所說。若依《普超經》、《入大乘論》，即約三乘，而立三藏。

菩薩者，梵語云"菩提薩朶（埵）"。此方/好略，"普"下去"提"，"薩"下去"朶"。故曰"菩薩"，亦是道心衆生。

緣覺根性利於聲聞，不假多聞教/法，但悟十二因緣，順逆而觀，了人無我，忻淨妙理。

獨覺者，就聲聞中更是利根，不假前人，聞其教以/出無佛世。/

（錄文完）

3.4 說明：

本文獻解釋《大乘百法明門論開宗義記》中"約人辨藏"，可參見大正 2810，85/1048A02。

8　8~9世紀。吐蕃統治時期寫本。

9.1 楷書。有合體字"菩薩"、"菩提"。

1.1 BD10834 號

1.3 大乘稻芉經隨聽疏決（擬）

1.4 L0963

2.1 22.3×31.8 厘米；1 紙；15 行，行字不等。

2.3 卷軸裝。首尾均殘。有烏絲欄。已修整。

3.4 說明：

本文獻為復疏。從內容看，與《大乘稻芉經隨聽疏》的內容可以相應，參見大正 2782，85/0555C27 以下。敦煌遺書中存有《大乘稻芉經隨聽疏決》，《大正藏》依據伯 2328 號收入。但伯 2328 號為一殘卷，首全尾殘，頗疑本遺書所抄內容或出於《大乘稻芉經隨聽疏決》的後部分，詳情待考。又，本文獻中不少內容可與《阿毗達磨法蘊足論》卷一一相應，可見，撰寫時參考了《阿毗達磨法蘊足論》卷一一。

8　8~9世紀。吐蕃統治時期寫本。

9.1 楷書。

9.2 有塗抹。有行間加行及校加字。

1.1 BD10835 號

1.3 大般涅槃經（北本）卷三

1.4 L0964

2.1 0.8×15.5 厘米；1 紙；1 行。

2.3 卷軸裝。首尾均殘。通卷上下殘。小殘片。有烏絲欄。

3.1 首殘→大正 0374，12/0383A17。

3.2 尾殘→大正 0374，12/0383A18。

8　5~6世紀。南北朝寫本。

9.1 隸書。

1.1 BD10836 號

1.3 大般涅槃經（北本）卷一四

1.4 L0965

2.1 7.6×11.5 厘米；1 紙；5 行。

2.3 卷軸裝。首尾均殘。通卷上殘。殘片。有烏絲欄。

3.1 首殘→大正 0374，12/0446A07。

3.2 尾殘→大正 0374，12/0446A11。

8　8~9世紀。吐蕃統治時期寫本。

9.1 楷書。

1.1 BD10837 號

1.3 維摩詰所說經卷中

1.4 L0966

2.1 6×7.8 厘米；1 紙；4 行。

2.3 卷軸裝。首尾均殘。通卷上殘。小殘片。卷前部背有近代裱補。有烏絲欄。

3.1 首殘→大正 0475，14/0545A08。

3.2 尾殘→大正 0475，14/0545A11。

8　5~6世紀。南北朝寫本。

9.1 隸楷。

9.2　有硃筆斷句。

1.1　BD10838 號

1.3　大般涅槃經（北本）卷五

1.4　L0967

2.1　4.1×25.8 厘米；1 紙；2 行，行 17 字。

2.3　卷軸裝。首尾均殘。殘片。有烏絲欄。

3.1　首殘→大正 0374，12/0392B26。

3.2　尾殘→大正 0374，12/0392B29。

5　與《大正藏》本對照，文字略有差異。

8　5～6 世紀。南北朝寫本。

9.1　隸楷。

1.1　BD10839 號

1.3　大般涅槃經（北本）卷二一

1.4　L0968

2.1　8.8×21.3 厘米；1 紙；5 行。

2.3　卷軸裝。首尾均殘。通卷下殘。殘片。有烏絲欄。已修整。

3.1　首殘→大正 0374，12/0491A22。

3.2　尾殘→大正 0374，12/0491B01。

8　5～6 世紀。南北朝寫本。

9.1　楷書。

1.1　BD10840 號

1.3　妙法蓮華經卷四

1.4　L0969

2.1　7×23 厘米；1 紙；4 行。

2.3　卷軸裝。首脫尾殘。經黃紙。通卷上殘。有烏絲欄。

3.1　首殘→大正 0262，09/0032C28。

3.2　尾殘→大正 0262，09/0033A02。

8　7～8 世紀。唐寫本。

9.1　楷書。

1.1　BD10841 號

1.3　普賢菩薩行願王經

1.4　L0970

2.1　7×15.4 厘米；1 紙；5 行。

2.3　卷軸裝。首尾均殘。通卷下殘。殘片。卷中有殘洞。有烏絲欄。已修整。

3.1　首殘→大正 2907，85/1452C01。

3.2　尾殘→大正 2907，85/1452C08。

4.1　普賢菩薩行□□□（首）。

5　與《大正藏》本對照，文字略有參差。

8　8～9 世紀。吐蕃統治時期寫本。

9.1　楷書。

1.1　BD10842 號

1.3　大佛頂如來密因修證了義諸菩薩萬行首楞嚴經卷四

1.4　L0971

2.1　5.7×26.1 厘米；1 紙；1 行。

2.3　卷軸裝。首尾均殘。通卷上下殘。殘片。有烏絲欄。已修整。

3.1　首殘→大正 0945，19/0119C29。

3.2　尾殘→大正 0945，19/0119C29。

8　7～8 世紀。唐寫本。

9.1　楷書。

1.1　BD10843 號

1.3　大方等大集經卷四

1.4　L0972

2.1　（1.5＋1.5＋1.5）×24.7 厘米；1 紙；3 行，行 17 字。

2.3　卷軸裝。首尾均殘。殘片。

3.1　首殘→大正 0397，13/0023B01。

3.2　尾殘→大正 0397，13/0023B03。

8　5～6 世紀。南北朝寫本。

9.1　隸書。

1.1　BD10844 號

1.3　大社條封印

1.4　L0973

2.1　8.8×27.3 厘米；1 紙；1 行。

2.3　卷軸裝。首尾均殘。殘片。首尾均斷。

3.3　錄文：

（首全）

大社條封印

（錄文完）

3.4　説明：

本遺書乃名為《大社條封印》的社條封套。

7.3　題名下有雜寫“士（？）夫大”。

8　8 世紀。唐寫本。

9.1　楷書。

1.1　BD10845 號

1.3　金光明最勝王經卷七

1.4　L0974

2.1　4.4×9.5 厘米；1 紙；2 行。

2.3　卷軸裝。首尾均殘。通卷上殘。小殘片。有烏絲欄。已修整。

3.1　首殘→大正 0665，16/0437B19。

3.2　尾殘→大正 0665，16/0437B20。

8　8 世紀。唐寫本。

9.1　楷書。

1.1　BD10846 號

1.3 大方等大集經卷三

1.4 L0975

2.1 （1.3＋9＋6）×24.7 厘米；2 紙；11 行，行 17 字

2.2 01：01.3＋7.5，06；　　02：1.5＋6，05。

2.3 卷軸裝。首尾均殘。首尾均殘。

3.1 首殘→大正 0397，13/0021B17。

3.2 尾 3 行下殘→大正 0397，13/0021B25～27。

8　5～6 世紀。南北朝寫本。

9.1 隸書。

9.2 有重文號。

1.1 BD10847 號

1.3 護首（經名不詳）

1.4 L0976

2.1 18.2×15.5 厘米；1 紙；1 行。

2.3 卷軸裝。首尾均殘。通卷上下殘。殘片。雙層紙粘貼一起。

3.4 說明：

　　此件為殘護首，僅存“卅六”2 字。如為袟號，則本遺書應為《大般若波羅蜜多經》的護首。

8　7～8 世紀。唐寫本。

9.1 楷書。

1.1 BD10848 號 A

1.3 大乘百法明門論開宗義記隨聽疏（擬）

1.4 L0977

2.1 6.6×29.8 厘米；1 紙 1 葉 2 個半葉；半葉 5 行，行字不等。

2.3 梵夾裝。首尾均脫。卷中有破裂。共 6 紙，均僅一面抄寫，另一面空白。上部以細麻繩穿綴，最後一紙正面朝外。各紙規格不一，字跡不同，文獻亦不相同。形態雖然與梵夾裝相同，實際是將若干張單葉紙用繩縷串起來。在此暫按梵夾裝著錄，並依穿綴順序編為 BD10848 號 A、B、C、D、E、F 等 6 號，分別著錄之。

3.3 錄文：

　　（首全）

　　一增益謗，言諸法有，法本不有。法性本空。何得言有。

　　二損減謗，言諸法無，本法不無。無者是損，依他起性，何得/

　　言無。三亦有亦無，本法不離不無，語法離有離無，是相違謗。/

　　四非有非無，法本無來不有，即今不無非有。有言空非無者，云有空有不定，是戲論語。/

　　五非有非非無，本法無有文字義（語）言。若言法有名字，是愚癡謗。翻第四成第五，言非空者/

　　是有，有非是有。言非有者是空，無非是無。有非是有，還成無義。無非是無，却成有義。/

　　（錄文完）

3.4 說明：

將 BD10848 號與 BD10851 號相比，可見此類文獻均為聽講《大乘百法明門論開宗義記》的不同筆記，故擬此名。

8　8～9 世紀。吐蕃統治時期寫本。

9.1 行書。

1.1 BD10848 號 B

1.3 大乘百法明門論開宗義記隨聽疏（擬）

1.4 L0977

2.1 8×29.1 厘米；1 紙 1 葉 2 個半葉；半葉 7 行，行字不等。

2.3 梵夾裝。首尾均脫。參見 BD10848 號 A 第二項。

3.3 錄文：

　　（首全）

　　色法門。言十三界者，六根六識。要根不壞，始能發識。故知六根，有取境之能性。二六十二，兼取諸心所法，是名十三界。心王取青境，/

　　心所亦取青境，故云十三界，性能取境。　何故諸心所束為一界？答：心所雖多，且無主義。但隨心王，性能取境。/

　　言法界一分者，意界是第六意根，法界是第六識所緣遊履之境界。問：於何處遊履？第六識外，於三界九地內，於三科五位法上/

　　遊理（履）。此《百法論》中，五位心法等，便於五蘊配之。言意識界者，是第六明了識心也。界謂界分，眼有見色之分齊，識有了別之界分。/

　　言一分者，十八界中法界。寬餘不攝者，法界攝。此中取一分相應心所。此一份相應心所，性能取境，一分不相應心所全不取/

　　也。何故如是？與心不相應性，不能取境，故云一分。言惟七心界者，前門十三界中，根識三合論外境。此門之/

　　中，唯論其心，唯由獨也。眼等六識為六。兼其意界，是若為七。意界者，是第六意根。若無其根，如何發其意識。/

　　（錄文完）

8　8～9 世紀。吐蕃統治時期寫本。

9.1 行書。

1.1 BD10848 號 C

1.3 大乘百法明門論開宗義記隨聽疏（擬）

1.4 L0977

2.1 3.7×29.4 厘米；1 紙 1 葉 2 個半葉；半葉 3 行，行字不等。

2.3 梵夾裝。首尾均脫。參見 BD10848 號 A 第 2 項。

3.3 錄文：

　　（首全）

　　“起欲勝解念定惠中二三四五”者，四字起成兩句：第一起欲勝解念定，第二起勝解念定惠，是兩句。/

　　三字起成三句：第一起欲勝解念，第二起勝解念定，第三起念定惠，是三句。/

兩字起成四句：第一起欲勝解，第二起勝解念，第三起念定惠，第四起定惠，成四句。五個一時起，成一句。/

（錄文完）

8　8～9世紀。吐蕃統治時期寫本。

9.1　行書。

1.1　BD10848 號 D

1.3　大乘百法明門論開宗義記隨聽疏（擬）

1.4　L0977

2.1　4.6×29.4 厘米；1 紙 1 葉 2 個半葉；半葉 4 行，行字不等。

2.3　梵夾裝。首尾均脫。參見 BD10848 號 A 第 2 項。

3.3　錄文：

（首全）

三位名殊者，三位者，菩薩正智，斷惑證理。從此智願中，現後得智，發大神通，利樂有情。是正智之等流。/

小乘正智，斷惑證理。從此智後，起後得智，遊履觀行，入滅盡定。千劫萬劫，留身住定。後遇緣時，次復/

現行。小乘羅漢，但能伏種，無其滅義。大乘羅漢能滅，其種非伏。若有不（？）果，亦有伏義。悟真無我，解/

違我執，故是羅漢正智後智共一，此是出世道。以後智遊履觀。以是滅盡定。此名三位。/

（錄文完）

8　8～9世紀。吐蕃統治時期寫本。

9.1　行書。

1.1　BD10848 號 E

1.3　大乘百法明門論開宗義記隨聽疏（擬）

1.4　L0977

2.1　4.2×29.5 厘米；1 紙 1 葉 2 個半葉；半葉 3 行，行字不等。

2.3　梵夾裝。首尾均脫。參見 BD10848 號 A 第 2 項。

3.3　錄文：

（首全）

賴耶隨其名體有捨不捨者，有四句分別。一捨名不捨體，七地已去菩薩捨賴耶名，不捨異熟識體。/

二捨體不捨名，菩薩至金光喻定，捨異熟識體，不捨無垢識名。三名體俱捨，即佛異熟識體，/

賴耶之名俱捨。四名體俱不捨者，為即凡夫異熟識體。賴耶之名有我執故，二俱不捨。/

（錄文完）

8　8～9世紀。吐蕃統治時期寫本。

9.1　行書。

1.1　BD10848 號 F

1.3　大乘百法明門論開宗義記隨聽疏（擬）

1.4　L0977

2.1　2.8×26.3 厘米；1 紙 1 葉 2 個半葉；半葉 2 行，行字不等。

2.3　梵夾裝。首尾均脫。參見 BD10848 號 A 第 2 項。

3.3　錄文：

（首全）

通名者，心意識也。就前通中，顯別名，約相增，說第六名心，第七名意。前六名識。相者，用上/

約作用。增故，名增。約精（積）集義增，故名心；約審思用增，故意；約了別相用增，故名意識。/

（錄文完）

8　8～9世紀。吐蕃統治時期寫本。

9.1　行書。

1.1　BD10849 號

1.3　佛本行集經卷三九

1.4　L0978

2.1　6.4×37.2 厘米；1 紙 1 葉 2 個半葉；半葉 2 行，行 39 字。

2.3　梵夾裝。首尾均脫。有上下邊欄。僅半葉抄寫。

3.1　首殘→大正 0190，03/0836C07。

3.2　尾殘→大正 0190，03/0836C10。

8　8～9世紀。吐蕃統治時期寫本。

9.1　楷書。有合體字“涅槃”。

1.1　BD10850 號

1.3　金剛般若波羅蜜經

1.4　L0979

2.1　14.8×15 厘米；1 紙；12 行，行 15～18 字。

2.3　卷軸裝。首尾均殘。袖珍本。殘片。有烏絲欄。已修整。

3.1　首殘→大正 0235，08/0749B06。

3.2　尾殘→大正 0235，08/0749B17。

5　與《大正藏》本對照，尾行文字不同。

8　9～10世紀。歸義軍時期寫本。

9.1　楷書。

1.1　BD10851 號 A

1.3　大乘百法明門論開宗義記隨聽疏（擬）

1.4　L0980

2.1　7.5×28 厘米；1 紙 1 葉 2 個半葉；半葉 7 行，行字不等。

2.3　梵夾裝。首尾均脫。卷中有破裂。共 9 紙，均僅一面抄寫，另一面空白。上部以細麻繩穿綴，背面麻繩打結防紙張脫出，最後一紙正面朝外。各紙規格不一，字跡不同，文獻亦不相同。形態雖然與梵夾裝相同，實際是將若干張單葉紙用繩綫串起來。在此暫按梵夾裝著錄，並依穿綴順序編為 BD10851 號 A、B、C、D、E、F、G、H、I 等 9 號，分別著錄之。

3.3　錄文：

（首全）

十三界者，六根六識。要根不懷（壞），始能發識。故知六根，有取境之能性。二六十二，兼取之心所法，是名十三界。心王緣青、緣黃，/

心所隨緣二種，故云十三界，性能取境。此中難，何故知

心所法束為一界？答：心所須（雖）多，且無主義。但隨心王，性能取境。／

言法界一分者，意界是第六意根，法界是第六識所緣由（遊）履之境界，名法界。一分於何遊履？第六識外，於三界／

九地內，於三竅（科）五位法上遊履。此《百法論》中，於五位心所法，又於五蘊方便配之。那是遊履。又一分者，十八界中法界。／

寬餘不攝者，法界攝。此中取一分相應心所。此一份相應心所，性能取境，一分相應心所全不取也。何故？以心不相／

應性，不能取境，故云一分。／

／

惟七心界者，前門十三界中，根境識三合論外境。此門之中，為（唯）論其心、眼等六識。兼意界，是名七心界。／

（錄文完）

8　8～9 世紀。吐蕃統治時期寫本。

9.1　行楷。

9.2　有行間校加字及重文號。

1.1　BD10851 號 B

1.3　大乘百法明門論開宗義記隨聽疏（擬）

1.4　L0980

2.1　8.8×28 厘米；1 紙 1 葉 2 個半葉；半葉 8 行，行字不等。

2.3　梵夾裝。首尾均脫。參見 BD10851 號 A 第 2 項。

3.3　錄文：

（首全）

微微心時者，小乘之人，厭其心種漸性漸微。微微心時者，與定相應之心。此心微故，不復現行。／

薰於定中，於熟之識成極曾（增）上。成極曾（增）上者，是定果也。此中三位，微微心是初位。漸細漸微是二位／

成極曾（增）上是三位。無相定者，第六分別心不行。約此心不行分位見立此第。／

滅盡定者，第七染分末那不行，見立此第淨分末那由在。灰身滅智者，灰分斷身，滅後／

德（得）智，為小乘入涅槃。已滅後得智，不度眾生，遊履觀門，入滅盡定。復智無用，故名滅智。／

不同菩薩，起後得智，廣利有情。問：小乘已（與）外道定有何差別？答：三義不同。一外道得定／

不出三界，小乘出三界定。二外道極定，復第六分別心不行。小乘之定，伏前第六，及與第／

七，分別不行。三外道得定，不兌二種生死。小乘之定，兌得分斷生死。／

（錄文完）

8　8～9 世紀。吐蕃統治時期寫本。

9.1　行楷。

9.2　有行間校加字及重復符號。

1.1　BD10851 號 C

1.3　大乘百法明門論開宗義記隨聽疏（擬）

1.4　L0980

2.1　6.5×26.5 厘米；1 紙 1 葉 2 個半葉；半葉 6 行，行字不等。

2.3　梵夾裝。首尾均脫。參見 BD10851 號 A 第 2 項。

3.3　錄文：

（首全）

若具後義必具前義者，若此法非是四相所遷者，即知此法不是煩惱聚者。如人即呆重賢善之時，則知／

輕拒暴惡，不假並立。若有前義成闕後義者，雖然此法不是煩惱所為之法，而被四相遷動，如／

諸佛所證無為之理，非是煩惱所作之法。諸佛如來能證之至，隨眾生感應，亦有／

生滅。二義俱闕者，唯是有為。已上是合論。無為已下一義上，亦具有為無為。若唯初義有無為／

具只如諸佛所證之理，是無為智，則是有為。何故見有眾生可度，諸佛即現其智。無眾生／

度時，其智不現？約現不現，說舉實而論，智非生滅。／

（錄文完）

8　8～9 世紀。吐蕃統治時期寫本。

9.1　行楷。

1.1　BD10851 號 D

1.3　大乘百法明門論開宗義記隨聽疏（擬）

1.4　L0980

2.1　6.2×28.6 厘米；1 紙 1 葉 2 個半葉；半葉 6 行，行字不等。

2.3　梵夾裝。首尾均脫。參見 BD10851 號 A 第 2 項。

3.3　錄文：

（首全）

受所引色者，即無表色是。此色從善惡二種朋友所能發至願。誓受其戒，即此誓願。受戒之心，為此無表色體。／

此中有三師釋義。第一師云：亦非思願為體，自別有無表色體。此無表色得生體，是實有，唯能防非，故／

名無表。若不許我理，善惡心外，如有戒體者，受戒已後，起惡心時，戒體應失。如何以善心為於戒體，後／

起惡心時，將之失體？故知非善惡二心為無表色體。初師答云：已不許我立者二始立看。第二師云：／

以種子為無表色。何故？以初求戒之時，作壇場、禮拜等，名表色。及以善心二俱和合，共薰種子在於身／

中，後防非時，以種子有力故，能防於非。不是表色及心為無表。今大乘宗不許種子有防非用。／

（錄文完）

8　8～9 世紀。吐蕃統治時期寫本。

9.1　行楷。

1.1　BD10851 號 E

1.3　大乘百法明門論開宗義記隨聽疏（擬）

1.4　L0980

2.1　5.1×19.3 厘米；1 紙 1 葉 2 個半葉；半葉 4 行，行字不等。

2.3　梵夾裝。首尾均脫。通卷下殘。參見 BD10851 號 A 第 2 項。

3.3　錄文：

（首全）

所慮所托者。所慮是相分。此托相分心始能攀緣。分□…□/

法，此法應是可緣之法，為有體故。始緣者，是能緣。前知□…□/

是為體法，是可緣之義。衆生粗鈍劣故，所緣不及，無所緣義。□…□/

文云極微於五識。/

（錄文完）

8　8~9 世紀。吐蕃統治時期寫本。

9.1　行楷。

1.1　BD10851 號 F

1.3　大乘百法明門論開宗義記隨聽疏（擬）

1.4　L0980

2.1　6×24.5 厘米；1 紙 1 葉 2 個半葉；半葉 5 行，行字不等。

2.3　梵夾裝。首尾均脫。參見 BD10851 號 A 第 2 項。

3.3　錄文：

（首全）

二無我者，《大乘頓決》云：離妄心，名人無我；離色，名法無我。色心俱離，則人法一如，二俱無我。/

又四大無主，名人無我；五陰空寂，名法無我。又五陰空寂，名人無我；此上一百個法，同真如/

體寂，名法無我。主宰義，主是俱生我，宰是分別、割斷我。主是第七我，宰是第六我。法無/

我者，法須任持，軌生勿（物）解。亦無體性，實自在用。故言無我。數趣取者，謂起惑業，名/

為能取；當生五道，名為所取。合業及果，總名數趣取。/

8　8~9 世紀。吐蕃統治時期寫本。

9.1　楷書。

1.1　BD10851 號 G

1.3　大乘百法明門論開宗義記隨聽疏（擬）

1.4　L0980

2.1　4.9×26 厘米；1 紙 1 葉 2 個半葉；半葉 4 行，行字不等。

2.3　梵夾裝。首尾均脫。參見 BD10851 號 A 第 2 項。

3.3　錄文：

（首全）

十號者。一［如來］，具包三得（德）六語，名具足號。二應供，是應行二理號。三等覺，此是實理窮無號。/

四名行圓滿，此是修因滿足號。五善逝，此是直往菩提不

退號。六世間解，此是權知圓名/

號。七無上丈夫，此是巧攝有情號。八天人師，此是軌則有情號。九佛陀，此是位超凡世/

號。十薄伽，此是無師勝覺號。/

（錄文完）

8　8~9 世紀。吐蕃統治時期寫本。

9.1　行楷。有合體字"菩提"。

1.1　BD10851 號 H

1.3　大乘百法明門論開宗義記隨聽疏（擬）

1.4　L0980

2.1　7.6×29 厘米；1 紙 1 葉 2 個半葉；半葉 7 行，行字不等。

2.3　梵夾裝。首尾均脫。參見 BD10851 號 A 第 2 項。

3.3　錄文：

（首全）

第七識緣境，四師釋語。第一師云：第七恆緣第八見分為我。第二師云：若執第八見分為我者，/

合有我所。第一師云：相分是我所。第二師云：汝立我者，不錯，實言。我所者，不然。若取相分/

為我所者，有外緣失。第二（一）師云：我若不是，汝立看。第二師云：我者，已上無殊。若論我所，釋/

中種子是。第三師云：汝言種子是我所者，其理不然。如何？答：釋中種子，為起現行落謝，/

卻薰成種，亦是外緣，如不當理。第二師云：我若不是，汝自立看。第四法師和會，不許取/

相應以為我所。賴耶不增，聞有相應之法，成其我所。我，我所執，不歸起故。以此釋，俱薩迦/

耶見一類，執我是我之我，非是我所。/

（錄文完）

8　8~9 世紀。吐蕃統治時期寫本。

9.1　行楷。

1.1　BD10851 號 1

1.3　大乘百法明門論開宗義記隨聽疏（擬）

1.4　L0980

2.1　2.9×27.8 厘米；1 紙 1 葉 2 個半葉；半葉 2 行，行字不等。

2.3　梵夾裝。首尾均脫。參見 BD10851 號 A 第 2 項。

3.3　錄文：

（首全）

前通中，顯此別名。約相曾（增），說第八名心，第七名意，第六名識。相者，用也，約作用。曾（增）故，名為/

曾（增）。約即（積）集義用曾（增），故名為心。約審思用曾（增），故名為意。約了別相曾（增），故名意識。/

（錄文完）

8　8~9 世紀。吐蕃統治時期寫本。

9.1　行楷。

1.1 BD10852 號

1.3 護首（金光明最勝王經）

1.4 L0981

2.1 1.8×12.3 厘米；1 紙；1 行。

2.3 卷軸裝。首尾均殘。小殘片。已修整。

3.4 説明：

此件為護首經名簽條。上有經名“金光明最勝王經卷第十”及經名號。

8 8～9 世紀。吐蕃統治時期寫本。

9.1 楷書。

1.1 BD10853 號

1.3 大方廣佛華嚴經（晉譯五十卷本）卷五〇

1.4 L0982

2.1 1.4×9.5 厘米；1 紙；2 行。

2.3 卷軸裝。首尾均殘。通卷上下殘。小殘片。有烏絲欄。已修整。

3.1 首殘→大正 0278，09/0783A08。

3.2 尾殘→大正 0278，09/0783A08。

8 5～6 世紀。南北朝寫本。

9.1 隸書。

1.1 BD10854 號

1.3 四分律刪繁補闕行事鈔卷中

1.4 L0983

2.1 6.8×18 厘米；1 紙；5 行。

2.3 卷軸裝。首尾均殘。通卷上下殘。殘片。薄皮紙。有烏絲欄。已修整。

3.1 首殘→大正 1804，40/0068B15。

3.2 尾殘→大正 1804，40/0068B21。

8 7～8 世紀。唐寫本。

9.1 楷書。

1.1 BD10855 號

1.3 妙法蓮華經卷六

1.4 L0984

2.1 16×13.5 厘米；1 紙；10 行。

2.3 卷軸裝。首尾均殘。通卷下殘。有烏絲欄。已修整。

3.1 首殘→大正 0262，09/0047B19。

3.2 尾殘→大正 0262，09/0047C05。

8 7～8 世紀。唐寫本。

9.1 楷書。

1.1 BD10856 號

1.3 金光明最勝王經卷五

1.4 L0985

2.1 5.9×14.5 厘米；1 紙；4 行。

2.3 卷軸裝。首尾均殘。通卷下殘。殘片。經黃紙。有烏絲欄。

3.1 首殘→大正 0665，16/0423C12。

3.2 尾殘→大正 0665，16/0423C16。

8 8 世紀。唐寫本。

9.1 楷書。

1.1 BD10857 號

1.3 大方廣佛華嚴經（晉譯五十卷本）卷三七

1.4 L0986

2.1 7.4×20.8 厘米；1 紙；5 行。

2.3 卷軸裝。首尾均殘。通卷下殘。殘片。有烏絲欄。

3.1 首殘→大正 0278，09/0677A09。

3.2 尾殘→大正 0278，09/0677A14。

8 5～6 世紀。南北朝寫本。

9.1 隸書。

1.1 BD10858 號

1.3 大般涅槃經（北本）卷四〇

1.4 L0987

2.1 7.5×20.5 厘米；1 紙；5 行。

2.3 卷軸裝。首尾均殘。通卷下殘。殘片。有烏絲欄。

3.1 首殘→大正 0374，12/0602C23。

3.2 尾殘→大正 0374，12/0602C27。

8 5～6 世紀。南北朝寫本。

9.1 隸書。

1.1 BD10859 號

1.3 摩訶僧祇律卷五

1.4 L0988

2.1 （1＋6.1）19.3 厘米；2 紙；4 行。

2.2 01：01.0，01； 02：06.01.0，03。

2.3 卷軸裝。首尾均殘。通卷上殘。殘片。有烏絲欄。已修整。

3.1 首殘→大正 1425，22/0267A26。

3.2 尾殘→大正 1425，22/0267B01。

8 5～6 世紀。南北朝寫本。

9.1 楷書。

1.1 BD10860 號

1.3 金剛般若波羅蜜經

1.4 L0989

2.1 7.6×16.4 厘米；1 紙；4 行。

2.3 卷軸裝。首尾均殘。通卷上殘。殘片。有烏絲欄。已修整。

3.1 首殘→大正 0235，08/0750C12。

3.2 尾殘→大正 0235，08/0750C16。

8 7～8 世紀。唐寫本。

9.1 楷書。

1.1　BD10861 號

1.3　妙法蓮華經卷一

1.4　L0990

2.1　15×11.5 厘米；1 紙；8 行。

2.3　卷軸裝。首尾均殘。通卷上殘。殘片。經黃紙。有烏絲欄。
已修整。

3.1　首殘→大正 0262，09/0001C25。

3.2　尾殘→大正 0262，09/0002A07。

8　7～8 世紀。唐寫本。

9.1　楷書。

1.1　BD10862 號

1.3　瑜伽師地論隨聽疏（擬）

1.4　L0991

2.1　20.6×4.3 厘米；2 紙；14 行。

2.2　01：12.2，08；　　02：08.4，06。

2.3　卷軸裝。首尾均殘。通卷下殘。殘片。通卷下殘。正背面
均有烏絲欄。

3.3　錄文：

（首殘）

中。既不□…□/

果者。應□…□/

鈩曹。合□…□/

言咒術。□…□。/

啟論文□…□/

能者。此中□…□。/

二依無破□…□/

煞彼命□…□。/

若但煞□…□/

第三顯□…□/

損他。非□…□/

二行人□…□。/

感不□…□/

煞害。□…□/

（錄文完）

3.4　說明：

從寫經形態考察，應為《瑜伽師地論隨聽疏》（擬），詳情
待考。

8　9 世紀。歸義軍時期寫本。

9.1　行書。

9.2　有硃筆火珠形點標科分。

1.1　BD10863 號

1.3　無量壽宗要經

1.4　L0992

2.1　9×15 厘米；1 紙；6 行。

2.3　卷軸裝。首尾均殘。通卷上殘。殘片。有烏絲欄。

3.1　首殘→大正 0936，19/0082A20。

3.2　尾殘→大正 0936，19/0082B03。

8　8～9 世紀。吐蕃統治時期寫本。

9.1　楷書。

1.1　BD10864 號

1.3　小鈔

1.4　L0993

2.1　11.4×19.5 厘米；1 紙；6 行。

2.3　卷軸裝。首尾均殘。通卷上殘。殘片。有烏絲欄。已修整。

3.3　錄文：

（首殘）

□…□三藏之中何藏所攝。一修多羅□□/

□…□（律藏。）三阿毗達磨藏。（此云論藏。）今此四分/

□…□藏所攝。律有四名。一名為戒。（若就教釋，防
非）/

□…□（又單）二名為律。（若就教釋，詮□…□）/

□…□木叉。（此是梵語，唐言□…□者脫羈□…□）/

（錄文完）

說明：錄文括號中文字，原為小字雙行夾註。

7.1　首有題記：“小鈔字是九義海律師”。

8　9～10 世紀。歸義軍時期寫本。

9.1　楷書。

1.1　BD10865 號

1.3　金剛般若波羅蜜經

1.4　L0994

2.1　11×17.5 厘米；1 紙；6 行。

2.3　卷軸裝。首尾均殘。通卷上殘。殘片。有烏絲欄。已修整。

3.1　首殘→大正 0235，08/0749A01。

3.2　尾殘→大正 0235，08/0749A08。

8　9～10 世紀。歸義軍時期寫本。

9.1　楷書。

1.1　BD10866 號

1.3　大通方廣懺悔滅罪莊嚴成佛經卷下

1.4　L0995

2.1　8.4×13 厘米；1 紙；6 行。

2.3　卷軸裝。首尾均殘。通卷上殘。殘片。背有古代裱補。有
烏絲欄。已修整。

3.1　首殘→大正 2871，85/1350C20。

3.2　尾殘→大正 2871，85/1350C25。

8　5～6 世紀。南北朝寫本。

9.1　隸楷。

1.1　BD10867 號

1.3　大般若波羅蜜多經卷五七八

1.4　L0996

2.1　6.8×26.4 厘米；1 紙 1 葉 2 個半葉；半葉 5 行，行約 30 字。

2.3　梵夾裝。首尾均脫。卷面油污，中間有穿綫孔洞。僅抄寫一面。有烏絲欄。

3.1　首殘→大正 0220，07/0989B01。

3.2　尾殘→大正 0220，07/0989B09。

8　8～9 世紀。吐蕃統治時期寫本。

9.1　楷書。

9.2　天頭有校加字。

1.1　BD10868 號

1.3　大乘百法明門論開宗義記隨聽疏（擬）

1.4　L0997

2.1　4.7×27.8 厘米；1 紙 1 葉 2 個半葉；半葉 4 行，行 38 字。

2.3　梵夾裝。首尾均脫。單面抄寫。卷中間有穿繩孔洞。

3.3　錄文：

（首全）

抄但無自然生性者，一切萬法，皆假於他。如得生起，假成之緣。緣無自性，所以假依他起，非自然生，/

無自然性。云諸法不自。或有立因緣宗者，大小二乘見因緣不同。大乘，一切有情假/

因緣而生。一一緣中，本無生性。和合之時，亦無生性。小乘，執一一緣中，各有生性。我法心境，是/

因緣生。有茲不同。/

（錄文完）

8　8～9 世紀。吐蕃統治時期寫本。

9.1　楷書。

1.1　BD10869 號

1.3　大乘百法明門論開宗義記隨聽疏（擬）

1.4　L0998

2.1　5.1×27.1 厘米；1 紙 1 葉 2 個半葉；半葉 4 行，行字不等。

2.3　梵夾裝。首尾均脫。單面抄寫。卷中間有穿繩孔洞。

3.3　錄文：

（首全）

受三大苦者，謂苦苦、行苦、壞苦。苦苦者，於此苦身之上，更加七寒八熱等。/

壞苦者，如病設藥，暫得安和。藥勢盡時，諸苦再發。苦樂相壞，故名壞苦。/

行苦者，五蘊諸行，遷移不亭（停），念念無常，故云行苦。以此三苦攝八苦：初四/

苦苦攝，次三苦壞苦攝，沒一苦行所攝。前二分段，生死收。沒一變易，生死攝。/

（錄文完）

8　8～9 世紀。吐蕃統治時期寫本。

9.1　楷書。

1.1　BD10870 號

1.3　大乘百法明門論開宗義記隨聽疏（擬）

1.4　L0999

2.1　6.3×27.1 厘米；1 紙 1 葉 2 個半葉；半葉 6 行，行 35 字。

2.3　梵夾裝。首尾均脫。單面抄寫。卷中間有穿繩孔洞。

3.3　錄文：

（首全）

歸分。滿此十二分，是其經分。然百法是論，如何歸依經分？答：且三藏之教，許是經分，不是其/

經教。既許三藏是經教者，此論俱依三藏之中，所以歸其論藏，因茲亦得經教之名。/

今歸十二分者，於理無失。既歸十二分中，何分所攝？答：此即是論故，歸論義分中。不歸餘分。/

此十二分教，三藏之中，如何相攝？於對法集中說契經、應頌、記別、諷頌、自說，此五分聲聞/

經藏攝。緣起、譬喻、本事、本生，此四分毗奈藏攝。方廣、希法，此二菩薩素怛論義，聲聞菩薩攝。/

今此論者，即菩薩經藏中收。何故？此論具三乘之義，因茲菩薩藏中收。/

（錄文完）

8　8～9 世紀。吐蕃統治時期寫本。

9.1　楷書。有合體字"菩薩"。

9.2　有行間校加字。

1.1　BD10871 號

1.3　大乘百法明門論開宗義記隨聽疏（擬）

1.4　L1000

2.1　10.6×30.2 厘米；1 紙 1 葉 2 個半葉；半葉 8 行，行字不等。

2.3　梵夾裝。首尾均脫。單面抄寫。有烏絲欄。卷中間有穿繩孔洞。已修整。

3.3　錄文：

（首全）

初衆十法師，立一時說，佛說法無有先後、世、出世間、漸、頓等異。二時為曇無懺三藏立。一頓、二漸。頓/

者，為諸菩薩頓悟之者，說大不由小起。漸者，於《大云》、《法鼓經》初說人天戒施，次說阿含、大乘法空之教。/

三時者，大唐三藏［立］。初為憍陳說四諦法，次說法空之教，後說不空不有中道之教。/

四時者，真諦三藏立。初說四諦教，二說無相教（八部般），三說法相教（楞密嚴），四說觀行大乘（花嚴）。/

五時為晉時學士劉丘說佛教有五時。佛初成道三七日，謂提為五百僧人說人天五戒。三七日外/

十二年中，唯說三乘有行之教（阿含）。卅二年外卅年中，唯說空行之教（般若）。四十三年外卅年前，說《法花》一佛宗。/

然未分明，於雙林樹間，說佛法身常樂我淨《涅槃經》是。

是從一時乃（？）至五時，皆無正據。如上所立，／

菩提劉支早已評（？）破。故亦非理。亦繁不敘。／

（錄文完）

說明：錄文中括號內文字，原文為小字夾註。

8　8～9 世紀。吐蕃統治時期寫本。

9.1　行書。

1.1　BD10872 號

1.3　金剛般若波羅蜜經

1.4　L1001

2.1　21.1×24.6 厘米；1 紙；12 行，行 17 字。

2.3　卷軸裝。首全尾殘。經黃紙。卷首有古代裱補。有烏絲欄。
已修整。

3.1　首殘→大正 0235，08/0748C14。

3.2　尾殘→大正 0235，08/0749A02。

4.1　金剛般若波羅蜜經（首）。

8　7～8 世紀。唐寫本。

9.1　楷書。

1.1　BD10873 號

1.3　金光明最勝王經卷一

1.4　L1002

2.1　14.5×25.2 厘米；2 紙；9 行，行 17 字。

2.3　卷軸裝。首尾均殘。殘片。有烏絲欄。已修整。

3.1　首殘→大正 0665，16/0405B11。

3.2　尾殘→大正 0665，16/0405B21。

8　8～9 世紀。吐蕃統治時期寫本。

9.1　楷書。

1.1　BD10874 號

1.3　雜阿毗曇心論卷一

1.4　L1003

2.1　6.2×26.8 厘米；1 紙；4 行，行 17 字。

2.3　卷軸裝。首尾均斷。殘片。有烏絲欄。

3.1　首殘→大正 1552，28/0879B15。

3.2　尾殘→大正 1552，28/0879B20。

8　8 世紀。唐寫本。

9.1　楷書。

1.1　BD10875 號

1.3　妙法蓮華經卷七

1.4　L1004

2.1　15×26 厘米；1 紙；7 行，行 17 字。

2.3　卷軸裝。首脫尾殘。上邊有殘缺。有烏絲欄。

3.1　首殘→大正 0262，09/0059C14。

3.2　尾 2 行下殘→大正 0262，09/0060A02～03。

8　7～8 世紀。唐寫本。

9.1　楷書。

1.1　BD10876 號

1.3　佛名經（十六卷本）卷一二

1.4　L1005

2.1　15×13 厘米；1 紙；7 行。

2.3　卷軸裝。首尾均殘。通卷下殘。殘片。經黃紙。有烏絲欄。
已修整。

3.1　首殘→《七寺古逸經典研究叢書》，03/0589A08。

3.2　尾殘→《七寺古逸經典研究叢書》，03/0590A01。

7.1　背有勘記"十二"。

8　7～8 世紀。唐寫本。

9.1　楷書。

1.1　BD10877 號

1.3　千手千眼觀世音菩薩廣大圓滿無礙大悲心陀羅尼經（兌廢
稿）

1.4　L1006

2.1　15.5×25.5 厘米；1 紙；4 行。

2.3　卷軸裝。首全尾殘。殘片。卷上方有一燒灼小洞。有上下
邊欄。

3.1　首殘→大正 1060，20/0106A02。

3.2　尾殘→大正 1060，20/0106A06。

4.1　千手千眼觀世音菩薩廣大圓滿無礙大悲心陀羅/尼經，西天
竺國沙門伽梵達摩譯/（首）。

5　與《大正藏》本對照，多釋文"海岸孤絕山是也"。

8　8 世紀。唐寫本。

9.1　楷書。

1.1　BD10878 號

1.3　阿毗達磨集異門足論卷一

1.4　L1007

2.1　9.8×27.1 厘米；1 紙；5 行，行 17 字。

2.3　卷軸裝。首尾均殘。殘片。有烏絲欄。

3.1　首殘→大正 1536，26/0368C03。

3.2　尾殘→大正 1536，26/0368C07。

8　8 世紀。唐寫本。

9.1　楷書。

1.1　BD10879 號

1.3　大般若波羅蜜多經卷四九六

1.4　L1008

2.1　25.8×25.6 厘米；1 紙；16 行。

2.3　卷軸裝。首尾均殘。通卷下殘。殘片。有烏絲欄。

3.1　首殘→大正 0220，07/0521A15。

3.2　尾殘→大正 0220，07/0521B04。

8　8～9 世紀。吐蕃統治時期寫本。

9.1　楷書。

1.1　BD10880 號

1.3　大般若波羅蜜多經卷二九二

1.4　L1009

2.1　11.2×26 厘米；1 紙；7 行，行 17 字。

2.3　卷軸裝。首尾均殘。殘片。有烏絲欄。

3.1　首殘→大正 0220，06/0483A22。

3.2　尾殘→大正 0220，06/0483B01。

8　8～9 世紀。吐蕃統治時期寫本。

9.1　楷書。

1.1　BD10881 號

1.3　大般若波羅蜜多經經文雜寫（擬）

1.4　L1010

2.1　13.6×30.6 厘米；1 紙；7 行。

2.3　卷軸裝。首全尾殘。殘片。尾有餘空。

3.3　錄文：

（首全）

大般若波羅蜜多經卷第卅百 如是我聞一/

大般若波羅蜜多經卷第三六四/

初學較量功德品第卅六之二 三藏法師/

復次請天子極喜地離故布施清戒安忍釋進靜慮般若波羅蜜多離垢地發光地/

焰悲地極難勝地現前地達行地不動地善悲地法雲地離故布清戒安忍釋進靜/

慮般若波羅蜜多離諸天子極喜地離故內空外空內外空空空大空勝空有為/

空無為空畢竟空散空無變異空/

（錄文完）

8　8～9 世紀。吐蕃統治時期寫本。

9.1　楷書。

1.1　BD10882 號

1.3　大般若波羅蜜多經卷五八六（兌廢稿）

1.4　L1011

2.1　14.2×28.1 厘米；1 紙；8 行，行 17 字。

2.3　卷軸裝。首尾均殘。殘片。有烏絲欄。

3.1　首殘→大正 0220，07/1033B28。

3.2　尾殘→大正 0220，07/1033C07。

7.1　卷面多處寫有"兌六行"、"兌"等字。

8　8～9 世紀。吐蕃統治時期寫本。

9.1　楷書。

1.1　BD10883 號

1.3　金剛般若波羅蜜經

1.4　L1012

2.1　21.5×22 厘米；1 紙；12 行。

2.3　卷軸裝。首尾均殘。通卷上殘。殘片。有烏絲欄。已修整

3.1　首殘→大正 0235，08/0749B20。

3.2　尾殘→大正 0235，08/0749C03。

8　9～10 世紀。歸義軍時期寫本。

9.1　楷書。

1.1　BD10884 號

1.3　摩訶般若波羅蜜經卷一七

1.4　L1013

2.1　15.3×25.1 厘米；1 紙；7 行，行 17 字。

2.3　卷軸裝。首尾均殘。殘片。經黃紙。有烏絲欄。

3.1　首殘→大正 0223，08/0341B27。

3.2　尾 3 行上殘→大正 0223，08/0341C02～05。

8　7～8 世紀。唐寫本。

9.1　楷書。

1.1　BD10885 號

1.3　密教修習儀軌（擬）

1.4　L1014

2.1　11.2×31.2 厘米；1 紙 1 葉 2 個半葉；正面 7 行，背面 2 行，共 9 行，行 26 字。

2.3　縫繢裝。首脫尾殘。殘臘縫繢裝之 1 葉，邊緣處有 10 個縫繢針孔。兩面書寫，文字相連。有烏絲欄。

3.3　錄文：

（首殘）

吽（三遍）相出無量繪蓋幢幡香花飲食等種種供養。誦普供養/

真言曰：唵！誐誐曩三嚩曩囉斛（三遍）。然後淨心遍觀十方諸佛自/

身放大光明。遍照三千大千世界。想自身作觀世音菩薩。頭上五佛/

一身四臂。兩手合掌。左手把數珠，右手把蓮花。端身正坐放大光明/

相。我身師是觀音菩薩，更不得異緣。所放大光明，遍照法界，三塗/

息若，地獄亭（停）酸。天一情受苦之者。如此後，口念真言曰：唵！摩尼鉢特/

摩吽。隨心多少，一百八遍。一千八十一萬八百心力加者了。後數珠放在/

（正面錄文到此止）

（背面錄文）

手中，念（合）掌當心，迴法界衆生，悉皆成佛。然後念觸身真言曰：唵！/

唱嚧他也吽，喏取散，南無云揭帝云揭帝。/

（錄文完）

8　9～10世紀。歸義軍時期寫本。

9.1　楷書。

1.1　BD10886號

1.3　大般涅槃經（北本）卷二七

1.4　L1015

2.1　4.2×26.2厘米；1紙；2行。

2.3　卷軸裝。首尾均殘。長條殘片。有烏絲欄。

3.1　首殘→大正0374，12/0527C01。

3.2　尾殘→大正0374，12/0527C03。

8　5～6世紀。南北朝寫本。

9.1　隸楷。

1.1　BD10887號

1.3　妙法蓮華經卷一

1.4　L1016

2.1　15.5×10.5厘米；1紙；10行。

2.3　卷軸裝。首尾均殘。通卷下殘。殘片。打紙，研光上蠟。有烏絲欄。

3.1　首殘→大正0262，09/0003B03。

3.2　尾殘→大正0262，09/0003B15。

8　7～8世紀。唐寫本。

9.1　楷書。

1.1　BD10888號

1.3　妙法蓮華經卷一

1.4　L1017

2.1　18.5×12.5厘米；1紙；11行。

2.3　卷軸裝。首尾均殘。上下通殘。殘片。有烏絲欄。

3.1　首殘→大正0262，09/0005C04。

3.2　尾殘→大正0262，09/0005C16。

8　5～6世紀。南北朝寫本。

9.1　隸楷。

1.1　BD10889號

1.3　妙法蓮華經卷二

1.4　L1018

2.1　10×12厘米；1紙；4行。

2.3　卷軸裝。首尾均殘。通卷上殘。殘片。有烏絲欄。

3.1　首殘→大正0262，09/0010C13。

3.2　尾殘→大正0262，09/0010C17。

8　9～10世紀。歸義軍時期寫本。

9.1　楷書。

1.1　BD10890號

1.3　妙法蓮華經卷二

1.4　L1019

2.1　7.5×12厘米；1紙；4行。

2.3　卷軸裝。首尾均殘。通卷下殘。殘片。經黃紙。有烏絲欄。

3.1　首殘→大正0262，09/0012B19。

3.2　尾殘→大正0262，09/0012B23。

8　7～8世紀。唐寫本。

9.1　楷書。

1.1　BD10891號

1.3　金剛般若波羅蜜經

1.4　L1020

2.1　10.1×6.6厘米；1紙；5行。

2.3　卷軸裝。首尾均殘。通卷上殘。小殘片。有烏絲欄。已修整。

3.1　首殘→大正0235，08/0749B06。

3.2　尾殘→大正0235，08/0749B10。

8　8～9世紀。吐蕃統治時期寫本。

9.1　楷書。

1.1　BD10892號

1.3　妙法蓮華經卷五

1.4　L1021

2.1　12.4×6.2厘米；1紙；7行。

2.3　卷軸裝。首尾均殘。通卷上殘。小殘片。有烏絲欄。

3.1　首殘→大正0262，09/0043A16。

3.2　尾殘→大正0262，09/0043A22。

8　7～8世紀。唐寫本。

9.1　楷書。

1.1　BD10893號

1.3　維摩詰所說經卷中

1.4　L1022

2.1　7.3×15厘米；1紙；4行。

2.3　卷軸裝。首尾均殘。通卷下殘。殘片。有烏絲欄。已修整。

3.1　首殘→大正0475，14/0544B17。

3.2　尾殘→大正0475，14/0544B20。

8　8～9世紀。吐蕃統治時期寫本。

9.1　楷書。

1.1　BD10894號

1.3　大般涅槃經（北本）卷二

1.4　L1023

2.1　11.2×11.6厘米；1紙；7行。

2.3　卷軸裝。首尾均殘。通卷下殘。殘片。有烏絲欄。已修整。

3.1　首殘→大正0374，12/0372B08。

3.2　尾殘→大正0374，12/0372B14。

8　5～6世紀。南北朝寫本。

9.1　隸書。

1.1　BD10895 號

1.3　妙法蓮華經卷一

1.4　L1024

2.1　6.5×19 厘米；1 紙；4 行。

2.3　卷軸裝。首尾均殘。通卷下殘。殘片。有烏絲欄。

3.1　首殘→大正 0262，09/0002A11。

3.2　尾殘→大正 0262，09/0002A15。

8　8 世紀。唐寫本。

9.1　楷書。

1.1　BD10896 號

1.3　妙法蓮華經卷一

1.4　L1025

2.1　11×11.5 厘米；1 紙；6 行。

2.3　卷軸裝。首尾均殘。通卷上殘。有烏絲欄。已修整。

3.1　首殘→大正 0262，09/0004B18。

3.2　尾殘→大正 0262，09/0004B28。

8　7~8 世紀。唐寫本。

9.1　楷書。

1.1　BD10897 號

1.3　佛名經（十二卷本）卷六

1.4　L1026

2.1　9.4×13.5 厘米；1 紙；5 行。

2.3　卷軸裝。首尾均殘。通卷下殘。殘片。有烏絲欄。已修整。

3.1　首殘→大正 0440，14/0142B20。

3.2　尾殘→大正 0440，14/0142B24。

4.1　佛說佛名經卷第六（首）。

8　5~6 世紀。南北朝寫本。

9.1　楷書。

1.1　BD10898 號

1.3　大智度論卷一三

1.4　L1027

2.1　11.2×26.2 厘米；1 紙；6 行，行 17 字。

2.3　卷軸裝。首尾均殘。殘片。有烏絲欄。已修整。

3.1　首殘→大正 1059，25/0154C28。

3.2　尾 3 行上下殘→大正 1059，25/0155A02~04。

8　6 世紀。南北朝寫本。

9.1　楷書。

1.1　BD10899 號

1.3　佛頂尊勝陀羅尼經（佛陀波利本）

1.4　L1028

2.1　1 紙 11.6×6 厘米；1 紙 2 葉 4 個半葉，半葉 4 行，共 16 行，行 5 字。

2.3　縫繢裝。首尾均脫。袖珍本。中部有 4 個針孔。有烏絲欄。

3.1　首殘→大正 0967，19/0350B15。

3.2　尾殘→大正 0967，19/0350B24。

5　與《大正藏》本對照，咒語不同。其略相當於所附宋本的咒語，參見 19/352A27~B2。

6.3　與 BD10905 號為同文獻，但不能直接綴接。

8　9~10 世紀。歸義軍時期寫本。

9.1　楷書。

13　本件分別編為兩號，一作 BD10899 號、一作 BD10904 號。因其原屬同一帖，且 BD10899 號為芯紙，BD10904 號為緊挨芯紙的夾紙，兩者文字相連。

1.1　BD10900 號

1.3　金剛般若波羅蜜經（三十二分本）

1.4　L1029

2.1　10.8×15 厘米；1 紙 1 葉 2 個半葉；半葉 8~9 行，共 17 行，行約 18 字。

2.3　粘葉裝。首尾均脫。上下邊欄係刻劃欄。

3.1　首殘→大正 0235，08/0752B16。

3.2　尾殘→大正 0235，08/0752C02。

5　與《大正藏》本對照，本文獻為三十二分《金剛經》，存第三十一分的後部分及三十二分的前部分。且附有關於《如來九觀》的註文。

6.2　尾→BD10902 號。

7.1　卷面偈頌前，有關於《如來九觀》的註釋如下："注曰：如來得此九觀而能行生死/而不動。不動是法印，動即魔網。/"

8　9~10 世紀。歸義軍時期寫本。

9.1　楷書。

9.2　有行間校加字。

1.1　BD10901 號

1.3　雜寫（擬）

1.4　L1030

2.1　26.2×13.5 厘米；1 紙 3 葉 6 個半葉；每半葉 5 行，共 30 行，實際抄寫 19 行。

2.3　經折裝。首尾均脫。有烏絲欄。行寬 8.1 厘米。另餘出 1 條

3.4　說明：

　　有"佛說普廣菩薩隨願往生經。如是我聞一是佛在鳩屍那竭國，娑羅雙樹間"等雜寫文字若干行。有"虛空及海水乃至於須"1 行。有"大寶積經出現"、"佛說鬼聞"等。

8　9~10 世紀。歸義軍時期寫本。

9.1　楷書。

1.1　BD10902 號 1

1.3　金剛般若波羅蜜經（三十二分本）

1.4　L1031

2.1　10.8×15 厘米；1 紙 1 葉 2 個半葉，半葉 8 行，行字不等。

2.3 粘葉裝。首脫尾全。一面抄寫。有烏絲欄。已修整。

2.4 本遺書包括2個文獻：（一）《金剛般若波羅蜜經》（三十二分本），2行，今編為 BD10902 號1。（二）《念誦金剛經後三真言》（擬），6行，今編為 BD10902 號2。

3.1 首殘→大正 0235，08/0752C02。

3.2 尾殘→大正 0235，08/0752C07。

4.2 金剛般若波羅蜜經（尾）。

5 與《大正藏》本對照，本文獻為三十二分，現存第三十二分之結尾。

6.1 首→BD10900 號。

7.1 尾題下有題記："西川真印本。"

8 971 年。歸義軍時期寫本。

9.1 楷書。

1.1 BD10902 號2

1.3 念誦金剛經後三真言（擬）

1.4 L1031

2.4 本遺書由2個文獻組成，本文獻為第2個，6行，抄寫在正面。餘參見 BD10902 號1 的第2項。

3.1 首全→大正 2732，85/0008C13。

3.2 尾全→大正 2732，85/0008C20。

3.4 說明：

本文獻包括"大身真言"、"隨心真言"、"心中心真言"等三道真言。

7.1 卷末有題記："辛未年（971）七月廿日八十八老人手寫流通。"

8 971 年。歸義軍時期寫本。

9.1 楷書。

13 翟奉達寫本。

1.1 BD10903 號

1.3 延壽命經（小本）

1.4 L1032

2.1 14×10 厘米；1 紙 2 葉 4 個半葉；半葉3行，共 12 行，實際抄寫 3 行，行 6~7 字。

2.3 縫繢裝。首尾均脫。袖珍本。卷面多有裝訂針孔。

3.3 錄文：

（首殘）

此十七神常當擁/

護，使得所願即成。/

佛說延壽命經/

（錄文完）

4.2 佛說延壽命經（尾）。

6.1 首→BD10906 號。

8 9~10 世紀。歸義軍時期寫本。

9.1 楷書。

1.1 BD10904 號

1.3 佛頂尊勝陀羅尼經（佛陀波利本）

1.4 L1033

2.1 1 紙 11.6×6 厘米；1 紙 2 葉 4 個半葉，半葉 4 行，共 16 行，行 5 字。

2.3 縫繢裝。首尾均脫。袖珍本。中部有 4 個針孔。有烏絲欄。

3.3 文獻內容參 BD10899 號 3.1、3.2 項。

5 參 BD10899 號；

8 9－10 世紀。歸義軍時期寫本。

9.1 楷書。

13 參 BD10899 號。

1.1 BD10905 號

1.3 佛頂尊勝陀羅尼經（佛陀波利本）

1.4 L1034

2.1 11.7×5.9 厘米；1 紙 2 葉 4 個半葉，半葉 4 行，共 16 行，行 5 字。

2.3 縫繢裝。首尾均脫。袖珍本。中部有 4 個針孔。有烏絲欄。

3.4 說明：

本遺書乃縫繢裝的夾紙，左右兩葉文字無法連接。

左葉兩個半葉所抄文字相連，相當於大正 0967，19/0350A13~16。

右葉兩個半葉文字相連，相當於大正 0967，19/0350A20~23。

左右兩個半葉之間，缺失經文相當於大正 0967，19/350A16~20。

6.3 與 BD10899、BD10903 號為同遺書。

8 9~10 世紀。歸義軍時期寫本。

9.1 楷書。

1.1 BD10906 號

1.3 延壽命經（小本）

1.4 L1035

2.1 14×10 厘米；1 紙 2 葉 4 個半葉，半業 4 行，共 16 行，實際抄寫 7 行，行 4~5 字。

2.3 縫繢裝。首尾均脫。袖珍本。1 葉無文字。

3.3 錄文：

（首殘）

神名阿遮達/

神名波頭和/

神名和訶頭/

神名磨由羅/

神名磨訶磨/

神名迦遮/

神名遮神/

（錄文完）

6.2 尾→BD10903 號。

8　　9～10 世紀。歸義軍時期寫本。

9.1　楷書。

1.1　BD10907 號

1.3　待考佛教文獻殘片（擬）

1.4　L1036

2.1　2.1×9.2 厘米；1 紙；1 行。

2.3　卷軸裝。首尾均殘。通卷上下殘。小殘片。背有古代裱補。

3.4　說明：

　　　本遺書僅殘留"相善男子如"一行 5 字，多部佛經均有相同文句，難以確定屬於哪一部經典。

8　　7～8 世紀。唐寫本。

9.1　楷書。

1.1　BD10908 號

1.3　佛名經（十六卷本）卷一四

1.4　L1037

2.1　14.7×26.8 厘米；1 紙；8 行。

2.3　卷軸裝。首尾均殘。通卷上下有殘缺。殘片。已修整。

3.1　首 3 行上下殘→《七寺古逸經典研究叢書》，03/0687A04～06。

3.2　尾殘→《七寺古逸經典研究叢書》，03/0687A11。

8　　9～10 世紀。歸義軍時期寫本。

9.1　楷書。

1.1　BD10909 號

1.3　阿彌陀經

1.4　L1038

2.1　6.4×14.3 厘米；1 紙；4 行。

2.3　卷軸裝。首尾均殘。通卷上殘。殘片。有烏絲欄。已修整。

3.1　首殘→大正 0366，12/0346B24。

3.2　尾殘→大正 0366，12/0346C03。

8　　8～9 世紀。吐蕃統治時期寫本。

9.1　楷書。

1.1　BD10910 號

1.3　大方廣十輪經卷五

1.4　L1039

2.1　22.1×16 厘米；1 紙；12 行。

2.3　卷軸裝。首尾均殘。通卷下殘。殘片。有烏絲欄。已修整。

3.1　首殘→大正 0410，13/0702A27。

3.2　尾殘→大正 0410，13/0702B09。

8　　5～6 世紀。南北朝寫本。

9.1　楷書。

1.1　BD10911 號

1.3　妙法蓮華經卷七

1.4　L1040

2.1　10.5×26 厘米；1 紙；6 行，行 17 字。

2.3　卷軸裝。首斷尾脫。上邊有殘缺。有烏絲欄。

3.1　首殘→大正 0262，09/0058B08。

3.2　尾殘→大正 0262，09/0058B14。

8　　8 世紀。唐寫本。

9.1　楷書。

1.1　BD10912 號

1.3　金光明經卷四

1.4　L1041

2.1　11.2×24.6 厘米；1 紙；7 行，行 17 字。

2.3　卷軸裝。首尾均殘。殘片。周邊有燒灼痕跡。有烏絲欄。已修整。

3.1　首殘→大正 0663，16/0352C29。

3.2　尾殘→大正 0663，16/0353A05。

5　　與《大正藏》本對照，文字略有參差。

8　　8～9 世紀。吐蕃統治時期寫本。

9.1　楷書。

1.1　BD10913 號

1.3　妙法蓮華經卷四

1.4　L1042

2.1　（8＋30＋10.5）×25 厘米；2 紙；26 行，行 17～19 字。

2.2　01：8＋30，21；　　02：10.5，05。

2.3　卷軸裝。首尾均殘。卷中有多處殘洞。有烏絲欄。已修整。

3.1　首殘→大正 0262，09/0027B16。

3.2　尾殘→大正 0262，09/0027C16。

8　　7～8 世紀。唐寫本。

9.1　楷書。

1.1　BD10914 號

1.3　齋文（擬）

1.4　L1043

2.1　33.5×11.5 厘米；1 紙；18 行。

2.3　卷軸裝。首尾均殘。通卷上殘。下邊殘缺破裂。有烏絲欄。已修整。

3.3　錄文：

　　（首殘）

　　□…□報無盡如□□□/

　　□…□常修衆善觀三寶/

　　□…□出愛流登彼岸。/

　　□…□衆生皆覩佛/

　　□…□/

　　□…□大捨通無礙。/

　　□…□道場居寶殿/

　　□…□無病無貪□□/

□…□者，受者俱清□□/

□…□施香花偈/

□…□惟華，供養賢聖/

□…□解脫，住如來家/

□…□方，群生蒙祐/

□…□不退，念念堅強/

□…□方盡虛空界，一切尊法/

□…□方盡虛空界，一切羅漢/

□…□明功德。即席施主諸/

□…□歸依佛法僧寶。今日/

□…□燃燈者/

（錄文完）

8　9～10 世紀。歸義軍時期寫本。

9.1　楷書。

9.2　有行間校加字。

1.1　BD10915 號

1.3　妙法蓮華經卷六

1.4　L1044

2.1　24.5×20 厘米；1 紙；15 行。

2.3　卷軸裝。首尾均殘。通卷下殘。有烏絲欄。已修整。

3.1　首殘→大正 0262，09/0046C20。

3.2　尾殘→大正 0262，09/0047A05。

8　5～6 世紀。南北朝寫本。

9.1　隸楷。

1.1　BD10916 號

1.3　藥師琉璃光如來本願功德經

1.4　L1045

2.1　17.1×11.3 厘米；1 紙；9 行。

2.3　卷軸裝。首尾均殘。通卷上殘。殘片。有烏絲欄。已修整。

3.1　首殘→大正 0450，14/0405A15。

3.2　尾殘→大正 0450，14/0405A25。

5　與《大正藏》本對照，文字略有參差。

8　7～8 世紀。唐寫本。

9.1　楷書。

1.1　BD10917 號

1.3　大般若波羅蜜多經卷三五三

1.4　L1046

2.1　34×24.9 厘米；1 紙；20 行，行 17 字。

2.3　卷軸裝。首殘尾脫。下邊有殘缺。有烏絲欄。已修整。

3.1　首殘→大正 0220，06/0814C10。

3.2　尾殘→大正 0220，06/0815A01。

8　8～9 世紀。吐蕃統治時期寫本。

9.1　楷書。有武周新字"正"。

1.1　BD10918 號

1.3　藥師琉璃光如來本願功德經

1.4　L1047

2.1　11×11.7 厘米；1 紙；6 行。

2.3　卷軸裝。首尾均殘。通卷下殘。殘片。有烏絲欄。

3.1　首殘→大正 0450，14/0404C13。

3.2　尾殘→大正 0450，14/0404C18。

8　7～8 世紀。唐寫本。

9.1　楷書。

1.1　BD10919 號

1.3　佛頂尊勝陀羅尼經（佛陀波利本）

1.4　L1048

2.1　13×21.2 厘米；1 紙；7 行。

2.3　卷軸裝。首尾均殘。通卷下殘。殘片。有烏絲欄。

3.1　首殘→大正 0967，19/0350B03。

3.2　尾殘→大正 0967，19/0350B09。

8　7～8 世紀。唐寫本。

9.1　楷書。

1.1　BD10920 號

1.3　妙法蓮華經卷三

1.4　L1049

2.1　4.3×12.7 厘米；1 紙；3 行。

2.3　卷軸裝。首殘尾脫。通卷上殘。小殘片。有烏絲欄。背面有古代裱補。已修整。

3.1　首殘→大正 0262，09/0019B14。

3.2　尾殘→大正 0262，09/0019B17。

8　8～9 世紀。吐蕃統治時期寫本。

9.1　楷書。

1.1　BD10921 號

1.3　金剛般若波羅蜜經

1.4　L1050

2.1　9.5×9.5 厘米；1 紙；6 行。

2.3　卷軸裝。首尾均殘。通卷下殘。殘片。有烏絲欄。已修整。

3.1　首殘→大正 0235，08/0750A01。

3.2　尾殘→大正 0235，08/0750A07。

8　9～10 世紀。歸義軍時期寫本。

9.1　楷書。

1.1　BD10922 號

1.3　妙法蓮華經卷三

1.4　L1051

2.1　19.5×26 厘米；1 紙；12 行，行 17 字。

2.3　卷軸裝。首尾均殘。經黃紙。有烏絲欄。已修整。

3.1　首殘→大正 0262，09/0025A09。

3.2 尾殘→大正0262，09/0025A20。

8　7~8世紀。唐寫本。

9.1 楷書。

1.1 BD10923 號

1.3 妙法蓮華經卷一

1.4 L1052

2.1 12×24.5厘米；1紙；6行。

2.3 卷軸裝。首尾均殘。上邊殘缺。卷背多鳥糞。有烏絲欄。已修整。

3.1 首殘→大正0262，09/0001C19。

3.2 尾殘→大正0262，09/0001C25。

8　8~9世紀。吐蕃統治時期寫本。

9.1 楷書。

1.1 BD10924 號

1.3 妙法蓮華經卷七

1.4 L1053

2.1 11.8×26.5厘米；1紙；7行，行字不等。

2.3 卷軸裝。首尾均殘。殘片。有烏絲欄。已修整。

3.1 首殘→大正0262，09/0058B21。

3.2 尾殘→大正0262，09/0058B28。

8　7~8世紀。唐寫本。

9.1 楷書。

1.1 BD10925 號

1.3 妙法蓮華經卷六

1.4 L1054

2.1 19×25厘米；1紙；12行，行17字。

2.3 卷軸裝。首殘尾脫。經黃打紙。卷中有多處殘洞。有烏絲欄。已修整。

3.1 首殘→大正0262，09/0054A02。

3.2 尾殘→大正0262，09/0054A14。

8　7~8世紀。唐寫本。

9.1 楷書。

1.1 BD10926 號

1.3 妙法蓮華經卷七

1.4 L1055

2.1 19.5×11厘米；1紙；11行。

2.3 卷軸裝。首尾均殘。通卷上殘。殘片。卷面油污。有烏絲欄。已修整。

3.1 首殘→大正0262，09/0057A08。

3.2 尾殘→大正0262，09/0057A19。

8　9~10世紀。歸義軍時期寫本。

9.1 楷書。

1.1 BD10927 號 A

1.3 妙法蓮華經卷六

1.4 L1056

2.1 7.5×25厘米；1紙；5行，行17字。

2.3 卷軸裝。首尾均殘。殘片。有烏絲欄。已修整。

3.1 首殘→大正0262，09/0051A03。

3.2 尾殘→大正0262，09/0051A07。

8　7~8世紀。唐寫本。

9.1 楷書。

1.1 BD10927 號 B

1.3 妙法蓮華經卷六

1.4 L1056

2.1 8×25厘米；1紙；5行，行16~17字。

2.3 卷軸裝。首尾均殘。殘片。有烏絲欄。已修整。

3.1 首殘→大正0262，09/0051A12。

3.2 尾殘→大正0262，09/0051A17。

8　7~8世紀。唐寫本。

9.1 楷書。

1.1 BD10928 號

1.3 金剛般若波羅蜜經

1.4 L1057

2.1 31.3×16.8厘米；2紙；20行。

2.2 01：13.0，08；　02：18.3，12；

2.3 卷軸裝。首殘尾脫。通卷下殘。有烏絲欄。已修整。

3.1 首殘→大正0235，08/0749C17。

3.2 尾殘→大正0235，08/0750A09。

8　9~10世紀。歸義軍時期寫本。

9.1 楷書。

1.1 BD10929 號

1.3 如來莊嚴智慧光明入一切佛境界經卷下

1.4 L1058

2.1 31.8×25.7厘米；2紙；10行，行17字。

2.2 01：13.3，護首；　02：18.5，10。

2.3 卷軸裝。首全尾殘。有護首，已殘。有烏絲欄。已修整。

3.1 首殘→大正0357，12/0244A22。

3.2 尾5行下殘→大正0357，12/0244B03~07。

4.1 如來莊嚴智慧光明入一切佛境界經卷下（首）。

8　6世紀。南北朝寫本。

9.1 楷書。

1.1 BD10930 號

1.3 大般若波羅蜜多經卷一六六

1.4 L1059

2.1 28.7×14.2厘米；1紙；17行。

2.3 卷軸裝。首殘尾脫。通卷下殘。有烏絲欄。已修整。

3.1 首殘→大正 0220，05/0891C13。

3.2 尾殘→大正 0220，05/0892A03。

8 8~9 世紀。吐蕃統治時期寫本。

9.1 楷書。

1.1 BD10931 號

1.3 妙法蓮華經卷七

1.4 L1060

2.1 37.8×17 厘米；1 紙；22 行。

2.3 卷軸裝。首尾均殘。通卷下殘。殘片。有上下界欄。已修整。

3.1 首殘→大正 0262，09/0056C07。

3.2 尾殘→大正 0262，09/0057A01。

8 8~9 世紀。吐蕃統治時期寫本。

9.1 楷書。

1.1 BD10932 號

1.3 妙法蓮華經卷四

1.4 L1061

2.1 10.5×26.4 厘米；1 紙；6 行，行 20 字（偈頌）。

2.3 卷軸裝。首尾均殘。殘片。有烏絲欄。已修整。

3.1 首殘→大正 0262，09/0036B26。

3.2 尾殘→大正 0262，09/0036C06。

8 5~6 世紀。南北朝寫本。

9.1 隸書。

1.1 BD10933 號

1.3 妙法蓮華經卷五

1.4 L1062

2.1 5.4×9.6 厘米；1 紙；3 行，行 17 字。

2.3 卷軸裝。首尾均殘。通卷上殘。小殘片。有烏絲欄。已修整。

3.1 首殘→大正 0262，09/0037A17。

3.2 尾殘→大正 0262，09/0037A19。

8 7~8 世紀。唐寫本。

9.1 楷書。

1.1 BD10934 號

1.3 大智度論卷七二

1.4 L1063

2.1 20.8×25.6 厘米；1 紙；12 行，行 17 字。

2.3 卷軸裝。首尾均殘。殘片。有烏絲欄。已修整。

3.1 首殘→大正 1509，25/0564B01。

3.2 尾殘→大正 1509，25/0564B14。

5 與《大正藏》本對照，文字略有參差。

8 5~6 世紀。南北朝寫本。

9.1 楷書。

1.1 BD10935 號

1.3 妙法蓮華經卷二

1.4 L1064

2.1 13.8×19.1 厘米；1 紙；9 行。

2.3 卷軸裝。首尾均殘。通卷下殘。殘片。有烏絲欄。已修整。

3.1 首殘→大正 0262，09/0011A23。

3.2 尾殘→大正 0262，09/0011B08。

8 7~8 世紀。唐寫本。

9.1 楷書。

1.1 BD10936 號

1.3 維摩詰所說經卷中

1.4 L1065

2.1 28.7×15.5 厘米；2 紙；16 行。

2.2 01：18.2，10；　　02：10.5，6。

2.3 卷軸裝。首尾均殘。通卷下殘。殘片。有烏絲欄。已修整。

3.1 首殘→大正 0475，14/0544B13。

3.2 尾殘→大正 0475，14/0544C01。

8 8~9 世紀。吐蕃統治時期寫本。

9.1 楷書。

1.1 BD10937 號

1.3 妙法蓮華經卷一

1.4 L1066

2.1 27×27 厘米；1 紙；16 行，行 17 字。

2.3 卷軸裝。首尾均殘。卷面殘破，有殘洞。已修整。

3.1 首殘→大正 0262，09/0003B25。

3.2 尾殘→大正 0262，09/0003C16。

8 9~10 世紀。歸義軍時期寫本。

9.1 楷書。

1.1 BD10938 號

1.3 法王經

1.4 L1067

2.1 36×25.8 厘米；1 紙；20 行，行 17 字。

2.3 卷軸裝。首尾均殘。經黃紙。卷中有殘洞。有烏絲欄。已修整。

3.1 首殘→大正 2883，85/1386A25。

3.2 尾殘→大正 2883，85/1386B15。

5 與《大正藏》本對照，文字略有參差。

8 7~8 世紀。唐寫本。

9.1 楷書。

1.1 BD10939 號

1.3 無量壽宗要經

1.4 L1068

2.1 20×22 厘米；1 紙；12 行。

2.3 卷軸裝。首尾均殘。通卷上殘。殘片。有烏絲欄。已修整。

3.1 首殘→大正 0936，19/0084A14。

3.2 尾殘→大正 0936，19/0084B08。

8 8~9 世紀。吐蕃統治時期寫本。

9.1 楷書。

1.1 BD10940 號

1.3 妙法蓮華經卷四

1.4 L1069

2.1 （15＋6）×25 厘米；1 紙；12 行，行 17 字。

2.3 卷軸裝。首殘尾脫。上邊殘缺。有烏絲欄。已修整。

3.1 首 8 行上殘→大正 0262，09/0029A07~14。

3.2 尾殘→大正 0262，09/0029A19。

8 7~8 世紀。唐寫本。

9.1 楷書。

1.1 BD10941 號

1.3 大般若波羅蜜多經卷一四二

1.4 L1070

2.1 （22＋12）×25.6 厘米；1 紙；14 行。

2.3 卷軸裝。首殘尾全。卷面油污。有烏絲欄。已修整。

3.1 首殘→大正 0220，05/0773A21~B04。

3.2 尾殘→大正 0220，07/0773B05。

4.2 大般若波羅蜜多經卷第一百卌二（尾）。

8 8~9 世紀。吐蕃統治時期寫本。

9.1 楷書。

1.1 BD10942 號

1.3 金光明最勝王經卷二

1.4 L1071

2.1 30×20 厘米；1 紙；16 行。

2.3 卷軸裝。首全尾殘。通卷下殘。背有古代裱補。有烏絲欄。已修整。

3.1 首殘→大正 0665，16/0408B01。

3.2 尾殘→大正 0665，16/0408B19。

4.1 金光明最勝王經分別三身品第三，二，三藏法師□…□（首）。

8 9~10 世紀。歸義軍時期寫本。

9.1 楷書。

1.1 BD10943 號

1.3 金剛經包背封皮（擬）

1.4 L1072

2.1 7.5×11.4 厘米；1 紙 2 葉 4 個半葉；半葉行數不清，正面 1 行，背面 4 行，行字不等。

2.3 包背裝。首尾均全。袖珍本。僅殘留封皮，係用綫繩將兩張紙連綴起來，然後加包背而成。內文已經亡佚。封皮寫有首題，書寫草率，且經名不規範。

2.4 本遺書包括 2 個文獻：（一）《金剛經包背封面》（擬），1 行，為正面，今編為 BD10943 號。（二）《奉請八金剛》（擬），4 行，抄寫在背面，今編為 BD10943 號背。

3.4 說明：

本遺書正面為《金剛經包背封皮》，裏面為《奉請八金剛》（擬）。從形態看，應是利用《奉請八金剛》廢紙，做成《金剛經包背封皮》。

裏面所抄《奉請八金剛》，現存的 4 行文字有等距離留空。按照敦煌遺書的常規，這裏屬於為畫諸金剛之像而預留的空白。從這種現象看，該《奉請八金剛》之原遺書不可能是粘葉裝或縫繢裝，應該為袖珍本卷軸裝。但因後來未畫金剛像，故留空未補。

其後該《奉請八金剛》因某種原因廢棄，被剪作兩塊，用作《金剛經》封皮。製作者將剪下的兩塊紙張，用麻綫隨意縫在一起。並在中縫粘上一紙，成爲包背。

由此做成的包背封皮，縫綫粗糙，封面首題書寫草率，應是隨意率性所為。

4.1 金剛般若波經（首）。

8 9~10 世紀。歸義軍時期寫本。

9.1 楷書。

1.1 BD10943 號背

1.3 奉請八金剛（擬）

1.4 L1072

2.4 本遺書由 2 個文獻組成，本文獻為第 2 個，4 行，抄寫在背面。餘參見 BD10943 號之第 2 項。

3.3 錄文：

（首全）

第一奉請青除災金剛/

第二奉請辟毒金剛/

第三奉請黃隨求金剛/

第四奉請白淨水金剛/

（錄文完）

8 9~10 世紀。歸義軍時期寫本。

9.1 楷書。

1.1 BD10944 號

1.3 觀佛三昧海經卷五

1.4 L1073

2.1 16.3×20.6 厘米；1 紙；12 行。

2.3 卷軸裝。首尾均殘。通卷下殘。殘片。已修整。

3.1 首殘→大正 0643，15/0672A09。

3.2 尾殘→大正 0643，15/0672A20。

8 5~6 世紀。南北朝寫本。

9.1 隸書。

1.1 BD10945 號
1.3 大方廣佛華嚴經（晉譯五十卷本）卷三七
1.4 L1074
2.1 9.6×25.9 厘米；1 紙；7 行，行 17 字。
2.3 卷軸裝。首尾均殘。殘片。有烏絲欄。已修整。
3.1 首 4 行下殘→大正 0278，09/0677C09～14。
3.2 尾行上殘→大正 0278，09/0677C16～17。
8 5～6 世紀。南北朝寫本。
9.1 隸書。

1.1 BD10946 號
1.3 放缽經
1.4 L1075
2.1 16.8×25.8 厘米；1 紙；8 行，行 17 字。
2.3 卷軸裝。首尾均殘。殘片。有烏絲欄。已修整。
3.1 首 2 行下殘→大正 0629，15/0449B11～12。
3.2 尾 4 行下殘→大正 0629，15/0449B15～18。
8 6 世紀。隋寫本。
9.1 楷書。
9.2 有行間校加字。

1.1 BD10947 號
1.3 般若波羅蜜多心經
1.4 L1076
2.1 12.2×14.5 厘米；1 紙；7 行。
2.3 卷軸裝。首全尾殘。通卷下殘。殘片。有烏絲欄。已修整。
3.1 首殘→大正 0251，08/0848C01。
3.2 尾殘→大正 0251，08/0848C08。
4.1 般若波羅蜜多心經（首）。
8 9～10 世紀。歸義軍時期寫本。
9.1 楷書。

1.1 BD10948 號
1.3 大通方廣懺悔滅罪莊嚴成佛經卷下
1.4 L1077
2.1 34.4×21.2 厘米；2 紙；21 行。
2.2 01：16.6，10；　　02：17.8，11。
2.3 卷軸裝。首尾均殘。通卷下殘。殘片。背有古代裱補。有烏絲欄。已修整。
3.1 首殘→大正 2871，85/1353C03。
3.2 尾殘→大正 2871，85/1353C24。
8 5～6 世紀。南北朝寫本。
9.1 隸書。
9.2 有行間校加字。

1.1 BD10949 號
1.3 金光明最勝王經卷三
1.4 L1078
2.1 29.5×24.4 厘米；1 紙；17 行，行 17 字。
2.3 卷軸裝。首尾均殘。殘片。卷面油污。有烏絲欄。已修整。
3.1 首 2 行上殘→大正 0665，16/0413C21～22。
3.2 尾 3 行上殘→大正 0665，16/0414A07～09。
8 9～10 世紀。歸義軍時期寫本。
9.1 楷書。

1.1 BD10950 號
1.3 大般涅槃經（北本）卷二五
1.4 L1079
2.1 13.4×26.2 厘米；2 紙；7 行，行 17 字。
2.2 01：12.4，07；　　02：01.0，素紙。
2.3 卷軸裝。首殘尾脫。殘片。有烏絲欄。已修整。
3.1 首殘→大正 0374，12/0512B19。
3.2 尾殘→大正 0374，12/0512B26。
8 6 世紀。南北朝寫本。
9.1 隸楷。

1.1 BD10951 號
1.3 大般涅槃經（北本）卷四
1.4 L1080
2.1 14.3×10.6 厘米；1 紙；6 行。
2.3 卷軸裝。首尾均殘。通卷下殘。三角形小殘片。有烏絲欄。
3.1 首殘→大正 0374，12/0387A05。
3.2 尾殘→大正 0374，12/0387A11。
8 5～6 世紀。南北朝寫本。
9.1 隸書。

1.1 BD10952 號
1.3 妙法蓮華經卷七
1.4 L1081
2.1 11.3×12.6 厘米；1 紙；6 行。
2.3 卷軸裝。首尾均殘。通卷下殘。殘片。有烏絲欄。
3.1 首殘→大正 0262，09/0057A10。
3.2 尾殘→大正 0262，09/0057A15。
8 7～8 世紀。唐寫本。
9.1 楷書。

1.1 BD10953 號
1.3 大般若波羅蜜多經卷二九二（兌廢稿）
1.4 L1082
2.1 9.3×26.3 厘米；1 紙；4 行。
2.3 卷軸裝。首尾均殘。殘片。有烏絲欄。已修整。
3.1 首殘→大正 0220，06/0487B05。

3.2 尾殘→大正0220，06/0487B09。

7.3 尾有經名雜寫"大般若波羅蜜多經卷第百五十六"、"大般若波羅蜜多經卷第"1行。經名上均有經名號。

8　8～9世紀。吐蕃統治時期寫本。

9.1　楷書。

1.1　BD10954 號

1.3　維摩詰所說經卷上

1.4　L1083

2.1　9×19.3厘米；1紙；5行。

2.3　卷軸裝。首尾均殘。通卷下殘。殘片。有烏絲欄。

3.1　首殘→大正0475，14/0543A10。

3.2　尾殘→大正0475，14/0543A15。

8　8～9世紀。吐蕃統治時期寫本。

9.1　楷書。

1.1　BD10955 號

1.3　大般若波羅蜜多經卷五八三

1.4　L1084

2.1　24.4×10.2厘米；1紙；11行。

2.3　卷軸裝。首尾均殘。通卷上殘。殘片。背有古代裱補。有烏絲欄。已修整。

3.1　首殘→大正0220，07/1014B29。

3.2　尾殘→大正0220，07/1014C11。

8　8～9世紀。吐蕃統治時期寫本。

9.1　楷書。

1.1　BD10956 號

1.3　大方廣佛華嚴經（晉譯五十卷本）卷四〇

1.4　L1085

2.1　6.6×26.2厘米；1紙；4行，行17字。

2.3　卷軸裝。首尾均殘。殘片。有烏絲欄。

3.1　首殘→大正0278，09/0701C15。

3.2　尾殘→大正0278，09/0701C19。

8　5～6世紀。南北朝寫本。

9.1　隸書。

1.1　BD10957 號

1.3　七俱胝佛母心大准提陀羅尼經

1.4　L1086

2.1　19×8.2厘米；1紙；9行。

2.3　卷軸裝。首尾均殘。通卷上殘。殘片。經黃紙。有烏絲欄。

3.1　首殘→大正1077，20/0185B01。

3.2　尾殘→大正1077，20/0185B10。

8　7～8世紀。唐寫本。

9.1　楷書。

1.1　BD10958 號

1.3　金光明最勝王經卷六

1.4　L1087

2.1　12.6×25厘米；1紙；8行，行17字。

2.3　卷軸裝。首尾均殘。殘片。背面有古代裱補。有烏絲欄。

3.1　首殘→大正0665，16/0431C04。

3.2　尾殘→大正0665，16/0431C12。

8　8～9世紀。吐蕃統治時期寫本。

9.1　楷書。

1.1　BD10959 號

1.3　金光明最勝王經卷六

1.4　L1088

2.1　5.5×25厘米；1紙；4行，行17字。

2.3　卷軸裝。首尾均殘。長條殘片。有烏絲欄。

3.1　首殘→大正0665，16/0430C29。

3.2　尾殘→大正0665，16/0431A04。

8　8～9世紀。吐蕃統治時期寫本。

9.1　楷書。

1.1　BD10960 號

1.3　大般若波羅蜜多經卷二三九

1.4　L1089

2.1　6.7×18.8厘米；1紙；4行。

2.3　卷軸裝。首尾均殘。通卷上殘。殘片。有烏絲欄。

3.1　首殘→大正0220，06/0206C03。

3.2　尾殘→大正0220，06/0206C06。

8　8～9世紀。吐蕃統治時期寫本。

9.1　楷書。

1.1　BD10961 號

1.3　天地八陽神咒經

1.4　L1090

2.1　11.6×13.8厘米；1紙；7行。

2.3　卷軸裝。首尾均殘。通卷下殘。殘片。有烏絲欄。

3.1　首殘→大正2897，85/1423C13。

3.2　尾殘→大正2897，85/1423C19。

8　8世紀。唐寫本。

9.1　楷書。

1.1　BD10962 號

1.3　無量大慈教經

1.4　L1091

2.1　12.2×24.1厘米；1紙；7行。

2.3　卷軸裝。首尾均殘。通卷上殘。殘片。已修整。

3.4　說明：

　　本文獻為疑偽經，未為我國歷代大藏經所收。敦煌出土以

後，被日本《大正藏》依據斯 1627 號收入第 85 卷。但斯 1627 號首殘，本號所抄經文，正屬斯 1627 號殘缺部分。

8　7～8 世紀。唐寫本。

9.1　楷書。

1.1　BD10963 號

1.3　大般若波羅蜜多經卷五五二

1.4　L1092

2.1　14.3×21.8 厘米；1 紙；8 行。

2.3　卷軸裝。首尾均殘。通卷下殘。殘片。有烏絲欄。

3.1　首殘→大正 0220，07/0844B03。

3.2　尾殘→大正 0220，07/0844B10。

8　8～9 世紀。吐蕃統治時期寫本。

9.1　楷書。

1.1　BD10964 號

1.3　金光明最勝王經卷四

1.4　L1093

2.1　9.1×13.7 厘米；1 紙；5 行。

2.3　卷軸裝。首尾均殘。通卷上殘。殘片。有烏絲欄。已修整。

3.1　首殘→大正 0665，16/0418A14。

3.2　尾殘→大正 0665，16/0418A18。

8　9～10 世紀。歸義軍時期寫本。

9.1　楷書。

1.1　BD10965 號

1.3　大般若波羅蜜多經卷二五四

1.4　L1094

2.1　（3.2＋4.7＋2.4）×26 厘米；1 紙；7 行，行 17 字。

2.3　卷軸裝。首尾均殘。殘片。有烏絲欄。

3.1　首 2 行上殘→大正 0220，06/0283C22～23。

3.2　尾 2 行中上殘→大正 0220，06/0284A02～04。

8　8～9 世紀。吐蕃統治時期寫本。

9.1　楷書。

1.1　BD10966 號

1.3　金光明最勝王經卷一

1.4　L1095

2.1　4×5.6 厘米；1 紙；2 行。

2.3　卷軸裝。首尾均殘。通卷上下殘。小殘片。背有古代裱補。有烏絲欄。

3.1　首殘→大正 0665，16/0405A09。

3.2　尾殘→大正 0665，16/0405A10。

8　8～9 世紀。吐蕃統治時期寫本。

9.1　楷書。

1.1　BD10967 號 1

1.3　佛名經（十六卷本）卷一三（兌廢稿）

1.4　L1096

2.1　44.6×31.8 厘米；1 紙；10 行，行字不等。

2.3　卷軸裝。首尾均脫。左下角粘有一古代紙簽，其上有字。有烏絲欄。尾有餘空。

2.4　本遺書包括 2 個文獻：（一）《佛名經》（十六卷本）卷一三（兌廢稿），10 行，今編爲 BD10967 號 1。（二）《虛空藏菩薩經等經袟》（擬），1 行，抄寫在粘貼在左下角的紙簽上，今編爲 BD10967 號 2。

3.1　首殘→《七寺古逸經典研究叢書》，03/0650A05。

3.2　尾殘→《七寺古逸經典研究叢書》，03/0651A04。

5　與《七寺古逸經典研究叢書》本對照，文字略有參差。且漏抄“南無阿僧伽意炎佛”、“南無千月光明藏佛”。

8　9～10 世紀。歸義軍時期寫本。

9.1　楷書。

1.1　BD10967 號 2

1.3　虛空藏菩薩經等經袟（擬）

1.4　L1096

2.4　本遺書由 2 個文獻組成，本文獻爲第 2 個，1 行，餘參見 BD10967 號 1 第 2 項。

3.4　説明：

此件爲利用兌廢稿做的簡易經袟。其方法乃直接用兌廢經卷包裹經典，然後貼上紙簽，標明收藏的内容。

本號紙簽上有墨筆字“虛空藏菩薩經等”，下附硃筆“民”。

按：“民”字爲千字文袟號。按照《〈開元錄·入藏錄〉復原擬目》，民字函收入《虛空藏菩薩經》等五經十一卷。可見此時經典按照《開元錄·入藏錄》編排。簽條上既有千字文袟號，又有經名袟號。

8　9～10 世紀。歸義軍時期寫本。

9.1　楷書。“民”字避諱。

1.1　BD10968 號

1.3　增壹阿含經卷一（兌廢稿）

1.4　L1097

2.1　10.5×26.7 厘米；1 紙；3 行，行 17 字。

2.3　卷軸裝。首脫尾斷。有烏絲欄。尾有餘空。

3.1　首殘→大正 0125，02/0551C08。

3.2　尾殘→大正 0125，02/0551C12。

5　與《大正藏》本對照，文字略有不同。

8　8 世紀。唐寫本。

9.1　楷書。

1.1　BD10969 號

1.3　無量壽宗要經

1.4　L1098

2.1　10×31 厘米；1 紙；7 行，行字不等。

2.3　卷軸裝。首尾均殘。殘片。有烏絲欄。

3.1　首殘→大正 0936，19/0082B17。

3.2　尾殘→大正 0936，19/0082C02。

8　8～9 世紀。吐蕃統治時期寫本。

9.1　楷書。

1.1　BD10970 號

1.3　妙法蓮華經卷五

1.4　L1099

2.1　11.4×25.8 厘米；1 紙；7 行，行 17 字。

2.3　卷軸裝。首殘尾脫。殘片。有烏絲欄。

3.1　首殘→大正 0262，09/0042C14。

3.2　尾殘→大正 0262，09/0042C23。

8　7～8 世紀。唐寫本。

9.1　楷書。

1.1　BD10971 號

1.3　妙法蓮華經卷二

1.4　L1100

2.1　9×17 厘米；1 紙；5 行。

2.3　卷軸裝。首全尾殘。殘片。通卷下殘。

3.1　首殘→大正 0262，09/0010B22。

3.2　尾殘→大正 0262，09/0010C03。

4.1　妙法蓮華經譬喻品第三（首）。

8　7～8 世紀。唐寫本。

9.1　楷書。

1.1　BD10972 號

1.3　妙法蓮華經卷三

1.4　L1101

2.1　17×16.5 厘米；1 紙；10 行。

2.3　卷軸裝。首尾均殘。通卷下殘。殘片。有烏絲欄。

3.1　首殘→大正 0262，09/0020C08。

3.2　尾殘→大正 0262，09/0020C19。

8　7～8 世紀。唐寫本。

9.1　楷書。

1.1　BD10973 號

1.3　維摩詰所說經卷下

1.4　L1102

2.1　10.6×8.1 厘米；1 紙；5 行。

2.3　卷軸裝。首尾均殘。通卷上殘。殘片。有烏絲欄。

3.1　首殘→大正 0475，14/0555A22。

3.2　尾殘→大正 0475，14/0555A28。

8　8～9 世紀。吐蕃統治時期寫本。

9.1　楷書。

1.1　BD10974 號

1.3　金剛般若波羅蜜經

1.4　L1103

2.1　9×13.9 厘米；2 紙；6 行。

2.2　01：08.0，5；　　02：01.0，01。

2.3　卷軸裝。首尾均殘。通卷下殘。殘片。有烏絲欄。

3.1　首殘→大正 0235，08/0749A13。

3.2　尾殘→大正 0235，08/0749A18。

8　7～8 世紀。唐寫本。

9.1　楷書。

1.1　BD10975 號

1.3　金剛般若波羅蜜經（三十二分本）

1.4　L1104

2.1　28.3×13.5 厘米；1 紙；18 行，行約 13 字。

2.3　卷軸裝。首尾均殘。袖珍本。有烏絲欄。

3.1　首殘→大正 0235，08/0749A12。

3.2　尾殘→大正 0235，08/0749A24。

5　與《大正藏》本對照，本卷為三十二分本，現存第四分全文與第五分前部分。

8　9～10 世紀。歸義軍時期寫本。

9.1　楷書。

1.1　BD10976 號

1.3　妙法蓮華經卷一

1.4　L1105

2.1　11×15.5 厘米；1 紙；6 行。

2.3　卷軸裝。首殘尾脫。經黃打紙。通卷下殘。有烏絲欄。已修整。

3.1　首殘→大正 0262，09/0009A01。

3.2　尾殘→大正 0262，09/0009A12。

8　7～8 世紀。唐寫本。

9.1　楷書。

1.1　BD10977 號

1.3　大乘入楞伽經卷六

1.4　L1106

2.1　10.5×26 厘米；2 紙；5 行，行 17 字。

2.2　01：05.8，03；　　02：04.7，02。

2.3　卷軸裝。首尾均殘。卷中有殘洞。有烏絲欄。

3.1　首殘→大正 0672，16/0622C04。

3.2　尾殘→大正 0672，16/0622C09。

8　7～8 世紀。唐寫本。

9.1　楷書。

1.1　BD10978 號

1.3　金光明最勝王經卷八

1.4 L1107

2.1 7×25.5 厘米；1 紙；5 行，行 17 字。

2.3 卷軸裝。首尾均殘。長條殘片。有烏絲欄。

3.1 首殘→大正 0665，16/0441B10。

3.2 尾殘→大正 0665，16/0441B15。

8 8～9 世紀。吐蕃統治時期寫本。

9.1 楷書。

1.1 BD10979 號

1.3 大般涅槃經（北本）卷一四

1.4 L1108

2.1 （1.6＋11）×25.1 厘米；1 紙；7 行，行 17 字。

2.3 卷軸裝。首尾均殘。殘片。經黃紙。有烏絲欄。

3.1 首殘→大正 0374，12/0445C17。

3.2 尾殘→大正 0374，12/0445C24。

8 7～8 世紀。唐寫本。

9.1 楷書。

1.1 BD10980 號

1.3 大般若波羅蜜多經卷二八五（兌廢稿）

1.4 L1109

2.1 11.7×27.8 厘米；1 紙；5 行，行 17 字。

2.3 卷軸裝。首脫尾缺。有烏絲欄。尾有餘空。

3.1 首殘→大正 0220，06/0451B10。

3.2 尾殘→大正 0220，06/0451B15。

5 與《大正藏》本對照，本件有漏抄："舍利子。鼻界畢竟淨故。說是清淨本性光潔。""味界舌識界及舌觸舌觸為緣所生諸受畢竟淨故。說是清淨本性光潔。"

8 8～9 世紀。吐蕃統治時期寫本。

9.1 楷書。

1.1 BD10981 號

1.3 知馬步都虞候宋惠達求免修城役牒附判詞（擬）

1.4 L1110

2.1 34.7×17 厘米；1 紙；正面 3 行，背面 4 行。

2.3 卷軸裝。首尾均殘。通卷上下殘。殘片。有折疊欄。已修整。

2.4 本遺書包括 2 個文獻：（一）《知馬步都虞候宋惠達求免修城役牒附判詞》（擬），3 行，抄寫在正面，今編為 BD10981 號。（二）《雜物歷》（擬），4 行，抄寫在背面，今編為 BD10981 號背。

3.3 錄文：

（首殘）

□…□人借助矜免修城役/

□…□日都頭知馬步都虞候宋惠達/

□…□放（?）八（?）至（?）年（?）/

（錄文完）

3.4 說明：

錄文中判詞未能正確辨識。"年（?）"旁有一墨團，不知是否印章。詳情待考。

8 9～10 世紀。歸義軍時期寫本。

9.1 楷書。

1.1 BD10981 號背

1.3 雜物歷（擬）

1.4 L1110

2.4 本遺書由 2 個文獻組成，本文獻為第 2 個，4 行，抄寫在背面，餘參見 BD10981 號第 2 項。

3.3 錄文：

（首殘）

□…□領壹條。鄧家濁即衫/

□…□羅表子壹領。氾校棟（?）羅/

□…□羅表子壹領。達家二/

□…□四（?）家錦毗壹領關/

（錄文完）

8 9～10 世紀。歸義軍時期寫本。

9.1 行書。

9.2 有塗抹。

1.1 BD10982 號

1.3 經名簽條（擬）

1.4 L1111

2.1 6.5×26.8 厘米；1 紙；2 行。

2.3 單葉紙。首尾均全。有烏絲欄。

3.4 說明：

此件為經名簽條。上面寫有"大智度論釋經序品中毗梨耶波羅蜜義第十五之餘，卷第十六"。

7.3 正面有雜寫"之餘"、"之五"、"大"、"五"。背面有雜寫"南無"、"南"。

8 8 世紀。唐寫本。

9.1 楷書。

1.1 BD10983 號

1.3 無量壽宗要經

1.4 L1112

2.1 12×31 厘米；1 紙；9 行，行字不等。

2.3 卷軸裝。首尾均殘。殘片。有烏絲欄。

3.1 首殘→大正 0936，19/0084A25。

3.2 尾殘→大正 0936，19/0084B16。

8 8～9 世紀。吐蕃統治時期寫本。

9.1 楷書。

1.1 BD10984 號

1.3 金光明最勝王經卷一〇

1.4 L1113

2.1 4×12 厘米；1 紙；2 行。

2.3 卷軸裝。首尾均殘。通卷下殘。小殘片。有烏絲欄。

3.1 首殘→大正 0665，16/0456A25。

3.2 尾殘→大正 0665，16/0456A26。

8 8～9 世紀。吐蕃統治時期寫本。

9.1 楷書。

1.1 BD10985 號

1.3 大般涅槃經（北本）卷二七

1.4 L1114

2.1 6×22.5 厘米；1 紙；2 行，行 17 字。

2.3 卷軸裝。首尾均殘。長條殘片。有烏絲欄。

3.1 首殘→大正 0374，12/0526A27。

3.2 尾殘→大正 0374，12/0526A29。

8 5～6 世紀。南北朝寫本。

9.1 隸楷。

1.1 BD10986 號

1.3 金光明最勝王經卷九

1.4 L1115

2.1 20.5×26 厘米；1 紙；12 行，行 17 字。

2.3 卷軸裝。首尾均殘。卷中有殘洞。有烏絲欄。

3.1 首殘→大正 0665，16/0450B28。

3.2 尾殘→大正 0665，16/0450C10。

8 8～9 世紀。吐蕃統治時期寫本。

9.1 楷書。

1.1 BD10987 號

1.3 妙法蓮華經卷六

1.4 L1116

2.1 8.5×14 厘米；1 紙；4 行。

2.3 卷軸裝。首尾均殘。通卷上殘。殘片。有烏絲欄。

3.1 首殘→大正 0262，09/0049A15。

3.2 尾殘→大正 0262，09/0049A21。

8 7～8 世紀。唐寫本。

9.1 楷書。

1.1 BD10988 號

1.3 大佛頂如來密因修證了義諸菩薩萬行首楞嚴經卷四

1.4 L1117

2.1 11.5×25.5 厘米；1 紙；7 行，行 17 字。

2.3 卷軸裝。首尾均殘。殘片。有烏絲欄。

2.4 本遺書包括 2 個文獻：（一）《大佛頂如來密因修證了義諸菩薩萬行首楞嚴經》卷四，7 行，抄寫在正面，今編爲 BD10988 號。（二）《付法藏壁畫榜題》（擬），4 行，抄寫在背面，今編爲 BD10988 號背。

3.1 首殘→大正 0945，19/0121C13。

3.2 尾殘→大正 0945，19/0121C19。

8 8 世紀。唐寫本。

9.1 楷書。

1.1 BD10988 號背

1.3 付法藏壁畫榜題（擬）

1.4 L1117

2.4 本遺書由 2 個文獻組成，本文獻爲第 2 個，4 行，抄寫在背面，餘參見 BD10988 號第 2 項。

3.3 錄文：

（前殘）

聖者阿那律從尊□…□/

受教時。聖者羅睺羅從尊者/

優波離受教時。聖者僧伽耶舍從/

尊者羅睺羅學受時。/

（錄文完）

3.4 説明：

此件為壁畫題榜。從内容看，应爲關於律藏的付法因緣。故擬此名。

8 9～10 世紀。歸義軍時期寫本。

9.1 楷書。

1.1 BD10989 號

1.3 金剛般若波羅蜜經

1.4 L1118

2.1 （1.5＋23.6）×12.2 厘米；2 紙；15 行。

2.2 01：01.5，01；　02：23.6，14。

2.3 卷軸裝。首尾均殘。通卷上殘。殘片。經黃紙。有烏絲欄。已修整。

3.1 首殘→大正 0235，08/0750C21。

3.2 尾殘→大正 0235，08/0751A07。

8 7～8 世紀。唐寫本。

9.1 楷書。

1.1 BD10990 號

1.3 七階佛名經

1.4 L1119

2.1 12.5×25.8 厘米；1 紙；8 行，行字不等。

2.3 卷軸裝。首尾均殘。殘片。有折疊欄。已修整。

3.3 錄文：

（首殘）

□…□年（？）盡修道至無餘/

至心懺悔 佛眼明朗照世間。悉能破除/

生死暗。衆生累劫極重罪。頂禮懺悔願滅除。佛有無量大/

悲心。能拔衆生極重罪。懺悔已歸命禮三寶/

諸行無常，是生滅法。生滅滅已，寂滅為樂。如來證涅槃，

永/

斷於生死。若能至心聽，常得無量樂。/

處世界，如虛空，如蓮花，不著水，/

心清淨，超於彼。䭫（稽）手禮□…□/

（錄文完）

7.3　背面有字痕及殘留白畫。

8　　8 世紀。唐寫本。

9.1　楷書。

9.2　卷面有塗抹及重文號。

1.1　BD10991 號 A

1.3　大乘義章卷一九

1.4　L1120

2.1　14×15.7 厘米；1 紙；7 行。

2.3　卷軸裝。首尾均殘。通卷上下殘。殘片。有烏絲欄。已修
整。

3.1　首殘→大正 1851，44/0835C25。

3.2　尾殘→大正 1851，44/0836A07。

8　　5~6 世紀。南北朝寫本。

9.1　隸楷。

1.1　BD10991 號 B

1.3　大通方廣懺悔滅罪莊嚴成佛經卷中

1.4　L1120

2.1　14.3×15.7 厘米；1 紙；8 行。

2.3　卷軸裝。首尾均殘。通卷上下殘。殘片。已修整。

3.1　首殘→大正 2871，85/1348B14。

3.2　尾殘→大正 2871，85/1348B22。

8　　7~8 世紀。唐寫本。

9.1　隸楷。

1.1　BD10991 號 C

1.3　大通方廣懺悔滅罪莊嚴成佛經卷中

1.4　L1120

2.1　12.5×15.7 厘米；2 紙；8 行。

2.2　01：09.4，06；　　02：03.1，02。

2.3　卷軸裝。首尾均殘。通卷上下殘。殘片。背面有古代裱補。
已修整。

3.1　首殘→大正 2871，85/1347C03。

3.2　尾殘→大正 2871，85/1347C11。

8　　7~8 世紀。唐寫本。

9.1　隸楷。

1.1　BD10991 號 D

1.3　大乘義章卷一九

1.4　L1120

2.1　14.5×15.7 厘米；1 紙；7 行。

2.3　卷軸裝。首尾均殘。通卷上下殘。殘片。有烏絲欄。已修
整。

3.1　首殘→大正 1851，44/0834C04。

3.2　尾殘→大正 1851，44/0834C15。

5　　與《大正藏》本對照，文字略有參差

8　　5~6 世紀。南北朝寫本。

9.1　隸楷。

1.1　BD10992 號

1.3　觀世音經

1.4　L1121

2.1　9×26 厘米；1 紙 1 葉 2 個半葉；半葉 5~6 行，共 11 行，
行 17 字。

2.3　梵夾裝。首尾均殘。兩面抄寫，文字相連。有竪欄，無上
下邊欄。

3.1　首殘→大正 0262，09/0056C02。

3.2　尾殘→大正 0262，09/0056C12。

4.1　妙法蓮華經觀世音菩薩普門品第廿五（首）。

7.1　正面右上有序號勘記"一"字。

8　　9~10 世紀。歸義軍時期寫本。

9.1　楷書。

1.1　BD10993 號

1.3　大般若波羅蜜多經卷五二七

1.4　L1122

2.1　13.5×25 厘米；1 紙；8 行，行 17 字。

2.3　卷軸裝。首尾均殘。殘片。有烏絲欄。

3.1　首殘→大正 0220，07/0703B17。

3.2　尾殘→大正 0220，07/0703B25。

8　　8 世紀。唐寫本。

9.1　楷書。

1.1　BD10994 號

1.3　加頌文殊師利所說般若波羅蜜經（擬）

1.4　L1123

2.1　16×26.4 厘米；1 紙；4 行，行 20 字。

2.3　卷軸裝。首殘尾全。卷面有等距離污痕。有燕尾。

3.3　錄文：

（首殘）

文殊法王子，及諸大菩薩□…□/

法名文殊說，理號般若經，問答義甚深，大聖相知□/

其言辭省略，文句事不煩，中有理通人，自當知最勝/

文殊師利所說般若波羅蜜經/

（錄文完）

4.2　文殊師利所說般若波羅蜜經（尾）。

6.1　首→BD04329 號。

8　　7~8 世紀。唐寫本。

9.1 楷書。

1.1 BD10995 號
1.3 金剛般若波羅蜜經
1.4 L1124
2.1 26.6×14 厘米；2 紙；8 行，行 12 字。
2.2 01：14.8，08；　　02：11.8，拖尾。
2.3 卷軸裝。首殘尾全。袖珍本。有烏絲欄。已修整。
3.1 首殘→大正 0235，08/0752B26。
3.2 尾殘→大正 0235，08/0752C03。
4.2 金剛般若波羅蜜經一卷（尾）。
8 9～10 世紀。歸義軍時期寫本。
9.1 楷書。

1.1 BD10996 號
1.3 阿毗達磨俱舍論卷二一
1.4 L1125
2.1 12.2×27.3 厘米；1 紙；7 行，行 17 字。
2.3 卷軸裝。首尾均斷。殘片。有烏絲欄。已修整。
3.1 首殘→大正 1558，29/0109B24。
3.2 尾殘→大正 1558，29/0109C02。
5 與《大正藏》本對照，文字略有參差。
8 8 世紀。唐寫本。
9.1 楷書。

1.1 BD10997 號
1.3 小品般若波羅蜜經卷一〇
1.4 L1126
2.1 17×15.4 厘米；1 紙；10 行。
2.3 卷軸裝。首尾均殘。通卷上殘。殘片。經黃紙。有烏絲欄。
3.1 首殘→大正 0227，08/0582B04。
3.2 尾殘→大正 0227，08/0582B14。
8 7～8 世紀。唐寫本。
9.1 楷書。

1.1 BD10998 號
1.3 大般若波羅蜜多經卷五七八
1.4 L1127
2.1 7.2×26.2 厘米；1 紙 1 葉 2 個半葉；半葉 4～5 行，共 9 行，行 25 字。
2.3 梵夾裝。首尾均脫。雙層紙。兩面抄寫，文字相連。有烏絲欄。
3.1 首殘→大正 0220，07/0987B06。
3.2 尾殘→大正 0220，07/0987B20。
8 8～9 世紀。吐蕃統治時期寫本。
9.1 楷書。

1.1 BD10999 號
1.3 十誦律（兌廢稿）卷四九
1.4 L1128
2.1 12×26.7 厘米；1 紙；2 行，行 17 字。
2.3 卷軸裝。首尾均殘。殘片。有烏絲欄。尾有餘空。
3.1 首殘→大正 1435，23/0361B28。
3.2 尾殘→大正 1435，23/0361C01。
5 與《大正藏》本對照，文字略有參差（卷中第一個字）。
8 8 世紀。唐寫本。
9.1 楷書。

1.1 BD11000 號
1.3 大般涅槃經（北本）卷一五
1.4 L1129
2.1 3.5×5.5 厘米；1 紙；2 行。
2.3 卷軸裝。首尾均殘。通卷上下殘。小殘片。有烏絲欄。已修整。
3.1 首殘→大正 0374，12/0456B08。
3.2 尾殘→大正 0374，12/0456B09。
5 與《大正藏》本對照，"無想"，作"無相"。
8 5～6 世紀。南北朝寫本。
9.1 隸書。

1.1 BD11001 號
1.3 妙法蓮華經卷七
1.4 L1130
2.1 7×9.1 厘米；1 紙；4 行。
2.3 卷軸裝。首尾均殘。通卷下殘。小殘片。背面有古代裱補。有烏絲欄。
3.1 首殘→大正 0262，09/0057A07。
3.2 尾殘→大正 0262，09/0057A10。
8 7～8 世紀。唐寫本。
9.1 楷書。

1.1 BD11002 號
1.3 金剛般若波羅蜜經
1.4 L1131
2.1 8×6.2 厘米；1 紙；4 行。
2.3 卷軸裝。首尾均殘。通卷上下殘。小殘片。有烏絲欄。
3.1 首殘→大正 0235，08/0749A05。
3.2 尾殘→大正 0235，08/0749A08。
8 7～8 世紀。唐寫本。
9.1 楷書。

1.1 BD11003 號
1.3 付法藏因緣傳卷三
1.4 L1132

2.1　8×13厘米；1紙；5行。

2.3　卷軸裝。首尾均殘。通卷下殘。殘片。有烏絲欄。

3.1　首殘→大正2058，50/0305B07。

3.2　尾殘→大正2058，50/0305B11。

8　5~6世紀。南北朝寫本。

9.1　楷書。

1.1　BD11004號

1.3　金剛般若波羅蜜經

1.4　L1133

2.1　18.5×13.5厘米；1紙；10行。

2.3　卷軸裝。首尾均殘。通卷上殘。殘片。經黃紙。有烏絲欄。已修整。

3.1　首殘→大正0235，08/0749A19。

3.2　尾殘→大正0235，08/0749B01。

8　7~8世紀。唐寫本。

9.1　楷書。

1.1　BD11005號

1.3　摩訶般若波羅蜜經卷二〇

1.4　L1134

2.1　7.2×27.1厘米；1紙；4行，行17字。

2.3　卷軸裝。首脫尾斷。有烏絲欄。

3.1　首殘→大正0223，08/0366B27。

3.2　尾殘→大正0223，08/0366C03。

8　8世紀。唐寫本。

9.1　楷書。

1.1　BD11006號

1.3　般若經名殘片（擬）

1.4　L1135

2.1　8.5×3.3厘米；1紙；1行。

2.3　卷軸裝。首尾均殘。通卷上下殘。小殘片。

3.4　說明：

此件上僅有“般若波羅”幾個字。

8　9~10世紀。歸義軍時期寫本。

9.1　楷書。

1.1　BD11007號

1.3　無量壽宗要經

1.4　L1136

2.1　（6.5+6）×31厘米；1紙；8行，行33字。

2.3　卷軸裝。首殘尾全。殘片。有烏絲欄。

3.1　首4行上殘→大正0936，19/0084C16~21。

3.2　尾殘→大正0936，19/0084C29。

4.2　佛說無量壽宗要經（尾）。

7.1　尾有題名“李弁”。

8　8~9世紀。吐蕃統治時期寫本。

9.1　楷書。

1.1　BD11008號

1.3　妙法蓮華經卷三

1.4　L1137

2.1　12×25厘米；1紙；12行，行16字。

2.3　卷軸裝。首脫尾殘。經黃紙。下邊殘缺。有烏絲欄。

3.1　首殘→大正0262，09/0020A27。

3.2　尾殘→大正0262，09/0020B14。

8　7~8世紀。唐寫本。

9.1　楷書。

1.1　BD11009號

1.3　梵網經盧舍那佛說菩薩心地戒品第十卷下・

1.4　L1138

2.1　10.5×27.8厘米；1紙；6行，行16~17字。

2.3　卷軸裝。首尾均斷。殘片。有烏絲欄。

3.1　首殘→大正1484，24/1007C21。

3.2　尾殘→大正1484，24/1008A03。

5　與《大正藏》本對照，本件漏抄“復作是願。寧以百千熱鐵刀鋒挑其兩目。終不以破戒之心視他好色”。

8　8世紀。唐寫本。

9.1　楷書。

9.2　天頭有2個“厶”符號。

1.1　BD11010號

1.3　大般若波羅蜜多經卷七八

1.4　L1139

2.1　9.2×13.2厘米；2紙；3行。

2.2　01：02.2，護首；　　02：07.0，03。

2.3　卷軸裝。首尾均殘。通卷下殘。殘片。有護首，已殘。有烏絲欄。

3.1　首全→大正0220，05/0436C04。

3.2　尾殘→大正0220，05/0436C07。

4.1　大般若波羅蜜多經卷第七十八，/初分天帝品第廿二之二，□…□/（首）。

7.1　背有殘勘記“八”字。

8　8~9世紀。吐蕃統治時期寫本。

9.1　楷書。

1.1　BD11011號

1.3　妙法蓮華經（八卷本）卷六

1.4　L1140

2.1　15×23.5厘米；1紙；8行。

2.3　卷軸裝。首尾均殘。殘片。有烏絲欄。

3.1　首殘→大正0262，09/0046B01。

3.2 尾殘→大正 0262，09/0046B18。

5 與《大正藏》本對照，分卷不同，屬於八卷本。

8 7~8 世紀。唐寫本。

9.1 楷書。

1.1 BD11012 號

1.3 殘賬歷（擬）

1.4 L1141

2.1 19.5×4.5 厘米；1 紙；2 行。

2.3 卷軸裝。首殘尾斷。通卷上殘。卷背有殘字痕。

3.3 錄文：

（首殘）

□…□月料油/

□…□廿六日/

（錄文完）

8 9~10 世紀。歸義軍時期寫本。

9.1 楷書。

1.1 BD11013 號

1.3 經袱簽條（擬）

1.4 L1142

2.1 3.1×16.1 厘米；1 紙；1 行。

2.3 單葉紙。首尾均全。簽條。

3.4 說明：

此件為簽條，上面寫有"未，第一袱"。

8 8~9 世紀。吐蕃統治時期寫本。

9.1 楷書。

1.1 BD11014 號

1.3 大般涅槃經（北本）卷二五

1.4 L1143

2.1 8.9×9.8 厘米；2 紙；5 行。

2.2 01：01.9，01；   02：07.0，04。

2.3 卷軸裝。首尾均殘。通卷上下殘。小殘片。有烏絲欄。

3.1 首殘→大正 0374，12/0511A21。

3.2 尾殘→大正 0374，12/0511A26。

8 5~6 世紀。南北朝寫本。

9.1 隸楷。

1.1 BD11015 號

1.3 妙法蓮華經卷七

1.4 L1144

2.1 9.9×12.5 厘米；1 紙；4 行。

2.3 卷軸裝。首尾均殘。通卷上殘。小殘片。

3.1 首殘→大正 0262，09/0056C17。

3.2 尾殘→大正 0262，09/0056C20。

8 8~9 世紀。吐蕃統治時期寫本。

9.1 楷書。

1.1 BD11016 號

1.3 妙法蓮華經卷一

1.4 L1145

2.1 7×17 厘米；1 紙；5 行。

2.3 卷軸裝。首尾均殘。通卷下殘。殘片。經黃打紙，砑光上蠟。有烏絲欄。

3.1 首殘→大正 0262，09/0002C19。

3.2 尾殘→大正 0262，09/0002C23。

8 7~8 世紀。唐寫本。

9.1 楷書。

1.1 BD11017 號

1.3 大方等大集經卷七

1.4 L1146

2.1 11×9 厘米；1 紙；5 行。

2.3 卷軸裝。首尾均殘。通卷上殘。小殘片。有烏絲欄。

3.1 首殘→大正 0397，13/0045C15。

3.2 尾殘→大正 0397，13/0045C20。

8 6 世紀。南北朝寫本。

9.1 楷書。

1.1 BD11018 號

1.3 金剛般若波羅蜜經

1.4 L1147

2.1 9.3×15 厘米；1 紙；6 行。

2.3 卷軸裝。首尾均殘。通卷下殘。殘片。經黃打紙。有烏絲欄。

3.1 首殘→大正 0235，08/0751B12。

3.2 尾殘→大正 0235，08/0751B18。

8 7~8 世紀。唐寫本。

9.1 楷書。

1.1 BD11019 號

1.3 雜阿含經卷五〇

1.4 L1148

2.1 9.8×26 厘米；2 紙；7 行，行 16 字。

2.2 01：07.5，05；   02：02.3，02。

2.3 卷軸裝。首尾均殘。殘片。有古代裱補。有烏絲欄。兩紙可能為兌廢稿綴接。

3.1 首殘→大正 0099，02/0364B10。

3.2 尾殘→大正 0099，02/0364B15。

3.4 說明：

正面有字"獄中"，應為另一文獻的文句。

7.1 背面騎縫處有字"惠宣"，或為題名。

8 8 世紀。唐寫本。

9.1 楷書。

1.1 BD11020 號

1.3 無量壽宗要經

1.4 L1149

2.1 42×16.5 厘米；1 紙；30 行。

2.3 卷軸裝。首殘尾脫。卷面多油污，通卷下殘。有烏絲欄。已修整。

3.1 首殘→大正 0936，19/0083A26。

3.2 尾殘→大正 0936，19/0083C26。

8 8～9 世紀。吐蕃統治時期寫本。

9.1 楷書。

1.1 BD11021 號

1.3 大方廣佛華嚴經（晉譯五十卷本）卷三七

1.4 L1150

2.1 4.8×20.8 厘米；1 紙；4 行。

2.3 卷軸裝。首尾均殘。通卷下殘。殘片。有烏絲欄。

3.1 首殘→大正 0278，09/0677B24。

3.2 尾殘→大正 0278，09/0677B28。

8 5～6 世紀。南北朝寫本。

9.1 楷書。

1.1 BD11022 號

1.3 大般涅槃經（北本）卷一四

1.4 L1151

2.1 （2.6＋4.8＋3.5）×26.5 厘米；1 紙；8 行，行 17 字。

2.3 卷軸裝。首尾均殘。殘片。有烏絲欄。

3.1 首 2 行下殘→大正 0374，12/0448C08～09。

3.2 尾 2 行下殘→大正 0374，12/0448C14～15。

8 5～6 世紀。南北朝寫本。

9.1 隸書。

1.1 BD11023 號

1.3 優婆塞戒經卷七

1.4 L1152

2.1 16×26 厘米；1 紙；9 行，行 17 字。

2.3 卷軸裝。首尾均殘。殘片。有烏絲欄。已修整。

3.1 首 3 行上殘→大正 1488，24/1074C03～04。

3.2 尾殘→大正 1488，24/1074C11。

8 5～6 世紀。南北朝寫本。

9.1 隸書。

1.1 BD11024 號

1.3 待考文獻（擬）

1.4 L1153

2.1 10×18.5 厘米；1 紙；5 行。

2.3 卷軸裝。首尾均殘。通卷下殘。小殘片。已修整。

3.3 錄文：

（首殘）

□…□攝物欲去□…□/

夫人乃使我失聖人意□…□/

學曰：為王治國十年矣，未曾□…□/

金也。是必有謀，故欲去耳。王曰：實□…□/

□覺微甚明，願自勅屬，當□…□/

（錄文完）

8 5～6 世紀。南北朝寫本。

9.1 隸楷。

1.1 BD11025 號

1.3 妙法蓮華經卷七

1.4 L1154

2.1 18×25 厘米；1 紙；11 行。

2.3 卷軸裝。首尾均殘。通卷下殘。殘片。有烏絲欄。已修整。

3.1 首殘→大正 0262，09/0058B14。

3.2 尾殘→大正 0262，09/0058B24。

8 7～8 世紀。唐寫本。

9.1 楷書。

1.1 BD11026 號

1.3 妙法蓮華經卷一

1.4 L1155

2.1 12.5×16 厘米；1 紙；7 行。

2.3 卷軸裝。首尾均殘。通卷上下殘。殘片。有烏絲欄。已修整。

3.1 首殘→大正 0262，09/0001C20。

3.2 尾殘→大正 0262，09/0001C27。

8 8 世紀。唐寫本。

9.1 楷書。

1.1 BD11027 號

1.3 妙法蓮華經卷七

1.4 L1156

2.1 10×11 厘米；1 紙；5 行。

2.3 卷軸裝。首尾均殘。通卷上殘。小殘片。有烏絲欄。已修整。

3.1 首殘→大正 0262，09/0056C29。

3.2 尾殘→大正 0262，09/0057A04。

8 9～10 世紀。歸義軍時期寫本。

9.1 楷書。

1.1 BD11028 號

1.3 思益梵天所問經卷一

1.4 L1157

2.1　10×26.5 厘米；1 紙；5 行，行 17 字。

2.3　卷軸裝。首尾均殘。殘片。有烏絲欄。已修整。

3.1　首殘→大正 0586，15/0036A02。

3.2　尾殘→大正 0586，15/0036A07。

5　　與《大正藏》本對照，個別文句有異。

8　　5~6 世紀。南北朝寫本。

9.1　楷書。

1.1　BD11029 號

1.3　大般涅槃經（北本）卷三○

1.4　L1158

2.1　12×15 厘米；1 紙；8 行。

2.3　卷軸裝。首尾均殘。通卷下殘。殘片。有烏絲欄。已修整。

3.1　首殘→大正 0374，12/0544B04。

3.2　尾殘→大正 0374，12/0544B11。

8　　5~6 世紀。南北朝寫本。

9.1　隸書。

1.1　BD11030 號

1.3　大方廣佛華嚴經（晉譯五十卷本）卷一九

1.4　L1159

2.1　12.5×25.5 厘米；1 紙；8 行，行 20 字。

2.3　卷軸裝。首尾均殘。殘片。有烏絲欄。

3.1　首 2 行上殘→大正 0278，09/0547C03~05。

3.2　尾 3 行上殘→大正 0278，09/0547C13~17。

8　　5~6 世紀。南北朝寫本。

9.1　隸書。

1.1　BD11031 號

1.3　梵網經盧舍那佛說菩薩心地戒品第十卷下

1.4　L1160

2.1　（5.5+8.2+1）×25 厘米；1 紙；9 行，行 17 字。

2.3　卷軸裝。首尾均殘。殘片。經黃紙。有烏絲欄。已修整。

3.1　首殘→大正 1484，24/1006B17~19。

3.2　尾殘→大正 1484，24/1006B26。

5　　與《大正藏》本對照，文字略有參差。

8　　7~8 世紀。唐寫本。

9.1　楷書。

9.2　有行間校加字。

1.1　BD11032 號

1.3　待考佛教文獻殘片（擬）

1.4　L1161

2.1　11.5×10.7 厘米；1 紙；正面 5 行，背面 7 行。

2.3　卷軸裝。首尾均殘。通卷上殘。殘片。有烏絲欄。已修整。

2.4　本遺書包括 2 個文獻：（一）《待考佛教文獻殘片》（擬），5 行，抄寫在正面，今編 BD11032 號。（二）《習字雜寫》（擬），

7 行，抄寫在背面，今編為 BD11032 號背。

3.3　錄文：

　　（首殘）

　　　□…□復，如今有六根。/

　　　□…□身，終不望師恩。/

　　　□…□是，擬心見不真。/

　　　□…□□，知有那邊人。/

　　　□…□□，慊他鏡上塵。/

　　（錄文完）

8　　9~10 世紀。歸義軍時期寫本。

9.1　楷書。

1.1　BD11032 號背

1.3　習字雜寫（擬）

1.4　L1161

2.4　本遺書由 2 個文獻組成，本文獻為第 2 個，7 行，抄寫在背面。餘參見 BD11032 號之第 2 項。

3.4　說明：

　　背面有"龍、光、顏、近、尊、為、曾（?）"等習字雜寫 7 行。

8　　9~10 世紀。歸義軍時期寫本。

9.1　楷書。

1.1　BD11033 號

1.3　曇無德律部雜羯磨

1.4　L1162

2.1　10×20.6 厘米；1 紙；5 行。

2.3　卷軸裝。首尾均殘。通卷下殘。殘片。有烏絲欄。已修整。

3.1　首殘→大正 1432，22/1047A28。

3.2　尾殘→大正 1432，22/1047B04。

5　　與《大正藏》本對照，文字有不同。《羯磨》中有類似經文，參見 22/1059A16~20。

8　　5~6 世紀。南北朝寫本。

9.1　隸楷。

1.1　BD11034 號

1.3　大方廣佛華嚴經（晉譯五十卷本）卷二九

1.4　L1163

2.1　（4.7+1.6+4.6）×27 厘米；1 紙；7 行，行 17 字。

2.3　卷軸裝。首尾均殘。通卷上下均有殘缺。殘片。有烏絲欄。已修整。

3.1　首 3 行上下殘→大正 0278，09/0617C01~03。

3.2　尾 3 行上下殘→大正 0278，09/0617C05~08。

8　　5~6 世紀。南北朝寫本。

9.1　隸書。

1.1　BD11035 號

1.3　大通方廣懺悔滅罪莊嚴成佛經卷中

1.4　L1164

2.1　8×27 厘米；1 紙；5 行，行 17 字。

2.3　卷軸裝。首尾均殘。殘片。有烏絲欄。已修整。

3.1　首殘→大正 2871，85/1346A25。

3.2　尾殘→大正 2871，85/1346B01。

8　6 世紀。南北朝寫本。

9.1　楷書。

9.2　有硃筆修改。

1.1　BD11036 號

1.3　大乘修行菩薩行門諸經要集卷下

1.4　L1165

2.1　23.5×26 厘米；2 紙；16 行，行 17 字。

2.2　01：14.0，10；　　02：09.5，06。

2.3　卷軸裝。首尾均殘。有烏絲欄。已修整。

3.1　首 7 行上下殘→大正 0847，17/0960C21～27。

3.2　尾 2 行中殘→大正 0847，17/0961A06～08。

8　5～6 世紀。南北朝寫本。

9.1　隸楷。

1.1　BD11037 號

1.3　佛名經（十六卷本）卷一四

1.4　L1166

2.1　7.5×13 厘米；1 紙；4 行。

2.3　卷軸裝。首尾均殘。通卷上殘。殘片。已修整。

3.1　首殘→《七寺古逸經典研究叢書》，03/0689A06。

3.2　尾殘→《七寺古逸經典研究叢書》，03/0689A09。

8　9～10 世紀。歸義軍時期寫本。

9.1　楷書。

1.1　BD11038 號

1.3　大方廣佛華嚴經（晉譯五十卷本）卷一九

1.4　L1167

2.1　7.5×12.5 厘米；1 紙；5 行。

2.3　卷軸裝。首尾均殘。通卷下殘。殘片。卷面變色。有烏絲欄。已修整。

3.1　首殘→大正 0278，09/0547B03。

3.2　尾殘→大正 0278，09/0547B08。

8　5～6 世紀。南北朝寫本。

9.1　隸書。

1.1　BD11039 號

1.3　維摩詰所說經卷下

1.4　L1168

2.1　8×8 厘米；1 紙；4 行，行字。

2.3　卷軸裝。首尾均殘。通卷上殘。小殘片。背有古代裱補。

有烏絲欄。已修整。

3.1　首殘→大正 0475，14/0552A06。

3.2　尾殘→大正 0475，14/0552A10。

8　7～8 世紀。唐寫本。

9.1　楷書。

1.1　BD11040 號

1.3　待考佛教文獻殘片（擬）

1.4　L1169

2.1　5×4 厘米；1 紙；2 行。

2.3　卷軸裝。首尾均殘。通卷上下殘。小殘片。已修整。

3.4　說明：

本件只殘留"大般□…□／大般□…□／"4 字。

8　8～9 世紀。吐蕃統治時期寫本。

9.1　楷書。

1.1　BD11041 號

1.3　書函殘片（擬）

1.4　L1170

2.1　3.5×13.5 厘米；1 紙；1 行。

2.3　卷軸裝。首尾均殘。通卷上下殘。小殘片。

3.4　說明：

此件上僅存"季春極"3 字。

8　9～10 世紀。歸義軍時期寫本。

9.1　楷書。

1.1　BD11042 號

1.3　大般涅槃經（北本）卷三〇

1.4　L1171

2.1　(6.1＋27.5＋5)×26 厘米；1 紙；19 行，行 17 字。

2.3　卷軸裝。首尾均殘。卷面多黴點，卷中有殘洞。有烏絲欄。
已修整。

3.1　首 3 行中上殘→大正 0374，12/0541B25～27。

3.2　尾 2 行中殘→大正 0374，12/0541C13～15。

8　5～6 世紀。南北朝寫本。

9.1　隸楷。

1.1　BD11043 號

1.3　大般涅槃經（北本）卷三七

1.4　L1172

2.1　22.5×27 厘米；2 紙；14 行，行 17 字。

2.3　卷軸裝。首尾均殘。殘片。有烏絲欄。已修整。

3.1　首行下殘→大正 0374，12/0583A27～28。

3.2　尾 4 行上殘→大正 0374，12/0583B08～12。

8　5～6 世紀。南北朝寫本。

9.1　隸楷。

1.1 BD11044 號

1.3 金剛般若波羅蜜經

1.4 L1173

2.1 17.4×10.6 厘米；1 紙；8 行。

2.3 卷軸裝。首全尾殘。通卷下殘。殘片。有烏絲欄。已修整。

3.1 首殘→大正 0235，08/0748C14。

3.2 尾殘→大正 0235，08/0748C22。

4.1 金剛般若波羅□□（首）。

8 8～9 世紀。吐蕃統治時期寫本。

9.1 楷書。

1.1 BD11045 號

1.3 妙法蓮華經卷二

1.4 L1174

2.1 23×25 厘米；1 紙；14 行，行 17 字。

2.3 卷軸裝。首尾均殘。卷面黴爛嚴重，下邊殘缺。有烏絲欄。已修整。

3.1 首殘→大正 0262，09/0013B05。

3.2 尾殘→大正 0262，09/0013B18。

8 7～8 世紀。唐寫本。

9.1 楷書。

1.1 BD11046 號

1.3 阿彌陀佛說咒

1.4 L1175

2.1 18.3×9.2 厘米；1 紙；6 行。

2.3 卷軸裝。首斷尾全。通卷上殘。有烏絲欄。已修整。

3.1 首殘→大正 0369，12/0352A23。

3.2 尾缺→大正 0369，12/0352B02。

5 與《大正藏》本對照，注文不同。尾行文字有異。

8 8 世紀。唐寫本。

9.1 楷書。

1.1 BD11047 號

1.3 八陽神咒經

1.4 L1176

2.1 （2.8＋9.4＋2.6）×26.5 厘米；1 紙；9 行，行 19 字。

2.3 卷軸裝。首尾均殘。殘片。卷面有殘洞。有烏絲欄。已修整。

3.1 首殘→大正 0428，14/0073B13。

3.2 尾殘→大正 0428，14/0073B26。

5 與《大正藏》本對照，文字略有參差。

8 8～9 世紀。吐蕃統治時期寫本。

9.1 楷書。有武周新字"正"。

9.2 有行間校加字及刪除號。

1.1 BD11048 號

1.3 護首（經名不詳）

1.4 L1177

2.1 18×14.5 厘米；1 紙；2 行。

2.3 卷軸裝。首尾均殘。通卷下殘。殘片。卷面有古代裱補。已修整。

3.4 説明：

此件為殘護首。

7.3 裱補紙上有雜寫 2 行"非方□…□/□…□習總持"。

8 9～10 世紀。歸義軍時期寫本。

9.1 楷書。

1.1 BD11049 號

1.3 無量壽宗要經

1.4 L1178

2.1 （3＋12＋2）×14 厘米；1 紙；12 行。

2.3 卷軸裝。首尾均殘。通卷上殘。有烏絲欄。已修整。

3.1 首殘→大正 0936，19/0082A08。

3.2 尾殘→大正 0936，19/0082B05。

8 8～9 世紀。吐蕃統治時期寫本。

9.1 楷書。

1.1 BD11050 號

1.3 待考佛教文獻（擬）

1.4 L1179

2.1 7×25.5 厘米；1 紙；3 行，行 17 字。

2.3 卷軸裝。首尾均殘。長條殘片。有烏絲欄。已修整。

3.3 錄文：

（首殘）

佛告無礙菩薩摩訶薩曰。有漏業因者，謂生/

起緣。緣中作善，譬如坐禪。繫心一緣，心緣/

一處。以内生起之緣，攝於□□，攝緣定住，名之/

（錄文完）

8 8 世紀。唐寫本。

9.1 楷書。

1.1 BD11051 號

1.3 金剛般若波羅蜜經

1.4 L1180

2.1 33.8×17.5 厘米；1 紙；16 行。

2.3 卷軸裝。首脱尾殘。通卷下殘。已修整。

3.1 首殘→大正 0235，08/0750C18。

3.2 尾殘→大正 0235，08/0751A07。

8 8 世紀。唐寫本。

9.1 楷書。

1.1 BD11052 號

1.3 妙法蓮華經卷七

1.4 L1181

2.1 17.5×20.8 厘米；1 紙；10 行。

2.3 卷軸裝。首尾均殘。通卷上下殘。殘片。有折疊欄。已修整。

3.1 首殘→大正 0262，09/0056C21。

3.2 尾殘→大正 0262，09/0057A04。

7.1 卷背有經名勘記"□法蓮"。

8 9~10 世紀。歸義軍時期寫本。

9.1 楷書。

1.1 BD11053 號

1.3 梵網經盧舍那佛說菩薩心地戒品第十卷下

1.4 L1182

2.1 18.8×11.1 厘米；2 紙；13 行。

2.2 01：03.8，02； 02：16.0，11。

2.3 卷軸裝。首尾均殘。通卷上殘。殘片。背有古代裱補。有烏絲欄。已修整。

3.1 首殘→大正 1484，24/1003B10。

3.2 尾殘→大正 1484，24/1003B23。

5 與《大正藏》本對照，首 2 行未找到出處。

8 9~10 世紀。歸義軍時期寫本。

9.1 楷書。

1.1 BD11054 號

1.3 隨求即得大自在陀羅尼神咒經

1.4 L1183

2.1 （5.5＋14.5＋4.5）×27 厘米；2 紙；12 行，行 18 字。

2.2 01：05.5，03； 02：14.5＋4.5，09。

2.3 卷軸裝。首尾均殘。已修整。

3.1 首 3 行上下殘→大正 1154，20/0637C23~25。

3.2 尾 2 行上殘→大正 1154，20/0638A04~05。

8 8 世紀。唐寫本。

9.1 楷書。

1.1 BD11055 號

1.3 金剛般若波羅蜜經

1.4 L1184

2.1 4.2×26.3 厘米；1 紙；28 行，行 16~17 字。

2.3 卷軸裝。首全尾殘。卷中有殘洞。有烏絲欄。已修整。

3.1 首殘→大正 0235，08/0748C14。

3.2 尾殘→大正 0235，08/0749A18。

4.1 金剛般若波羅蜜經（首）。

8 9~10 世紀。歸義軍時期寫本。

9.1 楷書。

1.1 BD11056 號

1.3 金剛般若波羅蜜經

1.4 L1185

2.1 24×27.4 厘米；1 紙；14 行，行 17 字。

2.3 卷軸裝。首尾均殘。卷前部殘缺嚴重，卷中有殘洞。有烏絲欄。已修整。

3.1 首殘→大正 0235，08/0749B05。

3.2 尾殘→大正 0235，08/0749B20。

8 8~9 世紀。吐蕃統治時期寫本。

9.1 楷書。

1.1 BD11057 號

1.3 金剛般若波羅蜜經

1.4 L1186

2.1 16.2×24.7 厘米；1 紙；10 行，行 17 字。

2.3 卷軸裝。首尾均殘。殘片。卷面有鳥糞及黴斑。有烏絲欄。已修整。

3.1 首殘→大正 0235，08/0750A10。

3.2 尾殘→大正 0235，08/0750A20。

8 7~8 世紀。唐寫本。

9.1 楷書。

1.1 BD11058 號

1.3 維摩詰所說經卷下

1.4 L1187

2.1 （9.1＋4.8＋3.7）×25.2 厘米；1 紙；10 行，行 17 字。

2.3 卷軸裝。首尾均殘。殘片。經黃紙。背面有古代裱補。有烏絲欄。已修整。

3.1 首 5 行下殘→大正 0475，14/0552A06~10。

3.2 尾 2 行下殘→大正 0475，14/0552A15。

8 7~8 世紀。唐寫本。

9.1 楷書。

1.1 BD11059 號

1.3 待考咒語（擬）

1.4 L1188

2.1 28×10.6 厘米；1 紙；14 行。

2.3 卷軸裝。首尾均殘。通卷上殘。殘片。已修整。

3.3 錄文：

（首殘）

□…□耶（七）薩嚕微夜（◇）地鉢囉奢/

□…□怛囉（二合）嚕尾娜扇娜羯囉/

□…□（上）娜麼悉訖嘌跢嚕/

□…□嚕（十一）跢嚕你攞建侘娜（引）/

□…□舍謎（十三）薩嚕遏他娑馱難/

□…□難（十五）婆（蒲我反）嚕麼嘞伽微輸馱迦（十六）/

□…□魯迦麼提（廿）魯迦底（丁以反）羯嚕提（廿一）/

□…□嚩（廿二）醯（引）菩提薩怛嚩（廿三）醯摩訶菩/

□…□薩怛嚩（廿五）醯摩訶迦嚧你迦（廿六）/

□…□喋阿嚩路枳諦濕伐囉（廿八）麼醯/

□…□囉質跢（卅）摩訶迦嚧你迦（卅一）句嚧/

□…□馱耶迷尾澱（亭演反、卅三）弟醯弟醯迷/

□…□（上）捫微迦捫（卅五）悉弟喻雞退伐囉（卅六）/

□…□達囉達喋印怛喋濕伐囉（卅八）者遷/

（錄文完）

說明：錄文中括號內文字為小字夾註。

8　　9～10世紀。歸義軍時期寫本。

9.1　楷書。

1.1　BD11060號

1.3　阿彌陀經

1.4　L1189

2.1　7.8×14厘米；1紙；4行。

2.3　卷軸裝。首尾均殘。通卷下殘。小殘片。已修整。

3.1　首殘→大正0366，12/0347C13。

3.2　尾殘→大正0366，12/0347C16。

8　　7～8世紀。唐寫本。

9.1　楷書。

1.1　BD11061號

1.3　金剛般若波羅蜜經

1.4　L1190

2.1　39.8×25.3厘米；2紙；20行，行17字。

2.2　01：35.8，18；　　02：04.0，02。

2.3　卷軸裝。首尾均殘。右下殘缺。有烏絲欄。已修整。

3.1　首13行下殘→大正0235，08/0751A23～B08。

3.2　尾行上殘→大正0235，08/0751B15～16。

8　　8世紀。唐寫本。

9.1　楷書。

1.1　BD11062號A

1.3　大方等陀羅尼經卷二

1.4　L1191

2.1　14×11.7厘米；2紙；8行。

2.2　01：01.7，01；　　02：12.3，07。

2.3　卷軸裝。首尾均殘。通卷下殘。殘片。經黃紙。卷面有黴爛。有烏絲欄。已修整。

3.1　首殘→大正1339，21/0647C07。

3.2　尾殘→大正1339，21/0647C14。

5　　與《大正藏》本對照，文字略有不同。

6.2　尾→BD11069號。

8　　7～8世紀。唐寫本。

9.1　楷書。

1.1　BD11062號B

1.3　大方等陀羅尼經卷二

1.4　L1191

2.1　10.5×16.2厘米；1紙；7行。

2.3　卷軸裝。首尾均殘。通卷下殘。殘片。經黃紙。卷面有黴爛。有烏絲欄。已修整。

3.1　首殘→大正1339，21/0647C22。

3.2　尾殘→大正1339，21/0647C29。

5　　與《大正藏》本對照，文字略有不同。

6.1　首→BD11069號。

8　　7～8世紀。唐寫本。

9.1　楷書。

1.1　BD11063號

1.3　大方廣佛華嚴經（晉譯五十卷本）卷五〇

1.4　L1192

2.1　（3.4＋3.4＋1.8）×26.4厘米；2紙；5行，行17字。

2.2　01：3.4＋1.6，03；　　02：1.8＋1.8，02。

2.3　卷軸裝。首尾均殘。殘片。卷面有殘洞。有烏絲欄。已修整。

3.1　首殘→大正0278，09/0780B30。

3.2　尾殘→大正0278，09/0780C05。

8　　5～6世紀。南北朝寫本。

9.1　隸書。

1.1　BD11064號

1.3　阿彌陀經

1.4　L1193

2.1　19.5×11厘米；1紙；9行。

2.3　卷軸裝。首尾均殘。通卷上殘。殘片。有烏絲欄。已修整。

3.1　首殘→大正0366，12/0348A21。

3.2　尾殘→大正0366，12/0348A29。

8　　8～9世紀。吐蕃統治時期寫本。

9.1　楷書。

1.1　BD11065號

1.3　金剛般若波羅蜜經

1.4　L1194

2.1　12.1×17.9厘米；1紙；7行。

2.3　卷軸裝。首尾均殘。通卷上殘。殘片。有烏絲欄。已修整。

3.1　首殘→大正0235，08/0749B06。

3.2　尾殘→大正0235，08/0749B13。

8　　8～9世紀。吐蕃統治時期寫本。

9.1　楷書。

1.1 BD11066 號

1.3 金剛般若波羅蜜經

1.4 L1195

2.1 17.5×28.3 厘米；1 紙；9 行，行 18～20 字。

2.3 卷軸裝。首斷尾殘。殘片。有折疊欄。已修整。

3.1 首殘→大正 0235，08/0749A08。

3.2 尾殘→大正 0235，08/0749A18。

8 9～10 世紀。歸義軍時期寫本。

9.1 楷書。

1.1 BD11067 號

1.3 金剛般若波羅蜜經

1.4 L1196

2.1 18.5×25 厘米；1 紙；10 行，行 17 字。

2.3 卷軸裝。首尾均殘。殘片。有烏絲欄。已修整。

3.1 首 3 行下殘→大正 0235，08/0749A17～20。

3.2 尾 2 行下殘→大正 0235，08/0749A27～28。

8 7～8 世紀。唐寫本。

9.1 楷書。

1.1 BD11068 號

1.3 大般若波羅蜜多經卷二〇

1.4 L1197

2.1 21.3×11.2 厘米；2 紙；11 行。

2.2 01：04.3，02； 02：17.0，09。

2.3 卷軸裝。首尾均殘。通卷下殘。殘片。有烏絲欄。已修整。

3.1 首殘→大正 0220，05/0108C18。

3.2 尾殘→大正 0220，05/0108C28。

7.1 背面有勘記"第四百廿六□"。與本文獻無關。

8 8～9 世紀。吐蕃統治時期寫本。

9.1 楷書。

1.1 BD11069 號

1.3 大方等陀羅尼經卷二

1.4 L1198

2.1 10×15.5 厘米；1 紙；6 行。

2.3 卷軸裝。首尾均殘。通卷下殘。殘片。經黃紙。有烏絲欄。已修整。

3.1 首殘→大正 1339，21/0647C15。

3.2 尾殘→大正 1339，12/0647C21。

5 與《大正藏》本對照，文字略有不同。

6.1 首→BD11062 號 B。

6.2 尾→BD11062 號 A。

8 7～8 世紀。唐寫本。

9.1 楷書。

1.1 BD11070 號

1.3 大智度論卷三〇

1.4 L1199

2.1 15.5×25 厘米；1 紙；9 行，行 17 字。

2.3 卷軸裝。首尾均殘。殘片。已修整。

3.1 首殘→大正 1509，25/0277A01。

3.2 尾 4 行下殘→大正 1509，25/0277A08～10。

8 5～6 世紀。南北朝寫本。

9.1 楷書。

1.1 BD11071 號

1.3 金光明最勝王經卷九

1.4 L1200

2.1 26.5×12 厘米；1 紙；17 行。

2.3 卷軸裝。首尾均殘。通卷上殘。殘片。有烏絲欄。已修整。

3.1 首殘→大正 0665，16/0449B01。

3.2 尾殘→大正 0665，16/0449B25。

8 8～9 世紀。吐蕃統治時期寫本。

9.1 楷書。

新舊編號對照表

臨字號與北敦號對照表

臨字號	北敦號	臨字號	北敦號	臨字號	北敦號
L0641	BD10512 號	L0671	BD10542 號	L0702	BD10573 號
L0642	BD10513 號	L0672	BD10543 號	L0703	BD10574 號
L0643	BD10514 號	L0673	BD10544 號	L0704	BD10575 號
L0644	BD10515 號	L0674	BD10545 號	L0705	BD10576 號
L0645	BD10516 號	L0675	BD10546 號	L0706	BD10577 號
L0646	BD10517 號	L0676	BD10547 號	L0707	BD10578 號
L0647	BD10518 號	L0677	BD10548 號	L0708	BD10579 號
L0648	BD10519 號	L0678	BD10549 號	L0709	BD10580 號
L0649	BD10520 號	L0679	BD10550 號	L0710	BD10581 號
L0650	BD10521 號	L0680	BD10551 號	L0711	BD10582 號
L0651	BD10522 號	L0681	BD10552 號	L0712	BD10583 號
L0652	BD10523 號	L0682	BD10553 號	L0713	BD10584 號
L0653	BD10524 號	L0683	BD10554 號	L0714	BD10585 號
L0654	BD10525 號	L0684	BD10555 號	L0715	BD10586 號
L0655	BD10526 號	L0685	BD10556 號	L0716	BD10587 號
L0656	BD10527 號	L0686	BD10557 號	L0717	BD10588 號
L0657	BD10528 號	L0687	BD10558 號	L0718	BD10589 號
L0658	BD10529 號	L0688	BD10559 號	L0719	BD10590 號
L0659	BD10530 號	L0689	BD10560 號	L0720	BD10591 號
L0660	BD10531 號	L0690	BD10561 號	L0721	BD10592 號
L0661	BD10532 號	L0691	BD10562 號	L0722	BD10593 號
L0662	BD10533 號	L0692	BD10563 號	L0723	BD10594 號
L0663	BD10534 號	L0693	BD10564 號	L0724	BD10595 號
L0664	BD10535 號	L0694	BD10565 號	L0725	BD10596 號
L0665	BD10536 號	L0695	BD10566 號	L0726	BD10597 號
L0665	BD10536 號背	L0696	BD10567 號	L0727	BD10598 號
L0666	BD10537 號	L0697	BD10568 號	L0728	BD10599 號
L0667	BD10538 號	L0698	BD10569 號	L0729	BD10600 號
L0668	BD10539 號	L0699	BD10570 號	L0730	BD10601 號
L0669	BD10540 號	L0700	BD10571 號	L0731	BD10602 號
L0670	BD10541 號	L0701	BD10572 號	L0732	BD10603 號

L0732	BD10603 號背	L0774	BD10645 號	L0819	BD10690 號
L0733	BD10604 號	L0775	BD10646 號	L0820	BD10691 號
L0734	BD10605 號	L0776	BD10647 號	L0821	BD10692 號
L0734	BD10605 號背	L0777	BD10648 號	L0822	BD10693 號
L0735	BD10606 號	L0778	BD10649 號	L0823	BD10694 號
L0735	BD10606 號背	L0779	BD10650 號	L0824	BD10695 號
L0736	BD10607 號	L0780	BD10651 號	L0825	BD10696 號
L0736	BD10607 號背	L0781	BD10652 號	L0826	BD10697 號
L0737	BD10608 號	L0782	BD10653 號	L0827	BD10698 號
L0738	BD10609 號	L0783	BD10654 號	L0828	BD10699 號
L0739	BD10610 號	L0784	BD10655 號	L0829	BD10700 號
L0740	BD10611 號	L0785	BD10656 號	L0830	BD10701 號
L0740	BD10611 號背	L0786	BD10657 號	L0831	BD10702 號
L0741	BD10612 號	L0787	BD10658 號	L0832	BD10703 號
L0741	BD10612 號背	L0788	BD10659 號	L0833	BD10704 號
L0742	BD10613 號	L0789	BD10660 號	L0834	BD10705 號
L0743	BD10614 號	L0790	BD10661 號	L0835	BD10706 號
L0744	BD10615 號	L0791	BD10662 號	L0836	BD10707 號
L0745	BD10616 號	L0792	BD10663 號	L0837	BD10708 號
L0746	BD10617 號	L0793	BD10664 號	L0838	BD10709 號
L0747	BD10617 號	L0794	BD10665 號	L0839	BD10710 號
L0748	BD10619 號	L0795	BD10666 號	L0840	BD10711 號
L0749	BD10620 號	L0796	BD10667 號	L0841	BD10712 號
L0750	BD10621 號	L0797	BD10668 號	L0842	BD10713 號
L0751	BD10622 號	L0798	BD10669 號	L0843	BD10714 號
L0752	BD10623 號	L0799	BD10670 號	L0844	BD10715 號
L0753	BD10624 號	L0800	BD10671 號	L0845	BD10716 號
L0754	BD10625 號	L0801	BD10672 號	L0846	BD10717 號
L0755	BD10626 號	L0802	BD10673 號	L0847	BD10718 號
L0756	BD10627 號	L0803	BD10674 號	L0848	BD10719 號
L0757	BD10628 號	L0804	BD10675 號	L0849	BD10720 號
L0758	BD10629 號	L0805	BD10676 號	L0850	BD10721 號
L0759	BD10630 號	L0805	BD10676 號背	L0851	BD10722 號
L0760	BD10631 號	L0806	BD10677 號	L0852	BD10723 號
L0761	BD10632 號	L0807	BD10678 號	L0853	BD10724 號
L0762	BD10633 號	L0808	BD10679 號	L0854	BD10725 號
L0763	BD10634 號	L0809	BD10680 號	L0855	BD10726 號
L0764	BD10635 號	L0810	BD10681 號	L0856	BD10727 號
L0765	BD10636 號	L0811	BD10682 號	L0857	BD10728 號
L0766	BD10637 號	L0812	BD10683 號	L0858	BD10729 號
L0767	BD10638 號	L0813	BD10684 號	L0859	BD10730 號
L0768	BD10639 號	L0814	BD10685 號	L0860	BD10731 號
L0769	BD10640 號	L0815	BD10686 號	L0861	BD10732 號
L0770	BD10641 號	L0816	BD10687 號	L0862	BD10733 號
L0771	BD10642 號	L0817	BD10688 號	L0863	BD10734 號
L0772	BD10643 號	L0817	BD10688 號背	L0863	BD10734 號背
L0773	BD10644 號	L0818	BD10689 號	L0864	BD10735 號

L0865	BD10736 號	L0906	BD10777 號	L0950	BD10821 號
L0866	BD10737 號	L0907	BD10778 號	L0951	BD10822 號
L0867	BD10738 號	L0908	BD10779 號	L0952	BD10823 號
L0868	BD10739 號	L0909	BD10780 號	L0952	BD10823 號背
L0869	BD10740 號	L0910	BD10781 號	L0953	BD10824 號
L0870	BD10741 號	L0911	BD10782 號	L0954	BD10825 號
L0871	BD10742 號	L0912	BD10783 號	L0955	BD10826 號
L0872	BD10743 號	L0913	BD10784 號	L0956	BD10827 號
L0872	BD10743 號背	L0914	BD10785 號	L0957	BD10828 號
L0873	BD10744 號	L0915	BD10786 號	L0958	BD10829 號
L0874	BD10745 號	L0915	BD10786 號背	L0959	BD10830 號
L0875	BD10746 號	L0916	BD10787 號	L0960	BD10831 號
L0876	BD10747 號	L0917	BD10788 號	L0961	BD10832 號
L0877	BD10748 號	L0918	BD10789 號	L0962	BD10833 號
L0878	BD10749 號	L0919	BD10790 號	L0963	BD10834 號
L0879	BD10750 號	L0920	BD10791 號	L0964	BD10835 號
L0880	BD10751 號	L0921	BD10792 號	L0965	BD10836 號
L0881	BD10752 號	L0922	BD10793 號	L0966	BD10837 號
L0882	BD10753 號	L0923	BD10794 號	L0967	BD10838 號
L0883	BD10754 號	L0924	BD10795 號	L0968	BD10839 號
L0884	BD10755 號	L0925	BD10796 號	L0969	BD10840 號
L0885	BD10756 號	L0926	BD10797 號 A	L0970	BD10841 號
L0886	BD10757 號	L0926	BD10797 號 B	L0971	BD10842 號
L0887	BD10758 號	L0926	BD10797 號 C	L0972	BD10843 號
L0888	BD10759 號	L0927	BD10798 號	L0973	BD10844 號
L0889	BD10760 號	L0928	BD10799 號	L0974	BD10845 號
L0890	BD10761 號	L0929	BD10800 號	L0975	BD10846 號
L0890	BD10761 號背	L0930	BD10801 號	L0976	BD10847 號
L0891	BD10762 號	L0931	BD10802 號	L0977	BD10848 號 A
L0892	BD10763 號	L0932	BD10803 號	L0977	BD10848 號 B
L0893	BD10764 號	L0933	BD10804 號	L0977	BD10848 號 C
L0894	BD10765 號	L0934	BD10805 號	L0977	BD10848 號 D
L0895	BD10766 號	L0935	BD10806 號	L0977	BD10848 號 E
L0896	BD10767 號	L0936	BD10807 號	L0977	BD10848 號 F
L0897	BD10768 號	L0937	BD10808 號	L0978	BD10849 號
L0898	BD10769 號	L0938	BD10809 號	L0979	BD10850 號
L0899	BD10770 號	L0939	BD10810 號	L0980	BD10851 號 A
L0900	BD10771 號	L0940	BD10811 號	L0980	BD10851 號 B
L0901	BD10772 號	L0941	BD10812 號	L0980	BD10851 號 C
L0902	BD10773 號 A	L0942	BD10813 號	L0980	BD10851 號 D
L0902	BD10773 號 A 背	L0943	BD10814 號	L0980	BD10851 號 E
L0902	BD10773 號 B	L0944	BD10815 號	L0980	BD10851 號 F
L0902	BD10773 號 B 背 1	L0945	BD10816 號	L0980	BD10851 號 G
L0902	BD10773 號 B 背 2	L0946	BD10817 號	L0980	BD10851 號 H
L0903	BD10774 號	L0947	BD10818 號	L0980	BD10851 號 I
L0904	BD10775 號	L0948	BD10819 號	L0981	BD10852 號
L0905	BD10776 號	L0949	BD10820 號	L0982	BD10853 號

L0983	BD10854 號	L1030	BD10901 號	L1074	BD10945 號
L0984	BD10855 號	L1031	BD10902 號 1	L1075	BD10946 號
L0985	BD10856 號	L1031	BD10902 號 2	L1076	BD10947 號
L0986	BD10857 號	L1032	BD10903 號	L1077	BD10948 號
L0987	BD10858 號	L1033	BD10904 號	L1078	BD10949 號
L0988	BD10859 號	L1034	BD10905 號	L1079	BD10950 號
L0989	BD10860 號	L1035	BD10906 號	L1080	BD10951 號
L0990	BD10861 號	L1036	BD10907 號	L1081	BD10952 號
L0991	BD10862 號	L1037	BD10908 號	L1082	BD10953 號
L0992	BD10863 號	L1038	BD10909 號	L1083	BD10954 號
L0993	BD10864 號	L1039	BD10910 號	L1084	BD10955 號
L0994	BD10865 號	L1040	BD10911 號	L1085	BD10956 號
L0995	BD10866 號	L1041	BD10912 號	L1086	BD10957 號
L0996	BD10867 號	L1042	BD10913 號	L1087	BD10958 號
L0997	BD10868 號	L1043	BD10914 號	L1088	BD10959 號
L0998	BD10869 號	L1044	BD10915 號	L1089	BD10960 號
L0999	BD10870 號	L1045	BD10916 號	L1090	BD10961 號
L1000	BD10871 號	L1046	BD10917 號	L1091	BD10962 號
L1001	BD10872 號	L1047	BD10918 號	L1092	BD10963 號
L1002	BD10873 號	L1048	BD10919 號	L1093	BD10964 號
L1003	BD10874 號	L1049	BD10920 號	L1094	BD10965 號
L1004	BD10875 號	L1050	BD10921 號	L1095	BD10966 號
L1005	BD10876 號	L1051	BD10922 號	L1096	BD10967 號 1
L1006	BD10877 號	L1052	BD10923 號	L1096	BD10967 號 2
L1007	BD10878 號	L1053	BD10924 號	L1097	BD10968 號
L1008	BD10879 號	L1054	BD10925 號	L1098	BD10969 號
L1009	BD10880 號	L1055	BD10926 號	L1099	BD10970 號
L1010	BD10881 號	L1056	BD10927 號 A	L1100	BD10971 號
L1011	BD10882 號	L1056	BD10927 號 B	L1101	BD10972 號
L1012	BD10883 號	L1057	BD10928 號	L1102	BD10973 號
L1013	BD10884 號	L1058	BD10929 號	L1103	BD10974 號
L1014	BD10885 號	L1059	BD10930 號	L1104	BD10975 號
L1015	BD10886 號	L1060	BD10931 號	L1105	BD10976 號
L1016	BD10887 號	L1061	BD10932 號	L1106	BD10977 號
L1017	BD10888 號	L1062	BD10933 號	L1107	BD10978 號
L1018	BD10889 號	L1063	BD10934 號	L1108	BD10979 號
L1019	BD10890 號	L1064	BD10935 號	L1109	BD10980 號
L1020	BD10891 號	L1065	BD10936 號	L1110	BD10981 號
L1021	BD10892 號	L1066	BD10937 號	L1110	BD10981 號背
L1022	BD10893 號	L1067	BD10938 號	L1111	BD10982 號
L1023	BD10894 號	L1068	BD10939 號	L1112	BD10983 號
L1024	BD10895 號	L1069	BD10940 號	L1113	BD10984 號
L1025	BD10896 號	L1070	BD10941 號	L1114	BD10985 號
L1026	BD10897 號	L1071	BD10942 號	L1115	BD10986 號
L1027	BD10898 號	L1072	BD10943 號	L1116	BD10987 號
L1028	BD10899 號	L1072	BD10943 號背	L1117	BD10988 號
L1029	BD10900 號	L1073	BD10944 號	L1117	BD10988 號背

L1118	BD10989 號	L1145	BD11016 號	L1173	BD11044 號
L1119	BD10990 號	L1146	BD11017 號	L1174	BD11045 號
L1120	BD10991 號 A	L1147	BD11018 號	L1175	BD11046 號
L1120	BD10991 號 B	L1148	BD11019 號	L1176	BD11047 號
L1120	BD10991 號 C	L1149	BD11020 號	L1177	BD11048 號
L1120	BD10991 號 D	L1150	BD11021 號	L1178	BD11049 號
L1121	BD10992 號	L1151	BD11022 號	L1179	BD11050 號
L1122	BD10993 號	L1152	BD11023 號	L1180	BD11051 號
L1123	BD10994 號	L1153	BD11024 號	L1181	BD11052 號
L1124	BD10995 號	L1154	BD11025 號	L1182	BD11053 號
L1125	BD10996 號	L1155	BD11026 號	L1183	BD11054 號
L1126	BD10997 號	L1156	BD11027 號	L1184	BD11055 號
L1127	BD10998 號	L1157	BD11028 號	L1185	BD11056 號
L1128	BD10999 號	L1158	BD11029 號	L1186	BD11057 號
L1129	BD11000 號	L1159	BD11030 號	L1187	BD11058 號
L1130	BD11001 號	L1160	BD11031 號	L1188	BD11059 號
L1131	BD11002 號	L1161	BD11032 號	L1189	BD11060 號
L1132	BD11003 號	L1161	BD11032 號背	L1190	BD11061 號
L1133	BD11004 號	L1162	BD11033 號	L1191	BD11062 號 A
L1134	BD11005 號	L1163	BD11034 號	L1191	BD11062 號 B
L1135	BD11006 號	L1164	BD11035 號	L1192	BD11063 號
L1136	BD11007 號	L1165	BD11036 號	L1193	BD11064 號
L1137	BD11008 號	L1166	BD11037 號	L1194	BD11065 號
L1138	BD11009 號	L1167	BD11038 號	L1195	BD11066 號
L1139	BD11010 號	L1168	BD11039 號	L1196	BD11067 號
L1140	BD11011 號	L1169	BD11040 號	L1197	BD11068 號
L1141	BD11012 號	L1170	BD11041 號	L1198	BD11069 號
L1142	BD11013 號	L1171	BD11042 號	L1199	BD11070 號
L1143	BD11014 號	L1172	BD11043 號	L1200	BD11071 號
L1144	BD11015 號				